Acceso a Datos

3.ª edición

Alicia Ramos Martín
M.ª Jesús Ramos Martín

Técnico Superior en **Desarrollo de Aplicaciones Multiplataforma**

Acceso a Datos

3.ª edición

Garceta
grupo editorial

Acceso a Datos 3.ª Edición

Alicia Ramos Martín; M.ª Jesús Ramos Martín

ISBN: 978-84-1903-490-8

IBERGARCETA PUBLICACIONES, S.L., Madrid, 2025

Edición: 3.ª

N.º de páginas: 464

Formato: 20 × 26 cm.

Materia IBIC: UMW. Programación Web

Programación de servicios y procesos. 3.ª Edición

info@garceta.es

Edición: 3.ª

Impresión: 1.ª

ISBN: 978-84-1903-490-8

Depósito Legal: M-19205-2025

Imagen de cubierta: Bosque del Apalache by A K © Flickr con licencia Creative Commons 001

Impresión: Imprenta Valle del Tiétar, S.L.

OI: 0270/2025

IMPRESO EN ESPAÑA - PRINTED IN SPAIN

ÍNDICE

CAPÍTULO 1

MANEJO DE FICHEROS

Contenidos

Clases asociadas a las operaciones de gestión de ficheros. Flujos o stream. Tipos.

Formas de acceso a un fichero.

Clases para gestión de flujos de datos desde/hacia ficheros.

Operaciones básicas sobre ficheros de acceso secuencial.

Operaciones básicas sobre ficheros de acceso aleatorio.

Trabajo con ficheros de intercambio de datos.

Conversión a distintos formatos.

Excepciones: detección y tratamiento.

Objetivos

Utilizar clases para la gestión de ficheros y directorios.

Valorar las ventajas y los inconvenientes de las distintas formas de acceso.

Utilizar las operaciones básicas para acceder a ficheros de acceso secuencial y aleatorio.

Utilizar clases para trabajar con ficheros JSON y XML.

Serializar objetos Java a representaciones XML, JSON y CSV.

Gestionar excepciones.

RESUMEN DEL CAPÍTULO

En este capítulo aprenderemos a leer y escribir datos en ficheros secuenciales y aleatorios en Java. Utilizaremos diferentes tipos de ficheros de intercambio de datos (XML, JSON, CSV). Aprenderemos a serializar objetos JAVA a distintos formatos y a utilizar y gestionar excepciones.

1.1. INTRODUCCIÓN

Un **fichero** o **archivo** es un conjunto de bits almacenados en un dispositivo, como por ejemplo, un disco duro. La ventaja de utilizar ficheros es que los datos que guardamos permanecen en el dispositivo aun cuando apaguemos el ordenador, es decir, no son volátiles. Los ficheros tienen un nombre y se ubican en directorios o carpetas, el nombre debe ser único en ese directorio; es decir, no puede haber dos ficheros con el mismo nombre en el mismo directorio. Por convención cuentan con diferentes extensiones que por lo general suelen ser de 3 letras (PDF, DOC, GIF, ...) y nos permiten saber el tipo de fichero.

Un fichero está formado por un conjunto de registros o líneas y cada registro por un conjunto de campos relacionados, por ejemplo, un fichero de empleados puede contener datos de los empleados de una empresa, un fichero de texto puede contener líneas de texto correspondientes a líneas impresas en una hoja de papel. La manera en que se agrupan los datos en el fichero depende completamente de la persona que lo diseñe.

En este tema aprenderemos a utilizar los ficheros con el lenguaje Java.

1.2. CLASES ASOCIADAS A LAS OPERACIONES DE GESTIÓN DE FICHEROS

En Java, la gestión de ficheros se realiza principalmente a través de clases proporcionadas en los paquetes **java.io**, **java.nio** y **java.nio.file**. Estas clases permiten realizar operaciones como lectura, escritura, creación, eliminación, y manipulación de ficheros y directorios. Las características de estos paquetes son las siguientes:

java.io (Input/Output tradicional):

- *I/O Bloqueante*: Cuando se realiza una operación de entrada/salida, el hilo que realiza la operación queda bloqueado hasta que la operación se completa.
- Utiliza *Streams* (flujos) para procesar datos de manera secuencial (uno a la vez).
- No es eficiente para manejar un gran número de conexiones o datos.

java.nio (*New I/O*) proporciona una API más moderna y eficiente:

- *I/O No Bloqueante*: Permite realizar operaciones de entrada/salida sin bloquear el hilo. Los datos se procesan cuando están listos.
- Utiliza *Buffers* para almacenar datos de manera temporal y *Canales* para leer/escribir datos.
- Soporta *Selectores*, que permiten manejar múltiples canales con un solo hilo, lo que mejora el rendimiento en aplicaciones escalables.

1.2.1. La clase File

El paquete **java.io** proporciona las clases necesarias para gestionar operaciones de entrada y salida en aplicaciones simples o de menor escala. Por esta razón, es necesario importar este paquete cuando trabajamos con ficheros. Antes de ver las clases que leen y escriben datos en ficheros vamos a manejar la clase **File**. Esta clase proporciona un conjunto de utilidades relacionadas con los ficheros que nos van a proporcionar información acerca de los mismos, su nombre, sus atributos, los directorios, etc. Puede representar el nombre de un fichero particular o los nombres de un conjunto de ficheros de un directorio, también se puede usar para crear un nuevo directorio o una trayectoria de directorios completa si esta no existe. Para crear un objeto **File**, se puede utilizar cualquiera de los tres constructores siguientes:

- **File(String directorioyfichero)**: en Linux: *new File("/directorio/fichero.txt");* en plataformas Microsoft Windows: *new File("C:\\directorio\\fichero.txt").*
- **File(String directorio, String nombrefichero)**: *new File("directorio", "fichero.txt").*
- **File(File directorio, String fichero)**: *new File(new File("directorio"), "fichero.txt").*

En Linux se utiliza como prefijo de una ruta absoluta "/". En Microsoft Windows, el prefijo de un nombre de ruta consiste en la letra de la unidad seguida de ":" y, posiblemente, seguida por "\\" si la ruta es absoluta.

Ejemplos de uso de la clase **File** donde se muestran diversas formas para declarar un fichero:

```
//Windows
File fichero1 = new File("D:\\EJERCICIOS\\UNI1\\ejemplo1.txt");
//Linux
File fichero1 = new File("/home/ejercicios/uni1/ejemplo1.txt");

String directorio= "D:/EJERCICIOS/UNI1";
File fichero2 = new File(directorio, "ejemplo2.txt");

File direc = new File(directorio);
File fichero3 = new File(direc, "ejemplo3.txt");
```

Algunos de los métodos más importantes de la clase **File** son los siguientes:

Método	Función
`String[] list()`	Devuelve un array de String con los nombres de ficheros y directorios asociados al objeto **File**
`File[] listFiles()`	Devuelve un array de objetos **File** conteniendo los ficheros que estén dentro del directorio representado por el objeto **File**
`String getName()`	Devuelve el nombre del fichero o directorio
`String getPath()`	Devuelve el camino relativo. Por ejemplo: `src\ejemplos\VerInf.java`
`String getAbsolutePath()`	Devuelve el camino absoluto del fichero/directorio. Ejemplo: `D:\ADAT\UNIDAD1\src\ejemplos\VerInf.java`
`boolean exists()`	Devuelve *true* si el fichero/directorio existe
`boolean canWrite()`	Devuelve *true* si el fichero se puede escribir
`boolean canRead()`	Devuelve *true* si el fichero se puede leer
`boolean isFile()`	Devuelve *true* si el objeto **File** corresponde a un fichero normal
`boolean isDirectory()`	Devuelve *true* si el objeto **File** corresponde a un directorio
`long length()`	Devuelve el tamaño del fichero en bytes
`boolean mkdir()`	Crea un directorio con el nombre indicado en la creación del objeto **File**. Solo se creará si no existe

Método	Función
`boolean renameTo(File nuevonombre);`	Renombra el fichero representado por el objeto **File** asignándole *nuevonombre*. Devuelve *true* si la operación se realizó con éxito
`boolean delete()`	Borra el fichero o directorio asociado al objeto **File.** Devuelve *true* si la operación se realizó con éxito
`boolean createNewFile()`	Crea un nuevo fichero, vacío, asociado a **File** si y solo si no existe un fichero con dicho nombre. Devuelve *true* si la operación se realizó con éxito
`String getParent()`	Devuelve el nombre del directorio padre, o *null* si no existe

En los ejemplos del tema, utilizamos las rutas de ficheros siguiendo el formato típico de MS-DOS o Windows, como este ejemplo: *D:\\EJERCICIOS\\UNI1\\ejemplo1.txt*. Es importante notar que el carácter utilizado como separador entre directorios o carpetas puede variar dependiendo del sistema operativo donde se ejecute el programa.

Para evitar posibles problemas de compatibilidad y asegurar que nuestras aplicaciones sean más portables, se recomienda en Java emplear **File.separator**. El siguiente ejemplo muestra cómo construir la ruta del fichero usando el separador:

```
import java.io.File;
public class FileSeparatorEjemplo {
   public static void main(String[] args) {
      String ruta = "D:" + File.separator + "EJERCICIOS"
                   + File.separator + "UNI1" + File.separator
                   + "ejemplo1.txt";
      System.out.println("Ruta construida: " + ruta);

      // Crear un objeto File usando la ruta
      File file = new File(ruta);
      // Comprobar si el fichero existe
      if (file.exists()) {
            System.out.println("El fichero existe.");
      } else {
            System.out.println("El fichero no existe.");
      }
   }
}
```

El siguiente ejemplo muestra la lista de ficheros en el directorio actual. Se utiliza el método ***list()*** que devuelve un array de *String* con los nombres de los ficheros y directorios contenidos en el directorio asociado al objeto **File**. Para indicar que estamos en el directorio actual creamos un objeto **File** y le pasamos la variable *dir* con el valor **"."**. Se define un segundo objeto **File** utilizando el tercer constructor para saber si el fichero obtenido es un fichero o un directorio:

```
import java.io.*;
public class VerDir {
  public static void main(String[] args) {
    String dir = "."; //directorio actual
    File f = new File(dir);
    String[] archivos = f.list();
    System.out.printf("Ficheros en el directorio actual: %d %n",
                      archivos.length);
    for (int i = 0; i < archivos.length; i++) {
```

```
      File f2 = new File(f, archivos[i]);
      System.out.printf("Nombre: %s, es fichero?: %b, es directorio?:
                %b %n", archivos[i], f2.isFile(),f2.isDirectory());
    }
  }
}
```

Un ejemplo de ejecución de este programa dentro de un proyecto Eclipse mostraría la siguiente salida (lo que hay en la carpeta raíz del proyecto Eclipse):

```
Ficheros en el directorio actual: 5
Nombre: .classpath, es fichero?: true, es directorio?: false
Nombre: .project, es fichero?: true, es directorio?: false
Nombre: .settings, es fichero?: false, es directorio?: true
Nombre: bin, es fichero?: false, es directorio?: true
Nombre: src, es fichero?: false, es directorio?: true
```

Para mostrar lo que tengo dentro del paquete **src** del proyecto Eclipse defino la variable *dir* de esta manera: *String dir = ".\\src";* Se muestra la siguiente salida en consola:

```
Ficheros en el directorio actual: 1
Nombre: VerDir.java, es fichero?: true, es directorio?: false
```

La siguiente declaración aplicada al objeto **File** del ejemplo anterior mostraría la lista de ficheros del directorio *d:\db*:

```
File f = new File("d:\\db");
```

Con la siguiente declaración se mostraría la lista de ficheros del directorio introducido desde la línea de comandos al ejecutar el programa:

```
String dir = args[0];
System.out.println("Ficheros en el directorio " +dir);
File f = new File(dir);
```

ACTIVIDAD 1.1

Realiza un programa Java que utilice el método ***listFiles()*** para mostrar la lista de ficheros en un directorio cualquiera, o en el directorio actual. El directorio lo leemos por teclado, si no existe mostramos un mensaje indicándolo. Asumimos directorio actual cuando no introducimos nada por teclado.

Realiza un programa Java que muestre los ficheros de un directorio. El nombre del directorio se pasará al programa desde los argumentos de *main()*. Si el directorio no existe se debe mostrar un mensaje indicándolo. Si el nombre del directorio tiene espacios en blanco lo encerramos entre comillas, por ejemplo *"C:\Program Files"*.

El siguiente ejemplo muestra información del fichero *VerInf.java* ubicado en la carpeta *D:\ADAT\UNI1*:

```
import java.io.*;
public class VerInf {
public static void main(String[] args) {
  System.out.println("INFORMACIÓN SOBRE EL FICHERO:");
  File f = new File("D:\\ADAT\\UNI1\\VerInf.java");
```

```
  if(f.exists()){
    System.out.println("Nombre del fichero  : "+f.getName());
    System.out.println("Ruta                : "+f.getPath());
    System.out.println("Ruta absoluta       : "+f.getAbsolutePath());
    System.out.println("Se puede leer       : "+f.canRead());
    System.out.println("Se puede escribir   : "+f.canWrite());
    System.out.println("Tamaño              : "+f.length());
    System.out.println("Es un directorio    : "+f.isDirectory());
    System.out.println("Es un fichero       : "+f.isFile());
    System.out.println("Nombre del directorio padre:"
      +f.getParent());
  }
 }
}
```

Visualiza la siguiente información del fichero:

```
INFORMACIÓN SOBRE EL FICHERO:
Nombre del fichero   : VerInf.java
Ruta                 : D:\ADAT\UNI1\VerInf.java
Ruta absoluta        : D:\ADAT\UNI1\VerInf.java
Se puede leer        : true
Se puede escribir    : true
Tamaño               : 824
Es un directorio     : false
Es un fichero        : true
Nombre del directorio padre: D:\ADAT\UNI1
```

Prueba el mismo ejemplo para el fichero ubicado en el proyecto Eclipse: *"src\\VerInf.java"*. El siguiente ejemplo crea un directorio (de nombre *NUEVODIR*) en el directorio actual, a continuación, crea dos ficheros vacíos en dicho directorio y uno de ellos lo renombra. En este caso para crear los ficheros se definen 2 parámetros en el objeto **File**: ***File(File directorio, String nombrefichero)***, en el primero indicamos el directorio donde se creará el fichero y en el segundo indicamos el nombre del fichero:

```
import java.io.*;
public class CrearDir {
 public static void main(String[] args) {
   File d = new File("NUEVODIR"); //directorio que creo
   File f1 = new File(d,"FICHERO1.TXT");
   File f2 = new File(d,"FICHERO2.TXT");

   d.mkdir();//CREAR DIRECTORIO

   try {
    if (f1.createNewFile())
      System.out.println("FICHERO1 creado correctamente...");
    else
      System.out.println("No se ha podido crear FICHERO1...");

    if (f2.createNewFile())
      System.out.println("FICHERO2 creado correctamente...");
    else
      System.out.println("No se ha podido crear FICHERO2...");
```

```
      } catch (IOException ioe) {ioe.printStackTrace();}

      f1.renameTo(new File(d,"FICHERO1NUEVO"));//renombro FICHERO1

      try {
           File f3 = new File("NUEVODIR/FICHERO3.TXT");
           f3.createNewFile();//crea FICHERO3 en NUEVODIR
      } catch (IOException ioe) {ioe.printStackTrace();}
   }
}
```

Para **borrar un fichero o un directorio** usamos el método ***delete()***, en el ejemplo anterior no podemos borrar el directorio creado porque contiene ficheros, antes habría que eliminar estos ficheros. Para borrar el objeto *f2* antes comprobamos si existe, escribimos lo siguiente:

```
if(f2.delete())
  System.out.println("Fichero borrado...");
else
  System.out.println("No se ha podido borrar el fichero...");
```

El método **createNewFile()** puede lanzar la excepción ***IOException***, por ello se utiliza el bloque **try-catch**.

1.3. FLUJOS O STREAMS. PAQUETE java.io

El sistema de entrada/salida en Java presenta una gran cantidad de clases que se implementan en el paquete **java.io**. Usa la abstracción del flujo (**stream**) para tratar la comunicación de información entre una fuente y un destino; dicha información puede estar en un fichero en el disco duro, en la memoria, en algún lugar de la red, e incluso en otro programa. Cualquier programa que tenga que obtener información de cualquier fuente necesita abrir un stream, igualmente si necesita enviar información abrirá un stream y se escribirá la información en serie. La vinculación de este stream al dispositivo físico la hace el sistema de entrada y salida de Java. Se definen dos tipos de flujos:

- **Flujos de bytes (8 bits):** realizan operaciones de entradas y salidas de bytes y su uso está orientado a la lectura/escritura de datos binarios. Todas las clases de flujos de bytes descienden de las clases **InputStream** y **OutputStream**, cada una de estas clases tienen varias subclases que controlan las diferencias entre los distintos dispositivos de entrada/salida que se pueden utilizar.
- **Flujos de caracteres (16 bits):** realizan operaciones de entradas y salidas de caracteres. El flujo de caracteres viene gobernado por las clases **Reader** y **Writer**. La razón de ser de estas clases es la internacionalización; la antigua jerarquía de flujos de E/S solo soporta flujos de 8 bits no manejando caracteres Unicode de 16 bits que se utilizaba con fines de internacionalización.

1.3.1. Flujos de bytes (Byte streams)

La clase **InputStream** representa las clases que producen entradas de distintas fuentes, estas fuentes pueden ser: un array de bytes, un objeto *String*, un fichero, una "tubería" (se ponen los elementos en un extremo y salen por el otro), una secuencia de otros flujos, otras fuentes como una conexión a Internet, etc. Los tipos de **InputStream** se resumen en la siguiente tabla:

Clase	Función
`ByteArrayInputStream`	Permite usar un espacio de almacenamiento intermedio de memoria
`StringBufferInputStream`	Convierte un String en un **InputStream**
`FileInputStream`	Flujo de entrada hacia fichero, lo usaremos para leer información de un fichero
`PipedInputStream`	Implementa el concepto de "tubería"
`FilterInputStream`	Proporciona funcionalidad útil a otras clases **InputStream**
`SequenceInputStream`	Convierte dos o más objetos **InputStream** en un **InputStream** único

Los tipos de **OutputStream** incluyen las clases que deciden dónde irá la salida: a un array de bytes, un fichero o una "tubería". Se resumen en la siguiente tabla:

Clase	Función
`ByteArrayOutputStream`	Crea un espacio de almacenamiento intermedio en memoria. Todos los datos que se envían al flujo se ubican en este espacio
`FileOutputStream`	Flujo de salida hacia fichero, lo usaremos para enviar información a un fichero
`PipedOutputStream`	Cualquier información que se desee escribir aquí acaba automáticamente como entrada del **PipedInputStream** asociado. Implementa el concepto de "tubería"
`FilterOutputStream`	Proporciona funcionalidad útil a otras clases **OutputStream**

La Figura 1.1 muestra la jerarquía de clases para lectura y escritura de flujos de bytes.

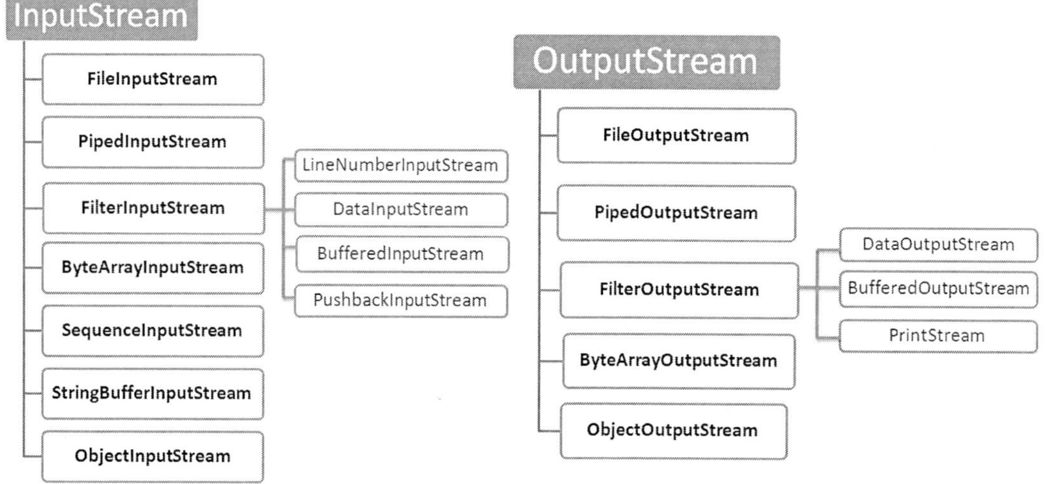

Figura 1.1. Jerarquía de clases para lectura y escritura de bytes.

Dentro de los flujos de bytes están las clases **FileInputStream** y **FileOutputStream** que manipulan los flujos de bytes provenientes o dirigidos hacia ficheros en disco y se estudiarán en los siguientes apartados.

1.3.2. Flujos de caracteres (Character streams)

Las clases **Reader** y **Writer** manejan flujos de caracteres Unicode. Hay ocasiones en las que hay que usar las clases que manejan bytes en combinación con las clases que manejan caracteres. Para lograr esto hay clases "puente" que permiten la conversión entre ambos tipos de flujo. Por ejemplo, la clase **InputStreamReader** transforma un **InputStream** en un **Reader**, permitiendo leer bytes como caracteres. De manera similar, **OutputStreamWriter** convierte un **OutputStream** en un **Writer**, posibilitando la escritura de caracteres en forma de bytes.

La siguiente tabla muestra la correspondencia entre las clases de flujos de bytes y de caracteres:

Clases de flujos de bytes	Clase correspondiente de flujo de caracteres
`InputStream`	`Reader`, convertidor `InputStreamReader`
`OutputStream`	`Writer`, convertidor `OutputStreamReader`
`FileInputStream`	`FileReader`
`FileOutputStream`	`FileWriter`
`StringBufferInputStream`	`StringReader`
(sin clase correspondiente)	`StringWriter`
`ByteArrayInputStream`	`CharArrayReader`
`ByteArrayOutputStream`	`CharArrayWriter`
`PipedInputStream`	`PipedReader`
`PipedOutputStream`	`PipedWriter`

La Figura 1.2 muestra la jerarquía de clases para lectura y escritura de flujos de caracteres.

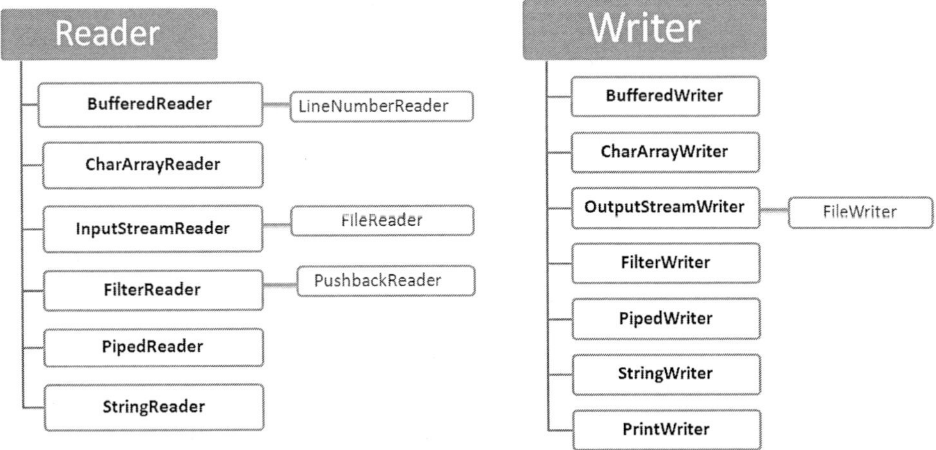

Figura 1.2. Jerarquía de clases para lectura y escritura de flujos de caracteres.

Las clases de flujos de caracteres más importantes son:

- Para acceso a ficheros, lectura y escritura de caracteres en ficheros: **FileReader** y **FileWriter**.

- Para acceso a caracteres, leen y escriben un flujo de caracteres en un array de caracteres: **CharArrayReader** y **CharArrayWriter**.
- Para buferización de datos: **BufferedReader** y **BufferedWriter**, se utilizan para evitar que cada lectura o escritura acceda directamente al fichero, ya que utilizan un buffer intermedio entre la memoria y el stream.

1.4. PAQUETE java.nio.file

La API **java.nio** (*New I/O*) es una mejora del sistema de entrada/salida original de Java, diseñada para ofrecer una mayor flexibilidad al trabajar con la lectura y escritura de datos, tanto en ficheros como en redes. Dentro de este paquete, el paquete **java.nio.file**, incluye un conjunto amplio y versátil de herramientas para gestionar ficheros y directorios.

Entre las principales clases e interfaces de **java.nio.file**, se encuentran:

- La interfaz **java.nio.file.Path:** representa la ubicación de un fichero o directorio dentro del sistema de ficheros. Las clases que implementen esta interfaz pueden utilizarse para localizar ficheros en el sistema de ficheros.
- La clase **java.nio.file.Files:** proporciona un conjunto de métodos para operar con ficheros y directorios como son: copiar, mover o eliminar un fichero o directorio, o comprobar si existe.

Clases relacionadas con la interfaz **Path** son las siguientes:

- **Paths**: clase de utilidad para crear instancias de **Path**. El método principal es: ***Paths.get(String first, String... more)*** que se usa para crear instancias de **Path** a partir de una cadena de ruta.
- **FileSystems**: proporciona acceso al sistema de ficheros, proporciona métodos estáticos para obtener instancias de **FileSystem**. El método principal es ***getDefault()*** que devuelve el sistema de ficheros por defecto para la máquina virtual de Java. ***FileSystems.getDefault().getPath(String first, String... more)*** crea una instancia de **Path** a partir del sistema de ficheros predeterminado.

Algunos de los métodos más importantes de la interfaz **Path** son los siguientes:

Método	Función
`Path getFileName()`	Devuelve el nombre del fichero o directorio representado por la ruta (objeto **Path**)
`Path getParent()`	Devuelve la ruta del directorio padre, o *null* si no hay un padre
`Path getRoot()`	Devuelve la raíz de la ruta, o *null* si no tiene raíz
`int getNameCount()`	Devuelve el número de elementos en la ruta
`Path getName(int index)`	Devuelve un elemento de la ruta según su posición
`Path resolve(String otra)`	Une la ruta actual con otra. Útil para crear rutas relativas
`Path toAbsolutePath()`	Convierte la ruta a una absoluta
`boolean isAbsolute()`	Verifica si la ruta es absoluta
`URI toUri ()`	Convierte la ruta a un objeto URI

Método	Función
boolean startsWith(Path otra) boolean startsWith(String otra)	Comprueba si la ruta comienza con *otra*
boolean endsWith(Path otra) boolean endsWith(String otra)	Comprueba si la ruta termina con *otra*

El siguiente ejemplo muestra el uso de los métodos de la interfaz **Path**:

```
import java.nio.file.Path;
import java.nio.file.Paths;
public class PathEjemplo {
   public static void main(String[] args) {
        Path ruta = Paths.get("D:", "EJERCICIOS",
                                    "UNI1", "ejemplo1.txt");
        // Información básica
        System.out.println("Nombre del fichero: " +
          ruta.getFileName());
        System.out.println("Directorio padre: " + ruta.getParent());
        System.out.println("Raíz: " + ruta.getRoot());
        System.out.println("N° de elementos: " + ruta.getNameCount());

        System.out.println("Elemento posicion 1: " + ruta.getName(1));

        // Propiedades
        System.out.println("¿Es absoluta? " + ruta.isAbsolute());
        System.out.println("¿Comienza con 'D:/'? "
                                  + ruta.startsWith("D:/"));
        System.out.println("¿Termina con 'ejemplo.txt'? "
                                  + ruta.endsWith("ejemplo.txt"));

        // Manipulación de la ruta
        Path resolvedPath = ruta.resolve("otrodir/fichero.txt");
        System.out.println("Ruta resuelta: " + resolvedPath);

        Path relativePath = Paths.get("documento.txt");
        System.out.println("Ruta absoluta: "
                      + relativePath.toAbsolutePath());
   }
}
```

Al ejecutarse se muestra la siguiente salida, la ruta absoluta de la variable *relativePath* dependerá de la carpeta desde donde se esté ejecutando el ejercicio:

```
Nombre del fichero: ejemplo1.txt
Directorio padre: D:\EJERCICIOS\UNI1
Raíz: D:\
N° de elementos: 3
Elemento posicion 1: UNI1
¿Es absoluta? true
¿Comienza con 'D:/'? true
¿Termina con 'ejemplo.txt'? false
Ruta resuelta: D:\EJERCICIOS\UNI1\ejemplo1.txt\otrodir\fichero.txt
```

```
Ruta absoluta: D:\documento.txt
```

La clase **Files** tiene métodos estáticos para el manejo de ficheros, estos métodos trabajan sobre objetos **Path**. Las operaciones principales a realizar con ficheros y directorios son: copiar, borrar, mover o verificar la existencia y accesibilidad de un fichero o directorio. Algunos de los métodos más importantes son los siguientes:

Método	Función
`Path copy(Path fuente, Path destino, CopyOption... options)`	Copiar un fichero fuente a un fichero de destino; falla si el fichero destino existe. Para evitar el fallo se añade la opción ***StandardCopyOption.REPLACE_EXISTING***
`Path createDirectory(Path dir, FileAttribute<?>... attrs)`	Crea un nuevo directorio.
`Path createFile(Path path, FileAttribute<?>... attrs)`	Crea un fichero nuevo y vacío; falla si el fichero ya existe
`void delete(Path path)`	Elimina un fichero, falla si el fichero no existe
`boolean deleteIfExists(Path path)`	Elimina un fichero si existe
`boolean exists(Path path, LinkOption... options)`	Comprueba si existe un fichero
`boolean isDirectory(Path path, LinkOption... options)`	Comprueba si el objeto *path* es un directorio
`boolean isExecutable(Path path)`	Comprueba si un fichero es ejecutable
`boolean isReadable(Path path)`	Comprueba si un fichero se puede leer
`boolean isWritable(Path path)`	Comprueba si un fichero se puede escribir
`Path move(Path fuente, Path destino, CopyOption... options)`	Se usa para mover o renombrar un fichero a un fichero de destino; falla si el fichero destino existe. Para evitar el fallo se añade la opción ***StandardCopyOption.REPLACE_EXISTING***
`long size(Path path)`	Devuelve el tamaño de un fichero (en bytes)

El siguiente ejemplo muestra el uso de métodos de la clase **Files**:

```
import java.io.IOException;
import java.nio.file.Files;
import java.nio.file.Path;
import java.nio.file.Paths;
import java.nio.file.StandardCopyOption;

public class FilesEjemplos {
  public static void main(String[] args) throws IOException {
      Path fichero1 = Paths.get("D:", "EJERCICIOS",
                                     "UNI1", "ejemplo1.txt");

      // EXISTENCIA Y COMPROBACIÓN DE PERMISOS
      System.out.println("Fichero " + fichero1);
      System.out.println("¿Existe?: " + Files.exists(fichero1));
      System.out.println("¿Se puede leer?: " +
                                      Files.isReadable(fichero1));
```

```
    System.out.println("¿Se puede escribir?: " +
                                Files.isWritable(fichero1));
    System.out.println("¿Es ejecuteable?: " +
                                Files.isExecutable(fichero1));
    System.out.println("¿Es un directorio? : " +
                                Files.isDirectory(fichero1));

    if (Files.exists(fichero1))
      System.out.println("Tamaño:  " + Files.size(fichero1));

    // CREAR UN FICHERO SI NO EXISTE
    Path fichero2 = Paths.get("D:", "EJERCICIOS",
                              "UNI1", "ejemplo2.txt");
    if (!Files.exists(fichero2)) {
            Files.createFile(fichero2);
            System.out.println("Fichero2 creado");
    }

    // CREAR UN DIRECTORIO
    Path directorio = Paths.get("D:", "EJERCICIOS", "UNI2");
    Files.createDirectories(directorio);
    System.out.println("Directorio creado");

    // BORRAR FICHERO SI EXISTE
    if(Files.deleteIfExists(fichero1))
          System.out.println("Fichero1 eliminado");
    else
          System.out.println("Fichero1 a eliminar no existe");

    //COPIAR FICHEROS
    Path origen = Paths.get("D:/EJERCICIOS/origen.txt");
    Path destino = Paths.get("D:/EJERCICIOS/destino.txt");
    Files.copy(origen, destino,
      StandardCopyOption.REPLACE_EXISTING);
    System.out.println("Archivo copiado a: " + destino);

    //MOVER O RENOMBRAR FICHEROS
    Path fichero = Paths.get("D:/EJERCICIOS/destino.txt");
    Path nuevoDestino =
      Paths.get("D:/EJERCICIOS/nuevodestino.txt");
    Files.move(fichero, nuevoDestino,
                        StandardCopyOption.REPLACE_EXISTING);
    System.out.println("Archivo movido a: " + nuevoDestino);
  }
}
```

La mayoría de los métodos definidos por las clases de este paquete que acceden al sistema de ficheros especifican que se debe lanzar una excepción **IOException** cuando se produce un error de *E/S*. En algunos casos, estos métodos definen excepciones de E/S específicas para casos comunes, por ejemplo: ***NoSuchFileException*** o ***FileAlreadyExistsException***. En los ejemplos y para simplificar el código se lanza la excepción **IOException** más general desde el método *main()*.

La clase **FileSystem** representa un sistema de ficheros y proporciona una interfaz para acceder a recursos del sistema de ficheros, como rutas, atributos y proveedores de ficheros. Los métodos principales son:

Método	Función
`Path getPath(String first, String... more)`	Devuelve un objeto *Path* que representa una ruta específica
`String getSeparator()`	Devuelve el separador de nombres de fichero usado por el sistema de ficheros (por ejemplo, / en Unix, \ en Windows)
`Iterable<Path> getRootDirectories()`	Devuelve un iterable con todos los directorios raíz del sistema de ficheros

El siguiente ejemplo muestra el uso de métodos de la clase **FileSystem**:

```
import java.nio.file.*;
public class FileSystemEjemplos {
  public static void main(String[] args) {
      FileSystem fs = FileSystems.getDefault();

      // Obtener el separador
      System.out.println("Separador: " + fs.getSeparator());

      // Listar directorios raíz del sistema de ficheros
      System.out.println("Directorios raíz:");
      for (Path root : fs.getRootDirectories()) {
            System.out.println("\t" + root);
      }

      // Obtener una ruta
      Path ruta = fs.getPath("D:", "EJERCICIOS");
      System.out.println("Ruta:");
      System.out.println("\t" + ruta.getFileName());
      System.out.println("\t" + ruta.getParent());
  }
}
```

Al ejecutarse se muestra la siguiente salida en un sistema de ficheros con dos particiones de disco:

```
Separador: \
Directorios raíz:
      C:\
      D:\
Ruta:
      EJERCICIOS
      D:\
```

1.5. FORMAS DE ACCESO A UN FICHERO

Hay dos formas de acceso a la información almacenada en un fichero: acceso secuencial y acceso directo o aleatorio:

- **Acceso secuencial:** los datos o registros se leen y se escriben en orden, del mismo modo que se hace en una antigua cinta de vídeo. Si se quiere acceder a un dato o un registro que está hacia la mitad del fichero es necesario leer antes todos los anteriores. La escritura de datos se hará a partir del último dato escrito, no es posible hacer inserciones entre los datos que ya hay escritos.
- **Acceso directo o aleatorio:** permite acceder directamente a un dato o registro sin necesidad de leer los anteriores y se puede acceder a la información en cualquier orden. Los datos están almacenados en registros de tamaño conocido, nos podemos mover de un registro a otro de forma aleatoria para leerlos o modificarlos.

En Java el acceso secuencial más común en ficheros puede ser binario o a caracteres. Para el acceso binario: se usan las clases **FileInputStream** y **FileOutputStream**; para el acceso a caracteres (texto) se usan las clases **FileReader** y **FileWriter**. En el acceso aleatorio se utiliza la clase **RandomAccessFile**.

1.6. OPERACIONES SOBRE FICHEROS

Las operaciones básicas que se realizan sobre cualquier fichero independientemente de la forma de acceso al mismo son las siguientes:

- **Creación del fichero**. El fichero se crea en el disco con un nombre que después se debe utilizar para acceder a él. La creación es un proceso que se realiza una vez.
- **Apertura del fichero.** Para que un programa pueda operar con un fichero, la primera operación que tiene que realizar es la apertura del mismo. El programa utilizará algún método para identificar el fichero con el que quiere trabajar, por ejemplo, asignar a una variable el descriptor del fichero.
- **Cierre del fichero**. El fichero se debe cerrar cuando el programa no lo vaya a utilizar. Normalmente suele ser la última instrucción del programa.
- **Lectura de los datos del fichero.** Este proceso consiste en transferir información del fichero a la memoria principal, normalmente a través de alguna variable o variables de nuestro programa en las que se depositarán los datos extraídos del fichero.
- **Escritura de datos en el fichero.** En este caso el proceso consiste en transferir información de la memoria (por medio de las variables del programa) al fichero.

Normalmente las operaciones típicas que se realizan sobre un fichero una vez abierto son las siguientes:

- **Altas**: consiste en añadir un nuevo registro al fichero.
- **Bajas**: consiste en eliminar del fichero un registro ya existente. La eliminación puede ser lógica, cambiando el valor de algún campo del registro que usemos para controlar dicha situación; o física, eliminando físicamente el registro del fichero. El

borrado físico consiste muchas veces en reescribir de nuevo el fichero en otro fichero sin los datos que se desean eliminar y luego renombrarlo al fichero original.

- **Modificaciones**: consiste en cambiar parte del contenido de un registro. Antes de realizar la modificación será necesario localizar el registro a modificar dentro del fichero; y una vez localizado se realizan los cambios y se reescribe el registro.
- **Consultas**: consiste en buscar en el fichero un registro determinado.

1.6.1. Operaciones sobre ficheros secuenciales

En los ficheros secuenciales los registros se insertan en orden cronológico, es decir, un registro se inserta a continuación del último insertado. Si hay que añadir nuevos registros estos se añaden a partir del final del fichero.

Veamos cómo se realizan las operaciones típicas:

- **Consultas**: para consultar un determinado registro es necesario empezar la lectura desde el primer registro, y continuar leyendo secuencialmente hasta localizar el registro buscado. Por ejemplo, si el registro a buscar es el 90 dentro del fichero, será necesario leer secuencialmente los 89 que le preceden.
- **Altas**: en un fichero secuencial las altas se realizan al final del último registro insertado, es decir, solo se permite añadir datos al final del fichero.
- **Bajas**: para dar de baja un registro de un fichero es necesario leer todos los registros uno a uno y escribirlos en un fichero auxiliar, salvo el que deseamos dar de baja. Una vez reescritos hemos de borrar el fichero inicial y renombrar el fichero auxiliar dándole el nombre del fichero original.
- **Modificaciones**: consiste en localizar el registro a modificar, efectuar la modificación y reescribir el fichero inicial en otro fichero auxiliar que incluya el registro modificado. El proceso es similar a las bajas.

Los ficheros secuenciales se usan típicamente en aplicaciones de proceso por lotes como, por ejemplo, en el respaldo de los datos o backup, y son óptimos en dichas aplicaciones si se procesan todos los registros. La **ventaja** de estos ficheros es la rápida capacidad de acceso al siguiente registro (son rápidos cuando se accede a los registros de forma secuencial) y que aprovechan mejor la utilización del espacio. También son sencillos de usar y aplicar.

La **desventaja** es que no se puede acceder directamente a un registro determinado, hay que leer antes todos los anteriores; es decir, no soporta acceso aleatorio. Otra desventaja es el proceso de actualización, la mayoría de los ficheros secuenciales no pueden ser actualizados, habrá que reescribirlos totalmente. Para las aplicaciones interactivas que incluyen peticiones o actualizaciones de registros individuales, los ficheros secuenciales ofrecen un rendimiento pobre.

1.6.2. Operaciones sobre ficheros aleatorios

Las operaciones en ficheros aleatorios son las vistas anteriormente, pero teniendo en cuenta que para acceder a un registro hay que localizar la posición o dirección donde se encuentra. Los ficheros de acceso aleatorio en disco manipulan direcciones relativas en lugar de direcciones absolutas (número de pista y número de sector en el disco), lo que hace al programa independiente de la dirección absoluta del fichero en el disco. De esta manera los registros se almacenan a partir de la posición 0.

Normalmente para posicionarnos en un registro es necesario aplicar una función de conversión, que usualmente tiene que ver con el tamaño del registro y con la clave del mismo (la clave es el campo o campos que identifica de forma unívoca a un registro). Por ejemplo, disponemos de un fichero de empleados con tres campos: *identificador*, *apellido* y *salario*. Usamos el *identificador* como campo clave del mismo, y le damos el valor 1 para el primer empleado, 2 para el segundo empleado y así sucesivamente; entonces, para encontrar al empleado con el *identificador* X, debemos acceder a la posición correspondiente, calculada como *tamañoDelRegistro * (X - 1)*, lo que nos permitirá obtener sus datos.

Puede ocurrir que al aplicar la función al campo clave nos devuelva una posición ocupada por otro registro, en ese caso, habría que buscar una nueva posición libre en el fichero para ubicar dicho registro o utilizar una **zona de excedentes** dentro del mismo para ir ubicando estos registros.

Veamos cómo se realizan las operaciones típicas:

- **Consultas**: para consultar un determinado registro necesitamos saber su clave, aplicar la función de conversión a la clave para obtener la dirección y leer el registro ubicado en esa posición. Habría que comprobar si el registro buscado está en esta posición, si no está, se buscaría en la zona de excedentes.
- **Altas**: para insertar un registro necesitamos saber su clave, aplicar la función de conversión a la clave para obtener la dirección y escribir el registro en la posición devuelta. Si la posición está ocupada por otro registro, en ese caso el registro se insertaría en la zona de excedentes.
- **Bajas**: las bajas suelen realizarse de forma lógica, es decir, se suele utilizar un campo del registro a modo de switch que tenga el valor 1 cuando el registro exista y le damos el valor 0 para darle de baja, físicamente el registro no desaparece del disco. Habría que localizar el registro a dar de baja a partir de su campo clave y reescribir en este campo el valor 0.
- **Modificaciones**: para modificar un registro hay que localizarlo, necesitamos saber su clave para aplicar la función de conversión y así obtener la dirección, modificar los datos que nos interesen y reescribir el registro en esa posición.

Una de las principales **ventajas** de los ficheros aleatorios es el rápido acceso a una posición determinada para leer o escribir un registro. El gran **inconveniente** es establecer la relación entre la posición que ocupa el registro y su contenido; ya que a veces al aplicar la función de conversión para obtener la posición se obtienen posiciones ocupadas y hay que recurrir a la zona de excedentes. Otro inconveniente es que se puede desaprovechar parte del espacio destinado al fichero, ya que se pueden producir **huecos** (posiciones no ocupadas) entre un registro y otro.

Por ejemplo, podemos imaginarnos un fichero con 4 empleados cuyos identificadores son: 1, 2, 5 y 8 de la siguiente manera, habrá 4 registros con información y cuatro **huecos** ya que el identificador del registro se usa para posicionar el registro y los identificadores 3, 4, 6 y 7 no existen en el fichero:

Reg. para Id 1	Reg. para Id 2	Hueco	Hueco	Reg. para Id 5	Hueco	Hueco	Reg. para Id 8

1.7. CLASES PARA GESTIÓN DE FLUJOS DE DATOS DESDE/HACIA FICHEROS

En Java podemos utilizar dos tipos de ficheros: de texto o binarios; y el acceso a los mismos se puede realizar de forma secuencial o aleatoria. Los ficheros de texto están compuestos de caracteres legibles, mientras que los binarios pueden almacenar cualquier tipo de dato (*int, float, boolean*, etc.)

1.7.1. Ficheros de texto

Los ficheros de texto, los que normalmente se generan con un editor, almacenan caracteres alfanuméricos en un formato estándar (ASCII, UNICODE, UTF8, etc.) Para trabajar con ellos usaremos las clases **FileReader** (descendiente de **Reader**) para leer caracteres y **FileWriter** (descendiente de **Writer**) para escribir los caracteres en el fichero. Cuando trabajamos con ficheros, cada vez que leemos o escribimos en uno debemos hacerlo dentro de un manejador de excepciones **try-catch**. Al usar la clase **FileReader** se puede generar la excepción ***FileNotFoundException*** (porque el nombre del fichero no exista o no sea válido) y al usar la clase **FileWriter** la excepción ***IOException*** (el disco está lleno o protegido contra escritura).

Los métodos que proporciona la clase **Reader** para lectura son los siguientes, estos métodos devuelven un número entero (que si se hace un *cast* es el carácter leído) o -1 si se ha llegado al final del fichero:

Método	Función
`int read()`	Lee un carácter
`int read(char[] buf)`	Lee hasta *buf.length* caracteres de datos de un array de caracteres (*buf*). Los caracteres leídos del fichero se van almacenando en *buf*
`int read(char[] buf, int desplazamiento, int n)`	Lee hasta *n* caracteres de datos del array *buf* comenzando por *buf[desplazamiento]* y devuelve el número leído de caracteres

En un programa Java para crear o abrir un fichero se invoca a la clase **File** y a continuación se crea el flujo de entrada hacia el fichero con la clase **FileReader**. Después se realizan las operaciones de lectura o escritura y cuando terminemos de usarlo lo cerraremos mediante el método ***close()***.

El siguiente ejemplo lee cada uno de los caracteres del fichero de texto de nombre *FichTextoLeer.java* (localizado en la carpeta *src* del proyecto Eclipse) y los muestra en pantalla, los métodos ***read()*** pueden lanzar la excepción ***IOException***, por ello en ***main()*** se ha añadido ***throws IOException*** ya que no se incluye el manejador **try-catch**:

```
import java.io.*;
public class FichTextoLeer {
  public static void main(String[] args) throws IOException {
    //declarar fichero
    File fichero = new File("src\\FichTextoLeer.java");
    //crear el flujo de entrada hacia el fichero
    FileReader fic = new FileReader(fichero);
    int i;
    while ((i = fic.read()) != -1) //se va leyendo un carácter
```

```
      System.out.println((char) i);
    fic.close(); //cerrar fichero
  }
}
```

En el ejemplo, la expresión ***((char) i)*** convierte el valor entero recuperado por el método ***read()*** a carácter, es decir, hacemos un *cast* a *char*. Se llega al final del fichero cuando el método ***read()*** devuelve -1. También se puede declarar el fichero de la siguiente manera:

```
FileReader fic = new FileReader("src\\FichTextoLeer.java ");
```

Para ir leyendo de 20 en 20 caracteres escribimos:

```
    char b[]= new char[20];
    while ((i = fic.read(b)) != -1) System.out.println(b);
```

Para leer ficheros de texto usando el paquete **java.nio.file** podemos usar el método estático ***readAllLines()*** de la la clase **Files**, que permite leer todo el contenido de un fichero y almacenarlo en una lista. El formato es: ***List<String> readAllLines(Path path)***. El siguiente ejemplo lee todo el contenido del fichero anterior y lo devuelve como una lista de cadenas, donde cada cadena representa una línea del fichero, después se recorre la lista para mostrar cada línea:

```
// Crear un objeto Path
Path path = Paths.get("src\\FichTextoLeer.java");

// Leer todo el contenido del fichero como una lista de líneas
List<String> lineas = Files.readAllLines(path);

for (String linea : lineas) {
      System.out.println(linea);
}
```

ACTIVIDAD 1.2

Crea un fichero de texto con algún editor de textos y después realiza un programa Java que visualice su contenido carácter a carácter y línea a línea. Cambia el programa Java para que el nombre del fichero se acepte al ejecutar el programa desde la línea de comandos (argumentos de *main()*). Comprobar antes si el fichero existe.

Los métodos que proporciona la clase **Writer** para escritura son:

Método	Función
`void write(int c)`	Escribe un carácter
`void write(char[] buf)`	Escribe un array de caracteres
`void write(char[] buf, int desplazamiento , int n)`	Escribe n caracteres de datos en el array *buf* comenzando por *buf[desplazamiento]*
`void write(String str)`	Escribe una cadena de caracteres
`void append(char c)`	Añade un carácter a un fichero

Estos métodos también pueden lanzar la excepción ***IOException***. Igual que antes declaramos el fichero mediante la clase **File** y a continuación creamos el flujo de salida hacia el fichero con la clase **FileWriter**. El siguiente ejemplo escribe caracteres en un fichero de nombre *FichTexto.txt* (si no existe se crea). Los caracteres se pueden escribir de uno en uno, como un array de caracteres o como un *String*; los datos se irán insertando en el fichero uno a continuación de otro sin saltos de línea:

```
import java.io.*;
public class FichTextoEscribir {
	public static void main(String[] args) throws IOException {
		// declara fichero
		File fichero = new File("FichTexto.txt");
		// crear el flujo de salida
		FileWriter fic = new FileWriter(fichero);

		String cadena = "Esto es una prueba con FileWriter";
		// convierte un String en array de caracteres
		char[] array = cadena.toCharArray();

		for (int i = 0; i < array.length; i++)
			fic.write(array[i]); // se escribe un carácter

		fic.write("\n");  // se escribe un salto de línea
		fic.append('*');  // se escribe el carácter *
		fic.write(array); // se escribe un array de caracteres

		cadena = "\n*última línea*";
		fic.write(cadena); // se escribe un String
		fic.close(); // cerrar fichero
	}
}
```

Hay que tener en cuenta que si el fichero existe cuando vayamos a escribir caracteres sobre él, todo lo que tenia almacenado anteriormente se borrará. Si queremos añadir caracteres al final, usaremos la clase **FileWriter** de la siguiente manera, colocando en el segundo parámetro del constructor el valor ***true***:

```
		FileWriter fic = new FileWriter(fichero,true);
```

FileReader no contiene métodos que nos permitan leer líneas completas, pero **BufferedReader** sí; dispone del método ***readLine()*** que lee una línea del fichero y la devuelve, o devuelve *null* si no hay nada que leer o llegamos al final del fichero. También dispone del método ***read()*** para leer un carácter. Para construir un **BufferedReader** necesitamos la clase **FileReader**:

```
BufferedReader fichero = new
		BufferedReader (new FileReader(NombreFichero));
```

El siguiente ejemplo lee el fichero *FichTexto.txt* línea por línea y las va visualizando en pantalla, en este caso, las instrucciones se han agrupado dentro de un bloque **try-catch**:

```
import java.io.*;
public class FichTextoBufLeer {
```

```
 public static void main(String[] args) {
   try{
     File fic = new File("FichTexto.txt"); //declara fichero
     BufferedReader fichero =
        new BufferedReader(new
     String linea;
     while((linea = fichero.readLine())!=null)
       System.out.println(linea);
     fichero.close();
   }
   catch (FileNotFoundException fn){
              System.out.println("No se encuentra el fichero");}
   catch (IOException io) {
              System.out.println("Error de E/S ");}
 }
}
```

La clase **BufferedWriter** también deriva de la clase **Writer**. Esta clase añade un buffer para realizar una escritura eficiente de caracteres. Para construir un **BufferedWriter** necesitamos la clase **FileWriter**:

```
BufferedWriter fichero = new
               BufferedWriter(new FileWriter(NombreFichero));
```

El siguiente ejemplo añade 10 cadenas de caracteres al fichero de texto anterior, después de escribir cada cadena salta una línea con el método ***newLine()***:

```
import java.io.*;
public class FichTextoBufEscribir {
   public static void main(String[] args) {
      try {
           FileWriter fic = new FileWriter("FichTexto.txt", true);
           BufferedWriter fichero = new BufferedWriter(fic);

           for (int i = 1; i < 11; i++) {
            fichero.write("Fila numero: " + i); //escribe una cadena
            fichero.newLine(); // escribe un salto de línea
           }
           fichero.close();
      } catch (FileNotFoundException fn) {
           System.out.println("No se encuentra el fichero");
      } catch (IOException io) {
           System.out.println("Error de E/S ");
      }
   }
}
```

La clase **PrintWriter**, que también deriva de **Writer**, posee los métodos ***print(String)*** y ***println(String)*** (idénticos a los de *System.out*) para escribir en un fichero. Ambos reciben un *String* y lo escriben en un fichero, el segundo método, además, produce un salto de línea. Para construir un **PrintWriter** necesitamos la clase **FileWriter**:

```
PrintWriter  fichero = new
             PrintWriter(new FileWriter(NombreFichero));
```

El ejemplo anterior usando la clase **PrintWriter** y el método *println()* quedaría así:

```
PrintWriter fichero = new PrintWriter
                         (new FileWriter("FichTexto.txt"));
for(int i=1; i<11; i++)
        fichero.println("Fila numero: "+i);
fichero.close();
```

Para escribir en ficheros de texto usando el paquete **java.nio.file** podemos usar la clase **Files** junto con el método estático ***writeString()***, que permite escribir una cadena de texto en un fichero. El formato es el siguiente: ***Path writeString(Path path, CharSequence cad, OpenOption... options)***; donde *path* es la ruta del fichero donde escribir, *cad* la cadena que se va a escribir y *options* son opciones para la operación de escritura (como CREATE, APPEND, CREATE_NEW, etc.). El siguiente ejemplo muestra como escribir en el fichero anterior:

```
Path ruta = Path.of("FichTexto.txt");
//cadena a escribir
String cadena = "\nEscribimos una línea usando java.nio.file.";

try {
      //CREATE: crea un fichero si no existe. Si existe, no lo crea
      Files.writeString(ruta, cadena, StandardOpenOption.CREATE);

      //APPEND: si el fichero existe, agrega los datos al final
      //si no existe se produce una excepción
      Files.writeString(ruta, cadena, StandardOpenOption.APPEND);

} catch (IOException e) {
      System.err.println("Error al escribir: " + e.getMessage());
}
```

1.7.2. Ficheros binarios

Los ficheros binarios almacenan secuencias de dígitos binarios que no son legibles directamente por el usuario como ocurría con los ficheros de texto. Tienen la ventaja de que ocupan menos espacio en disco. En Java, las dos clases que nos permiten trabajar con ficheros son **FileInputStream** (para entrada), que desciende de **InputStream**; y **FileOutputStream** (para salida), que desciende de **OutputStream**; estas trabajan con flujos de bytes y crean un enlace entre el flujo de bytes y el fichero.

Los métodos que proporciona la clase **InputStream** para lectura son similares a los vistos para la clase **Reader**, estos métodos devuelven el byte o bytes leídos o -1 si se ha llegado al final del fichero:

Método	Función
`int read()`	Lee un byte y devuelve un entero entre 0 y 255
`int read(byte[] b)`	Lee hasta *b.length* bytes de datos y los almacena en el array de bytes
`int read(byte[] b, int desplazamiento, int n)`	Lee hasta *n* bytes de datos y los almacena en el array de bytes comenzando por *b[desplazamiento]* hasta *b[desplazamiento+n-1]*

El siguiente ejemplo muestra el tamaño en bytes del fichero *FichTexto.txt*, usado anteriormente. Usaremos la clase **FileInputStream** para crear el flujo de entrada al fichero, e ir leyendo byte a byte. Una vez finalizada la lectura se cierra el fichero con la orden ***close()***:

```
import java.io.*;
public class ContarBytes {
  public static void main(String[] args) throws IOException {
      //crea flujo de entrada
      FileInputStream fic = new FileInputStream("FichTexto.txt");
      int n = 0;
      while ((fic.read()) != -1) n++;
      fic.close();

      System.out.println("Tamaño del fichero: " + n + " bytes");
  }
}
```

Los métodos que proporciona la clase **OutputStream** para escritura son:

Método	Función
`void write(int b)`	Escribe un byte
`void write(byte[] b`	Escribe *b.length* bytes
`void write(byte[] b, int desplazamiento, int n)`	Escribe *n* bytes a partir del array de bytes de entrada comenzando por *b[desplazamiento]*

El siguiente ejemplo realiza una copia byte a byte de un fichero de nombre *Ffuente.txt* a otro fichero de nombre *Fdestino.txt*. Usaremos la clase **FileOutputStream** para escribir bytes en el fichero destino y **FileInputStream** para leer byte a byte del fichero fuente:

```
import java.io.*;
public class CopiarFicherosBytes {
  public static void main(String[] args) throws IOException {
        FileInputStream in =
                new FileInputStream(new File("Ffuente.txt"));
        FileOutputStream out =
                new FileOutputStream(new File("Fdestino.txt"));

        int c;
        while ((c = in.read()) != -1) out.write(c);

        in.close();
        out.close();
  }
}
```

1.7.3. Datos de tipo primitivo en ficheros binarios

Para leer y escribir datos de tipos primitivos: *int, float, long*, etc usaremos las clases **DataInputStream** y **DataOutputStream**. Estas clases definen diversos métodos *readXXX* y *writeXXX* que son variaciones de los métodos ***read()*** y ***write()*** de la clase base para leer y escribir datos de tipo primitivo. Algunos de los métodos se muestran en la siguiente tabla:

MÉTODOS PARA LECTURA DataInputStream	MÉTODOS PARA ESCRITURA DataOutputStream
`boolean readBoolean();`	`void writeBoolean(boolean v);`
`byte readByte();`	`void writeByte(int v);`
`int readUnsignedByte();`	`void writeBytes(String s);`
`int readUnsignedShort();`	`void writeShort(int v);`
`short readShort();`	`void writeChars(String s);`
`char readChar();`	`void writeChar(int v);`
`int readInt();`	`void writeInt(int v);`
`long readLong();`	`void writeLong(long v);`
`float readFloat();`	`void writeFloat(float v);`
`double readDouble();`	`void writeDouble(double v);`
`String readUTF();`	`void writeUTF(String str);`

El objeto de la clase **DataInputStream**, utilizado para leer datos de distinto tipo, debe ser enlazado a otro objeto de la clase **FileInputStream**, al cual previamente se le ha asignado el nombre del fichero en disco:

```
File fichero = new File("FichData.dat");
FileInputStream filein = new FileInputStream(fichero);
DataInputStream dataIS = new DataInputStream(filein);
```

O bien

```
File fichero = new File("FichData.dat");
DataInputStream dataIS = new
                DataInputStream(new FileInputStream(fichero));
```

Igualmente, el objeto de la clase **DataOutputStream**, utilizado para escribir datos de distinto tipo, debe ser enlazado a otro objeto de la clase **FileOutputStream**, al cual previamente se le ha asignado el nombre del fichero en disco:

```
File fichero = new File("FichData.dat");
FileOutputStream fileout = new FileOutputStream(fichero);
DataOutputStream dataOS = new DataOutputStream(fileout);
```

O bien

```
File fichero = new File("FichData.dat");
DataOutputStream dataOS = new
                 DataOutputStream(new FileOutputStream(fichero));
```

El siguiente ejemplo inserta datos en el fichero *Ftiposprimitivos.dat*, los datos los toma de dos arrays, uno contiene los nombres de una serie de personas y el otro sus edades, recorremos los arrays y vamos escribiendo en el fichero el *nombre* (mediante el método ***writeUTF(String)***) y la *edad* (mediante el método ***writeInt(int)***):

```
import java.io.*;
public class EscribirTiposPrimitivos {
  public static void main(String[] args) throws IOException {
```

```
    File fichero = new File("Ftiposprimitivos.dat");
    FileOutputStream fileout = new FileOutputStream(fichero);
    DataOutputStream dataOS = new DataOutputStream(fileout);

    String nombres[] =
            {"Ana","Luis Miguel","Alicia","Pedro","Manuel",
             "Andrés", "Julio","Antonio","María Jesús"};

    int edades[] = {14,15,13,15,16,12,16,14,13};

    for (int i=0;i<edades.length; i++){
       dataOS.writeUTF(nombres[i]); //escribe nombre
       dataOS.writeInt(edades[i]);  //escribe edad
    }
    dataOS.close();   //cerrar stream
  }
}
```

El siguiente ejemplo visualiza los datos grabados anteriormente en el fichero, se deben recuperar en el mismo orden en el que se escribieron, es decir, primero obtenemos el *nombre* y luego la *edad*. Para leer el fichero se realizará un proceso repetitivo (*while true()*) en el que se leen los datos en el mismo orden en que se escribieron, que finalizará cuando se intenta leer en el fichero y no haya más datos, momento en el que se produce la excepción ***EOFException***:

```
import java.io.*;
public class LeerTiposPrimitivos {
   public static void main(String[] args) throws IOException {
      File fichero = new File("Ftiposprimitivos.dat");
      DataInputStream dataIS =
              new DataInputStream(new FileInputStream(fichero));

      String n;
      int e;

      try {
           while (true) {
                  n = dataIS.readUTF(); // recupera el nombre
                  e = dataIS.readInt(); // recupera la edad
           System.out.println("Nombre: " + n + ", edad: " + e);
           }
      } catch (EOFException eo) {
          //FINALIZA LA LECTURA DEL FICHERO
      }
      dataIS.close(); // cerrar stream
   }
}
```

Se obtiene la siguiente salida al ejecutar el programa:

```
Nombre: Ana, edad: 14
Nombre: Luis Miguel, edad: 15
Nombre: Alicia, edad: 13
Nombre: Pedro, edad: 15
Nombre: Manuel, edad: 16
Nombre: Andrés, edad: 12
```

```
Nombre: Julio, edad: 16
Nombre: Antonio, edad: 14
Nombre: María Jesús, edad: 13
```

ACTIVIDAD 1.3

Realizar consultas en el fichero *Ftiposprimitivos.dat* creado anteriormente. Crea una clase Java en la que se introduce un nombre por teclado en un proceso repetitivo que finalizará cuando el nombre introducido sea igual a *. Se debe buscar en el fichero si existe o no el nombre, si existe se muestra su edad, si no existe se muestra un mensaje indicándolo. A continuación, se vuelve a leer un nombre por teclado.

Crea otra clase Java en la que se introduzca la edad, en un proceso repetitivo que finalizará cuando la edad sea menor o igual que 0. Se debe buscar en el fichero si existe o no la edad, si existe se muestran los nombres con esa edad, si no se encuentra la edad se debe mostrar un mensaje indicándolo. A continuación, se vuelve a leer otra edad.

1.7.4. Serialización de objetos

Hemos visto cómo se guardan los tipos de datos primitivos en un fichero, pero, por ejemplo, si tenemos un objeto de tipo empleado con varios atributos (el *nombre*, la *dirección*, el *salario*, el *departamento*, el *oficio*, etc.) y queremos guardarlo en un fichero, tendríamos que guardar cada atributo que forma parte del objeto por separado, esto se vuelve engorroso si tenemos gran cantidad de objetos. Por ello Java nos permite guardar objetos en ficheros binarios; para poder hacerlo, el objeto tiene que implementar la interfaz **Serializable** que dispone de una serie de métodos con los que podremos guardar y leer los objetos. Los más importantes a utilizar son:

- ***Object readObject()***: se utiliza para leer un objeto del **ObjectInputStream**. Puede lanzar las excepciones ***IOException*** y ***ClassNotFoundException***.
- ***void writeObject(Object obj)***: se utiliza para escribir el objeto especificado en el **ObjectOutputStream.** Puede lanzar la excepción ***IOException***.

La **serialización de objetos de Java** permite tomar cualquier objeto que implemente la interfaz **Serializable** y convertirlo en una secuencia de bytes (serialización) que puede ser posteriormente restaurada para regenerar el objeto original (deserialización). Para leer y escribir objetos se utilizan las clases Java **ObjectInputStream** y **ObjectOutputStream** respectivamente.

A continuación, se muestra la clase *Persona* que implementa la interfaz **Serializable** y que utilizaremos para escribir y leer objetos en un fichero binario. La clase tiene dos atributos: el *nombre* y la *edad* y los métodos *get* para obtener el valor del atributo y *set* para darle valor:

```
import java.io.Serializable;
public class Persona implements Serializable{
      private String nombre;
      private int edad;

      public Persona(String nombre,int edad)    {
        this.nombre = nombre;
        this.edad = edad;
       }
      public Persona() {
        this.nombre = null;
```

```
    }
    public void setNombre(String nombre){this.nombre = nombre;}
    public void setEdad(int edad){this.edad = edad;}

    public String getNombre(){return this.nombre;}//devuelve nombre
    public int getEdad(){return this.edad;}          //devuelve edad

    public String toString() {
           return "Nombre: " + nombre +", edad: " + edad; }
}//fin Persona
```

El siguiente ejemplo escribe objetos *Persona* en un fichero. Necesitamos crear un flujo de salida a disco con **FileOutputStream** para escribir bytes. Luego, se utiliza un objeto **ObjectOutputStream** para escribir objetos directamente en el flujo de salida, el cual se ha de vincular al fichero de **FileOutputStream**. El método **writeObject()** escribe los objetos al flujo de salida y los guarda en un fichero en disco: ***dataOS.writeObject(persona)***. El código es el siguiente:

```
import java.io.*;
public class EscribirPersonas {
   public static void main(String[] args) throws IOException {
      File  fichero  =  new  File("FichPersonas.dat");//  declara  el
fichero
      //crea el flujo de salida
      FileOutputStream fileout = new FileOutputStream(fichero);

      // conecta el flujo de bytes al flujo de datos
      ObjectOutputStream dataOS = new ObjectOutputStream(fileout);

      String nombres[] = { "Ana", "Luis Miguel", "Alicia", "Pedro",
        "Manuel", "Andrés", "Julio", "Antonio", "María Jesús" };
      int edades[] = { 14, 15, 13, 15, 16, 12, 16, 14, 13 };

      System.out.println("INSERTANDO PERSONAS.");
      for (int i = 0; i < edades.length; i++) {
        Persona persona = new Persona(nombres[i], edades[i]);
        dataOS.writeObject(persona); // escribir objeto Persona
        System.out.println("Registro insertado...");
      }
      dataOS.close(); // cerrar flujo salida
   }
}
```

Para leer objetos *Persona* del fichero necesitamos crear el flujo de entrada a disco con **FileInputStream** y a continuación utilizar un objeto **ObjectInputStream** para leer los objetos del flujo de entrada, el cual se ha de vincular al fichero de **FileInputStream**. El método ***readObject()*** lee los objetos del flujo de entrada, puede lanzar la excepción ***ClassNotFoundException*** e ***IOException***, por lo que será necesario controlarlas. El proceso de lectura se hace en un bucle *while(true)*, este se encierra en un bloque **try-catch** ya que la lectura finalizará cuando se llegue al final de fichero, entonces, se lanzará la excepción ***EOFException.*** El código es el siguiente:

```
import java.io.*;
```

```
public class LeerPersonas {
      public static void main(String[] args)
                  throws IOException, ClassNotFoundException {
        File fichero = new File("FichPersonas.dat");
        ObjectInputStream dataIS =
                  new ObjectInputStream(new FileInputStream(fichero));
        try {
              while (true) {
                  Persona persona = (Persona) dataIS.readObject();
                  System.out.printf("Nombre: %s, edad: %d %n",
                          persona.getNombre(), persona.getEdad());
              }
        } catch (EOFException eo) {
                  System.out.println("FIN DE LECTURA.");
        } catch (StreamCorruptedException x) {
        }
        dataIS.close(); // cerrar flujo de entrada
      }
}
```

En el mismo fichero se pueden almacenar objetos pertenecientes a distintas clases. Los objetos deben ser leídos en el mismo orden en que se han escrito en el fichero.

Problema con los ficheros de objetos:

Existe un problema con los ficheros de objetos. Al crear un fichero de objetos se crea una cabecera inicial con información, y a continuación se añaden los objetos. Si el fichero se utiliza de nuevo para añadir más registros, se crea una nueva cabecera y se añaden los objetos a partir de esa cabecera. El problema surge al leer el fichero cuando en la lectura se encuentra con la segunda cabecera, y aparece la excepción ***StreamCorruptedException*** y no podremos leer más objetos.

La cabecera se crea cada vez que se pone ***new ObjectOutputStream(fichero).*** Para que no se añadan estas cabeceras lo que se hace es ***redefinir la clase* ObjectOutputStream *creando una nueva clase que la herede (extends).*** Y dentro de esa clase se redefine el método ***writeStreamHeader()*** que es el que escribe las cabeceras, y hacemos que ese método no haga nada. De manera que si el fichero ya se ha creado se llamará a ese método de la clase redefinida.

La clase redefinida quedará así:

```
public class MiObjectOutputStream extends ObjectOutputStream
{
    public MiObjectOutputStream(OutputStream out) throws IOException
    {    super(out);      }
    protected MiObjectOutputStream()
            throws IOException, SecurityException
    {   super();     }
    // Redefinición del método de escribir la cabecera
    // para que no haga nada.
    protected void writeStreamHeader() throws IOException {   }
}
```

Y dentro de nuestro programa a la hora de abrir el fichero para añadir nuevos objetos se pregunta si ya existe. Si el fichero existe se crea el objeto con la clase redefinida **MiObjectOutputStream**, y si no existe, se crea con la clase **ObjectOutputStream**:

```
File fichero = new File(nombrefichero);
ObjectOutputStream dataOS;
if (!fichero.exists()) {
   //Si el fichero no existe crea un ObjectOutputStream, la 1ª vez
   FileOutputStream fileout;
   fileout = new FileOutputStream(fichero);
   dataOS = new ObjectOutputStream(fileout);
}
else {
   // Si ya existe el fichero creará un ObjectOutputStream
    // con el método writeStreamHeader redefinido (sin hacer nada)
    dataOS = new MiObjectOutputStream
              (new FileOutputStream(fichero,true));
} //fin if
```

ACTIVIDAD 1.4

Añadir personas al fichero *FichPersonas.dat*. Utiliza la clase **MiObjectOutputStream**. Desarrolla una clase en Java que permita introducir el *nombre* y la *edad* de una persona mediante el teclado en un proceso repetitivo que finalizará cuando se introduzca un asterisco (*) como *nombre*. Los datos se deben almacenar en el fichero *FichPersonas.dat*. Una vez concluido el proceso de añadir datos muestra el contenido del fichero para verificar si los datos se han almacenado correctamente.

Para almacenar objetos usando el paquete **java.nio.file** se *usa* ***Files.newOutputStream(ruta, opciones)*** para crear el flujo de salida al fichero. Para leer los objetos se usa ***Files.newInputStream(ruta, opciones)*** para abrir un flujo de entrada al fichero. El siguiente ejemplo añade dos personas al fichero anterior. Si el fichero existe se crea el flujo de salida con **MiObjectOutputStream** y se define el flujo de salida con la opción ***APPEND*** para añadir registros, si el fichero no existe se define con la opción ***CREATE***:

```
import java.io.*;
import java.nio.file.Files;
import java.nio.file.Path;
import java.nio.file.StandardOpenOption;

public class EscribirPersonasNIO {
    public static void main(String[] args) throws IOException {
        // Define la ruta del fichero
        Path ruta = Path.of("FichPersonas.dat");

        ObjectOutputStream dataOS;

        if(Files.exists(ruta)) {
            dataOS = new MiObjectOutputStream(
                Files.newOutputStream(ruta,
                    StandardOpenOption.APPEND));
        } else {
           dataOS = new ObjectOutputStream(
```

```
                Files.newOutputStream(ruta,
              StandardOpenOption.CREATE));
        }

        // Escribe los objetos
        dataOS.writeObject(new Persona("Felipe", 30));
        dataOS.writeObject(new Persona("Maria", 25));
        dataOS.close();
    }
}
```

Para la lectura se define la ruta y el flujo de entrada con ***Files.newOutputStream()***:

```
Path ruta = Path.of("FichPersonas.dat");
ObjectInputStream dataIS =
              new ObjectInputStream(Files.newInputStream(ruta));
```

1.7.5. Ficheros de acceso aleatorio

Hasta ahora, todas las operaciones que hemos realizado sobre los ficheros se realizaban de forma secuencial. Se empezaba la lectura en el primer byte o el primer carácter o el primer objeto, y seguidamente se leían los siguientes uno a continuación de otro hasta llegar al fin del fichero. Igualmente, cuando escribíamos los datos en el fichero se iban escribiendo a continuación de la última información escrita. Java dispone de la clase **RandomAccessFile** que dispone de métodos para acceder al contenido de un fichero binario de forma aleatoria (no secuencial) y para posicionarnos en una posición concreta del mismo. Esta clase no es parte de la jerarquía **InputStream/OutputStream**, ya que su comportamiento es totalmente distinto puesto que se puede avanzar y retroceder dentro de un fichero.

Disponemos de dos constructores para crear el fichero de acceso aleatorio, estos pueden lanzar la excepción ***FileNotFoundException***:

- ***RandomAccessFile(String nombrefichero, String modoAcceso):*** escribiendo el nombre del fichero incluido el path.
- ***RandomAccessFile(File objetoFile, String modoAcceso):*** con un objeto **File** asociado a un fichero.

El argumento *modoAcceso* puede tener dos valores:

Modo de acceso	Significado
r	Abre el fichero en modo de solo lectura. El fichero debe existir. Una operación de escritura en este fichero lanzará la excepción ***IOException***
rw	Abre el fichero en modo lectura y escritura. Si el fichero no existe se crea

Una vez abierto el fichero pueden usarse los métodos *readXXX* y *writeXXX* de las clases **DataInputStream** y **DataOutputStream** (vistos anteriormente). La clase **RandomAccessFile** maneja un puntero que indica la posición actual en el fichero. Cuando el fichero se crea el **puntero al fichero se coloca en 0**, apuntando al principio del mismo. Las sucesivas llamadas a los métodos ***read()*** y ***write()*** ajustan el puntero según la cantidad de bytes leídos o escritos.

Los métodos más importantes son:

Método	Función
`long getFilePointer()`	Devuelve la posición actual del puntero del fichero
`void seek(long posicion)`	Coloca el puntero del fichero en una posición determinada desde el comienzo del mismo
`long length()`	Devuelve el tamaño del fichero en bytes. La posición *length()* marca el final del fichero
`int skipBytes(int desplazamiento)`	Desplaza el puntero desde la posición actual el número de bytes indicados en *desplazamiento*

El ejemplo que se muestra a continuación inserta datos de empleados en un fichero aleatorio. Los datos a insertar son: *identificador*, *apellido*, *número de departamento* y *salario*, que se obtienen de varios arrays que se llenan en el programa, los datos se van introduciendo de forma aleatoria dependiendo del valor del *identificador* que es mayor que 0. La longitud del registro de cada empleado es la misma (34 bytes) y los tipos que se insertan y su tamaño en bytes es el siguiente:

- Se inserta en primer lugar el *identificador*, entero que ocupa 4 bytes.
- A continuación, una cadena de 10 caracteres es el *apellido*. Como Java utiliza caracteres UNICODE, cada carácter de una cadena de caracteres ocupa 16 bits (2 bytes), por tanto, el *apellido* ocupa 20 bytes.
- El *número de departamento*, tipo entero corto (*short*) que ocupa 2 bytes.
- Un tipo *double* que es el *salario*, ocupa 8 bytes.

Para calcular la posición del registro del empleado dentro del fichero aplicamos la siguiente fórmula: *posición = (identificador – 1) * longitud del registro,* en este caso 34 bytes. Ejemplo:

- El empleado con *identificador* 1 empezará en la posición 0 del fichero.
- El empleado con *identificador* 2 empezará en la posición 34: *(2-1)*34* del fichero.
- El empleado con *identificador* 3 empezará en la posición 68: *(3-1)*34.*
- El empleado con *identificador* 4 empezará en la posición 102: *(4-1)*34.*
- Y, así sucesivamente, el *identificador* 20 empezará en la posición 646: *(20-1)*34.*

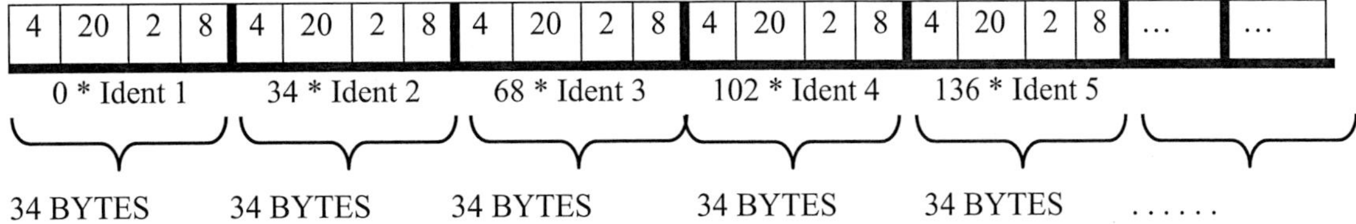

El fichero se abre en modo "*rw*" para lectura y escritura. El código es el siguiente:

```
import java.io.*;
public class EscribirFichAleatorio {
   static int longitudRegistro= 34;
```

```
  public static void main(String[] args) throws IOException {
     File fichero = new File("AleatorioEmple.dat");
     // declara el fichero de acceso aleatorio
     RandomAccessFile file = new RandomAccessFile(fichero, "rw");

     int id[] = { 7, 9, 1, 20, 3, 5, 4 }; // identificadores

     String apellido[] = { "FERNANDEZ", "GIL", "LOPEZ", "RAMOS",
                           "SEVILLA", "CASILLA", "REY" }; // apellidos
     short dep[] = { 10, 20, 10, 10, 30, 30, 20 };        // Dep
     double salario[] = { 1000.45, 2400.60, 3000.0, 1500.56,
                          2200.0, 1435.87, 2000.0 };   //salarios
     int n = id.length;
     for (int i = 0; i < n; i++) { //recorrer arrays
          long posicion = (id[i]-1) * longitudRegistro;
          file.seek(posicion); //posicionarse

          file.writeInt(id[i]); //insertar identificador
          StringBuffer buffer = new StringBuffer(apellido[i]);
          buffer.setLength(10); // 10 caracteres para el apellido
          file.writeChars(buffer.toString());// insertar apellido
          file.writeShort(dep[i]); // insertar departamento
          file.writeDouble(salario[i]);// insertar salario
     }
     file.close(); // cerrar fichero
  }
}
```

Para escribir el *apellido* primero hemos de construir una cadena de longitud fija, en este caso de 10 caracteres. Para ello se usa la clase **StringBuffer** y el método ***setLength(longitudcadena)*** para darle el tamaño. Después usamos el método ***writeChars(String cadena)*** para escribir la cadena en el fichero.

Para leer las cadenas del fichero, hemos de ir leyendo carácter a carácter. Para leer el *apellido* leemos carácter a carácter usando el método: ***readChar()***; en este caso tenemos que leer 10 caracteres que se van guardando en un array de caracteres y después se convierte a *String*.

El siguiente ejemplo toma el fichero anterior y visualiza todos los registros. Se lee en el mismo orden que se escribió. No es recesario posicionarse porque estamos haciendo un recorrido secuencial byte a byte que finalizará cuando la posición actual del fichero llegue al tamaño del fichero: ***file.getFilePointer() == file.length()***. Solo se visualizarán los registros cuyo *identificador* sea mayor que 0, ya que si no se cumple se puede tratar de un hueco:

```
import java.io.*;
public class LeerTodosRegistros {
  static int longitudRegistro = 34;
  static File fichero = new File("AleatorioEmple.dat");

  public static void main(String[] args) throws IOException {
     RandomAccessFile file = new RandomAccessFile(fichero, "r");
     int id;
     short dep;
     double salario;

     for (;;) { // recorro el fichero de forma secuencial
```

```
            id = file.readInt(); // obtengo id de empleado
            char apellido[] = new char[10], aux;
            for (int i = 0; i < apellido.length; i++) {
                    aux = file.readChar();// caracteres del apellido
                    apellido[i] = aux;
            }
            // convierto a String el array
            String apellidos = new String(apellido);
            dep = file.readShort(); // obtengo dep
            salario = file.readDouble(); // obtengo salario

            if (id > 0) //si es 0 se trata de un hueco
              System.out.printf("ID: %s, Apellido: %s, Departamento: %d,
                 Salario: %.2f %n", id, apellidos.trim(), dep, salario);

            // Si he recorrido todos los bytes salgo del for
            if (file.getFilePointer() == file.length())  break;
        }
        file.close(); // cerrar fichero
    }
}
```

La ejecución muestra la siguiente salida:

```
ID: 1, Apellido: LOPEZ, Departamento: 10, Salario:  3.000,00
ID: 3, Apellido: SEVILLA, Departamento: 30, Salario:  2.200,00
ID: 4, Apellido: REY, Departamento: 20, Salario:  2.000,00
ID: 5, Apellido: CASILLA, Departamento: 30, Salario:  1.435,87
ID: 7, Apellido: FERNANDEZ, Departamento: 10, Salario:  1.000,45
ID: 9, Apellido: GIL, Departamento: 20, Salario:  2.400,60
ID: 20, Apellido: RAMOS, Departamento: 10, Salario:  1.500,56
```

El siguiente método recibe un *identificador* de empleado y muestra sus datos en el caso que exista. Si no existe puede ocurrir que se trate de un **hueco** o se haya llegado al fin de fichero. Se calcula la posición que le corresponde al *identificador* y se comprueba si es mayor o igual a la longitud del fichero, después será necesario posicionarse para realizar la lectura:

```
private static void verRegistro(int id) throws IOException {
   RandomAccessFile file = new RandomAccessFile(fichero, "rw");
   // calcular posición
   long posicion = (id - 1) * longitudRegistro;

   if (posicion >= file.length())
          System.out.printf("ID: %d, NO EXISTE.%n", id);
   else {
         file.seek(posicion); // posicionarse
         int idf = file.readInt(); // obtengo id de empleado

         if (idf == id) { //comprobar si el id es el buscado
            char apellido[] = new char[10], aux;
            for (int i = 0; i < apellido.length; i++) {
                  aux = file.readChar();
                  apellido[i] = aux;
            }
```

```
            String apellidoS = new String(apellido).trim();

            short dep = file.readShort();
            double salario = file.readDouble();

            System.out.printf("ID: %d, Apellido: %s, Departamento:
            %d, Salario: %,9.2f%n", id, apellidoS, dep, salario;
        } else {
            System.out.printf("ID:  %d,  NO  EXISTE,  ES  UN  HUECO.%n",
id);
        }
    }
    file.close();
}
```

Para añadir registros a partir del último insertado hemos de posicionar el puntero del fichero al final del mismo:

```
long posicion = file.length();
file.seek(posicion);
```

Para modificar un registro determinado, accedemos a su posición y efectuamos las modificaciones. El fichero debe abrirse en modo "***rw***". El siguiente ejemplo cambia el *departamento* del *identificador* 4, le asigna el valor 40 y suma 300 al *salario*. Primero localizamos la posición del *identificador* 4, luego calculamos la posición del *departamento* y nos posicionamos para asignar en esa posición el nuevo valor. Como necesitamos leer el *salario*, que va después del *departamento*, lo leemos. Una vez leído nos tendremos que posicionar donde comienza el *salario* para escribir el nuevo salario, en este caso restamos a ***file.getFilePointer()*** los 8 bytes del salario:

```
RandomAccessFile file = new RandomAccessFile(fichero, "rw");
int identificador = 4;// id a modificar
// posición del identificador 4
long posicion = (identificador - 1) * longitudRegistro;
posicion = posicion + 4 + 20; // calcular posición del departamento
file.seek(posicion); // posicionarse
file.writeShort(40); // modificar departamento

double antiguo = file.readDouble(); // leer salario
double nuevosalario= 300 + antiguo; // calcular nuevo salario

posicion = file.getFilePointer()- 8;// calcular posición del salario
file.seek(posicion);                // posicionarse
file.writeDouble(nuevosalario);     // modificar salario

file.close(); // cerrar fichero
```

Para borrar un registro no se puede realizar un borrado físico, se hace un borrado lógico marcando el registro a eliminar con información que indique que el registro se ha borrado. Por ejemplo, se puede marcar con -1 el identificador del empleado. También a la hora de definir el registro se puede añadir un campo que indique si el registro se ha eliminado o no, se almacena un valor negativo si se ha eliminado y un 0 si está activo.

ACTIVIDAD 1.5

Crear el fichero de departamentos de nombre *AleatorioDepart.dat*. Los campos de cada registro son: *número de departamento(short), nombre (15 caracteres) localidad (15 caracteres) y número de empleados (short)*. Los datos para llenar el fichero se toman de arrays que tendrás que crear. La posición de cada registro dependerá del *número de departamento*.

Después realiza los siguientes métodos:

- Método que reciba un *número de departamento* y devuelva *true* o *false* indicando si existe o no el registro.
- Método que reciba un *número de departamento* y muestre los datos. Si no existe mostrar mensaje indicándolo.
- Método que actualice el campo *número de empleados*, debe guardar el número de empleados del fichero *AleatorioEmple.dat* en ese departamento.
- Método que reciba un *número de departamento*, un *nombre* y una *localidad* y modifique el *nombre* y la *localidad* de ese número de departamento. Si no existe mostrar mensaje indicándolo.
- Método que reciba un *número de departamento*, un *nombre* y una *localidad* y lo inserte en el fichero, siempre y cuando no exista el número de departamento.
- Método que reciba un *número de departamento* y lo elimine del fichero. El borrado consistirá en almacenar -1 en los campos numéricos y * en las cadenas.
- Método que muestre todos los datos de todos los departamentos.

Puedes realizar los métodos en una clase o varias.

Probar todos los métodos y comprobar el correcto funcionamiento. Controlar las posibles situaciones de error que puedan ocurrir.

1.8. TRABAJO CON FICHEROS XML

XML (*eXtensible Markup Language- Lenguaje de Etiquetado Extensible*) es un metalenguaje, es decir, un lenguaje para la definición de lenguajes de marcado. Nos permite jerarquizar y estructurar la información y describir los contenidos dentro del propio documento. Los ficheros XML son ficheros de texto escritos en lenguaje XML, donde la información está organizada de forma secuencial y en orden jerárquico. Existen una serie de marcas especiales como son los símbolos: menor que < y mayor que >, que se usan para delimitar las marcas que dan la estructura al documento. Cada marca tiene un nombre y puede tener 0 o más atributos. Un fichero XML sencillo tiene la siguiente estructura:

```
<?xml version="1.0"?>
<Empleados>
   <empleado>
      <id>1</id>
      <apellido>FERNANDEZ</apellido>
      <dep>10</dep>
      <salario>1000.45</salario>
   </empleado>
   <empleado>
      <id>2</id>
```

```
        <apellido>GIL</apellido>
        <dep>20</dep>
        <salario>2400.6</salario>
    </empleado>
    <empleado>
        <id>3</id>
        <apellido>LOPEZ</apellido>
        <dep>10</dep>
        <salario>3000.0</salario>
    </empleado>
</Empleados>
```

Los ficheros XML se pueden utilizar para proporcionar datos a una base de datos, o para almacenar copias de partes del contenido de la base de datos. También se utilizan para escribir ficheros de configuración de programas o en el protocolo SOAP (*Simple Object Access Protocol*), para ejecutar comandos en servidores remotos; la información enviada al servidor remoto y el resultado de la ejecución del comando se envían en ficheros XML.

Para leer los ficheros XML y acceder a su contenido y estructura, se utiliza un procesador de XML o parser. El procesador lee los documentos y proporciona acceso a su contenido y estructura. Algunos de los procesadores más empleados son: **DOM**: *Modelo de Objetos de Documento* y **SAX**: *API Simple para XML*. Son independientes del lenguaje de programación y existen versiones particulares para Java, VisualBasic, C, etc. Utilizan dos enfoques muy diferentes:

- **DOM**: un procesador XML que utilice este planteamiento almacena toda la estructura del documento en memoria en forma de árbol con nodos padre, nodos hijo y nodos finales (que son aquellos que no tienen descendientes). Una vez creado el árbol, se van recorriendo los diferentes nodos y se analiza a qué tipo particular pertenecen. Tiene su origen en el W3C. Este tipo de procesamiento necesita más recursos de memoria y tiempo sobre todo si los ficheros XML a procesar son bastante grandes y complejos.
- **SAX**: un procesador que utilice este planteamiento lee un fichero XML de forma secuencial y produce una secuencia de eventos (comienzo/fin del documento, comienzo/fin de una etiqueta, etc.) en función de los resultados de la lectura. Cada evento invoca a un método definido por el programador. Este tipo de procesamiento prácticamente no consume memoria, pero, por otra parte, impide tener una visión global del documento por el que navegar.

Las metodologías **SAX** y **DOM** no fueron diseñadas con Java en mente. Con la intención de proporcionar una metodología para procesar XML más acorde con el mundo Java surgió **JDOM**: *Java Document Object Model* (*Documento de Modelado de Objetos en Java*), es una librería para manipulaciones de datos XML.

1.8.1. Acceso a ficheros XML

JDOM utiliza DOM para manipular los elementos de un modelo específico. Permite construir documentos, navegar por su estructura, y añadir, modificar o suprimir elementos. **JDOM2** es una evolución de **JDOM**, diseñada para resolver algunas de las limitaciones y mejorar el rendimiento de la versión original. Algunas de las librerías más importantes de **JDOM2** son las siguientes:

- **org.jdom2**: representa un documento XML y sus componentes: *Attribute*, *CDATA*, *Comment*, *DocType*, *Document*, *Element*, *EntityRef*, *Namespace*, *ProcessingInstruction*, y *Text*, los mismos componentes que posee XML.
- **org.jdom2.input**: contiene clases que permiten analizar (parsear) XML y transformarlo en un árbol de objetos JDOM que luego se pueden manipular en Java. La clase más usada es **SAXBuilder**, que utiliza un parser SAX para construir un **Document JDOM** a partir de un fichero XML, un **InputStream**, un **Reader**, una URL, o una cadena de texto.
- **org.jdom2.output**: contiene clases para convertir un documento JDOM en una representación de salida, como un texto XML, un flujo de bytes (**OutputStream**) o un fichero (**Writer**). La clase más usada es **XMLOutputter**, que permite formatear la salida con indentación y saltos de línea.
- **org.jdom2.transform**: contiene clases para realizar las transformaciones XSLT.
- **org.jdom2.xpath**: contiene clases que soportan **XPath** permitiendo buscar y seleccionar nodos dentro de un documento XML de manera sencilla y eficiente.

(Más información en: *http://www.jdom.org/docs/apidocs/*)

Para usar **JDOM2** crearemos un proyecto usando **Maven** y agregaremos la correspondiente dependencia en el fichero **pom.xml**:

```
<dependency>
        <groupId>org.jdom</groupId>
        <artifactId>jdom2</artifactId>
        <version>2.0.6</version>
</dependency>
```

El siguiente ejemplo Java crea el fichero *personas.xml*:

```
import java.io.FileWriter;
import org.jdom2.Document;
import org.jdom2.Element;
import org.jdom2.output.Format;
import org.jdom2.output.XMLOutputter;

public class CrearXMLPersonas {
   public static void main(String[] args) throws Exception {
      // Crear el elemento raíz
      Element root = new Element("personas"); // elemento raíz

      // Añadir elementos hijos
      Element p1 = new Element("persona");
      p1.setAttribute("id", "1");
      p1.addContent(new Element("nombre").setText("Juan"));
      p1.addContent(new Element("edad").setText("30"));
      root.addContent(p1);

      Element p2 = new Element("persona");
      p2.setAttribute("id", "2");
      p2.addContent(new Element("nombre").setText("Ana"));
      p2.addContent(new Element("edad").setText("25"));
      root.addContent(p2);
```

```
        // Crear el documento
        Document document = new Document(root);

        // Guardar el XML en el fichero personas.xml
        XMLOutputter xmlOutputter =
                new XMLOutputter(Format.getPrettyFormat());
        xmlOutputter.output(document, new FileWriter("personas.xml"));
    }
}
```

Lo primero que debemos hacer es crear el elemento raíz y a continuación los hijos (personas). Para ello se usa la clase **Element** que representa un elemento XML. Esta clase proporciona métodos para obtener y manipular los elementos del XML y su contenido, acceder directamente al contenido textual del elemento, manipular sus atributos y administrar espacios de nombres. Con ***setAttribute()***, creamos un atributo en el elemento y le damos valor, en este caso el atributo es *id.* El método ***addContent()*** añade el elemento al final de la lista de contenido del elemento, también permite crear el elemento y asignarle texto.

La clase **Document** la usaremos para crear el documento con el elemento raíz. Por último, se guarda el XML en un fichero con el método ***output(Document doc, FileWriter writer)*** de la clase **XMLOutputter**, se necesitará el objeto **Document**. **XMLOutputter** con ***Format.getPrettyFormat()*** genera XML con indentación y saltos de línea. El fichero creado es el siguiente:

```
<?xml version="1.0" encoding="UTF-8"?>
<personas>
  <persona id="1">
    <nombre>Juan</nombre>
    <edad>30</edad>
  </persona>
  <persona id="2">
    <nombre>Ana</nombre>
    <edad>25</edad>
  </persona>
</personas>
```

Si solo queremos obtener el XML en formato *String* sin escribirlo en un fichero usaremos el método ***outputString(Document)*** del objeto **XMLOutputter**:

```
String salida = xmlOutputter.outputString(document);
System.out.println(salida);
```

Para leer el documento XML se usa la clase **SAXBuilder**. El método ***build(File file)*** lee el fichero XML especificado, analiza su contenido y crea un objeto **Document**, que es la representación en memoria del fichero XML. Con ***getRootElement()*** se obtiene el elemento raíz que permitirá recorrer los elementos hijos. Con ***getChildren("persona")*** se obtiene la lista de todos los elementos *<persona>* dentro de *<personas>*. Los métodos ***getChildText("nombreNodo")*** y ***getAttributeValue("nombreAtributo")*** se utilizan para obtener el texto contenido en un nodo específico y el valor de un atributo respectivamente. El método ***getChild("nombreNodo")*** devuelve solo el primer elemento *<nombreNodo>* dentro del elemento actual.

El siguiente ejemplo Java realiza la lectura del fichero *personas.xml*:

```
import java.io.File;
import org.jdom2.Document;
import org.jdom2.Element;
import org.jdom2.input.SAXBuilder;

public class LeerXMLPersonas {
  public static void main(String[] args)  throws Exception {
      File file = new File("personas.xml");
      SAXBuilder saxBuilder = new SAXBuilder();

      // Lee el fichero XML y crea el objeto Document
      Document document = saxBuilder.build(file);

      // Obtener el elemento raíz
      Element raiz = document.getRootElement();
      System.out.println("Elemento raíz: " + raiz.getName());

      // Recorrer los elementos hijos
      for (Element persona : raiz.getChildren("persona")) {
              String id = persona.getAttributeValue("id");
              String nombre = persona.getChildText("nombre");
              String edad = persona.getChildText("edad");

              System.out.printf("Id: %s, Nombre: %s, Edad: %s %n",
                      id, nombre, edad);
      }
  }
}
```

1.8.2. Modificar, añadir y eliminar datos en un fichero XML

Para insertar o eliminar elementos en un fichero XML usamos la clase **SAXBuilder,** se lee el fichero XML, se construye el objeto **Document** y se obtiene el elemento raíz. Después añadimos o eliminamos el elemento deseado. El siguiente ejemplo añade y elimina un elemento *<persona>*:

```
import java.io.*;
import java.util.List;
import org.jdom2.Document;
import org.jdom2.Element;
import org.jdom2.input.SAXBuilder;
import org.jdom2.output.Format;
import org.jdom2.output.XMLOutputter;

public class InsertayElimina {
        public static void main(String[] args) throws Exception {
          File xmlFile = new File("personas.xml");
          SAXBuilder saxBuilder = new SAXBuilder();
          Document document = saxBuilder.build(xmlFile);

          // Obtener el elemento raíz <personas>
          Element raiz = document.getRootElement();
```

```
        // Crear un nuevo nodo <persona>
        Element persona = new Element("persona");
        persona.setAttribute("id", "4");
        persona.addContent(new Element("nombre").setText("Pedro"));
        persona.addContent(new Element("edad").setText("25"));

        // Añadir el nuevo nodo <persona> al elemento raíz
        raiz.addContent(persona);
        System.out.println("id=4 Añadido");

        // ELIMINAR EL id 1
        // Buscar el nodo <persona> con el atributo id="1"
        // y eliminarlo
        List<Element> personas = raiz.getChildren("persona");
        for (Element per : personas) {
            if (per.getAttributeValue("id").equals("1")) {
                raiz.removeContent(per);
                System.out.println("id=1 Eliminado");
                break;
            }
        }
        // Guardar los cambios en el mismo fichero
        XMLOutputter xmlOutputter =
                new XMLOutputter(Format.getPrettyFormat());
        xmlOutputter.output(document, new FileWriter(xmlFile));
    }
}
```

Con el método ***addContent()*** del objeto **Element** añadimos el elemento. Para eliminar elementos, usamos el método ***removeContent()*** del objeto **Element** indicando el elemento a eliminar. Antes de eliminar un elemento se debe comprobar si es el que se quiere eliminar. Por ejemplo, para eliminar el elemento *<persona>* cuyo atributo *id* tiene el valor 1 preguntamos por el atributo usando el método ***getAttributeValue()***:

```
if (persona.getAttributeValue("id").equals("1"))
```

Si queremos eliminar varios elementos hemos de usar un iterador para recorrer los nodos ya que no se puede usar un bucle *for* por problemas de concurrencia. Por ejemplo, para eliminar todos aquellos nodos *<persona>* cuya edad es igual a 25 preguntamos por la *edad* usando el método ***getChildText()*** del objeto **Element**. El código es el el siguiente:

```
Iterator<Element> iterator =  raiz.getChildren("persona").iterator();
while (iterator.hasNext()) {
  Element persona = iterator.next();
  if (persona.getChildText("edad").equals("25")) {
      iterator.remove(); // Eliminar el nodo <persona>
    System.out.println("Persona: " + persona.getChildText("nombre")
                          + ", eliminada");
  }
}
```

Para modificar un elemento usamos ***getChild("nombreNodo")*** para obtener el nodo hijo, y luego aplicamos ***setText()*** para modificar su contenido. Para modificar o añadir un atributo, usamos ***setAttribute().*** El siguiente ejemplo localiza el nodo *<persona>* con *id* igual a 1 y modifica el texto del nodo *nombre* (asigna el valor *Juanito*) siempre y cuando exista:

```
Element personaMod = null;
for (Element persona : raiz.getChildren("persona")) {
      if (persona.getAttributeValue("id").equals("1")) {
            personaMod = persona;
            break;
      }
}
if (personaMod != null) {
      // Modificar el texto del nodo <nombre>
      personaMod.getChild("nombre").setText("Juanito");
      System.out.println("Modificación realizada.");
} else {
        System.out.println("No se encontró el id=1.");
}
```

Para modificar todos los nodos *<persona>* cuya *edad* sea igual a 25 (por ejemplo, asignamos el valor 26) el proceso es similar al anterior:

```
for (Element persona : raiz.getChildren("persona")) {
      if(persona.getChildText("edad").equals("25")) {
         persona.getChild("edad").setText("26");
      }
}
```

Para saber el número de nodos *<persona>* podemos usar el método ***size()***:

```
      int numeroPersonas = raiz.getChildren("persona").size();
```

Si queremos añadir contenido a un nodo ya existente, podemos usar ***addContent()***. Por ejemplo, para añadir el elemento *<oficio>* con valor *Directora* al nombre *Ana*, escribimos lo siguiente:

```
if(persona.getChildText("nombre").equals("Ana")) {
     persona.addContent(new Element("oficio").setText("Directora"));
}
```

Al realizar modificaciones en un fichero XML, es recomendable crear una copia de respaldo del fichero original y trabajar sobre esa copia en lugar de modificar directamente el fichero original.

En **JDOM2**, podemos realizar consultas **XPath** utilizando el paquete **org.jdom2.xpath**. Esto nos permitirá seleccionar nodos o valores específicos del documento XML mediante expresiones **XPath**. Es necesario añadir a nuestro fichero **pom.xml** la dependencia ***jaxen***:

```
<dependency>
      <groupId>jaxen</groupId>
      <artifactId>jaxen</artifactId>
      <version>2.0.0/version>
</dependency>
```

El siguiente ejemplo realiza consultas en el método *Buscar()* que recibe la consulta **XPath** a realizar en el fichero *personas.xml* y el objeto **Document** en el que realizar la consulta. La primera consulta selecciona todos los nodos *<persona>* bajo el nodo *<personas>* cuyo subnodo *<nombre>* contiene exactamente el texto *'Juan'*. La segunda selecciona el nodo *<persona>* bajo el nodo *<personas>* y tiene el atributo *id* con un valor igual a *'2'*:

```
import org.jdom2.Document;
import org.jdom2.Element;
import org.jdom2.filter.Filters;
import org.jdom2.input.SAXBuilder;
import org.jdom2.xpath.XPathExpression;
import org.jdom2.xpath.XPathFactory;
import java.io.File;
import java.util.List;

public class BuscarPersonasXpath {
  public static void main(String[] args) throws Exception {
    File file = new File("personas.xml");
    SAXBuilder saxBuilder = new SAXBuilder();
    Document document = saxBuilder.build(file);

    String consulta = "//personas/persona[nombre='Juan']";
    Buscar(consulta, document);
    //
    consulta = "//personas/persona[@id='2']";
    Buscar(consulta, document);
  }

  // Consultar con XPath
  private static void Buscar(String consulta, Document document) {
    XPathFactory xPathFactory = XPathFactory.instance();
    XPathExpression<Element> expr =
                xPathFactory.compile(consulta, Filters.element());
    System.out.println(consulta);
    List<Element> results = expr.evaluate(document);

    for (Element ele : results) {
      System.out.printf("\tId: %s,  Nombre: %s, Edad: %s%n",
              ele.getAttribute("id").getValue(),
              ele.getChildText("nombre"),
              ele.getChildText("edad"));
    }
  }
}
```

Usamos las siguientes clases y métodos:

- **XPathFactory:** se usa para crear expresiones **XPath**. El método ***instance()*** se usa para obtener una instancia de **XPathFactory**.
- **XPathExpression:** es una clase que representa una expresión **XPath** compilada.
- Para compilar la expresión **XPath** se usa el método ***compile("expresión_xpath", Filters.element())*** del objeto **XPathFactory**. Con **Filters** podemos usar filtros como *Filters.element()*, *Filters.attribute()*, *Filters.fstring()*, entre otros, para asegurarnos de que el tipo devuelto sea el esperado (nodos de tipo *Element*, de tipo *Attribute* o texto plano como *String*).
- Para ejecutar la expresión **XPath** se usa el método ***evaluate(document)*** del objeto **XPathExpression** que devuelve la lista de resultados.

¡¡ INTERESANTE !!

API JDOM2: *http://www.jdom.org/docs/apidocs/*

ACTIVIDAD 1.6

A partir del fichero *AleatorioEmple.dat* crea un fichero XML donde el nodo raíz se llame *<Empleados>* y se cree un nodo *<empleado>* para cada empleado del fichero, donde el *id* será el atributo de cada nodo *<empleado>*. La estructura es la siguiente:

```
<Empleados>
  <empleado id="3">
    <apellido>SEVILLA</apellido>
    <dep>30</dep>
    <salario>2200.0</salario>
  </empleado>
  <empleado id="4">
    . . . . . .
    . . . . . .
</Empleados>
```

Una vez creado, crea otra clase Java con los siguientes métodos:

- Método que reciba un *id de empleado* y devuelva *true* o *false* indicando si existe o no.
- Método que reciba un *id de empleado* y muestre los datos del empleado. Si no existe mostrar mensaje indicándolo.
- Método que reciba un *id de empleado*, *apellido*, *departamento* y *salario* y lo añada al fichero siempre y cuando no exista ese *id*.
- Método que reciba un *id de empleado* y un *salario* y modifique el salario del empleado con ese *id*. Si no existe mostrar mensaje indicándolo.
- Método que reciba un *número de departamento* y muestre los datos de todos los empleados de ese departamento.
- Método que reciba un *número de departamento* y elimine los empleados de ese departamento.
- Método que reciba un *id de empleado* y lo elimine siempre y cuando exista.
- Método que muestre los datos de todos los empleados.
- Método que realice consultas con **XPath**. Recibe en un *String* la consulta a realizar. Escribe varias consultas y muestra los empleados que cumplan los criterios de la consulta.

Puedes realizar los métodos en una clase o varias.

Probar todos los métodos y comprobar el correcto funcionamiento.

1.9. TRABAJO CON FICHEROS JSON

JSON (*JavaScript **O**bject Notation - Notación de Objetos de JavaScript*) es un **formato de texto ligero** para intercambio de datos. Es ampliamente utilizado debido a su simplicidad y legibilidad tanto para humanos como para máquinas. Es independiente del lenguaje de programación y se usa comúnmente para transmitir datos entre un cliente y un servidor en aplicaciones web. Muchas aplicaciones utilizan JSON para almacenar configuraciones, por ejemplo, el fichero *package.json* en proyectos *Node.js*.

Características principales de **JSON**

- Formato basado en texto: utiliza texto plano para representar datos.
- Ligero: su estructura es simple, lo que lo hace eficiente para la transmisión de datos.
- Fácil de leer y escribir: es comprensible para los desarrolladores humanos y fácil de procesar por máquinas.
- Estandarizado: sigue las especificaciones definidas por *ECMA* (*ECMA-404*).
- Estructura jerárquica: permite representar datos estructurados y complejos (como objetos anidados).

Un texto **JSON** se compone de:

- **Claves** (keys): siempre son cadenas (strings) escritas entre comillas dobles "".
- **Valores**: pueden ser: cadenas ("texto"), números (123, 45.67), booleanos (*true* o *false*), objetos (otra estructura JSON), arrays (listas de valores entre corchetes [ ]), *null* (valor vacío).

Ejemplo de **JSON**:

```
{
  "nombre": "Pilar",
  "edad": 35,
  "casado": true,
  "hijos": ["Luis", "Raquel"],
  "direccion": {
    "calle": "Pilón 5",
    "ciudad": "Cáceres",
    "codigoPostal": 10003
  }
}
```

Este ejemplo contiene:

- Una clave "*nombre*" con valor "Pilar" (cadena de texto).
- Una clave "*edad*" con valor 35 (número).
- Una clave "*casado*" con valor *true* (booleano).
- Una clave "*hijos*" con un array de cadenas.
- Una clave "*direccion*" que es un objeto anidado con varias claves internas.

1.9.1. Acceso a ficheros JSON

El acceso a ficheros **JSON** desde Java se puede realizar utilizando varias librerías como por ejemplo: **Jackson**, que es una libreria potente para trabajar en Java, **Gson,** proporcionada por *Google*, es una opción más ligera para manejar JSON o bien **org.json** más simple y directa para trabajar con JSON.

En este tema utilizaremos **Jackson**, una librería que facilita la conversión de objetos Java a JSON (serialización) y de JSON a objetos Java (deserialización). Para incluir la librería hemos de añadir la dependencia en el fichero **pom.xml** del proyecto **Maven**:

```
<dependency>
        <groupId>com.fasterxml.jackson.core</groupId>
        <artifactId>jackson-databind</artifactId>
        <version>2.18.2</version>
</dependency>
```

Partimos del fichero JSON de nombre *unempleado.json*, lo creamos y lo rellenamos con este contenido, solo un empleado:

```
{
        "id": 3,
        "apellido": "SEVILLA",
        "dep": 30,
        "salario": 2200.0
}
```

Creamos la clase *Empleado.java* (se puede descargar de los recursos del capítulo al igual que el fichero anterior) que usaremos para mapear el JSON anterior a un objeto *Empleado*. Dispone de 4 atributos privados, dos constructores, los métodos *get-set* y el método *toString():*

```
public class Empleado {
       private int id;
       private String apellido;
       private int dep;
       private double salario;

       //constructores
       //métodos get-set

       @Override
       public String toString() {
          return String.format("Id: %d, Apellido: %s,
               Departamento: %d, Salario: %,9.2f", id, apellido,
                    dep, salario);
       }
}
```

ObjectMapper es la clase principal de la libreria **Jackson**, permite convertir objetos Java a JSON y XML fácilmente. El siguiente ejemplo Java usa la clase **ObjectMapper** para leer el fichero JSON *unempleado.json*. El contenido del fichero se mapea a un objeto de tipo *Map<String, Object>* y a un objeto de tipo *Empleado*. En ambos casos se usa el método ***readValue(fichero, tipo)*** que nos va a permitir deserializar contenido JSON de un fichero determinado en un tipo Java determinado:

```
import java.io.File;
import java.util.Map;
import com.fasterxml.jackson.databind.ObjectMapper;

public class LeerUnEmpleadoJSON {
  static File jsonFile = new File("unempleado.json");
  public static void main(String[] args) throws Exception {
```

```
    ObjectMapper mapper = new ObjectMapper();

    // Leer fichero JSON y mapearlo a un objeto Map
    Map<String, Object> json =
                      mapper.readValue(jsonFile, Map.class);
    System.out.println("Contenido del JSON: \n\t" + json);

    // Leer fichero JSON y mapearlo a un objeto Empleado
    Empleado empleado = mapper.readValue(jsonFile,
                      Empleado.class);
    System.out.println("Objeto Empleado: \n\t" +empleado);
  }
}
```

La ejecución muestra la siguiente salida:

```
Contenido del JSON:
      {id=3, apellido=SEVILLA, dep=30, salario=2200.0}
Objeto Empleado:
      Id: 3, Apellido: SEVILLA, Departamento: 30, Salario:  2.200,00
```

Supongamos que tenemos un fichero JSON con una lista de empleados (*empleados.json*), almacenados dentro de un array. El símbolo [indica el comienzo del array y el símbolo] el final; dentro del array tenemos los empleados encerrados entre llaves, el fichero es el siguiente:

```
  [
      {
          "id": 3,
          "apellido": "SEVILLA",
          "dep": 30,
          "salario": 2200.0
      },
      {
          "id": 4,
          "apellido": "REY",
          "dep": 20,
          "salario": 2000.0
      },
      . . . . . . . . . . . . . .
  ]
```

Podemos recuperar todos los empleados en una lista y después recorrer dicha lista. Para ello se necesita usar la clase **TypeReference** y crear un objeto para especificar el tipo de destino, en este caso una lista de objetos *Empleado*. Con el método ***readValue()*** se lee el fichero y se manda a la lista:

```
File jsonFile = new File("empleados.json");
// Crear un ObjectMapper
ObjectMapper mapper = new ObjectMapper();

TypeReference<List<Empleado>> ref =
                 new TypeReference<List<Empleado>>(){};
```

```
// Leer el JSON como una lista de Empleado
List<Empleado> empleados =
                (List<Empleado>) mapper.readValue(jsonFile,ref);

// Recorrer la lista de empleados
for (Empleado empleado : empleados) {
      System.out.println(empleado);
}
```

Para escribir en un fichero hemos de crear un JSON desde un objeto Java y guardarlo en el fichero. Se crea un objeto **ObjectMapper** y se usa el método ***writeValue(fichero, tipo)*** para escribir en el fichero. En este caso el JSON se crea con un objeto de la clase *Map* donde las claves son *id, apellido, dep* y *salario* y se escribe en el fichero *salida.json*.

Ejemplo:

```
import com.fasterxml.jackson.databind.ObjectMapper;
import java.io.File;
import java.util.*;

public class EscribirUnJSON {
      public static void main(String[] args) throws Exception {
            // Instanciar ObjectMapper
            ObjectMapper mapper = new ObjectMapper();

            // Crear un mapa con datos
            Map<String, Object> empleado = new HashMap<>();
            empleado.put("id", 33);
            empleado.put("apellido", "FRAILE");
            empleado.put("dep", 30);
            empleado.put("salario", 3000.34);

            // Escribir el JSON en el fichero
            File jsonFile = new File("salida.json");
            mapper.writeValue(jsonFile, empleado);
      }
}
```

En lugar de crear un objeto *Map* podemos crear un objeto *Empleado* y escribirlo en el fichero:

```
      Empleado empleado = new Empleado(33, "FRAILE", 30, 3000.34);
      mapper.writeValue(jsonFile, empleado);
```

Se puede usar el método ***writerWithDefaultPrettyPrinter()*** del objeto **ObjectMapper** para generar un JSON con formato "bonito" o indentado añadiendo sangrías, saltos de línea y espacios en blanco en lugar de un JSON compacto (todo en una sola línea):

```
mapper.writerWithDefaultPrettyPrinter().writeValue(jsonFile,
empleado);
```

1.9.2. Modificar, añadir y eliminar datos en un fichero JSON

Para modificar, añadir o eliminar datos en un fichero JSON se lee el fichero, se hacen los cambios en el objeto representado en Java usando clases POJO o manipulando el árbol JSON con **JsonNode**; y finalmente se guardan de nuevo en el fichero.

El siguiente ejemplo recupera todos los empleados del fichero *empleados.json* en una lista de objetos *Empleado*, recorre la lista para modificar el salario y el apellido del empleado con *id* 4, añade un nuevo empleado y recorre la lista con un iterador para eliminar el empleado con *id* 3:

```
import com.fasterxml.jackson.core.type.TypeReference;
import com.fasterxml.jackson.databind.ObjectMapper;
import java.io.File;
import java.util.*;

public class ModificarEmpleados {
    public static void main(String[] args) throws Exception {
        // Crear el ObjectMapper
        ObjectMapper mapper = new ObjectMapper();

        File jsonFile = new File("empleados.json");
        // Leer el JSON como una lista de objetos Empleado
        List<Empleado> empleados = mapper.readValue
                (jsonFile, new TypeReference<List<Empleado>>() {});

        // ---- MODIFICAR UN EMPLEADO con ID 4 ----
        for (Empleado empleado : empleados) {
              if (empleado.getId() == 4) {
                    empleado.setSalario(empleado.getSalario() + 500);
                    empleado.setApellido("REYES");
              }
        }
        // ---- AÑADIR UN NUEVO EMPLEADO ----
        Empleado nuevoEmpleado = new Empleado(60, "LOPEZ", 40, 1800.0);
        empleados.add(nuevoEmpleado);

        // ---- ELIMINAR UN EMPLEADO con ID 3 ----
        Iterator<Empleado> iterator = empleados.iterator();
        while (iterator.hasNext()) {
              Empleado empleado = iterator.next();
              if (empleado.getId() == 3) {
                    iterator.remove();
              }
        }
        // Guardar los cambios de vuelta al fichero JSON
        mapper.writerWithDefaultPrettyPrinter().writeValue(
                                              jsonFile, empleados);
    }
}
```

Se puede modificar sin mapear el JSON a clases POJO usando la clase **JsonNode**. Para obtener el **JsonNode** usamos el método ***readTree(JSON)*** del objeto **ObjectMapper**. Así convertimos el fichero JSON en un árbol de nodos JSON. Después usaremos las subclases:

- **ObjectNode**: si el JSON es un objeto (con llaves {}), entonces usamos el método ***put()*** para añadir o modificar un campo.
- **ArrayNode**: si el JSON es un array (con corchetes []), entonces usamos el método ***add()*** para agregar un nuevo objeto al array.

Por ejemplo, añadimos dos campos (*"edad":20* y *"ciudad":"Madrid"*) al siguiente JSON (*persona.json*):

```
{
   "id": 1,
   "nombre": "Ana"
}
```

El resultado después de añadir los campos será:

```
{
  "id" : 1,
  "nombre" : "Ana",
  "edad" : 20,
  "ciudad" : "Madrid"
}
```

El código Java es el siguiente:

```
import java.io.File;
import com.fasterxml.jackson.databind.JsonNode;
import com.fasterxml.jackson.databind.ObjectMapper;
import com.fasterxml.jackson.databind.node.ObjectNode;

public class AgregarCampoJsonNode {
   public static void main(String[] args) throws Exception {
       ObjectMapper mapper = new ObjectMapper();
       File jsonFile = new File("persona.json");

       // Leer el fichero JSON como JsonNode
       JsonNode rootNode = mapper.readTree(jsonFile);

       // Verificar si es un ObjectNode (para añadir campos)
       if (rootNode.isObject()) {
            ObjectNode objectNode = (ObjectNode) rootNode;

            // Añadir dos nuevos campos al JSON
            objectNode.put("edad", 20);
            objectNode.put("ciudad", "Madrid");

            mapper.writerWithDefaultPrettyPrinter().
                       writeValue(jsonFile, objectNode);
            System.out.println(mapper.
                  writerWithDefaultPrettyPrinter().
                  writeValueAsString(objectNode));
       }
   }
}
```

Para eliminar el campo usamos el método ***remove("nombreCampo")*** del objeto **ObjectNode**. Por ejemplo, para eliminar el campo *edad* se escribe: ***objectNode.remove("edad");***

Podemos ver los cambios directamente en la consola usando el método ***writeValueAsString()***: *System.out.println(mapper.writerWithDefaultPrettyPrinter().writeValueAsString(objectNode)).*

Si el JSON es un array caso del fichero *empleados.json*, usamos **ArrayNode** y el método ***add()*** para agregar un nuevo objeto (de tipo **ObjectNode**) al array. Usamos el método ***createObjectNode()*** del objeto **ObjectMapper** para crear un nuevo nodo de objeto JSON. Con el método ***put()*** asignamos los pares clave-valor y por último se añade el objeto al **ArrayNode**.

Por ejemplo, añadimos el empleado con *id* 44 al array de empleados:

```
// Verificar si es un ArrayNode (para añadir elementos al array)
if (rootNode.isArray()) {
      ArrayNode arrayNode = (ArrayNode) rootNode;
      // Crear un nuevo objeto JSON para añadir al array
      ObjectNode nuevoEmpleado = mapper.createObjectNode();
      nuevoEmpleado.put("id", 44);
      nuevoEmpleado.put("apellido", "SABINA");
      nuevoEmpleado.put("dep", 30);
      nuevoEmpleado.put("salario", 3100.0);

      arrayNode.add(nuevoEmpleado); //Añadir el ObjectNode al array
      // Guardar el árbol modificado
      mapper.writerWithDefaultPrettyPrinter().writeValue
                  (jsonFile, rootNode);
}
```

También se puede añadir un campo a un elemento del array. Por ejemplo, agregamos al empleado con *id* 3 el campo *ciudad* con valor *Guadalajara*:

```
import com.fasterxml.jackson.databind.JsonNode;
import com.fasterxml.jackson.databind.ObjectMapper;
import com.fasterxml.jackson.databind.node.ArrayNode;
import com.fasterxml.jackson.databind.node.ObjectNode;
import java.io.File;
public class AgregarCampoArrayJsonNode {
   public static void main(String[] args) throws Exception {
      ObjectMapper mapper = new ObjectMapper();
      File jsonFile = new File("empleados.json");
      JsonNode rootNode = mapper.readTree(jsonFile);

      // Verificar si el JSON es un array
      if (rootNode.isArray()) {
      //obtener array
      ArrayNode arrayNode = (ArrayNode) rootNode;
            // Recorrer los elementos del array
            for (JsonNode node : arrayNode) {
                  // Buscar el elemento con "id": 3
                  if (node.get("id").asInt() == 3) {
                        // Convertirlo en ObjectNode para modificarlo
                        ObjectNode empleado = (ObjectNode) node;
                        // Añadir el nuevo campo "ciudad"
                        empleado.put("ciudad", "Guadalajara");
                  }
```

```
            }
            // Guardar los cambios en el fichero
            mapper.writerWithDefaultPrettyPrinter().
                                    writeValue(jsonFile, arrayNode);

            System.out.println(mapper.
                  writer WithDefaultPrettyPrinter().
                  writeValueAsString(arrayNode));
        }
    }
}
```

Usamos **ObjectMapper** para leer el fichero JSON y convertirlo en un árbol de nodos JSON usando el método ***readTree()***. Con el método ***isArray(),*** comprobamos si la raíz del JSON es un array. Si es así, lo convertimos en un **ArrayNode**. Se recorre cada elemento del array con un bucle *for* verificando si el campo *id* de un elemento coincide con el valor deseado (3 en este caso). Una vez encontrado se convierte ese elemento a **ObjectNode** para poder modificarlo. Usamos el método ***put()*** para añadir el nuevo campo. Por último se escribe el JSON modificado al fichero utilizando ***writeValue()***. Si queremos añadir el mismo campo a todos los elementos del array se eliminaría la condición en el bucle *for*. El empleado con *id* 3 quedará así:

```
{
  "id" : 3,
  "apellido" : "SEVILLA",
  "dep" : 30,
  "salario" : 2200.0,
  "ciudad" : "Guadalajara"
}
```

El método ***put()*** se usa tanto para agregar como para modificar un campo. Si se intenta modificar un campo que no existe, se creará automáticamente. El siguiente ejemplo suma 100 al *salario* de cada empleado:

```
for (JsonNode node : arrayNode) {
        // Convertir cada elemento en ObjectNode
        ObjectNode empleado = (ObjectNode) node;
        // Obtener el salario actual y sumarle 100
        double salarioActual = empleado.get("salario").asDouble();
        empleado.put("salario", salarioActual + 100);
}
```

El método ***get("nombreCampo")*** de **JsonNode** se utiliza para acceder a los campos de un nodo JSON utilizando su nombre. Devuelve un **JsonNode** que representa el valor del campo. Si el campo no existe, devuelve *null*. Se pueden usar métodos adicionales como ***asInt()***, **asDouble()**, ***asText()***, etc., para convertir el nodo devuelto al tipo de dato correspondiente (*int*, *double*, *String*).

Ejemplo:

```
int id = node.get("id").asInt(); //Lee id como entero
String apellido = node.get("apellido").asText(); // Lee como String
int dep = node.get("dep").asInt();
double salario = node.get("salario").asDouble(); // Lee como Double
```

El siguiente ejemplo recorre los empleados del fichero JSON modificando el salario y el apellido de empleado con *id* 4 y eliminando el empleado con *id* 3. Se crea un iterador con el método ***elements()*** del objeto **JsonNode** para recorrer los elementos hijos de un nodo JSON que representa un array o un objeto, en este caso el JSON representa un array de empleados:

```
import com.fasterxml.jackson.databind.JsonNode;
import com.fasterxml.jackson.databind.ObjectMapper;
import com.fasterxml.jackson.databind.node.ObjectNode;
import java.io.File;
import java.util.Iterator;

public class ModificarEliminarEmpleadosJsonNode{
   public static void main(String[] args) throws Exception {

      ObjectMapper mapper = new ObjectMapper();
      File jsonFile = new File("empleados.json");
      JsonNode rootNode = mapper.readTree(jsonFile);

      Iterator<JsonNode> iterator = rootNode.elements();
      while (iterator.hasNext()) {
            JsonNode empleado = iterator.next();

            // Modificar empleado con ID 4
            if (empleado.get("id").asInt() == 4) {
                  ((ObjectNode) empleado).put("salario", 3333.0);
                  ((ObjectNode) empleado).put("apellido", "REYES");
            }

            // Eliminar empleado con ID 3
            if (empleado.get("id").asInt() == 3) {
                  iterator.remove();
            }
      }
      // Guardar el árbol modificado
      mapper.writerWithDefaultPrettyPrinter().
                              writeValue(jsonFile, rootNode);
   }
}
```

¡¡ INTERESANTE !!

API jackson-databind:

https://javadoc.io/doc/com.fasterxml.jackson.core/jackson-databind/latest/index.html

ACTIVIDAD 1.7

A partir del siguiente JSON (*datospersonales.json*):

```
{
  "nombre": "Maria Rey",
  "edad": 30,
  "email": "maria.rey@example.com",
  "direccion": {
    "calle": "Avenida el Vado",
    "numero": 42,
```

```
    "ciudad": "Guadalajara",
    "pais": "España"
  },
  "lenguajes": ["Java", "Python", "SQL"]
}
```

Crea una clase POJO en Java de nombre *DatosPersonales.java* que permita mapear el JSON anterior a un objeto de la clase *DatosPersonales*. Tendrás que definir en esta clase los atributos *nombre, edad, email, dirección* y *lenguajes*. Para la *dirección* crea la clase *Direccion* con los atributos *calle*, *numero*, *ciudad* y *país*. Para *lenguajes* define una *List* de *String*. Define los métodos *get-set*, constructores y *toString()* en las clases creadas.

Realiza los siguientes ejercicios:

- Crea una clase Java de nombre *Lectura.java* que lea el JSON, y lo muestre en pantalla. Usa un objeto *Map* y un objeto *DatosPersonales*.
- Crea una clase Java de nombre *Modificar.java* que agrege el lenguaje *C* a la lista de lenguajes y modifique la calle con el valor *"Avenida del Tajo"*.
- Utilizando **JsonNode** agrega el campo *casada* con valor *true* y elimina el campo *email*. Después muestra en pantalla el JSON.

Puedes realizar los métodos en una clase o varias. Comprobar el correcto funcionamiento de los ejercicios.

1.10. CONVERSIÓN ENTRE DIFERENTES FORMATOS

Para convertir entre diferentes formatos como **JSON** y **XML**, podemos usar la librería **Jackson** junto con **Jackson DataFormat**. Tendremos que añadir la siguiente dependencia al fichero ***pom.xml***:

```
<dependency>
        <groupId>com.fasterxml.jackson.dataformat</groupId>
        <artifactId>jackson-dataformat-xml</artifactId>
        <version>2.18.2</version>
</dependency>
```

Jackson es una libreria muy popular para serializar/deserializar objetos Java en varios formatos de texto. La clase **ObjectMapper** es la clase principal para trabajar con el formato JSON y **XmlMapper** para trabajar con el formato XML. Gracias a la herencia, podemos trabajar con todos los formatos de manera consistente, a través de una única interfaz.

1.10.1. Convertir XML a JSON

Supongamos que tenemos el siguiente fichero XML llamado *libros.xml*:

```
<libros>
    <libro>
        <titulo>El Quijote</titulo>
        <autor>Miguel de Cervantes</autor>
```

```
        <precio>19.99</precio>
    </libro>
    <libro>
        <titulo>Cien Años de Soledad</titulo>
        <autor>Gabriel García Márquez</autor>
        <precio>25.50</precio>
    </libro>
</libros>
```

La clase **XmlMapper** se utiliza para convertir JSON a XML y viceversa, hereda de **ObjectMapper**, pero trabaja con XML. El método ***readValue(String xml, Class<T> valueType)*** convierte XML a un objeto Java, en el ejemplo toma el fichero XML y lo convierte a un objeto *Map*. Después el objeto *Map* se convierte a JSON. No se necesita una clase POJO, ya que trabajamos con **JsonNode**.

El código para convertir el fichero XML en un fichero JSON es el siguiente:

```
import com.fasterxml.jackson.databind.ObjectMapper;
import com.fasterxml.jackson.dataformat.xml.XmlMapper;
import java.io.File;
import java.util.Map;

public class ConvertirXMLaJSON {
   public static void main(String[] args) throws Exception {
      // Crear XmlMapper para manejar XML
      XmlMapper xmlMapper = new XmlMapper();
      File xmlFile = new File("libros.xml");

      // Convertir XML a Map
      Map<String, Object> map =
                  xmlMapper.readValue(xmlFile, Map.class);

      // Convertir el Map a JSON
      ObjectMapper objectMapper = new ObjectMapper();
      String json = objectMapper.writerWithDefaultPrettyPrinter().
                   writeValueAsString(map);

      System.out.println(json);// Mostrar el JSON en pantalla

      // Escribir datos en un fichero JSON
      File jsonFile = new File("libros.json");
      objectMapper.writerWithDefaultPrettyPrinter().
                                 writeValue(jsonFile, map);
   }
}
```

La ejecución muestra la siguiente salida y genera el fichero *libros.json*:

```
{
  "libro" : [ {
    "titulo" : "El Quijote",
    "autor" : "Miguel de Cervantes",
    "precio" : "19.99"
  }, {
    "titulo" : "Cien Años de Soledad",
```

```
    "autor" : "Gabriel García Márquez",
    "precio" : "25.50"
  } ]
}
```

1.10.2. Convertir JSON a XML

El proceso es similar al anterior. Se crea el objeto **ObjectMapper** para convertir el JSON en un **JsonNode**. Se usa la clase **XmlMapper** para convertir el **JsonNode** directamente en XML y el método ***writeValueAsString(Object obj)*** para convertir un objeto Java a XML, en este caso el objeto Java es un **JsonNode**:

```
ObjectMapper mapper = new ObjectMapper();

File jsonFile = new File("libros.json");
JsonNode jsonNode = mapper.readTree(jsonFile); // JSON a JsonNode

// Crear XmlMapper para manejar XML
XmlMapper xmlMapper = new XmlMapper();

String xml = xmlMapper.writerWithDefaultPrettyPrinter().
        writeValueAsString(jsonNode); // Convertir JsonNode a XML

System.out.println("XML generado:\n" + xml);

//Almacenarlo en un fichero XML
File xmlFile = new File("librosnuevo.xml");
xmlMapper.writerWithDefaultPrettyPrinter().
                           writeValue(xmlFile, jsonNode);
```

1.10.3. Mapear clases Java a XML y JSON usando anotaciones

Hemos visto como la librería **Jackson** permite convertir objetos Java a JSON y a XML. Se han utilizado clases Java con las propiedades, métodos *get-set* y los constructores. A continuación, vamos a añadir **anotaciones** a las clases para mapearlas a XML y a JSON. Se necesitan los módulos **jackson-databind**, para JSON y **jackson-dataformat-xml**, para XML que se deben incluir en el **pom.xml**.

Las principales anotaciones para JSON son las siguientes:

- **@JsonProperty ("nombre")**: define el nombre de la propiedad en el JSON.
- **@JsonIgnore**: se coloca sobre el elemento que no queremos que aparezca en el JSON.
- **@JsonInclude(JsonInclude.Include.NON_EMPTY)**: esta anotación evita incluir propiedades vacias. Es útil para no incluir listas vacías o cadenas vacías en la salida JSON.
- **@JsonPropertyOrder({"campo1", "campo2"})**: esta anotación permite establecer el orden en que se serializan los campos.

Las principales anotaciones para XML son:

- **@JacksonXmlRootElement(localName = "raizXML")**: define el nombre de la raíz del XML.

- **@JacksonXmlProperty(localName = "nombre")**: define el nombre de la propiedad en el XML.
- **@JacksonXmlElementWrapper(localName="nombre"):** define el nombre del elemento envolvente. Se usa en las listas creando una etiqueta adicional que encierra los elementos de la lista.
- **@JacksonXmlElementWrapper(useWrapping = false)**: esta anotación se usa para evitar envolver una lista en un nodo XML. Si se pone *useWrapping = true*, los elementos de la lista se envolverían en un nodo adicional.

Para mostrar su uso disponemos de la clase *Persona* que tiene dos atributos (*nombre* y *edad*), constructores, los métodos *get-set* y *toString()*. Se han definido las anotaciones en los atributos para mapear la clase a JSON y XML y se ha indicado encima del nombre de la clase el orden de los atributos para JSON:

```
@JsonPropertyOrder ({"edad", "nombre"}) //orden en el JSON
public class Persona {
      @JsonProperty("nombre")                      // Para JSON
      @JacksonXmlProperty(localName = "nombre")   // Para XML
      private String nombre;

      @JsonProperty("edad")                       // Para JSON
      @JacksonXmlProperty(localName = "edad") // Para XML
      private int edad;

      // Constructores
      // Getters y Setters
      // toString()
}
```

La classe *Casa* dispone de 2 atributos: una lista de objetos *Persona* y um *String* con la dirección. Se han añadido las anotaciones a dichos atributos y la anotación para el nombre del elemento raíz en el XML:

```
@JacksonXmlRootElement(localName = "CasaXML")
public class Casa {
      @JsonProperty("personas")                          // Para JSON
      @JsonInclude(JsonInclude.Include.NON_EMPTY)      // Para JSON
      @JacksonXmlProperty(localName = "persona")       // Para XML
      @JacksonXmlElementWrapper(useWrapping = false) // Para XML
                        // para no crear etiqueta adicional
      private ArrayList<Persona> personas;

      @JsonProperty("direccion")
      @JacksonXmlProperty(localName = "direccion")
      private String direccion;

      // Constructores
      // Getters y Setters
      // toString()
}
```

La clase Java crea dos objetos *Persona* y un objeto *Casa* al que se le añade las dos personas y la dirección. Se crea un **ObjectMapper** para convertir el objeto *Casa* en un JSON y un **XmlMapper** para convertir el objeto *Casa* en un XML; y mostrarlos en pantalla:

```
import java.util.ArrayList;
import com.fasterxml.jackson.databind.ObjectMapper;
import com.fasterxml.jackson.dataformat.xml.XmlMapper;

public class MainSerializarPersonas {
      public static void main(String[] args) throws Exception {

        Persona p1 = new Persona("Maria", 30);
        Persona p2 = new Persona("Pepe", 35);

        //crear lista de Personas
        ArrayList<Persona> personas = new ArrayList<Persona>();
        personas.add(p1);
        personas.add(p2);

        // Crear el objeto Casa con las personas
        Casa casa = new Casa(personas, "Avenida Madrid 5");

        // Crear ObjectMapper para JSON
        ObjectMapper objectMapper = new ObjectMapper();

        // Convertir a JSON
        String json = objectMapper.writerWithDefaultPrettyPrinter().
                                  writeValueAsString(casa);
        System.out.println("CASA en JSON:");
        System.out.println(json);

        // Crear XmlMapper para XML
        XmlMapper xmlMapper = new XmlMapper();

        // Convertir a XML
        String xml = xmlMapper.writerWithDefaultPrettyPrinter().
                              writeValueAsString(casa);
        System.out.println("\n\nCASA en XML:");
        System.out.println(xml);
      }
}
```

La salida es la siguiente:

```
CASA en JSON:
{
  "personas" : [ {
    "edad" : 30,
    "nombre" : "Maria"
  }, {
    "edad" : 35,
    "nombre" : "Pepe"
  } ],
  "direccion" : "Avenida Madrid 5"
}
```

```
CASA en XML:
<CasaXML>
  <persona>
    <edad>30</edad>
    <nombre>Maria</nombre>
  </persona>
  <persona>
    <edad>35</edad>
    <nombre>Pepe</nombre>
  </persona>
  <direccion>Avenida Madrid 5</direccion>
</CasaXML>
```

El proceso de deserialización parte del JSON y del XML generado anteriormente. Para el JSON se crea un **ObjectMapper** y para el XML un **XmlMapper**. Con el método ***readValue(cadena, Casa.class)*** se obtendrá el objeto *Casa*:

```
private static void deserializarJSON() throws Exception {
      String cadenajson = """
      {
            "personas" : [ {"edad" : 30, "nombre" : "Maria" },
                           {"edad" : 35, "nombre" : "Pepe"  } ],
            "direccion" : "Avenida Madrid 5"
      }
      """;

      ObjectMapper objectMapper = new ObjectMapper();
      Casa casa = objectMapper.readValue(cadenajson, Casa.class);
      System.out.println("JSON: \n"+ casa);
}

private static void deserializarXML() throws Exception {
      String cadenaxml = """
        <CasaXML>
            <persona><edad>30</edad><nombre>Maria</nombre></persona>
            <persona><edad>35</edad><nombre>Pepe</nombre></persona>
            <direccion>Avenida Madrid 5</direccion>
          </CasaXML>
      """;
      XmlMapper xmlMapper = new XmlMapper();
      Casa casa = xmlMapper.readValue(cadenaxml, Casa.class);
      System.out.println("XML: \n"+ casa);
}
```

ACTIVIDAD 1.8

Siguiendo el ejemplo anterior define una clase de nombre *Libro.java* con los siguientes atributos: *título*, *autor*, *editorial* e *isbn*; y la clase *Libreria.java* con los atributos: *nombre* de la librería, *ciudad* y la *lista* de libros. En ambas clases define los métodos *get-set,* constructores y método *toString()*. Rellena las clases anteriores con las anotaciones necesarias para serializar objetos *Libro* y *Librería* y generar un JSON y un XML con el siguiente aspecto:

```
{
   "nombre" : "LectuLandia",
   "ciudad" : "Guadalajara",
   "Libros" : [ {
     "isbn" : "978-
8420674161",
     "editorial" : "Alianza",
     "titulo" : "Drácula",
     "autor" : "Bram Stoker"
   }, {
     "isbn" : "978-
8499890944",
     "editorial" : "Círculo",
     "titulo" : "1984",
     "autor" : "George Orwell"
   } ]
}
```

```
<LibreriaXML>
   <nombre>LectuLandia</nombre>
   <ciudad>Guadalajara</ciudad>
   <ListadeLibros>
      <UnLibro>
         <isbn>978-8420674161</isbn>

<editorial>Alianza</editorial>
         <titulo>Drácula</titulo>
         <autor>Bram Stoker</autor>
      </UnLibro>
      <UnLibro>
         <isbn>978-8499890944</isbn>

<editorial>Círculo</editorial>
         <titulo>1984</titulo>
         <autor>George Orwell</autor>
      </UnLibro>
   </ListadeLibros>
</LibreriaXML>
```

Después realiza el proceso contrario para deserializar JSON y XML a objetos Java *Libro* y *Librería*.

1.10.4. Mapear clases Java a CSV

Los ficheros **CSV** (*Comma-Separated Values*) son ficheros de texto donde los valores están separados por comas, formando una especie de tabla en filas y columnas. Se usan mucho en entornos donde se necesita intercambiar datos de manera sencilla, como bases de datos, hojas de cálculo y aplicaciones web. En Java también podemos serializar, convertir un objeto a texto CSV; y deserializar, convertir CSV a un objeto Java; usando la librería **OpenCSV**. Tendremos que añadir la siguiente dependencia al fichero ***pom.xml***:

```
<dependency>
      <groupId>com.opencsv</groupId>
      <artifactId>opencsv</artifactId>
      <version>5.10</version>
</dependency>
```

El siguiente ejemplo crea un fichero CSV de nombre *personas.csv* a partir de un objeto *Persona*:

```
import java.io.*;
import java.util.*;
import com.opencsv.bean.StatefulBeanToCsv;
import com.opencsv.bean.StatefulBeanToCsvBuilder;

public class SerializarCSV {
   public static void main(String[] args) throws Exception {
      Persona persona = new Persona("Ana", 25);

      FileWriter fw = new FileWriter("personas.csv");
      StatefulBeanToCsv<Persona> beanToCsv =
            new StatefulBeanToCsvBuilder<Persona>(fw).build();
```

```
        beanToCsv.write(persona);

        fw.close();
    }
}
```

Para añadir varias personas solo hay que crear la lista de personas:

```
        List<Persona> personas = Arrays.asList(
                              new Persona("Ana", 25),
                              new Persona("Carlos", 30),
                              new Persona("Elena", 28));
```

El fichero CSV generado para la lista de personas es el siguiente:

```
"EDAD","NOMBRE"
"25","Ana"
"30","Carlos"
"28","Elena"
```

La forma más sencilla de escribir ficheros CSV será creando un objeto de la clase **StatefulBeanToCsv**, que se crea con ***StatefulBeanToCsvBuilder(fichero).build()*** al que hay que mandar el fichero a crear declarado con **FileWriter**. Automáticamente convierte listas de objetos Java en un formato CSV, respetando nombres de atributos y encabezados. En la clase *Persona* no se ha añadido ninguna anotación, pero si queremos cambiar los encabezados del CSV se pueden añadir las anotaciones en los atributos. Por ejemplo, para cambiar el encabezado del CSV podemos añadir la anotación ***@CsvBindByName(column = "NombreEncabezado")*** a los atributos, ejemplo:

```
@CsvBindByName(column = "Nombre de la Persona")
private String nombre;

@CsvBindByName(column = "Edad de la Persona")
private int edad;
```

Generará el siguiente encabezado en el fichero CSV:

```
"EDAD DE LA PERSONA","NOMBRE DE LA PERSONA"
```

Para el proceso de deserialización se usa la clase **CsvToBean** que convierte el fichero CSV en una lista de objetos Java de forma automática. Se crea un ***CsvToBeanBuilder*** al que se le pasa el fichero y con ***withType(Persona.class)*** se indica el tipo de objeto Java al que se convertirán las filas del CSV, que en este caso son de tipo *Persona*. ***CsvToBeanBuilder*** admite varias configuraciones para luego parsear, en el ejemplo solo se ha indicado que ignore los espacios en blanco:

- **.withSeparator(';')**: especifica un delimitador personalizado (por defecto es ,).
- **.withIgnoreLeadingWhiteSpace(true)**: ignora espacios en blanco antes y después de los valores.
- **.withSkipLines(1)**: omite la primera línea (por ejemplo, encabezados).
- **.withIgnoreQuotations(true)**: Ignora comillas dobles en los valores.

Una vez que se ha creado el **CsvToBean** se usa el método ***parse()*** para ejecutar la conversión y obtener una lista con los objetos resultantes. Ejemplo:

```
import java.io.*;
import java.util.List;
import com.opencsv.bean.CsvToBean;
import com.opencsv.bean.CsvToBeanBuilder;

public class DeserializarCSV {
   public static void main(String[] args) throws Exception {
      BufferedReader br =
              new BufferedReader(new    FileReader("personas.csv"));
      CsvToBean<Persona> csvToBean = new
           CsvToBeanBuilder<Persona>(br)
               .withType(Persona.class)
               .withIgnoreLeadingWhiteSpace(true).build();

      List<Persona> personas = csvToBean.parse();
           for (Persona p : personas) {
                System.out.println(p);
      }
   }
}
```

Se mostrará la siguiente salida al ejecutar:

```
Persona [nombre=Ana, edad=25]
Persona [nombre=Carlos, edad=30]
Persona [nombre=Elena, edad=28]
```

¡¡ INTERESANTE !!

API openCSV: *https://opencsv.sourceforge.net/apidocs/index.html*

ACTIVIDAD 1.9

Siguiendo el ejemplo anterior realiza las operaciones de serializar y deserializar a CSV objetos de la clase *Libro*. Define la clase *Libro* como en la actividad anterior.

1.11. EXCEPCIONES: DETECCIÓN Y TRATAMIENTO

Una **excepción** es un evento que ocurre durante la ejecución del programa que interrumpe el flujo normal de las sentencias. Cuando no es capturada por el programa, es capturada por el gestor de excepciones por defecto que retorna un mensaje y detiene el programa. La ejecución del siguiente programa produce una excepción y visualiza un mensaje indicando el error:

```
public class ejemploExcepcion {
   public static void main(String[] args) {
      int nume = 10, denom = 0, cociente;
      cociente = nume / denom;
      System.out.printf("Resultado: %d", cociente);
   }
}//
```

```
D:\uni1>java ejemploExcepcion
Exception in thread "main" java.lang.ArithmeticException: / by zero
        at ejemploExcepcion.main(ejemploExcepcion.java:4)
```

Cuando dicho error ocurre dentro de un método Java, el método crea un objeto **Exception** y lo maneja fuera, en el sistema de ejecución. El manejo de excepciones en Java está diseñado pensando en situaciones en las que el método que detecta un error no es capaz de manejarlo, un método así **lanzará una excepción**.

Las excepciones en Java son objetos de clases derivadas de la clase base **Exception** que a su vez es una clase derivada de la clase base **Throwable**.

1.11.1. Capturar excepciones

Para capturar una excepción se utiliza el bloque **try-catch**. Se encierra en un bloque **try** el código que puede generar una excepción, este bloque va seguido por uno o más bloques **catch**. Cada bloque **catch** especifica el tipo de excepción que puede atrapar y contiene un manejador de excepciones. Después del último bloque **catch** puede aparecer un bloque **finally** (opcional) que siempre se ejecuta haya ocurrido o no la excepción; se utiliza el bloque **finally** para cerrar ficheros o liberar otros recursos del sistema después de que ocurra una excepción:

```
try {

   //Código que puede generar excepciones

} catch(excepcion1 e1) {

   //manejo de la excepcion1

} catch(excepcion2 e2) {

   //manejo de la excepcion2

}

//etc ........

finally {

       // Se ejecuta después de try o catch
}
```

El siguiente ejemplo muestra la captura de 3 tipos de excepciones que se pueden producir. Cuando se encuentra el primer error se produce un salto al bloque **catch** que maneja dicho error; en este caso al encontrar la sentencia de asignación *arraynum[10] = 20;* se lanza la excepción ***ArrayIndexOutOfBoundsException*** (ya que el array está definido para 4 elementos y se da un valor al elemento de la posición 10) donde se ejecutan las instrucciones indicadas en el bloque, las sentencias situadas debajo de la que causó el error dentro del bloque **try** no se ejecutarán:

```
public class ejemploExcepciones {
public static void main(String[] args) {
```

```
    String cad1 = "20", cad2 = "0", mensaje;
    int nume, denom, cociente;
    int[] arraynum = new int[4];
    try {
          //código que puede producir errores
          arraynum[10] = 20;   //sentencia que produce la excepción
          nume = Integer.parseInt(cad1);      //no se ejecuta
          denom = Integer.parseInt(cad2);     //no se ejecuta
          cociente = nume/denom;              //no se ejecuta
          mensaje = String.valueOf(cociente);//no se ejecuta
    } catch(NumberFormatException ex){
            mensaje = "Caracteres no numéricos";
    } catch(ArithmeticException ex){
            mensaje = "Division por cero";
    } catch (ArrayIndexOutOfBoundsException ex) {
            mensaje = "Fuera de rango en el array";
    } finally {
            System.out.println("SE EJECUTA SIEMPRE");
    }
    System.out.println(mensaje); //sí se ejecuta
  }//fin de main

}//fin de la clase
```

El programa muestra la siguiente salida:

```
D:\uni1>java ejemploExcepciones
SE EJECUTA SIEMPRE
Fuera de rango en el array
```

Para capturar cualquier excepción utilizamos la clase base **Exception**. Si se usa habrá que ponerla al final de la lista de manejadores para evitar que los manejadores que vienen después queden ignorados. Por ejemplo, el siguiente código maneja varias excepciones, si se produce alguna para la que no se ha definido manejador será capturada por **Exception**:

```
try {
       //código que puede producir errores
    } catch(NumberFormatException ex){
        //tratamiento excepción
    } catch(ArithmeticException ex){
        //tratamiento excepción
    } catch (ArrayIndexOutOfBoundsException ex) {
        //tratamiento excepción
    } catch (Exception ex) {
        //tratamiento si se produce cualquier otra excepción
    } finally {
        //se ejecuta haya o no excepción
    }
```

Para obtener más información sobre la excepción se puede llamar a los métodos de la clase base **Throwable**, algunos son:

Método	Función
String getMessage()	Devuelve la cadena de error del objeto
String getLocalizedMessage()	Crea una descripción local de este objeto
String toString()	Devuelve una breve descripción del objeto
void printStackTrace(), printStackTrace(PrintStream) o printStackTrace(PrintWriter)	Visualiza el objeto y la traza de pila de llamadas lanzada

Por ejemplo, el siguiente bloque **try-catch**:

```
try {
      arraynum[10] = 20;
      nume=Integer.parseInt(cad1);
      denom=Integer.parseInt(cad2);
      cociente = nume / denom;
      mensaje = String.valueOf(cociente);
} catch(Exception ex){
       System.err.println("toString             => "+ ex.toString());
       System.err.println("getMessage           => "+ ex.getMessage());
       System.err.println("getLocalizedMessage=> "+

ex.getLocalizedMessage());
       ex.printStackTrace();
} finally {
       System.out.println("SE EJECUTA SIEMPRE");
}
```

Muestra la siguiente salida al ejecutarse:

```
toString            => java.lang.ArrayIndexOutOfBoundsException: Index 10 out
of bounds for length 4
getMessage          => Index 10 out of bounds for length 4
getLocalizedMessage=> Index 10 out of bounds for length 4
java.lang.ArrayIndexOutOfBoundsException: Index 10 out of bounds for length 4
      at excepciones.ejemploExcepciones2.main(ejemploExcepciones2.java:11)
SE EJECUTA SIEMPRE
```

Una sentencia **try** puede estar dentro de un bloque de otra sentencia **try**. Si la sentencia **try** interna no tiene un manejador **catch**, se busca el manejador en las sentencias **try** más externas.

1.11.2. Especificar excepciones

Para especificar excepciones utilizamos la palabra clave **throws** en la declaración de un método, seguida de la lista de todos los tipos de excepciones potenciales; si un método decide no gestionar una excepción (mediante **try-catch**), debe especificar que puede lanzar esa excepción. El código que llame a ese método también debe manejarlas o declararlas. El siguiente ejemplo define el método ***leerFichero()*** que puede lanzar la excepción ***IOException***. Esta excepción **no se maneja** en el método por tanto **se propaga** con ***throws***:

```
import java.io.*;
public class ejemploThrow1 {
   private static void LeerFichero(String nombre) throws IOException
{
```

```
        FileReader file = new FileReader(nombre);
        BufferedReader br = new BufferedReader(file);
        System.out.println(br.readLine());
        br.close();
    }
    public static void main(String[] args) {
        try {
            LeerFichero("ejemplofichtexto.txt");
        } catch (IOException e) {
            System.out.println("Error al leer el fichero: " +
                                    e.getMessage());
        }
    }
}
```

Quien llame al método ***leerFichero()*** debe manejar la excepción con **try-catch** o seguir propagándola con ***throws IOException***. En este caso el método *main()* maneja la excepción.

El siguiente ejemplo indica que el método *main()* puede lanzar varias excepciones: ***IOException*** y ***ClassNotFoundException***, se deben especificar separadas por comas:

```
public static void main(String[] args) throws IOException,
                                              ClassNotFoundException
{
```

1.11.3. Lanzar una excepción personalizada

Algunas excepciones no requieren ser declaradas en el método desde el que pueden originarse. Estas excepciones están relacionadas con errores fundamentales que pueden ocurrir en diversas situaciones. Si fuera obligatorio declararlas o manejarlas en los métodos, sería necesario hacerlo en casi todos ellos. Algunas de estas excepciones son: **NullPointerException**, **ArithmeticException, NumberFormatException**, **IllegalArgumentException,** etc.

Podemos lanzar de forma manual estas excepciones dentro de un método usando la orden **throw new**. En el siguiente ejemplo se lanza la excepción **ArithmeticException** en el método *dividir()* si la variable *b* es igual a 0. El método *main()* realiza la llamada al método y como no maneja la excepción, al producirse el error el programa finalizará:

```
public class ejemploThrow2 {
    public static void main(String[] args) {
        dividir(10, 0); // Lanza la excepción
        System.out.println("No se ejecuta");
    }

    public static void dividir(int a, int b) {
        if (b == 0) {
              throw new ArithmeticException("No se puede
                                        dividir por cero");
        }
        System.out.println(a / b);
    }
}
```

La ejecución muestra la siguiente salida:

```
Exception in thread "main" java.lang.ArithmeticException: No se puede
dividir por cero
        at excepciones.ejemploThrow2.dividir(ejemploThrow2.java:15)
        at excepciones.ejemploThrow2.main(ejemploThrow2.java:9)
```

1.11.4. Definir excepciones personalizadas

Podemos definir nuestra propia excepción extendiendo **Exception** (para excepciones que deben declararse con **throws** o manejarse con **try-catch**) o **RuntimeException** (para excepciones que no requieren **throws**). El siguiente ejemplo declara dos excepciones, una extiende **Exception**, ***MiExcepcion1*** por lo que el método que lance dicha excepción debe declararse con **throws**, es el caso de *comprobarCodigo()*; y la otra ***MiExcepcion2*** extiende **RuntimeException**. Desde *main()* se hace uso de los métodos que lanzan las excepciones, se maneja con **try-catch** la excepción que puede lanzar el método *comprobarCodigo()*:

```
class MiExcepcion1 extends Exception {
    public MiExcepcion1(String mensaje) {
        super(mensaje);
    }
}
class MiExcepcion2 extends RuntimeException {
    public MiExcepcion2(String mensaje) {
        super(mensaje);
    }
}

public class ejemploThrow3 {
    public static void main(String[] args) {
        try {
                comprobarCodigo(-5);
        } catch (MiExcepcion1 e) {
                System.out.println(e.getMessage());;
        }
        comprobarDivision(4, 0);
    }
    //debe declararse con throws porque extiende Exception
    private static void comprobarCodigo(int cod) throws MiExcepcion1 {
        if (cod <= 0) {
                throw new MiExcepcion1("El código debe ser mayor que 0");
        }
        System.out.println("Código válido");
    }
    //no se declara con throws porque extiende RuntimeException
    private static void comprobarDivision(int a, int b) {
        if (b == 0) {
                throw new MiExcepcion2("No se puede dividir por 0");
        }
        System.out.println("Resultado: " + a / b);
    }
}
```

La ejecución muestra la siguiente salida:

```
El código debe ser mayor que 0
Exception in thread "main" excepciones.MiExcepcion2: No se puede dividir por
0
	at excepciones.ejemploThrow3.comprobarDivision(ejemploThrow3.java:40)
	at excepciones.ejemploThrow3.main(ejemploThrow3.java:28)
```

Resumiendo, **throw** y **throws** están relacionadas con excepciones, pero tienen usos distintos:

- **throw**: lanza una excepción específica en tiempo de ejecución, se usa dentro de un método.
- **throws**: declara que un método puede lanzar una o más excepciones, se usa en la cabecera del método.

COMPRUEBA TU APRENDIZAJE

Una agencia de viajes dispone de un fichero con información de los viajes que oferta. Este fichero es un **fichero aleatorio** donde cada registro representa un viaje y se identifica por el campo *id*. El fichero se llama: ***Viajes.dat***. El campo clave para acceder a cada registro es *id*. La estructura es la siguiente:

```
int id; //identificación del viaje, campo clave de 1 a 100
String descripcion;  //descripción del viaje, 32 caracteres
String fechasalida;  //fecha de salida en formato DD/MM/AAAA 10 caract
double pvp;          //pvp del viaje por viajero
int dias;            //nº dias que dura el viaje
int viajeros; //nº de viajeros que hacen el viaje, inicialmente es 0
```

La agencia de viajes también dispone de un **fichero aleatorio** con los datos de los clientes que reservan los viajes. Cada registro representa un cliente y se identifica por el campo *id*, contiene el nº de viajes que ha reservado (*viajescontratados*) y el importe de esos viajes, estos campos inicialmente son 0. El fichero se llama: ***Clientes.dat***. La estructura es la siguiente:

```
int id;                //id del cliente, campo clave de 1 a 100
String nombre;         //nombre  del cliente, 18 caracteres
int viajescontratados; //nº viajes contratados, inicialmente 0
double importetotal;   //importe total de los viajes
                         contratados, inicialmente es 0
```

Por último, se tiene otro fichero secuencial con las reservas de los clientes sobre los viajes. No está ordenado por ningún campo. Cada registro es una reserva de un cliente en un viaje y almacena el *id del viaje*, el *id del cliente* y el *número de plazas reservadas por el cliente*. El fichero se llama ***Reservas.dat*** y es un **fichero de objetos** del tipo *Reserva*. Un cliente puede hacer varias reservas en los viajes que quiera. El formato de cada registro del fichero es el siguiente:

```
public class Reserva {
	int idviaje;          //id del viaje
	int idcliente;        //id del cliente
	int plazas;           //número de plazas reservadas

	//constructores, métodos get y set y toString()
}
```

Este fichero puede contener id de viajes que no existen en el fichero de viajes y también id de clientes que no existen en el fichero de clientes.

Todos los ficheros tienen datos. Se proporciona el paquete **datos** y la clase Java **CrearFicheros.java** que tendrás que ejecutar para crear los ficheros con datos. Se pueden descargar de los recursos del capítulo. Se pide una clase Java para cada ejercicio:

1. Realiza una clase Java que muestre el contenido de los 3 ficheros. Recorre los ficheros aleatorios de forma secuencial. Muestra el número de registros que hay en cada fichero.

2. A partir del fichero ***Reservas.dat*** realiza una lectura secuencial del mismo, por cada registro leído realiza las siguientes actualizaciones en los ficheros aleatorios siempre y cuando los identificadores de viaje y cliente existan en su correspondiente fichero aleatorio:

   a. Actualizar en el fichero ***Viajes.dat***: el campo *viajeros* para que contenga el nº de viajeros que hacen el viaje. Este campo será igual a la suma de las plazas reservadas en el viaje correspondiente.

   b. Actualizar en el fichero ***Clientes.dat***:

      - El campo *viajescontratados* para que almacene el nº de viajes contratados por el cliente. Cada registro en el fichero de reservas es un viaje contratado.

      - El campo *importetotal* debe almacenar la suma de lo que valen las reservas que ha realizado el cliente. El *importe* de cada reserva es igual a la multiplicación del *pvp* del viaje por el *número de plazas*.

   c. Para los identificadores de viajes y clientes que están en el fichero de ***Reservas.dat*** y que no existen en los ficheros de viajes y clientes, se debe crear un mensaje que **se insertará en un fichero de texto** acompañado de un número de error a la izquierda indicando el número de error que se crea. El fichero se llama **Errores.txt** La información para este fichero se obtiene a partir de las reservas. El contenido del fichero al final del proceso de actualización debe ser similar a este:

```
ERROR 1. EL VIAJE 138, no existe. Reserva: (138, 5, 2)
ERROR 2. EL CLIENTE 55, no existe. Reserva: (220, 55, 1)
ERROR 3. EL VIAJE 220, no existe. Reserva: (220, 55, 1)
ERROR 4. EL CLIENTE 55, no existe. Reserva: (30, 55, 1)
```

3. Una vez actualizado el fichero de viajes se mostrará el siguiente listado en el que aparecerá el campo número de viajeros actualizado. Ejemplo de salida:

```
===============================================================
 ID  DESCRIPCION                     FEC SALIDA  VIAJEROS  DIAS
===  ==============================  ==========  ========  ====
 14  Alemania Oeste                  01/08/2025      9        7
 16  China Gran Muralla              25/09/2025     12       10
 18  Croacia, Perla del Adriático    01/08/2025      0        7
 20  Crucero por el mar Mediterráneo 01/08/2025      9       11
 22  Cuba y Miami                    15/09/2025      2        7
 24  La Toscana                      01/09/2025     19        5
 26  Moscu San Petersburgo           10/08/2025      0        7
 28  Noruega Mágica                  20/08/2025      0        9
```

```
 30  Paises Bajos                     10/08/2025     0      7
 32  Praga, Viena, Budapest           20/08/2025     0      7
 34  Costa Brava                      01/09/2025     0      5
 35  Costa de Almeria                 15/09/2025     0      7
 36  Extremadura al completo          25/09/2025     0      6
 37  Galicia Costa da Morte           10/08/2025     7     10
 38  Huelva                           20/08/2025     3      7
 39  Oropesa del Mar con balneario    01/09/2025     0      8
 40  Zaragoza y Teruel                10/08/2025     0      4
 45  Paris romántico                  01/08/2025     0      7
===============================================================
```

4. Realiza un proceso repetitivo en el que se introduzca por teclado el identificador del viaje y se muestre su descripción, el número de viajeros y los datos de los clientes que han reservado ese viaje (*id*, *nombre* y *plazas*). El proceso finalizará cuando el identificador sea 0. Si el viaje no existe se debe mostrar un mensaje indicándolo. Si el viaje no tiene reservas se debe mostrar un mensaje indicándolo. Se debe mostrar el número de clientes que ha reservado ese viaje. Ejemplo de salida:

```
=================================
Introduce id del viaje: 38
Huelva, Viajeros: 3
=================================
 ID  NOMBRE                PLAZAS
===  ====================  ======
  5  Julio Reyes                3

     Número de clientes: 1
=================================
Introduce id del viaje: 24
La Toscana, Viajeros: 19
=================================
 ID  NOMBRE                PLAZAS
===  ====================  ======
  2  Raquel Martinez            2
  1  Alicia Sanz                2
 11  Fernando Alia              5
  4  Dora Suela                 1
  5  Julio Reyes                2
 10  Maria Sanz                 1
 15  Pedro Martin               3
 12  Daniel Sanchez             2
 18  Maria Jose Perez           1

     Número de clientes: 9
=================================
Introduce id del viaje: 99
    NO EXISTE EL ID DE VIAJE
=================================
Introduce id del viaje: 40
NO HAY RESERVAS
=================================
Introduce id del viaje: 0
```

5. Igual que antes, pero en este caso se debe generar un JSON y un XML con los datos del viaje introducido por teclado. Puedes crear las clases auxiliares que necesites. Por ejemplo, para el viaje 24 se debe mostrar en pantalla:

```
VIAJE EN JSON
{
  "id" : 24,
  "descripcion" : "La
Toscana",
  "viajeros" : 19,
  "clientes" : [ {
    "id" : 2,
    "nombre" : "Raquel
Martinez"
  }, {
    "id" : 1,
    "nombre" : "Alicia Sanz"
  }, {
    "id" : 11,
    "nombre" : "Fernando Alia"
  }, {
    "id" : 4,
    "nombre" : "Dora Suela"
  }, {
    "id" : 5,
    "nombre" : "Julio Reyes"
  }, {
    "id" : 10,
    "nombre" : "Maria Sanz"
  }, {
    "id" : 15,
    "nombre" : "Pedro Martin"
  }, {
    "id" : 12,
    "nombre" : "Daniel
Sanchez"
  }, {
    "id" : 18,
    "nombre" : "Maria Jose
Perez"
  } ]
}
```

```
VIAJE EN XML
<Viaje>
  <id>24</id>
  <descripcion>La Toscana</descripcion>
  <viajeros>19</viajeros>
  <ListadeClientes>
    <UnCliente>
      <id>2</id>
      <nombre>Raquel Martinez</nombre>
    </UnCliente>
    <UnCliente>
      <id>1</id>
      <nombre>Alicia Sanz</nombre>
    </UnCliente>
    <UnCliente>
      <id>11</id>
      <nombre>Fernando Alia</nombre>
    </UnCliente>
    <UnCliente>
      <id>4</id>
      <nombre>Dora Suela</nombre>
    </UnCliente>
    <UnCliente>
      <id>5</id>
      <nombre>Julio Reyes</nombre>
    </UnCliente>
    <UnCliente>
      <id>10</id>
      <nombre>Maria Sanz</nombre>
    </UnCliente>
    <UnCliente>
      <id>15</id>
      <nombre>Pedro Martin</nombre>
    </UnCliente>
    <UnCliente>
      <id>12</id>
      <nombre>Daniel Sanchez</nombre>
    </UnCliente>
    <UnCliente>
      <id>18</id>
      <nombre>Maria Jose Perez</nombre>
    </UnCliente>
  </ListadeClientes>
</Viaje>
```

6. Se trata de eliminar clientes del fichero aleatorio de clientes. Se pedirá por teclado el *id* del cliente a eliminar, si no ha contratado viajes se elimina del fichero, se realizará un borrado lógico en el que se marcará con ***-1*** los campos numéricos menos el campo *id*, al nombre del cliente le damos el valor de “*eliminado*”. Y si ha contratado viajes se debe mostrar la siguiente información de los viajes contratados y no se eliminará. Al finalizar se debe hacer un listado secuencial del fichero aleatorio, se deben mostrar todos los registros incluso los eliminados. Si el *id* a eliminar no existe se debe mostrar mensaje indicándolo. Si ha sido eliminado también se mostrará mensaje indicándolo. Ejemplo de salida de todo el proceso:

```
====================================================================
Introduce id de cliente a eliminar: 1
Alicia Sanz, Viajes contratados: 4
====================================================================
 ID  DESCRIPCION                      FEC SALIDA        PVP  PLAZAS
===  ==============================  ==========  =========  ======
 16  China Gran Muralla              25/09/2020   2.100,00       2
 20  Crucero por el mar Mediterráneo 01/08/2020   1.340,00       2
 37  Galicia Costa da Morte          10/08/2020   1.100,00       3
 24  La Toscana                      01/09/2020     800,00       2

     Importe total   :   11.780,00
====================================================================
Introduce id de cliente a eliminar: 321
      NO EXISTE EL ID DE CLIENTE
====================================================================
Introduce id de cliente a eliminar: 33
      NO HA CONTRATADO NINGÚN VIAJE - eliminar
      Cliente: 33, eliminado.
====================================================================
Introduce id de cliente a eliminar: 4
Dora Suela, Viajes contratados: 3
====================================================================
 ID  DESCRIPCION                      FEC SALIDA        PVP  PLAZAS
===  ==============================  ==========  =========  ======
 16  China Gran Muralla              25/09/2020   2.100,00       4
 20  Crucero por el mar Mediterráneo 01/08/2020   1.340,00       1
 24  La Toscana                      01/09/2020     800,00       1

     Importe total   :   10.540,00
====================================================================
Introduce id de cliente a eliminar: 19
      NO HA CONTRATADO NINGÚN VIAJE - eliminar
      Cliente: 19, eliminado.
====================================================================
Introduce id de cliente a eliminar: 19
      EL CLIENTE HA SIDO ELIMINADO.
====================================================================
Introduce id de cliente a eliminar: 0
==================================================
LISTADO DE LOS CLIENTES
==================================================
D: 1, Nombre: Alicia Sanz,
      Viajes Contratados: 4, Importe: 11.780,00
ID: 2, Nombre: Raquel Martinez,
      Viajes Contratados: 4, Importe: 10.340,00
. . . . . . .. . . . . . . . . . . . . . . .. . . . . . . . . .
. . . . . . .. . . . . . . . . . . . . . . .. . . . . . . . . .
ID: 18, Nombre: Maria Jose Perez,
      Viajes Contratados: 2, Importe: 6.800,00
ID: 19, Nombre: *eliminado*,
      Viajes Contratados: -1, Importe:    -1,00
ID: 22, Nombre: Maria Sanchez,
      Viajes Contratados: 0, Importe:     0,00
ID: 33, Nombre: *eliminado*,
      Viajes Contratados: -1, Importe:    -1,00
```

NOTA: los ficheros aleatorios se tratarán como tales, no se volcarán a colecciones ni arrays. Para el acceso a un registro determinado no se leerán los registros anteriores. Se tratarán secuencialmente cuando sea necesario acceder a todos los registros para por ejemplo hacer un listado. Para buscar, modificar o eliminar un registro determinado el acceso será aleatorio. En las entradas de datos numéricos se deben controlar las excepciones, por ejemplo, para el caso de que se introduzca una cadena por teclado cuando lo que se espera es un dato numérico. Las cantidades numéricas decimales se deben mostrar con formato, con el punto para los miles y la coma para decimales.

CAPÍTULO 2

MANEJO DE CONECTORES

Contenidos

Desfase objeto-relacional.

Protocolos de acceso a bases de datos. Conectores.

Bases de datos embebidas.

Establecimiento de conexiones.

Ejecución de sentencias de descripción de datos.

Ejecución de sentencias de modificación de datos.

Ejecución de consultas.

Ejecución de procedimientos.

Generación de informes.

Objetivos

Instalar y utilizar bases de datos embebidas.

Utilizar conectores para acceder a bases de datos.

Establecer conexiones a bases de datos.

Desarrollar aplicaciones para acceder a los datos de la base de datos.

Ejecutar procedimientos de bases de datos.

Crear informes con datos almacenados en bases de datos.

RESUMEN DEL CAPÍTULO

En este capítulo aprenderemos a acceder a los datos almacenados en distintas bases de datos relacionales utilizando el lenguaje de programación Java. Realizaremos programas para acceder a las distintas bases de datos, para ello, usaremos diferentes conectores, cada base de datos necesitará su conector. Aprenderemos a generar informes con JasperReports.

2.1. INTRODUCCIÓN

En general el término de acceso a datos significa el proceso de recuperación o manipulación de datos extraídos de un origen de datos local o remoto. Los orígenes de datos no tienen por qué ser relacionales y pueden provenir de muchas fuentes distintas. Algunos de los orígenes de datos con los que podemos encontrarnos son: una base de datos relacional remota en un servidor, una base de datos relacional local, una hoja de cálculo, un fichero de texto en nuestro ordenador, un servicio de información online, etc.

En esta unidad nos centraremos en los orígenes de datos relacionales, aprenderemos a realizar programas Java para acceder a una base de datos relacional. Para ello necesitaremos los **conectores**, que no son más que el software que se necesita para realizar las conexiones desde nuestro programa Java con una base de datos relacional.

2.2. EL DESFASE OBJETO-RELACIONAL

En la actualidad las bases de datos orientadas a objetos no son tan utilizadas como las bases de datos relacionales, que siguen siendo el estándar en la mayoría de las aplicaciones empresariales, financieras y web. Sin embargo, si que son muy utilizadas en aplicaciones más sofisticadas que requieren el tratamiento de estructuras de datos complejas y jerárquicas. Un ejemplo de estas son las aplicaciones para diseño y fabricación en ingeniería, los sistemas de información geográfica (GIS), experimentos científicos, aplicaciones multimedia, etc.

Actualmente las aplicaciones modernas utilizan **bases de datos híbridas** o NoSQL (como MongoDB, Cassandra, o CouchDB), que combinan características de los modelos orientados a objetos y relacionales para ofrecer mayor flexibilidad y escalabilidad.

El desfase **objeto-relacional** (o *desajuste de la impedancia*) se refiere a los problemas que ocurren debido a las diferencias entre el modelo de datos de la base de datos y el del lenguaje de programación orientado a objetos. Ya que las bases de datos relacionales no están diseñadas para almacenar objetos, surge este problema porque ambos paradigmas manejan los datos de formas diferentes.

Sin embargo, el paradigma relacional y el paradigma orientado a objetos pueden ser *"amigos"*. Cada vez que los objetos deben extraerse o almacenarse en una base de datos relacional se requiere un mapeo desde las estructuras provistas en el modelo de datos a las provistas por el entorno de programación. Este tema se trata más ampliamente en la Capítulo 3.

2.3. BASES DE DATOS EMBEBIDAS

Cuando desarrollamos pequeñas aplicaciones en las que no vamos a almacenar grandes cantidades de información no es necesario que utilicemos un sistema gestor de base de datos como Oracle o MySQL. En su lugar podemos utilizar una base de datos embebida donde el motor esté incrustado en la aplicación y sea exclusivo para ella. La base de datos se inicia cuando se ejecuta la aplicación, y termina cuando se cierra la aplicación.

Por lo general, este tipo de bases de datos vienen del movimiento *Open Source*, aunque también hay algunas de origen propietario. Veamos algunas de ellas.

2.3.1. SQLite

SQLite es un sistema gestor de base de datos multiplataforma escrito en C que proporciona un motor muy ligero. Las bases de datos se guardan en forma de ficheros facilitando su portabilidad. Cuenta con una utilidad que nos permitirá ejecutar comandos SQL en modo consola. Es un proyecto de dominio público.

Soporta gran parte del estándar SQL-92, incluyendo transacciones de base de datos atómicas, consistencia de base de datos, aislamiento y durabilidad, triggers y la mayor parte de las consultas complejas. Los programas que utilizan la funcionalidad de SQLite lo hacen a través de llamadas simples a subrutinas y funciones. SQLite se puede utilizar desde programas en C/C++, PHP, Visual Basic, Perl, Delphi, Java, etc.

Su instalación es sencilla. Desde la página *https://www.sqlite.org/download.html* se puede descargar. Hacemos la prueba en Windows y descargamos el ZIP **sqlite-tools-win-x64-3480000.zip**, al descomprimirlo obtenemos varios ficheros ejecutables, entre ellos **sqlite3.exe**. Al ejecutarlo desde la línea de comandos escribimos el nombre del fichero que contendrá la base de datos, si el fichero no existe se creará, si existe cargará la base de datos.

Abrimos el modo comando, y desde la carpeta que contiene sqlite, ejecutamos **sqlite3.exe**. El siguiente ejemplo crea la base de datos *ejemplo.db* en la carpeta por defecto, todas las tablas que creemos en esta sesión se almacenarán en este fichero, para finalizar la sesión se escribe el comando ***.quit***, el comando ***.tables*** muestra las tablas creadas:

```
E:\LIBRO_ADAT2025\Unidad2_2025\BaseDatosUni2\sqlite-348>sqlite3 ejemplo.db
SQLite version 3.48.0 2025-01-14 11:05:00
Enter ".help" for usage hints.
sqlite> CREATE TABLE departamentos (
(x1...>  dept_no  int NOT NULL PRIMARY KEY,
(x1...>  dnombre  VARCHAR(15),
(x1...>  loc      VARCHAR(15)
(x1...> ) ;
sqlite>
sqlite> INSERT INTO departamentos VALUES (10,'CONTABILIDAD','SEVILLA');
sqlite> INSERT INTO departamentos VALUES (20,'INVESTIGACIÓN','MADRID');
sqlite> INSERT INTO departamentos VALUES (30,'VENTAS','BARCELONA');
sqlite> INSERT INTO departamentos VALUES (40,'PRODUCCIÓN','BILBAO');
sqlite> .tables
departamentos
sqlite> select * from departamentos;
10|CONTABILIDAD|SEVILLA
20|INVESTIGACIÓN|MADRID
30|VENTAS|BARCELONA
40|PRODUCCIÓN|BILBAO
sqlite> .quit

E:\LIBRO_ADAT2025\Unidad2_2025\BaseDatosUni2\sqlite-348>
```

Para instalar SQLite en Linux escribimos desde la línea de comandos:

```
$sudo apt-get install sqlite3
```

Y para ejecutar SQLite escribimos lo siguiente para crear la base de datos en la carpeta */home/usuario/DB/SQLITE* (que tiene que existir):

```
$ sqlite3 /home/usuario/DB/SQLITE/ejemplo.db
```

ACTIVIDAD 2.1

Crea las tablas EMPLEADOS y DEPARTAMENTOS en SQLite e inserta filas en ellas.

Puedes encontrar la creación de las tablas y los insert en el fichero ***TablasEmpleDepUni2 .sql***, de la carpeta de recursos de la unidad. Las tablas son las siguientes:

```
CREATE TABLE departamentos (
  dept_no  int NOT NULL PRIMARY KEY,
  dnombre  VARCHAR(15),
  loc      VARCHAR(15)
) ;
```

```
CREATE TABLE empleados (
    emp_no     INT  NOT NULL PRIMARY KEY,
    apellido   VARCHAR(10),
    oficio     VARCHAR(10),
    dir        INT,
    fecha_alt  DATE ,
    salario    FLOAT,
    comision   FLOAT,
    dept_no      INT  NOT  NULL  REFERENCES
departamentos(dept_no)
);
```

2.3.2. Apache Derby

Apache Derby es una base de datos relacional de código abierto, escrita en Java y parte del **Apache DB Project**. Es ligera, compatible con SQL y cuenta con un controlador **JDBC** integrado para su uso en aplicaciones Java. Soporta los estándares SQL, y además el modelo cliente-servidor con **Derby Network Server** y es fácil de instalar y utilizar.

Para realizar la instalación descargamos la última versión desde la página Web: *http://db.apache.org/derby/derby_downloads.html*. Nos fijaremos en la versión de java que soporta. En las pruebas descargamos el fichero: **db-derby-10.17.1.0-bin.zip**, y lo descomprimimos. Apache Derby trae una serie de ficheros .BAT que nos permitirán ejecutar por consola órdenes para crear nuestras bases de datos y ejecutar sentencias DDL y DML. El fichero es **ij.bat** y se encuentra en la carpeta *bin*.

Desde la línea de comandos nos dirigimos a dicha carpeta y ejecutamos el fichero **ij.bat**:

```
E:\LIBRO_ADAT2025\Unidad2_2025\BaseDatosUni2\db-derby-10.17.1.0-bin\bin>ij
Versión de ij 10.17
ij>
```

Para crear una base de datos de nombre *ejemplo*, escribimos desde el indicador ***ij>*** la siguiente orden:

```
ij> connect 'jdbc:derby:ejemplo;create=true';
```

La base de datos se creará en la carpeta ***bin***, y crea una carpeta con el nombre de la base de datos. Para crearlo en otra carpeta indicaremos el camino:

```
ij> connect 'jdbc:derby:D:\MISBASESDEDATOS\DERBY\ejemplo;create=true';
```

Donde:

- **connect**, es el comando para establecer la conexión.
- **jdbc:derby**, es el protocolo JDBC especificado por DERBY.
- **ejemplo,** es el nombre de la base de datos que voy a crear (se crea una carpeta con dicho nombre y dentro una serie de ficheros).
- **create=true**, atributo usado para crear la base de datos.

Para salir de la línea de comandos de **ij**, escribimos **exit**;

El siguiente ejemplo muestra la creación de la base de datos *ejemplo*, la creación de la tabla *DEPARTAMENTOS*, y la inserción de filas. Copiaremos las órdenes del fichero que contiene las creaciones y los insert ***TablasEmpleDepUni2 .sql***, de la carpeta de recursos de la unidad:

```
E:\LIBRO_ADAT2025\Unidad2_2025\BaseDatosUni2\db-derby-10.17.1.0-bin\bin>ij
Versión de ij 10.17
ij> connect 'jdbc:derby:ejemplo;create=true';
ij> CREATE TABLE departamentos (
 dept_no  int NOT NULL PRIMARY KEY,
 dnombre  VARCHAR(15),
 loc      VARCHAR(15)
> > > > ) ;
0 filas insertadas/actualizadas/suprimidas
ij> INSERT INTO departamentos VALUES (10,'CONTABILIDAD','SEVILLA');
INSERT INTO departamentos VALUES (20,'INVESTIGACIÓN','MADRID');
INSERT INTO departamentos VALUES (30,'VENTAS','BARCELONA');
1 fila insertada/actualizada/suprimida
ij> 1 fila insertada/actualizada/suprimida
ij> 1 fila insertada/actualizada/suprimida
ij> INSERT INTO departamentos VALUES (40,'PRODUCCIÓN','BILBAO');
1 fila insertada/actualizada/suprimida
ij> select * from departamentos;
DEPT_NO     |DNOMBRE        |LOC
-------------------------------------------
10          |CONTABILIDAD   |SEVILLA
20          |INVESTIGACI?N  |MADRID
30          |VENTAS         |BARCELONA
40          |PRODUCCI?N     |BILBAO
4 filas seleccionadas
ij> exit;
```

Para salir se ejecuta el comando **exit.**

El comando **show tables;** muestra las tablas existentes en la base de datos. Para obtener ayuda podemos escribir el comando **help;**

Para volver a usar la base de datos escribimos la siguiente orden desde la línea de comandos de **ij**: *connect 'jdbc:derby:ejemplo'*;

ACTIVIDAD 2.2

Crea las tablas EMPLEADOS y DEPARTAMENTOS en Apache Derby e inserta filas en ellas. Puedes encontrar la creación de las tablas y los insert en el fichero ***TablasEmpleDepUni2 .sql***, de la carpeta de recursos de la unidad.

2.3.3. HSQLDB

HSQLDB *(Hyperthreaded Structured Query Language Database)* es un sistema gestor de bases de datos relacional escrito en Java, incluido en **OpenOffice Base** desde la versión 2.0. Soporta la mayor parte de las características del estándar **SQL:2011**, puede operar en **memoria o en disco** y permite gestionar hasta **270 mil millones de filas**. La versión **2.3.4** mejora el acceso a grandes volúmenes de datos e incluye **copias de seguridad en caliente**.

Desde la URL *https://sourceforge.net/projects/hsqldb/files/* podemos descargarnos la última versión estable. En este caso, descargamos el fichero **hsqldb-2.7.4.zip**. Lo descomprimimos, y para probarla ejecutamos el archivo ***runManagerSwing.bat*** que se encuenta en la carpeta ***bin***. Se abre una ventana de comando, y la aplicación para conectarnos. Véase la figura figura 2.1.

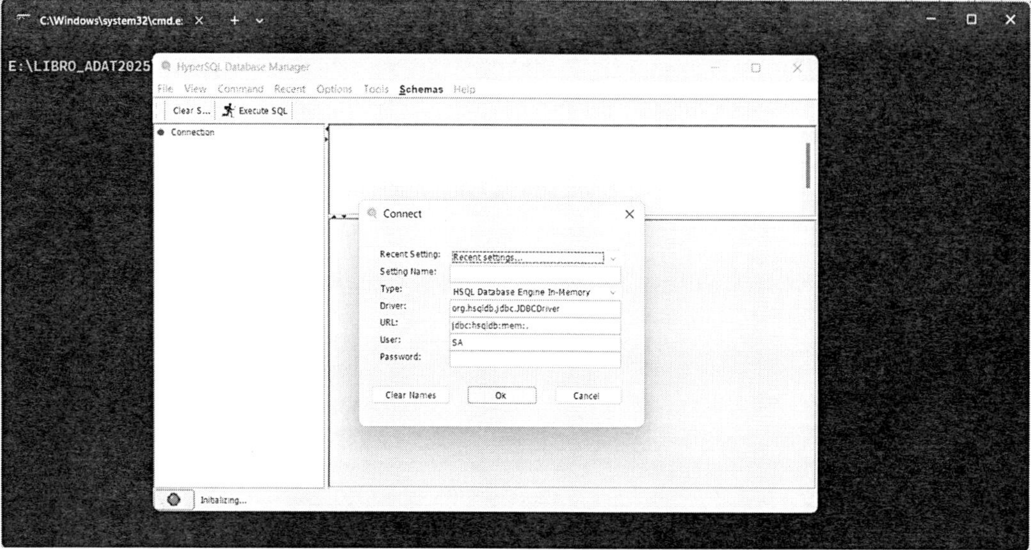

Figura 2.1. Arranque de la base de datos HSQLDB.

Configuramos la conexión: escribimos en el campo ***Setting Name*** un nombre para la conexión, de la lista ***Type*** seleccionamos la opción *HSQL Database Engine Standalone*, para que la base de datos la tome de un **fichero** si existe y si no existe, la cree; y en la casilla de ***URL***, escribimos el **nombre de la carpeta** donde se almacenará la base de datos y el de **la base de datos**: *ejemplo/ejemplo*. Pulsamos el botón *OK*, véase Figura 2.2.

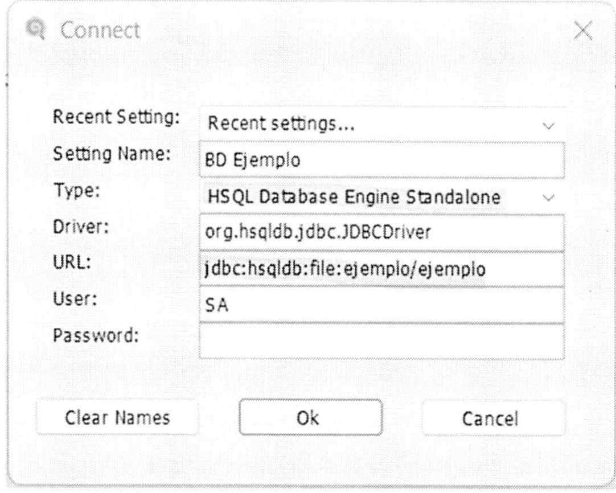

Figura 2.2. Crear conexión y BD ejemplo en carpeta ejemplo en HSQLDB.

Se indica nombre de la carpeta para que HSQLDB al crear todos los archivos de la base de datos (ejemplo.tmp, ejemplo.lck, ejemplo.log, ejemplo.properties, ejemplo.script), los guarde juntos en una carpeta.

A continuación, se abre una nueva ventana desde la que podemos ejecutar comandos DDL y DML para crear y manipular objetos de nuestra base de datos, véase Figura 2.3. Para ejecutar una sentencia SQL pulsamos el botón *Execute*. Desde la opción de menú ***View->Refresh Tree*** podemos actualizar el árbol de objetos.

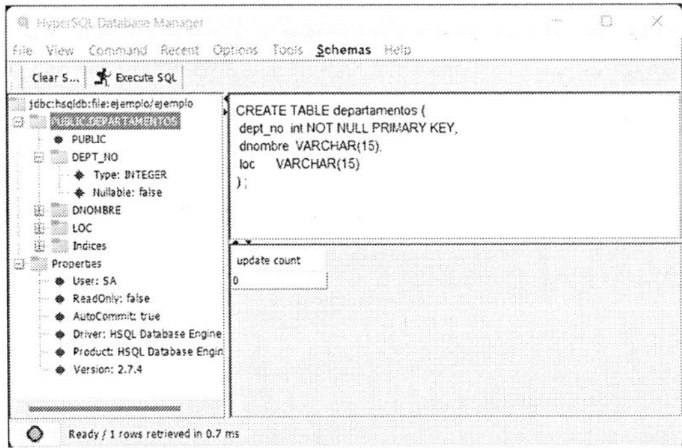

Figura 2.3. Ejecución de sentencias SQL en HSQLBD.

ACTIVIDAD 2.3

Crea las tablas EMPLEADOS y DEPARTAMENTOS en HSQLDB inserta filas en ellas. Puedes encontrar la creación de las tablas y los insert en el fichero ***TablasEmpleDepUni2 .sql***, de la carpeta de recursos de la unidad.

2.3.4. Conectar en eclipse con estas bases de datos

Eclipse proporciona la herramienta ***Database Connections*** que permite crear conexiones a bases de datos como ***Apache Derby, MySQL, Oracle, PostgreSQL***, ***SQLite***, ***HSQLDB***, entre otras, y operar desde el mismo entorno.

Antes de crear las conexiones deberemos tener los drivers localizados para añadirlos. De *SQLite* descargamos ***sqlite-jdbc-3.48.0.0.jar*** (https://repo1.maven.org/maven2/org/xerial/sqlite-jdbc/3.48.0.0/). Para *HSQLDB*, utilizamos el jar ***hsqldb.jar*** de la carpeta *\sqldb-2.7.4\lib*, y de Derby utilizaremos ***derbynet.jar*** de la carpeta *\db-derby-10.17.1.0-bin\lib*.

Para crear las conexiones, se abre la perspectiva de eclipse ***Database Development***, y desde la opción ***Database Connections,*** pulsamos el botón derecho del ratón, ***New***, se selecciona la base de datos, ponemos un nombre a la conexión, y se pulsa ***Next***, ver figura 2.4.

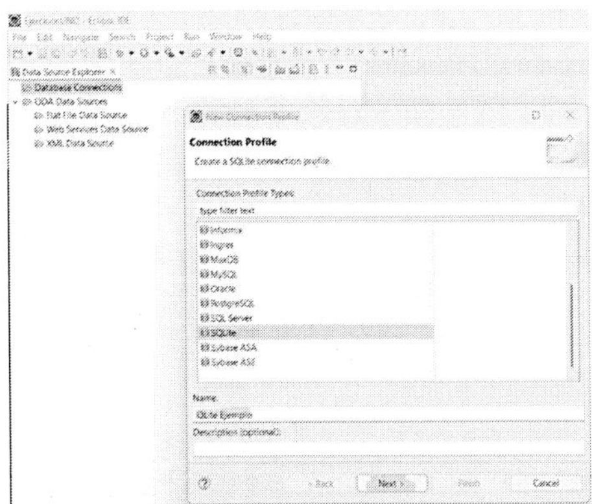

Figura 2.4. Creación de conexión a base de datos a SQLite

En la siguiente ventana pedirá que se seleccione el driver para la base de datos. Se pulsa al botón de añadir, se selecciona el tipo, en este caso *SQLite JDBC Driver*, y en la pestaña *JAR List*, se añade el jar correspondiente. En la figura 2.5 se muestra como añadir el driver de SQLite.

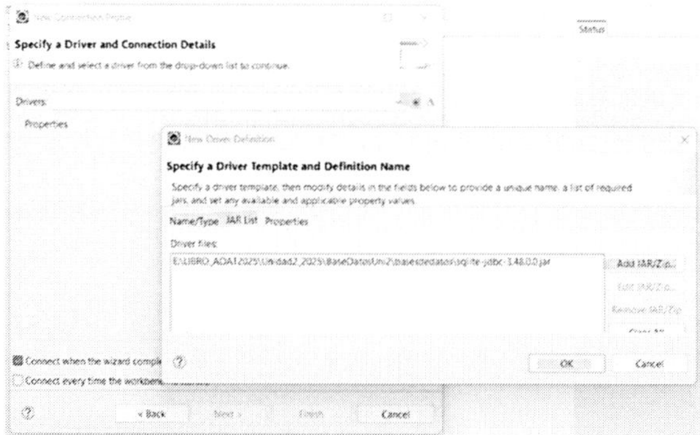

Figura 2.5. Selección del driver para SQLite

A continuación, pedirá los datos de la base de datos a conectar. Rellenaremos el nombre y la ubicación de la misma. No hay ni usuario ni contraseña. Véase la figura 2.6. Y lo siguiente es ver que nos hemos conectado a la base de datos ***ejemplo.db***, deberán aparecer las tablas creadas en los anteriores apratados, véase la figura 2.7. Si no aparecen las tablas creadas, es porque se ha puesto mal el nombre o la ubicación de la base de datos.

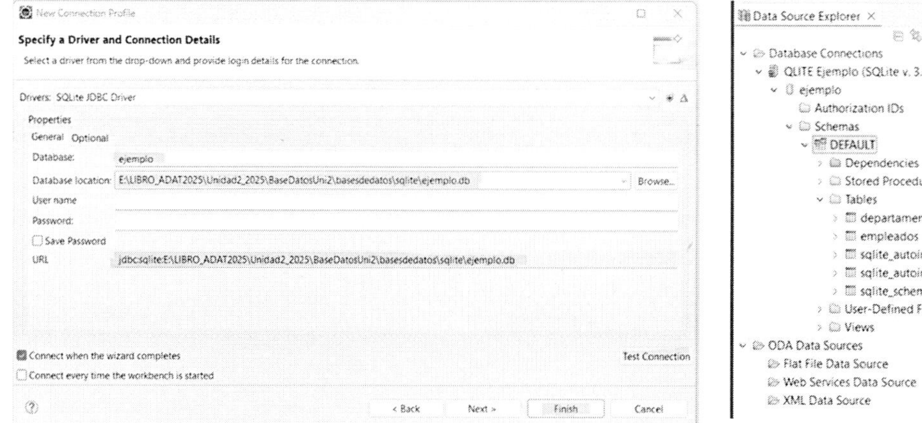

Figura 2.6. Detalle de la base de datos SQLite a conectar

Figura 2.7. Vista BD SQLite

Se repetirán los mismos pasos para las bases de datos creadas anteriormente. Para HSQLDB, se elige el driver *HSQLDB JDBC Driver*, y se especifica la conexión a la base de datos, recuerda que esta la creamos dentro de la carpeta *ejemplo*. Por defecto en HSQLDB el usuario es SA sin contraseña. Véase la figura 2.8.

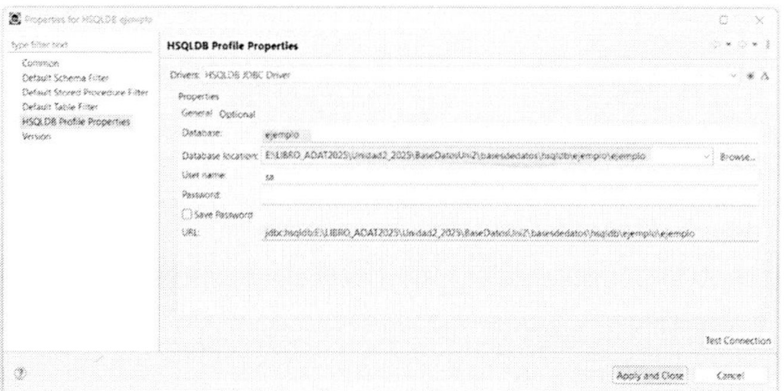

Figura 2.8. Detalle de la base de datos HSQLDB a conectar

Finalmente realizamos la conexión con Derby, se elige el driver *Derby Embedded JDBC Driver,* se añade, y se especifica la conexión a la base de datos. En la conexión indicamos que no se cree la base de datos, pues nos vamos a conectar a una que ya existe. Véase la figura 2.9. Si al abrirla no aparece ninguna tabla, puede ser que la ubicación esté mal puesta, o que se dejó marcada la casilla de *Create database.*

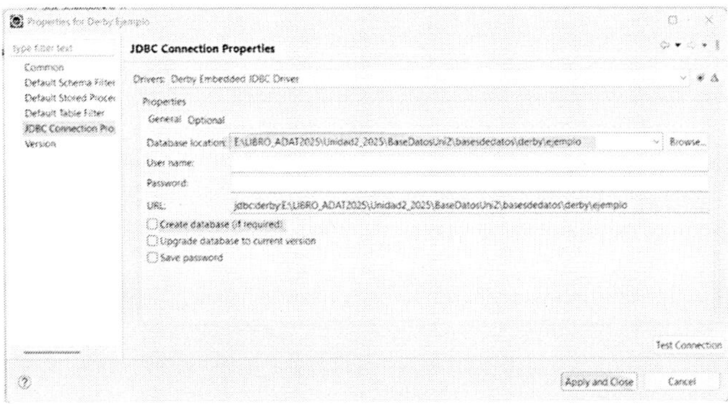

Figura 2.9. Detalle de la base de datos Derby a conectar

Observa la información que almacena cada base de datos (figura 2.10), y los elementos que lo componen. Esta información la podremos explorar en los siguientes apartados del tema extrayendo los metadatos de las bases de datos utilizando las clases ***DatabaseMetaData*** y ***ResultSetMetaData.***

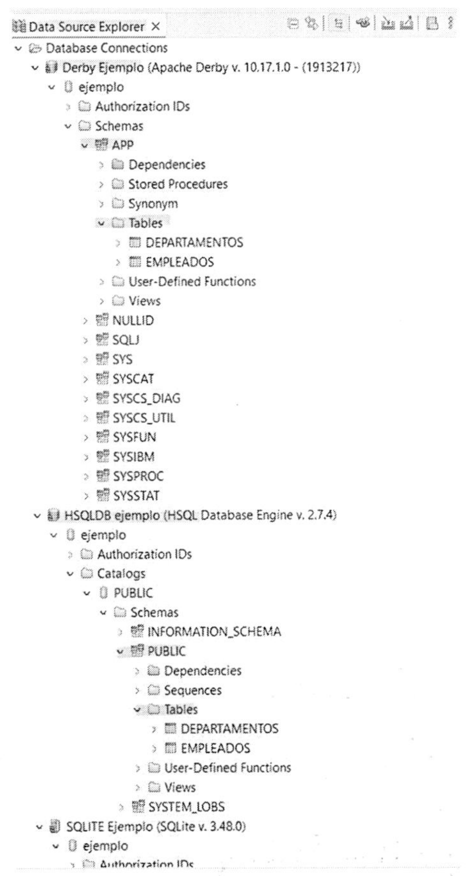

Figura 2.10. Bases de datos creadas.

ACTIVIDAD 2.4

Crear en MySQL la BD ejemplo y crea las tablas EMPLEADOS y DEPARTAMENTOS

Crear en Oracle el usuario EJEMPLO, con clave ejemplo y crea las tablas EMPLEADOS y DEPARTAMENTOS

Crea en eclipse una conexión a cada una de estas bases de datos. Los drivers a utilizar se encuentran en la carpeta de recursos. Las tablas y los insert se encuentran en el fichero ***TablasEmpleDepUni2 .sql,*** de la carpeta de recursos de la unidad.

Descarga el jar de Oracle desde: https://www.oracle.com/database/technologies/appdev/jdbc-downloads.html

Descarga jar de MySql desde: https://downloads.mysql.com/archives/c-j/

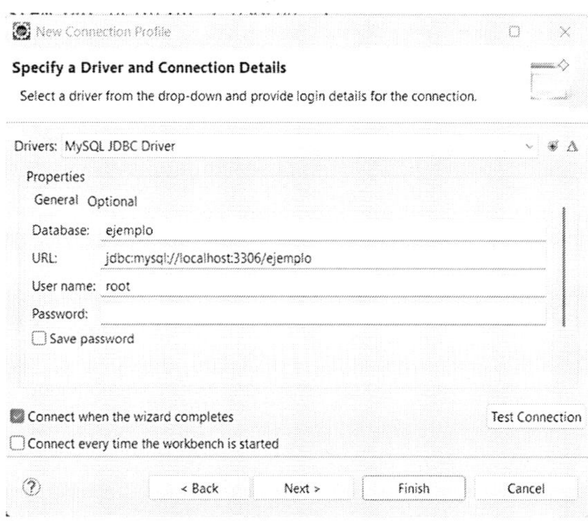

Figura 2.11. Conexión a MySQL.

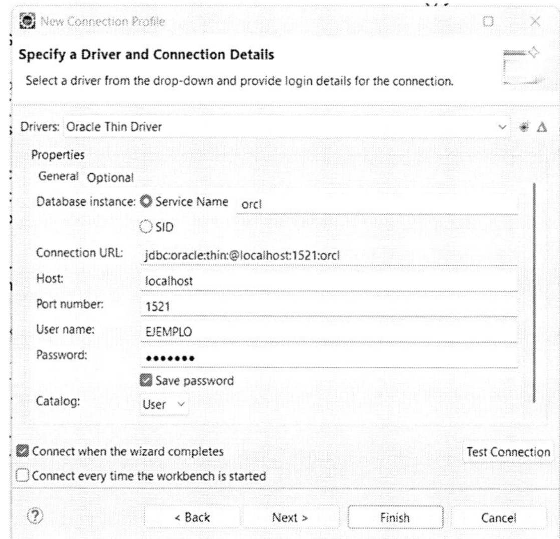

Figura 2.12. Conexión con Oracle

2.3.5. Otras

Existen más sistemas de bases de datos embebidos tanto en software libre como en sistemas propietarios. Algunos ejemplos son:

- **H2** es un sistema gestor de base de datos relacional programado íntegramente en Java. Está disponible como software de código libre bajo la Licencia Pública de Mozilla o la Eclipse Public License. Desde la web *http://www.h2database.com/html/main.html* podemos descargarnos la última versión.
- **Firebird** que se deriva del código fuente de *InterBase 6.0 de Borland.* Es un sistema gestor de bases de datos relacional de código abierto que no tiene licencias duales, por lo que es totalmente libre y se puede usar tanto en aplicaciones comerciales como de código abierto. Se presenta en tres versiones del servidor: *SuperServer, Classic* y *Embedded.* La edición embebida (Embedded) es un completo servidor Firebird empacado en unos cuantos ficheros. Es fácil distribuir aplicaciones, puesto que no requiere instalación, ideal para crear catálogos en CDROM, versiones mono usuario, de evaluación o portátiles de las aplicaciones. Algunas de sus características son:

- Completo soporte para procedimientos almacenados y disparadores.
- Integridad referencial.
- Bajo consumo de recursos.
- Lenguaje interno para procedimientos almacenados y disparadores (PSQL).
- Soporte para funciones externas.
- Poca o ninguna necesidad de administradores especializados.
- Múltiples formas de acceder a la base de datos: nativo/API, drivers dbExpress, ODBC, OLEDB, proveedor .Net, driver JDBC nativo tipo 4, módulo Python, PHP, Perl, etc.
- Etc.

- **Microsoft SQL Server Compact** (*SQL Server CE*): Es una base de datos compacta y con una gran variedad de funciones diseñada para entornos móviles. Es un producto de Microsoft que incluye varias características de las bases de datos relacionales a la vez que ocupa poco espacio. Algunas características son:
  - Posee un motor de base de datos, así como un procesador y un optimizador de consultas especialmente diseñado para entornos móviles.
  - Soporta un subconjunto de tipos de datos y de sentencias *Transact-SQL* de *SQL Server*.
  - En cuanto a los datos de tipo texto, únicamente soporta tipos de datos de cadena compatibles con Unicode (nchar, nvarchar, ntext).
  - Se integra desde la versión 3.0, con *Microsoft Visual Studio* (incluyendo la edición *Express* desde la versión 3.5) y *SQL Server Management Studio*.
  - A nivel de seguridad ofrece la posibilidad de cifrado del fichero de base de datos con una contraseña de acceso restringida.
  - *SQL Server Compact 4.0* se ha optimizado y ajustado para usarse con aplicaciones Web *ASP.NET*.

2.4. PROTOCOLOS DE ACCESO A BASES DE DATOS

En tecnologías de base de datos podemos encontrarnos con varias normas de conexión a una base de datos, que dependerán de los lenguajes de programación y el sistema de Gestor de Base de Datos. Estas son las más utilizadas:

- **JDBC** (*Java Database Connectivity - Conectividad de base de Datos con Java*) define una API que pueden usar los programas Java para conectarse a los servidores de bases de datos relacionales mediante drivers JDBC específicos para cada gestor.
- **ODBC** (*Open Database Connectivity*) define una API (*Application Program Interface - Interfaz para Programas de Aplicación*) estándar para acceder a bases de datos mediante un driver ODBC. Se usa en Aplicaciones Windows y multiplataforma (C, C++, Python, etc.).
- **ADO.NET** (*ActiveX Data Objects for .NET, Active Data Objects – Objetos activos de datos*) creada por Microsoft, es el conjunto de tecnologías utilizadas en .NET

para acceder a bases de datos relacionales y XML. Se usa en aplicaciones en C# y .NET.

- **PDO** (*PHP Data Objects*). Proporciona una interfaz de acceso a bases de datos que permite conectar con múltiples sistemas gestores usando un enfoque orientado a objetos. Se utiliza en el desarrollo de aplicaciones en PHP.
- **SQLAlchemy** (*ORM para Python*). Es un **ORM** que permite interactuar con bases de datos mediante objetos en lugar de SQL puro, se usa en aplicaciones en Python.

En esta unidad nos dedicaremos a la conexión a bases de datos mediante JDBC.

2.5. ACCESO A DATOS MEDIANTE JDBC

JDBC proporciona una librería estándar para acceder a fuentes de datos principalmente orientados a bases de datos relacionales que usan SQL. No solo provee una interfaz, sino que también define una arquitectura estándar, para que los fabricantes puedan crear los drivers que permitan a las aplicaciones Java el acceso a los datos. JDBC dispone de una interfaz distinta para cada base de datos (véase Figura 2.13), es lo que llamamos **driver** (controlador o conector). Esto permite que las llamadas a los métodos Java de las clases JDBC se correspondan con el API de la base de datos.

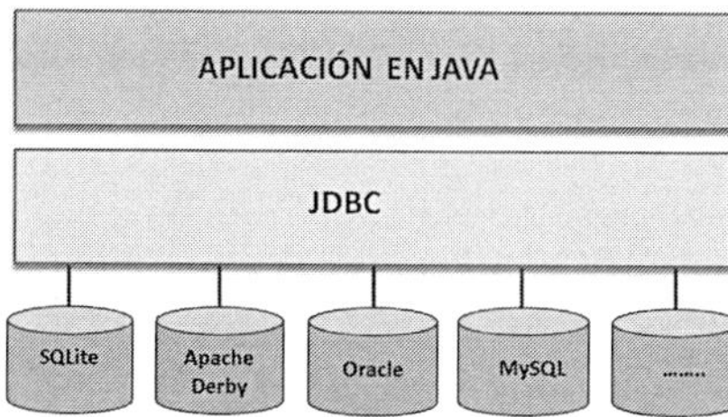

Figura 2.13. Acceso mediante JDBC.

JDBC consta de un conjunto de clases e interfaces que nos permite escribir aplicaciones Java para gestionar las siguientes tareas con una base de datos relacional:

- Conectarse a la base de datos.
- Enviar consultas e instrucciones de actualización a la base de datos.
- Recuperar y procesar los resultados recibidos de la base de datos en respuesta a las consultas.

2.5.1. Modelos de acceso a bases de datos con JDBC

JDBC proporciona diferentes modelos para acceder a bases de datos SQL desde aplicaciones Java. Veamos a continuación los principales modelos:

- **Modelo Standalone o conexión directa.** En las aplicaciones java nos conectamos directamente a la base de datos utilizando el driver JDBC específico de la base de datos. Es muy fácil de utilizar, pero no es escalable para varios usuarios y además requiere conexiones directas a la base de datos desde cada cliente. La mayoría de nuestras aplicaciones en este tema utilizarán este modelo, se utiliza para aplicaciones sencillas.

- **Modelo de Pool de Conexiones (Connection Pooling).** Se utilizan los pools de conexiones para mejorar el rendimiento evitando abrir y cerrar conexiones repetidamente. Muy útil para sistemas concurrentes. Un ***pool de conexiones*** es un grupo de conexiones abiertas a la base de datos, cuando una aplicación necesita conectarse, obtiene una conexión del **pool** en lugar de crear una nueva. Una vez que la aplicación termina de usar la conexión, esta no se cierra, sino que se devuelve al pool para ser reutilizada por otro proceso. El pool reduce la sobrecarga en la base de datos. Pero requiere el uso de un servidor de aplicaciones o una librería de gestión de conexiones.

- **Modelo Cliente-Servidor** (Multi-Capa), figura 2.14. Se usa una *arquitectura en capas*, donde la aplicación Java se conecta a una base de datos mediante un servidor de aplicaciones que gestiona las conexiones. Permite escalabilidad y reutilización del código, separa la lógica de negocio de la lógica de acceso a datos y es compatible con arquitecturas MVC (Modelo Vista Controlador) o microservicios. Requiere el uso de un servidor de aplicaciones como *Tomcat, JBoss o GlassFish.* Se utiliza sobre todo en aplicaciones web.

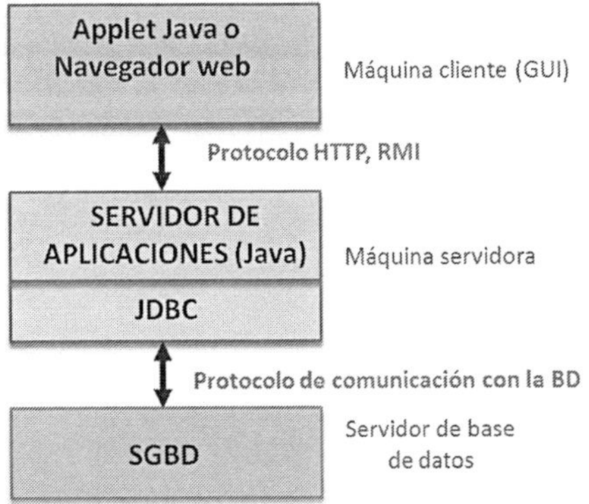

Figura 2.14. Modelo Cliente-Servidor de tres capas

- **Modelo de Mapeo Objeto-Relacional (ORM).** En este modelo las tablas son mapeadas para convertirlas en objetos java. Un ejemplo de ello es ***Hibernate*** o ***JPA***, que se estudiarán en el tema 3. Este modelo es más fácil e intuitivo de manejar, ya que se trabaja con objetos en lugar de con sentencias SQL, pero en cambio es algo más lento pues hay que traducir a SQL todas las operaciones que se realicen. Se suele utilizar en proyectos grandes con manejo avanzado de datos.

2.5.2. Tipos de drivers

Existen 4 tipos de conectores (drivers o controladores) JDBC:

- **Tipo 1. JDBC-ODBC Bridge** (*JDBC-ODBC bridge plus ODBC driver*): permite el acceso a bases de datos JDBC mediante un driver ODBC. Convierte las llamadas al API de JDBC en llamadas ODBC. Exige la instalación y configuración de ODBC en la máquina cliente.

- **Tipo 2. Native** (*Native-API partly-Java driver*): controlador escrito parcialmente en Java y en código nativo de la base de datos. Traduce las llamadas al API de JDBC Java en llamadas propias del motor de base de datos. Exige instalar en la máquina cliente código binario propio del cliente de base de datos y del sistema operativo.

- **Tipo 3. Network** (*JDBC-Net pure Java driver*): controlador de Java puro que utiliza un protocolo de red (por ejemplo, HTTP) para comunicarse con el servidor de base de datos. Traduce las llamadas al API de JDBC Java en llamadas propias del protocolo de red independiente de la base de datos y a continuación son traducidas por un software intermedio (***Middleware***) al protocolo usado por el motor de base de datos. El driver JDBC no comunica directamente con la base de datos, ***comunica con el software intermedio,*** que a su vez comunica con la base de datos. Son útiles para aplicaciones que necesitan interactuar con diferentes formatos de bases de datos, ya que usan el mismo driver JDBC sin importar la base de datos específica. No exige instalación en cliente.
- **Tipo 4. Thin** (*Native-protocol pure Java driver*): controlador de Java puro con protocolo nativo. Traduce las llamadas al API de JDBC Java en llamadas propias del protocolo de red usado por el motor de base de datos. No exige instalación en cliente. Es muy rápido y portable, compatible con múltiples bases de datos, y sobre todo es el recomendado para entornos de producción. Es el que utilizaremos en la unidad.

Los tipos 3 y 4 son la mejor forma para acceder a bases de datos JDBC. Los tipos 1 y 2 se usan normalmente cuando no queda otro remedio, porque el único sistema de acceso final al gestor de bases de datos es ODBC (es decir, no existen drivers disponibles para el SGBD); pero exigen instalación de software en el puesto cliente. En la mayoría de los casos la opción más adecuada será el tipo 4.

2.5.3. Cómo funciona JDBC

JDBC define varias interfaces que permite realizar operaciones con bases de datos; a partir de ellas se derivan las clases correspondientes. Estas están definidas en el paquete ***java.sql***. La siguiente tabla muestra las clases e interfaces más importantes:

Clase e Interfaz	Descripción
`Driver`	Permite conectarse a una base de datos: cada gestor de base de datos requiere un driver distinto
`DriverManager`	Permite gestionar todos los drivers instalados en el sistema.
`DriverPropertyInfo`	Proporciona diversa información acerca de un driver
`Connection`	Representa una conexión con una base de datos. Una aplicación puede tener más de una conexión
`DatabaseMetadata`	Proporciona información acerca de una Base de Datos, como las tablas que contiene, etc.
`Statement`	Permite ejecutar sentencias SQL sin parámetros
`PreparedStatement`	Permite ejecutar sentencias SQL con parámetros de entrada
`CallableStatement`	Permite ejecutar sentencias SQL con parámetros de entrada y salida, como llamadas a procedimientos almacenados
`ResultSet`	Contiene las filas resultantes de ejecutar una orden SELECT.
`ResultSetMetadata`	Permite obtener información sobre un **ResultSet**, como el número de columnas, sus nombres, etc.
Toda la información de Java SQL versión JDK 22 https://docs.oracle.com/en/java/javase/22/docs/api/java.sql/module-summary.html https://docs.oracle.com/en/java/javase/22/docs/api/java.sql/java/sql/package-summary.html	

La Figura 2.15 muestra las 4 clases principales que usa cualquier programa Java con JDBC. El trabajo con JDBC comienza con la clase **DriverManager** que es la encargada de establecer las conexiones con los orígenes de datos a través de los drivers JDBC. El funcionamiento de un programa con JDBC requiere los siguientes pasos:

1. Importar las clases necesarias.
2. Cargar el driver JDBC.
3. Identificar el origen de datos.
4. Crear un objeto **Connection**.
5. Crear un objeto **Statement**.
6. Ejecutar una consulta con el objeto **Statement**.
7. Recuperar los datos del objeto **ResultSet**.
8. Liberar el objeto **ResultSet**.
9. Liberar el objeto **Statement**.
10. Liberar el objeto **Connection**.

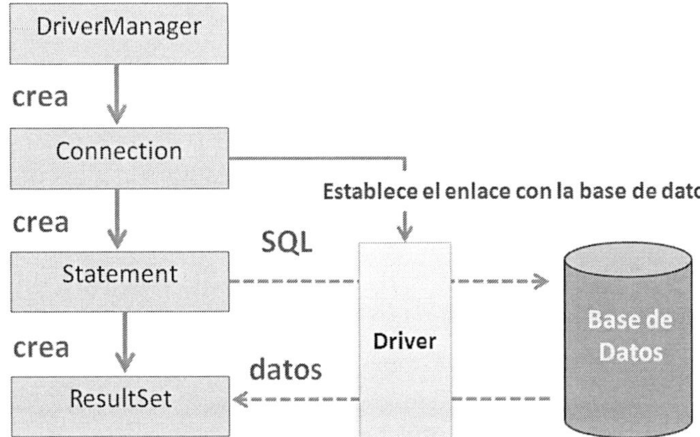

Figura 2.15. Funcionamiento de JDBC.

Para el siguiente ejemplo Java creamos desde *MySQL* una base de datos con nombre ***ejemplo***, como se ha realizado en los ejercicios anteriores, el usuario para la conexión será ***root*** sin contraseña. Root tendrá todos los privilegios sobre la base de datos. También podríamos haber creado un usuario exclusivo para la base de datos. A continuación, creamos las siguientes tablas e insertamos datos en ellas, las relaciones se muestran en la Figura 2.16:

Figura 2.16. Base de datos *ejemplo*.

```
CREATE TABLE departamentos (
    dept_no   int NOT NULL PRIMARY
KEY,
    dnombre   VARCHAR(15),
    loc       VARCHAR(15)
) ;
```

```
CREATE TABLE empleados (
    emp_no    int  NOT NULL PRIMARY KEY,
    apellido  VARCHAR(10),
    oficio    VARCHAR(10),
    dir       int,
    fecha_alt DATE,
    salario   float,
    comision  float,
    dept_no  int NOT NULL,
    CONSTRAINT fkempledep FOREIGN KEY
(dept_no)
        REFERENCES departamentos(dept_no)
) engine = Innodb;
```

Las pruebas las haremos en proyectos **MAVEN** *(Create simple project),* con lo que necesitaremos saber las dependencias a utilizar en la aplicación para conectarnos a las bases de datos. Las añadiremos en el fichero **pom.xml**. Para conectarnos a Mysql utilizaremos esta dependencia, ya que la base de datos tiene esa versión:

```
<!-- https://mvnrepository.com/artifact/mysql/mysql-connector-java -->
<dependency>
        <groupId>mysql</groupId>
        <artifactId>mysql-connector-java</artifactId>
        <version>8.0.30</version>
</dependency>
```

Creamos un proyecto con una clase *Principal*, e iremos llamando a los distintos métodos de prueba. El siguiente método *pruebamysql* ilustra los pasos de funcionamiento de JDBC accediendo a la base de datos anterior y mostrando el contenido de la tabla *departamentos*:

```
package ejerciciosiniciales;

import java.sql.*;
public class Principal {

public static void main(String[] args) {
        pruebamysql();
}

public static void pruebamysql() {
 try {
        // Cargar el driver
        Class.forName("com.mysql.cj.jdbc.Driver");

        // Establecemos la conexion con la BD
        Connection conexion =
        DriverManager.getConnection("jdbc:mysql://localhost/ejemplo", "root", "");

        // Preparamos la consulta
        Statement sentencia = conexion.createStatement();
        String sql = "SELECT * FROM departamentos";
        ResultSet resul = sentencia.executeQuery(sql);

        // Recorremos el resultado para visualizar cada fila
        // Se hace un bucle mientras haya registros y se van mostrando
        System.out.println("**** Prueba Mysql ****");
        while (resul.next()) {
               System.out.printf("%d, %s, %s %n", resul.getInt(1),
                      resul.getString(2), resul.getString(3));
        }

        resul.close(); // Cerrar ResultSet
```

```
            sentencia.close(); // Cerrar Statement
            conexion.close(); // Cerrar conexión

        } catch (ClassNotFoundException cn) {
                        cn.printStackTrace();
        } catch (SQLException e) {
                        e.printStackTrace();
        }

    } // fin de pruebamysql

} // Fin Principal
```

La ejecución muestra la siguiente salida:

```
**** Prueba Mysql ****
10, CONTABILIDAD, SEVILLA
20, INVESTIGACIÓN, MADRID
30, VENTAS, BARCELONA
40, PRODUCCIÓN, BILBAO
```

Se puede observar que en nuestro programa Java, todos los *import* que necesitamos para manejar la base de datos están en el paquete **java.sql.***. También se ha incluido todo el programa en un **try-catch** ya que casi todos los métodos relativos a la base de datos pueden lanzar la excepción **SQLException**. La llamada al método ***forName()*** para cargar el driver puede lanzar la excepción **ClassNotFoundException** si este no se encuentra. Pasos:

Cargar el driver:

En primer lugar, se carga el driver, con el método ***forName()*** de la clase **Class**, se le pasa un objeto *String* con el nombre de la clase del driver como argumento. En el ejemplo como se accede a una base de datos MySQL necesitamos cargar el driver de la bd. En este caso ***com.mysql.cj.jdbc.Driver***:

```
Class.forName("com.mysql.cj.jdbc.Driver");
```

Establecer la conexión:

A continuación, se establece la conexión con la base de datos, el servidor MySQL debe estar arrancado, usamos la clase **DriverManager** con el método ***getConnection()*** de la siguiente manera:

```
Connection conexion = DriverManager.getConnection
        ("jdbc:mysql://localhost/ejemplo", "root", "");
```

La sintaxis del método ***getConnection()*** es la siguiente:

```
public static Connection getConnection
        (String url, String user, String password) throws SQLException
```

El primer parámetro del método ***getConnection()*** representa la URL de conexión a la base de datos. Tiene el siguiente formato para conectarse a MySQL:

```
jdbc:mysql://nombre_host:puerto/nombre_basedatos
```

Donde

- **jdbc:mysql** indica que estamos utilizando un driver JDBC para MySQL.

- **nombre_host** indica el nombre del servidor donde está la base de datos. Aquí puede ponerse una IP o un nombre de máquina que esté en la red. Si especificamos *localhost* como nombre de servidor, estamos indicando que el servidor de base de datos se encuentra en la misma máquina en la que se ejecuta el programa Java.
- **puerto** es el puerto predeterminado para las bases de datos MySQL, por defecto es **3306**. Si no se pone se asume este valor.
- **nombre_basedatos** es el nombre de la base de datos a la que nos vamos a conectar y que debe existir en MySQL. En este caso el nombre es *ejemplo*.

El segundo parámetro es el nombre de usuario que accede a la base de datos, en este caso se llama *ejemplo*.

El tercer parámetro es la clave del usuario, que en este caso también es *ejemplo*.

Ejecutar sentencias SQL:

A continuación, se realiza la consulta, para ello recurrimos a la interfaz **Statement** para crear una sentencia. Para obtener un objeto **Statement** se llama al método ***createStatement()*** de un objeto **Connection** válido. La sentencia obtenida (o el objeto obtenido) tiene el método ***executeQuery()*** que sirve para realizar una consulta a la base de datos, se le pasa un *String* en el que está la consulta SQL, en el ejemplo *"SELECT * FROM departamentos"*:

```
Statement sentencia = conexion.createStatement();
String sql = "SELECT * FROM departamentos";
ResultSet resul = sentencia.executeQuery(sql);
```

El resultado nos lo devuelve como un **ResultSet**, que es un objeto similar a una lista en la que está el resultado de la consulta. Cada elemento de la lista es uno de los registros de la tabla *departamentos*. **ResultSet** no contiene todos los datos, sino que los va consiguiendo de la base de datos según se van pidiendo. Por ello, el método ***executeQuery()*** puede tardar poco, aunque recorrer los elementos del **ResultSet** puede no ser tan rápido.

Resultset tiene internamente un puntero que apunta al primer registro de la lista. Mediante el método ***next()*** el puntero avanza al siguiente registro. Para recorrer la lista de registros usaremos dicho método dentro de un bucle ***while*** que se ejecutará mientras ***next()*** devuelva ***true*** (es decir, mientras haya registros):

```
while (resul.next()) {
    System.out.printf("%d, %s, %s %n",
            resul.getInt(1),
            resul.getString(2),
            resul.getString(3) );
}
```

Los métodos ***getInt()*** y ***getString()*** nos van devolviendo los valores de los campos que devuelve la consulta. Entre paréntesis se pone la posición que hace la columna dentro de la consulta. También podemos indicar el nombre de la columna: (se hará referencia a estos métodos más adelante):

```
System.out.printf("%d, %s, %s %n",
    resul.getInt("dept_no"),
    resul.getString("dnombre"),
    resul.getString("loc") );
```

ResultSet dispone de varios métodos para mover el puntero del objeto **ResultSet**:

Método	Función
`boolean next()`	Mueve el puntero del objeto **ResultSet** una fila hacia adelante a partir de la posición actual. Devuelve *true* si el puntero se posiciona correctamente y *false* si no hay registros en el **ResultSet**
`boolean first()`	Mueve el puntero del objeto **ResultSet** al primer registro de la lista. Devuelve *true* si el puntero se posiciona correctamente y *false* si no hay registros
`boolean last()`	Mueve el puntero del objeto **ResultSet** al último registro de la lista. Devuelve true si el puntero se posiciona correctamente y false si no hay registros
`boolean previous()`	Mueve el puntero del objeto **ResultSet** al registro anterior de la lista. Devuelve *true* si el puntero se posiciona correctamente y *false* si se coloca antes del primer registro
`void beforeFirst()`	Mueve el puntero del objeto **ResultSet** justo antes del primer registro
`int getRow()`	Devuelve el número de registro actual. Para el primer registro del objeto **ResultSet** devuelve 1, para el segundo 2 y así sucesivamente

Por defecto el ResultSet sólo permite moverse hacia adelante. Algunas bases de datos, como MySQL y ORACLE permiten movernos dentro del ResultSet para ello añadimos los siguientes métodos a la hora de crear la sentencia:

- TYPE_FORWARD_ONLY: Solo avanza (opción por defecto).
- TYPE_SCROLL_INSENSITIVE: Permite moverse adelante y atrás sin reflejar cambios en la BD.
- TYPE_SCROLL_SENSITIVE: Permite moverse y refleja cambios en la BD en tiempo real.

El siguiente código muestra el número de filas recuperadas en la consulta y seguidamente muestra los datos de cada fila acompañada del número de fila:

```
// Preparamos la consulta
 Statement sentencia = conexion.createStatement(
    ResultSet.TYPE_SCROLL_INSENSITIVE, // Permite moverse en ambas
direcciones
    ResultSet.CONCUR_READ_ONLY // Solo lectura
 );

 String sql = "SELECT * FROM departamentos";
 ResultSet resul = sentencia.executeQuery(sql);

 resul.last(); // Nos situamos en el último registro
 System.out.println("NÚMERO DE FILAS: " + resul.getRow());

 resul.beforeFirst(); // Nos situamos antes del primer registro

 // Recorremos el resultado para visualizar cada fila
 while (resul.next())
       System.out.printf("Fila %d: %d, %s, %s %n", resul.getRow(),
           resul.getInt(1), resul.getString(2),resul.getString(3));
```

La salida muestra la siguiente información:

```
NÚMERO DE FILAS: 4
Fila 1: 10, CONTABILIDAD, SEVILLA
Fila 2: 20, INVESTIGACIÓN, MADRID
Fila 3: 30, VENTAS, BARCELONA
Fila 4: 40, PRODUCCIÓN, BILBAO
```

Liberar recursos:

Por último, se liberan todos los recursos y se cierra la conexión:

```
resul.close();      //Cerrar ResultSet
sentencia.close(); //Cerrar Statement
conexion.close();   //Cerrar conexión
```

ACTIVIDAD 2.5

a) Tomando como base el programa que ilustra los pasos de funcionamiento de JDBC obtén el APELLIDO, OFICIO y SALARIO de los empleados del departamento 10.

b) Realiza otro programa Java que visualice el APELLIDO del empleado con máximo salario, visualiza también su SALARIO y el nombre de su departamento.

2.6. ESTABLECIMIENTO DE CONEXIONES

En este apartado vamos a ver como conectarnos a las bases de datos creadas en los ejemplos anteriores. Consideramos lo siguiente: las bases de datos *SQLite*, *HSQLDB* y *Derby* creadas anteriormente, las copiamos a una carpeta y dentro del proyecto. La carpeta la llamaremos ***BDs***, se han copiado de las originales. Crearemos un proyecto maven para conectarnos a cada una de las bases de datos, y añadiremos en el fichero pom.xml las dependencias de cada una de ellas.

Conexión a SQLite

Para conectarnos a SQLite añadiremos la siguiente dependencia, recuerda que la versión que se ha utilizado es la 3.48:

```
<dependency>
        <groupId>org.xerial</groupId>
        <artifactId>sqlite-jdbc</artifactId>
        <version>3.48.0.0</version>
</dependency>
```

En el programa Java el driver es este **org.sqlite.JDBC** la conexión a la base de datos la pondremos así:

```
Class.forName("org.sqlite.JDBC");
Connection conexion =
   DriverManager.getConnection("jdbc:sqlite:./BDs/sqlite/ejemplo.db");
```

Conexión a Apache Derby

Para conectarnos a Apache Derby añadimos al fichero pom.xml la siguiente dependencia, recuerda que la versión utilizada es la 10.17:

```
<dependency>
        <groupId>org.apache.derby</groupId>
        <artifactId>derby</artifactId>
        <version>10.17.1.0</version>
        <scope>test</scope>
</dependency>
```

En el programa Java el driver es este **org.apache.derby.jdbc.EmbeddedDriver,** la conexión a la base de datos la pondremos así:

```
Class.forName("org.apache.derby.jdbc.EmbeddedDriver");
Connection conexion =
   DriverManager.getConnection("jdbc:derby:./BDs/derby/ejemplo");
```

Conexión a HSQLDB

Para conectarnos a HSQLDB necesitamos la librería **hsqldb.jar,** añadimos al fichero pom.xml la siguiente dependencia, la versión utilizada es la 2.7.4:

```
<dependency>
       <groupId>org.hsqldb</groupId>
       <artifactId>hsqldb</artifactId>
       <version>2.7.4</version>
</dependency>
```

En este caso el driver se llama **org.hsqldb.JDBCDriver** y la conexión a la base de datos es la siguiente, recuerda que la BD la creábamos dentro de una carpeta llamada ejemplo:

```
Class.forName("org.hsqldb.jdbc.JDBCDriver");
Connection conexion =
DriverManager.getConnection("jdbc:hsqldb:file:./BDs/hsqldb/ejemplo/ejemplo");
```

Si se manipula la base de datos desde *Database Connections* de eclipse, es possible que nos de problemas desde el programa java.

Conexión a MySQL

Para conectarnos a MySQL utilizamos esta dependencia, recuerda que la versión que se utiliza en los ejemplos es la 8.0.30:

```
<dependency>
       <groupId>mysql</groupId>
       <artifactId>mysql-connector-java</artifactId>
       <version>8.0.30</version>
</dependency>
```

El driver se llama **com.mysql.cj.jdbc.Driver,** para versiones más antiguas de MySQL se utiliza *com.mysql.jdbc.Driver*. En el ejemplo la base de datos se llama ejemplo, el usuario root y sin contraseña, lo ponemos así:

```
Class.forName("com.mysql.cj.jdbc.Driver");
Connection conexion =
  DriverManager.getConnection("jdbc:mysql://localhost/ejemplo", "root",
"");
```

Conexión a Oracle

Para conectarnos mediante JDBC usamos el driver *JDBC Thin*. En los ejemplos la base de datos Oracle es la versión 21c. La dependencia a añadir al pom es la siguiente:

```
<dependency>
       <groupId>com.oracle.database.jdbc</groupId>
       <artifactId>ojdbc11</artifactId>
       <version>21.17.0.0</version>
</dependency>
```

El driver se llama **oracle.jdbc.driver.OracleDriver**, y para la conexión a la base de datos ponemos al usuario *EJEMPLO* con clave *ejemplo*. La base de datos (SID) se llama *ORCL*:

```
Class.forName ("oracle.jdbc.driver.OracleDriver");
Connection conexion = DriverManager.getConnection
```

```
("jdbc:oracle:thin:@localhost:1521:orcl", "EJEMPLO", "ejemplo");
```

ACTIVIDAD 2.6

Tomando como base el programa que ilustra los pasos de funcionamiento de JDBC, crea un programa java MAVEN que muestre un menú para conectarse a cada una de las bases de datos anteriores, y muestre el contenido de la tabla departamentos. Observa que lo único que cambia es la conexión, lo demás va a ser igual.

```
CONEXIÓN CON DISTINTAS BASES DE DATOS
--------------------------------------
. 1 SQLite.
. 2 HSQLDB.
. 3 Derby.
. 4 Mysql.
. 5 Oracle.
. 0 SALIR.
--------------------------------------
TECLEA OPERACIÓN:
```

2.7. EJECUCIÓN DE SENTENCIAS DE DESCRIPCIÓN DE DATOS

Normalmente en el desarrollo de aplicaciones con JDBC conocemos los modelos de datos, con las estructuras y relaciones de las tablas del modelo relacional. Sin embargo, si no conocemos esa información, la podemos obtener extrayendo los ***metadatos*** que almacenan las bases de datos y que nos van a proporcionar información detallada de la misma.

La interfaz **DatabaseMetaData** nos va a permitir acceder a esa información. Es una interfaz que permite acceder a los metadatos, como las tablas de la base de datos, sus columnas, las claves primarias, claves foráneas, funciones soportadas y mucho más. Muchos de estos métodos devuelven un **ResultSet**, algunos de los que veremos en los siguientes ejemplos son:

Método	Descripción
`getDatabaseProductName()`	Devuelve el nombre del sistema gestor de bases de datos (SGBD).
`getDatabaseProductVersion()`	Devuelve la versión del SGBD.
`getDriverName()`	Devuelve el nombre del driver JDBC en uso.
`getUserName()`	Devuelve el nombre del usuario.
`getTables()`	Proporciona información sobre las tablas y vistas de la base de datos
`getColumns()`	Devuelve información sobre las columnas de una tabla
`getPrimaryKeys()`	Proporciona información sobre las columnas que forman la clave primaria de una tabla
`getExportedKeys()`	Devuelve información sobre las claves ajenas que utilizan la clave primaria de una tabla
`getImportedKeys()`	Devuelve información sobre las claves ajenas existentes en una tabla
`getProcedures()`	Devuelve información sobre los procedimientos almacenados
Más información sobre métodos de DatabaseMetaData: *https://docs.oracle.com/en/java/javase/22/docs/api/java.sql/java/sql/DatabaseMetaData.html*	

El siguiente ejemplo conecta con la base de datos MySQL de nombre *ejemplo* y muestra información sobre el producto de base de datos, el driver, la URL para acceder a la base de datos, el nombre de usuario y las tablas y vistas del esquema actual (o de todos los esquemas dependiendo del sistema gestor de base de datos), un esquema se corresponde generalmente con un usuario de la base de datos; el método ***getMetaData()*** de la interfaz **Connection** devuelve un objeto **DataBaseMetaData** que contiene información sobre la base de datos representada por el objeto **Connection**:

```
public static void metadataMySQL() {
   try {
      Class.forName("com.mysql.cj.jdbc.Driver");
      Connection conexion = DriverManager.getConnection
            ("jdbc:mysql://localhost/ejemplo", "root", "");

      DatabaseMetaData dbmd = conexion.getMetaData();

      String nombre = dbmd.getDatabaseProductName();
      String driver = dbmd.getDriverName();
      String url = dbmd.getURL();
      String usuario = dbmd.getUserName();

      System.out.println("INFORMACIÓN SOBRE LA BASE DE DATOS:");
      System.out.println("===================================");
      System.out.printf("Nombre : %s %n", nombre);
      System.out.printf("Driver : %s %n", driver);
      System.out.printf("URL    : %s %n", url);
      System.out.printf("Usuario: %s %n", usuario);

      // Obtener información de las tablas y vistas que hay
      ResultSet resul = dbmd.getTables("ejemplo", null, null, null);

      while (resul.next()) {
            String catalogo = resul.getString(1);// columna 1
            String esquema = resul.getString(2); // columna 2
            String tabla = resul.getString(3); // columna 3
            String tipo = resul.getString(4); // columna 4
            System.out.printf("%s -Catalogo: %s, Esquema: %s, Nombre: %s
               %n",tipo, catalogo, esquema, tabla);
      }
      conexion.close(); // Cerrar conexión
      } catch (ClassNotFoundException cn) {
            cn.printStackTrace();
      } catch (SQLException e) {
            e.printStackTrace();
   }
}// fin de metadataMySQL
```

La ejecución del programa visualiza la siguiente información:

```
INFORMACIÓN SOBRE LA BASE DE DATOS:
===================================
Nombre : MySQL
Driver : MySQL Connector/J
URL    : jdbc:mysql://localhost/ejemplo
Usuario: root@localhost
TABLE -Catalogo: ejemplo, Esquema: null, Nombre: departamentos
TABLE -Catalogo: ejemplo, Esquema: null, Nombre: empleados
```

El método ***getTables()*** devuelve un objeto **ResultSet** que proporciona información sobre las tablas y vistas de la base de datos. Su sintaxis es:

```
public abstract ResultSet getTables(
          String catalogo, String esquema,
          String patronDeTabla, String tipos[]) throws SQLException
```

- Primer parámetro: catálogo de la base de datos. El método obtiene las tablas del catálogo indicado, al poner *null*, indicamos el catálogo actual.
- Segundo parámetro: esquema de la base de datos (nombre de usuario). Obtiene las tablas del esquema indicado, el valor *null* indica el esquema actual (o todos los esquemas, dependiendo del SGBD, como en Oracle).
- Tercer parámetro: es un patrón en el que se indica el nombre de las tablas que queremos que obtenga el método. Se puede utilizar el carácter guion bajo o porcentaje, por ejemplo, *"de%"* obtendría todas las tablas cuyo nombre empieza por *"de"*.
- El cuarto parámetro es un array de *String*, en el que indicamos qué tipos de objetos queremos obtener, por ejemplo: *TABLE* (para tablas), *VIEW* (para vistas); al poner *null*, nos devolverá todos los tipos de objetos ya sean tablas o vistas. Los tipos válidos son: *TABLE, VIEW, SYSTEM TABLE, GLOBAL TEMPORARY, LOCAL TEMPORARY, ALIAS* y *SYNONYM.* El siguiente ejemplo nos devolvería las tablas y los sinónimos:

```
String[] tipos = {"TABLE","SYNONYM"};
resul = dbmd.getTables(null, null, null, tipos);
```

getTables en las distintas BD:

- Poniendo *null* nos aparecerá toda la información de la base de datos a la que el usuario tenga permiso, catálogos, esquemas, todos los tipos. En SQLite, sale sólo la base de datos actual.

```
getTables(null, null, null, null );
```

- En **MySQL** pondremos en el ***catálogo***, el nombre de la base de datos, no se pone esquema:

```
ResultSet resul = dbmd.getTables("ejemplo", null, null, null );
```

- En **ORACLE** indicaremos el ***esquema***, que se refiere al usuario, se pone en mayúscula:

```
ResultSet resul = dbmd.getTables(null, "EJEMPLO", null, null );
```

- En **APACHE DERBY**, se pone el ***esquema*** para indicar también al usuario. Por defecto es APP:

```
ResultSet resul = dbmd.getTables(null, "APP", null, null );
```

- En **SQLite,** no se necesita ningún valor, mostrará información de la base de datos actual:

```
ResultSet resul = dbmd.getTables(null, null, null, null);
```

- En **HSQLDB:** se pone el ***catálogo***, y el ***esquema***. Por defecto para esta base de datos es PUBLIC:

```
ResultSet resul = dbmd.getTables("PUBLIC", "PUBLIC", null, null );
```

Cada fila de **ResultSet** que devuelve ***getTables()*** tiene información sobre una tabla. La descripción de cada columna tiene las siguientes columnas: *TABLE_CAT* (columna 1, el nombre del catálogo al que pertenece la tabla), *TABLE_SCHEM,* (columna 2, el nombre del esquema al que pertenece la tabla), *TABLE_NAME* (columna 3, el nombre de la tabla o vista), *TABLE_TYPE* (columna 4, el tipo TABLE o VIEW), *REMARKS* (columna 5, comentarios), *TYPE_CAT, TYPE_SCHEM, TYPE_NAME, SELF_REFERENCING_COL_NAME,* y *REF_GENERATION.* Para obtener estos resultados también podríamos haber puesto en el código anterior el nombre de la columna en lugar del número:

```
String catalogo  = resul.getString("TABLE_CAT");   //columna 1
String esquema   = resul.getString("TABLE_SCHEM"); //columna 2
String tabla     = resul.getString("TABLE_NAME");  //columna 3
String tipo      = resul.getString("TABLE_TYPE");  //columna 4
```

ACTIVIDAD 2.7

Tomando como base el método creado anteriormente crea un programa java MAVEN que muestre un menú para seleccionar una base de datos y mostrar sus metadatos.

Prueba con poner *null* a todos los parámetros de ***getTables()*** y prueba a cambiar los parámetros para que se muestren sólo las bases de datos creadas con las dos tablas.

```
METADATAS DE LAS DISTINTAS BASES DE DATOS
---------------------------------------
. 1 SQLite.
. 2 HSQLDB.
. 3 Derby.
. 4 Mysql.
. 5 Oracle.
. 0 SALIR.
---------------------------------------
TECLEA OPERACIÓN:
```

Otros métodos importantes del objeto **DatabaseMetaData** son:

getColumns():

- Devuelve un objeto **ResultSet** con información sobre las columnas de una tabla o tablas. La descripción de cada columna tiene las siguientes columnas:

  TABLE_CAT, TABLE_SCHEM, TABLE_NAME, COLUMN_NAME, DATA_TYPE, TYPE_NAME, COLUMN_SIZE, BUFFER_LENGTH, DECIMAL_DIGITS, NUM_PREC_RADIX, NULLABLE, REMARKS, COLUMN_DEF, SQL_DATA_TYPE, SQL_DATETIME_SUB, CHAR_OCTET_LENGTH, ORDINAL_POSITION, IS_NULLABLE, SCOPE_CATALOG, SCOPE_SCHEMA, SCOPE_TABLE, SOURCE_DATA_TYPE, IS_AUTOINCREMENT e *IS_GENERATEDCOLUMN.*

  Su sintaxis es:

```
public abstract ResultSet getColumns(
       String catalogo, String Esquema,
       String patronNombreDeTabla, String patronNombreDeColumna)
throws SQLException
```

Para el patrón de nombre de la tabla y de la columna se puede utilizar el carácter guion bajo o porcentaje. Por ejemplo, ***getColumns(null, "ejemplo", "departamentos", "d%")*** obtiene todos los nombres de columna que empiezan por la letra d en la tabla *departamentos* y en el esquema de nombre *ejemplo*. El valor *null* en los 4 parámetros indica que obtiene información de todas las columnas y tablas del esquema actual. El siguiente ejemplo muestra información sobre todas las columnas de la tabla *departamentos*:

```
System.out.println("COLUMNAS TABLA DEPARTAMENTOS:");
System.out.println("===================================");
ResultSet columnas=null;
columnas = dbmd.getColumns(null, "ejemplo", "departamentos", null);
while (columnas.next()) {
  String nombCol = columnas.getString("COLUMN_NAME"); //getString(4)
  String tipoCol = columnas.getString("TYPE_NAME");   //getString(6)
  String tamCol = columnas.getString("COLUMN_SIZE");  //getString(7)
  String nula  = columnas.getString("IS_NULLABLE");   //getString(18)
  System.out.printf("Columna: %s, Tipo: %s, Tamaño: %s,
       ¿Puede ser Nula:? %s %n", nombCol, tipoCol, tamCol, nula);
}
```

Visualiza la siguiente información:

```
COLUMNAS TABLA DEPARTAMENTOS:
===================================
Columna: dept_no, Tipo: TINYINT, Tamaño: 3, ¿Puede ser Nula:? NO
Columna: dnombre, Tipo: VARCHAR, Tamaño: 15, ¿Puede ser Nula:? YES
Columna: loc, Tipo: VARCHAR, Tamaño: 15, ¿Puede ser Nula:? YES
```

getPrimaryKeys():

- devuelve la lista de columnas que forman la clave primaria de la tabla especificada. La descripción de cada columna de la clave primaria tiene las siguientes columnas: *TABLE_CAT, TABLE_SCHEM, TABLE_NAME, COLUMN_NAME* y *KEY_SEQ*. La sintaxis es la siguiente:

```
public abstract ResultSet getPrimaryKeys(
               String catalogo, String esquema, String tabla)
throws SQLException
```

El siguiente ejemplo muestra la clave primaria de la tabla *departamentos* (ejemplo en MySQL):

```
ResultSet pk = dbmd.getPrimaryKeys(null, "ejemplo", "departamentos");
String pkDep="", separador="";
while (pk.next()) {
         pkDep = pkDep + separador +
               pk.getString("COLUMN_NAME");//getString(4)
         separador="+";
 }
System.out.println("Clave Primaria: " + pkDep);
```

getExportedKeys():

- devuelve la lista de todas las claves ajenas que utilizan la clave primaria de la tabla especificada. La descripción de cada columna de clave ajena tiene las siguientes columnas: *PKTABLE_CAT, PKTABLE_SCHEM, PKTABLE_NAME, PKCOLUMN_NAME, FKTABLE_CAT, FKTABLE_SCHEM, FKTABLE_NAME, FKCOLUMN_NAME, KEY_SEQ, UPDATE_RULE, DELETE_RULE, FK_NAME, PK_NAME y DEFERRABILITY*. La sintaxis es:

```
public abstract ResultSet getExportedKeys
  (String catalogo, String esquema, String tabla) throws SQLException
```

El siguiente ejemplo muestra las tablas y sus claves ajenas que referencian a la tabla *departamentos*, en este caso solo la tabla *empleados*:

```
ResultSet fk = dbmd.getExportedKeys(null, "ejemplo", "departamentos");
while (fk.next()) {
  String fk_name = fk.getString("FKCOLUMN_NAME");
  String pk_name = fk.getString("PKCOLUMN_NAME");
  String pk_tablename = fk.getString("PKTABLE_NAME");
  String fk_tablename = fk.getString("FKTABLE_NAME");
  System.out.printf("Tabla PK: %s, Clave Primaria: %s %n",
                    pk_tablename, pk_name);
  System.out.printf("Tabla FK: %s, Clave Ajena: %s %n",
                    fk_tablename, fk_name);
}
```

Visualiza la siguiente información:

```
Tabla PK: departamentos, Clave Primaria: dept_no
Tabla FK: empleados, Clave Ajena: dept_no
```

El método no devuelve nada si queremos ver las claves ajenas que referencian a la tabla *empleados*, ***dbmd.getExportedKeys(null, "ejemplo", "empleados")***, ya que la tabla *empleados* no es referenciada por ninguna clave ajena.

A la hora de crear una tabla es recomendable definir las restricciones de clave ajena asignándolas un nombre, usando la cláusula *CONSTRAINT nombre FOREIGN KEY (col1, col2,...) REFERENCES tabla(col1,col2,...)*. De esta manera el método ***getExportedKeys()*** nos devolverá la información deseada.

getImportedKeys():

- devuelve la lista de claves ajenas existentes en la tabla indicada. Se utiliza igual que el método anterior, en este caso ***dbmd.getImportedKeys(null, "ejemplo", "empleados")*** devuelve la salida anterior, en cambio ***dbmd.getImportedKeys(null, "ejemplo", "departamentos")*** no devuelve nada ya que no tiene claves ajenas. La sintaxis es:

```
public abstract ResultSet getImportedKeys
        (String catalogo, String esquema, String tabla)
throws SQLException
```

getProcedures():

- devuelve la lista de procedimientos almacenados. Cada descripción de procedimiento tiene las siguientes columnas: *PROCEDURE_CAT* (columna 1), *PROCEDURE_SCHEM* (columna 2), *PROCEDURE_NAME* (columna 3), *REMARKS* (columna 7), *PROCEDURE_TYPE* (columna 8) y *SPECIFIC_NAME* (columna 9). La sintaxis es:

```
public abstract ResultSet getProcedures
   (String catalogo, esquema, String procedure) throws SQLException
```

Para probar el método ***getProcedures()*** creamos algunos procedimientos y funciones. Por ejemplo, creamos la función de nombre *SUMAR* que recibe dos números y devuelve la suma:

```
Ejemplo de función en Oracle:
CREATE OR REPLACE FUNCTION SUMAR (N1 NUMBER, N2 NUMBER)
RETURN NUMBER AS
BEGIN
      RETURN N1 + N2;
END SUMAR;
/
```

Para probarla escribimos: `SELECT SUMAR(2,22) FROM DUAL;`

```
Ejemplo de función en MySQL:
DELIMITER //
 CREATE FUNCTION SUMAR(N1 INT, N2 INT) RETURNS INT
 DETERMINISTIC
BEGIN
 RETURN N1 + N2;
END;
//
DELIMITER ;
```

DETERMINISTIC, se añade para indicar que la función siempre devuelve el mismo resultado para los mismos valores de entrada. Se puede usar NO SQL o READS SQL DATA si la función usa consultas SQL.

DELIMITER al final de la función restablece el delimitador a ; después de definir la función.

Para probarla escribimos: *`SELECT SUMAR(2,22)`*

Ejemplo de creación de un procedimiento de nombre *SUBIDA* que sube 100 euros el salario de los empleados del departamento 30:

```
Ejemplo en Oracle:
CREATE OR REPLACE PROCEDURE SUBIDA AS
BEGIN
   UPDATE EMPLEADOS SET SALARIO = SALARIO +100 WHERE DEPT_NO=30;
   COMMIT;
END SUBIDA;
/

Ejemplo en MySQL:
DELIMITER //
CREATE PROCEDURE SUBIDA()
BEGIN
   START TRANSACTION; /* se recomienda */
   UPDATE EMPLEADOS SET SALARIO = SALARIO + 100 WHERE DEPT_NO=30;
   COMMIT;
END;
//
```

El siguiente ejemplo muestra los procedimientos y funciones que tiene el esquema de nombre *ejemplo*:

```
ResultSet proc = dbmd.getProcedures(null, "ejemplo", null);
while (proc.next()) {
   String proc_name = proc.getString("PROCEDURE_NAME");
   String proc_type = proc.getString("PROCEDURE_TYPE");
   System.out.printf("Nombre Procedimiento: %s - Tipo: %s %n",
                     proc_name, proc_type);   }
```

ACTIVIDAD 2.8

Tomando como base el proyecto creado anteriormente crea un método java que reciba los parámetros necesarios para que pueda ser llamado desde cualquier base de datos, y nos muestre todos los metadatos. El método se llamará ***mostrarmetadata***, y recibirá el objeto ***DatabaseMetaData***, el nombre del catálogo, el nombre del esquema, el patrón, y el tipo.

```
mostrarmetadata(String nom, DatabaseMetaData dbmd, String cat,
      String esq, String patron, String tipos[])
```

Deberá mostrar información de la base de datos, y de las tablas. Y de cada tabla sus columnas, las claves primarias, las ajenas, y si el usuario tiene creadas procedures. La salida para la conexión con la base de datos ***ejemplo*** de ***MySQL*** será:

```
INFORMACIÓN SOBRE LA BASE DE DATOS: MySQL
=============================================
Nombre : MySQL
Driver : MySQL Connector/J
URL    : jdbc:mysql://localhost/ejemplo
Usuario: root@localhost
Tipo: TABLE -Catalogo: ejemplo, Esquema: null, Nombre: departamentos
  COLUMNAS TABLA: departamentos
  ====================================
   *Columna: dept_no, Tipo: INT, Tamaño: 10, ¿Puede ser Nula:? NO
   *Columna: dnombre, Tipo: VARCHAR, Tamaño: 15, ¿Puede ser Nula:? YES
   *Columna: loc, Tipo: VARCHAR, Tamaño: 15, ¿Puede ser Nula:? YES
  **Clave Primaria de departamentos: dept_no
  **Claves ajenas exportadas de departamentos
   -Tabla PK: departamentos, Clave Primaria: dept_no
   -Tabla FK: empleados, Clave Ajena: dept_no
  **Claves ajenas importadas de departamentos
  **PROCEDURES DEL USUARIO root@localhost
   -Nombre: SUBIDA, tipo: 1
   -Nombre: SUMAR, tipo: 2
Tipo: TABLE -Catalogo: ejemplo, Esquema: null, Nombre: empleados
  COLUMNAS TABLA: empleados
  ====================================
   *Columna: emp_no, Tipo: INT, Tamaño: 10, ¿Puede ser Nula:? NO
   *Columna: apellido, Tipo: VARCHAR, Tamaño: 10, ¿Puede ser Nula:? YES
   *Columna: oficio, Tipo: VARCHAR, Tamaño: 10, ¿Puede ser Nula:? YES
   *Columna: dir, Tipo: INT, Tamaño: 10, ¿Puede ser Nula:? YES
   *Columna: fecha_alt, Tipo: DATE, Tamaño: 10, ¿Puede ser Nula:? YES
   *Columna: salario, Tipo: FLOAT, Tamaño: 12, ¿Puede ser Nula:? YES
   *Columna: comision, Tipo: FLOAT, Tamaño: 12, ¿Puede ser Nula:? YES
   *Columna: dept_no, Tipo: INT, Tamaño: 10, ¿Puede ser Nula:? NO
  **Clave Primaria de empleados: emp_no
  **Claves ajenas exportadas de empleados
  **Claves ajenas importadas de empleados
   -Tabla PK: departamentos, Clave Primaria: dept_no
   -Tabla FK: empleados, Clave Ajena: dept_no
  **PROCEDURES DEL USUARIO root@localhost
   -Nombre: SUBIDA, tipo: 1
   -Nombre: SUMAR, tipo: 2
```

Consulta todos los métodos y campos de *DatabaseMetaData* en:

https://docs.oracle.com/en/java/javase/22/docs/api/java.sql/java/sql/DatabaseMetaData.html#method-summary

2.7.1. ResultSetMetaData

La interfaz **ResultSetMetaData** nos va a permitir obtener metadatos de un **ResultSet**, proporcionando información sobre sus columnas, como el número de columnas devueltas, el tipo, el nombre, etc. El siguiente ejemplo muestra el uso de la interfaz para conocer más información acerca de las columnas devueltas por esta consulta *SELECT * FROM departamentos*; en este caso al usar * en la *SELECT* desconocemos el nombre de las columnas devueltas.

Usaremos el método **getMetadata()** del objeto **ResultSet** que devuelve una referencia a un objeto **ResultSetMetaData** con el que se obtendrá la información acerca de las columnas devueltas:

```
import java.sql.*;
public class EjemploResultsetmetadata {
  public static void main(String[] args) {
    try {
        Class.forName("com.mysql.cj.jdbc.Driver"); // Cargar el driver
        Connection conexion = DriverManager.getConnection
                  ("jdbc:mysql://localhost/ejemplo", "root", "");

        Statement sentencia = conexion.createStatement();

        ResultSet rs = sentencia.executeQuery("SELECT * FROM departamentos");
        ResultSetMetaData rsmd = rs.getMetaData();
        int nColumnas = rsmd.getColumnCount();

        String nula;
        System.out.printf("Número de columnas recuperadas: %d%n", nColumnas);
        for (int i = 1; i <= nColumnas; i++) {
              System.out.printf("Columna %d: %n ", i);
              System.out.printf("  Nombre: %s %n   Tipo: %s %n ",
                rsmd.getColumnName(i), rsmd.getColumnTypeName(i));

              if (rsmd.isNullable(i) == 0)
                    nula = "NO";
              else
                    nula = "SI";

              System.out.printf("  Puede ser nula?: %s %n ", nula);
              System.out.printf("  Máximo ancho de la columna: %d %n",
                    rsmd.getColumnDisplaySize(i));
        } // for
        sentencia.close();
        rs.close();
        conexion.close();

        } catch (ClassNotFoundException cn) {
              cn.printStackTrace();
        } catch (SQLException e) {
              e.printStackTrace();
    }
  }// fin de main
}
```

Obtiene la siguiente información:

```
Número de columnas recuperadas: 3
Columna 1:
   Nombre: dept_no
```

```
    Tipo: INT
    Puede ser nula?: NO
    Máximo ancho de la columna: 10
Columna 2:
    Nombre: dnombre
    Tipo: VARCHAR
    Puede ser nula?: SI
    Máximo ancho de la columna: 15
Columna 3:
    Nombre: loc
    Tipo: VARCHAR
    Puede ser nula?: SI
    Máximo ancho de la columna: 15
```

Los métodos usados son los siguientes:

Método	Descripción
`int getColumnCount()`	Devuelve el número de columnas devueltas por la consulta
`String getColumnName(int índiceColumna)`	Devuelve el nombre de la columna cuya posición se indica en *índiceColumna*
`String getColumnTypeName(int índiceColumna)`	Devuelve el nombre del tipo de dato específico del sistema de bases de datos que contiene la columna indicada en *índiceColumna*
`int isNullable(int índiceColumna)`	Devuelve 0 si la columna no puede contener valores nulos
`int getColumnDisplaySize(int índiceColumna)`	Devuelve el máximo ancho en caracteres de la columna indicada en *índiceColumna*
Más información sobre métodos de ResultSetMetaData: *https://docs.oracle.com/en/java/javase/22/docs/api/java.sql/java/sql/ResultSetMetaData.html*	

ACTIVIDAD 2.9

Visualiza información sobre las columnas de la tabla *empleados*.

2.8. EJECUCIÓN DE SENTENCIAS DE MANIPULACIÓN DE DATOS

En ejemplos anteriores vimos como se podían ejecutar sentencias SQL mediante la interfaz **Statement** (sentencia), esta proporciona métodos para ejecutar sentencias SQL y obtener los resultados. Como **Statement** es una interfaz no se pueden crear objetos directamente, en su lugar los objetos se obtienen con una llamada al método ***createStatement()*** de un objeto **Connection** válido:

```
Statement sentencia = conexion.createStatement();
```

Al crearse un objeto **Statement** se crea un espacio de trabajo para crear consultas SQL, ejecutarlas y para recibir los resultados de las consultas. Una vez creado el objeto se pueden usar los siguientes métodos:

- ***ResultSet executeQuery(String)***: se utiliza para sentencias SQL que recuperan datos de un único objeto **ResultSet**, se utiliza para las sentencias SELECT.
- ***int executeUpdate(String)***: se utiliza para sentencias que no devuelven un **ResultSet** como son las sentencias de manipulación de datos (DML): INSERT, UPDATE y DELETE; y las sentencias de definición de datos(DDL): CREATE, DROP y ALTER. El método devuelve un entero indicando el número de filas que se vieron afectadas y en el caso de las sentencias DDL devuelve el valor 0.
- ***int getUpdateCount():*** Devuelve el número de filas afectadas por la última consulta INSERT, UPDATE o DELETE. Devuelve -1 si no hay filas afectadas.
- ***boolean execute(String)***: se puede utilizar para ejecutar cualquier sentencia SQL. Tanto para las que devuelven un **ResultSet** (por ejemplo, SELECT), como para las que devuelven el número de filas afectadas (por ejemplo, INSERT, UPDATE, DELETE) y para las de definición de datos como, por ejemplo, CREATE. El método devuelve *true* si devuelve un **ResultSet** (para recuperar las filas será necesario llamar al método ***getResultSet()***) y *false* si se trata de un recuento de actualizaciones o no hay resultados; en este caso se usará el método ***getUpdateCount()*** para recuperar el valor devuelto. En este ejemplo ***execute()*** ejecuta una sentencia SELECT, devuelve *true*; por tanto, es necesario recuperar las filas devueltas usando el método ***getResultSet():***

```
import java.sql.*;

public class EjemploExecute {
   public static void main(String[] args)
        throws ClassNotFoundException, SQLException {
              // CONEXION A MYSQL
        Class.forName("com.mysql.cj.jdbc.Driver");
        Connection conexion = DriverManager.getConnection
                   ("jdbc:mysql://localhost/ejemplo", "root", "");

        String sql = "SELECT * FROM departamentos";
        Statement sentencia = conexion.createStatement();
        boolean valor = sentencia.execute(sql);

        if (valor) {
           ResultSet rs = sentencia.getResultSet();
           while (rs.next())
                  System.out.printf("%d, %s, %s %n", rs.getInt(1),
                         rs.getString(2), rs.getString(3));
           rs.close();
        } else {
           int f = sentencia.getUpdateCount();
           System.out.printf("Filas afectadas:%d %n", f);
              }
        sentencia.close();
        conexion.close();
   }// main
}
```

Si cambiamos la orden SQL por esta otra: *String sql= "UPDATE departamentos SET dnombre = LOWER(dnombre)";* entonces la variable *valor* será *false* y la salida del programa será diferente.

A través de un objeto **ResultSet** se puede acceder al valor de cualquier columna de la fila actual por nombre o por posición, también se puede obtener información sobre las columnas como el número de columnas o su tipo; en ejemplos anteriores vimos cómo se podía averiguar el número de columnas devueltas por una orden SELECT usando el método ***getMetadata()*** de un objeto **ResultSet**. Algunos de los métodos ***getXXX()*** para la obtención de valores son los siguientes:

Método	Tipo Java devuelto
`getString(int númerodecolumna)` `getString(String nombredecolumna)`	String
`getBoolean(int númerodecolumna)` `getBoolean(String nombredecolumna)`	boolean
`getByte(int númerodecolumna)` `getByte(String nombredecolumna)`	byte
`getShort(int númerodecolumna)` `getShort(String columna)`	short
`getInt(int númerodecolumna)` `getInt(String nombredecolumna)`	int
`getLong(int númerodecolumna)` `getLong(String nombredecolumna)`	long
`getFloat(int númerodecolumna)` `getFloat(String nombredecolumna)`	float
`getDouble(int númerodecolumna)` `getDouble(String nombredecolumna)`	double
`getBytes(int númerodecolumna)` `getBytes(String nombredecolumna)`	byte[]
`getDate(int númerodecolumna)` `getDate(String nombredecolumna)`	Date
`getTime(int númerodecolumna)` `getTime(String nombredecolumna)`	Time
`getTimestamp(int númerodecolumna)` `getTimestamp(String nombredecolumna)`	Timestamp
Más información sobre métodos de ResultSet: https://docs.oracle.com/en/java/javase/22/docs/api/java.sql/java/sql/ResultSet.html	

La clase ResultSet dispone de unas constantes, que definen diferentes **tipos de concurrencia y desplazamiento** dentro del *ResultSet*. Estas constantes se usan al crear *Statement* o *PreparedStatement* para configurar cómo se accede y manipula un *ResultSet*. Son las siguientes:

- ***Tipos de desplazamiento (Scrollability),*** constantes que determinan cómo se puede mover el cursor dentro del ResultSet:

Constante	Descripción
TYPE_FORWARD_ONLY (opción por defecto)	Solo permite avanzar next(), sin retroceder.
TYPE_SCROLL_INSENSITIVE	Permite moverse en cualquier dirección, pero no refleja cambios en la BD.
TYPE_SCROLL_SENSITIVE	Permite moverse en cualquier dirección y refleja cambios en la BD.

- ***Tipos de concurrencia (Concurrency***), constantes que si el ResultSet es de solo lectura o si permite modificaciones.

Constante	Descripción
CONCUR_READ_ONLY (por defecto)	Solo permite leer datos, sin modificaciones.
CONCUR_UPDATABLE	Permite modificar los datos del ResultSet.

El ejemplo que se muestra a continuación carga los registros de la tabla empleados en un ResultSet y les suma 100 al salario:

```
import java.sql.*;
public clas EjemploConstantes {
  public static void main(String[] args) {
    try {
         Class.forName("com.mysql.cj.jdbc.Driver");
        Connection conexion = DriverManager.getConnection
           ("jdbc:mysql://localhost/ejemplo", "root", "");

         Statement sentencia = conexion.createStatement(
               ResultSet.TYPE_SCROLL_SENSITIVE,
               ResultSet.CONCUR_UPDATABLE);

         ResultSet rs = sentencia.executeQuery("SELECT * FROM empleados");

         while (rs.next()) {
              float salario = rs.getFloat("salario");
              rs.updateFloat("salario", salario + 100); // Se suma 100
              rs.updateRow(); // Se actualiza
              System.out.println("Actualizado: " +
                rs.getString("apellido") + ", salario anterior: "
                + salario + ", nuevo: " + rs.getFloat("salario"));
         }

        rs.close(); sentencia.close();  conexion.close();

       } catch (ClassNotFoundException cn) {
           cn.printStackTrace();
       } catch (SQLException e) {
                   e.printStackTrace(); }
  }
}
```

Algunas de las bases de datos no admiten la actualización del resultset, como es el caso de SQLite, que sólo admite `TYPE_FORWARD_ONLY`. En el caso de ORACLE, hay que indicar las columnas en la select, en lugar de poner: `SELECT * FROM empleados` pondremos `SELECT emp_no, apellido, salario FROM empleados`. Para identificar cada fila por su clave.

A partir de ahora podremos hacer todo tipo de consultas, y también podremos hacer INSERT, UPDATEs, DELETEs, y crear vistas.

En los siguientes ejemplos se crea un método para insertar y otro para borrar un departamento, antes de hacer la operación insertar habrá que comprobar si el departamento existe, si existe no se puede insertar y ocurrirá una excepción. También a la hora de borrar comprobaremos si el departamento a borrar existe o no, y si existe hay que comprobar que no tenga registros relacionados. Crearemos 4 métodos:

```
// Comprobar si existe el departamento. El método devuelve true si sí existe
private static boolean comprobarsiexistedepartamento(int dept) {
      boolean existe = false;
      String sql = "SELECT * FROM departamentos WHERE dept_no = " + dept;
      try {
            Statement sentencia = conexion.createStatement();
            ResultSet resul = sentencia.executeQuery(sql);
            if (resul.next()) {
                  existe = true; // dep existe
            }
                  resul.close();
      } catch (SQLException e) {
                  e.printStackTrace();
      }
      return existe;
}// comprobarsiexistedepartamento

// Comprobar si el dep tiene registros relacionados. El método devuelve el
número de registros (empleados de ese departamento)
private static int comprobarregistrosrelacionados(int dep) {
      int reg = 0;
      String sql = "SELECT count(*) FROM empleados WHERE dept_no =  " + dep;
      try {
            Statement sentencia = conexion.createStatement();
            ResultSet resul = sentencia.executeQuery(sql);
            resul.next();
            reg = resul.getInt(1);
            resul.close();
        } catch (SQLException e) {
            e.printStackTrace();
        }
      return reg;
}// comprobarregistrosrelacionados

// Insertar departamento, antes comprueba si existe. Si existe no se inserta
public static void insertardepartamento(int dep, String nombre,
      String localidad) {

   if (comprobarsiexistedepartamento(dep)) {
      System.out.println("El departamento a insertar existe: " + dep);
   } else {
   String sql = "INSERT INTO departamentos (dept_no,dnombre,loc) VALUES (
            " + dep + ",'" + nombre + "','" + localidad + "' )";
      try {
            System.out.println("Sentencia: " + sql);
            Statement sentencia = conexion.createStatement();
            int filas = sentencia.executeUpdate(sql);
            System.out.println("Insertado:" + filas);
            sentencia.close();
      } catch (SQLException e) {
            e.printStackTrace();
      }
```

```
    }
}// insertardepartamento

// Borrar departamento, antes comprueba si existe. Y si sí existe comprueba
que tenga registros relacionados.
private static void eliminardep(int dep) {
       if (!comprobarsiexistedepartamento(dep)) {
              System.out.println("El departamento a borrar no existe: " +
                                  dep);
       } else {
           if (comprobarregistrosrelacionados(dep) == 0) {
               String sql = "DELETE from departamentos where dept_no = " +
                             dep;
               try {
                     System.out.println("Sentencia: " + sql);
                     Statement sentencia = conexion.createStatement();
                     int filas = sentencia.executeUpdate(sql);
                     System.out.println("Borrado:" + filas);

                } catch (SQLException e) {
                     e.printStackTrace(); }
           } else {
              System.out.println("El departamento no se puede borrar, tiene
                  registros relacionados."); }
    }
}// eliminardep
```

En el siguiente método se actualiza la comisión de los empleados de un determinado departamento, y con una subida, el departamento y la subida se reciben como parámetro:

```
private static void actualizarempleados(int dep, float subida) {
       // Ojo si la comisión es null, devuelve null, ponemos coalesce
       String sql = "UPDATE empleados set comision = coalesce(comision,0) + "
           + subida + " where dept_no = " + dep;
       try {
              System.out.println("Sentencia: " + sql);
              Statement sentencia = conexion.createStatement();
              int filas = sentencia.executeUpdate(sql);
              System.out.println("Actualizados:" + filas);
       } catch (SQLException e) {
              e.printStackTrace();
       }
}// actualizarempleados
```

El siguiente ejemplo crea una vista (de nombre *totales*) que contiene por cada departamento el número de departamento, el nombre, el número de empleados que tiene y el salario medio. Oracle y MySql admite el formato *CREATE OR REPLACE*, las otras bases de datos embebidas no lo admiten, por lo que al crear la vista la primera vez funcionará, pero la segunda dará error pues ya existe. Creamos un método para comprobar si la vista ya se ha creado, utilizamos la clase ***DatabaseMetadata***, y en el ***getTables*** indicamos el tipo a buscar, no es necesario el esquema ni el catálogo:

```
private static boolean comprobarsiexistelavista(String vista) {
  boolean existe = false;
       String tipos[] = { "VIEW" };
       try {
              DatabaseMetaData dbmd = conexion.getMetaData();
```

```
            ResultSet resul = dbmd.getTables(null, null, null, tipos);

            while (resul.next()) {
                    String tabla = resul.getString(3); // nombre
                    String tipo = resul.getString(4); // tipo
                    if (tabla.equalsIgnoreCase(vista)) {
                            existe = true;
                            break;
                    }
            }
            resul.close();
        } catch (SQLException e) {
                    e.printStackTrace(); }
    return existe;
} // comprobarsiexistelavista

private static void crearvistatotales() {
    if (comprobarsiexistelavista("totales")) {
        System.out.println("Vista totales existe");
    } else {
        StringBuilder sql = new StringBuilder();
        sql.append("CREATE VIEW totales ");
        sql.append("(dep, dnombre, nemp, media) AS ");
        sql.append("SELECT d.dept_no, dnombre, COUNT(emp_no), AVG(salario) ");
        sql.append("FROM departamentos d LEFT JOIN empleados e ");
        sql.append("ON e.dept_no = d.dept_no ");
        sql.append("GROUP BY d.dept_no, dnombre ");
        System.out.println(sql);
        try {
                Statement sentencia = conexion.createStatement();
                int filas = sentencia.executeUpdate(sql.toString());
                System.out.printf("Resultado  de la ejecución: %d %n", filas);
                sentencia.close();
        } catch (SQLException e) {
                e.printStackTrace(); }
    }
} //crearvistatotales
```

ACTIVIDAD 2.10

Crea un programa Java que inserte un empleado en la tabla *empleados*. Añadir un método para insertar los datos del empleado: *EMP_NO, APELLIDO, OFICIO, DIR, SALARIO, COMISIÓN, DEPT_NO*. El método devolverá una cadena con los mensajes de lo ocurrido. Antes de insertar se deben realizar las siguientes comprobaciones:

- que el número del empleado no exista, si existe no se inserta.

- que el departamento exista en la tabla *departamentos*, si no existe no se inserta.

- que el director (DIR, es el número de empleado de su director) exista en la tabla *empleados*, si no existe no se inserta.

- El APELLIDO y el OFICIO no pueden ser nulos.

- que el salario sea > que 0, si es <= 0 no se inserta.

- La fecha de alta del empleado será la fecha actual.

Cuando se inserte la fila visualizar mensaje y si no se inserta visualizar el motivo (departamento inexistente, número de empleado duplicado, director inexistente, etc.)

Al realizar la siguiente prueba deberemos obtener los siguientes mensajes:

```
String mensaje = insertarempleado(7369, "", null, 111, -100, 100,
300);
System.out.println("Primera prueba con estos datos:
7369,\"\",null,111, -1000, 100, 300 => " + mensaje);
```

SALIDA:

```
Primera prueba con estos datos: 7369,"",null,111, -100, 100, 300 =>
Resultado de la inserción:
  Error. Cód de empleado existe: 7369
  Error. Departamento no existe: 300
  Error. Cód de director no existe: 111
  Error. Apellido no puede ser vacío.
  Error. Oficio no puede ser vacío.
  Error. Salario no puede ser 0 o negativo: -100.0
  ** No se inserta, ha habido errores.
```

La fecha se debe pasar a cadena para crear la sentencia SQL y concatenar los campos. Al pasarlo a cadena se debe elegir un formato, el formato "yyyy-MM-dd" vale para la mayoría de las bases de datos. Si pruebas el ejercicio con varias bases de datos verás que con Oracle nos va a dar error ya que va a esperar dd/mm/yyyy. Para no tener problemas al concatenar los campos de una sentencia SQL, se utilizan las ***SENTENCIAS PREPARADAS***, que se verán más adelante.

2.8.1. Ejecución de Scripts

Podremos lanzar Script para realizar varias operaciones en una base de datos, por ejemplo, crear un modelo de datos con varias tablas y varios insert. Para ello utilizamos la clase ***ScriptRunner*** de ***MyBatis*** que permite ejecutar scripts SQL desde archivos de texto en una base de datos. Permite cargar y ejecutar comandos SQL de forma automática en lugar de ejecutar consultas manualmente con ***Statement*** o ***PreparedStatement***. Los métodos son los siguientes:

Método	Descripción
runScript(Reader reader)	Ejecuta un script SQL desde un Reader (ej. un archivo de texto).
setLogWriter(PrintWriter writer)	Configura la salida de los logs (por defecto, muestra en consola). Si se pone null, no muestra nada
setErrorLogWriter(PrintWriter writer)	Configura la salida de los errores (si se pone null, no muestra los errores en consola).
setAutoCommit(boolean autoCommit)	Controla si los cambios se confirman automáticamente (true = se confirman).
setStopOnError(boolean stopOnError)	Si es true, detiene la ejecución si hay un error en el script.

Añadiremos la siguiente dependencia:

```
<!-- https://mvnrepository.com/artifact/org.mybatis/mybatis -->
<dependency>
      <groupId>org.mybatis</groupId>
      <artifactId>mybatis</artifactId>
      <version>3.5.19</version>
</dependency>
```

El siguiente ejemplo muestra como ejecutar un script en MySQL:

```
public static void ejecutarScriptMySQL() {

    try {
        Class.forName("com.mysql.cj.jdbc.Driver");
          Connection conexion = DriverManager.getConnection
           ("jdbc:mysql://localhost/ejemplo?allowMultiQueries=true","root",
            "");

        Reader reader = new FileReader("./script/scriptmysql.sql");

        // Crear un objeto ScriptRunner
        ScriptRunner scriptRunner = new ScriptRunner(conexion);
        scriptRunner.setLogWriter(null); // Para que no muestre el script
        scriptRunner.setAutoCommit(false); // Usar o no autocommit
        scriptRunner.runScript(reader);
        conexion.commit(); // Confirmar los cambios
        System.out.println("Script ejecutado con éxito");
        conexion.close();

        } catch (ClassNotFoundException | SQLException | IOException e) {
                e.printStackTrace();}
} // ejecutarScriptMySQL
```

En MySQL es necesario añadir en la conexión la propiedad ***allowMultiQueries=true***.

Puede haber diferencias en los scripts entre las bases de datos, por ejemplo, HSQLDB, MySQL y SQLite permiten utilizar IF EXISTS o IF NOT EXISTS en el borrado y creación de tablas, Oracle y Derby no lo permiten.

En los recursos de la unidad, en el proyecto ***ejemplosdelLibro*** puedes encontrar un ejemplo para ejecutar un script de creación de tablas y sus insert, en cada una de las bases de datos estudiadas.

2.8.2. Sentencias preparadas

En los ejemplos anteriores hemos creado sentencias SQL a partir de cadenas de caracteres en las que íbamos concatenando los datos necesarios para construir la sentencia completa. A partir de ahora utilizaremos la interfaz ***PreparedStatement***, la interfaz ***PreparedStatement*** permite ejecutar consultas SQL **precompiladas**, lo que **mejora el rendimiento** y **previene inyecciones SQL**. En lugar de concatenar cadenas, se utilizan parámetros utilizando ***placeholder*** o ***marcadores de posición***, que representarán los datos que serán asignados más tarde, el *placeholder* se representa mediante el símbolo interrogación (**?**). Por ejemplo, la orden INSERT para insertar un departamento se representa así:

```
String sql= "INSERT INTO departamentos VALUES (?, ?, ?)";
                                        //1  2  3 valor del índice
```

Cada *placeholder* tiene un índice, el 1 corresponde al primero que se encuentre en la cadena, el 2 al segundo y así sucesivamente. Solo se pueden utilizar para ocupar el sitio de los datos en la cadena SQL, no se pueden usar para representar una columna o un nombre de una tabla, por ejemplo, *FROM ?* sería incorrecto.

Antes de ejecutar un **PreparedStatement** es necesario asignar los datos para que cuando se ejecute la base de datos asigne variables de unión con estos datos y ejecute la orden SQL. Los objetos **PreparedStatement** se pueden preparar o precompilar una sola vez y ejecutar las veces que queramos asignando diferentes valores a los marcadores de posición, en cambio en los objetos **Statement**, la sentencia SQL se suministra en el momento de ejecutar la sentencia.

Los métodos de **PreparedStatement** tienen los mismos nombres que en **Statement**: ***executeQuery()***, ***executeUpdate()*** y ***execute()*** pero no se necesita enviar la orden SQL en la llamada ya que lo hace el método ***prepareStatement(String)***. El siguiente método inserta una fila en la tabla departamentos, el método recibe los datos a insertar:

```
private static void insertardep(int dep, String dnombre, String loc) {
      try {
            // construir orden INSERT
            String sql = "INSERT INTO departamentos VALUES(?, ?, ?)";
            PreparedStatement sentencia = conexion.prepareStatement(sql);
            sentencia.setInt(1, dep); // num departamento
            sentencia.setString(2, dnombre); // nombre
            sentencia.setString(3, loc); // localidad
            int filas = sentencia.executeUpdate(); // filas afectadas
            System.out.println("Filas afectadas: " + filas);
      } catch (SQLException e) {
                  e.printStackTrace();        }
}
```

Para asignar valor a cada uno de los marcadores de posición se utilizan los métodos ***setXXX()***. La sintaxis es la siguiente:

```
public abstract void setXXX(int indicedelParametro, tipoJava valor)
      throws SQLException
```

Donde, se asigna el valor indicado en *tipoJava* al parámetro cuyo índice coincide con *indicedelParametro*, que es transformado por el controlador JDBC en un tipo SQL correspondiente para pasarlo a la base de datos. Los métodos ***setXXX()*** son los siguientes:

Método	Tipo SQL
`void setString(int índice, String valor)`	VARCHAR
`void setBoolean(int índice, boolean valor)`	BIT
`void setByte(int índice,byte valor )`	TINYINT
`void setShort(int índice, short valor )`	SMALLINT
`void setInt(int índice, int valor)`	INTEGER
`void setLong(int índice, long valor)`	BIGINT
`void setFloat(int índice, float valor)`	FLOAT
`void setDouble(int índice, double valor)`	DOUBLE
`void setBytes(int índice, byte[] valor )`	VARBINARY
`void setDate(int índice, Date valor)`	DATE
`void setTime(int índice, Time valor)`	TIME
Más información sobre métodos de PreparedStatement: *https://docs.oracle.com/en/java/javase/22/docs/api/java.sql/java/sql/PreparedStatement.html*	

Para asignar valores NULL a un parámetro se usa el método ***setNull()***, el formato es:

```
void setNull(int índice, int tipoSQL)
```

Donde *tipoSQL* es una constante que se define en la libreria **java.sql.Types**. Son las siguientes: *ARRAY, BIGINT, BINARY, BIT, BLOB, BOOLEAN, CHAR, CLOB, DATALINK, DATE, DECIMAL, DISTINCT, DOUBLE, FLOAT, INTEGER, JAVA_OBJECT, LONGNVARCHAR, LONGVARBINARY, LONGVARCHAR, NCHAR, NCLOB, NULL, NUMERIC, NVARCHAR, OTHER, REAL, REF, REF_CURSOR, ROWID, SMALLINT, SQLXML, STRUCT, TIME, TIME_WITH_TIMEZONE, TIMESTAMP, TIMESTAMP_WITH_TIMEZONE, TINYINT, VARBINARY, VARCHAR.*

El siguiente método recibe un departamento y una subida, y se modifica el salario de los empleados de ese departamento, que les añade la subida, quedaría así:

```
private static void actualizaemple(int dep, float subida) {
  try {
      // construir orden UPDATE
      String sql="UPDATE empleados SET salario=salario + ? WHERE dept_no=?";
      PreparedStatement sentencia = conexion.prepareStatement(sql);
      sentencia.setInt(2, dep);        // num departamento
      sentencia.setFloat(1, subida); // subida
      int filas = sentencia.executeUpdate(); // filas afectadas
      System.out.println("Filas afectadas: " + filas);
      } catch (SQLException e) {
             e.printStackTrace(); }
}
```

También se puede utilizar esta interfaz con la orden *SELECT*. El siguiente método muestra el APELLIDO y SALARIO de los empleados de un departamento y un oficio concreto, que se reciben como parámetro:

```
private static void verempleados(int dep, String oficio) {
  try {
      //construimos la orden SELECT
      String sql= "SELECT apellido, salario FROM empleados WHERE
               dept_no = ? AND oficio = ? ORDER BY 1";
      PreparedStatement sentencia = conexion.prepareStatement(sql);
      sentencia.setInt(1,dep);
      sentencia.setString(2,oficio);
      ResultSet rs = sentencia.executeQuery();
      System.out.printf("%15s %15s%n","APELLIDO","SALARIO");
      System.out.printf("%15s %15s%n","---------------","---------------
        ");
      while (rs.next())
             System.out.printf("%15s %15s%n",
                   rs.getString("apellido"), rs.getFloat("salario"));

      rs.close();
      sentencia.close();
  } catch (SQLException e) {
       e.printStackTrace(); }
}
```

ACTIVIDAD 2.11

Crea un método que lea los datos de la tabla empleados y muestre la siguiente salida formateada, con las líneas de totales que se indican:

```
EMP-NO      APELLIDO       OFICIO SALARIO COMISION NOMBRE DIRECTOR DEPT-NO NOMBRE DEPARTAMENTO
------ -------------- ----------- ------- ------- -------------- ------ -------------------
  7369        SÁNCHEZ    EMPLEADO  1040.0     0.0      FERNÁNDEZ     20      INVESTIGACIÓN
  7499         ARROYO   VENDEDOR  1500.0   390.0          NEGRO     30             VENTAS
  7521           SALA   VENDEDOR  1625.0   650.0          NEGRO     30             VENTAS
  7566        JIMÉNEZ   DIRECTOR  2900.0     0.0            REY     20      INVESTIGACIÓN
  7654         MARTÍN   VENDEDOR  2900.0  1020.0          NEGRO     30             VENTAS
  7698          NEGRO   DIRECTOR  3005.0     0.0            REY     30             VENTAS
  7782         CEREZO   DIRECTOR  2885.0     0.0            REY     10       CONTABILIDAD
  7788            GIL   ANALISTA  3000.0     0.0        JIMÉNEZ     20      INVESTIGACIÓN
  7839            REY PRESIDENTE  4100.0     0.0   SIN DIRECTOR     10       CONTABILIDAD
  7844          TOVAR   VENDEDOR  1350.0     0.0          NEGRO     30             VENTAS
  7876         ALONSO   EMPLEADO  1430.0     0.0            GIL     20      INVESTIGACIÓN
  7900         JIMENO   EMPLEADO  1335.0     0.0          NEGRO     30             VENTAS
  7902      FERNÁNDEZ   ANALISTA  3000.0     0.0        JIMÉNEZ     20      INVESTIGACIÓN
  7934          MUÑOZ   EMPLEADO  1690.0     0.0         CEREZO     10       CONTABILIDAD
------ -------------- ----------- ------- ------- -------------- ------ -------------------
TOTALES                          31760.0  2060.0
Empleado/s y departamento con máximo salario (4100.0): REY, dep: CONTABILIDAD.
Empleado/s y departamento con mínimo salario (1040.0): SÁNCHEZ, dep: INVESTIGACIÓN.
Número de empleados: 14
Media de salario:  2.268,57
```

Para cada empleado hay que mostrar el nombre de su director, y el nombre de su departamento. En las líneas de pie hay me mostrar los totales de salario y comisión, los nombres de los empleados con máximo y mínimo salario, además de mostrar el salario y su departamento. Indicar también el número de empleados y la media de salario total.

Realiza todas las consultas que se necesiten utilizando **PreparedStatement**.

En la media de salario utiliza la clase **DecimalFormat** para dar formato al salario. Ejemplo:

```
DecimalFormat formato = new DecimalFormat("##,##0.00");
String valorFormateado = formato.format(resul.getFloat(2));
```

2.9. EJECUCIÓN DE PROCEDIMIENTOS

Los procedimientos almacenados en la base de datos consisten en un conjunto de sentencias SQL y del lenguaje procedural utilizado por el sistema gestor de base de datos que se pueden llamar por su nombre para llevar a cabo alguna tarea en la base de datos. Pueden definirse con parámetros de entrada (IN), de salida (OUT), de entrada/salida (INOUT) o sin ningún parámetro. También pueden devolver un valor, en este caso se trataría de una función. Las técnicas para desarrollar procedimientos y funciones almacenadas dependen del sistema gestor de base de datos, en MySQL, por ejemplo, las funciones no admiten parámetros OUT e INOUT, solo admiten parámetros IN. A continuación, se exponen unos ejemplos sencillos para Oracle y MySQL.

El siguiente ejemplo muestra un procedimiento de nombre *subida_sal* que sube el salario a los empleados de un departamento, el procedimiento recibe dos parámetros de entrada que son el número de departamento (*d*) y la subida (*subida*):

Procedimiento en ORACLE:

```
CREATE OR REPLACE PROCEDURE subida_sal(d NUMBER, subida NUMBER) AS
BEGIN
   UPDATE empleados SET salario = salario + subida WHERE dept_no = d;
   COMMIT;
END;
/
```

Procedimiento en MySQL:

```
DELIMITER //
CREATE PROCEDURE subida_sal(d INT, subida INT)
BEGIN
   UPDATE empleados SET salario = salario + subida WHERE dept_no = d;
   COMMIT;
END;
//
DELIMITER ;
```

El siguiente ejemplo crea una función (en ORACLE) de nombre *nombre_dep* con dos parámetros, el primero es de entrada y recibe un número de departamento, el segundo es de salida, se utilizará para guardar la localidad del departamento; la función devuelve el nombre del departamento; si el departamento no existe devuelve como nombre *"INEXISTENTE"*:

```
CREATE OR REPLACE FUNCTION nombre_dep
               (d NUMBER, locali OUT VARCHAR2)  RETURN VARCHAR2 AS
     nom VARCHAR2(15);
 BEGIN
     SELECT dnombre, loc INTO nom, locali FROM departamentos
     WHERE dept_no = d;
     RETURN nom;
 EXCEPTION
     WHEN NO_DATA_FOUND THEN
        nom := 'INEXISTENTE';
        RETURN nom;
 END;
/
```

El siguiente ejemplo crea una función (en MySQL) de nombre *nombre_dep*, recibe un número de departamento (parámetro de entrada) y devuelve el nombre si existe; si no existe devuelve como nombre *"INEXISTENTE"*:

```
DELIMITER //
 CREATE FUNCTION nombre_dep(d int) RETURNS VARCHAR(15)
 DETERMINISTIC
 BEGIN
   DECLARE nom VARCHAR(15);
   SET nom = 'INEXISTENTE';
   SELECT dnombre INTO nom FROM departamentos
   WHERE dept_no=d;
   RETURN nom;
 END;
//
DELIMITER ;
```

Para ejecutarlo desde MySQL escribimos: *SELECT nombre_dep(10);*

A continuación, se muestra un procedimiento (en MySQL) que recibe un número de departamento y devuelve en forma de parámetros de salida el nombre y la localidad (las funciones no pueden usar parámetros OUT), se asigna un valor inicial a los parámetros de salida por si el departamento no existe:

```
DELIMITER //
 CREATE PROCEDURE datos_dep
          (d int, OUT nom VARCHAR(15), OUT locali VARCHAR(15))
 BEGIN
   SET locali = 'INEXISTENTE';
   SET nom = 'INEXISTENTE';
   SELECT dnombre, loc INTO nom, locali FROM departamentos
   WHERE dept_no=d;
 END;
//
DELIMITER ;
```

Para ejecutarlo desde MySQL escribimos las siguientes sentencias:

```
CALL datos_dep(10, @nom, @locali);
SELECT @nom;
SELECT @locali;
```

La interfaz **CallableStatement** permite que se pueda llamar desde Java a los procedimientos almacenados. Para crear un objeto se llama al método ***prepareCall(String)*** del objeto **Connection**. En el *String* se declara la llamada al procedimiento o función, tiene dos formatos, uno incluye el parámetro de resultado (usado para las funciones) y el otro no:

```
{? = call <nombre_procedure>[(<arg1>,<arg2>, ...)]}
{call <nombre_procedure>[(<arg1>,<arg2>, ...)]}
```

Si los procedimientos y funciones incluyen parámetros de entrada o de salida es necesario indicarlos en forma de marcadores de posición. La referencia a los parámetros es secuencial, por número, el primer parámetro es el 1, el siguiente el 2, etc. El parámetro de resultado y los parámetros de salida deben ser registrados antes de realizar la llamada. El siguiente ejemplo declara la llamada al procedimiento *subida_sal* que tiene dos parámetros de entrada, se usan los marcadores de posición (?) para indicarlo:

```
String sql= "{ call subida_sal (?, ?) } ";
CallableStatement llamada = conexion.prepareCall(sql);
```

Hay 4 formas de declarar las llamadas a los procedimientos y funciones que dependen del uso u omisión de parámetros, y de la devolución de valores. Son las siguientes:

- **{ call nombre_procedimiento }**: para un procedimiento almacenado sin parámetros.
- **{ ? = call nombre_función }**: para una función almacenada que devuelve un valor y no recibe parámetros, el valor se recibe a la izquierda del igual y es el primer parámetro llamado parámetro de resultado.
- **{ call nombre_procedimiento(?, ?, ...) }**: para un procedimiento almacenado que recibe parámetros.
- **{ ? = call nombre_función(?, ?, ...) }**: para una función almacenada que devuelve un valor (primer parámetro) y recibe varios parámetros.

En el siguiente método se realiza una llamada al procedimiento *subida_sal* (de MySQL); los valores de los parámetros se reciben en el método:

```
public static void procSubida(int dep, float subida) {
  try {
          // construir orden de llamada
          String sql = "{ call subida_sal (?, ?) } ";

          // Preparar la llamada
          CallableStatement llamada = conexion.prepareCall(sql);

          // Dar valor a los argumentos
          llamada.setInt(1, dep);
          llamada.setFloat(2, subida);

          // Ejecutar el procedimiento
          llamada.executeUpdate();
          System.out.println("Subida realizada....");

          llamada.close();

          } catch (SQLException e) {
                 e.printStackTrace();    }
}
```

En versiones más antiguas de MySQL al ejecutarlo puede que se muestre el siguiente error: *java.sql.SQLException: User does not have access to metadata required to determine stored procedure parameter types* ... si el usuario no tiene permisos para ejecutar procedimientos. En este caso debemos darle el privilegio SELECT sobre la tabla de sistema **mysql.proc** que contiene la información sobre todos los procedimientos almacenados en la base de datos; se ejecutaría la siguiente orden desde la línea de comandos de MySQL o desde el entorno gráfico que usemos: *GRANT SELECT ON mysql.proc TO 'ejemplo'@'localhost';*

Cuando un procedimiento o función tiene parámetros de salida (OUT) deben ser registrados antes de que la llamada tenga lugar, si no se registra se producirá un error. El método que se utilizará es: ***registerOutParameter(int índice, int tipoSQL)***, el primer parámetro es la posición y el siguiente es una constante definida en la clase **java.sql.Types**. Estas constantes se nombraron en el apartado anterior. Por ejemplo, si el segundo parámetro de un procedimiento es OUT y de tipo VARCHAR en la base de datos en la llamada al método escribimos lo siguiente:

```
llamada.registerOutParameter(2, java.sql.Types.VARCHAR);
```

Una vez ejecutada la llamada al procedimiento, los valores de los parámetros OUT e INOUT se obtienen con los métodos ***getXXX()*** similares a los utilizados para obtener los valores de las columnas en un **ResultSet**. El siguiente ejemplo ejecuta el procedimiento *nombre_dep* (de Oracle); se recibe el número de departamento cuyos datos se visualizarán:

```
public static void funcNombre(int dep) {
      try {
             // Construir orden de llamada
             String sql = "{ ? = call nombre_dep (?, ?) } "; // ORACLE

             // Preparar la llamada
             CallableStatement llamada = conexion.prepareCall(sql);

             // registrar parámetro de resultado
             llamada.registerOutParameter(1, Types.VARCHAR);// valor devuelto
```

```
            llamada.setInt(2, dep); // param de entrada

            // Registrar parámetro de salida
            llamada.registerOutParameter(3, Types.VARCHAR);// parámetro OUT

            // Ejecutar el procedimiento
            llamada.executeUpdate();
            System.out.printf("Nombre Dep: %s, Localidad: %s %n",
                   llamada.getString(1), llamada.getString(3));
            llamada.close();
        }
            catch (SQLException e) {
                   e.printStackTrace();        }
}
```

ACTIVIDAD 2.12

Crea una función en Oracle, que reciba un número de departamento y devuelva el salario medio de los empleados de ese departamento y como parámetro de salida el número de empleados. Si el departamento no existe debe devolver como salario medio el valor -1 y el número de empleados será 0. Si existe y no tiene empleados debe devolver 0. Realiza después un programa Java que use dicha función. El programa recorrerá la tabla *departamentos* y mostrará los datos del departamento, incluyendo el número de empleados y el salario medio.

Realiza un procedimiento en MySQL que funcione de forma similar a la función en Oracle, es decir, debe recibir un número de departamento y como parámetros de salida debe devolver el número de empleados y el salario medio. Realiza después un programa Java para usar dicho procedimiento, igual que antes el programa recorrerá la tabla *departamentos* y mostrará los datos del departamento, incluyendo el número de empleados y el salario medio.

La función y el procedimiento se crearán desde un programa Java. La salida en ambos casos mostrará lo siguiente:

```
DEPT-NO          NOMBRE        LOCALIDAD NUM-EMPLEADOS SALARIO MEDIO
------- -------------- -------------- ------------ ------------
     10   CONTABILIDAD         SEVILLA             3      2.891,67
     20 INVESTIGACIÓN          MADRID             5      2.274,00
     30         VENTAS       BARCELONA             6      1.952,50
     40     PRODUCCIÓN          BILBAO             0          0,00
------- -------------- -------------- ------------ ------------
```

2.10. INFORMES CON JASPERREPORTS

JasperReports es una herramienta para generar informes. De código abierto y licencia GPL *(Licencia Pública General)*. Genera informes en distintos formatos: PDF, HTML, XLS, RTF, ODT, CSV, TXT y XML. Está escrita en Java y su principal objetivo es ayudar a crear documentos preparados para la impresión de una forma simple y flexible.

La página para descargarse la herramienta es: *http://community.jaspersoft.com/download*. Hay distintas versiones *Server*, *Library* y *Studio*. Y para saber más de JasperReports podemos acceder a *http://community.jaspersoft.com/wiki/jasperreports-library-tutorial*.

JasperReports organiza los datos recuperados de una fuente de datos de acuerdo con un informe de trazado definido en un fichero **JRXML**. Con el fin de llenar el informe con los datos, este informe de diseño (el fichero JRXML) debe ser compilado previamente. Los informes se diseñan en archivos XML (***JRXML***), que luego se compilan en archivos **`.jasper`** para su ejecución. En este capítulo solo nos interesa **generar informes utilizando la plantilla definida** en el fichero ***JRXML***.

Para nuestros proyectos necesitaremos añadir la siguiente dependencia:

```
<!--https://mvnrepository.com/artifact/net.sf.jasperreports/jasperreports --
>
<dependency>
      <groupId>net.sf.jasperreports</groupId>
      <artifactId>jasperreports</artifactId>
      <version>6.21.4</version>
</dependency>
```

Ejemplo 1: creamos un proyecto para generar un informe de datos de departamentos, de la base de datos MySQL. Utilizaremos las siguientes clases:

- net.sf.jasperreports.engine.***JasperCompileManager***,
- net.sf.jasperreports.engine.***JasperFillManager***,
- net.sf.jasperreports.engine.***JasperPrint,***
- net.sf.jasperreports.engine.***JasperExportManager***

Para crear un informe con JasperReports seguiremos los siguientes pasos:

1. Generar el fichero **.jrxml**, será la plantilla en la que configuraremos como se desea el informe. En este fichero indicaremos los parámetros del informe, la consulta (SELECT) que se va a realizar, los datos que se van a visualizar, y, además, se describirán cómo van a ser las líneas de cabecera, de detalle y de pies.

2. Ya dentro del proyecto Java, se compilará la plantilla, y obtendremos un objeto ***JasperReport*** de la siguiente manera:

```
JasperReport NombreJasperReport =
          JasperCompileManager.compileReport(MIPLANTILLA.JRXML);
```

3. Para rellenar de datos el informe se utiliza el método ***fillReport()*** de la clase **JasperFillManager** (***JasperFillManager.fillReport()***). Esto generará un fichero ***.jrprint***. También se necesita el nombre del objeto *JasperReport*, creado anteriormente, los parámetros del informe y la conexión a la BD.

```
JasperPrint MiInforme = JasperFillManager.fillReport
    (NombreJasperReport, ParámetrosDelInforme, conexiónalaBD);
```

Al llevar la conexión de la base de datos, la consulta se va a realizar en la propia plantilla. Si la consulta no se realiza en la plantilla se llevarán los datos en una lista de objetos del tipo ***HashMap***, véase el ejemplo 2. ***HashMap<clave, valor>*** es una **estructura de datos** que implementa la interfaz ***Map*** y que permite almacenar **pares clave-valor**, donde cada clave es única y se usa para acceder a su valor asociado.

Los parámetros también tienen que crearse y almacenarse en un *HashMap* (de **java.util**), ese *Map* se utiliza para crear el ***JasperPrint*** añadiendo parámetros. Por ejemplo, declaro 3 parámetros *titulo*, *autor* y *fecha* y los guardo en *params*:

```
Map<String, Object> params = new HashMap<String, Object>();
params.put("titulo", "LISTADO DE DEPARTAMENTOS.");
params.put("autor", "ARM");
// Fecha actual
LocalDate fecha = LocalDate.now();
params.put("fecha",

fecha.getDayOfMonth()+"/"+fecha.getMonthValue()+"/"+fecha.getYear());
```

4. Y finalmente podremos exportar el fichero *JasperPrint*, en el ejemplo *MiInforme*, generado anteriormente al formato que se desee. Por ejemplo:

   - Para visualizar en un visor, por consola, el informe generado escribiremos:

```
JasperViewer.viewReport(MiInforme);
```

Si se desea cerrar el visor sin cerrar la aplicación (por ejemplo, en una aplicación con ventanas) añadiremos *false*, es decir:

```
JasperViewer.viewReport(MiInforme, false);
```

   - Para generar el informe en HTML:

```
JasperExportManager.exportReportToHtmlFile
        (MiInforme, nombreFicheroHTML);
```

   - Para generar el informe en PDF:

```
JasperExportManager.exportReportToPdfFile
        (MiInforme, nombreFicheroPDF);
```

   - Para generar la salida en un documento XML:

```
//Convertir a XML,
//False es para indicar que no hay imágenes(isEmbeddingImages)
JasperExportManager.exportReportToXmlFile
        (MiInforme, nombreFicheroXML, false);
```

El siguiente método lista los datos de la tabla departamentos. La plantilla ***.jrxml*** se guarda en la carpeta *plantillas*, y los informes de salida en la carpeta *informes*, de la carpeta *resources*:

```
public static void listadoPDFdepartamentos() {
  String miplantilla =
      "./src/main/resources/plantillas/plantillaDept.jrxml";
  String reportHTML = "./src/main/resources/informes/InformeDept.html";
  String reportPDF = "./src/main/resources/informes/InformeDept.pdf";
  String reportXML = "./src/main/resources/informes/InformeDept.xml";

  Map<String, Object> params = new HashMap<String, Object>();
  params.put("titulo", "LISTADO DE DEPARTAMENTOS.");
  params.put("autor", "ARM");
  // Fecha actual
  LocalDate fecha = LocalDate.now();
  params.put("fecha",
  fecha.getDayOfMonth()+"/"+fecha.getMonthValue()+"/"+fecha.getYear());
  try {
      Class.forName("com.mysql.cj.jdbc.Driver");
```

```
        Connection conn =(Connection) DriverManager.getConnection
              ("jdbc:mysql://localhost/ejemplo", "root", "");

        // Creación del informe
        JasperReport jasperReport =
             JasperCompileManager.compileReport(miplantilla);
        JasperPrint MiInforme =
             JasperFillManager.fillReport(jasperReport,params,conn);

        // Visualizar en pantalla
        JasperViewer.viewReport(MiInforme, false);
        // Convertir a HTML
        JasperExportManager.exportReportToHtmlFile(MiInforme, reportHTML);
        // Convertir a PDF
        JasperExportManager.exportReportToPdfFile(MiInforme, reportPDF);
        // Convertir a XML.
        JasperExportManager.exportReportToXmlFile(MiInforme, reportXML,
          false);

        System.out.println("ARCHIVOS CREADOS");

      } catch (ClassNotFoundException e) {
                System.out.println(" Error driver. ");
    } catch (SQLException e) {
                System.out.println(" Error al ejecutar sentencia SQL ");
   } catch (JRException ex) {
              System.out.println(" Error Jasper.");
              ex.printStackTrace();        }
} // fin listadoPDFdepartamentos
```

2.10.1. El fichero .JRXML, la plantilla

Un informe de salida se va a estructurar en las siguientes secciones y el siguiente orden, estas secciones serán representadas en la plantilla:

Sección	Descripción
1. title	Su contenido se imprime solo una vez al comienzo del informe y como su nombre indica es el título que el informe tendrá
2. pageHeader	Esta es la cabecera de cada página, se imprimirá en cada página
3. columHeader	En esta zona se escribe la cabecera que vamos a poner para el detalle. Es decir, los nombres de las columnas que se visualizarán en el detalle (*detail*)
4. detail	Esta sección es el cuerpo del documento, es decir, donde se colocan la información a desplegar de nuestro informe (en nuestros ejercicios son columnas que devuelve la SELECT). En formato tabular
5. columFooter	En esta sección podremos poner los totales acumulados, y otras informaciones para cada una de las columnas del detalle
6. pageFooter	Este es el pie de página y se imprime al final de cada página. Útil para poner el contador de páginas, o alguna otra información
7. summary	Esto se utiliza para concluir el documento y se imprime una sola vez al final del informe

Para explicar el contenido de un fichero ***.jrxml***, lo vemos con el estudio de la plantilla del ejercicio. La siguiente plantilla crea un informe para visualizar los datos de la tabla *departamentos* de la base de datos *ejemplo* de MySQL. El informe a visualizar es el siguiente, véase la Figura 2.17:

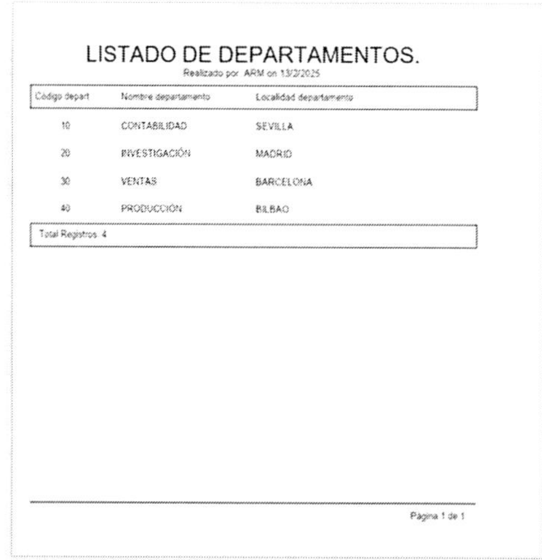

LISTADO DE DEPARTAMENTOS.

Realizado por ARM on 13/2/2025

Código depart	Nombre departamento	Localidad departamento
10	CONTABILIDAD	SEVILLA
20	INVESTIGACIÓN	MADRID
30	VENTAS	BARCELONA
40	PRODUCCIÓN	BILBAO

Total Registros: 4

Página 1 de 1

Figura 2.17. Informe del ejercicio

La plantilla debe empezar con la etiqueta ***<jasperReport>,*** este es el elemento raíz, debe ir acompañado del *namespace* de *JasperReports* y del nombre del informe. También en esta etiqueta se especificarán las características del documento, por ejemplo, el ancho de la página (*pageWidth*), el alto (*pageHeight*), ancho de columna (*columnWidth*), los márgenes izquierdo, derecho, superior o inferior (*leftMargin*, *rightMargin*, *topMargin*, *bottomMargin*), o también la orientación, por ejemplo, para escribir en apaisado pondremos *orientation="Landscape"*.

Por ejemplo:

```
<jasperReport
   xmlns="http://jasperreports.sourceforge.net/jasperreports"
   name="Listadodepartamentos" pageWidth="595" pageHeight="600"
   columnWidth="555" leftMargin="20" rightMargin="20" topMargin="30"
   bottomMargin="30" >
```

Si se desea que el informe sea apaisado escribiremos en la etiqueta ***<jasperReport>***:

```
<jasperReport name="ejemplo" orientation="Landscape" pageWidth="842">
```

En el ejemplo el fichero se va a llamar *plantillaDept.jrxml,* las partes de esta plantilla son las siguientes:

- **Declaración del documento**, se indica el espacio de nombres que se van a utilizar y el nombre del documento. Es la raíz del documento (al crearlo en Eclipse se añadirán de forma automática varios *namespaces*). En *xmlns* se indica el namespace de JasperReports, para calificar las etiquetas y atributos que pertenecen a este lenguaje:

```
<jasperReport
    xmlns="http://jasperreports.sourceforge.net/jasperreports"
    name="Listadodepartamentos">
```

- **Declaración de los parámetros**, se indica el tipo de dato de los parámetros. Los nombres son los que se ponen en el programa Java, dentro del *HashMap*.

```
<parameter name="titulo" class="java.lang.String" />
<parameter name="autor" class="java.lang.String" />
<parameter name="fecha" class="java.lang.String" />
```

- **Definición de la consulta** <**queryString**>, y de las columnas de la consulta ***<field name ..../>.*** Acompañando a la columna se indica el tipo de dato en *class*. Si la consulta tiene campos calculados, contadores, medias, importes, etc., es necesario poner un alias al cálculo para luego referenciar la columna en el ***field name***. En el ejercicio se visualizan el código de departamento, el nombre y la localidad:

```
<queryString>
        <![CDATA[SELECT * FROM departamentos]]>
</queryString>
<field name="dept_no" class="java.lang.Integer"/>
<field name="dnombre" class="java.lang.String"/>
<field name="loc" class="java.lang.String"/>
```

  Para las columnas tipo *Date* pondremos el class **java.util.Date** y para las tipo *float* **java.lang.Float**.

- **Líneas de título del informe**, etiqueta **<title>.** El título solo se visualiza al inicio del informe. En el ejercicio el título definido en esta sección se muestra en la Figura 2.18:

LISTADO DE DEPARTAMENTOS.

Realizado por: ARM on 13/2/2025

Figura 2.18. Líneas de título del informe del ejercicio.

Dentro del título se añade una etiqueta <**band**> para indicar la altura del título. Y dentro de ella se añaden dos etiquetas ***textField***, una para visualizar el título y otra para los valores de los parámetros que se reciben *titulo*, *autor* y *fecha*.

Dentro de estas se indica la posición con ***reportElement***. Dentro de la etiqueta ***textElement*** podremos indicar la alineación o la fuente. Y el contenido a visualizar se escribe en la etiqueta ***textFieldExpression***, para ello se utiliza la etiqueta ***<![CDATA[información]]>***. Donde indicaremos lo que se desea visualizar. Para hacer referencia a los parámetros escribimos el prefijo ***$P*** seguido del nombre del parámetro entre llaves, por ejemplo: ***$P{autor}***. Las posiciones de los elementos, el ancho y el alto, se miden en pixel.

El código para el título es el siguiente:

```
<title>
  <band height="60"> <!-- Se indica el alto del título -->
      <textField>
            <reportElement x="0" y="10" width="500" height="40" />
            <textElement textAlignment="Center"><font size="24"/>
            </textElement>
            <textFieldExpression><![CDATA[$P{titulo}]]>
              </textFieldExpression>
      </textField>
      <textField>
            <reportElement x="0" y="40" width="500" height="20" />
            <textElement textAlignment="Center"/>
            <textFieldExpression><![CDATA["Realizado por: " +
                 $P{autor} + " on " +$P {fecha}]]>
            </textFieldExpression>
      </textField>
  </band>
</title>
```

- **Encabezado del informe,** etiqueta <**columnHeader**>. Como en el caso anterior el contenido se encierra entre la etiqueta ***band***, donde indicamos la altura. Se utiliza la etiqueta ***<rectangle>*** para encerrar la cabecera en un rectángulo, dentro se indica la posición, el ancho y el alto del rectángulo. Para cada literal a visualizar se añade la etiqueta ***<staticText>,*** y dentro de ella se indica la posición x e y, el ancho y el alto del texto a visualizar con ***<reportElement>***. Y el contenido del texto a visualizar se escribe dentro de la etiqueta ***<text>*** y utilizando la etiqueta ***<![CDATA[información]]>.*** En la Figura 2.19 se muestra como queda la cabecera.

Código depart	Nombre departamento	Localidad departamento

Figura 2.19. Cabecera del informe del ejercicio.

El código para esta sección es el siguiente.

```
<columnHeader>
  <band height="30">
      <rectangle>
         <reportElement x="0" y="0" width="500" height="25" />
      </rectangle>
      <staticText>
         <reportElement x="5" y="5" width="100" height="15" />
         <text><![CDATA[Código depart]]></text>
      </staticText>
      <staticText>
         <reportElement x="105" y="5" width="150" height="15" />
         <text><![CDATA[Nombre departamento]]></text>
      </staticText>
      <staticText>
         <reportElement x="255" y="5" width="150" height="15" />
         <text><![CDATA[Localidad departamento]]></text>
      </staticText>
  </band>
</columnHeader>
```

- **Línea de detalle del informe,** etiqueta <**detail**>. Como en el caso anterior el contenido se encierra entre la etiqueta ***band,*** para indicar la altura de cada línea de detalle. Para cada columna a visualizar se añade una etiqueta ***<textField>,*** y dentro de ella se indica la posición x e y, el ancho y el alto del texto a visualizar con ***<reportElement>***. Y el contenido del texto a visualizar se escribe dentro de la etiqueta ***<textFieldExpression>*** indicando el tipo de dato y utilizando la etiqueta ***<![CDATA[información]]>.*** En la Figura 2.20 se muestra cómo queda el detalle,

10	CONTABILIDAD	SEVILLA
20	INVESTIGACIÓN	MADRID
30	VENTAS	BARCELONA
40	PRODUCCIÓN	BILBAO

Figura 2.20. Detalle del informe del ejercicio.

Observa que las columnas de la SELECT llevan el prefijo ***$F{Nombre_columna}***. El código para esta sección es el siguiente.

```
<detail>
  <band height="30">
      <textField>
            <reportElement x="35" y="7" width="100" height="15" />
            <textFieldExpression><![CDATA[$F{dept_no}]]>
                  </textFieldExpression>
      </textField>
      <textField>
            <reportElement x="105" y="7" width="150" height="15" />
            <textFieldExpression><![CDATA[$F{dnombre}]]>
                  </textFieldExpression>
      </textField>
      <textField>
            <reportElement x="255" y="7" width="150" height="15" />
            <textFieldExpression><![CDATA[$F{loc}]]>
                  </textFieldExpression>
      </textField>
  </band>
</detail>
```

- **Línea de pie del informe,** etiqueta <**pageFooter**>. En esta sección se añade una línea con color utilizando la etiqueta **<line>.** Para añadir el número de página actual se utiliza una etiqueta ***<textField>,*** y dentro de ella en la etiqueta ***<textFieldExpression>*** se indica la variable ***$V{PAGE_NUMBER}*** para obtener el número de página actual. Para obtener el total de páginas se utiliza también la misma variable, pero en el ***textField***, se indica cuando se calcula el contador, a nivel de reporte se indica así: ***<textField evaluationTime="Report">.*** En la Figura 2.21 se muestra como queda el pie:

Página 1 de 1

Figura 2.21. Línea de pie.

El código para esta sección es el siguiente.

```
<pageFooter>
  <band height="32">
    <line>
        <reportElement positionType="FixRelativeToBottom" x="0"
             y="3" width="500" height="1" />
        <graphicElement>
            <pen lineWidth="2.0" lineColor="#FF0000"/>
        </graphicElement>
    </line>
    <textField>
        <reportElement x="390" y="10" width="90" height="20" />
        <textElement textAlignment="Right">
                 <font isBold="true" isItalic="true"/>
        </textElement>
        <textFieldExpression>
            <![CDATA["Página "+ $V{PAGE_NUMBER} +" of"]]>
```

```
        </textFieldExpression>
    </textField>
    <textField evaluationTime="Report">
      <reportElement x="480" y="10" width="40" height="20" />
      <textElement><font isBold="true" isItalic="true"/>
      </textElement>
      <textFieldExpression>
              <![CDATA[" " + $V{PAGE_NUMBER}]]>
      </textFieldExpression>
    </textField>
  </band>
</pageFooter>
```

- **Línea de sumario**, etiqueta <**summary**>. Se visualiza una vez al final del informe. En el ejercicio se obtiene el número de registros visualizados. Para obtener el número de registros de utiliza la variable ***$V{REPORT_COUNT}.*** Las variables llevan el prefijo ***$V.*** La salida se muestra en la Figura 2.22.

Total Registros: 4

Figura 2.22. Línea de sumario.

El código para esta sección es el siguiente.

```
<summary>
   <band height="60">
      <rectangle>
           <reportElement x="0" y="0" width="500" height="25" />
      </rectangle>
      <textField>
        <reportElement x="10" y="5" width="300" height="15" />
        <textElement textAlignment="Left"/>
        <textFieldExpression> <![CDATA["Total Registros: "
                       +String.valueOf($V{REPORT_COUNT})]]>
        </textFieldExpression>
      </textField>
   </band>
</summary>
```

El código completo para la plantilla es el siguiente:

```
<jasperReport
  xmlns="http://jasperreports.sourceforge.net/jasperreports"
  name="Listadodepartamentos" >
  <parameter name="titulo" class="java.lang.String"/>
  <parameter name="autor" class="java.lang.String"/>
  <parameter name="fecha" class="java.lang.String"/>
  <queryString>
           <![CDATA[SELECT * FROM departamentos]]>
  </queryString>
  <field name="dept_no" class="java.lang.Integer"/>
  <field name="dnombre" class="java.lang.String"/>
  <field name="loc" class="java.lang.String"/>

  <title>
     <band height="60">
```

```
      <textField>
            <reportElement x="0" y="10" width="500" height="40" />
            <textElement textAlignment="Center"><font size="24"/>
            </textElement>
            <textFieldExpression><![CDATA[$P{titulo}]]>
          </textFieldExpression>
      </textField>
      <textField>
            <reportElement x="0" y="40" width="500" height="20" />
            <textElement textAlignment="Center"/>
            <textFieldExpression><![CDATA["Realizado por: " +
            $P{autor} +" on "+$P{fecha}]]></textFieldExpression>
        </textField>
     </band>
</title>

<columnHeader>
     <band height="30">
            <rectangle>
                   <reportElement x="0" y="0" width="500" height="25" />
            </rectangle>
            <staticText>
                   <reportElement x="5" y="5" width="100" height="15" />
                          <text><![CDATA[Código depart]]></text>
            </staticText>
            <staticText>
              <reportElement x="105" y="5" width="150" height="15" />
                <text><![CDATA[Nombre departamento]]></text>
            </staticText>
            <staticText>
                <reportElement x="255" y="5" width="150" height="15" />
                <text><![CDATA[Localidad departamento]]></text>
            </staticText>
     </band>
 </columnHeader>

 <detail>
     <band height="30">
         <textField>
            <reportElement x="35" y="7" width="100" height="15" />
            <textFieldExpression>
                   <![CDATA[$F{dept_no}]]></textFieldExpression>
         </textField>
         <textField>
            <reportElement x="105" y="7" width="150" height="15" />
            <textFieldExpression><![CDATA[$F{dnombre}]]>
                   </textFieldExpression>
         </textField>
         <textField>
            <reportElement x="255" y="7" width="150" height="15" />
            <textFieldExpression><![CDATA[$F{loc}]]>
                   </textFieldExpression>
         </textField>
     </band>
</detail>

<pageFooter>
     <band height="32">
       <line>
            <reportElement positionType="FixRelativeToBottom" x="0"
               y="3" width="500" height="1" />
```

```
                <graphicElement>
                     <pen lineWidth="2.0" lineColor="#FF0000"/>
                </graphicElement>
            </line>
            <textField>
                <reportElement x="390" y="10" width="90" height="20" />
                <textElement textAlignment="Right">
                          <font isBold="true" isItalic="true"/>
                </textElement>
                <textFieldExpression><![CDATA["Página "+$V{PAGE_NUMBER}+
                     " de"]]></textFieldExpression>
            </textField>
            <textField evaluationTime="Report">
                <reportElement x="480" y="10" width="40" height="20" />
                <textElement>
                     <font isBold="true" isItalic="true"/>
                </textElement>
                <textFieldExpression><![CDATA[" " + $V{PAGE_NUMBER}]]>
                 </textFieldExpression>
          </textField>
      </band>
   </pageFooter>

   <summary>
          <band height="60">
            <rectangle>
                <reportElement x="0" y="0" width="500" height="25" />
            </rectangle>
            <textField>
                <reportElement x="10" y="5" width="300" height="15" />
                <textElement textAlignment="Left"/>
                <textFieldExpression><![CDATA["Total Registros: "
                 +String.valueOf($V{REPORT_COUNT})]]>
              </textFieldExpression>
           </textField>
          </band>
   </summary>
</jasperReport>
```

Ejemplo 2: en el ejemplo anterior la consulta se ha realizado en la propia plantilla, en este ejmplo la consulta la realizamos en el programa java y la llevamos a la plantilla. Creamos un informe que muestre los datos de los empleados EMP_NO, APELLIDO, OFICIO, SALARIO, DEPT_NO, NOMBRE DEPARTAMENTO, la consulta es la siguiente:

```
SELECT emp_no, apellido, oficio, salario, dept_no, dnombre
     FROM empleados join departamentos using(dept_no) ORDER BY 1;
```

Los datos que devuelve la consulta los cargaremos en una lista de objetos ***HashMap*** que se llevarán a la plantilla. No se indicará la conexión en ***JasperFillManager***, se indicarán los datos generados. Se utiliza la clase ***JRBeanCollectionDataSource*** que convierte una colección de Java (List, Set, etc.) en un origen de datos (***JRDataSource***) para generar reportes. Y con ese origen de datos se crea el ***JasperPrint***. Véase el código:

```
// Lista de objetos Map que se usarán para llenar el informe
List<Map<String, Object>> datosempleados = new ArrayList<>();
```

```
// CARGAR LOS DATOS
Class.forName("com.mysql.cj.jdbc.Driver");
Connection conn = (Connection) DriverManager.getConnection
     ("jdbc:mysql://localhost/ejemplo", "root", "");

String sql= "SELECT emp_no, apellido, oficio, salario, dept_no, dnombre "
     + " FROM empleados join departamentos using(dept_no) ORDER BY 1";
PreparedStatement sentencia = conn.prepareStatement(sql);
ResultSet rs = sentencia.executeQuery();
while (rs.next()) {
     // Por cada fila se crea un HashMap(), y se añade a la lista
     HashMap<String, Object> fila = new HashMap<> ();
     fila.put("emp_no", rs.getInt(1));
     fila.put("apellido", rs.getString(2));
     fila.put("oficio", rs.getString(3));
     fila.put("salario", rs.getFloat(4));
     fila.put("dept_no", rs.getInt(5));
     fila.put("dnombre", rs.getString(6));
     // añadimos a la lista
     datosempleados.add(fila);
}
rs.close();
sentencia.close();
```

Para crear el informe pondremos:

```
// Creamos el informe
JasperReport jasperReport =
     JasperCompileManager.compileReport(miplantilla);

JRBeanCollectionDataSource datosemple= new
       JRBeanCollectionDataSource(datosempleados);

JasperPrint MiInforme = JasperFillManager.fillReport(jasperReport,
        params, datosemple);
```

Y en la plantilla no se define ninguna consulta, y simplemente se añaden los campos al informe, utilizamos los nombres de los campos puestos en el HashMap de la lista.

```
     <field name="emp_no" class="java.lang.Integer"/>
     <field name="apellido" class="java.lang.String"/>
     <field name="oficio" class="java.lang.String"/>
     <field name="salario" class="java.lang.Float"/>
     <field name="dept_no" class="java.lang.Integer"/>
     <field name="dnombre" class="java.lang.String"/>
```

En la carpeta de recursos de la unidad puedes consultar las plantillas y los ejercicios de este y todos los apartados. Se encuentran en el proyecto ***ejemplosdelLibro***.

ACTIVIDAD 2.13

Sobre el mismo proyecto, crea una nueva plantilla para obtener por cada departamento, además de sus datos, el número de empleados que hay, la media de salario y la suma de salario. Si el departamento no tiene empleados debe de salir 0 en la media, el contador y la suma. Cambia las propiedades para que el documento se visualice en apaisado.

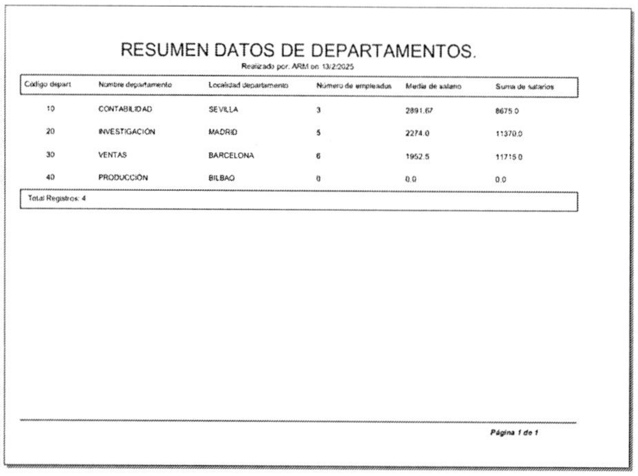

RESUMEN DATOS DE DEPARTAMENTOS.

Realizado por. ARM on 13/2/2025

Código depart	Nombre departamento	Localidad departamento	Número de empleados	Media de salario	Suma de salarios
10	CONTABILIDAD	SEVILLA	3	2891.67	8675.0
20	INVESTIGACIÓN	MADRID	5	2274.0	11370.0
30	VENTAS	BARCELONA	6	1952.5	11715.0
40	PRODUCCIÓN	BILBAO	0	0.0	0.0

Total Registros: 4

Página 1 de 1

Figura 2.23. Informe propuesto.

También se pueden **añadir variables acumuladas.** Para añadir totales acumulados es necesario crear las variables. Se crean debajo de los campos de la consulta (*field name*). Y luego esas variables se pueden añadir o en el sumario en las líneas de pie. Por ejemplo, aquí defino dos totales, uno para sumar la cantidad y otro para contar artículos (*cantidad*, e *idart* son *field name*). En ***calculation*** se escribe la función de grupo:

```
<variable name="sumacant" class="java.lang.Integer"
   calculation="Sum">
   <variableExpression><![CDATA[$F{cantidad}]]></variableExpression>
</variable>
<variable name="numart" class="java.lang.Integer"
   calculation="Count">
   <variableExpression><![CDATA[$F{idart}]]></variableExpression>
</variable>
```

Las funciones a añadir en ***calculation*** pueden ser: *sum*, *count*, *max*, *min*, *average*, *DistinctCount*, entre otras funciones. Dentro del informe estas variables se añadirán dentro de las secciones ***<summary>***, o en ***<columnFooter>***, las escribimos dentro de un ***textField***. Por ejemplo:

```
<textField>
  <reportElement x="620" y="0" width="50" height="20"/>
  <textFieldExpression><![CDATA[$V{sumacant}]]></textFieldExpression>
</textField>
<textField>
  <reportElement x="670" y="0" width="50" height="20"/>
  <textFieldExpression><![CDATA[$V{numart}]]></textFieldExpression>
</textField>
```

$V indica que es una variable creada en la plantilla lo que se va a representar.

2.11. GESTIÓN DE ERRORES

Hasta ahora en todos los ejemplos cuando se producía un error se visualizaba con el método ***printStackTrace()*** la secuencia de llamadas al método que ha producido la excepción y la línea de código donde se produce el error. Por ejemplo, se muestra el siguiente error cuando se intenta hacer select en una tabla que no existe en Mysql:

```
java.sql.SQLSyntaxErrorException: Table 'ejemplo.departamentos2' doesn't
exist
	at
com.mysql.cj.jdbc.exceptions.SQLError.createSQLException(SQLError.java:120)
	at
com.mysql.cj.jdbc.exceptions.SQLExceptionsMapping.translateException(SQLExce
ptionsMapping.java:122)
	at
com.mysql.cj.jdbc.StatementImpl.executeQuery(StatementImpl.java:1200)
	at
pruebasBasededatos.EjemploExcepciones.mostrardepartamentos(EjemploExcepcione
s.java:156)
	at
pruebasBasededatos.EjemploExcepciones.mysql(EjemploExcepciones.java:120)
	at
pruebasBasededatos.EjemploExcepciones.main(EjemploExcepciones.java:42)
```

Cuando se produce un error con **SQLException** podemos acceder a cierta información usando los siguientes métodos:

Método	Función
`int getErrorCode()`	Devuelve un entero que proporciona el código de error del fabricante. Normalmente, será el código de error real devuelto por la base de datos.
`String getSQLState()`	Devuelve una cadena que contiene un estado definido por el estándar X/OPEN SQL.
`String getMessage()`	Devuelve una cadena que describe el error. Es un método heredado de la clase **java.lang.Throwable**.
`Throwable getCause()`	Devuelve la causa del error o nulo si la causa es inexistente o desconocida.

Cada base de datos asigna sus mensajes y códigos de error. A continuación, se utilizan esos métodos para visualizar los mensajes de error:

```
try {
	. . . . .

} catch (SQLException e) {
	System.out.println("Mensaje: " + e.getMessage() );
	System.out.println("Causa: " + e.getCause() );
	System.out.println("SQL estado: " + e.getSQLState());
	System.out.println("Cód Error: " + e.getErrorCode());
	System.out.println("--------------------------------");
}
```

El siguiente ejemplo muestra la salida que se produce cuando se intenta hacer SELECT de una tabla que no existe `SELECT * FROM departamentos2`, en distintas bases de datos:

```
* En SQLite. *
Mensaje: [SQLITE_ERROR] SQL error or missing database (no such table:
departamentos2)
Causa: null
SQL estado: null
Cód Error: 1
```

```
-------------------------------
* En Oracle.*
Mensaje: ORA-00942: la tabla o vista no existe
Causa: Error : 942, Position : 14, Sql = SELECT * FROM departamentos2,
OriginalSql = SELECT * FROM departamentos2, Error Msg = ORA-00942: la tabla
o vista no existe
SQL estado: 42000
Cód Error: 942
-------------------------------

* En Derby.*
Mensaje: Table/View 'DEPARTAMENTOS2' does not exist.
Causa: ERROR 42X05: Table/View 'DEPARTAMENTOS2' does not exist.
SQL estado: 42X05
Cód Error: 30000
-------------------------------
```

O al hacer select ponemos una columna errónea (`SELECT dept_no, apellido, loc FROM departamentos`):

```
* En SQLite. *
Mensaje: [SQLITE_ERROR] SQL error or missing database (no such column:
apellido)
Causa: null
SQL estado: null
Cód Error: 1
-------------------------------

* En Mysql.*
Mensaje: Unknown column 'apellido' in 'field list'
Causa: null
SQL estado: 42S22
Cód Error: 1054
-------------------------------
* En HSQLDB. *
Mensaje: usuario no tiene privilegios suficientes o objeto no encontrado:
APELLIDO
Causa: org.hsqldb.HsqlException: usuario no tiene privilegios suficientes o
objeto no encontrado: APELLIDO
SQL estado: 42501
Cód Error: -5501
-------------------------------
```

O si intentamos insertar un registro en una tabla con una primary key existente:

```
* En Oracle.*
Mensaje: ORA-00001: restricción única (EJEMPLO.SYS_C008600) violada
Causa: Error : 1, Position : 0, Sql = INSERT INTO departamentos (dept_no,
dnombre, loc ) values (10,'Nuevo', 'Talavera'), OriginalSql = INSERT INTO
departamentos (dept_no, dnombre, loc ) values (10,'Nuevo', 'Talavera'),
Error Msg = ORA-00001: restricción única (EJEMPLO.SYS_C008600) violada
SQL estado: 23000
Cód Error: 1
-------------------------------

* En Mysql.*
Mensaje: Duplicate entry '10' for key 'departamentos.PRIMARY'
Causa: null
SQL estado: 23000
Cód Error: 1062
-------------------------------
```

```
* En SQLite. *
Mensaje: [SQLITE_CONSTRAINT_PRIMARYKEY] A PRIMARY KEY constraint failed
(UNIQUE constraint failed: departamentos.dept_no)
Causa: null
SQL estado: null
Cód Error: 19
-------------------------------
```

Identificando los códigos de error se podrán personalizar los mensajes en cada una de las bases de datos. En la carpeta de recursos de la unidad puedes probar el ejemplo que contiene los mensajes de las excepciones. Se encuentran en el proyecto ***ejemplosdelLibro***.

2.12. POOL DE CONEXIONES

El pool de conexiones (o connection pool) consiste en tener un conjunto de conexiones ya realizadas a la base de datos que podrán ser reutilizadas en distintas peticiones. Es un mecanismo que administra y reutiliza las conexiones para mejorar el rendimiento y evitar la sobrecarga de abrir y cerrar conexiones repetidamente. En lugar de crear nuevas conexiones cada vez que una es requerida, mediante el pool se le asigna una conexión disponible, y una vez que termina de usarla la conexión no se cierra, sino que se devuelve al pool para ser reutilizada. Si todas las conexiones están ocupadas, el pool puede crear nuevas (hasta un límite) o hacer que los usuarios esperen.

Se utiliza principalmente en aplicaciones que necesitan gestionar un gran número de conexiones y se emplea sobre todo en sistemas que requieren acceso frecuente y concurrente a una base de datos entre ellas:

- Aplicaciones web de alta concurrencia, como las redes sociales, correo electrónico.
- Sistemas empresariales ERP/CRM, gestión de la contabilidad, inventarios.
- Aplicaciones de procesamiento de datos en tiempo real.
- Aplicaciones de análisis de datos y Big Data.

Para crear un pool se necesita el uso de frameworks como son: ***HikariCP***, uno de los más utilizados en java, ***Apache DBCP***, ***C3P0***, o ***Tomcat JDBC Pool*** (integrado en servidores Tomcat).

En los recursos de la unidad puedes encontrar un ejemplo de creación de una clase *Pool* con conexión a *MySQL*, realizada con ***HikariCP (PoolMySQL)***, y otra clase para el uso del *Pool* ***(UsoPoolMySQL).*** El proyecto se llama ***ejemploPoolConexiones***.

COMPRUEBA TU APRENDIZAJE

1. Cuál de las siguientes afirmaciones sobre JDBC NO es correcta:

   a) JDBC define una API que pueden usar los programas Java para conectarse a bases de datos relacionales y orientadas a objetos.

   b) JDBC no solo provee una interfaz, sino que también define una arquitectura estándar, para que los fabricantes puedan crear los drivers que permitan a las aplicaciones Java el acceso a los datos.

   c) JDBC dispone de la misma interfaz para todas las bases de datos.

   d) Los tipos de conectores 3 y 4 se usan normalmente cuando el único sistema de acceso final al gestor de bases de datos es ODBC (es decir, no existen drivers disponibles para el SGBD).

   e) Los tipos de conectores 1 y 2 exigen instalación de software en el puesto cliente. El tipo 4 no exige instalación en el cliente.

2. ¿El siguiente código Java es correcto? Razona la respuesta:

```
import java.sql.*;
public class Ejercicio2 {
   public static void main(String[] args) {
      Class.forName("com.mysql.jdbc.Driver");
      Connection conexion = DriverManager.getConnection
         ("jdbc:mysql://localhost/ejemplo","ejemplo", "ejemplo");
      Statement sentencia = conexion.createStatement();
      ResultSet resul = sentencia.executeQuery
                       ("SELECT * FROM empleados");
      while (resul.next())
      {
          System.out.printf("%d, %s %n",
             resul.getInt("EMP_NO"), resul.getString("APELLIDO"));
      }
      resul.close();
      sentencia.close();
      conexion.close();
   }
}
```

3. **Ejercicio ventas.** Se desea crear el modelo de datos de la figura 2.24 en MySQL, SQLite y ORACLE.

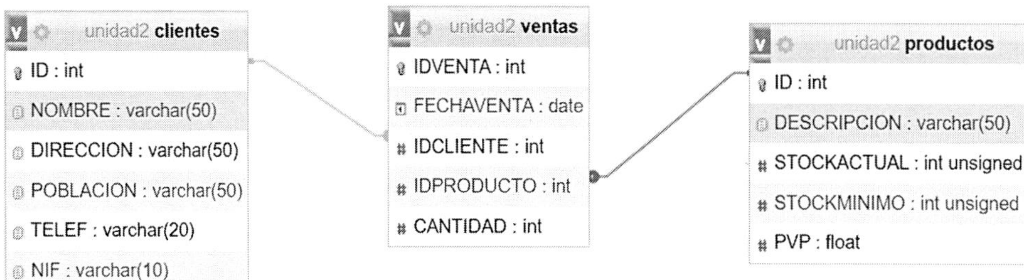

Figura 2.24. Modelo de datos del ejercicio.

Para ello previamente se creará un usuario nuevo en Oracle ***UNIDAD2*** con clave ***unidad2***, y una base de datos nueva en MySQL con nombre, usuario y contraseña del mismo nombre ***unidad2***. Para SQLite no es necesario crear la base de datos previamente.

Una vez creados los usuarios de Oracle y MySql, se crearán los scripts de creación y llenado de tablas (unos cuantos registros) en cada una de las bases de datos. Una vez creados los scripts, se pide lo siguiente:

a) Una clase en java que muestre un menú en el que elegir la base de datos donde se ejecutará el script correspondiente, con la creación y llenado de tablas. El menú será el siguiente:

```
CREAR LAS TABLAS EN LAS DISTINTAS BASES DE DATOS
----------------------------------------
. 1 SQLite.
. 2 Mysql.
. 3 Oracle.
. 0 SALIR.
----------------------------------------
 TECLEA OPERACIÓN:
```

b) Crear una clase java que muestre un menú (como el del apartado anterior) para seleccionar la conexión a la base de datos y mostrar el contenido de cada una de las tablas. En el listado de ventas añadir el nombre del cliente, la descripción del producto, y el importe de la venta, que será el PVP por la CANTIDAD. Por ejemplo, para SQLite la salida será:

```
********* CONECTADO A: SQLite *********

LISTADO DE PRODUCTOS
   ID DESCRIPCION                                         STOCK-ACT STOCK-MIN      PVP
----- ------------------------                            --------- --------- --------
    4 Diccionario Maria Moliner 2 tomos                          55         5     43.0
    5 Impresora HP Deskjet F370                                  10         1    30.65
    6 Pen Drive 8 Gigas                                          52         5      7.0
    7 Ratón óptico inalámbrico Logitecht                         14         2     15.0
    8 El señor de los anillos, 3 DVDs                             8         2     25.0
----- ------------------------                            --------- --------- --------

LISTADO DE CLIENTES
   ID NOMBRE         DIRECCION                POBLACION         TELEFONO        NIF
----- -------------- ------------------------ ----------------- --------- ----------
    1 MARIA SERRANO  C/Las Flores 23          Guadalajara       949876655  34343434L
    2 PEDRO BRAVO    C/Galiano 6              Guadalajara       949256376   2256880E
    3 MANUEL SERRA   Av Atance 24             Guadalajara       949800090   1234567E
    4 ALICIA PÉREZ   C/La Azucena 123         Talavera          925678090  565645643
----- -------------- ------------------------ ----------------- --------- ----------

LISTADO DE VENTAS ORDENADO POR CLIENTE
IDVENTA FECHAVENTA IDCLIEN NOMBRE          IDPROD DESCRIPCION                       CANTIDAD IMPORTE
------ --------- ------ -------------- ----- ------------------------           ------- ---------
     1 2012-07-16      1 MARIA SERRANO      4 Diccionario Maria Moliner 2 tomos       3     129.0
     2 2012-07-17      4 ALICIA PÉREZ       5 Impresora HP Deskjet F370               2      61.3
     3 2012-07-19      2 PEDRO BRAVO        5 Impresora HP Deskjet F370               1     30.65
     4 2012-08-20      1 MARIA SERRANO      6 Pen Drive 8 Gigas                       5      35.0
     5 2012-08-22      3 MANUEL SERRA       4 Diccionario Maria Moliner 2 tomo        1      43.0
------ --------- ------ -------------- ---- -----------------------            ------ --------
```

c) Crear una clase java que muestre un menú (como el del apartado anterior) para seleccionar la conexión a la base de datos y realizar inserciones en la tabla VENTAS. El método para insertar recibirá la conexión y los valores a insertar en la base de datos, y devolverá un mensaje con lo ocurrido. Recibirá la conexión, el idventa, el idcliente el idproducto y la cantidad. El formato es el siguiente:

```
private static String insertarproducto(Connection conexion,
                    int idv, int idc, int idp, int cant)
```

Antes de insertar tealizar las siguientes comprobaciones:

- El identificador de venta no debe existir en la tabla VENTAS.
- El identificador de cliente debe existir en la tabla CLIENTES.
- El identificador de producto debe existir en la tabla PRODUCTOS.
- La cantidad debe ser > que 0.
- La fecha de venta será la fecha actual.

Si ocurre uno de estos errores no se insertará y se indicarán TODOS los errores ocurridos. Se realizarán varias llamadas al método para que muestre los distintos errores. Por ejemplo, realizo estas llamadas:

```
// venta existe. Producto no existe. Cliente no existe. Cantidad negativa
String mensaje = insertarproducto(conexion, 1, 100, 100, -20);
System.out.println("Prueba1: "+ mensaje);

mensaje = insertarproducto(conexion, 10, 1, 4, 2);  //OK
System.out.println("Prueba2: "+mensaje);

mensaje = insertarproducto(conexion, 10, 3, 2, 4);  //Error Id de venta y en
idproducto
System.out.println("Prueba3: "+mensaje);

mensaje = insertarproducto(conexion, 11, 30, 8, 4);  //Error Id de cliente
System.out.println("Prueba4: "+mensaje);

mensaje = insertarproducto(conexion, 11, 4, 7, 4);  //OK
System.out.println("Prueba5: "+mensaje);
```

Al ejecutar se mostrarán todos los mensajes (por ejemplo, en ORACLE):

```
3 Oracle.
Prueba1: Error. El id de venta ya existe: 1. Error. El id de cliente no
existe: 100. Error. El id de producto no existe: 100. Error. La cantidad no
puede ser <0: -20.
Prueba2: Venta insertada con id: 10
Prueba3: Error. El id de venta ya existe: 10. Error. El id de producto no
existe: 2.
Prueba4: Error. El id de cliente no existe: 30.
Prueba5: Venta insertada con id: 11
```

Si se ejecutan de nuevo las inserciones en la misma base de datos indicará en la prueba 2 y prueba 5 que el id de venta ya existe.

A la hora de grabarse la fecha en SQLite se va a grabar en milisegundos, con lo que al visualizarse se mostrará un número long más de 12 dígitos. Habrá que tenerlo en cuenta a la hora de grabar y listar.

d) Como en los ejercicios anteriores, crear una clase java que muestre un menú para seleccionar la conexión con la base de datos, y una vez seleccionada realizar un listado de las ventas de un cliente. Crear un método que reciba la conexión y el id del cliente.

   El programa debe visualizar una cabecera con los datos del cliente, y también con el número de ventas que ha tenido, y a continuación una salida tabular con la lista de las ventas. Por ejemplo, para el cliente 1 saldrá algo parecido a esto:

```
-------------------------------------------------------------------------------------
LISTADO DE VENTAS DEL CLIENTE: 1
NOMBRE: MARIA SERRANO  DIRECCION: C/Las Flores 23
POBLACION: Guadalajara        TLF: 949876655
NÚMERO DE VENTAS DEL CLIENTE: 4
   IDVENTA FECHAVENTA IDPROD DESCRIPCION                          CANTIDAD    IMPORTE
   ------- ---------- ------ ----------------------------------- -------- ----------
         1 2012-07-16      4 Diccionario Maria Moliner 2 tomos          3      129.0
         4 2012-08-20      6 Pen Drive 8 Gigas                          5       35.0
        10 2025-02-14      4 Diccionario Maria Moliner 2 tomos          2       86.0
        12 2025-02-14      4 Diccionario Maria Moliner 2 tomos          2       86.0
   ------- ---------- ------ ----------------------------------- -------- ----------
           TOTALES:                                                    12      336.0
-------------------------------------------------------------------------------------
```

Si el cliente no existe se deberá mostrar un mensaje indicando que el cliente no existe.

e) Como en los ejercicios anteriores, crear una clase java que muestre un menú para seleccionar la conexión con la base de datos, y una vez seleccionada realizar un informe pdf de todas las ventas, y de los clientes. En el título de los informes se indicará la base de datos seleccionada. En el informe de ventas se mostrará Id Venta, Fecha Venta, Id Cliente, Nombre Cliente, Población Cliente, Id de Producto, Descripción de Producto, Precio, Cantidad e Importe (que será el PVP*CANTIDAD). Y en el informe de clientes indicar el id, nombre, y población del cliente, el número de ventas, y el total importe. Ajustar el informe para que se visualicen todos los campos. Véase las figuras 2.25 y 2.26:

Resumen de datos de ventas en: Mysql

Realizado por: ARM on 20/2/2025

Id Vent	Fecha Venta	IdClien	Nombre Cliente	Población Cliente	IdProd	Descripción Producto	Precio	Cantidad	Importe
1	2012-07-16	1	MARIA SERRANO	Guadalajara	4	Diccionario Maria Moliner	43	3	129.0
2	2012-07-17	4	ALICIA PÉREZ	Talavera	5	Impresora HP Deskjet	30	2	61.3
3	2012-07-19	2	PEDRO BRAVO	Guadalajara	5	Impresora HP Deskjet	30	1	30.65
4	2012-08-20	1	MARIA SERRANO	Guadalajara	6	Pen Drive 8 Gigas	7	5	35.0
5	2012-08-22	3	MANUEL SERRA	Guadalajara	4	Diccionario Maria Moliner	43	1	43.0
10	2025-02-14	1	MARIA SERRANO	Guadalajara	4	Diccionario Maria Moliner	43	2	86.0
11	2025-02-14	4	ALICIA PÉREZ	Talavera	7	Ratón óptico inalámbrico	15	4	60.0
12	2025-02-14	1	MARIA SERRANO	Guadalajara	4	Diccionario Maria Moliner	43	2	86.0

Total Registros: 8

Figura 2.25. Listado de ventas.

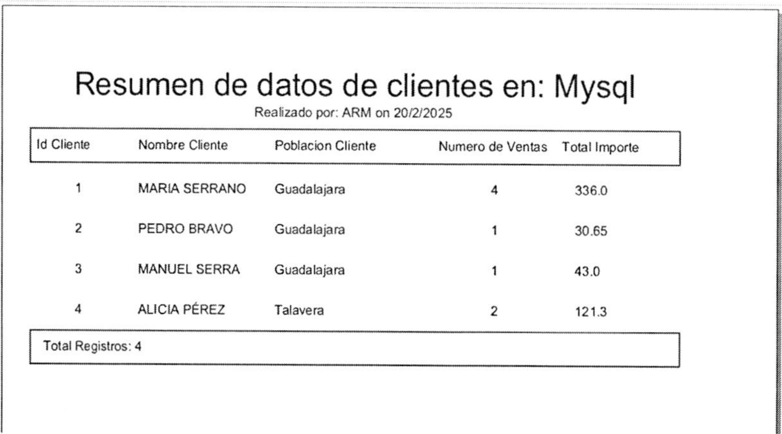

Resumen de datos de clientes en: Mysql

Realizado por: ARM on 20/2/2025

Id Cliente	Nombre Cliente	Poblacion Cliente	Numero de Ventas	Total Importe
1	MARIA SERRANO	Guadalajara	4	336.0
2	PEDRO BRAVO	Guadalajara	1	30.65
3	MANUEL SERRA	Guadalajara	1	43.0
4	ALICIA PÉREZ	Talavera	2	121.3

Total Registros: 4

Figura 2.26. Listado de clientes.

4. **Ejercicio jardinería.** Para el siguiente ejercicio crearemos un usuario nuevo en Oracle con nombre ***jardineria*** y clave ***jardineria***. Y se crearán las tablas del modelo de datos que se muestra, el script de creación de las tablas se encuentra en la carpeta de recursos de la unidad. El modelo consta de 8 tablas que contienen la información de los productos, empleados, clientes, pedidos, oficinas y otros datos de una empresa de jardinería. Véase la Figura 2.27.

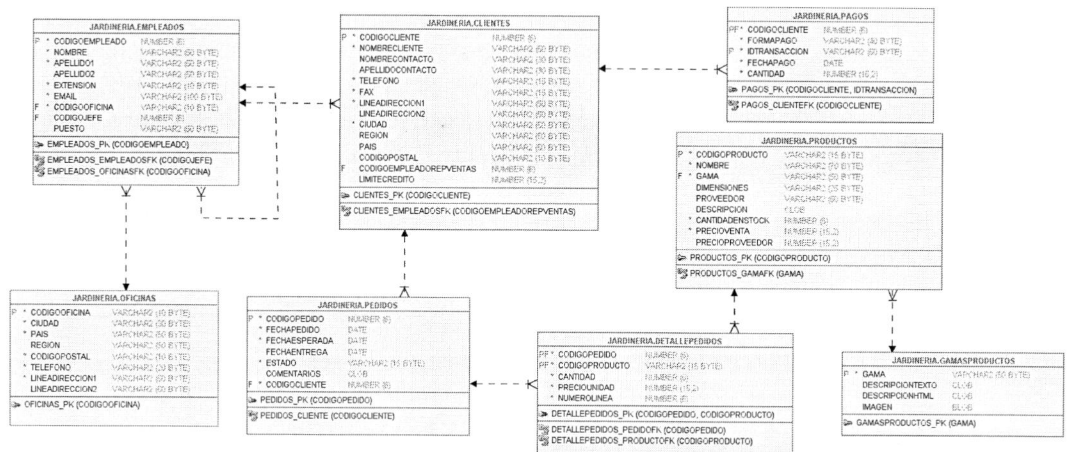

Figura 2.27. Modelo de datos jardinería.

Estudia el modelo, con las tablas y sus relaciones y realiza una aplicación java maven que resuelva lo siguiente.

Al ejecutar la aplicación se mostrará un menú en el que se pedirán las operaciones. Después de ejecutar cada opción de menú, se mostrará de nuevo el menú y se pedirá de nuevo que se teclee la operación. El programa se termina cuando se pulse 0. El menú es el siguiente:

```
---------------------------------------------------
OPERACIONES CON JARDINERÍA
.   1 Insertar Empleado
.   2 Visualizar pedidos de un cliente
.   3 Crear clientes sin pedido
```

```
.  4 Actualizar Clientes por empleado
.  5 Crear STOCKACTUALIZADO
.  6 Oficinas con función almacenada
.  7 Ver los pedidos de todos los clientes
.  8 Tratar nuevos empleados
.  0. Salir
-----------------------------------------------------
TECLEA OPERACIÓN:
```

Cada opción de menú ejecutará un método que resolverá lo que se pide.

Para probar cada método **NO SE LEERÁ DE TECLADO, SE LLAMARÁ AL MÉTODO CON LOS PARÁMETROS QUE SE NECESITEN**. Se deberán probar las llamadas a los métodos con datos que sean correctos, y con datos que no existan. Por ejemplo, cuando vaya a visualizar pedidos del cliente se probará unas veces con un cliente que exista y otras con otros que no existan. Para así contemplar todas las situaciones.

Las operaciones son las siguientes:

Ejercicio 1. Insertar empleado.

Realiza un método java que reciba los datos de un empleado y los inserte en la tabla EMPLEADOS. Los datos a recibir son el nombre, apellido1, apellido2, extensión, email, codigooficina, codigojefe, y puesto.

El código de empleado será una unidad más, al código de empleado máximo almacenado en la tabla. Habrá que calcular el máximo.

Al insertar comprobar que exista el código de oficina y el código de jefe.

Visualizar en la consola, todos los mensajes de error que ocurran, e indicar si el registro se ha insertado o no.

Por ejemplo, hago estas llamadas al método insertar:

```
System.out.println("Primera prueba: ");
ejercicio1insertarempleado("Nombre1", "Ape11", "Ape12", "extn 1", "nombre1@gmail.com",
"BCN-ES", 1,"Informático");
System.out.println("Segunda prueba: ");
ejercicio1insertarempleado("Nombre1", "Ape11", "Ape12", "extn 1", "nombre1@gmail.com",
"1234", 1234,"Informático");
```

Y me mostrará:

```
Primera prueba:
 * Registro empleado grabado con id: 32
Segunda prueba:
 * El código de oficina es erróneo: 1234
 * El código de jefe es erróneo: 1234
 * El correo no se puede repetir: nombre1@gmail.com
 * Error, no se ha grabado el registro
```

Ejercicio 2. Visualizar pedidos de un cliente

Realiza un método javo que reciba un código de cliente, y muestre los pedidos de ese cliente, con los totales por cada pedido. La salida debe salir formateada y perfectamente cuadrada. Visualizar cada pedido ordenado por número de línea. Visualizar si el cliente no tiene pedidos o si el cliente no existe en la BD. Se muestra la salida para el cliente 4, que existe con pedidos y detalle pedidos, el cliente 33 que no tiene pedidos, y el cliente 100 que no existe:

```
COD-CLIENTE: 4      NOMBRE: Gerudo Valley
DIRECCIÓN1: Oaks Avenue n°22    Número de pedidos: 5
-------------------------------------------------------------------------------
    COD-PEDIDO:32     FECHA PEDIDO: 2007-01-07    ESTADO DEL PEDIDO: Entregado
        NUM-LINEA COD-PROD NOMBRE PRODUCTO                CANTIDAD PREC-UNID   IMPORTE
        --------- -------- ------------------------------ -------- --------- ---------
                1   OR-193 Phylostachys biseti                   5      20.0     100.0
                2   OR-128 Camelia japonica ejemplar            29     100.0    2900.0
                3    22225 Rastrillo de Jardín                   1      15.0      15.0
                4    11679 Sierra de Poda 400MM                  1      14.0      14.0
                5    21636 Pala                                  4      15.0      60.0
        --------- -------- ------------------------------ -------- --------- ---------
        TOTALES POR PEDIDO                                      40     164.0    3089.0

    COD-PEDIDO:33     FECHA PEDIDO: 2007-05-20    ESTADO DEL PEDIDO: Rechazado
        NUM-LINEA COD-PROD NOMBRE PRODUCTO                CANTIDAD PREC-UNID   IMPORTE
        --------- -------- ------------------------------ -------- --------- ---------
                1   OR-247 Trachycarpus Fortunei               150     462.0   69300.0
                2   OR-214 Brahea Armata                       212      10.0    2120.0
                3    FR-29 Cerezo Napoleón                     120       8.0     960.0
                4    FR-17 Rosal bajo 1Âª -En maceta-inic      423       2.0     846.0
        --------- -------- ------------------------------ -------- --------- ---------
        TOTALES POR PEDIDO                                     905     482.0   73226.0

    COD-PEDIDO:34     FECHA PEDIDO: 2007-06-20    ESTADO DEL PEDIDO: Entregado
        NUM-LINEA COD-PROD NOMBRE PRODUCTO                CANTIDAD PREC-UNID   IMPORTE
        --------- -------- ------------------------------ -------- --------- ---------
                1   OR-172 Lagunaria patersonii  calibre        20      18.0     360.0
                2   OR-174 Morus Alba  calibre 8/10             24      18.0     432.0
                3     FR-7 Mandarino calibre 8/10               12      29.0     348.0
                4     FR-3 Naranjo 2 años injerto               56       7.0     392.0
        --------- -------- ------------------------------ -------- --------- ---------
        TOTALES POR PEDIDO                                     112      72.0    1532.0

    COD-PEDIDO:35     FECHA PEDIDO: 2008-03-10    ESTADO DEL PEDIDO: Rechazado
        NUM-LINEA COD-PROD NOMBRE PRODUCTO                CANTIDAD PREC-UNID   IMPORTE
        --------- -------- ------------------------------ -------- --------- ---------
                1   OR-181 Tamarix  Ramosissima Pink Casc       36      10.0     360.0
                2   OR-165 Erytrina Kafra                        3      10.0      30.0
                3    FR-47 Melocotonero Paraguayo               55       8.0     440.0
                4    21636 Pala                                 12      14.0     168.0
                5   OR-225 Chamaerops Humilis                   72      10.0     720.0
        --------- -------- ------------------------------ -------- --------- ---------
        TOTALES POR PEDIDO                                     178      52.0    1718.0

    COD-PEDIDO:37     FECHA PEDIDO: 2008-11-03    ESTADO DEL PEDIDO: Pendiente
        NUM-LINEA COD-PROD NOMBRE PRODUCTO                CANTIDAD PREC-UNID   IMPORTE
        --------- -------- ------------------------------ -------- --------- ---------
                1   FR-105 Olea-Olivos                           4      70.0     280.0
                2    FR-57 Kaki Rojo Brillante                 203       8.0    1624.0
                3   OR-176 Prunus pisardii                      38      10.0     380.0
        --------- -------- ------------------------------ -------- --------- ---------
        TOTALES POR PEDIDO                                     245      88.0    2284.0

COD-CLIENTE: 33      NOMBRE: Musée du Louvre
DIRECCIÓN1: Quai du Louvre    Número de pedidos: 0

-------------------------------------------------------------------------------
COD-CLIENTE: 100 NO EXISTE.
-------------------------------------------------------------------------------
```

Ejercicio 3. Crear clientes sin pedido.

En la tabla CLIENTES hay clientes que no tienen pedidos. Se desea hacer un método para eliminar los clientes que no han realizado pedidos. Los clientes borrados se deben de añadir a una tabla que el método tiene que crear. Esta tabla se llamará ***CLIENTESSINPEDIDO***, tendrá la misma estructura que la tabla ***CLIENTES***.

El método a crear deberá crear la tabla ***CLIENTESSINPEDIDO***, añadir a esa tabla los clientes sin pedidos, y eliminar de la tabla ***CLIENTES*** esos mismos clientes.

El método se podrá ejecutar tantas veces como se desea. Hay que controlar todos los errores posibles.

Visualizar todo en la consola, los errores que surjan y los clientes que se va insertando en la nueva tabla. La primera vez mostrará que se crea la tabla y se insertan los registros, y se listarán los clientes insertados, y si se ejecuta de nuevo se mostrará que la tabla se ha creado y de nuevo los clientes que hay:

```
Tabla clientessinpedido creada con datos y restricciones añadidas.
Borrados 17 registros de la tabla clientes.
CODCLIENTE NOMBRE                                          CIUDAD
---------- -------------                               ----------
         6 Lasas S.A.                                 Fuenlabrada
         8 Club Golf Puerta del hierro                     Madrid
        10 DaraDistribuciones                              Madrid
        11 Madrileña de riegos                             Madrid
        12 Lasas S.A.                                 Fuenlabrada
        17 Flowers, S.A                       Montornes del valles
        18 Naturajardin                                    Madrid
        20 AYMERICH GOLF MANAGEMENT, SL                 Barcelona
        21 Aloha                                         Canarias
        22 El Prat                                      Barcelona
        24 Vivero Humanes                                 Humanes
        25 Fuenla City                                Fuenlabrada
        29 Top Campo                                      Humanes
        31 Campohermoso                               Fuenlabrada
        32 france telecom                                   Paris
        33 Musée du Louvre                                  Paris
        37 HE MAGIC GARDEN                                 London
```

Ejercicio 4. Actualizar Clientes por empleado.

Los empleados de la empresa se encargan de atender a los clientes. Y cada empleado tiene asignado o no, a uno o más clientes. Se desea almacenar en la tabla ***EMPLEADOS*** el número de clientes a los que atiende. Para ello se pide realizar un método java para **añadir la columna *NUMCLIENTES*** de tipo numérica a la tabla ***EMPLEADOS***. Una vez añadida la columna se debe actualizar esa tabla para almacenar en esa columna el número de clientes que tiene asignado el empleado. El método se podrá ejecutar tantas veces como se desee. Hay que controlar todos los errores posibles. Visualizar todo en la consola los errores que surjan y las actualizaciones realizadas.

La primera vez que se ejecute mostrará:

```
La columna NUMCLIENTES se ha creado.
La columna NUMCLIENTES se ha actualizado.
Número de filas actualizadas: 32
```

Y la segunda vez:

```
La columna NUMCLIENTES EXISTE.
La columna NUMCLIENTES se ha actualizado.
Número de filas actualizadas: 32
```

Ejercicio 5. Crear STOCKACTUALIZADO.

Se desea actualizar la cantidad en stock de los productos (***CANTIDADENSTOCK***), para ello se añadirá la columna ***STOCKACTUALIZADO*** a la tabla ***PRODUCTOS***, con el mismo formato que ***CANTIDADENSTOCK***. En esa columna se almacenará la actualización que será igual a la ***CANTIDADENSTOCK*** menos la suma de la ***CANTIDAD*** vendida del producto.

Para ello se pide realizar un método java que añada la columna ***STOCKACTUALIZADO***, y la actualice.

Obtener por pantalla aquellos productos que se necesiten reponer, que serán los que tengan en el STOCKACTUALIZADO una cantidad menor de 5. Visualizar su código, la cantidad en stock, y su stock actualizado. La primera vez que se ejecute la salida será la siguiente (se muestran algunos productos, y los datos son los iniciales):

```
La columna STOCKACTUALIZADO se ha creado.
La columna STOCKACTUALIZADO se ha actualizado.
Número de filas actualizadas: 276
LISTA DE PRODUCTOS A REPONER:
Codigoproduto      CANTIDADENSTOCK     STOCKACTUALIZADO
------------- -------------------- --------------------
       AR-006                  140                 -151
       AR-008                  140                 -315
       AR-009                  140                 -821
         FR-1                   15                   -9
        FR-10                   15                   -2
       FR-100                   50                  -64
       FR-106                   50                  -33
       FR-107                   50                    0
        FR-11                   15                 -116
        FR-12                   15                  -17
        FR-13                   15                    2
        FR-17                   15                 -408
         FR-3                   15                  -56
         FR-4                   15                  -73
. . . . . . . . . . . . . . . . . . . . . . . . . . . . . . . . .
. . . . . . . . . . . . . . . . . . . . . . . . . . . . . . . . .
```

Las siguientes veces que se ejecute se indicará que la columna ya existe y se actualizará de nuevo. No sea que haya cambios en las tablas.

Ejercicio 6. Oficinas con función almacenada.

Para este ejercicio hay que crear la función almacenada en el programa, y una vez creada utilizarla. La función almacenada nos devuelve los datos de la oficina y el número de empleados que tiene. La función recibe el código de la oficina y devuelve el número de empleados, y además devuelve en parámetros de salida la ciudad, el país, la región, y la dirección de la oficina.

La función devuelve -1 si no existe en la BD la oficina, y en este caso, además en ciudad y país devuelve NO EXISTE OFICINA.

La función es la siguiente:

```
CREATE OR REPLACE
  FUNCTION veroficina( cod VARCHAR2,   ciudad OUT VARCHAR2 ,
      pais OUT VARCHAR2, region OUT VARCHAR2 , direcc OUT VARCHAR2)
    RETURN NUMBER
  AS
    cuenta NUMBER:=-1;
  BEGIN
    SELECT COUNT(*) INTO cuenta FROM empleados WHERE codigooficina = cod;
    IF (cuenta=0) THEN
      ciudad :='NO EXISTE OFICINA';
      pais   :='NO EXISTE OFICINA';
    ELSE
      SELECT ciudad,  pais,  region,  lineadireccion1
      INTO ciudad,  pais,    region,   direcc
      FROM oficinas  WHERE codigooficina = cod;
    END IF;
    RETURN CUENTA;
  END;
/
```

Se pide realizar la siguiente salida por consola haciendo uso de la función almacenada. Llamando al método llevando una oficina que existe y otra que no existe la salida será la siguiente:

Oficina que existe:

```
CD-OFI CIUDAD         PAIS          REGION       DIRECCION1           N-EMPLES
------ -------------- ------------- ------------ -------------------- --------
BCN-ES Barcelona      España        Barcelona    Avenida Diagonal, 38        5

CD-OFI CIUDAD             PAIS              REGION      DIRECCION1      N-EMPLES
------ --------------     -------------     ----------- --------------- --------
BCN-AA NO EXISTE OFICINA  NO EXISTE OFICINA                                    0
```

Ejercicio 7. Ver los pedidos de todos los clientes.

Haciendo uso del método realizado en el ejercicio 2, realiza un método java para obtener los datos de los pedidos de ***todos*** los clientes. La salida es la que aparece del método dos, pero para todos los clientes, los datos son los iniciales:

```
COD-CLIENTE: 1        NOMBRE: DGPRODUCTIONS GARDEN
DIRECCIÓN1: False Street 52 2 A    Número de pedidos: 11
---------------------------------------------------------------------------
    COD-PEDIDO:8     FECHA PEDIDO: 2008-11-09    ESTADO DEL PEDIDO: Entregado
        NUM-LINEA COD-PROD NOMBRE PRODUCTO              CANTIDAD PREC-UNID   IMPORTE
        --------- -------- ---------------------------- -------- --------- ---------
                1   FR-106 Peral                               3      11.0      33.0
                2   FR-108 Peral                               1      32.0      32.0
                3    FR-11 Limonero 30/40                     10     100.0    1000.0
        --------- -------- ---------------------------- -------- --------- ---------
        TOTALES POR PEDIDO                                    14     143.0    1065.0

    COD-PEDIDO:9     FECHA PEDIDO: 2008-12-22    ESTADO DEL PEDIDO: Entregado
        NUM-LINEA COD-PROD NOMBRE PRODUCTO              CANTIDAD PREC-UNID   IMPORTE
        --------- -------- ---------------------------- -------- --------- ---------
                1   FR-106 Peral                              80       8.0     640.0
                2    FR-69 Cerezo                             15      91.0    1365.0
                2   AR-008 Thymus Citriodra (Tomillo limó    450       1.0     450.0
                3   AR-001 Ajedrea                            80       1.0      80.0
        --------- -------- ---------------------------- -------- --------- ---------
        TOTALES POR PEDIDO                                   625     101.0    2535.0

          . . . . . . . . . . . . . . . . . . . . . . . . . . . . . . . . . .
          . . . . . . . . . . . . . . . . . . . . . . . . . . . . . . . . . .

-------------------------------------------------------
COD-CLIENTE: 38       NOMBRE: El Jardin Viviente S.L
DIRECCIÓN1: 176 Cumberland Street The rocks    Número de pedidos: 5
---------------------------------------------------------------------------
    COD-PEDIDO:109     FECHA PEDIDO: 2006-05-25    ESTADO DEL PEDIDO: Entregado
        NUM-LINEA COD-PROD NOMBRE PRODUCTO              CANTIDAD PREC-UNID   IMPORTE
        --------- -------- ---------------------------- -------- --------- ---------
                1   OR-104 Mimosa Semilla Cyanophylla         20      10.0     200.0
                2   OR-119 Laurus Nobilis Arbusto - Ramif     10       5.0      50.0
                3    FR-36 Granado Mollar de Elche            12       9.0     108.0
                4    FR-45 Melocotonero Amarillo de Agost     14       8.0     112.0
                5    FR-22 Pitimini rojo                       8       4.0      32.0
                6   OR-125 Viburnum Tinus \"Eve Price\"        3       5.0      15.0
                7   OR-130 Callistemom COPA                    2      18.0      36.0
        --------- -------- ---------------------------- -------- --------- ---------
```

```
    TOTALES POR PEDIDO                                        69        59.0       553.0

COD-PEDIDO:110    FECHA PEDIDO: 2007-03-19    ESTADO DEL PEDIDO: Entregado
    NUM-LINEA COD-PROD NOMBRE PRODUCTO                    CANTIDAD PREC-UNID   IMPORTE
    --------- -------- ------------------------------ -------- --------- ---------
            1     FR-1 Expositor Cítricos Mix               14       7.0      98.0
            2    FR-16 Calamondin Copa EXTRA Con FRUT        1      45.0      45.0
            3   AR-010 Santolina Chamaecyparys               6       1.0       6.0
    --------- -------- ------------------------------ -------- --------- ---------
    TOTALES POR PEDIDO                                      21      53.0     149.0

      . . . . . . . . . . . . . . . . . . . . . . . . . . . . . . . . . . . . . .

      . . . . . . . . . . . . . . . . . . . . . . . . . . . . . . . . . . . . . .
```

Ejercicio 8. Tratar nuevos empleados.

Dada la tabla ***NUEVOSEMPLEADOS***, que contiene información acerca de nuevos empleados, y de la actualización de datos de otros que ya existen, el script que crea la tabla, e inserta los empleados se adjunta en los recursos del ejercicio. Se pide crear la tabla y los Insert desde el método, y luego leer los datos de la tabla. Comprobar los datos de cada registro y modificar los registros existentes (cuando el código de empleado exista), e insertar los registros nuevos (cuando el código de empleado no exista), siempre y cuando no se encuentre ningún error. Si hay errores en los datos ni se inserta ni se actualiza, y se visualizan los mensajes de error ocurridos.

A la hora de actualizar hay que visualizar TODOS LOS DATOS que se van a actualizar, respecto a la información inicial almacenada en el registro que se va a actualizar.

A la hora de insertar hay que comprobar que el código de empleado no exista, y que el jefe y la oficina si existan en sus tablas. Hay que visualizar todos los errores que ocurran si no se ha podido insertar. Véase en la siguiente tabla los mensajes de salida:

Salida primera ejecución	Salida siguientes ejecuciones
-------------------------------------- Leido:41 Emple:41 NO existe, se va a insertar. El código de jefe es erróneo: 777 -------------------------------------- Leido:42 Emple:42 NO existe, se va a insertar. El código de oficina es erróneo: aaaaa -------------------------------------- Leido:43 Emple:43 NO existe, se va a insertar. Registro empleado Juana grabado con id: 43 -------------------------------------- Leido:44 Emple:44 NO existe, se va a insertar. Registro empleado Jymii grabado con id: 44 -------------------------------------- Leido:45 Emple:45 NO existe, se va a insertar. El código de oficina es erróneo: aaaaa El código de jefe es erróneo: 7777 --------------------------------------	-------------------------------------- Leido:41 Emple:41 NO existe, se va a insertar. El código de jefe es erróneo: 777 -------------------------------------- Leido:42 Emple:42 NO existe, se va a insertar. El código de oficina es erróneo: aaaaa -------------------------------------- Leido:43 Emple:43 existe, y se va a actualizar. Registro empleado Juana actualizado: 43 No hay cambios -------------------------------------- Leido:44 Emple:44 existe, y se va a actualizar. Registro empleado Jymii actualizado: 44 No hay cambios -------------------------------------- Leido:45 Emple:45 NO existe, se va a insertar. El código de oficina es erróneo: aaaaa El código de jefe es erróneo: 7777 --------------------------------------

```
Leido:46
Emple:46 NO existe, se va a insertar.
Registro empleado Merche grabado con id:
46
--------------------------------------
Leido:30
Emple:30 existe, y se va a actualizar.
Registro empleado Julian actualizado: 30
Nueva oficina: TAL-ES.
Nuevo jefe: 2.
Nuevo puesto: Subdirector Ventas.
--------------------------------------
Leido:27
Emple:27 existe, y se va a actualizar.
El código de jefe es erróneo: 6666
Registro empleado Larry no se actualiza:
27
--------------------------------------
Leido:28
Emple:28 existe, y se va a actualizar.
El código de oficina es erróneo: LLLLL
Registro empleado John no se actualiza:
28
--------------------------------------
Leido:20
Emple:20 existe, y se va a actualizar.
Registro empleado Hilary actualizado: 20
Nuevo email: hilarynue@gardening.com.
Nuevo puesto: Director general.
```

```
Leido:46
Emple:46 existe, y se va a actualizar.
Registro empleado Merche actualizado: 46
No hay cambios
--------------------------------------
Leido:30
Emple:30 existe, y se va a actualizar.
Registro empleado Julian actualizado: 30
No hay cambios
--------------------------------------
Leido:27
Emple:27 existe, y se va a actualizar.
El código de jefe es erróneo: 6666
Registro empleado Larry no se actualiza:
27
--------------------------------------
Leido:28
Emple:28 existe, y se va a actualizar.
El código de oficina es erróneo: LLLLL
Registro empleado John no se actualiza:
28
--------------------------------------
Leido:20
Emple:20 existe, y se va a actualizar.
Registro empleado Hilary actualizado: 20
No hay cambios
```

5. **Ejercicio compras**. Para este ejercicio utilizamos una base de datos MySQL. Crea el usuario ***compras*** con clave ***compras***, y crea la base de datos ***compras.*** El script de creación y llenado de tablas se encuentra en la carpeta de recursos de la unidad. Una vez creada la base de datos el modelo se muestra en la figura 2.28:

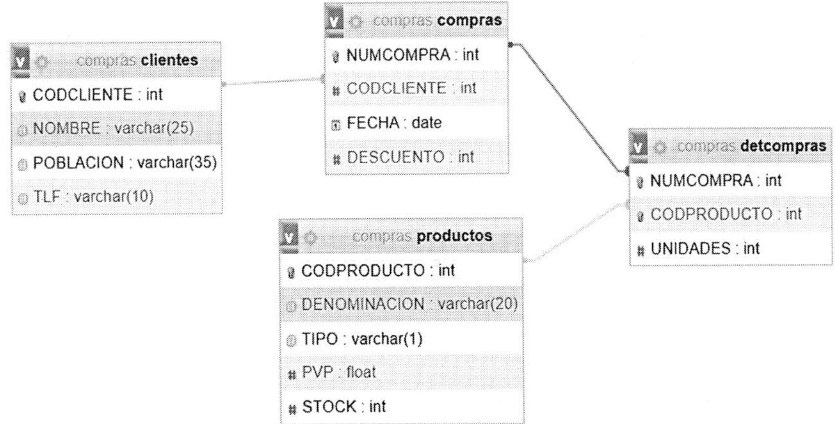

Figura 2.28. Modelo de datos compras.

Las tablas son las siguientes:

- CLIENTES – Esta tabla contiene la información de los clientes de la empresa. Los clientes realizan las compras. La clave es CODCLIENTE. Un cliente puede realizar muchas compras.
- PRODUCTOS – Esta tabla contiene la información de los productos que se compran. Cada producto se identifica por su CODPRODUCTO. Existen 3 tipos de productos (A,

B, y C) dependiendo del IVA de cada producto, los productos de tipo A tienen un IVA del 21%, los del tipo B del 10% y los del tipo C del 4%.

- COMPRAS – Esta tabla contiene las compras que realizan los clientes, a las compras se aplica un porcentaje de descuento, recogido en la columna DESCUENTO. Cada compra se identifica por el NUMCOMPRA.
- DETCOMPRAS – Esta tabla contiene la información del detalle de las compras, dónde se indica las unidades compradas del producto. La clave está formada por el NUMCOMPRA y el CODPRODUCTO. En una misma compra no se podrá repetir el código del producto.

Al ejecutar la aplicación se mostrará un menú en el que se pedirán las operaciones. Después de ejecutar cada opción de menú, se mostrará de nuevo el menú y se pedirá de nuevo que se teclee la operación. El programa se termina cuando se pulse 0. El menú es el siguiente:

```
--------------------------------------------------------
OPERACIONES CON COMPRAS
.  1 Totales de compras por producto
.  2 Añadir numcompras a clientes
.  3 Insertar detalle compras
.  4 Detalle de las compras de un cliente
.  5 Listado de totales de clientes en pdf
.  0. Salir
--------------------------------------------------------
TECLEA OPERACIÓN:
```

Cada opción de menú ejecutará un método que resolverá lo que se pide.

Ejercicio 1. Totales de compras por producto.

Obtener la siguiente salida en la que se muestren los datos totales de las compras realizadas por los diferentes productos. Deberán salir todos los productos, hayan tenido o no compras. Los datos a mostrar son los siguientes (véase la figura 2.29):

CODPRODUCTO	DENOMINACION	TIPO	IVA	PVP	SUMA UNIDADES	IMPORTE	IMP-IVA	IMP-TOTAL	STOCK	STOCK_ACTUAL
1	Mesa Ordenador	A	21%	10.0	60	600.0	126.0	726.0	100	40
2	Catálogo	B	10%	15.0	33	495.0	49.5	544.5	150	117
3	Agua 5L	C	4%	20.0	67	1340.0	53.6	1393.6	10	-57
4	Portátil	A	21%	25.0	49	1225.0	257.25	1482.25	200	151
5	Altavoces	A	21%	30.0	88	2640.0	554.4	3194.4	70	-18
6	Silla ergonómica	B	10%	12.0	65	780.0	78.0	858.0	10	-55
7	Manta térmica	B	10%	24.0	68	1632.0	163.2	1795.2	100	32
8	Envase 6CC	C	4%	15.0	58	870.0	34.8	904.8	80	22
9	Pastillero	C	4%	60.0	25	1500.0	60.0	1560.0	90	65
10	Tablet 100	A	21%	70.0	40	2800.0	588.0	3388.0	140	100
11	Grifo portátil	C	4%	60.0	15	900.0	36.0	936.0	90	75
12	Cámara K4	A	21%	70.0	0	0.0	0.0	0.0	140	140
TOTALES					568	411.0	2000.75	16782.75	1180	612

Lista de productos a reponer: Agua 5L, Altavoces, Silla ergonómica,

Figura 2.29. Listado de totales de cada producto

Donde se debe de calcular para cada producto:

- El IVA, es el % de iva, y dependerá del tipo de producto. Los productos de tipo A tienen un IVA del 21%, los del tipo B del 10% y los del tipo C del 4%.
- SUMA UNIDADES: es la suma de las unidades vendidas del producto.
- IMPORTE: es el resultado de calcular el PVP del producto * la suma de unidades.
- IMP-IVA: es el importe de iva a aplicar, dependiendo del %IVA.

- IMP-TOTAL: es la suma del IMPORTE más el IMP-IVA.
- STOCK_ACTUAL: el resultado de restar el stock menos la suma de unidades.
- Línea de TOTALES, suma de las cantidades calculadas.
- En lista de productos a reponer: deberán mostrarse los nombres de los productos cuyo stock actual es menor de 10.

Ejercicio 2. Añadir numcompras a clientes.

Se desea saber el número de compras que hace cada cliente, para ello se debe realizar un método para añadir la columna ***numcompras*** a la tabla ***clientes***, y se actualice con el número de compras realizadas por el cliente. El método se podrá ejecutar tantas veces como se desee. Hay que controlar todos los errores posibles. Mostrar una salida que indique si se crea la columna o ya está creada, y el número de compras de cada cliente, por ejemplo:

```
COLUMNA CREADA
Cliente JUAN GOMEZ actualizado, compras: 4
Cliente ALBERTO PEREZ actualizado, compras: 2
Cliente ANA GARCIA actualizado, compras: 3
Cliente ANGUS PEREZ actualizado, compras: 2
Cliente PETER CODD actualizado, compras: 4
Cliente ALICIA GIL MAS actualizado, compras: 0
```

Ejercicio 3. Insertar detalle compras.

Crear un método para añadir registros en detalle compras (tabla ***detcompras***). El método recibe el número de compra, el código del producto y las unidades. Antes de insertar, comprobar todas las situaciones de error que puedan surgir. El método devolverá un mensaje indicando el error o errores ocurridos. Puede ocurrir que encontremos varios errores en la entrada de datos, se deberán mostrar todos los errores que ocurran en el mensaje correspondiente. Los errores a controlar son:

- Que las unidades sean mayores que 0.
- Que el número de compra no exista.
- Que el código de producto no exista.
- Que ya exista el producto para esa compra, es decir, que haya error de primary key.
- Que haya stock suficiente en el producto, es decir el stock actualizado (stock – unidades) no podrá ser menor de 5.
- Si no hay error se inserta, se actualiza el stock en el producto y se devuelve el mensaje de registro insertado y producto actualizado.

Para estas pruebas:

```
//int ncompras, int cproducto, int unidades
System.out.println("Prueba1: " + ejercicio3(conn, 1000, 8000, -42)); //
Error en todo
System.out.println("Prueba2: " + ejercicio3(conn, 1000, 5, 42)); // Error en
compra
System.out.println("Prueba3: " + ejercicio3(conn, 1, 500, 42)); // Error en
prod
System.out.println("Prueba4: " + ejercicio3(conn, 1, 8, 42)); // Grabado, la
segunda vez dirá que existe
System.out.println("Prueba5: " + ejercicio3(conn, 3, 3, 42)); // Sin stock
```

La salida será:

```
Prueba1: Las unidades tiene que ser mayores que 0.
El codigo de compra no existe.
El codigo de producto no existe.
REGISTRO NO GRABADO
Prueba2: El codigo de compra no existe.
REGISTRO NO GRABADO
Prueba3: El codigo de producto no existe.
REGISTRO NO GRABADO
Prueba4: REGISTRO GRABADO
PRODUCTO ACTUALIZADO
Prueba5: El stock no puede ser menor de 5.
REGISTRO NO GRABADO
```

Si se ejecuta de nuevo la prueba 4 deberá decir que ya existe el producto para esa compra.

Ejercicio 4. Detalle de las compras de un cliente.

Crear un método que reciba un código de cliente, y muestre todas sus compras y sus detalles. La salida mostrará el detalle de cada compra, calculando todos los importes de los productos de cada compra. Al final se mostrará el total del cliente, la suma de los importes, la suma del iva a aplicar, y la suma de los totales más iva de cada compra. La salida será similar a la que se muestra a continuación. Por ejemplo, para el cliente 4 deberá salir lo siguiente:

```
------------------------------------------------------------------
COD CLIENTE: 4.   NOMBRE: ANGUS PEREZ     POBLACIÓN: MADRID
NÚMERO DE COMPRAS: 2
------------------------------------------------------------------
   NUM COMPRA: 5.    FECHA: 2025-01-24     DESCUENTO: 13
   -----------------------------------------------------
     CODPROD DENOMINACION         TIPO  IVA    PVP UNIDADES    IMPORTE IMP-IVA  IMP-TOTAL
     ------- ------------------- ---- ---- ------ -------- ---------- ------- ----------
           7       Manta térmica    B  10%   24.0        5      120.0    12.0      132.0
           8          Envase 6CC    C   4%   15.0       10      150.0     6.0      156.0
           9          Pastillero    C   4%   60.0       10      600.0    24.0      624.0
          10          Tablet 100    A  21%   70.0       15     1050.0   220.5     1270.5
     ------- ------------------- ---- ---- ------ -------- ---------- ------- ----------
                TOTAL COMPRA =>                                1920.0   262.5     2182.5
   NUM COMPRA: 10.    FECHA: 2025-02-01     DESCUENTO: 30
   -----------------------------------------------------
     CODPROD DENOMINACION         TIPO  IVA    PVP UNIDADES    IMPORTE IMP-IVA  IMP-TOTAL
     ------- ------------------- ---- ---- ------ -------- ---------- ------- ----------
           2            Catálogo    B  10%   15.0        5       75.0     7.5       82.5
           4            Portátil    A  21%   25.0       10      250.0    52.5      302.5
           5           Altavoces    A  21%   30.0       10      300.0    63.0      363.0
           6    Silla ergonómica    B  10%   12.0       10      120.0    12.0      132.0
           7       Manta térmica    B  10%   24.0       10      240.0    24.0      264.0
           8          Envase 6CC    C   4%   15.0       15      225.0     9.0      234.0
           9          Pastillero    C   4%   60.0        5      300.0    12.0      312.0
     ------- ------------------- ---- ---- ------ -------- ---------- ------- ----------
                TOTAL COMPRA =>                                1510.0   180.0     1690.0
-----------------------------------------------------
TOTAL CLIENTE: 3430.0
IVA A APLICAR: 442.5
TOTAL CLIENTE + IVA: 3872.5
-----------------------------------------------------
```

Controlar también si el cliente no existe, o si no tiene compras, indicando el mensaje correspondiente.

Ejercicio 5. Listado de totales de clientes en pdf.

Se desea generar un informe pdf con los datos de los clientes y los importes totales de todas sus compras. Se pueden utilizar los cálculos realizados en el ejercicio anterior. Se desea mostrar por cada cliente, el número de compras, la suma de los importes de todas sus compras, la suma de los IVAs de todas sus compras y la suma de los importes más el iva de todas sus compras. El informe se muestra en la figura 2.30. Añadir línea de totales creando variables.

Al mostrar las cantidades numéricas mostrar separador de miles y decimales. Utilizar ***String.format("%,.2f",*** cantidad) para los datos decimales. Por ejemplo:

```
<textFieldExpression>
    <![CDATA[String.format("%,.2f", $F{TOTALCLIENTE})]]>
</textFieldExpression>
```

LISTADO DE TOTALES DE CLIENTES.

Realizado por: ARM on 19/2/2025

CODCLIENTE	NOMBRE	POBLACIÓN	TELÉFONO	NUMCOMPRAS	TOTALIMPORTE	TOTALIVA	TOTALCLIENTE
1	JUAN GOMEZ	MADRID	91123456	4	3.695,00	445,15	4.140,15
2	ALBERTO PEREZ	TALAVERA	92535996	2	2.017,00	287,90	2.304,90
3	ANA GARCIA	TALAVERA	92523456	3	4.070,00	551,20	4.621,20
4	ANGUS PEREZ	MADRID	9135996	2	3.430,00	442,50	3.872,50
5	PETER CODD	OROPESA	91123456	4	2.200,00	299,20	2.499,20
6	ALICIA GIL MAS	OROPESA	92223456	0	0,00	0,00	0,00
Total Registros: 6				15	15.412,00	2.025,95	17.437,95

Figura 2.30. Listado de totales de clientes

ACTIVIDADES DE AMPLIACIÓN

1. Para este ejercicio utilizamos la base de datos Oracle. Se crea un usuario con nombre CENTROS y clave centros. El script de creación y llenado de tablas (tanto en Oracle como en MySql) se encuentra en la carpeta de recursos de la unidad. Una vez creada la base de datos el modelo se muestra en la figura 2.31:

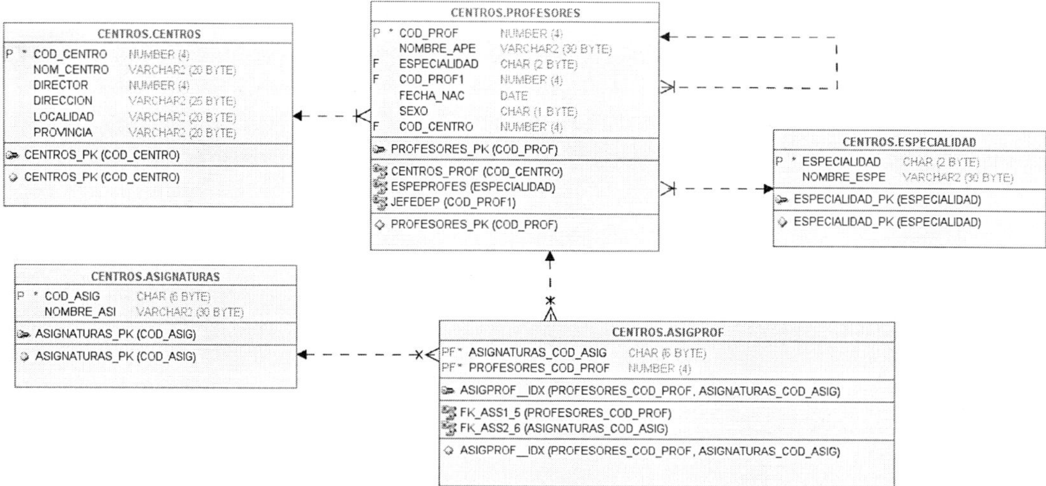

Figura 2.31. Modelo de datos de centros

Los datos pertenecen a una red de centros donde se almacena la información de los centros, los profesores, la especialidad las asignaturas y los profesores que imparten las asignaturas. Las tablas son las siguientes:

- **CENTROS**, contiene la información de los centros de la red de centros, la clave es el ***COD_CENTRO***, algunos de los centros tienen un DIRECTOR, cuyo código es el de un profesor de la tabla PROFESORES. A un centro pertenecen muchos profesores.
- **ASIGNATURAS**, contiene la información de las asignaturas que se cursan en la red de centros, sus códigos de asignaturas y sus nombres. La clave primaria es ***COD_ASIG***, y es de tipo char. Una asignatura podrá ser impartida por varios profesores, o no.
- **ESPECIALIDAD**, contiene la información de las especialidades de los profesores. La clave primaria es ***ESPECIALIDAD*** y es de tipo char. Una especialidad tendrá a varios profesores, y los profesores pertenecerán a una especialidad.
- **PROFESORES**, contiene la información de los profesores de la red de centros. La clave primaria es el ***COD_PROF***. Los profesores pertenecen a un centro indicado en la clave ajena ***COD_CENTRO***, y además son de una especialidad indicada en la clave ajena ***ESPECIALIDAD***. Los profesores también tienen a un jefe indicado por la clave ajena ***COD_PROF1***.
- **ASIGPROF**, contienen la información de los profesores y las asignaturas que imparten, y viceversa. Es la relación muchos a muchos entre profesores y asignaturas. La clave primaria está formada por ***ASIGNATURAS_CODASIG*** y ***PROFESORES_COD_PROF***, que a su vez son claves ajenas a las tablas ASIGNATURAS y PROFESORES, respectivamente.

A partir de estas tablas se pide realizar una aplicación, que al ejecutarla se mostrará un menú en el que se pedirán las operaciones. Después de ejecutar cada opción de menú, se mostrará de nuevo el menú y se pedirá de nuevo que se teclee la operación. El programa se termina cuando se pulse 0. El menú es el siguiente:

```
-------------------------------------------------------
OPERACIONES CON CENTROS
.  1 Visualizar información del centro
.  2 Añadir columnas en asignaturas y profesores
.  3 Añadir registro en asigprof
.  0. Salir
-------------------------------------------------------
TECLEA OPERACIÓN:
```

Cada opción de menú ejecutará un método que resolverá lo que se pide.

Ejercicio 1. Visualizar información del centro

Realizar un método que reciba un código de centro, y muestre toda la información del centro. El código, el nombre, el nombre del director si lo tiene, el número de profesores, y el detalle de los profesores. La salida debe de salir formateada. Por ejemplo, para el centro 1015 se mostrará la siguiente información:

```
COD-CENTRO: 1015     NOMBRE CENTRO: CP Los Danzantes
NOMBRE-DIRECTOR: Montes García, M.Pilar.     NUM-PROFESORES: 3
------------------------------------------------------------------
PROFESORES DEL CENTRO
  COD-PROF                     NOMBRE  ESPEC              NOMBRE JEFE  NUM-ASIG
  --------  --------------------- ------  --------------------  --------
      1010  Montes García, M.Pilar   MT     Arroba Conde, Manuel        2
      1011    Arroba Conde, Manuel   MT                 SIN JEFE        1
      1022   Ruiz Lafuente, Manuel   MT     Arroba Conde, Manuel        1
  --------  --------------------- ------  --------------------  --------
Nombre del profesor que imparte mas asignaturas:  Montes García, M.Pilar
```

Donde:

- NOMBRE-DIRECTOR, es el nombre del director del centro. Si no tiene director se indica SIN DIRECTOR.
- NUM-PROFESORES: es el número de profesores que tienen ese centro.
- NOMBRE JEFE, es el nombre del jefe del profesor. Si no tiene se indicará que no tiene.
- NUM-ASIG es el número de asignaturas que imparte el profesor.
- Nombre de profesor que imparte más asignaturas: el profesor que imparte más asignaturas del centro. Si hay varios se deben de mostrar.
- Si el centro no existe se indica que no existe en la BD, y si el centro no tiene profesores se muestra también un mensaje.

Ejercicio 2. Añadir columnas en asignaturas y profesores

Realizar un método para añadir dos columnas numéricas. Una en la tabla ASIGNATURAS, para que cuente el número de profesores que imparten la asignatura (NUMPROFASIG). Y otra en la tabla PROFESORES (NUMASIGPROF)para que cuente el número de asignaturas que imparte el profesor. Una vez añadidas las columnas se han de actualizar con los datos indicados. Indicar mensaje de creación y actualización. Y una vez actualizados se deberá mostrar una salida con las asignaturas y los profesores que las imparten. La primera ejecución mostrará lo siguiente:

```
LA COLUMNA NUMPROFASIG HA SIDO CREADA
LA COLUMNA NUMASIGPROF HA SIDO CREADA
LA COLUMNA NUMPROFASIG HA SIDO ACTUALIZA EN 15 FILAS
LA COLUMNA NUMASIGPROF HA SIDO ACTUALIZA EN 10 FILAS
  COD ASIG NOMBRE ASIG          COD PROF NOMBRE PROF
  -------- -------------------- -------- ---------------------
    DB0002 Taller cerámica          2002 Rivera Silvestre, Ana
    DB0003 Dibujo Técnico           2002 Rivera Silvestre, Ana
    DB0003 Dibujo Técnico           3000 De Lucas Fdez, M.Angel
    IF0001 DAHC                     1000 Martínez Salas, Fernando
    IF0002 RAL                      1001 Bueno Zarco, Elisa
    IF0003 IMSI                     1000 Martínez Salas, Fernando
    IF0003 IMSI                     1001 Bueno Zarco, Elisa
    LG0001 Lengua 1 ESO             2000 Ramos Ruiz, Luis
    LG0001 Lengua 1 ESO             2003 Segura Molina, Irene
    LG0002 Lengua 2 ESO             2003 Segura Molina, Irene
    LG0002 Lengua 2 ESO             2000 Ramos Ruiz, Luis
    LG0003 Lengua 3 ESO             2003 Segura Molina, Irene
    LG0004 Lengua 4 ESO             2003 Segura Molina, Irene
    MT0001 Matemáticas 1 BAC        1011 Arroba Conde, Manuel
    MT0001 Matemáticas 1 BAC        1010 Montes García, M.Pilar
    MT0001 Matemáticas 1 BAC        1022 Ruiz Lafuente, Manuel
    MT0002 Matemáticas 2 BAC        1010 Montes García, M.Pilar
  -------- -------------------- -------- ---------------------
```

En las siguientes ejecuciones, se indicará que las columnas ya existen.

El ejercicio se podrá ejecutar varias veces, se deberá controlar los errores que surjan, y se mostrarán los mensajes correspondientes.

Ejercicio 3. Añadir registro en asigprof

Realizar un método para añadir un registro a la tabla ASIGPROF. El método recibirá el código de profesor, y el código de asignatura. Y devolverá un mensaje con todo lo ocurrido. Antes de insertar comprobar los posibles errores: que no exista el profesor, que no exista la asignatura, que el profesor ya imparta la asignatura.

Se mostrará mensaje de TODAS las comprobaciones. Una vez comprobadas las situaciones y si no hay error se añadirá el registro y, además, se deberán **actualizar las columnas creadas en el apartado anterior**, de manera que se sume 1 a los distintos contadores. Igualmente se mostrará mensaje de si se inserta o no, y si se actualiza o no. Hay que tener en cuenta que, para actualizar las columnas del apartado anterior, se tienen que haber creado para evitar el error. Comprobar también esa situación.

Para las siguientes pruebas de inserción, sin haber ejecutado el ejercicio de creación de las columnas:

```
System.out.println("Prueba1: "+ejer3_insertar("AAAA",9999));//Error asi y
prof
System.out.println("Prueba2: "+ejer3_insertar("IF0002", 1001));// Ya existe
System.out.println("Prueba3: "+ejer3_insertar("IF0001",10310));// No exis
prof
System.out.println("Prueba4: "+ejer3_insertar("IF1", 1022));// No existe
asig
System.out.println("Prueba5: "+ejer3_insertar("MT0002", 3000));// OK
```

La salida será la siguiente:

```
Prueba1: EL CODIGO DE PROFESOR NO EXISTE: 9999
EL CODIGO DE ASIGNATURA NO EXISTE: AAAA
ERROR. NO SE INSERTA EL REGISTRO
Prueba2: EL PROFESOR YA IMPARTE ESA ASIGNATURA: 1001 - IF0002
ERROR. NO SE INSERTA EL REGISTRO
Prueba3: EL CODIGO DE PROFESOR NO EXISTE: 10310
ERROR. NO SE INSERTA EL REGISTRO
Prueba4: EL CODIGO DE ASIGNATURA NO EXISTE: IF1
ERROR. NO SE INSERTA EL REGISTRO
Prueba5: Insertado en ASIGPROF: 3000 - MT0002
No se actualiza, no se han creado las columnas NUMASIGPROF y NUMPROFASIG
```

Si al ejecutar este ejercicio ya existiesen las columnas, la salida hubiera sido:

```
Prueba5: Insertado en ASIGPROF: 3000 - MT0002
Actualizada ASIGNATURA: MT0002
Actualizado PROFESOR: 3000
```

CAPÍTULO 3

HERRAMIENTAS DE MAPEO OBJETO-RELACIONAL (ORM)

Contenidos

- Concepto de mapeo objeto-relacional.
- Herramientas objeto-relacional.
- Ficheros de mapeo. Elementos, propiedades.
- Clases persistentes.
- Mapeo basado en anotaciones.
- Sesiones; estados de un objeto.
- Carga, almacenamiento y modificación de objetos.
- Consultas SQL.
- Lenguajes propios de la herramienta ORM.

Objetivos

- Instalar y configurar una herramienta ORM.
- Interpretar y definir los ficheros de mapeo.
- Aplicar mecanismos de persistencia.
- Desarrollar aplicaciones para insertar, modificar y recuperar objetos persistentes.
- Realizar consultas con el lenguaje de la herramienta ORM.
- Gestionar transacciones.
- Utilizar JPA para mapeo objeto-relacional.

RESUMEN DEL CAPÍTULO

En este capítulo aprenderemos a instalar una herramienta de mapeo que nos permitirá crear una capa de acceso a los datos de una base de datos relacional, de tal forma que las tablas se transformarán en clases y las filas de las tablas serán objetos. También aprenderemos a manejar la persistencia de objetos y acceder a la base de datos usando JPA. Realizaremos programas Java que accederán a la base de datos relacional usando orientación a objetos.

3.1. INTRODUCCIÓN

En este tema aprenderemos a acceder a una base de datos relacional utilizando el lenguaje orientado a objetos Java. Para acceder de forma efectiva a la base de datos desde un contexto orientado a objetos, es necesaria una interfaz que traduzca la lógica de los objetos a la lógica relacional. Esta interfaz se llama **ORM (Object Relational Mapping)** y es la herramienta que nos sirve para transformar representaciones de datos de los Sistemas de Bases de Datos Relacionales a representaciones de objetos; es decir, las tablas de nuestra base de datos pasan a ser clases y las filas de las tablas (o registros) objetos que podemos manejar con facilidad.

3.2. CONCEPTO DE MAPEO OBJETO-RELACIONAL

Según la Wikipedia el **mapeo objeto-relacional** (más conocido por su nombre en inglés, *Object-Relational Mapping*, o sus siglas *O/RM*, *ORM*, y *O/R mapping*) es una técnica de programación para convertir datos entre el sistema de tipos utilizado en un lenguaje de programación orientado a objetos y el utilizado en una base de datos relacional, utilizando un motor de persistencia, véase Figura 3.1. En la práctica esto crea una base de datos orientada a objetos virtual, sobre la base de datos relacional. Esto posibilita el uso de las características propias de la orientación a objetos (básicamente herencia y polimorfismo). Hay paquetes comerciales y de uso libre disponibles que desarrollan el mapeo relacional de objetos, aunque algunos programadores prefieren crear sus propias herramientas ORM.

Figura 3.1. Mapeo objeto-relacional.

3.3. HERRAMIENTAS ORM. CARACTERÍSTICAS

Las herramientas ORM nos permiten crear una capa de acceso a datos; una forma sencilla y válida de hacerlo es crear una clase por cada tabla de la base de datos y mapearlas una a una. Estas herramientas aportan un lenguaje de consultas orientado a objetos propio y totalmente independiente de la base de datos que usemos, lo que nos permitirá migrar de una base de datos a otra sin tocar nuestro código, solo será necesario cambiar alguna línea en el fichero de configuración.

Algunas de las **ventajas** que aportan estas herramientas son:

- Ayudan a reducir el tiempo de desarrollo de software.
- Abstracción de la base de datos.
- Reutilización.

- Permiten la producción de mejor código.
- Son independientes de la Base de Datos, funcionan en cualquier BD.
- Lenguaje propio para realizar las consultas.
- Incentivan la portabilidad y escalabilidad de los programas de software.

Uno de los **inconvenientes** es que las aplicaciones son algo más lentas debido a que todas las consultas que se hagan sobre la base de datos, el sistema primero deberá transformarlas al lenguaje propio de la herramienta, luego leer los registros y por último crear los objetos.

Existen muchas herramientas ORM, para los distintos lenguajes de programación como son *Doctrine*, *Propel* o *Eloquent* (*Laravel ORM*) para **PHP;** *SQLAlchemy* o *Django ORM* para **PyThon**; *Entity Framework Core* o *Dapper* para **.NET**. Y con **Node.js**, *Sequelize* o *Prisma.* Para **java** los más populares son son ***Hibernate*** (JPA), el estándar en Java, usado en *Spring Boot.* ***EclipseLink***, la implementación oficial de JPA, y ***MyBatis***, alternativa a JPA, más flexible para SQL. En este tema estudiaremos **Hibernate** que es uno de los ORM más populares para java.

Hibernate es una herramienta de mapeo objeto-relacional para la plataforma Java (y disponible también para .Net) que facilita el mapeo de atributos entre una base de datos relacional tradicional y el modelo de objetos de una aplicación, mediante ficheros declarativos (XML) que permiten establecer estas relaciones, Figura 3.2.

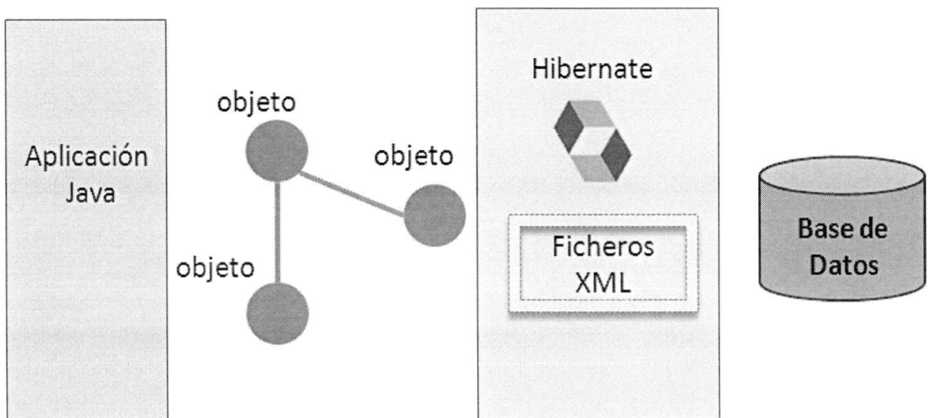

Figura 3.2. Hibernate, mapeo objeto-relacional.

Se está convirtiendo en el estándar de facto para almacenamiento persistente cuando queremos independizar la capa de negocio del almacenamiento de la información. Esta capa de persistencia permite abstraer al programador Java de las particularidades de una determinada base de datos proporcionando clases que envolverán los datos recuperados de las filas de las tablas. Hibernate busca solucionar la diferencia entre los dos modelos de datos usados para organizar y manipular datos: el modelo de objetos proporcionado por el lenguaje de programación y el modelo relacional usado en las bases de datos.

Con Hibernate no emplearemos habitualmente SQL para acceder a datos, sino que el propio motor de Hibernate, mediante el uso de factorías (patrón de diseño **Factory**) y otros elementos de programación construirá esas consultas para nosotros. Hibernate pone a disposición del diseñador un lenguaje llamado **HQL** *(***Hibernate Query Language***)* que permite acceder a datos mediante POO.

3.4. ARQUITECTURA HIBERNATE

Hibernate parte de una filosofía de mapear objetos Java normales o más conocidos en la comunidad como "**POJOs**" (*Plain Old Java Objects*). Para almacenar y recuperar estos objetos de la base de datos, el desarrollador debe mantener una conversación con el motor de Hibernate mediante un objeto especial que es la **sesión** (clase **Session**) (equiparable al concepto de conexión de JDBC). Igual que con las conexiones JDBC hemos de crear y cerrar sesiones. La arquitectura Hibernate se muestra en la Figura 3.3, donde se observan varias capas. Entre la capa de Hibernate y la de base de datos se muestran diferentes APIs Java que usan Hibernate para interactuar con la base de datos.

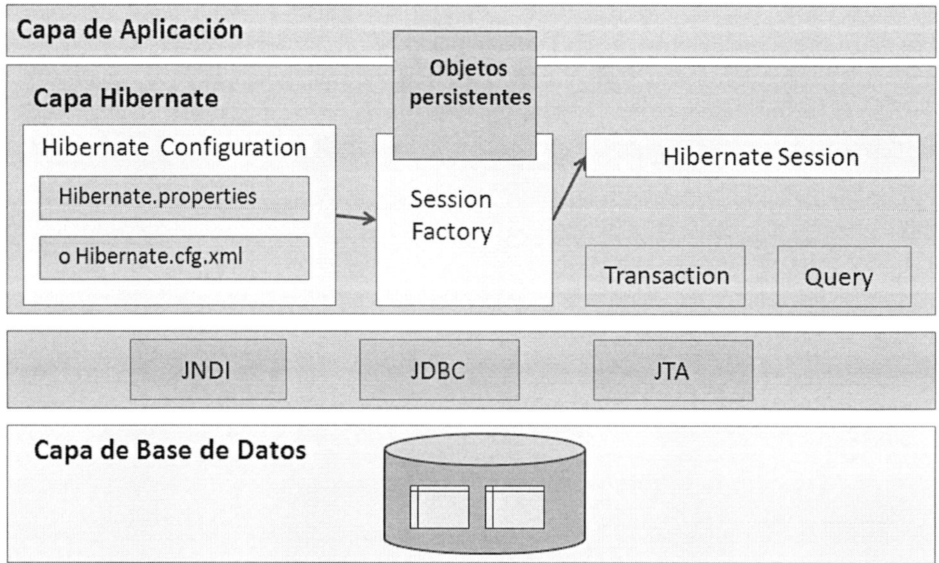

Figura 3.3. Arquitectura Hibernate.

La clase **Session** (**org.hibernate.Session**) ofrece métodos como ***persist(Object objeto)***, ***createQuery(String consulta, Class claseresultado)***, ***beginTransaction()***, ***close()***, etc. para interactuar con la BD tal como se hace con una conexión JDBC, con la diferencia que resulta más simple; por ejemplo, guardar un objeto consiste en algo así como ejecutar esta orden ***session.persist(miObjecto)***, sin necesidad de especificar una sentencia SQL. Una instancia de **Session** no consume mucha memoria y su creación y destrucción es muy barata. Esto es importante, ya que nuestra aplicación necesitará crear y destruir sesiones todo el tiempo, quizá en cada petición.

Las interfaces de Hibernate son los siguientes:

- La interface **SessionFactory** (**org.hibernate.SessionFactory**) permite obtener instancias **Session**. Esta interface debe compartirse entre muchos hilos de ejecución. Normalmente hay una única **SessionFactory** para toda la aplicación, creada durante la inicialización de la misma, y se utiliza para crear todas las sesiones relacionadas con un contexto dado. Si la aplicación accede a varias bases de datos se necesitará una **SessionFactory** por cada base de datos.
- La interface **Configuration** (**org.hibernate.cfg.Configuration**) se utiliza para configurar Hibernate. La aplicación utiliza una instancia de **Configuration** para

especificar la ubicación de los documentos que indican el mapeado de los objetos y propiedades específicas de Hibernate, y a continuación crea la **SessionFactory**.

- La interface **Query (org.hibernate.query)** permite realizar consultas a la base de datos y controla cómo se ejecutan dichas consultas. Las consultas se escriben en HQL o en el dialecto SQL nativo de la base de datos que estemos utilizando. Una instancia **Query** se utiliza para enlazar los parámetros de la consulta, limitar el número de resultados devueltos y para ejecutar dicha consulta.
- La interface **Transaction (org.hibernate.Transaction)** nos permite asegurar que cualquier error que ocurra entre el inicio y final de la transacción produzca el fallo de la misma.

Hibernate hace uso de APIs de Java, tales como JDBC, JTA (*Java Transaction Api*) y JNDI (*Java Naming Directory Interface*).

La Figura 3.4 muestra cómo sería una aplicación con Hibernate.

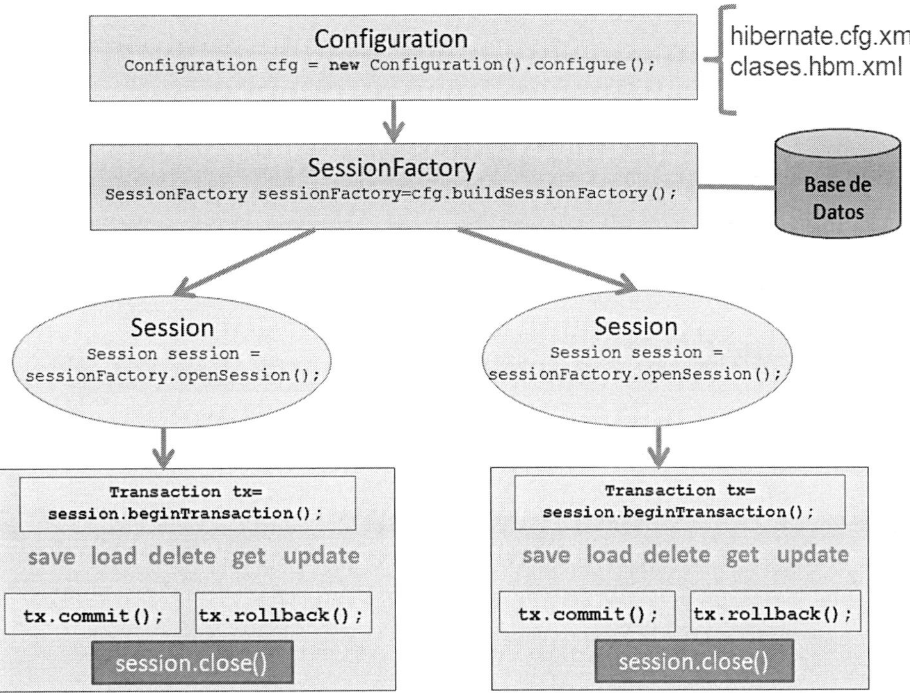

Figura 3.4. Aplicación con Hibernate.

3.5. INSTALACIÓN Y CONFIGURACIÓN DE HIBERNATE

En este apartado vamos a instalar y configurar Hibernate en el entorno Eclipse. Para los ejemplos vamos a utilizar la base de datos ORACLE y MySQL. Para ORACLE crearemos un usuario de nombre y clave *UNIDAD3*; y para MySQL una base de datos de nombre *unidad3* y un usuario y clave *unidad3* con privilegios sobre esa base de datos. En la carpeta de recursos del capítulo se pueden descargar las tablas.

Para los primeros ejemplos usaremos las tablas *EMPLEADOS* y *DEPARTAMENTOS*, las relaciones se muestran en la Figura 3.5. Donde un departamento puede tener muchos empleados:

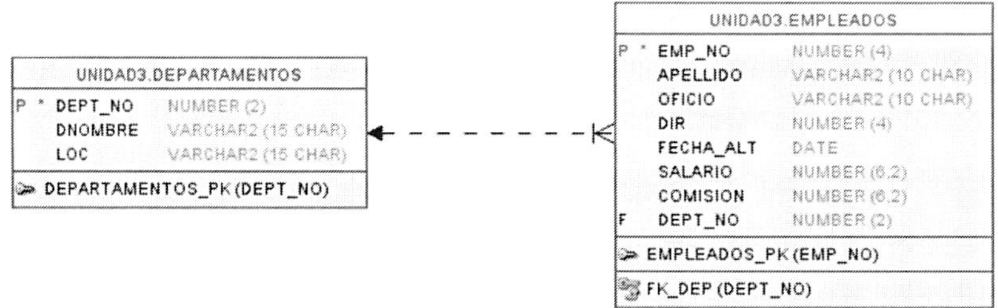

Figura 3.5. Tablas *empleados* y *departamentos*.

3.5.1. Instalación del plugin y dependencias Maven

Para instalar el plugin de Hibernate en Eclipse se necesita tener conexión a Internet. Es necesario instalar los plugin ***JBoss Tools*** e ***Hibernate Search Plugin***, esto se hace desde **Eclipse Marketplace** al que se accede pulsando en la opción de menú ***Help***.

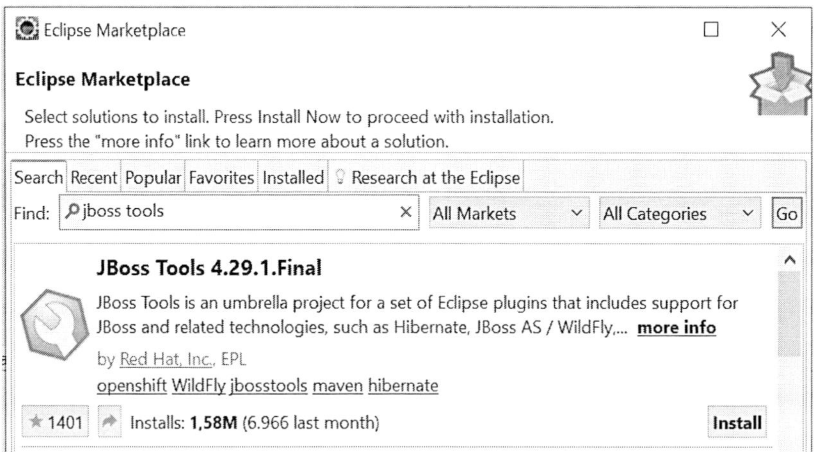

Figura 3.6. Plugin JBoss Tools.

Seguiremos los pasos indicados en el documento pdf ***Instalacion del Plugin Hibernate.pdf*** que se puede descargar de los recursos del capítulo. Una vez instalados crearemos un simple proyecto **Maven** añadiendo las siguientes propiedades y dependencias en el fichero **pom.xml**:

```
<properties>
   <project.build.sourceEncoding>UTF-8</project.build.sourceEncoding>
   <maven.compiler.source>21</maven.compiler.source>
   <maven.compiler.target>21</maven.compiler.target>
</properties>
<dependencies>
      <!--  PARA TRABAJAR CON ORACLE  -->
      <dependency>
             <groupId>com.oracle.database.jdbc</groupId>
             <artifactId>ojdbc11</artifactId>
            <version>23.7.0.25.01</version>
      </dependency>

      <!-- PARA TRABAJAR CON MYSQL -->
      <dependency>
            <groupId>com.mysql</groupId>
```

```
            <artifactId>mysql-connector-j</artifactId>
            <version>9.2.0</version>
        </dependency>

        <!--  PARA TRABAJAR CON HIBERNATE -->
        <dependency>
            <groupId>org.hibernate.orm</groupId>
            <artifactId>hibernate-core</artifactId>
            <version>6.6.6.Final</version>
        </dependency>
    </dependencies>
```

Las tres primeras propiedades se usan para definir la codificación de caracteres que Maven usará al compilar y procesar ficheros fuente; y para indicar la versión del compilador de Java, en estos ejemplos se usará la 21.

3.5.2. Creación de los ficheros de configuración

Una vez que tenemos creado el proyecto Maven con las dependencias en el fichero **pom.xml**. el siguiente paso es crear el fichero de configuración de Hibernate llamado **hibernate.cfg.xml**. Este fichero lo guardaremos en la carpeta **src/main/java**. Pulsamos el botón derecho del ratón sobre el proyecto o la carpeta donde lo vamos a crear y seleccionamos **New** >> **Other** >> **Hibernate** >> **Hibernate Configuration File (cfg.xml)** y pulsamos el botón ***Next***. A continuación, nos pide donde crear el fichero seleccionamos la carpeta **java** y pulsamos de nuevo ***Next***, véase Figura 3.7.

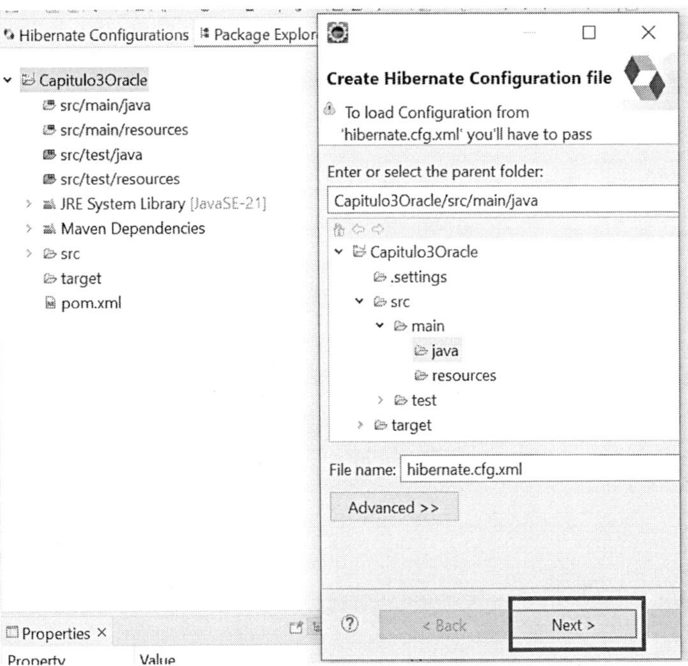

Figura 3.7. Creación del fichero *hibernate.cfg.xml.*

Seguidamente hemos de escribir los datos para poder realizar la conexión a la base de datos Oracle con usuario y clave *UNIDAD3*, véase Figura 3.8. Los campos a rellenar son los siguientes:

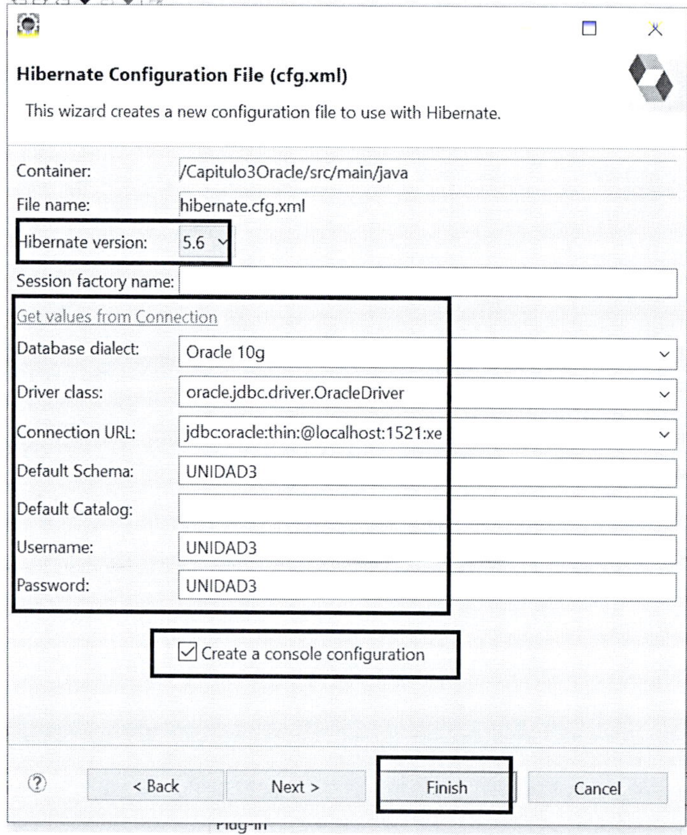

Figura 3.8. Datos para la conexión en el fichero *hibernate.cfg.xml*.

- ***Hibernate versión***: seleccionamos **5.6,** se usa para la consola en las consultas HQL.
- ***Session factory name***: este campo se deja en blanco, no es necesario escribir nada.
- ***Database dialect***: desde esta lista se elige como se comunica JDBC con la base de datos, para Oracle se elige *Oracle10g*, para MySQL se elige *MySQL*.
- ***Driver Class***: se selecciona la clase de JDBC que se va a usar para la conexión, para Oracle se selecciona **oracle.jdbc.driver.OracleDriver**, para MySQL se elige **com.mysql.jdbc.Driver**.
- ***Conection URL***: se elige la ruta de conexión a nuestra base de datos, para Oracle se elige *jdbc:oracle:thin:@localhost:1521:orcl*, se cambia *orcl* por *xe*, ya que es el nombre de la instancia en Oracle Express. Para MySQL se elige de la lista la opción: *jdbc:mysql://<hostname>/<database>*. Para una base de datos concreta se cambiarian *hostname* y *database*, por ejemplo: *jdbc:mysql://localhost/unidad3*, suponiendo que MySQL escucha en el puerto 3306.
- ***Default Schema*:** en Oracle se escribe el nombre del usuario, en este caso *UNIDAD3*. Para MySQL este campo se deja en blanco.
- ***Default Catalog***: en Oracle este campo se deja en blanco, en MySQL se indica el nombre de la base de datos.
- ***Username***: usuario que se conectará a la base de datos, en este caso el nombre de usuario que se conecta a Oracle es *UNIDAD3*.

- ***Password***: clave del usuario que realiza la conexión con la base de datos, en este caso la clave es la misma *UNIDAD3*.

La casilla ***Create a console configuration*** crea el fichero **XML Hibernate Console Configuration** con el mismo nombre que el proyecto Eclipse, la marcamos y pulsamos el botón ***Finish***. Es necesario crear la consola para crear el fichero **hibernate.reveng.xml** y hacer consultas HQL. Se visualiza el editor de configuración de Hibernate, véase Figura 3.9.

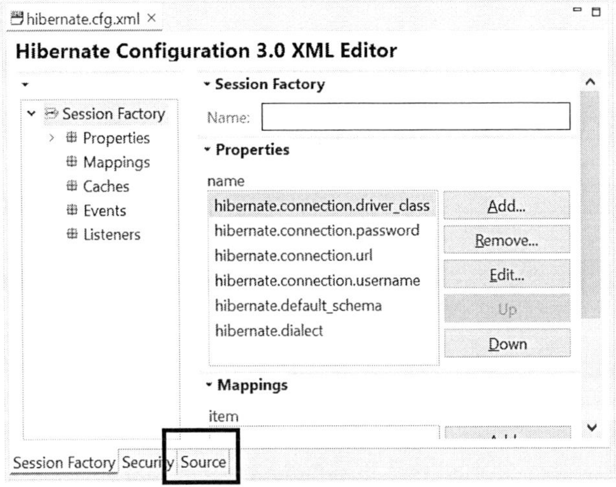

Figura 3.9. Editor de configuración de Hibernate.

Desde la pestaña ***Source*** se puede editar el fichero XML **hibernate.cfg.xml** generado:

```
<?xml version="1.0" encoding="UTF-8"?>
<!DOCTYPE hibernate-configuration PUBLIC
            "-//Hibernate/Hibernate Configuration DTD 3.0//EN"
            "http://www.hibernate.org/dtd/hibernate-configuration-3.0.dtd">
<hibernate-configuration>
    <session-factory>
        <property
name="hibernate.connection.driver_class">oracle.jdbc.driver.OracleDriver</prope
rty>
        <property name="hibernate.connection.password">UNIDAD3</property>
        <property
name="hibernate.connection.url">jdbc:oracle:thin:@localhost:1521:xe</property>
        <property name="hibernate.connection.username">UNIDAD3</property>
        <property name="hibernate.default_schema">UNIDAD3</property>
        <property name =
         "hibernate.dialect">org.hibernate.dialect.Oracle10gDialect</property>
    </session-factory>
</hibernate-configuration>
```

Desde Hibernate 6, los dialectos específicos de la versión de la base de datos con la que se va a trabajar se han dejado de usar en favor del descubrimiento automático de la versión de la base de datos, se usará el dialecto stándar. Por ello para ejecutar nuestras clases Java tenemos que cambiar el valor dc la propiedad ***hibernate.dialect***, y sustituirla por: ***org.hibernate.dialect.OracleDialect***.

El siguiente paso es crear el fichero **XML Hibernate Reverse Engineering** (**reveng.xml**) que es donde se incluyen las tablas de la base de datos que vamos a mapear. Pulsamos el botón derecho del ratón sobre el proyecto o la carpeta donde lo queremos crear y seleccionamos: **New >> Other**

>> **Hibernate** >> **Hibernate Reverse Engineering File(reveng.xml)**. Pulsamos el botón *Next* y nos pide que indiquemos donde se va a guardar el fichero, en este caso en la carpeta ***resources***, Figura 3.10.

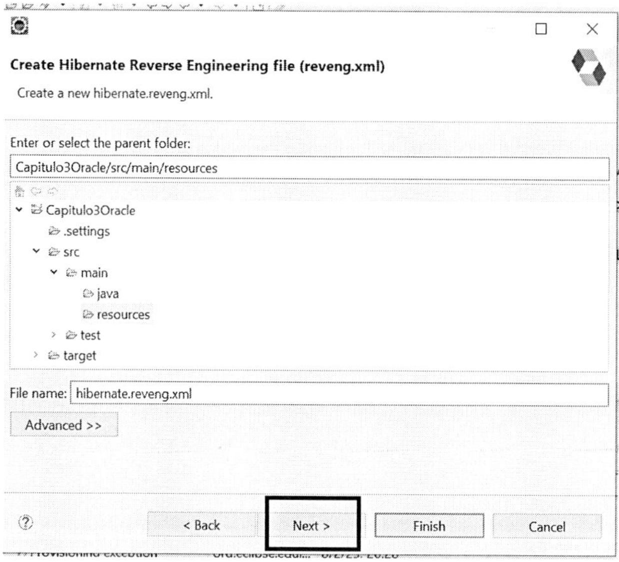

Figura 3.10. Crear fichero *reveng.xml*.

Pulsamos ***Next***, se visualiza una nueva ventana desde donde indicaremos las tablas que queremos mapear. Desde la lista ***Console configuration*** seleccionamos el proyecto Eclipse y pulsamos el botón ***Refresh*** para que muestre las tablas del usuario *UNIDAD3*, véase Figura 3.11. Seleccionamos una a una o todas las tablas y pulsamos el botón ***Include***. Para finalizar pulsamos el botón ***Finish***.

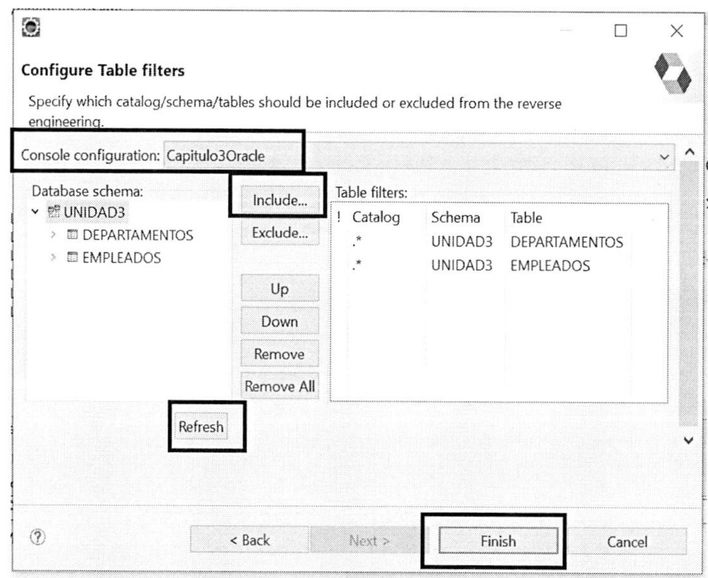

Figura 3.11. Seleccionar las tablas a mapear.

Se visualiza el editor de *Hibernate Reverse Engineering*, Desde la pestaña ***Source*** se puede editar el fichero XML **hibernate.reveng.xml** generado:

```
<?xml version="1.0" encoding="UTF-8"?>
<!DOCTYPE hibernate-reverse-engineering PUBLIC "-//Hibernate/Hibernate
Reverse Engineering DTD 3.0//EN" "http://hibernate.org/dtd/hibernate-
reverse-engineering-3.0.dtd" >

<hibernate-reverse-engineering>
  <table-filter match-schema="UNIDAD3" match-name="DEPARTAMENTOS"/>
  <table-filter match-schema="UNIDAD3" match-name="EMPLEADOS"/>
</hibernate-reverse-engineering>
```

3.5.3. Generar las clases y los ficheros de mapeo

El siguiente paso es generar las clases de las tablas de *EMPLEADOS* y *DEPARTAMENTOS*. Para ello pulsamos en la flechita situada a la derecha del botón ***Run As*** y seleccionamos ***Hibernate Code Generation Configurations***, véase Figura 3.12.

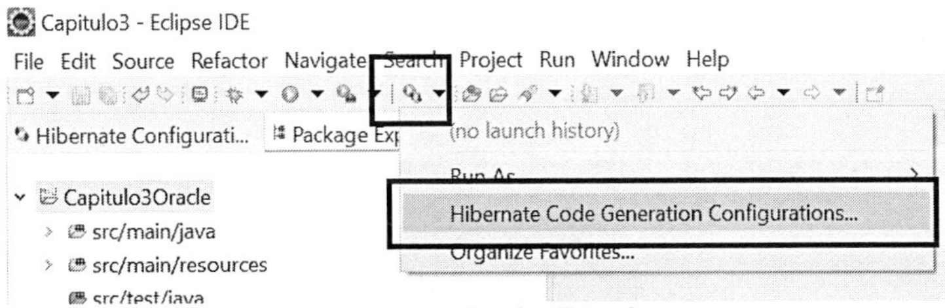

Figura 3.12. Botón *Run As...*

Desde la ventana que aparece hacemos doble clic en la opción: 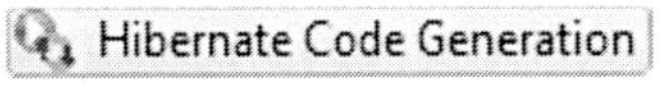 Hibernate Code Generation que se visualiza en el marco de la izquierda. Al hacer doble clic se visualizan varias pestañas. Desde la pestaña **Main** configuramos los siguientes campos, véase Figura 3.13 (el resto se dejan los valores por defecto): 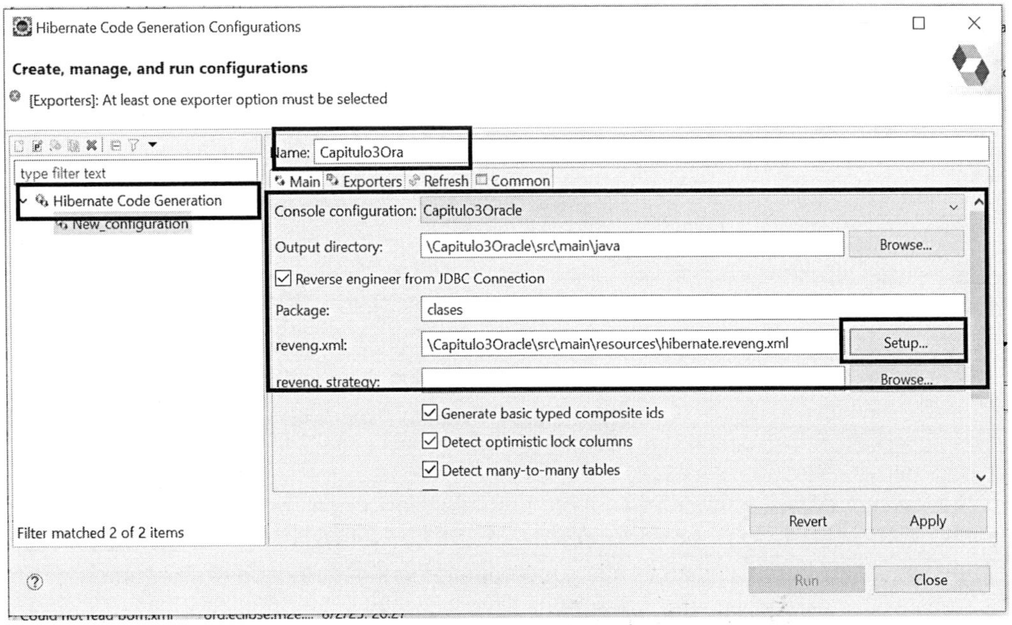

Figura 3.13. Pestaña *Main*.

- ***Name***: escribimos un nombre para esta configuración, por ejemplo, *Capitulo3Ora*.
- ***Console configuration***: seleccionamos de la lista *Capitulo3Oracle*.
- ***Output directory***: debe ser la carpeta ***src/main/java***, pulsando en el botón *Browse* localizamos la carpeta en el proyecto.
- ***Package***: escribimos el nombre del paquete donde se crearán las clases, por ejemplo, *clases*.
- ***reveng.xml***: localizamos el fichero **reveng.xml** creado anteriormente. Pulsando en el botón *Setup* se puede localizar navegando por el proyecto Eclipse.

Desde la pestaña **Exporters** se indica los ficheros que queremos generar, se marcan las casillas: *Use Java 5 syntax (*se usa esa sintaxis para generar código más limpio y moderno, y con mejor integración con JPA*), Domain code* (para generar las clases java), *Hibernate XML Mappings* e *Hibernate XML Configuration* (para generar los ficheros de mapeo). Una vez seleccionadas se pulsa el botón ***Apply*** y posteriormente se pulsa ***Run***, Figura 3.14.

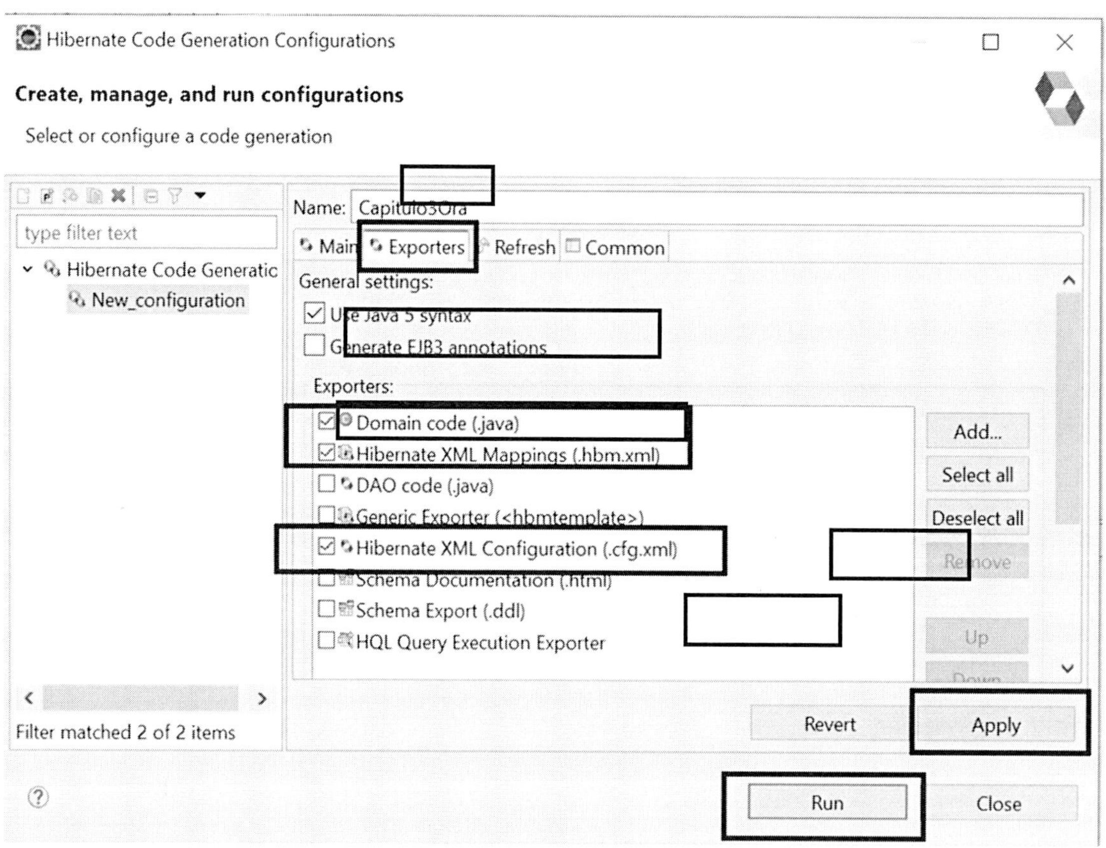

Figura 3.14. Pestaña *Exporters*.

AL ejecutarse nos genera un paquete llamado *clases* con las clases Java que representan las tablas *EMPLEADOS* (*Empleados.java*) y *DEPARTAMENTOS* (*Departamentos.java*) que contienen los atributos, constructores y métodos *getters* y *setters* de cada campo de la tabla; y los ficheros XML, *Departamentos.hbm.xml* y *Empleados.hbm.xml* que contienen la información del mapeo de su respectiva tabla, véase Figura 3.15.

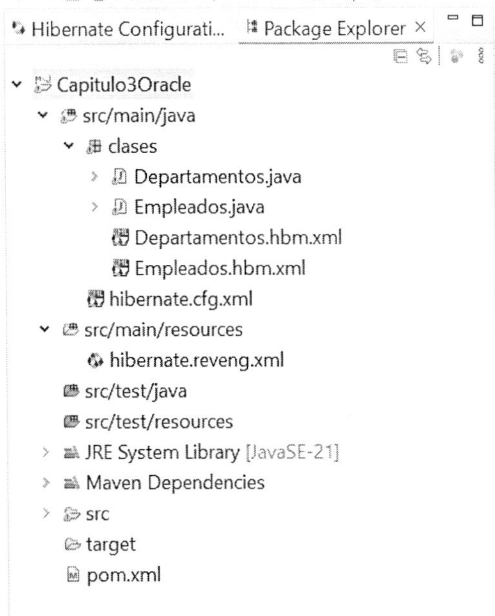

Figura 3.15. Proyecto Eclipse con las clases Java y ficheros *hbm.xml* generados.

Para cada clase se generan una serie de atributos que tienen que ver con las columnas de la tabla que mapean y las relaciones de claves ajenas, varios constructores; y los métodos *getters* y *setters*. En la clase *Departamentos* se observan los siguientes atributos:

```
private byte deptNo;
private String dnombre;
private String loc;
private Set empleadoses = new HashSet(0);
```

Los atributos *deptNo, dnombre* y *loc* se corresponden con las columnas de la tabla. El atributo *empleadoses* define la relación de clave ajena entre las tablas *EMPLEADOS* y *DEPARTAMENTOS.* Este atributo contendrá la lista de empleados del departamento.

En la clase *Empleados* se observan los siguientes atributos:

```
private short empNo;
private Departamentos departamentos;
private String apellido;
private String oficio;
private Short dir;
private Date fechaAlt;
private BigDecimal salario;
private BigDecimal comision;
```

El atributo de número de departamento (columna *DEPT_NO* de la tabla) no aparece, en su lugar aparece un atributo de nombre *departamentos* que es un objeto de la clase *Departamentos* y que hace referencia al departamento del empleado. Recordemos que la columna *DEPT_NO* de la tabla *EMPLEADOS* es la clave ajena que referencia a la tabla *DEPARTAMENTOS*, al mapear la tabla se genera un atributo del tipo *Departamentos*.

El tipo ***BigDecimal*** se generan con la base de datos **Oracle**, en los casos en que utilicemos *NUMBER (dígitos, decimales),* caso de salario y comisión. Cuando se utilizan los tipos *int* y *float* en las tablas de Oracle, también suele asignar los tipos ***BigInteger*** y ***BigDecimal***

ACTIVIDAD 3.1

Crea un nuevo proyecto Eclipse usando Maven, añade la dependencia para acceder a MySQL. Se usará la base de datos *unidad3*, con usuario y clave *unidad3*. Los datos para configurar la conexión a la base de datos *unidad3* se muestran en la Figura 3.16.

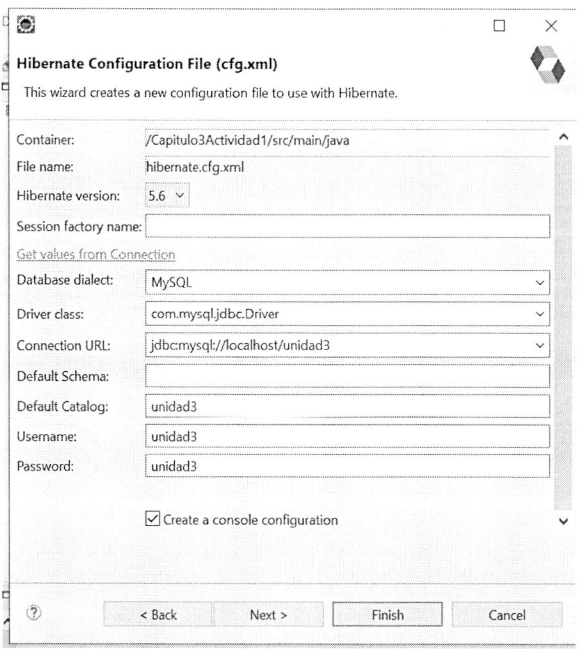

Figura 3.16. Fichero de configuración para la conexión a MySQL.

Mapea las tablas de *EMPLEADOS* y *DEPARTAMENTOS*. Una vez generadas las clases revisa como se mapean los atributos y compáralos con el mapeo que se realiza en Oracle.

3.5.4. Primera consulta en HQL

A continuación, vamos a realizar consultas en HQL para comprobar si la conexión a la base de datos funciona correctamente. Abrimos la perspectiva de Hibernate desde la opción de menú **Window >> Perspective >> Open Perspective >> Other >> Hibernate**. Desde la pestaña **Hibernate Configurations** pulsamos en la configuración de nombre *Capitulo3Oracle* con botón derecho del ratón y seleccionamos ***HQL Editor***, véase Figura 3.17.

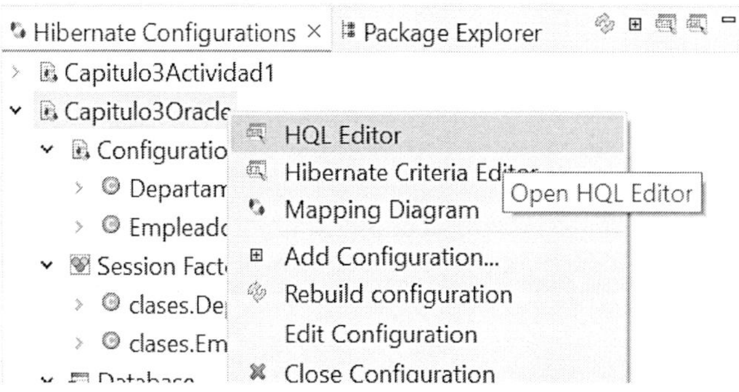

Figura 3.17. Pestaña *Hibernate Configurations*.

Se abre una nueva pestaña con el mismo nombre que la configuración de Hibernate. Desde aquí podemos escribir sentencias HQL para consultar la base de datos. A continuación, escribimos el siguiente código HQL para consultar los departamentos: ***from Departamentos order by deptNo***, y pulsamos el botón con la flechita verde ▷ para ejecutar la consulta, véase Figura 3.18. Desde la pestaña **Hibernate Query Result** se puede ver el resultado de la consulta, en este caso son objetos de la clase *Departamentos*. Si seleccionamos un objeto, en el panel **Properties** veremos el contenido del mismo.

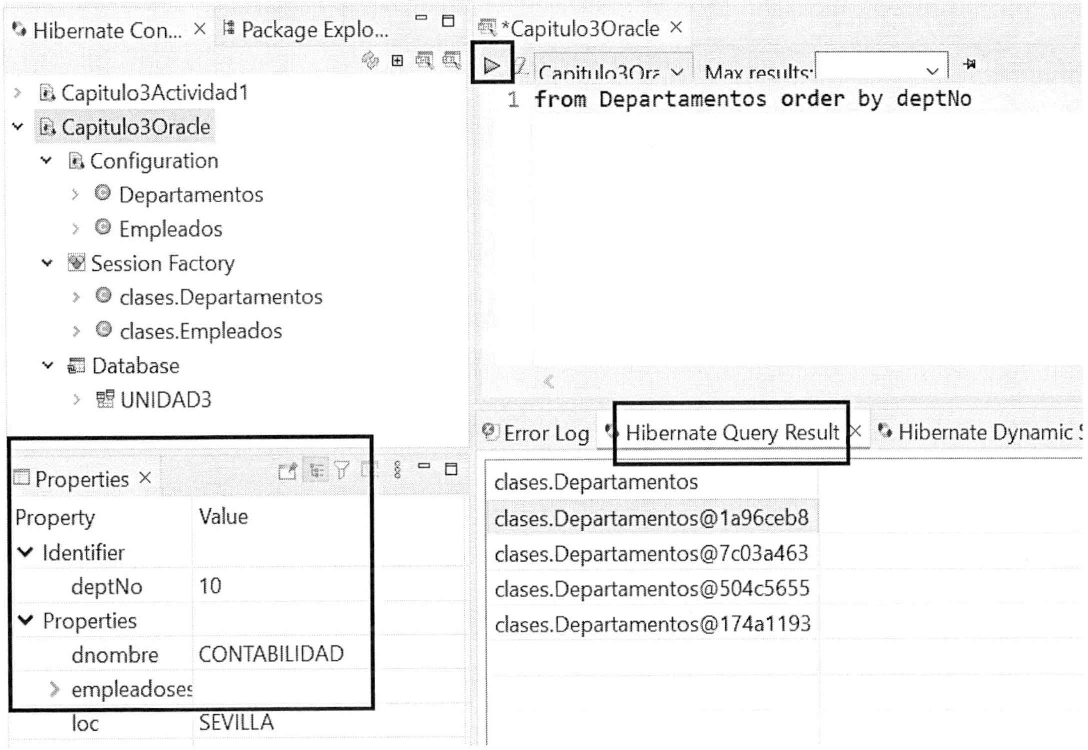

Figura 3.18. Ejecución de una consulta en HQL.

Desde este entorno también se pueden realizar consultas al estilo SQL, respetando los nombres de las clases y de los atributos de las mismas, por ejemplo:

```
select dnombre, loc, deptNo from Departamentos
select empNo, apellido, salario from Empleados where dept_no = 10
```

En las consultas el * no se puede utilizar a la derecha de SELECT, este ejemplo: *select * from Empleados* produce un error. Las siguientes SELECT son también erróneas porque no respetan los nombres de las clases y los atributos:

```
from departamentos
select Dnombre from Departamentos
from Departamentos as dep where dep.dept_no = 10
select emp_no, apellido, salario from Empleados where emp_no = 7839
```

Para comentar líneas usamos doble guion --. Al final del capítulo, en el Apartado 3.11, encontrarás un resumen de sentencias en HQL.

ACTIVIDAD 3.2

Realiza consultas HQL con las tablas mapeadas. Prueba estas consultas y observa los resultados devueltos, las consultas que devuelven objetos y las que devuelven datos de las columnas:

from Empleados as e where e.departamentos.deptNo = 10

from Departamentos where deptNo = 10

from Departamentos as d join d.empleadoses

from Departamentos as d left outer join d.empleadoses

select avg(salario), count(empNo) from Empleados where departamentos.deptNo = 10

select apellido, salario from Empleados as e where e.departamentos.deptNo =10

select e.departamentos.dnombre, avg(e.salario), count(e.empNo) from Empleados as e group by e.departamentos.dnombre

select d.deptNo, d.dnombre, size(em) from Departamentos d left join d.empleadoses em group by d.deptNo, d.dnombre order by 3 desc

NOTA: Si las consultas con **left join** o **left outer join** no funcionan en Oracle es necesario cambiar el dialecto Hibernate y dejarlo con *Oracle10gDialect* en el fichero **hibernate.cfg.xml**:

*<property name="hibernate.dialect">**org.hibernate.dialect.Oracle10gDialect**</property>*

Una vez cambiado y desde la pestaña **Hibernate Configurations** seleccionamos la configuración, pulsamos con el botón derecho del ratón sobre Rebuild configuration ***Rebuild Configuration*** para actualizarla y volvemos a entrar al ***HQL Editor*** para abrir de nuevo la sesión.

Desde la perspectiva Hibernate, pulsamos con el botón derecho del ratón sobre la configuración de nombre *Capitulo3Oracle* y seleccionamos ***Mapping Diagram***, se muestra el diagrama de mapeo entre las clases Java y las tablas de la base de datos, véase Figura 3.19.

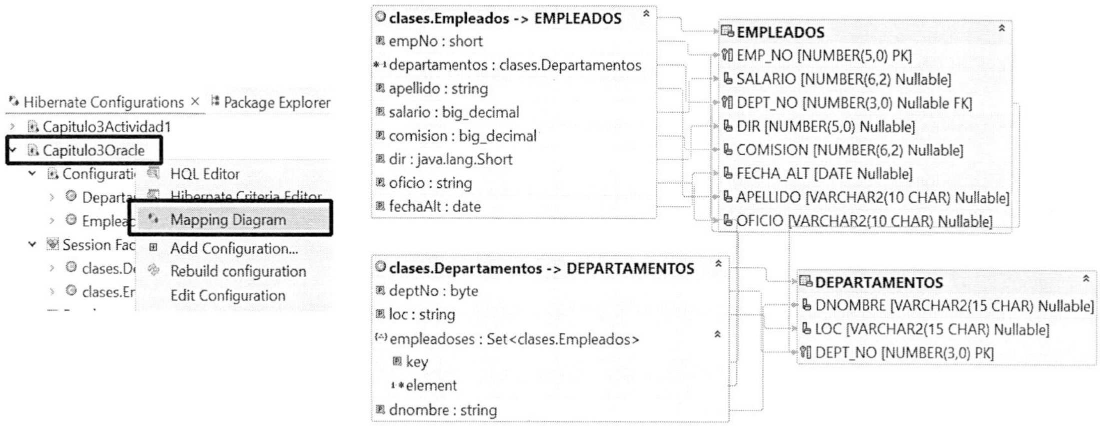

Figura 3.19. Diagrama de mapeo.

3.6. ESTRUCTURA DE LOS FICHEROS DE MAPEO

Hibernate utiliza unos ficheros de mapeo para relacionar las tablas de la base de datos con los objetos Java. Estos ficheros están en formato XML y tienen la extensión **.hbm.xml**. En el proyecto anterior se han creado los ficheros: **Empleados.hbm.xml** y **Departamentos.hbm.xml**, el primero asociado a la tabla de *EMPLEADOS* y el segundo a la tabla *DEPARTAMENTOS*. Estos ficheros se guardan en el mismo directorio que las clases Java *Empleados.java* y *Departamentos.java*. Estas clases representan un objeto *Empleados* y un objeto *Departamentos* respectivamente y todos los ficheros forman parte del paquete **clases**. La Figura 3.20 muestra la correspondencia entre los ficheros de mapeo y las clases generadas.

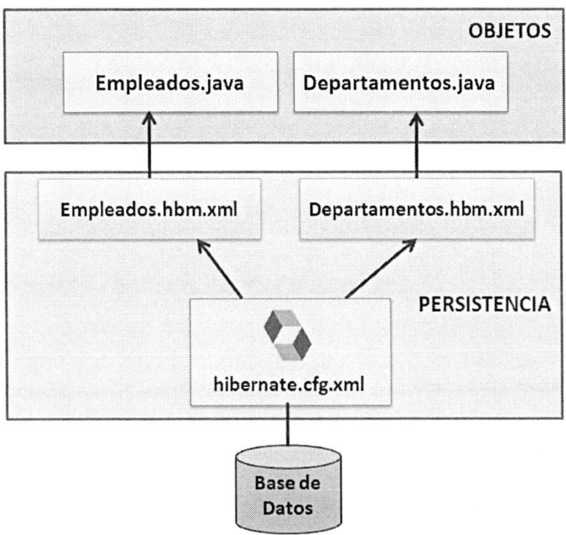

Figura 3.20. Ficheros de mapeo y clases Java.

La estructura del fichero **Departamentos.hbm.xml** es la siguiente:

```
<?xml version="1.0" encoding="UTF-8" standalone="no"?>
<!-- Generated 9 feb 2025, 19:11:42 by Hibernate Tools 5.6.15.Final --
><!DOCTYPE hibernate-mapping PUBLIC "-//Hibernate/Hibernate Mapping DTD
3.0//EN" "http://www.hibernate.org/dtd/hibernate-mapping-3.0.dtd">
<hibernate-mapping>
    <class name="clases.Departamentos" optimistic-lock="none"
                                       table="DEPARTAMENTOS">
        <id name="deptNo" type="byte">
            <column name="DEPT_NO" precision="2" scale="0"/>
            <generator class="assigned"/>
        </id>
        <property name="dnombre" type="string">
            <column length="15" name="DNOMBRE"/>
        </property>
        <property name="loc" type="string">
            <column length="15" name="LOC"/>
        </property>
        <set fetch="select" inverse="true" lazy="true"
                            name="empleadoses" table="EMPLEADOS">
            <key>
                <column name="DEPT_NO" precision="2" scale="0"/>
            </key>
            <one-to-many class="clases.Empleados"/>
        </set>
    </class>
</hibernate-mapping>
```

Veamos el significado del contenido del fichero XML:

- **hibernate-mapping**: todos los ficheros de mapeo comienzan y acaban con esta etiqueta.
- **class**: esta etiqueta engloba a la clase con sus atributos, indicando siempre el mapeo a la tabla de la base de datos. En ***name*** se indica el nombre de la clase y en ***table*** el nombre de la tabla a la que representa este objeto, ***optimistic-lock="none"*** indica que la base de datos no controla los cambios concurrentes, es decir si dos personas editan el mismo dato al mismo tiempo, la última persona que guarda sobrescribe lo que hizo la otra, sin advertencia; es la opción por defecto:

```
<class name="clases.Departamentos" optimistic-lock="none"
                                  table="DEPARTAMENTOS">
```

Dentro de **class** distinguimos la etiqueta **id** en la cual se indica en ***name*** el campo que representa al atributo clave en la clase y en ***column*** su nombre sobre la tabla, en ***type*** el tipo de datos. En **id** además tenemos la propiedad ***generator*** que indica la naturaleza del campo clave. En este caso es ***assigned*** porque es el usuario el que se encarga de asignar la clave. Este atributo se correspondería con la columna *DEPT_NO* (*DEPT_NO NUMBER(2) NOT NULL PRIMARY KEY*) de la tabla *DEPARTAMENTOS*, ***precision*** define la cantidad total de dígitos permitidos y ***scale*** la cantidad de dígitos después del punto decimal:

```
<id name="deptNo" type="byte">
    <column name="DEPT_NO" precision="2" scale="0"/>
    <generator class="assigned"/>
</id>
```

El resto de atributos se indican en las etiquetas **property** asociando el nombre del atributo de la clase con el nombre de la columna de la tabla y el tipo de datos. La columna *DNOMBRE* de la tabla *DEPARTAMENTOS* (*DNOMBRE VARCHAR2(15 CHAR)*) se define así:

```
<property name="dnombre" type="string">
    <column length="15" name="DNOMBRE"/>

</property>
```

La columna *LOC* de la tabla se declara de forma similar:

```
<property name="loc" type="string">
    <column length="15" name="LOC"/>
</property>
```

La etiqueta **set** se utiliza para mapear colecciones. Dentro de **set** se definen varios atributos. En ***name*** se indica el nombre del atributo generado. El nombre de la tabla de donde se tomará la colección se declara con el atributo ***table***. El atributo ***fetch="select"*** indica que Hibernate usará una consulta SELECT adicional para obtener los datos de la colección de empleados cuando sea necesario, es decir cuando se haga una llamada al método *getEmpleadoses()*. ***inverse="true"*** indica que esta entidad no es la dueña de la relación. ***lazy="true"***indica que no carga la colección hasta que se accede a ella:

```
<set fetch="select" inverse="true" lazy="true"
                    name="empleadoses" table="EMPLEADOS">
    <key>
        <column name="DEPT_NO" precision="2" scale="0"/>
    </key>
    <one-to-many class="clases.Empleados"/>
</set>
```

En el elemento ***key*** se define el nombre de la columna identificadora en la asociación, en este caso la columna *DEPT_NO* de la tabla *DEPARTAMENTOS*. El elemento **one-to-many** define la relación, en este caso es una asociación ***uno-a-muchos***, es decir, un departamento puede tener muchos empleados. En ***class*** se indica de qué tipo son los elementos de la colección. Resumiendo, este mapeo indica que la clase *Departamentos.java* tiene un atributo de nombre **empleadoses** que es una lista de instancias de la clase **clases.Empleados**.

Los tipos que declaramos y utilizamos en los ficheros de mapeo no son tipos de datos Java. Tampoco son tipos de base de datos SQL. Estos tipos se llaman **tipos de mapeo Hibernate**, convertidores que pueden traducir de tipos de datos de Java a SQL y viceversa. De nuevo, Hibernate tratará de determinar el tipo correcto de conversión y de mapeo por sí mismo.

La estructura del fichero **Empleados.hbm.xml** es la siguiente:

```
<?xml version="1.0" encoding="UTF-8" standalone="no"?>
<!-- Generated 9 feb 2025, 19:11:42 by Hibernate Tools 5.6.15.Final --
><!DOCTYPE hibernate-mapping PUBLIC "-//Hibernate/Hibernate Mapping DTD
3.0//EN" "http://www.hibernate.org/dtd/hibernate-mapping-3.0.dtd">
<hibernate-mapping>
    <class name="clases.Empleados" optimistic-lock="none"
                                   table="EMPLEADOS">
        <id name="empNo" type="short">
            <column name="EMP_NO" precision="4" scale="0"/>
            <generator class="assigned"/>
        </id>
        <many-to-one class="clases.Departamentos" fetch="select"
                     name="departamentos">
            <column name="DEPT_NO" precision="2" scale="0"/>
        </many-to-one>
        <property name="apellido" type="string">
            <column length="10" name="APELLIDO"/>
        </property>
        <property name="oficio" type="string">
            <column length="10" name="OFICIO"/>
        </property>
        <property name="dir" type="java.lang.Short">
            <column name="DIR" precision="4" scale="0"/>
        </property>
        <property name="fechaAlt" type="date">
            <column length="7" name="FECHA_ALT"/>
        </property>
        <property name="salario" type="big_decimal">
            <column name="SALARIO" precision="6"/>
        </property>
        <property name="comision" type="big_decimal">
            <column name="COMISION" precision="6"/>
        </property>
    </class>
</hibernate-mapping>
```

En este fichero nos encontramos con la relación **many-to-one** es una asociación unidireccional ***muchos-a-uno***; se utiliza para definir una relación muchos a uno entre las dos clases Java (es decir, muchos empleados pertenecen a un departamento). En el atributo ***name*** se indica el nombre del atributo en la clase Java y en ***class*** se indica la clase a la que referencia. En el elemento ***column***

name se indica el nombre de la columna de la tabla *EMPLEADOS* (en este caso es *DEPT_NO*). El mapeo indica que la clase *Empleados.java* tiene un atributo de nombre **departamentos** que es una instancia de la clase **clases.Departamentos**:

```
<many-to-one class="clases.Departamentos" fetch="select"
             name="departamentos">
    <column name="DEPT_NO" precision="2" scale="0"/>
</many-to-one>
```

El atributo ***fetch="select"*** (por defecto es *select*) indica que Hibernate hará una consulta SQL separada para cargar el departamento cuando se acceda a él por primera vez.

3.7. CLASES PERSISTENTES

Hemos visto que entre las etiquetas **<hibernate-mapping> </hibernate-mapping>** de los ficheros XML se incluye un elemento ***class*** que hace referencia a una clase:

```
<class name="clases.Departamentos" table="DEPARTAMENTOS"  . . . >

<class name="clases.Empleados" table="EMPLEADOS" . . . >
```

En nuestro proyecto se han generado las clases *Empleados.java* y *Departamentos.java*. A estas clases se les llama **clases persistentes**, son las clases que implementan las entidades del problema, deben implementar la interface **Serializable**. Equivalen a una tabla de la base de datos, y un registro o fila es un objeto persistente de esa clase. Estas clases representan un objeto *Empleados* y un objeto *Departamentos*, por lo tanto, podemos crear objetos empleados y departamentos a partir de ellas. Tienen unos atributos, unos métodos *get* y *set* para acceder a los mismos, y varios constructores. Todas las clases persistentes deben usar constructores. Hibernate requiere que las clases persistentes tengan un constructor sin parámetros.

Utilizan convenciones de nombrado estándar de JavaBean para los métodos de propiedades *getter* y *setter* así como también visibilidad privada para los campos. Al ser los atributos de los objetos privados se crean métodos públicos para retornar un valor de un atributo, método *getter*, o para cargar un valor a un atributo, método *setter*, por ejemplo, el método *getDnombre()* devuelve el nombre de un departamento (atributo *dnombre*) y el método *setDnombre()* carga un valor en el atributo *dnombre*. A estas reglas también se las llama modelo de programación **POJO** (*Plain Old Java Object*).

Para completar el nombre de un método *getter* o *setter*, solo hay que poner la primera letra que los une en mayúsculas. Si nos fijamos en el fichero **Departamentos.hbm.xml**, el elemento **id** es la declaración de la propiedad identificadora, el atributo de mapeo *name="deptNo"* declara el nombre de la propiedad JavaBean y le dice a Hibernate que utilice los métodos *getDeptNo()* y *setDeptNo()* para acceder a la propiedad:

```
<id name="deptNo" type="byte">
```

Al igual que con el elemento **id**, el atributo ***name*** del elemento **property** le dice a Hibernate qué métodos *getter* y *setter* utilizar. Así que en este caso, Hibernate buscará los métodos *getDnombre(), setDnombre(), getLoc()* y *setLoc()*:

```
<property name="dnombre" type="string">
<property name="loc" type="string">
```

La clase *Departamentos.java* es la siguiente, observamos que se generan 3 constructores, un constructor vacio, otro constructor con el campo clave de la tabla y un tercer constructor con todos los parámetros:

```
package clases;

import java.util.HashSet;
import java.util.Set;

/**
 * Departamentos generated by hbm2java
 */
public class Departamentos implements java.io.Serializable {

	private byte deptNo;
	private String dnombre;
	private String loc;
	private Set empleadoses = new HashSet(0);

	public Departamentos() {
	}

	public Departamentos(byte deptNo) {
		this.deptNo = deptNo;
	}

	public Departamentos(byte deptNo, String dnombre,
				String loc, Set empleadoses) {
		this.deptNo = deptNo;
		this.dnombre = dnombre;
		this.loc = loc;
		this.empleadoses = empleadoses;
	}

	public byte getDeptNo() {
		return this.deptNo;
	}

	public void setDeptNo(byte deptNo) {
		this.deptNo = deptNo;
	}

	public String getDnombre() {
		return this.dnombre;
	}

	public void setDnombre(String dnombre) {
		this.dnombre = dnombre;
	}

	public String getLoc() {
		return this.loc;
	}

	public void setLoc(String loc) {
```

```
        this.loc = loc;
    }

    public Set getEmpleadoses() {
        return this.empleadoses;
    }

    public void setEmpleadoses(Set empleadoses) {
        this.empleadoses = empleadoses;
    }
}
```

ACTIVIDAD 3.3

Crea un proyecto Maven, añade al **pom.xml** las dependencias necesarias para mapear las siguientes tablas en Oracle: TVENTAS, TLINEASVENTAS, TCLIENTES y TPRODUCTOS que se pueden descargar de los recursos del capítulo (*TABLAS_TVENTAS_ORACLE.sql*). Estudia las tablas y sus relaciones. Puedes crear las tablas en el usuario ya creado o crear un nuevo usuario en Oracle. El modelo de datos se muestra en la siguiente figura:

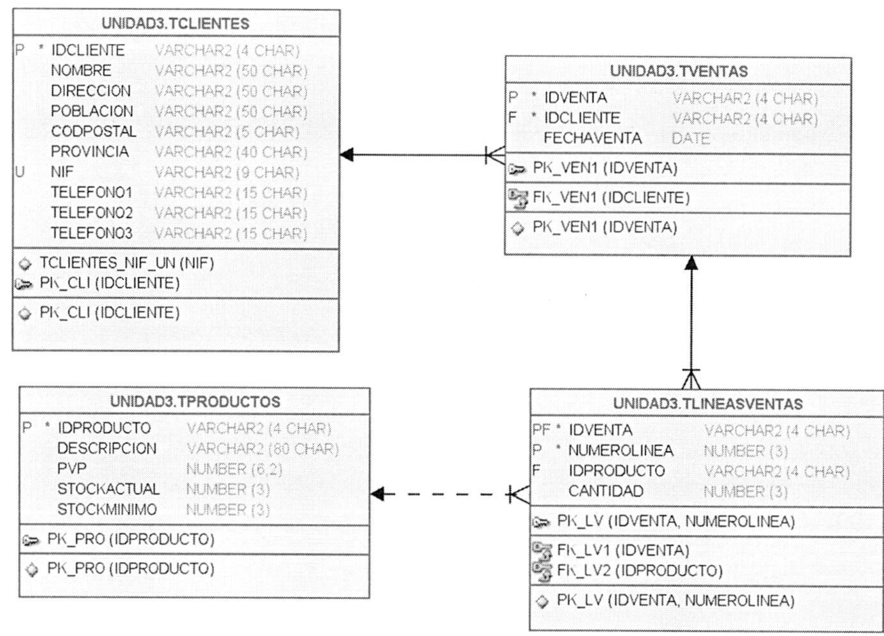

Figura 3.21. Modelo de datos TCLIENTES _TVENTAS

Las tablas son las siguientes:

- TCLIENTES: datos de clientes, *IDCLIENTE* es la clave primaria.
- TPRODUCTOS: datos de productos, *IDPRODUCTO* es la clave primaria.
- TVENTAS: datos de las ventas de productos a los clientes, *IDVENTA* Clave primaria. Un cliente puede tener muchas ventas. Cada venta tiene 1 o más líneas de venta.
- TLINEASVENTAS: detalle de las ventas, la clave primaria: *IDVENTA* + *NUMEROLINEA*. Cada venta está formada por un número de líneas de ventas. Si una venta tiene 3 líneas, en esta tabla habrá 3 filas para esa venta, y el *NUMERODELINEA* tendrá los valores 1, 2 y 3. Si tiene 4 líneas 1, 2, 3 y 4, etc.

Mapea las tablas y observa cuántos ficheros **.hbm.xml** y clases se han generado. Observa los atributos en la clase que mapea la tabla TLINEASVENTAS, clase ***Tlineasventas.java***:

```
private TlineasventasId id;
private Tproductos tproductos;
private Tventas tventas;
private Short cantidad;
```

Fíjate en el atributo ***id*** que se genera, ¿de qué tipo es? ¿Y por qué crees que se ha generado ese atributo? La respuesta está en que la clave primaria en dicha tabla está formada por dos columnas *IDVENTA+NUMEROLINEA*. Ahora consulta el fichero ***Tlineasventas.hbm.xml*** y observa el elemento **composite-id** para ver cómo se mapea una **clave primaria compuesta por dos campos**, cada campo se define en el elemento **key-property**:

```
<composite-id class="clases.TlineasventasId" name="id">
            <key-property name="idventa" type="string">
                <column length="4" name="IDVENTA"/>
            </key-property>
            <key-property name="numerolinea" type="short">
                <column name="NUMEROLINEA" precision="3" scale="0"/>
            </key-property>
</composite-id>
```

3.8. SESIONES Y OBJETOS HIBERNATE

Para poder utilizar los mecanismos de persistencia de Hibernate se debe inicializar el entorno Hibernate y obtener un objeto **Session** utilizando la clase **SessionFactory** de Hibernate. El siguiente fragmento de código ilustra este proceso:

```
// Inicializa el entorno Hibernate
Configuration cfg = new Configuration().configure();

// Crea el ejemplar de SessionFactory
SessionFactory sessionFactory = cfg.buildSessionFactory(
       new StandardServiceRegistryBuilder().configure().build() );

// Obtiene un objeto Session
Session session = sessionFactory.openSession();
```

La llamada a **Configuration().configure()** carga el fichero de configuración **hibernate.cfg.xml** e inicializa el entorno de Hibernate. Se necesita crear un objeto del tipo **StandardServiceRegistry** que contiene la lista de servicios que utiliza Hibernate para crear el ejemplar de **SessionFactory**; este normalmente solo se crea una vez y se utiliza para crear todas las sesiones relacionadas con un contexto dado.

Para crear una vez el ejemplar de **SessionFactory**, o lo que es lo mismo una instancia a la base de datos para poder trabajar con ella, usaremos una clase **Singleton**. El **Singleton** es un patrón de diseño diseñado para restringir la creación de objetos pertenecientes a una clase. Su intención consiste en garantizar que una clase solo tenga una instancia y proporcionar un punto de acceso global a ella (así tenemos un único objeto creado de una clase).

El patrón **Singleton** se implementa creando en nuestra clase un método que crea una instancia del objeto, solo si todavía no existe alguna. Para asegurar que la clase no pueda ser instanciada nuevamente se regula el alcance del constructor (con atributos como protegido o privado).

Nuestro **Singleton** será una clase de ayuda que accede a **SessionFactory** para obtener un objeto sesión, hay una única **SessionFactory** para toda la aplicación. En la clase se define una variable estática llamada *sessionFactory* que recoge el objeto **SessionFactory** devuelto por el método ***buildSessionFactory()***; este objeto se crea a partir del fichero de configuración (**hibernate.cfg.xml**). El método ***getSessionFactory()*** devuelve el valor de la variable estática definida, o lo que es lo mismo, devuelve el objeto **SessionFactory** creado. El nombre de la clase es *HibernateUtil.java* y lo incluiremos en el paquete ***src/main/java*** o en el paquete *clases* de nuestro proyecto, el código es el siguiente:

```
import org.hibernate.SessionFactory;
import org.hibernate.boot.registry.StandardServiceRegistryBuilder;
import org.hibernate.cfg.Configuration;

public class HibernateUtil {
  private static final SessionFactory sessionFactory = buildSessionFactory();

  private static SessionFactory buildSessionFactory() {
     try {
        //Create the SessionFactory from hibernate.cfg.xml
        return new Configuration().configure().buildSessionFactory(
                new StandardServiceRegistryBuilder().configure().build() );
     }
     catch (Throwable ex) {
        // Make sure you log the exception, as it might be swallowed
        System.err.println("Initial SessionFactory creation failed." + ex);
        throw new ExceptionInInitializerError(ex);
     }
  }

  public static SessionFactory getSessionFactory() {
        return sessionFactory;
  }
}//
```

Con esta clase podemos obtener la sesión actual desde cualquier parte de nuestra aplicación. El **SessionFactory** se cerrará cuando la aplicación termine su ejecución.

3.8.1. Transacciones

Un objeto **Session** de Hibernate representa una única unidad de trabajo para un almacén de datos dado y lo abre un ejemplar de **SessionFactory**. Al crear la sesión se crea la transacción para dicha sesión. Se deben cerrar las sesiones cuando se haya completado todo el trabajo de una transacción. El siguiente código ilustra una sesión de persistencia de Hibernate:

```
Session session = sessionFactory.openSession(); //crea la sesión
Transaction tx = session.beginTransaction();    //crea la transacción
//Código de persistencia
. . . . . . . . . . . . . . .
tx.commit();      //valida la transacción
session.close();  //finaliza la sesión
```

El método ***beginTransaction()*** marca el comienzo de una transacción. El método ***commit()*** valida una transacción, y ***rollback()*** deshace la transacción.

El siguiente ejemplo crea un objeto *Departamentos* y lo inserta en la tabla de departamentos. Lo primero que haremos será obtener el objeto **SessionFactory** usando la clase **Singleton**: ***HibernateUtil.getSessionFactory().*** A continuación, se crea el objeto **Session** con el método ***openSession()*** del objeto **SessionFactory** obtenido anteriormente. Por último, se crea el objeto **Transaction** con el método ***beginTransaction()*** del objeto **Session** para crear la transacción; a partir de aquí se realizan las operaciones que realizarán cambios sobre la base de datos como por ejemplo insertar un departamento. Para finalizar es necesario validar la transacción con el método ***commit()*** y finalizar la sesión con el método ***close()***. El código es el siguiente:

```
import org.hibernate.Session;
import org.hibernate.SessionFactory;
import org.hibernate.Transaction;

public class MainInsertaDep {
  public static void main(String[] args) {

    //obtener la sesión actual
    SessionFactory sessionFactory = HibernateUtil.getSessionFactory();
    //crear la sesión
    Session session = sessionFactory.openSession();
    //crear una transacción de la sesión
    Transaction tx = session.beginTransaction();

    System.out.println("Inserto una fila en la tabla DEPARTAMENTOS.");

    Departamentos dep = new Departamentos();
    dep.setDeptNo((byte) 62);
    dep.setDnombre("MARKETING");
    dep.setLoc("GUADALAJARA");

    session.persist(dep); // hacer el objeto persistente
    tx.commit();          // se inserta en la base de datos
    session.close();      // se cierra la sesion
    sessionFactory.close(); //cerrar cuando termine la aplicación
  }
}
```

La ejecución del programa muestra en consola la imagen de la Figura 3.22.

```
Problems  Javadoc  Declaration  Console ×
<terminated> MainInsertaDep [Java Application] C:\MisApps\eclipse_2024_12\plugins\org.eclipse.justj.openjdk.hotspot.jre.full.win32.x86_64_21.0.5.v20241023-1957\jre\bin\javaw.exe (11 feb 202
feb 11, 2025 11:54:10 A. M. org.hibernate.Version logVersion
INFO: HHH000412: Hibernate ORM core version 6.6.6.Final
feb 11, 2025 11:54:11 A. M. org.hibernate.cache.internal.RegionFactoryInitiator initiateService
INFO: HHH000026: Second-level cache disabled
feb 11, 2025 11:54:11 A. M. org.hibernate.boot.jaxb.internal.MappingBinder doBind
WARN: HHH90000028: Support for `<hibernate-mappings/>` is deprecated [RESOURCE : clases/Departamentos.hbm.xml]; migrate to orm.xml or mapp
feb 11, 2025 11:54:11 A. M. org.hibernate.boot.jaxb.internal.MappingBinder doBind
WARN: HHH90000028: Support for `<hibernate-mappings/>` is deprecated [RESOURCE : clases/Empleados.hbm.xml]; migrate to orm.xml or mapping.
feb 11, 2025 11:54:11 A. M. org.hibernate.engine.jdbc.connections.internal.DriverManagerConnectionProviderImpl configure
WARN: HHH10001002: Using built-in connection pool (not intended for production use)
feb 11, 2025 11:54:12 A. M. org.hibernate.dialect.Dialect checkVersion
WARN: HHH000511: The 18.0.0 version for [org.hibernate.dialect.OracleDialect] is no longer supported, hence certain features may not work
feb 11, 2025 11:54:12 A. M. org.hibernate.engine.jdbc.dialect.internal.DialectFactoryImpl constructDialect
WARN: HHH90000025: OracleDialect does not need to be specified explicitly using 'hibernate.dialect' (remove the property setting and it w
feb 11, 2025 11:54:12 A. M. org.hibernate.engine.jdbc.env.internal.JdbcEnvironmentInitiator initiateService
INFO: HHH10001005: Database info:
	Database JDBC URL [jdbc:oracle:thin:@localhost:1521:xe]
	Database driver: oracle.jdbc.driver.OracleDriver
	Database version: 18.0
	Autocommit mode: false
	Isolation level: undefined/unknown
	Minimum pool size: 1
	Maximum pool size: 20
feb 11, 2025 11:54:13 A. M. org.hibernate.engine.transaction.jta.platform.internal.JtaPlatformInitiator initiateService
INFO: HHH000489: No JTA platform available (set 'hibernate.transaction.jta.platform' to enable JTA platform integration)
Inserto una fila en la tabla DEPARTAMENTOS.
```

Figura 3.22. Consola de la ejecución del programa.

En el ejemplo anterior hemos usado los siguientes métodos:

- ***persist()***: este método del objeto **Session** lo usaremos para hacer que una instancia transitoria sea persistente y marcarla para su posterior inserción en la base de datos. Se insertará cuando se encuentre el *commit*.
- ***commit()***: este método hace un *commit* de la transacción actual. La transacción se crea llamando al método ***beginTransaction()*** de la sesión actual. Es necesario para que los datos se almacenen en la BD.
- ***close()***: se utiliza para cerrar la sesión.

El siguiente ejemplo inserta un empleado en la tabla *EMPLEADOS* en el departamento 10, para el departamento será necesario crear un objeto de tipo *Departamentos* y asignar como número de departamento el valor 10:

```
import java.math.BigDecimal;
import org.hibernate.Session;
import org.hibernate.SessionFactory;
import org.hibernate.Transaction;
import clases.*;

public class MainInsertaEmpleado {
   public static void main(String[] args) {
      SessionFactory sessionFactory =
                          HibernateUtil.getSessionFactory();
      Session session = sessionFactory.openSession();
      Transaction tx = session.beginTransaction();

      System.out.println("Inserto un EMPLEADO EN EL DEPARTAMENTO 10.");
      BigDecimal salario = new BigDecimal(2500.34);
      BigDecimal comision = new BigDecimal(5.6);

      Empleados em = new Empleados(); // creo un objeto empleados
      em.setEmpNo((short) 4455); // el número de empleado es 4455
      em.setApellido("PEPE");
      em.setDir((short) 7499);   // el director es el empleado 7499
      em.setOficio("VENDEDOR");
      em.setSalario(salario);
      em.setComision(comision);

      Departamentos d = new Departamentos();
      d.setDeptNo((byte) 10); // el numero de dep es 10
      em.setDepartamentos(d);
      // fecha de alta
      java.util.Date hoy = new java.util.Date();
      java.sql.Date fecha = new java.sql.Date(hoy.getTime());
      em.setFechaAlt(fecha);

      session.persist(em); //hace el objeto persistente
      tx.commit();         //lo inserta en la base de datos
      System.out.println("Empleado Insertado");

      session.close(); //cerrar sesión
      sessionFactory.close(); //cerrar cuando termine la aplicación
   }
}
```

Si los ejemplos anteriores los ejecutamos más de una vez se producirán excepciones de error, ya que el departamento a insertar o el empleado a insertar ya existe. En el siguiente ejemplo la excepción **org.hibernate.exception.ConstraintViolationException** se produce al insertar un empleado que ya existe, y se produce al hacer el *commit* en el método ***tx.commit()***. También se producirá error si al insertar un empleado asignamos un objeto departamento que no exista, entonces, se produce la excepción **java.lang.IllegalStateException**. Si hay algún error al insertar los datos, por ejemplo, el *APELLIDO* del empleado supera los 10 caracteres, se produce la excepción **org.hibernate.exception.GenericJDBCException**:

```
try {
      tx.commit();
      System.out.println("Empleado Insertado");

} catch (org.hibernate.exception.ConstraintViolationException ex1) {
      System.out.println("EL EMPLEADO YA EXISTE");
} catch (org.hibernate.exception.GenericJDBCException ex2) {
      System.out.println("ERROR EN LOS DATOS...");
      System.out.printf(ex2.getMessage());
} catch (java.lang.IllegalStateException ex3) {
      System.out.println("EL DEPARTAMENTO NO EXISTE.....");
} catch (Exception e) {
      System.out.printf("HA OCURRIDO UN ERROR: %s%n", e.getMessage());
      e.printStackTrace();
}
```

Para desactivar todos los logs de Hibernate que se muestran en la consola al ejecutar las clases podemos usar la siguiente sentencia que debe ser la primera que se ejecute, es decir se coloca debajo del método *main(),* antes de crear el objeto **SessionFactory**:

java.util.logging.Logger.getLogger("org.hibernate").setLevel(java.util.logging.Level.OFF);

¡¡ INTERESANTE !!

Documentación Java sobre Hibernate: *https://docs.jboss.org/hibernate/orm/current/javadocs/*

Referencia en español de Hibernate: *https://docs.jboss.org/hibernate/orm/3.6/reference/es-ES/html/*

Documentación sobre las distintas versiones de Hibernate incluyendo la actual: *https://docs.jboss.org/hibernate/orm/*

3.8.2. Estados de un objeto Hibernate

Hibernate define y soporta los siguientes estados de un objeto:

- **Transitorio (Transient)**: Un objeto es transitorio si ha sido recién instanciado utilizando el operador *new*, y no está asociado a una **Session** de Hibernate. No tiene una representación persistente en la base de datos y no se le ha asignado un valor identificador. Las instancias transitorias serán destruidas por el recolector de basura si la aplicación no mantiene más una referencia. Utiliza la **Session** de Hibernate para hacer un objeto persistente (y deja que Hibernate se ocupe de las declaraciones SQL que necesitan ejecutarse para esta transición). Las instancias recién instanciadas de una clase persistente, Hibernate las considera como ***transitorias***. Podemos hacer una instancia ***transitoria persistente*** asociándola con una sesión:

```
//Inserto el departamento 60 en la tabla DEPARTAMENTOS
Departamentos dep = new Departamentos(); // objeto transitorio
dep.setDeptNo((byte) 60);
dep.setDnombre("MARKETING");
dep.setLoc("GUADALAJARA");
session.persist(dep);  // hace que el objeto sea persistente
```

- **Persistente (Persistent)**. Un objeto estará en este estado cuando ya está almacenado en la base de datos. Puede haber sido guardado o cargado, sin embargo, por definición, se encuentra en el ámbito de una **Session**. Hibernate detectará cualquier cambio realizado a un objeto en estado persistente y sincronizará el estado con la base de datos cuando se complete la unidad de trabajo. En definitiva, los objetos transitorios solo existen en memoria y no en un almacén de datos, han sido instanciados por el desarrollador sin haberlos almacenado mediante una sesión. Los persistentes se caracterizan por haber sido ya creados y almacenados en una sesión o bien devueltos en una consulta realizada con la sesión.
- **Separado (Detached)**. Un objeto está en este estado cuando cerramos la sesión mediante el método ***close()*** de **Session**. Una instancia separada es un objeto que se ha hecho persistente, pero su sesión ha sido cerrada. La referencia al objeto todavía es válida, por supuesto, y la instancia separada podría incluso ser modificada en este estado. Una instancia separada puede ser asociada a una nueva **Session** más tarde, haciéndola persistente de nuevo (con todas las modificaciones).

Fuente: *http://docs.jboss.org/hibernate/core/3.6/reference/es-ES/html/objectstate.html*

3.8.3. Carga de objetos

Para la carga de objetos usaremos el método ***get()*** de la interface **Session**:

Método	Descripción
`<T> T get(Class<T> entityType, Object id)`	Devuelve la **instancia persistente** de la clase de entidad dada con el identificador indicado. Si la instancia no existe, devuelve *null*
`Object get(String entityName, Object id)`	Similar al método anterior, pero en este caso indicamos en el primer parámetro el nombre de la clase Java.
`Object getIdentifier(Object object)`	Devuelve el valor del identificador de la entidad dada asociada con esta sesión.

El siguiente ejemplo obtiene los datos del departamento 10 y el *APELLIDO* y *SALARIO* de sus empleados, para obtener los empleados usamos el método ***getEmpleadoses()*** del objeto *Departamentos* y usamos un **for-each** para recorrer la lista de empleados. Se comprueba antes si el departamento existe comprobando si es *null*:

```
import java.util.Set;
import org.hibernate.Session;
import org.hibernate.SessionFactory;
import clases.*;

public class ListadoDep10 {
   public static void main(String[] args) {
```

```
        SessionFactory sessionFactory =
                            HibernateUtil.getSessionFactory();
        Session session = sessionFactory.openSession();

        System.out.println("================================");
        System.out.println("DATOS DEL DEPARTAMENTO 10.");

        Departamentos dep = session.get(Departamentos.class,(byte) 10);
        if (dep == null) {
                  System.out.println("El departamento no existe");
        } else {
           System.out.println("Identificador de la entidad: " +
                                          session.getIdentifier(dep));

           System.out.println("Nombre Dep:" + dep.getDnombre());
           System.out.println("Localidad:" + dep.getLoc());

           System.out.println("================================");
           System.out.println("EMPLEADOS DEL DEPARTAMENTO 10.");

           // obtenemos empleados
           Set<Empleados> listaemple = dep.getEmpleadoses();

           System.out.printf("Número de empleados: %d %n",
                                           listaemple.size());
           for (Empleados emple: listaemple){
                System.out.printf("%s * %,9.2f %n",
                         emple.getApellido(), emple.getSalario());
           }
           System.out.println("================================");
        }
        session.close();
        sessionFactory.close();
    }
}
```

La ejecución muestra la siguiente salida:

```
==============================
DATOS DEL DEPARTAMENTO 10.
Identificador de la entidad: 10
Nombre Dep:CONTABILIDAD
Localidad:SEVILLA
==============================
EMPLEADOS DEL DEPARTAMENTO 10.
Número de empleados: 4
REY *  4.100,00
MUÑOZ *  1.690,00
PEPE *  2.500,34
CEREZO *  2.885,00
==============================
```

Para obtener el objeto departamento usando el segundo formato escribimos el método ***get()*** de esta manera:

```
Departamentos dep =
     (Departamentos) session.get("clases.Departamentos",(byte) 10);
```

ACTIVIDAD 3.4

Partiendo de las tablas de *EMPLEADOS* y *DEPARTAMENTOS*, realiza una clase Java en la que definas un método que reciba el número de un empleado y muestres sus datos incluidos los datos de su departamento. Desde *main()* realizarás varias llamadas a ese método. Define el objeto **SessionFactory** como una variable de clase y la cierras al finalizar todo el proceso.

ACTIVIDAD 3.5

Partiendo de las tablas mapeadas en la Actividad 3 (*TVENTAS, TLINEASVENTAS, TCLIENTES* y *TPRODUCTOS*), realiza una clase Java en la que definas un método que reciba el identificador de un cliente y muestres las ventas del cliente con sus líneas de venta, además de el total de cada venta y el total de las ventas para el cliente. El listado tendrá el siguiente aspecto, ejemplo para el cliente con identificador *"C009"*:

```
==============================================================
Datos del cliente: C009
==============================================================
IDcliente: C009
Nombre    : Ana Serrano

ID Venta     : V200
Fecha Venta : 08/02/2025
Linea  Descripcion Producto        Cantidad       Pvp   Importe
------ --------------------------- -------- -------- ----------
   1   CAJA DE CRISTAL DE MURANO      2       100,00     200,00
   2   APLICACIONES WEB               1        25,50      25,50
                                   TOTAL VENTA:          225,50
--------------------------------------------------------------
ID Venta     : V120
Fecha Venta : 12/02/2025
Linea  Descripcion Producto        Cantidad       Pvp   Importe
------ --------------------------- -------- -------- ----------
   1   BICICLETA CITY                 2       120,00     240,00
   3   GAFAS RAY BAN                  5        35,50     177,50
   2   TABLET LENOVO TAB P12          4       280,50   1.122,00
                                   TOTAL VENTA:        1.539,50
--------------------------------------------------------------
TOTAL VENTAS DEL CLIENTE:          1.765,00
--------------------------------------------------------------
```

El *importe* es igual a la cantidad multiplicado por el pvp del producto. Recuerda que al mapear las tablas, en *TCLIENTES* se crea una colección de las ventas del cliente, y en *TVENTAS* se crea una colección de las líneas de venta. Por tanto, tendrás que recorrer la colección de ventas y por cada venta la colección de las líneas de venta.

Define el objeto **SessionFactory** como un atributo de clase y la cierras al finalizar todo el proceso.

El siguiente ejemplo, parte de las tablas mapeadas en la Actividad 3: ***TVENTAS***, ***TLINEASVENTAS***, ***TCLIENTES*** y ***TPRODUCTOS***. Recuerda que al mapear la tabla ***TLINEASVENTAS*** se generaron dos clases: *Tlineasventas* que contiene un atributo del tipo *TlineasventasId* y *TlineasventasId* que contiene los atributos que forman parte de la clave primaria de la tabla ***TLINEASVENTAS*** (*IDVENTA+NUMEROLINEA*). Los atributos de las clases son los siguientes:

Clase Tlineasventas:	Clase TlineasventasId

`private TlineasventasId id;`
`private Tproductos tproductos;`
`private Tventas tventas;`
`private Short cantidad;`
	`private String idventa;`
	`private short numerolinea;`

El siguiente ejemplo define un método que recibe un identificador de venta y un número de línea y muestra en consola los datos de la línea de venta incluida la información del producto:

```
import org.hibernate.Session;
import org.hibernate.SessionFactory;
import clases.*;

public class MostrarDatosLineaVenta {
   static SessionFactory sessionFactory;
   public static void main(String[] args) {
      java.util.logging.Logger.getLogger("org.hibernate").
                 setLevel(java.util.logging.Level.OFF);

      sessionFactory = HibernateUtil.getSessionFactory();

      MostrarDatos("V200", (short)1);//IDVENTA: V200 Y N° DE LINEA 1
      MostrarDatos("V120", (short)3);//IDVENTA: V120 Y N° DE LINEA 3
      MostrarDatos("V130", (short)20);

      sessionFactory.close();
   }

   //MOSTRAR LOS DATOS DE LA LINEA DE VENTA
   private static void MostrarDatos(String idventa, short linea) {
      Session session = sessionFactory.openSession();
      System.out.println("ID DE VENTA: " + idventa +
                        ", LINEA: " + linea );

      // CREAR EL OBJETO TlineasventasId  CON LA CLAVE
      TlineasventasId id = new TlineasventasId(idventa, linea);

      //RECUPERAR EL OBJETO Tlineasventas CON ESE ID
      Tlineasventas lv = session.get(Tlineasventas.class, id);

      if(lv==null) {
            System.out.println("\tNO EXISTE EL ID DE VENTA: " + idventa
                   + " Y LINEA: " + linea );
      }else {
            System.out.println("\tProducto: " +
                  lv.getTproductos().getIdproducto() +
                  ", " + lv.getTproductos().getDescripcion() +
                  ", " + lv.getTproductos().getPvp());

            System.out.println("\tCantidad: " + lv.getCantidad());
```

```
            float importe = lv.getCantidad() *
                         lv.getTproductos().getPvp().floatValue();
            System.out.printf("\tImporte: %,7.2f%n%n",  importe);
        }
        session.close();
    }
}
```

La ejecución muestra la siguiente salida:

```
ID DE VENTA: V200, LINEA: 1
      Producto: P001, CAJA DE CRISTAL DE MURANO, 100
      Cantidad: 2
      Importe:  200,00

ID DE VENTA: V120, LINEA: 3
      Producto: 4055, GAFAS RAY BAN, 35.5
      Cantidad: 5
      Importe:  177,50

ID DE VENTA: V130, LINEA: 20
      NO EXISTE EL ID DE VENTA: V130 Y LINEA: 20
```

¡¡ INTERESANTE !!

Más información sobre la interface **Session**:

https://docs.jboss.org/hibernate/orm/current/javadocs/org/hibernate/Session.html

3.8.4. Almacenamiento, modificación y borrado de objetos

Para almacenamiento, modificación y borrado de objetos usamos los siguientes métodos de la interface **Session**:

Método	Descripción
`void persist(Object object)`	Hace que una instancia transitoria sea persistente y la marca para insertarla en la base de datos, cuando se produzca *commit*.
`void persist(String entityName, Object object)`	Similar al método anterior, pero en este caso indicamos en el primer parámetro el nombre de la clase Java.
`<T> T merge(T object)`	Actualiza el estado del objeto pasado como parámetro. Si el objeto no existe, se crea un nuevo registro. Devuelve el objeto modificado.
`<T> T merge(String entityName, T object)`	Similar al método anterior, pero en este caso indicamos en el primer parámetro el nombre de la clase Java.
`void remove(Object object)`	Se utiliza para eliminar un objeto persistente de la base de datos. Se marca el objeto para eliminarlo cuando se realice el *commit*. Se suele recuperar el objeto con *get()* para asegurarnos de que el objeto existe en la base de datos antes de eliminarlo.

El siguiente ejemplo muestra el uso de los métodos anteriores. En primer lugar, se crea un objeto de la clase *Departamentos*. Se elimina con ***session.remove(dep)***, si el objeto no existe en la base de datos, no se eliminará y no se produce error. A continuación, el objeto se hace persistente con el método ***session.persist(dep)***, aún no se almacenará en la base de datos. Seguidamente se modifica el objeto y con ***session.merge(dep)*** se actualiza el estado del mismo. Después se carga el objeto *Empleados* con identificador *4455* usando el método ***get()***. Si el empleado existe se eliminará con el método ***session.remove(emp)***. Todos estos cambios se validarán cuando se produzca el ***commit*** asociado a la transacción:

```
import org.hibernate.Session;
import org.hibernate.SessionFactory;
import org.hibernate.Transaction;
import clases.*;

public class InsertaModificaElimina {
   public static void main(String[] args) {

      SessionFactory sessionFactory =
                           HibernateUtil.getSessionFactory();
      Session session = sessionFactory.openSession();

      // crear una transacción de la sesión
      Transaction tx = session.beginTransaction();

      System.out.println("CREA UN OBJETO DEPARTAMENTOS");
      Departamentos dep = new Departamentos();
      dep.setDeptNo((byte) 11);
      dep.setDnombre("RECURSOS");
      dep.setLoc("TOLEDO");

      //ELIMINA OBJETO, si no existe no se produce error
      System.out.println("ELIMINA OBJETO");
      session.remove(dep);

      //INSERTA OBJETO
      System.out.println("INSERTA OBJETO");
      session.persist(dep);

      //MODIFICO EL DEPARTAMENTO
      System.out.println("SE MODIFICA EL OBJETO");
      dep.setDnombre("COMPRAS");
      dep.setLoc("CUENCA");
      session.merge(dep);
      System.out.printf("\tDepartamento: %d %n", dep.getDeptNo());
      System.out.printf("\tNombre: %s%n", dep.getDnombre());
      System.out.printf("\tLocalidad: %s %n", dep.getLoc());

      //ELIMINAR UN EMPLEADO
      System.out.println("ELIMINA UN EMPLEADO");
      Empleados emp = (Empleados) session.get(Empleados.class, 4455);
      if (emp == null) {
            System.out.println("\tEl Empleado "+ 4455 +", no existe");
      } else {
            session.remove(emp);
            System.out.printf("\tEliminado: %s %n", emp.getApellido());
```

```
        }

        //SE VALIDAN AQUI TODOS LOS CAMBIOS EN LA BD
        tx.commit();
        session.close();
        sessionFactory.close(); // cerrar cuando termine la aplicación
    }
}
```

El siguiente ejemplo usa la excepción ***org.hibernate.exception.ConstraintViolationException*** que se lanzará al validar los datos en la base de datos si el departamento a eliminar tiene empleados. La ejecución mostrará el mensaje: *NO SE PUEDE ELIMINAR. TIENE EMPLEADOS*:

```
import org.hibernate.Session;
import org.hibernate.SessionFactory;
import org.hibernate.Transaction;
import clases.*;

public class BorradoDep{
    public static void main(String[] args) {
      SessionFactory sessionFactory =
                      HibernateUtil.getSessionFactory();
      Session session = sessionFactory.openSession();
      Transaction tx = session.beginTransaction();

      Departamentos de =
              (Departamentos)session.get(Departamentos.class, (byte) 10);

      if (de == null) {
          System.out.println("El departamento no existe");
      }
      else {
        session.remove(de); // elimina el objeto
        try {
              tx.commit(); // VALIDA LOS DATOS EN LA BD
              System.out.println("Departamento eliminado");

        }catch(org.hibernate.exception.ConstraintViolationException ex){
            System.out.println("NO SE PUEDE ELIMINAR. TIENE EMPLEADOS");
            System.out.println("Codigo de error: "+ ex.getErrorCode());
        } catch (Exception e) {
            System.out.printf("HA OCURRIDO UN ERROR: %s%n",
                                                e.getMessage());
            e.printStackTrace();
        }
      }
      session.close();
      sessionFactory.close();
    }
}
```

El siguiente ejemplo carga el objeto *Empleados* con número de empleado 7369 modifica el salario sumándole 1000 y le asigna como nuevo departamento el 30, muestra los datos antes y después de actualizar:

```
import java.math.BigDecimal;
import org.hibernate.Session;
import org.hibernate.SessionFactory;
import org.hibernate.Transaction;
import clases.*;

public class ModificarEmpleado {

   public static void main(String[] args) {
      SessionFactory sessionFactory =
                    HibernateUtil.getSessionFactory();
      Session session = sessionFactory.openSession();
      Transaction tx = session.beginTransaction();

      Empleados em = (Empleados) session.get(Empleados.class,
                                             (short) 7369);
      if (em != null) {
        System.out.printf("Modificacion empleado: %d%n",em.getEmpNo());
        System.out.printf("Salario antiguo: %,8.2f%n",em.getSalario());
        System.out.printf("Departamento antiguo: %s%n",
                          em.getDepartamentos().getDnombre());

        //cálculo del nuevo salario
        BigDecimal subida = BigDecimal.valueOf(1000);
        BigDecimal nuevoSalario = em.getSalario();
        nuevoSalario = nuevoSalario.add(subida);
        em.setSalario(nuevoSalario);

        //nuevo departamento
        Departamentos dep = (Departamentos)
                   session.get(Departamentos.class, (byte) 30);

        if (dep == null) {
            System.out.println("El departamento NO existe");
        } else {
            em.setDepartamentos(dep);
            session.merge(em); // modifica el objeto
            tx.commit();
            System.out.printf("Salario nuevo: %,8.2f%n",
                              em.getSalario());
            System.out.printf("Departamento nuevo: %s%n",
                   em.getDepartamentos().getDnombre());
        }
      } else {
            System.out.println("NO EXISTE EL EMPLEADO...");
      }
      session.close();
      sessionFactory.close();
   }
}
```

Ejercicio resuelto *EjercicioCentrosProfesores*:

Partimos del modelo de datos (véase la figura 3.23), en el que tenemos datos de centros, profesores, asignaturas y especialidades. Un centro tiene varios profesores. El profesor pertenece a un centro indicado en la clave ajena ***COD_CENTRO***, y además es de una especialidad indicada en la clave ajena ***ESPECIALIDAD***. Los profesores también tienen a un jefe indicado por la clave ajena ***COD_PROF1***. Y además el profesor imparte varias asignaturas, representadas en la tabla *ASIGPROF*.

El script de creación y llenado de tablas (tanto en Oracle como en MySql) se encuentra en la carpeta de recursos de la unidad, también se encuentra el **ejercicio resuelto** en oracle.

El ejercicio presenta un menú, y cada una de las opciones del menú se ejecutará en un método. Las operaciones a realizar son las siguientes:

```
CONSULTANDO DATOS CENTROS Y PROFESORES
---------------------------------------
. 1 Información de un profesor.
. 2 Información de un centro.
. 3 Actualizar director de un centro.
. 0 SALIR.
---------------------------------------
```

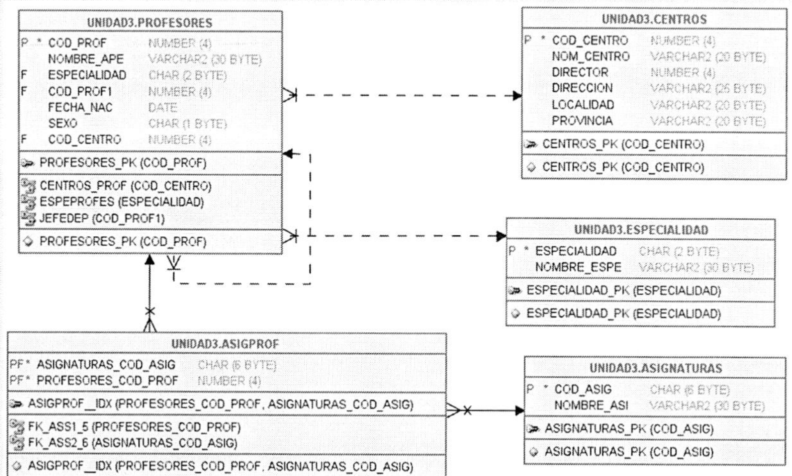

Figura 3.23. Modelo Centros-Profesores.

Una vez mapeadas las tablas observa que no se ha creado una clase para la tabla ***ASIGPROF***, en su lugar se ha creado un ***set de Asignaturas*** en la clase *Profesores*, y un ***set de Profesores*** en la clase *Asignaturas*. Esto es debido a que *ASIGPROF* no tiene atributos aparte de la Primary Key que es compuesta, y que a su vez sus campos son claves ajenas.

Observa también que en la clase *Profesores* las claves ajenas se han convertido a objetos, y las relaciones uno a muchos se han convertido en set (asignaturas, y profesores subordinados). Para extraer la información del profesor, navegaremos por sus objetos, y recorreremos el set.

Operación 1: El primer método recibe un código de profesor y visualiza el código y nombre de profesor, nombre de la especialidad, nombre de profesor de su jefe (si no tiene se indicará que no tiene), nombre de su centro. Las asignaturas que imparte, el código y su nombre, y los nombres de los profesores subordinados si es jefe de departamento. Si el código de profesor no existe, visualizará un mensaje indicándolo. Por ejemplo, la salida para el profesor 1011 será la siguiente:

```
-----------------------------------------
Los datos del prof con código: 1011
 * Nombre: Arroba Conde, Manuel
 * Nombre jefe: NO TIENE JEFE
 * Nombre centro: CP Los Danzantes
```

```
 * Nombre especialidad: Matemáticas
 * Num asignaturas que imparte: 1
    * MT0001 * Matemáticas 1 BAC
 * Num prof subordinados: 2
    * 1022 * Ruiz Lafuente, Manuel
    * 1010 * Montes García, M.Pilar
```

Operación 2: El segundo método, recibe un código de centro y muestra la información de un centro y sus profesores, con su nombre, especialidad y nombre de jefe, la salida es la siguiente (por ejemplo, para el 1015):

```
Cod Centro: 1015   Nombre: CP Los Danzantes  Director: Montes García, M.Pilar
Lista de profesores del centro:
  Cod          NombreProfesor     Especialidad          Nombre Jefe   NúmAsig
 ----         --------------  --------------        --------------- -------
 1022    Ruiz Lafuente, Manuel     Matemáticas  Arroba Conde, Manuel     1
 1011     Arroba Conde, Manuel     Matemáticas         NO TIENE JEFE     1
 1010   Montes García, M.Pilar     Matemáticas  Arroba Conde, Manuel     2
----          --------------  --------------        --------------- -------
```

Operación 3: En el tercer método se pide actualizar los datos de un centro. El método recibe el código de centro a actualizar, el nuevo nombre, la nueva dirección, y el código del nuevo director. Se comprobará si existe el centro y el director.

Si el código de centro no existe se crea uno nuevo.

Si el código del director si existe hay que añadir ese profesor al set de profesores del centro. Al añadirlo al set automáticamente se actualizará el centro del profesor.

¡ **IMPORTANTE!**, para poder añadir al set de profesores del centro es necesario cambiar la **propiedad inverse a false** en el fichero de mapeo que contiene el set, en el ejemplo es ***Centros.hbm.xml:***

```
<set fetch="select" inverse="false" lazy="true"
    name="profesoreses" table="PROFESORES">
```

Carga el ejercicio ***EjercicioCentrosProfesores*** y prueba la ejecución.

ACTIVIDAD 3.6

Partimos de las tablas mapeadas en la Actividad 3: *TVENTAS*, *TLINEASVENTAS*, *TCLIENTES* y *TPRODUCTOS*. Crea una clase Java que permita introducir por teclado los datos de una venta (y sus líneas de venta) e insertarlos en la base de datos. La fecha de la venta es la fecha del sistema. El programa debe actualizar el *STOCKACTUAL* del producto a partir de la cantidad introducida por teclado, se restará esta cantidad al stock. Se pedirán los siguientes datos por teclado:

En primer lugar:

- *IDVENTA*: se debe comprobar que no exista.
- *IDCLIENTE*: se debe comprobar que exista.
- Si alguna de las condiciones anteriores no se cumple finaliza el programa.

Superados esos controles se piden los siguientes datos:

- *Número de líneas de la venta* (debe ser un número entre 1 y 5, si no es correcto finaliza el programa.

- Introducir a continuación tantas veces como números de línea se ha introducido:
  - *IDPRODUCTO*: se debe comprobar que exista, si no existe se debe pedir de nuevo.
  - *CANTIDAD*: debe ser numérico > que 0. Si no se cumple se debe pedir de nuevo la cantidad.
  - Si al calcular el stock actual (*STOCKACTUAL - CANTIDAD*), no supera el STOCKMINIMO, se muestra mensaje indicándolo y se vuelve a leer de nuevo los datos de la línea

No se insertarán líneas de venta si al calcular el stock actual es menor que el stock mínimo. No se insertará una venta si no tiene líneas de venta.

Se incluirá todo lo implicado en la venta en una transacción.

Ejemplo de salida para un identificador de venta que no existe y un cliente que sí existe. Se crean dos líneas de venta, en una de ellas se introduce una cantidad que al calcular el stock actual no supera el stock mínimo; entonces se deben introducir de nuevo los datos de la línea. En la segunda el identificador de producto no existe, igualmente se deben introducir de nuevo los datos de la línea. La línea se añade si el producto y la cantidad es correcta:

```
Introduce IDVENTA: V001
Introduce IDCLIENTE: C009
Introduce Número de líneas: 2
Linea 1
      Introduce IDPRODUCTO: P001
      Introduce CANTIDAD: 1000
      No hay stock para el producto P001
      Introduce de nuevo los datos de la línea 1
Linea 1
      Introduce IDPRODUCTO: P001
      Introduce CANTIDAD: 1
      Linea de Venta Insertada: 1
Linea 2
      Introduce IDPRODUCTO: P002
      IDPRODUCTO P002 NO EXISTE...
Linea 2
      Introduce IDPRODUCTO: BZ00
      Introduce CANTIDAD: 2
      Linea de Venta Insertada: 2
VENTA V001 INSERTADA
FIN DE PROCESO....
```

3.9. CONSULTAS

Hibernate soporta un lenguaje de consulta orientado a objetos denominado **HQL** (***Hibernate Query Language***) fácil de usar, pero potente a la vez. Este lenguaje es una extensión orientada a objetos de SQL. Las consultas HQL y SQL nativas son representadas con una instancia de **org.hibernate.query.Query**. Esta interface ofrece métodos para ligar parámetros, manejo del conjunto resultado, y para la ejecución de la consulta real. Siempre obtiene una **Query** utilizando el objeto **Session** actual. Algunos métodos importantes de esta interface son los siguientes:

Método	Descripción
`List <R> list()`	Devuelve el resultado de la consulta en un **List**
`R getSingleResult()`	Obtiene un solo resultado de la consulta. Se lanza una excepción si no hay resultados o si hay más de uno
`String getQueryString()`	Devuelve la consulta en un String
`R uniqueResult()`	Devuelve un objeto (cuando sabemos que la consulta devuelve un objeto) o nulo si la consulta no devuelve resultados
`Query<R> setMaxResults(int maxResults)`	Establece el número máximo de resultados que devuelve la consulta. Útil para paginar resultados
`Query<R> setFirstResult(int firstResult)`	Establece la posición del primer resultado que se recuperará de la consulta. El parámetro *startPosition* indica la posición inicial del primer resultado. Útil para para paginar los resultados
`Query setParameterList(String nombre, Collection valores)`	Asigna una colección de valores al parámetro cuyo nombre se indica en *nombre*
`Query <R> setParameter(String nombre, Object valor)`	Asigna el *valor* al parámetro indicado en *nombre*
`int executeUpdate()`	Ejecuta una sentencia INSERT, UPDATE o DELETE, devuelve el número de entidades afectadas por la operación
Consulta el paquete de Hibernate **org.hibernate.query.Query**: https://docs.jboss.org/hibernate/orm/current/javadocs/org/hibernate/query/Query.html	

Para realizar una consulta usaremos el método ***createQuery()*** de la interface **Session,** se le pasará en un *String* la consulta HQL y se indicará en el segundo parámetro el tipo de resultado que devuelve la consulta:

```
<R> Query<R> createQuery(String queryString, Class<R> resultClass)
```

Por ejemplo, para hacer una consulta sobre la tabla *DEPARTAMENTOS*, mapeada con la clase *Departamentos* se escribe lo siguiente:

```
Query q= session.createQuery("from Departamentos",Departamentos.class);
```

Para recuperar los datos de la consulta usaremos el método ***list()***:

```
List <Departamentos> lista = q.list();
```

El método ***list()*** devuelve en una colección todos los resultados de la consulta, en la colección se encuentran instanciadas todas las entidades que corresponden al resultado de la ejecución de la consulta. Este método realiza una única comunicación con la base de datos en donde se traen todos los resultados y requiere que haya memoria suficiente para almacenar todos los objetos resultantes de la consulta. Si la cantidad de resultados es extensa, el retraso del acceso a la base de datos será notorio.

Se puede utilizar el método ***setFetchSize(int fetchSize)*** para optimizar la recuperación de datos con el fin de evitar sobrecarga de memoria. Controla cuántas filas se recuperan por lote desde la base de datos. Se usa antes de ejecutar la consulta para configurar la recuperación. No todas las bases de datos soportan ***setFetchSize()*** de la misma manera. Algunos controladores pueden ignorar este valor. Si *fetchSize* es muy alto, podría aumentar el consumo de memoria. Si es muy bajo, podría generar muchas llamadas a la base de datos. ***list()*** recupera todos los registros de la consulta en una sola lista y ***setFetchSize(int fetchSize)*** optimiza la recuperación en lotes para mejorar el rendimiento. Lo ideal es combinarlos para manejar grandes volúmenes de datos sin afectar el rendimiento. Ejemplo de uso:

```
String hql = "from Empleados";
Query<Empleados> q = session.createQuery(hql, Empleados.class);
q.setFetchSize(50); // Recupera 50 registros por lote

List<Empleados> lista = q.list();
```

El siguiente ejemplo realiza una consulta de las filas de la tabla *DEPARTAMENTOS* ordenadas por número de departamentos y muestra los datos en pantalla:

```
import java.util.List;
import org.hibernate.query.Query;
import org.hibernate.Session;
import org.hibernate.SessionFactory;

import clases.*;

public class ListaDepartamentos {
    public static void main(String[] args) {
        SessionFactory sessionFactory =
                         HibernateUtil.getSessionFactory();
        Session session = sessionFactory.openSession();

        Query<Departamentos> q = session.createQuery
           ("from Departamentos order by deptNo", Departamentos.class);
        List <Departamentos> lista = q.list();

        System.out.printf("Numero de registros: %d%n", lista.size());
        for(Departamentos depar: lista)      {
            System.out.printf("%d, %s%n",
                         depar.getDeptNo(), depar.getDnombre());
        }
        session.close();
        sessionFactory.close();
    }
}
```

Visualiza la siguiente información:

```
Número de departamentos: 5
10, CONTABILIDAD
20, INVESTIGACIÓN
30, VENTAS
40, PRODUCCIÓN
60, MARKETING
```

El ejemplo siguiente visualiza el apellido y salario de los empleados del departamento 20:

```
Query <Empleados>q = session.createQuery("from Empleados as e
         where e.departamentos.deptNo = 20", Empleados.class);
List<Empleados> lista = q.list();
```

```
for(Empleados emp: lista) {
      System.out.printf("%s, %,9.2f %n",
              emp.getApellido(), emp.getSalario());
}
```

El método ***uniqueResult()*** ofrece un atajo si sabemos que la consulta devolverá un objeto. Los siguientes ejemplos obtienen los datos de un único departamento, el primero visualiza los datos del departamento 10 y el segundo los datos del departamento con nombre *VENTAS*:

```
// Visualiza los datos del departamento 10
String hql = "from Departamentos as dep where dep.deptNo = 10";
Query<Departamentos> q = session.createQuery(hql, Departamentos.class);

Departamentos dep = (Departamentos) q.uniqueResult();
System.out.printf("%d, %s, %s%n",
                  dep.getDeptNo(), dep.getLoc(), dep.getDnombre());

// Visualiza los datos del departamento de nombre VENTAS
hql = "from Departamentos as dep where dep.dnombre = 'VENTAS' ";
q = session.createQuery(hql, Departamentos.class);
dep = (Departamentos) q.uniqueResult();
System.out.printf("%d, %s, %s%n",
                 dep.getDeptNo(), dep.getLoc(), dep.getDnombre());


// EXCEPCION NonUniqueResultException - VARIAS FILAS
hql = "from Departamentos";
q = session.createQuery(hql, Departamentos.class);
try {
      dep = (Departamentos) q.uniqueResult();
      System.out.printf("%d, %s, %s%n",
               dep.getDeptNo(), dep.getLoc(), dep.getDnombre());

} catch (org.hibernate.NonUniqueResultException ex) {
            System.out.println("LA CONSULTA DEVUELVE VARIAS FILAS");
}
```

Los métodos ***setMaxResults()*** y ***setFirstResult()*** se utilizan para paginar resultados. El siguiente ejemplo muestra el apellido y el departamento de los tres primeros empleados que devuelve la consulta *"from Empleados order by departamentos.deptNo"*, y a continuación muestra los mismos datos a partir del tercer resultado, este no se incluye en los resultados:

```
String hql = "from Empleados order by departamentos.deptNo";
Query<Empleados> q = session.createQuery(hql, Empleados.class);
q.setMaxResults(3); //obtiene las 3 primeras filas de la consulta

List<Empleados> lista = q.list();
System.out.println("TRES PRIMEROS EMPLEADOS:");
for(Empleados emp: lista) {
      System.out.println(emp.getApellido() + ", "
                   + emp.getDepartamentos().getDeptNo());
}
```

```
q = session.createQuery(hql, Empleados.class);
q.setFirstResult(3); //obtiene resultados a partir de la tercera fila
lista = q.list();
System.out.println("A PARTIR DEL TERCER EMPLEADO:");
for(Empleados emp: lista) {
      System.out.println(emp.getApellido() + ", "
                       + emp.getDepartamentos().getDeptNo());
}
```

ACTIVIDAD 3.7

Realiza una consulta HQL con ***createQuery()*** sobre la tabla *TVENTAS* (mapeada en la Actividad 3) para obtener los datos de todas las ventas ordenado por *idcliente* e *idventa*. El listado debe mostrar la siguiente información:

```
Número de ventas: 5
IDCLIENTE  NOMBRE                IDVENTA   FECHA VENTA   N°LINEAS
=========  ===================== =======   ===========   ========
C001       Luis Gracia             V100      07/02/2025         4
                                   V101      17/02/2025         3
                                   V110      12/02/2025         2

C009       Ana Serrano             V120      17/02/2025         3
                                   V200      13/02/2025         2
```

3.9.1. Parámetros en las consultas

Hibernate soporta parámetros con nombre en las consultas HQL. Los parámetros con nombre son identificadores de la forma ***:nombre*** en la cadena de consulta. Las ventajas de los parámetros con nombre son las siguientes:

- son insensibles al orden en que aparecen en la cadena de consulta,
- pueden aparecer múltiples veces en la misma petición,
- son autodocumentados.

Para asignar valores a los parámetros se utiliza el método ***setParameter()***, por ejemplo, la siguiente consulta utiliza el parámetro nombrado *:numemple* y muestra el *apellido* y *oficio* del empleado con número 7369:

```
String hql = "from Empleados where empNo = :numemple";
Query<Empleados> q = session.createQuery(hql, Empleados.class);

q.setParameter("numemple", (short) 7369);
Empleados emple = (Empleados) q.uniqueResult();
System.out.printf("%s, %s %n", emple.getApellido(), emple.getOficio());
```

El siguiente ejemplo consulta los empleados cuyo número de departamento es 10 y el oficio DIRECTOR:

```
Query<Empleados> q = session.createQuery("from Empleados emp where
          emp.departamentos.deptNo = :ndep and emp.oficio = :ofi",
                                                  Empleados.class);
```

```
q.setParameter("ndep", (byte) 10);
q.setParameter("ofi", "DIRECTOR");
List<Empleados> lista = q.list();
```

El siguiente ejemplo obtiene los empleados cuya fecha de alta es 03/12/1991:

```
SimpleDateFormat formatoDelTexto = new SimpleDateFormat("dd/MM/yyyy");
String strFecha = "03/12/1991";
Date fecha = null;
try {
      fecha = formatoDelTexto.parse(strFecha);
} catch (ParseException ex) {
      ex.printStackTrace();
}
String hql = "from Empleados where fechaAlt = :fechalta";
Query<Empleados> q = session.createQuery(hql, Empleados.class);
q.setParameter("fechalta", fecha);
```

El siguiente ejemplo asigna a un parámetro nombrado llamado *:listadep* una colección de valores llamada *numeros* con los valores 10 y 20 para obtener aquellos empleados cuyo número de departamento sea 10 o 20; se usa el método ***setParameterList()***:

```
List<Byte> numeros = new ArrayList<Byte>();
numeros.add((byte) 10);
numeros.add((byte) 20);

String hql = "from Empleados emp
              where emp.departamentos.deptNo in (:listadep)
              order by emp.departamentos.deptNo ";

Query<Empleados> q = session.createQuery(hql, Empleados.class);
q.setParameterList("listadep", numeros);
```

ACTIVIDAD 3.8

Obtener los empleados cuyo oficio sea: *ANALISTA, DIRECTOR* o *VENDEDOR,* ordenarlo por *oficio* y dentro del oficio por *apellido*. Mostrar el *oficio*, *apellido* y *salario*.

3.9.2. Consultas sobre clases no asociadas

Si queremos recuperar los datos de una consulta en la que intervienen varias tablas y no tenemos asociada a ninguna clase los atributos que devuelve esa consulta podemos utilizar la clase **Object**. Los resultados se reciben en un array de objetos, donde el primer elemento del array se corresponde con la primera clase que ponemos a la derecha de FROM, el siguiente elemento con la siguiente clase y así sucesivamente. El siguiente ejemplo realiza una consulta para obtener los datos de los empleados y de sus departamentos. El resultado de la consulta se recibe en un array de objetos, donde el primer elemento del array pertenece a la clase *Empleados* y el segundo a la clase *Departamentos*:

```
String hql = "from Empleados e, Departamentos d
          where e.departamentos.deptNo = d.deptNo order by apellido";
Query<Object[]> q = session.createQuery(hql, Object[].class);
List<Object[]> lista = q.list();
```

```
for(Object[] par: lista) {
      Empleados em = (Empleados) par[0];
      Departamentos de = (Departamentos) par[1];
      System.out.printf("%s, %,9.2f, %s, %s %n",
       em.getApellido(), em.getSalario(), de.getDnombre(),de.getLoc());
}
```

El siguiente ejemplo hace una consulta usando la sentencia SELECT para recuperar el *apellido* y *salario* de los empleados cuyo salario supera 2400. Igual que antes, los valores a la derecha de SELECT se recuperan como un array de objetos, el primer elemento del array será el primer campo a la derecha de SELECT, el siguiente elemento será el segundo campo y así sucesivamente:

```
String hql = "SELECT apellido, salario FROM Empleados e
              where salario > 2400 order by apellido";
Query<Object[]> q = session.createQuery(hql, Object[].class);
List<Object[]> lista = q.list();

for(Object[] par: lista) {
      String apellido = (String) par[0];
      BigDecimal salario = (BigDecimal) par[1];
      System.out.printf("%s, %,9.2f %n",
                         apellido, salario.doubleValue());
}
```

Para estos casos se puede crear una vista a partir de las tablas y realizar el mapeo de la vista con Hibernate.

3.9.3. Funciones de grupo en las consultas

Los resultados devueltos por una consulta HQL o SQL en la que se ha utilizado una función de grupo como por ejemplo *avg(), sum(), count()*, etc. se pueden recoger como un único valor utilizando el método ***uniqueResult()***. El siguiente ejemplo muestra la suma de los salarios de los empleados

```
//MOSTRAR LA SUMA DE LOS SALARIOS
String hql = "select sum(em.salario) from Empleados as em";
Query<BigDecimal> cons = session.createQuery(hql, BigDecimal.class);
BigDecimal suma = cons.uniqueResult();
System.out.printf("Suma de salarios: %,9.2f%n", suma.doubleValue());
```

Si en la consulta intervienen varias funciones de grupo se recuperan como un array de objetos. El siguiente ejemplo muestra el salario medio y el número de los empleados:

```
//MOSTRAR SALARIO MEDIO Y N° DE EMPLEADOS
String hql = "select avg(salario), count(empNo) from Empleados";
Query<Object[]> cons = session.createQuery(hql, Object[].class);
Object[] resultado = (Object[]) cons.uniqueResult();

Double resultado0 = (Double) resultado[0];
Long resultado1 = (Long) resultado[1];

System.out.printf("Salario medio: %,9.2f%n", resultado0);
System.out.printf("Numero de empleados: %d%n", resultado1);
```

Si en la consulta intervienen varias funciones de grupo y además devuelve varias filas, podemos utilizar objetos devueltos por las consultas. Por ejemplo, a continuación se muestra el salario medio y el número de empleados por cada departamento:

```
//SALARIO MEDIO Y EL NÚMERO DE EMPLEADOS POR DEPARTAMENTO
String hql = "select e.departamentos.deptNo, avg(salario), count(empNo)
        from Empleados e group by e.departamentos.deptNo order by 1";

Query<Object[]> q = session.createQuery(hql, Object[].class);
List<Object[]> lista = q.list();
for (Object[] par : lista) {
      Byte depar = (Byte) par[0];
      Double media = (Double) par[1];
      Long cuenta = (Long) par[2];
      System.out.printf("Dep: %d, Media: %,9.2f, N° emp: %d %n",
                       depar, media, cuenta);
}
```

Al seleccionar una o varias columnas el tipo de dato suele ser un tipo de clase básica como *String*, *Byte*, *Integer*, *Double*, *Long*, *BigDecimal*, etc.

3.9.4. Objetos devueltos por las consultas

Anteriormente vimos cómo se pueden tratar los resultados obtenidos por una SELECT que no está asociada a ninguna entidad. Supongamos que a partir de las tablas *EMPLEADOS* y *DEPARTAMENTOS* quiero obtener una consulta en la que aparezcan el nombre del departamento, su número, el número de empleados y el salario medio. Como los datos de esta consulta no están asociados a ninguna clase, puedo crear una y utilizarla sin necesidad de mapearla. Cada fila devolverá un objeto de esa clase. Por ejemplo, creo la clase *Totales* en el paquete *clases* con 4 atributos: *numero, cuenta, media* y *nombre* (para guardar los datos del número de departamento, número de empleados, la media de salario y el nombre del departamento) y los constructores, *getter* y *setter* asociados. La clase *Totales.java* es la siguiente:

```
package clases;
public class Totales {
  private Long cuenta;  //número empleados
  private Byte numero;  //número departamento
  private Double media; //media salario
  private String nombre;//nombre depatamento

  public Totales( Byte numero,  Long cuenta,
              Double media,  String nombre) {
      this.cuenta = cuenta;
      this.media = media;
      this.nombre = nombre;
      this.numero = numero;
  }

  public Totales(){}

  public Long getCuenta() {return this.cuenta;}
  public void setCuenta( Long cuenta) {this.cuenta = cuenta;}
```

```
    public Byte getNumero() {return this.numero;}
    public void setNumero( Byte numero) {this.numero = numero;}

    public Double getMedia() {return this.media;}
    public void setMedia(final Double media) {this.media = media;}

    public String getNombre() {return this.nombre;}
    public void setNombre(final String nombre) {this.nombre = nombre;}
}
```

Para hacer uso de la clase anterior construimos la consulta HQL usando el operador **new** de la siguiente manera:

```
String hql = """
      select new clases.Totales(
      d.deptNo, count(e.empNo), coalesce(avg(e.salario),0), d.dnombre)
      from Empleados as e right join  e.departamentos as d
      group by d.deptNo, d.dnombre order by 1
      """;
Query<Totales> cons = session.createQuery(hql, Totales.class);
List<Totales> lista = cons.list();
for(Totales tot: lista) {
    System.out.printf("Numero Dep: %d, Nombre: %s,
        Salario medio: %,9.2f, N° emple: %d%n", tot.getNumero(),
        tot.getNombre(), tot.getMedia(), tot.getCuenta());
}
```

También podemos recuperar los valores de una consulta que no está asociada a ninguna clase mediante un array de objetos, clase **Object** (un ejemplo similar se vio anteriormente). Los resultados se reciben en un array de objetos, donde el primer elemento del array se corresponde con la primera fila, el siguiente con la siguiente fila. Dentro de cada fila será necesario acceder a los atributos o columnas mediante otro array de objetos:

```
String hql = """
      select d.deptNo, count(e.empNo),
             coalesce(avg(e.salario),0), d.dnombre
      from Empleados as e right join  e.departamentos as d
      group by d.deptNo, d.dnombre  order by 1
      """;
Query<Object[]> cons2 = session.createQuery(hql, Object[].class);
List<Object[]> filas = cons2.list(); // Todas las filas
for (int i = 0; i < filas.size(); i++) {
      Object[] filaActual = filas.get(i); // Acceso a una fila
      System.out.printf("Numero Dep: %d, Nombre: %s, Salario medio:
               %,9.2f, N° emple: %d%n", filaActual[0],
            filaActual[3], filaActual[2], filaActual[1]);
}
```

ACTIVIDAD 3.9

A partir de las tablas de la Actividad 3 realiza una consulta en HQL sobre *TLINEASVENTAS y TVENTAS* que muestre por cada cliente y venta el importe de la venta, que será la suma de la cantidad por el pvp de las líneas de venta. Mostrar al final el total importe de las ventas calculado a partir de otra consulta HQL sobre la tabla *TLINEASVENTAS*. El listado mostrará la siguiente información:

```
Número de ventas: 5
IDCLIENTE  NOMBRE               IDVENTA   IMPORTE VENTA
=========  ==================== =======   ==============
C001       Luis Gracia           V100        1.511,00
                                 V101          961,00
                                 V110          135,50
C009       Ana Serrano           V120        1.539,50
                                 V200          225,50
=========  ==================== =======   ==============
Total Importes de venta:                     4.372,50
```

3.10. INSERT, UPDATE y DELETE

Con el lenguaje HQL también podremos realizar operaciones INSERT, UPDATE y DELETE. La sintaxis para las operaciones UPDATE y DELETE es la siguiente:

```
(UPDATE | DELETE ) [FROM] NombreEntidad  [WHERE condición]
```

Donde:

- La palabra clave FROM es opcional.
- La cláusula WHERE también es opcional.
- Solo puede haber una entidad mencionada en la cláusula FROM y puede tener un alias, en ese caso cualquier referencia a la propiedad tiene que ser calificada utilizando ese alias. Si el nombre de la entidad no tiene un alias, entonces, es ilegal calificar cualquier referencia de la propiedad.
- No se puede especificar ninguna asociación en una consulta masiva de HQL. Se pueden utilizar subconsultas en la cláusula WHERE (las subconsultas pueden contener asociaciones).

Para crear sentencias INSERT, UPDATE o DELETE en HQL, utilizaremos el método ***createMutationQuery()*** de la interface **org.hibernate.query.MutationQuery.** Después, con el método ***executeUpdate()*** se ejecuta la operación que devuelve el número de entidades afectadas; no hemos de olvidar realizar el *commit* para validar la transacción. Veamos algunos ejemplos, dentro de la misma transacción modificamos un empleado y eliminamos los empleados del departamento 20:

```
Transaction tx = session.beginTransaction();
// Modificamos el salario de GIL
String hqlModif = "update Empleados set salario = :nuevoSal
                                where apellido = :ape";
MutationQuery q1 = session.createMutationQuery(hqlModif);
q1.setParameter("nuevoSal", (float) 2500.34);
q1.setParameter("ape", "GIL");

System.out.printf("FILAS MODIFICADAS: %d%n", q1.executeUpdate());

// Eliminamos los empleados del departamento 20
String hqlDel = "delete Empleados e where
                             e.departamentos.deptNo = :dep";
MutationQuery q2 =
        session.createMutationQuery(hqlDel).setParameter("dep", 20);
```

```
System.out.printf("FILAS ELIMINADAS: %d%n", q2.executeUpdate());
tx.commit(); // valida la transacción
```

Con ***tx.rollback()*** se deshace la transacción.

La sintaxis para la operación INSERT es la siguiente:

```
INSERT INTO NombreEntidad (lista de propiedades) sentencia_select
```

Donde:

- Solo se soporta la forma INSERT INTO ... SELECT ..., no la forma INSERT INTO ... VALUES ... Es decir, solo podemos insertar datos procedentes de otra tabla.
- La *lista de propiedades* es análoga a la lista de columnas en la declaración INSERT de SQL.
- La *sentencia_select* puede ser cualquier consulta SELECT de HQL válida, hay que tener en cuenta que los tipos devueltos por la consulta coincidan con los esperados por el INSERT.
- Para el caso de la propiedad **id** hay dos opciones: se puede especificar en la lista de propiedades (en tal caso su valor se toma de la expresión de selección correspondiente) o se puede omitir de la lista de propiedades (en este caso se utiliza un valor generado). Esta última opción solamente está disponible cuando se utilizan generadores de id que operan en la base de datos (por ejemplo, cuando se usa AUTO_INCREMENT PRIMARY KEY en MySQL, la clave primaria se crea de forma automática sin necesidad de dar valor).

Ejemplo: desde SQL creo la siguiente tabla e inserto varias filas:

```
CREATE TABLE NUEVOS (
      DEPT_NO  NUMBER(2) NOT NULL PRIMARY KEY,
      DNOMBRE  VARCHAR2(15 CHAR),
      LOC      VARCHAR2(15 CHAR)
) ;

INSERT INTO NUEVOS VALUES (51,'PERSONAL','MADRID');
INSERT INTO NUEVOS VALUES (52,'NÓMINAS','TOLEDO');
INSERT INTO NUEVOS VALUES (53,'OCIO','BARCELONA');
```

A continuación, añado la siguiente línea al fichero **hibernate.reveng.xml**:

```
<table-filter match-schema="UNIDAD3" match-name="NUEVOS"/>
```

Seguidamente generamos la nueva clase desde **Hibernate Code Generation Configurations**. Se tiene que generar la clase y el fichero **nuevos.hbm.xml**. También se generará de nuevo el fichero **hibernate.cfg.xml**, aparecerá una nueva línea para la clase *Nuevos*. Consultar el apartado 3.5.3. En Oracle no olvidemos que para ejecutar Java se debe cambiar de nuevo el dialecto a ***OracleDialect***. Por último, ejecuto el código Java para insertar los datos de esa tabla en la tabla *A*:

```
Transaction tx = session.beginTransaction();
String hqlInsert = "insert into Departamentos (deptNo, dnombre, loc)
                 select n.deptNo, n.dnombre, n.loc from Nuevos n";
MutationQuery q = session.createMutationQuery(hqlInsert);
```

```
try {
      System.out.printf("FILAS INSERTADAS: %d%n", q.executeUpdate());
      tx.commit();
} catch (org.hibernate.exception.ConstraintViolationException ex) {
      System.out.println("NO SE PUEDEN INSERTAR CLAVES DUPLICADAS");
      System.out.println(ex.getMessage());
}
```

3.11. RESUMEN DEL LENGUAJE HQL

Las consultas en HQL no son sensibles a mayúsculas, a excepción de los nombres de las clases y propiedades Java. Podemos escribir FROM, from, SELECT, sElect, etc.

La cláusula más simple que existe en Hibernate es **from**, que obtiene todas las instancias de una clase, por ejemplo, **from Empleados** obtiene todas las instancias de la clase *Empleados* (en SQL, obtiene todas las filas de la tabla *empleados*). La cláusula **order by** ordena los resultados de la consulta. La cláusula **where** permite refinar la lista de instancias retornadas y **order by** ordena la lista.

Ejemplos:

```
from Empleados where departamentos.deptNo = 10 order by apellido
from Empleados as em where em.departamentos.deptNo = 10 order by 1 desc
from Empleados as em order by em.departamentos.deptNo
```

Podemos asignar alias a las clases usando la cláusula **as**: *from Empleados **as** em*, o sin usar dicha cláusula: *from Empleados em.*

Pueden aparecer múltiples clases a la derecha de FROM, lo que causa un producto cartesiano o una unión "cruzada" (cross join): *from Empleados as em, Departamentos as dep.*

Para obtener determinadas propiedades (columnas) en una consulta utilizamos la cláusula SELECT: *select apellido, salario from Empleados*, obtiene los atributos *apellido* y *salario* de la clase *Empleados.*

Las consultas pueden retornar múltiples objetos y/o propiedades como un array de tipo **Object[]**, una lista, una clase, etc. En apartados anteriores vimos algunos ejemplos.

Las funciones de grupo soportadas son las siguientes, la semántica es similar a SQL:

- *avg(...), sum(...), min(...), max(...)*
- *count(*)*
- *count(...), count(distinct ...), count(all...)*

Se puede utilizar alias para nombrar los atributos y expresiones. Se pueden utilizar operadores aritméticos, de concatenación y funciones SQL reconocidas en la cláusula SELECT. Veamos algunos ejemplos:

```
select avg(salario) as med, count(empNo) as c from Empleados
select avg(salario), count(empNo) from Empleados
select avg(salario) + sum(salario), count(empNo) from Empleados
select apellido || '*' || oficio as campo from Empleados
select count(distinct departamentos.deptNo) from Empleados
```

Las expresiones utilizadas en la cláusula **where** incluyen lo siguiente[1]:

- Operadores matemáticos: +, -, *, /.
- Operadores de comparación binarios: =, >=, <=, <>, !=, *like*.
- Operadores lógicos *and*, *or*, *not*.
- Paréntesis ( ) que indican agrupación.
- *in, not in, between, is null, is not null, is empty, is not empty, member of* y *not member of*..
- Caso "simple", *case ... when ... then ... else ... end*, y caso "buscado", *case when ... then ... else ... end*.
- Concatenación de cadenas ...||... o *concat(...,...)*.
- *current_date(), current_time()* y *current_timestamp()*.
- *second(...), minute(...), hour(...), day(...), month(...),* y *year(...)* .
- Cualquier función u operador definido por EJB-QL 3.0: *substring(), trim(), lower(), upper(), length(), locate(), abs(), sqrt(), bit_length(), mod()* .
- *coalesce()* y *nullif()*.
- *str()* para convertir valores numéricos o temporales a una cadena legible.
- *cast(... as ...),* donde el segundo argumento es el nombre de un tipo de Hibernate, y *extract(... from ...)* si *cast()* y *extract()* es soportado por la base de datos subyacente.
- La función *index()* de HQL, que se aplica a alias de una colección indexada unida.
- Las funciones de HQL que tomen expresiones de ruta valuadas en colecciones*: size(), minelement(), maxelement(), minindex(), maxindex()*, junto con las funciones especiales *elements()* e índices, las cuales se pueden cuantificar utilizando *some, all, exists, any, in*.
- Cualquier función escalar SQL soportada por la base de datos como *sign(), trunc(), rtrim()* y *sin()*.
- Parámetros posicionales JDBC ?.
- Parámetros con nombre *:name, :start_date* y *:x1*
- Literales SQL *'foo', 69, 6.66E+2, '1970-01-01 10:00:01.0'*.
- Constantes Java.

Ejemplos:

```
from Empleados where departamentos.deptNo in (10,20)
from Empleados where departamentos.deptNo not in (10,20)
from Empleados where salario between 2000 and 3000
from Empleados where salario not between 2000 and 3000
from Empleados where comision is null
from Empleados where comision is not null
select lower(apellido), coalesce(comision, 0) from Empleados
select apellido from Empleados where apellido like 'A%'
```

[1] Fuente: http://docs.jboss.org/hibernate/orm/3.6/reference/es-ES/html/queryhql.html#queryhql-expressions

Se pueden agrupar consultas usando **group by** y **having**. Las funciones SQL y las funciones de agregación SQL están permitidas en las cláusulas **having** y **order by**, si están soportadas por la base de datos subyacente. Ni la cláusula **group by** ni la cláusula **order by** pueden contener expresiones aritméticas. Ejemplos:

```
select de.dnombre, avg(em.salario)
from Empleados em, Departamentos de
where de.deptNo = em.departamentos.deptNo
group by de.dnombre
having avg(em.salario) > 2000
```

Para bases de datos que soportan subconsultas, Hibernate soporta subconsultas dentro de consultas. Una subconsulta se debe encerrar entre paréntesis. Incluso se permiten subconsultas correlacionadas (subconsultas que se refieren a un alias en la consulta exterior). Ejemplos:

```
from Empleados as em where em.salario >
    (select avg(em2.salario) from Empleados em2
     where em2.departamentos.deptNo = em.departamentos.deptNo)

from Empleados as em where em.salario >
   (select avg(salario) from Empleados)
```

3.11.1. Asociaciones y uniones (joins)

En los mapeos realizados sobre las tablas las asociaciones de claves ajenas se generan de forma automática. Se pueden realizar consultas con joins sobre las colecciones. Los tipos de joins soportados son ***inner join, left join, right join***. Aunque la forma de utilizarlos es diferente a la usada en SQL. En estos joins no es necesario especificar en la cláusula *from* las instancias (tablas) que se combinan, solo hay que hacer el join con el atributo donde se define la asociación.

Por ejemplo, la siguiente consulta sobre *Departamentos* devuelve en cada fila de resultado un objeto *Departamentos* y otro *Empleados,* tantas filas como empleados hay en los departamentos. Se hará un ***join*** con la colección de empleados que es el atributo *empleadoses* de la clase *Departamentos*:

```
from Departamentos as de join de.empleadoses as e
```

La siguiente consulta al indicar ***left join*** devuelve también aquellos departamentos sin empleados, el objeto *Empleados* será *null* para aquellos departamentos sin empleados:

```
from Departamentos as de left join de.empleadoses as e
```

La siguiente consulta HQL sobre *Departamentos* muestra por cada departamento el número, el nombre, la suma de salarios y el salario medio. Se hará un join con la colección de empleados que es el atributo *empleadoses* de la clase *Departamentos*. Al indicar ***left join*** se mostrarán los departamentos sin empleados. Será necesario agrupar por número de departamento y nombre. Con *coalesce()* se evita que se muestre *null* en la suma y en la media:

```
select de.deptNo, de.dnombre,  coalesce(sum(e.salario),0),
                               coalesce(avg(e.salario), 0)
from Departamentos as de left join de.empleadoses as e
group by de.deptNo, de.dnombre order by 1
```

La siguiente consulta sobre *Tclientes* muestra una fila por cada línea de venta que tenga el cliente, se muestra el identificador del cliente, el nombre, el identificador de la venta, el número de línea, la cantidad en la línea y el importe (cantidad * pvp). Se hace un ***join*** con la colección de ventas del cliente que es el atributo *tventases* de *Tclientes* y con las líneas de venta de esa venta que es el atributo *tlineasventases* de la clase *Tventas*:

```
select tc.idcliente as IDCLI, tc.nombre as NOMBRE,
        tv.idventa as IDVENTA, tlv.id.numerolinea as NLINEA,
        tlv.cantidad as CANTIDAD,
        tlv.cantidad * tlv.tproductos.pvp as IMPORTE_LINEA
from Tclientes as tc join tc.tventases as tv
                     join tv.tlineasventases as tlv
order by 1,3,4
```

En este caso se muestran el identificador del cliente, el nombre, el identificador de la venta y la suma de los importes de cada línea de venta:

```
select tc.idcliente, tc.nombre, tv.idventa,
       sum(tlv.cantidad * tlv.tproductos.pvp) as IMPORTE_VENTA
from Tclientes as tc join tc.tventases as tv
                     join tv.tlineasventases as tlv
group by tc.idcliente, tc.nombre, tv.idventa
order by 1,3
```

A continuación, vamos a ver cómo se realizan asociaciones de forma manual sobre tablas que no tienen clave ajena definida. Por ejemplo, la tabla *EMPLEADOS* tiene la columna *DIR* que representa el director del empleado y es un número de empleado. Entonces podemos decir que un empleado que es director puede tener a cargo otros empleados, tenemos pues, una relación de uno a muchos (**one-to-many**) entre dos clases persistentes *Empleados*.

Para mapear esta relación añadimos las siguientes líneas al fichero XML **Empleados.hbm.xml** antes de la finalización de la definición de la clase (etiqueta **</class>**):

```
<set name="empleacargo" table="EMPLEADOS">
      <key column="DIR" />
      <one-to-many class="clases.Empleados" />
</set>
```

En donde la colección se indica mediante la etiqueta **<set> </set>**, que se le da un nombre (*empleacargo*), se indica el nombre de la tabla de donde se tomará esa colección de objetos (*EMPLEADOS*), la columna de la tabla por la que se relacionan (*DIR*), el tipo de relación (**one-to-many**) y la clase con la que se establece la relación (*clases.Empleados*). También es necesario añadir a la clase *Empleados.java* la colección (*empleacargo*) con los métodos *set* y los *get*:

```
private Set<Empleados> empleacargo = new HashSet<Empleados>(0);

public Set<Empleados> getEmpleacargo() {
      return empleacargo;
}

public void setEmpleacargo(Set<Empleados> empleacargo) {
      this.empleacargo = empleacargo;
}
```

Una vez realizados los cambios hacemos joins. El siguiente ejemplo:

```
from Empleados as emp join emp.empleacargo
```

Devuelve tantas instancias de dos objetos *Empleados* como resulte de combinar la tabla *EMPLEADOS* consigo misma mediante las columnas *DIR* y *EMP_NO*. El primer objeto resultante representa el director del empleado y el segundo el empleado. La orden anterior se corresponde con la siguiente orden en SQL:

```
SELECT dire.emp_no, dire.apellido, em.emp_no, em.apellido
FROM empleados dire, empleados em
WHERE dire.emp_no = em.dir
```

En la consulta anterior faltan los empleados que no tienen director, para que se muestren ejecutamos la consulta con *right join*, además la salida se puede ordenar:

```
from Empleados as emp right join emp.empleacargo order by emp.empNo
```

En SQL quedaría así:

```
SELECT dire.emp_no, dire.apellido, em.emp_no, em.apellido
FROM empleados dire
RIGHT JOIN empleados em ON dire.emp_no = em.dir
```

El siguiente ejemplo muestra los datos de los empleados (número de empleado y apellido) y los de su director, la salida se ordena por director:

```
String hql = "from Empleados as emp right join emp.empleacargo
              order by emp.empNo";
Query<Object[]> q = session.createQuery(hql, Object[].class);
List <Object[]> lista = q.list();
for(Object[] emple: lista) {
      Empleados dir = (Empleados) emple[0];//director
      Empleados em = (Empleados) emple[1]; //empleado
      if(dir!=null)
            System.out.printf("Empleado: %d, %s, DIRECTOR: %d, %s %n",
                  em.getEmpNo(), em.getApellido(),
                  dir.getEmpNo(), dir.getApellido());
      else
            System.out.printf("Empleado %d, %s, SIN DIRECTOR.%n",
                        em.getEmpNo(), em.getApellido());
}
```

El siguiente ejemplo muestra los empleados, si el empleado es director muestra los que tiene a su cargo:

```
String hql = "from Empleados ";
Query<Empleados> q = session.createQuery(hql, Empleados.class);
List<Empleados> lista = q.list();
System.out.println("=========================================");
for(Empleados emple: lista) {
    if (emple != null) {
      Set<Empleados> empleaCargo=emple.getEmpleacargo(); //emp a cargo
      if (empleaCargo.size() == 0) {// NO SON DIRECTORES
          System.out.printf("EMPLEADO: %d, %s %n",
```

```
                                emple.getEmpNo(), emple.getApellido());
                System.out.println("==================================");
        } else { //SON DIRECTORES
                System.out.printf("DIRECTOR: %d, %s %n",
                                        emple.getEmpNo(), emple.getApellido());
                System.out.println("Empleados a cargo: " +
                                          empleaCargo.size());
                for(Empleados em: empleaCargo ) {
                        System.out.printf("\t %d, %s %n",
                                      em.getEmpNo(), em.getApellido());
                }
                System.out.println("==================================");
        }
    }
}//
```

En Hibernate (y en general en las bases de datos) existen 4 tipos de relaciones: *uno-a-uno,* **uno-a-muchos**, **muchos-a-uno** y **muchos-a-muchos**; en los ejemplos solo se ha usado **one-to-many** que en el modelo relacional es una asociación uno a muchos. A la hora de definir la asociación se puede especificar más atributos, en este ejemplo solo se han indicado los necesarios.

El lenguaje HQL es mucho más extenso, aquí se han expuestos las nociones mínimas para empezar a trabajar.

Más información: *http://docs.jboss.org/hibernate/orm/3.6/reference/es-ES/html/queryhql.html*

Ejercicio resuelto *EjercicioCursosAlumnos*:

En el ejemplo se ha creado en MySQL la base de datos ***cursos*** con el usuario ***root***. En la carpeta de recursos de la unidad, podrás **encontrar la solución al ejercicio** (carpeta con nombre *EjercicioCursosAlumnos)*, **y los scripts** de las tablas.

Dado el siguiente modelo de datos correspondiente a la información que almacena un centro de formación para gestionar los cursos que imparte a diferentes alumnos:

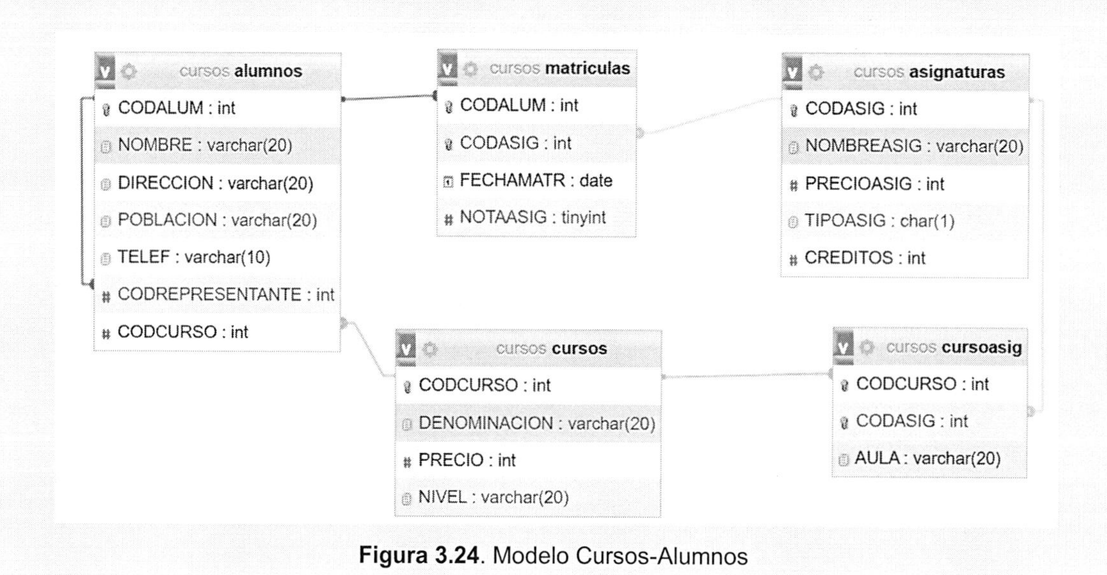

Figura 3.24. Modelo Cursos-Alumnos

Contamos con *ALUMNOS* que se apuntan a *CURSOS*, y que son representados por otro alumno. El alumno se identifica por el *CODALUM* y el curso por *CODCURSO*. También hay *ASIGNATURAS* que se imparten en el centro, se identifican por *CODASIG*, el tipo de asignatura *TIPOASIG*, tomará uno de los siguientes valores A, B, C y D, y cada asignatura tiene un precio y unos créditos. Un curso está formado por varias asignaturas, y una asignatura puede pertenecer a varios cursos. Esta información se recoge en la tabla *CURSOASIG*, ambos campos forman la primary key y son claves ajenas a las tablas correspondientes. Finalmente está la tabla *MATRICULA*, esta tabla contiene la información de los alumnos, y las asignaturas en las que se matriculan. Además, se almacena la fecha de matrícula y la nota en la asignatura. Un alumno puede matricularse en varias asignaturas de su curso, y en una asignatura se podrán matricular varios alumnos. La nota será un número entre 0 y 10.

A partir de estas tablas el ejercicio presenta un menú para resolver lo siguiente:

```
OPERACIONES CON CURSOS Y ALUMNOS
---------------------------------------
. 1 Mostrar informe por curso.
. 2 Obtener estadística.
. 3 Insertar nuevos alumnos.
. 0 SALIR.
---------------------------------------
 TECLEA OPERACIÓN:
```

Operación 1: Realizar un método que obtenga por pantalla las asignaturas que se imparten en cada curso, con el número de alumnos, y el precio a pagar de cada alumno. El informe por curso debe visualizar la siguiente información:

```
CODCURSO: ..................      DENOMINACIÓN: ........
PRECIO: .......                   NIVEL: ..............
Número de alumnos: .....   Número de asignaturas: .....

CODASIG    NOMBREASIG     PRECIOASIG   TIPOASIG  %INCREMENTO  NUM_ALUMNOS   TOTALASIG
---------  -------------  ------------ --------  -----------  ------------  ----------
xxxxxx     xxxxxxxxxx     xxxxxxxxx       xxx    xxxxxxx        xxxxxxxx     xxxxxxxx
xxxxxx     xxxxxxxxxx     xxxxxxxxx       xxx    xxxxxxx        xxxxxxxx     xxxxxxxx
-----------------------------------------------------------------------------------------
TOTALES:                                                         xxxxxxx     xxxxxxxx
```

Por ejemplo, para el curso 1, la salida sería la siguiente:

```
CODCURSO: 1  DENOMINACIÓN: Lenguajes
PRECIO: 200  NIVEL: Iniciación
Número de alumnos: 2  Número de asignaturas: 5

CODASI NOMBREASIG            PVPASI TIPOASI %INCREMENT NUM_ALUMNS  TOTALASIG
------ -------------------- ------ ------- ---------- ---------- ----------
     1 Sistemas                 80       A        4.0          1      84,00
     2 BBDD                     50       A        2.5          2     105,00
     3 JAVA                     70       B        4.2          2     148,40
     4 XQL                      80       B        4.8          2     169,60
     7 C++                      30       C        2.4          2      64,80
------ -------------------- ------ ------- ---------- ---------- ----------
TOTALES=>                                                      9     571,80
```

Donde:

INCREMENTO: se debe de calcular un porcentaje de subida que se sumará al precio de la asignatura (PRECIOASIG), y que depende del tipo de asignatura TIPOASIG. Así pues, el INCREMENTO se calcula de la siguiente manera: Si el tipo es A el *%INCREMENT* es el 5% del PRECIOASIG, si el tipo es B el

INCREMENTO es el 6% del PRECIOASIG, si el tipo es C el INCREMENTO será del 8% del PRECIOASIG, y si es D debe ser del 10%.

NUM_ALUMNOS es el número de alumnos que se han matriculado en esa asignatura

TOTALASIG es el número de alumnos de la asignatura (NUM_ALUMNOS) por el precio de la asignatura (PRECIOASIG) + el INCREMENTO calculado

TOTALES: se debe ir acumulando el NUM_AUMNOS, y el TOTALASIG de las asignaturas del curso.

Operación 2: Realiza un método que obtenga la siguiente estadística:

- Código, nombre y número de alumnos de la asignatura o asignaturas con más alumnos.
- Código, nombre y nota media del alumno o alumnos con mayor nota media (la nota media del alumno se calcula calculando la nota media de las notas que tiene el alumno en las asignaturas en las que está matriculado).

La salida con los datos iniciales deberá ser la siguiente:

```
Asignatura/s con más Alumnos:  Cod: 1 - Sistemas.  Cod: 4 - XQL.  Número de Alumnos: 6
Alumno/s con más nota media:  Cod: 4 - Ana.  Cod: 5 - Alicia Gil.  Máxima media: 8.0
```

Operación 3: Dada la tabla *NUEVOSALUMNOS*, con datos de nuevos alumnos a incorporar a la tabla *ALUMNOS* del modelo, será necesario maperala. Añadirla al fichero ***reveng*** y generar de nuevo los ***hbm***. Se pide leer los datos de esta tabla y añadirlos a la tabla *ALUMNOS*, teniendo en cuenta las siguientes situaciones:

a) Si el código del alumno nuevo ya existe en ALUMNOS, asignarle un código que sea el número mayor grabado hasta el momento + 1 de la tabla ALUMNOS.

b) A los alumnos nuevos de Talavera hay que asignarles de representante al alumno con código 1 y curso 1.

c) A los alumnos nuevos de Toledo hay que asignarles de representante al alumno con código 8 y curso 4.

d) A los que no sean ni de Talavera, ni de Toledo asignar 11 al representante y del curso 5.

e) Si el método se ejecuta varias veces, comprobar que no los inserte de nuevo, comprobar que el nombre no se vuelva a repetir.

Visualizar mensaje de las situaciones que vayan ocurriendo, el alumno que se inserta, o si ya se ha insertado.

La primera vez que se ejecute se mostrará:

```
Insertar Alumnos nuevos.
* Alumno con cód: 4 y nombre María González insertado con código: 12
* Alumno con cód: 6 y nombre José M Luján insertado con código: 13
* Alumno con cód: 10 y nombre Luisma García insertado con código: 14
* Alumno con cód: 15 y nombre Antonia Gómez insertado con código: 15
* Alumno con cód: 14 y nombre MJesús Romero insertado con código: 16
```

La segunda vez deberá indicar que ya existen:

```
Insertar Alumnos nuevos.
* Alumno con cód: 4 y nombre María González ya ha sido insertado. El nombre existe.
* Alumno con cód: 6 y nombre José M Luján ya ha sido insertado. El nombre existe.
* Alumno con cód: 10 y nombre Luisma García ya ha sido insertado. El nombre existe.
* Alumno con cód: 15 y nombre Antonia Gómez ya ha sido insertado. El nombre existe.
* Alumno con cód: 14 y nombre MJesús Romero ya ha sido insertado. El nombre existe.
```

3.12. MAPEO BASADO EN ANOTACIONES

Hibernate permite mapear clases Java a tablas de bases de datos mediante anotaciones. Esto simplifica la configuración y evita el uso de ficheros XML tradicionales. El siguiente ejemplo muestra la estructura básica de un fichero de mapeo basado en anotaciones que mapeará la tabla *NOMBRES* que será necesario crear en Oracle:

```
CREATE TABLE NOMBRES(
   ID             NUMBER(3) PRIMARY KEY,
   NOMBRE_PERSONA VARCHAR2(20 CHAR) NOT NULL,
   FECHA_NAC      DATE
);
```

La clase Java se llama *Nombres* y la creamos en el mismo paquete *clases*, donde están las otras clases mapeadas que hemos usado en los ejemplos, será necesario importar la librería **jakarta.persistence**.* para incluir las anotaciones en la clase:

```
package clases;
import java.time.LocalDate;
import jakarta.persistence.*;

@Entity // Marca esta clase como una entidad de Hibernate
@Table(name = "NOMBRES") // Especifica el nombre de la tabla en la BD

public class Nombres {
      @Id // Define la clave primaria
      int id;

      @Column(name = "nombre_persona", nullable = false, length = 20)
      private String nombre;

      @Column(name = "fecha_nac" , nullable = false )
      private LocalDate fecha;

      //constructores vacío y con parámetros
      //métodos get-set de los atributos
}
```

Explicación de las anotaciones utilizadas:

- **@Entity**: indica que esta clase es una entidad gestionada por Hibernate.
- **@Table(name = "NOMBRES")**: define el nombre de la tabla en la base de datos. Se puede omitir si el nombre de la tabla en la base de datos coincide con el nombre de la clase de la entidad.
- **@Id:** especifica la clave primaria de la tabla.
- **@Column(name = "nombre_persona", nullable = false, length = 20)**: configura la columna *NOMBRE_PERSONA* de la tabla que se corresponde con el atributo *nombre*. También se indica que no puede ser nula y que la longitud es 20.
- **@Column(name = "fecha_nac" , nullable = false)**: configura la columna *FECHA_NAC* de la tabla que se corresponde con el atributo *fecha*. No puede ser nula.

En el fichero de configuración **hibernate.cfg.xml** hay que añadir la nueva clase antes de la etiqueta *</session-factory>*:

```
<mapping class="clases.Nombres"/>
```

Y ya podemos realizar operaciones para trabajar con la tabla *NOMBRES*. Ejemplo:

```
Transaction transaction = session.beginTransaction();
// Crear varios nombres
Nombres nombre1 = new Nombres(1, "Ana", LocalDate.of(2020,5, 4));
Nombres nombre2 = new Nombres(2, "Juan", LocalDate.of(2019, 11,20));
Nombres nombre3 = new Nombres(3, "Jose", LocalDate.of(2024,12,1));

// Guardar en la BD
session.persist(nombre1);
session.persist(nombre2);
session.persist(nombre3);
transaction.commit();

// Consultar
Query<Nombres> q = session.createQuery("from Nombres order by nombre",
                    Nombres.class);
List<Nombres> lista = q.list();

System.out.printf("Numero de registros: %d%n", lista.size());
for (Nombres nom : lista) {
      System.out.printf("%d, %s  %s%n", nom.getId(),
              nom.getNombre(), nom.getFechac());
}

session.close();// Cerrar la sesión
```

Podemos crear un proyecto Maven añadiendo las dependencias de trabajar con Hibernate y con la base de datos en el **pom.xml**, y crear las clases Java que mapearán las tablas de la base de datos (se puede encontrar en los recursos *PruebaAnotacionesJPAHibernate*). Por ejemplo, podemos mapear las tablas *EMPLEADOS* y *DEPARTAMENTOS* usando anotaciones, veamos como quedaría la clase *Departamentos*:

```
@Entity
@Table(name = "DEPARTAMENTOS")
public class Departamentos  {
      @Id
      @Column(name = "dept_no", nullable = false)
      private byte deptNo;
      private String dnombre;
      private String loc;

      @OneToMany(mappedBy="departamentos") //atributo en Empleados
      private Set <Empleados> empleadoses = new HashSet<Empleados>(0);

      //constructores vacío y con parámetros
      //métodos get-set de los atributos
}
```

Y la clase y *Empleados*:

```
@Entity
@Table(name = "EMPLEADOS")
public class Empleados {
	@Id
	@Column(name = "emp_no", nullable = false)
	private short empNo;

	@ManyToOne
	@JoinColumn(name="dept_no")
	private Departamentos departamentos;

	private String apellido;
	private String oficio;
	private Short dir;

	@Column(name = "fecha_alt")
	private Date fechaAlt;

	private BigDecimal salario;
	private BigDecimal comision;

	@OneToMany(mappedBy="dir")
	private Set<Empleados> empleacargo = new HashSet<Empleados>(0);


	//constructores vacío y con parámetros
	//métodos get-set de los atributos
}
```

Será necesario añadir al proyecto Maven el fichero de configuración de Hibernate, se puede copiar y pegar el usado hasta ahora, donde se define la conexión a la base de datos. En este caso como no se generarán ficheros XML sobrarían las líneas que hacen referencia a los ficheros **hbm.xml** (***<mapping resource >***). En el fichero de configuración **hibernate.cfg.xml** hay que añadir las nuevas clases antes de la etiqueta ***</session-factory>***:

```
		<mapping class="clases.Departamentos"/>
		<mapping class="clases.Empleados"/>
```

En la clase *Departamentos* nos fijamos en la siguiente anotación:

```
	@OneToMany(mappedBy="departamentos") //atributo en Empleados
	private Set <Empleados> empleadoses = new HashSet<Empleados>(0);
```

- **@OneToMany(mappedBy="departamentos"):** se utiliza para definir una relación **uno a muchos** entre dos entidades. Esta anotación indica que una entidad (*Departamentos*) puede estar asociada con múltiples instancias de otra entidad (*Empleados*). **mappedBy** se usa para indicar que esta entidad no es la propietaria de la relación, la entidad que tiene el atributo *departamentos* será la propietaria de la relación, y su clave ajena estará en la tabla de esa entidad. El valor *"departamentos"* es el nombre del atributo en la clase *Empleados*.

En la clase *Empleados* nos fijamos en las siguientes anotaciones:

```
@ManyToOne
@JoinColumn(name="dept_no")
private Departamentos departamentos;
```

- **@ManyToOne:** indica que la entidad actual (*Empleados*) tiene una relación de **muchos a uno** con la entidad *Departamentos*. Esto significa que muchas instancias de la entidad actual pueden estar relacionadas con una sola instancia de *Departamentos*.

- **@JoinColumn(name = "dept_no")**: esta anotación especifica la columna que es la clave ajena (*dept_no*) en la tabla de la entidad actual. La columna *DEPT_NO* en la tabla *EMPLEADOS* apunta a la clave primaria de la tabla *DEPARTAMENTOS*.

```
@OneToMany(mappedBy="dir")
private Set<Empleados> empleacargo = new HashSet<Empleados>(0);
```

- **@OneToMany(mappedBy="dir"):** define la relación **uno a muchos** entre empleados, un empleado puede tener muchos empleados a cargo. En **mappedBy** se indica el nombre del atributo por el que se define la relación.

En estos ejemplos las clases no implementan la interface **Serializable**. En aplicaciones locales o simples como solo consultas a bases de datos y sin mecanismos avanzados, Hibernate y JPA funcionarán sin la necesidad de **Serializable**. Pero es altamente recomendable en aplicaciones que usan clustering, caché distribuido, o transferencia de objetos entre diferentes capas o sistemas.

3.12.1. ¿Qué es JPA?

JPA (*Java Persistence API*) es una especificación que define cómo manejar la persistencia de objetos en aplicaciones Java. En lugar de ofrecer clases específicas para gestionar el almacenamiento de datos, proporciona un conjunto de interfaces que permiten construir la capa de persistencia de una aplicación. Para hacer efectiva esta especificación, se debe utilizar alguna de las implementaciones concretas de JPA disponibles, como por ejemplo **Hibernate**, **EclipseLink**, **OpenJPA** o **DataNucleus**.

JPA mapea una clase Java con una tabla de la base de datos relacional usando la anotación **@Entity**. Por defecto el nombre de la tabla coincidirá con el nombre de la clase, aunque podemos modificar ese nombre utilizando anotaciones adicionales, en este caso **@Table(name = "nombre-de-tabla")**.

JPA ofrece dos estrategias de mapeo para manejar la relación entre las clases Java y la base de datos. Una es partir de un esquema de datos ya existente y construir las clases Java a partir de él; la generación de clases puede hacerse de forma manual o automática mediante herramientas que analizan el esquema de la base de datos, este enfoque es el que hemos utilizado hasta ahora usando la herramienta **Hibernate Tools**. La otra es hacerlo al revés, definir las relaciones entre las clases Java mediante **anotaciones** y generar el esquema de la base de datos a partir de ellas.

Vimos anteriormente como usar las interfaces que proporciona Hibernate para manejar la persistencia de los datos. A continuación, veremos las interfaces que proporciona JPA para manejar la persistencia de los datos.

3.12.2. Interfaces principales de JPA

Las interfaces principales de JPA para manejar la persistencia de objetos y acceder a la base de datos son: **EntityManager, EntityManagerFactory, Query, Persistence** y **Transaction.**

EntityManager: es la interface central de JPA para manejar la persistencia. Permite realizar operaciones CRUD (*Create, Read, Update, Delete*). Los métodos más comunes son:

- ***persist(Object entity)***: inserta una nueva entidad en la base de datos.
- ***find(Class<T> entityClass, Object primaryKey)***: recupera una entidad por su clave primaria.
- ***remove(Object entity)***: elimina una entidad.
- ***merge(Object entity)***: actualiza una entidad si la entidad no está en el contexto.
- ***refresh(Object entity)***: actualiza una entidad si la entidad está en el contexto.
- ***createQuery(String qlString)***: crea una consulta usando **JPQL**.
- ***createNamedQuery(String qlString)***: crea una consulta con nombre (en el lenguaje de consulta *Java Persistence* o en SQL nativo). Las consultas con nombre se definen en la entidad usando la anotación @**NamedQuery**.

EntityManagerFactory: se utiliza para crear instancias de **EntityManager**. Normalmente se crea una única instancia por aplicación o unidad de persistencia. Los métodos más comunes son:

- ***createEntityManager()***: crea un nuevo **EntityManager**.
- ***close()***: cierra el **EntityManagerFactory**.

Query: representa una consulta **JPQL** o una consulta nativa SQL, permite la ejecución de consultas y el manejo de los resultados. Los métodos más comunes son:

- ***getResultList()***: devuelve una lista con los resultados de la consulta.
- ***getSingleResult()***: obtiene un único resultado.
- ***setParameter(String name, Object value)***: establece los parámetros de la consulta.

Persistence: proporciona acceso a **EntityManagerFactory** mediante el método ***createEntityManagerFactory(String unitName)***.

Transaction (javax.persistence.EntityTransaction): se utiliza para manejar transacciones en **EntityManager**. Los métodos más importantes son:

- ***begin()***: inicia una transacción.
- ***commit()***: confirma una transacción.
- ***rollback():*** revierte una transacción.
- ***setRollbackOnly()***: marca una transacción para ser revertida.

La API de persistencia de Java (JPA) en 2019 pasó a llamarse **Jakarta Persistence**, después de que Oracle abriera el código fuente de *Java EE* y otorgara los derechos a *Eclipse Foundation*. Oracle era el dueño de los paquetes con prefijo **javax.*** y no permitió modificar dichos paquetes a *Eclipse Foundation*. El nombre **Jakarta** fue elegido por la comunidad y entonces se cambió de **javax.persistence** a **jakarta.persistence** debido a la transferencia de la administración de *Java EE* a *Jakarta EE*.

3.12.3. Crear un proyecto Maven con soporte JPA

Pulsamos sobre la opción de menú **File >> New >> Other >> Maven >>Maven Project**. En la pantalla que aparece a continuación seleccionamos la casilla **Create a simple Project (skip archetype selection)**. Rellenamos los campos necesarios y del resto dejamos las opciones por defecto, pulsamos el botón **Finish**. Se creará un proyecto con el nombre indicado en el campo ***Artifact Id***.

Añadimos las propiedades y dependencias al fichero **pom.xml**, las dependencias para trabajar con Oracle, la implementación de JPA **EclipseLink** y el API de persistencia de Java:

```
<properties>
    <project.build.sourceEncoding>UTF-8</project.build.sourceEncoding>
    <maven.compiler.source>21</maven.compiler.source>
    <maven.compiler.target>21</maven.compiler.target>
</properties>
<dependencies>
      <!--  PARA TRABAJAR CON ORACLE  -->
      <dependency>
            <groupId>com.oracle.database.jdbc</groupId>
            <artifactId>ojdbc11</artifactId>
            <version>23.7.0.25.01</version>
      </dependency>

      <!--IMPLEMENTACIÓN DE JPA -->
      <dependency>
            <groupId>org.eclipse.persistence</groupId>
            <artifactId>eclipselink</artifactId>
            <version>4.0.5</version>
      </dependency>

      <!-- API DE PERSISTENCIA DE JAVA -->
      <dependency>
            <groupId>jakarta.persistence</groupId>
            <artifactId>jakarta.persistence-api</artifactId>
            <version>3.2.0</version>
      </dependency>
</dependencies>
```

Actualizamos el proyecto pulsando con el botón derecho del ratón sobre él y seleccionando **Maven >> Update Proyect**. A continuación, vamos a crear la conexión con la base de datos Oracle. Para ello necesitamos el driver para conectar a Oracle, que se puede descargar de los recursos del capítulo o desde los repositorios de Maven.

Una vez que tenemos localizado el driver creamos la conexión a la base de datos desde la pestaña **Data Source Explorer**. Pulsamos con el botón derecho del ratón sobre **Database Connections** y a continuación pulsamos en ***New***, véase Figura 3.25.

Se abre una nueva ventana desde la que elegimos la base de datos, **Oracle**, y asignamos un nombre a la conexión. Véase Figura 3.26. Pulsamos el botón ***Next***.

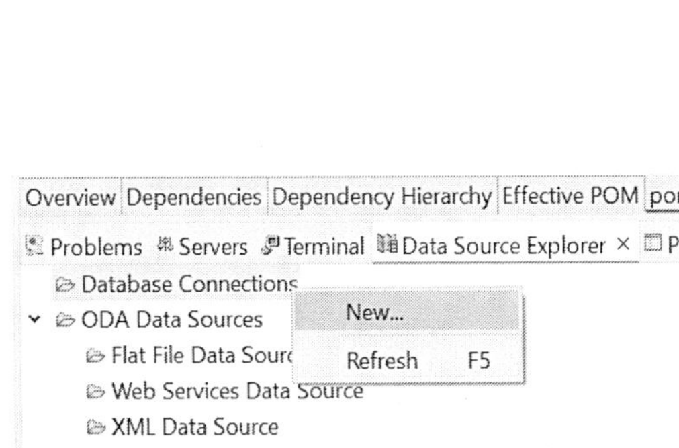

Figura 3.25. Crear conexión a la BD, paso 1.

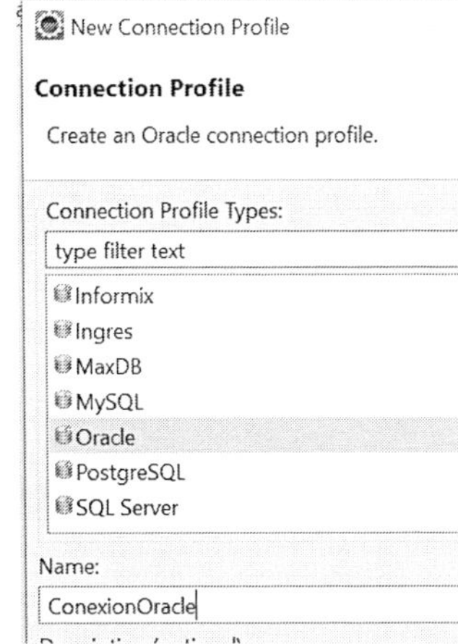

Figura 3.26. Crear conexión a la BD, paso 2.

A continuación, pulsamos sobre el botón ***New Driver Definition***, elegimos de la lista un driver Oracle desde la pestaña **Name/Type**. Desde la pestaña **JAR List** añadimos el driver pulsando el botón ***Add JAR/ZIP***, para el ejemplo se ha usado el driver ***ojdbc11-23.7.0.25.01.jar***, buscamos el jar en nuestro disco y borramos el que aparece. Desde la pestaña ***Properties*** se rellenan los datos de la conexión; en este caso se usará el mismo usuario y clave visto en ejemplos anteriores (*UNIDAD3*), véase Figura 3.27.

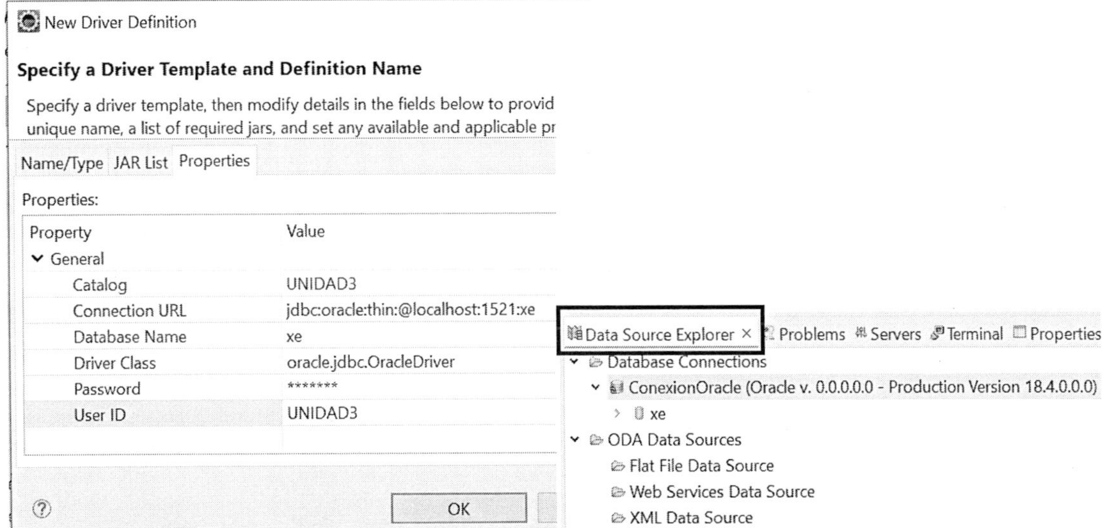

Figura 3.27. Crear conexión a la BD, paso 3.

Pulsamos el botón ***OK***. Desde la pantalla que muestra la conexión configurada pulsamos el botón ***Test Connection*** para testear la conexió. Una vez que comprobamos que la conexión ha tenido éxito pulsamos sobre ***Finish***. En la pestaña **Data Source Explorer** se puede observar la conexión creada.

Para añadir el soporte JPA en el proyecto, accedemos a las propiedades del mismo. Pulsamos con el botón derecho del ratón sobre el proyecto, selecionamos **Properties >> Project Facets** y pulsamos sobre ***Convert to faceted form...***, véase Figura 3.28.

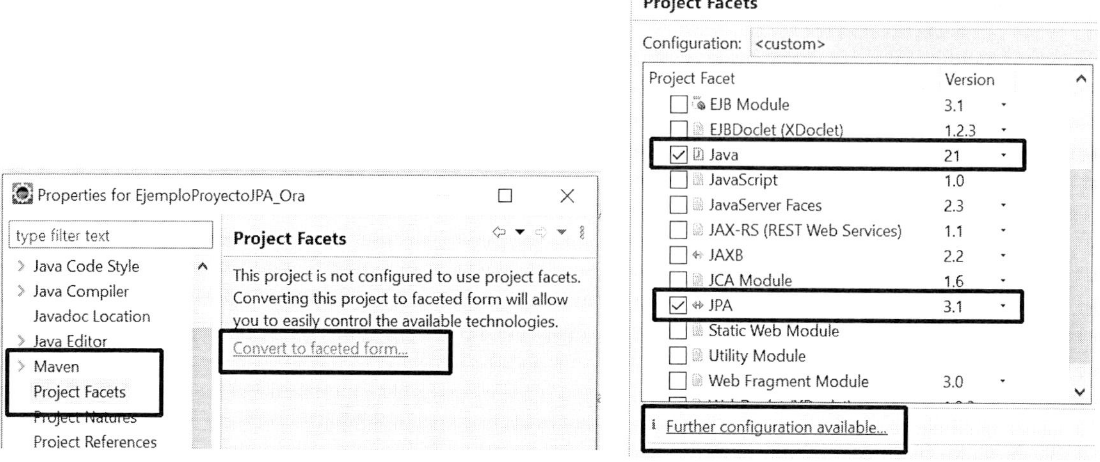

Figura 3.28. Añadir soporte JPA, paso 1.

En la siguiente pantalla seleccionamos **JPA** y **Java** y pulsamos sobre ***Further configuration available*** para añadir las librerías JPA, que en este caso se desactivarán ya que se han configurado en el fichero **pom.xml**; y la conexión a la base de datos. Véase Figuras 3.28.

Pulsamos el botón ***OK***, y a continuación ***Apply and Close*** para validar los cambios. En el proyecto Maven aparecerá un nuevo nodo **JPA Content** del que cuelga el fichero **persistence.xml.** También en el paquete **src/main/java** se habrá creado la carpeta **META-INF** conteniendo el fichero anterior. Dicha carpeta se puede mover a **src/main/resources**.

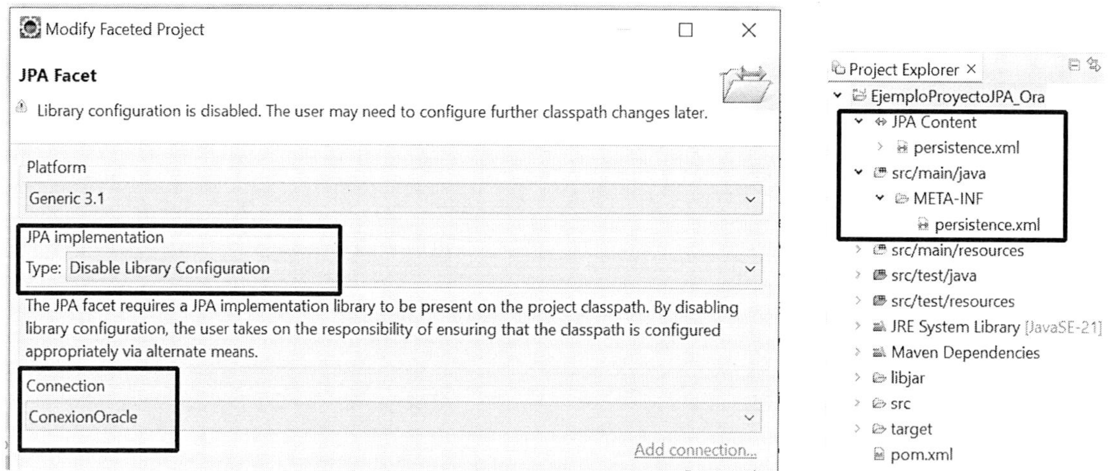

Figura 3.29. Añadir soporte JPA, paso 2 y estructura del proyecto.

Añadimos la conexión a la base de datos al fichero **persistence.xml**. Para ello hacemos doble clic sobre el fichero que cuelga de **JPA Content.** Desde la pestaña **Connection** nos aseguramos que en ***Transaction type*** esté seleccionado ***Resource Local***. Pulsando en ***Populate from connection*** elegimos la conexión a la base de datos, y pulsamos el botón **OK**, véase Figura 3.30. Guardamos los cambios. Desde la pestaña **Source** se pueden ver los datos de la conexión.

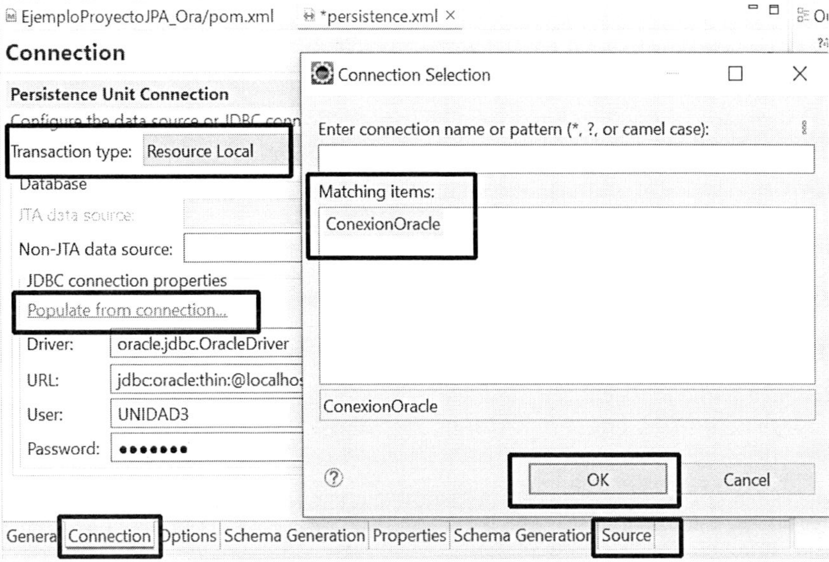

Figura 3.30. Añadir la conexión a la base de datos al fichero *persistence.xml*

3.12.4. Crear las entidades desde las tablas de la base de datos

A continuación, añadimos las entidades a partir de las tablas. Pulsamos con el botón derecho del ratón sobre el proyecto y seleccionamos **JPA Tools >> Generate Entities from Tables**, véase Figura 3.31.

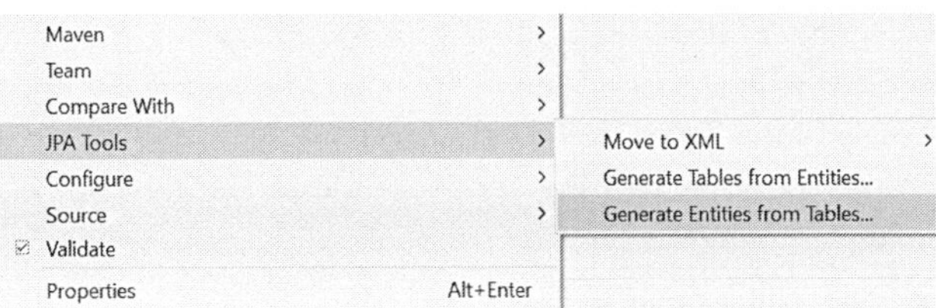

Figura 3.31. Opciones de *JPA Tools*.

En la siguiente ventana seleccionamos la conexión creada anteriormente desde ***Connection***. En ***Schema*** se mostrará la base de datos y debajo las tablas, seleccionamos las que nos interesen para generar las clases de dominio de forma automática, véase Figura 3.32.

Pulsando el botón ***Next*** se pueden editar las propiedades de las asociaciones entre las tablas o customizar diferentes aspectos de las entidades y sus atributos. Pulsamos ***Finish*** para finalizar. Se creará una carpeta de nombre ***model*** con las entidades.

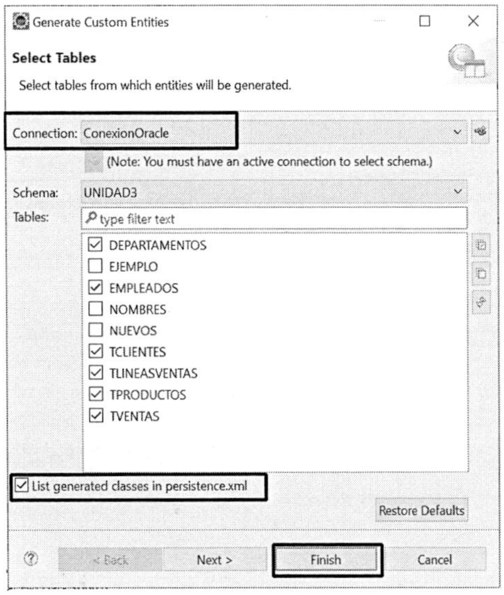

Figura 3.32. Generar las entidades a partir de las tablas Oracle

Puede ocurrir que, al generarse las clases, estas aparezcan con el siguiente error ***"Class "model.Departamento" is listed in the persistence.xml file, but is not annotated"***, aunque las entidades estén anotadas usando la anotación **@Entity** y asignadas en **persistence.xml**, véase Figura 3.33.

```
> persistence.xml
v src/main/java
  v model
    > Departamento.java
    > Empleado.java

12 @Entity
13 @Table(name="DEPARTAMENTOS")
14 @NamedQuery(name="Departamento.findAll", query="SELECT d FROM Departamento d")
15 Class "model.Departamento" is listed in the persistence.xml file, but is not annotated
16     private static final long serialVersionUID = 1L;
```

Figura 3.33. Error al generar las clases.

Podemos deshabilitar ese error desde la opción de menú **Windows >> Preferences >> Java Persistence >> JPA >> Errors/Warnings >> Persistence unit** ignorando el error ***Class is listed in the persistence.xml file, but is not annotated***, véase Figura 3.34.

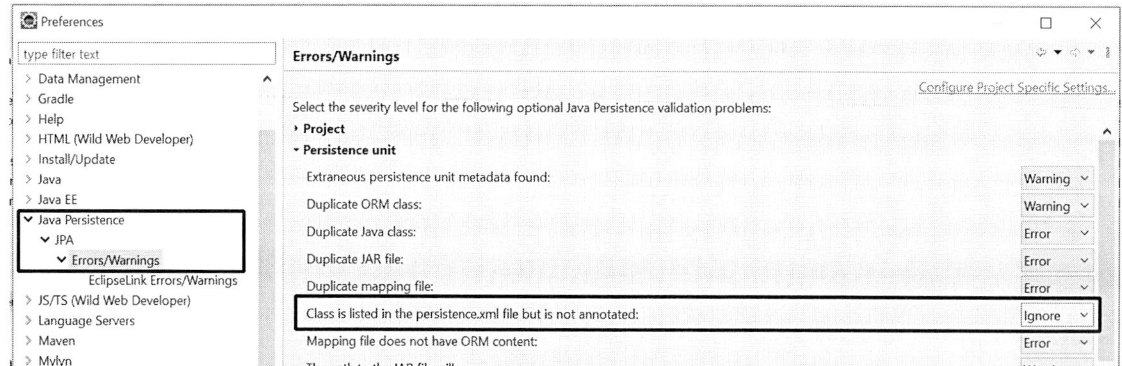

Figura 3.34. Ignorar error.

Estos errores se deben al cambio de la versión de JPA a la versión 3. También será necesario cambiar en el fichero **persistence.xml** las líneas donde se definen las propiedades de la conexión, sustituir ***javax*** por ***jakarta***:

```
<?xml version="1.0" encoding="UTF-8"?>
<persistence version="3.0"
xmlns="https://jakarta.ee/xml/ns/persistence"
xmlns:xsi="http://www.w3.org/2001/XMLSchema-instance"
xsi:schemaLocation="https://jakarta.ee/xml/ns/persistence
https://jakarta.ee/xml/ns/persistence/persistence_3_0.xsd">
      <persistence-unit name="EjemploProyectoJPA_Ora"
                        transaction-type="RESOURCE_LOCAL">
            <class>model.Departamento</class>
            <class>model.Empleado</class>
            <class>model.Tcliente</class>
            <class>model.Tlineasventa</class>
            <class>model.TlineasventaPK</class>
            <class>model.Tproducto</class>
            <class>model.Tventa</class>

            <properties>
            <property name="jakarta.persistence.jdbc.url"
                     value="jdbc:oracle:thin:@localhost:1521:xe"/>
            <property name="jakarta.persistence.jdbc.user"
                     value="UNIDAD3"/>
            <property name="jakarta.persistence.jdbc.password"
```

```
                     value="UNIDAD3"/>
        <property name="jakarta.persistence.jdbc.driver"
                     value="oracle.jdbc.OracleDriver"/>
        </properties>
    </persistence-unit>
</persistence>
```

Consultamos todas las clases generadas y revisamos las anotaciones creadas en las tablas. Nos fijamos en la clase ***TlineasventaPK*** y en la anotación que lleva: **@Embeddable**. Esta anotación se usa para definir una clase embebida, es decir una clase cuyos atributos se incluyen dentro de otra entidad en lugar de ser una entidad independiente con su propia tabla en la base de datos. En este caso se usa para definir claves primarias compuestas, la clase hace referencia a los campos que forman parte de la clave primaria en la tabla *TLINEASVENTA*.

Para que **JPA** pueda **crear las tablas** en la base de datos, en el fichero **persistence.xml** hay que configurar la propiedad **jakarta.persistence.schema-generation.database.action,** dentro del apartado de ***<properties>***. Los valores pueden ser:

- **create**: creará las tablas al inicio de la aplicación.
- **update**: actualiza el esquema de la base de datos (agregando columnas si es necesario, pero no elimina ni cambia estructuras existentes).
- **none**: no realiza ninguna acción de generación del esquema (no crea ni actualiza tablas).

Por ejemplo, para que se creen las tablas a partir de las clases, además de incluir las clases en este fichero añadimos la propiedad con el valor **create**:

```
<property name="jakarta.persistence.schema-generation.database.action"
          value="create"/>
```

3.12.5. Persistir entidades

La interface principal de JPA es **EntityManager**, que se encarga de controlar el ciclo de vida de todas las entidades definidas en la unidad de persistencia. Mediante esta interface se pueden realizar todo tipo de operaciones básicas sobre la base de datos: consultar, actualizar, eliminar y crear, además del control de transacciones.

En nuestros programas Java crearemos un objeto ***EntityManagerFactory*** usando el nombre de la unidad de persistencia definido en el fichero **persistence.xml**, normalmente es el nombre del proyecto, en este caso es ***EjemploProyectoJPA_Ora*:**

```
<persistence-unit name="EjemploProyectoJPA_Ora"
                  transaction-type="RESOURCE_LOCAL">
```

A partir de ese objeto creamos el ***EntityManager*** y como vamos a persistir entidades en la base de datos necesitamos crear un objeto ***EntityTransaction***. El código es el siguiente:

```
EntityManagerFactory emf =
  Persistence.createEntityManagerFactory("EjemploProyectoJPA_Ora");
EntityManager em = emf.createEntityManager();
EntityTransaction tx = em.getTransaction();

tx.begin(); //comienza la transacción
```

```
//Operaciones CRUD
tx.comit; // fin de la transacción

em.close();  // cerrar EntityManager
emf.close(); // cerrar EntityManagerFactory
```

Para persistir entidades y almacenar los datos en la base de datos necesitaremos:

- Crear la nueva entidad a persistir.
- Iniciar la transacción, usando el método **begin()** del objeto **EntityTransaction**.
- Persistir la entidad, usando el método **persist()** del objeto **EntityManager.**
- Finalizar la transacción, usando el método **commit()** del objeto **EntityTransaction**.

El ejemplo completo para insertar un departamento en la tabla de *DEPARTAMENTOS* es el siguiente, si el departamento existe se mostrará un error:

```
import jakarta.persistence.EntityManager;
import jakarta.persistence.EntityManagerFactory;
import jakarta.persistence.EntityTransaction;
import jakarta.persistence.Persistence;
import model.Departamento;

public class DepartamentoInsertarUno {
   public static void main(String[] args) {
      EntityManagerFactory emf = Persistence.createEntityManagerFactory
                                ("EjemploProyectoJPA_Ora");
      EntityManager em = emf.createEntityManager();
      EntityTransaction tx = em.getTransaction();

      Departamento dep = new Departamento();
      dep.setDeptNo((byte) 11);
      dep.setDnombre("MARKETING");
      dep.setLoc("BADAJOZ");

      tx.begin(); //comienza la transacción

      try {
            em.persist(dep); //persistir departamento
            tx.commit();     //fin de la transacción
            System.out.println("Departamento Insertado");
      } catch (Exception e) {
            System.out.println("ERROR: \n" + e.getMessage());
      } finally {
            em.close();
            emf.close();
      }
   }//
}//
```

Vemos que el código se parece mucho a lo que hemos visto en epígrafes anteriores con Hibernate.

3.12.6. Leer una entidad

Para leer una entidad de la base de datos usamos el método ***find()***. El siguiente ejemplo devuelve el objeto ***Departamento*** cuyo número de departamento (clave primaria) es 10, si no existe devuelve nulo, en este caso no es necesario iniciar una transacción:

```
Departamento dep = em.find(Departamento.class,(long) 10);
if(dep != null)
      System.out.printf("Dep: %d, Nombre: %s, Localidad: %s %n",
            dep.getDeptNo(), dep.getDnombre(), dep.getLoc());
else
      System.out.println("EL DEPARTAMENTO NO EXISTE");
```

3.12.7. Eliminar una entidad

Para eliminar una entidad de la base de datos usamos el método ***remove()***. La entidad tiene que estar dentro del contexto de persistencia por lo que antes debemos de leerla usando el método ***find()***, de lo contrario nos arrojara una excepción. También se producirá una excepción si el departamento es referenciado por alguna clave ajena. Por ejemplo, eliminamos el departamento cuyo número es el 11, será necesario iniciar una transacción:

```
EntityTransaction tx = em.getTransaction();
Departamento dep = em.find(Departamento.class, (long) 11);
if (dep != null) {
      tx.begin(); // comienza la transacción
      em.remove(dep);
      tx.commit(); // fin de la transacción
      System.out.printf("Dep: %d, ELIMINADO%n", dep.getDeptNo());

} else
      System.out.println("EL DEPARTAMENTO NO EXISTE");
```

3.12.8. Actualizar entidades

Para actualizar una entidad usamos el método ***merge()*** siempre y cuando la entidad no pertenezca a un contexto de persistencia. Usaremos este método cuando queremos actualizar una entidad que ya existe en la base de datos, pero no está dentro del contexto de persistencia. Si la entidad no existe se inserta. En este ejemplo modificamos el departamento 10, el departamento no está asociado a ningún contexto:

```
Departamento dep = new Departamento();
dep.setDeptNo((long) 10);
dep.setDnombre("CONTABILIDAD");
dep.setLoc("GUADALAJARA"); // cambio la localidad

tx.begin(); // comienza la transacción
em.merge(dep);
tx.commit(); //fin transacción
```

En este otro ejemplo primero recuperamos el departamento 10, con lo que se asocia a un contexto de persistencia, y después realizamos la modificación de la localidad. Usamos el método ***refresh()*** para modificarlo, también se puede usar el método ***persist()***:

```
Departamento dep = em.find(Departamento.class,(long) 10);
if (dep != null) {
      dep.setLoc("TOLEDO"); // cambio la localidad
      tx.begin(); // comienza la transacción
      em.refresh(dep);
      tx.commit(); // fin de la transacción
      System.out.printf("Dep: %d, MODIFICADO%n", dep.getDeptNo());
}
```

3.12.9. Consultas en JPA

Al mapear las tablas, JPA añade la anotación **@NamedQuery** a todas las clases con la anotación **@Entity**, por ejemplo: *@NamedQuery(name="Departamento.findAll", query="SELECT d FROM Departamento d")*. La anotación **@NamedQuery** se usa para definir consultas **JPQL** estáticas predefinidas que pueden ser referenciadas y ejecutadas por nombre durante la ejecución. Esto es útil para evitar tener que escribir las consultas repetidamente en diferentes partes del código. En ***name*** se indica el nombre que identifica la consulta, en ***query*** se escribe la consulta **JPQL** que se ejecutará cuando se invoque por nombre.

Para realizar consultas podemos usar varios métodos de la interface **EntityManager** (*https://eclipse.dev/eclipselink/api/2.6/javax/persistence/EntityManager.html*):

- ***Query createNamedQuery(String nombreConsulta)***: se usa para crear consultas estáticas o consultas que están definidas en la entidad usando la anotación **@NamedQuery,** el nombre que aparece es el nombre que usaremos en este método.
- ***Query createQuery(String JPQL)***: se usa para crear consultas dinámicas.
- ***Query createNativeQuery(String SQL)***: nos permite realizar consultas en el lenguaje nativo.

Los métodos anteriores devuelven un objeto **Query**. Podemos consultar los métodos de **Query** en esta URL: https://eclipse.dev/eclipselink/api/2.6/javax/persistence/Query.html

Veamos algunos ejemplos de usar consultas con nombre (las definidas con la anotación **@NamedQuery**). Partimos de la entidad *Empleado* y definimos varias consultas antes del nombre de la clase, algunas de ellas con parámetros.

Para definir varias consultas usamos la anotación **@NamedQueries()** y dentro para cada consulta la anotación **@NamedQuery** encerrando entre paréntesis el nombre de la consulta y la consulta, se han añadido parámetros con nombre en alguna de las consultas anteponiendo dos puntos delante del parámetro. Los parámetros son *dep*, *ofi* y *empno*:

```
@NamedQueries(
 {
 @NamedQuery(name="Empleado.findAll",query="SELECT e FROM Empleado e"),
 @NamedQuery(name="Empleado.findDep", query="SELECT e FROM Empleado e
             where e.departamento.deptNo = :dep"),
 @NamedQuery(name="Empleado.findOfi", query="SELECT e FROM Empleado e
             where e.oficio = :ofi"),
 @NamedQuery(name = "Empleado.dameUno",
            query = "SELECT e FROM Empleado e where e.empNo = :empno")
 }
)
public class Empleado implements Serializable { . . . . . }
```

La consulta la creamos en un String que en este caso será el nombre de la consulta y ejecutamos el método ***createNamedQuery()*** al que le mandamos la consulta; este método devuelve un objeto **Query**. Usando el método ***getResultList()*** obtenemos los resultados de la consulta:

```
String consulta = "Empleado.findAll";            //nombre de la consulta
Query query = em.createNamedQuery(consulta);  //creamos la consulta
List<Empleado> lista = query.getResultList(); //obtenemos resultados
```

Para las consultas con parámetros usamos el método ***setParameter("nombre de parametro", valor)*** se puede incluir al definir la consulta o después:

```
//EMPLEADOS DEL DEPARTAMENTO 10
consulta = "Empleado.findDep";
query = em.createNamedQuery(consulta).setParameter("dep", 10);
lista = query.getResultList();
. . . . . . . . . . . . . . . .
// EMPLEADOS DEL OFICIO EMPLEADO
consulta = "Empleado.findOfi";
query = em.createNamedQuery(consulta).setParameter("ofi", "EMPLEADO");
lista = query.getResultList();
```

A continuación, se muestra un ejemplo usando los otros dos métodos de consulta. El método ***createNativeQuery()*** permite realizar consultas SQL:

```
// EMPLEADOS CON OFICIO DIRECTOR
System.out.println("\nEMPLEADOS DEL oficio DIRECTOR: ");
String consulta = "SELECT e FROM Empleado e where e.oficio = :ofi ";
Query query = em.createQuery(consulta).setParameter("ofi", "DIRECTOR");
List<Empleado> lista = query.getResultList();

// EMPLEADOS DEL DEPARTAMENTO 20
System.out.println("\nEMPLEADOS DEL DEPARTAMENTO 20: ");
consulta = "SELECT * FROM Empleados e where e.dept_no = 20";
query = em.createNativeQuery(consulta, Empleado.class);
lista = query.getResultList();
```

Cuando la consulta nos devuelve un resultado podemos usar el método ***getSingleResult()***, si no existe o devuelve varios objetos se produce una excepción:

```
String consulta = "Empleado.dameUno";
Query query = em.createNamedQuery(consulta).
                                        setParameter("empno", 7839);
Empleado emple = (Empleado) query.getSingleResult();
```

Se pueden realizar consultas que devuelven datos que no están mapeados. Para recuperarlos podemos definir una clase con los atributos que nos interesa recoger en la consulta, que usaremos en la orden SELECT con el operador **new**; o podemos recuperar los datos como un array de objetos. En los siguientes ejemplos veremos dos formas de recoger los resultados con la misma consulta **JPQL**. La consulta obtiene el número de departamento, el nombre y el número de empleados que tiene. El primer ejemplo devuelve un array de objetos por cada fila de resultados, el primer elemento del array es el número de departamento, el segundo el nombre y el tercero el nº de empleados:

```
System.out.println("============== CONSULTA1 ======================");
String consulta1 ="""
        SELECT d.deptNo, d.dnombre, count(e.empNo)
        FROM Departamento d  left join Empleado e
        ON (d = e.departamento) GROUP BY d.deptNo, d.dnombre""";
Query query1 = em.createQuery(consulta1);
List<Object[]> lista = query1.getResultList();

for (Object[] obj : lista) {
        long ndep = (Long) obj[0];         //departamento
        String nombre = (String)obj[1]; //nombre
        Long cuenta = (Long) obj[2];       //numero de empleados
        System.out.printf("Dep: %d, Nombre: %s, N° de empleados: %d%n",
              ndep, nombre, cuenta);
}
```

La segunda consulta devuelve un objeto de la clase **Resultado** cuya descripción es la siguiente:

```
package model;
public class Resultado {
        private long deptno;       //numero de departamento
        private String dnombre;  //nombre de departamento
        private Long numero;       //número de empleados

        public Resultado(long deptno, String dnombre, Long numero) {
              this.deptno = deptno;
              this.dnombre = dnombre;
              this.numero = numero;
        }

        public Resultado() {     }

        //métodos get-set de los atributos
}
```

En la SELECT se añadirá la creación de un objeto de ese tipo usando el operador **new** con los campos número de departamento, nombre y número de empleado recuperados de la consulta:

```
System.out.println("================= CONSULTA2 ====================");
String consulta2 = """
        SELECT new model.Resultado(d.deptNo, d.dnombre, count(e.empNo) )
        FROM Departamento d  left join Empleado e
        ON (d = e.departamento) GROUP BY d.deptNo, d.dnombre
        """;

Query query2 = em.createQuery(consulta2);
List<Resultado> lista2 = query2.getResultList();

for (Resultado resul : lista2) {. . . }
```

Vemos que se parace bastante a lo visto en epígrafes anteriores con Hibernate.

3.12.10. JPQL

JPQL (***Java Persistence Query Language***) es un lenguaje de consulta que permite interactuar con la base de datos usando entidades en lugar de tablas. Es similar a SQL pero orientado a objetos. Muchas de sus instrucciones son parecidas o iguales a SQL.

La estructura de la orden **SELECT** es la siguiente:

```
SELECT ... FROM ...
[WHERE ...]
[GROUP BY ... [HAVING ...]]
[ORDER BY ...]
```

La consulta **JPQL** más simple es la siguiente que recupera todos los objetos de una clase que estarán almacenados en la base de datos, por ejemplo *Empleado*:

```
SELECT e FROM Empleado e
```

JPQL no permite la orden **INSERT**, las entidades deben persistirse con ***EntityManager.persist().*** La estructura de las órdenes **UPDATE** y **DELETE** es la siguiente:

```
DELETE FROM ... [WHERE ...]
UPDATE ... SET ... [WHERE ...]
```

Soporta las funciones:

- De grupo: *avg, max, min, sum, count.*
- De cadenas: *concat, substring, trim, lower, upper.*
- Numéricas: *length, abs, sqrt, mod, size.*
- De fecha: *current_date, current_time.*

Ejemplos de consultas JPQL:

```
SELECT e FROM Empleado e WHERE e.departamento.deptNo = 10
       ORDER BY e.apellido

SELECT e.empNo, e.apellido FROM Empleado e

SELECT DISTINCT e.departamento.deptNo FROM Empleado e

DELETE FROM Empleado e WHERE e.empNo = 7934

UPDATE Empleado e SET e.salario = e.salario + 100

SELECT e.departamento.deptNo, AVG(e.salario), COUNT(e.empNo)
       FROM Empleado e GROUP BY e.departamento.deptNo

SELECT d.deptNo, d.dnombre, count(e.empNo), COALESCE(avg(e.salario),0)
       FROM Departamento d left join Empleado e ON (d = e.departamento)
       GROUP BY d.deptNo, d.dnombre

SELECT CONCAT('Apellido: ', e.apellido), CURRENT_DATE,
       LENGTH(e.apellido) FROM Empleado e
```

3.12.11. Resumen de anotaciones JPA

En la siguiente tabla se resumen las anotaciones JPA:

Método	Descripción
`@Entity`	Marca una clase como una entidad JPA (crea una tabla en la BD)
`@Table(name="nombre_tabla")`	Especifica el nombre de la tabla en la base de datos
`@Id`	Define la clave primaria de la tabla
`@GeneratedValue(strategy=...)`	Especifica cómo se genera el valor de la clave primaria (IDENTITY, SEQUENCE, AUTO, TABLE) @GeneratedValue(strategy = GenerationType.IDENTITY
`@Column(name="nombre_columna", nullable=false, length=100)`	Personaliza el nombre y restricciones de la columna
`@Transient`	Indica que un atributo **no** se debe persistir en la BD
`@Enumerated(EnumType.STRING)`	Almacena un tipo *Enum* como texto en la BD
`@Temporal(TemporalType.DATE)`	Indica que un campo *Date* se guarda como fecha (sin hora) en la BD
`@Lob`	Define un campo para almacenar datos grandes como BLOB o CLOB
`@OneToOne`	Relación **uno a uno** entre dos entidades
`@OneToMany (mappedBy="departamento")`	Relación **uno a muchos** (un departamento tiene muchos empleados) *@OneToMany(mappedBy="departamento")* *private List<Empleado> empleados;*
`@ManyToOne`	Relación **muchos a uno** (varios empleados pertenecen a un departamento) *@ManyToOne* *@JoinColumn(name="DEPT_NO")* *private Departamento departamento;*
`@ManyToMany`	Relación **muchos a muchos**.
`@JoinTable`	Se usa cuando queremos personalizar la tabla intermedia en una relación **@ManyToMany**
`@JoinColumn(name="columna_fk")`	Especifica la columna de la clave foránea en una relación.
`@Embedded`	Incrusta una clase dentro de otra como parte de la tabla
`@Embeddable`	Define una clase que se puede incrustar en una entidad *@Embeddable* *public class TlineasventaPK*
`@EmbeddedId`	Define que la clase embebida es la que se usa como primary key de la tabla *@EmbeddedId* *private TlineasventaPK id;*
`@NamedQuery(name="nombreQuery", query="SELECT ......")`	Define una consulta JPQL reutilizable

En JPA, la anotación **@ManyToMany** se usa cuando una entidad puede estar relacionada con muchas instancias de otra entidad y viceversa. Por ejemplo, una relación entre estudiantes y cursos: un estudiante puede estar inscrito en varios cursos y un curso puede tener varios estudiantes. Para mapear esa relación se usa **@ManyToMany** en ambas entidades y se define una tabla intermedia que almacene las asociaciones.

Por ejemplo, tenemos las clases *Estudiante* y *Curso*, donde un estudiante puede inscribirse en muchos cursos y cada curso puede tener muchos estudiantes. En *Estudiante* tenemos un atributo que es la lista de cursos y es la que gestiona la relación, la mapeamos asi:

```
@ManyToMany
   @JoinTable(
        name = "estudiante_curso",
        joinColumns = @JoinColumn(name = "estudiante_id"),
        inverseJoinColumns = @JoinColumn(name = "curso_id")
   )
private List<Curso> cursos;
```

Donde:

- **@JoinTable:** crea una tabla intermedia (*estudiante_curso*) con las claves ajenas (*estudiante_id* y *curso_id*).
- **name**: aquí se indica el nombre de la tabla intermedia.
- **joinColumns:** columna para la clave ajena de *Estudiante*
- **inverseJoinColumns:** columna para la clave ajena de *Curso*

En *Curso* tenemos un atributo que es la lista de estudiantes, en **mappedBy** se indica el nombre del atributo de la clase *Estudiante* que es dueña de la relación:

```
@ManyToMany(mappedBy = "cursos")
private List<Estudiante> estudiantes;
```

Cuando se trabaja con una relación **@ManyToMany** las relaciones entre las entidades se manejan a través de una tabla intermedia que conecta ambas entidades. JPA generalmente oculta esta tabla intermedia, por lo que no se puede consultar directamente como una entidad (no se crea esa entidad). Sin embargo, hay formas de realizar consultas sobre ella, ya sea a través de una entidad intermedia personalizada o utilizando consultas específicas.

ACTIVIDAD 3.10

Crea las clases Java *Estudiante* y *Curso*. En *Estudiante* define los atributos: *id* que será la clave primaria, nombre y lista de cursos. En *Curso* define igualmente la clave primaria, el nombre del curso y la lista de estudiantes. En ambas clases define los métodos *get-set,* constructores y método *toString()*. Define para los nombres la longitud y que no pueden ser nulos Un curso puede tener muchos alumnos y un alumno puede inscribirse en varios cursos. Define alguna consulta con nombre en las clases.

Crea las entidades y mapea las relaciones. Haz que las clases sean persistentes y configúralas en el fichero **persistence.xml**. Realiza una clase Java para insertar datos y otra para consultar datos. Comprueba que se crean las tablas en la base de datos y cuántas se crean (para que se creen hay que asignar el valor ***create*** a la propiedad *jakarta.persistence.schema-generation.database.action*).

Ejercicio resuelto con JPA *EjercicioCentrosProfesoresORCL_JPA*:

A partir del modelo de datos Centros-Profesores (véase la figura 3.23), que se ya se ha utilizado en el apartado de Hibernate, y en un nuevo proyecto maven se generan las entidades desde las tablas del modelo con *JPA Tools*, y se realiza el siguiente ejercicio. Observa las clases y las relaciones generadas. Observa donde se genera la relación *ASIGPROF*.

El ejercicio muestra el siguiente menú con las operaciones a realizar:

```
EJERCICIO CENTROS Y PROFESORES CON JPA
--------------------------------------
. 1 Listado de asignaturas y sus profes.
. 2 Listado de centros.
. 3 Insertar ASIGPROF.
. 0 SALIR.
--------------------------------------
TECLEA OPERACIÓN:
```

Operación 1: Listar todas las asignaturas y los profesores que la imparten. La salida mostrará además de los datos de la asignatura el detalle de los profesores, y al final la asignatura con más profesores. Deberán salir todas las asignaturas, e indicar el número de profesores que la imparten. Y de los profesores se mostrará el nombre de su especialidad, el nombre de su jefe (si lo tiene) y el nombre de su centro. En el ejemplo, se muestra la salida para la asignatura LG0001 (con los datos iniciales):

```
Cod Asignatura: LG0001. Nombre: Lengua 1 ESO
  * Profesores que la imparten: 2
  CODPROF         NOMBRE PROFESOR NOMSPECIALIDAD                NOMBRE JEFE          NOMBRE CENTRO
  ------- --------------------- ------------- ------------------------ -------------------
     2000       Ramos Ruiz, Luis        Lengua     Segura Molina, Irene  IES Planeta Tierra
     2003   Segura Molina, Irene        Lengua                NO TIENE  IES Planeta Tierra
  ------- ------------------------ ------------- ------------------------ ------------------
```

Operación 2: Listar la información de los centros, se mostrará el código, nombre y localidad del centro, y además por cada centro el nombre del director, si lo tiene, el número de profesores del centro, y el número de asignaturas distintas que se imparten en el centro. Se muestra la salida con los datos iniciales:

```
  CODCENTRO        NOMBRE CENTRO       LOCALIDAD           NOMBRE DIRECTOR  NÚMPROFES NÚMASIG
  --------- ------------------- -------------- ------------------------ --------- -------
       1000       IES El Quijote    GUADALAJARA  Martínez Salas, Fernando         4       6
       1015     CP Los Danzantes       PASTRANA    Montes García, M.Pilar         3       2
       1022   IES Planeta Tierra       AZUQUECA         Ramos Ruiz, Luis         3       4
       1045     CP Manuel Hidalgo    GUADALAJARA             SIN DIRECTOR         0       0
       1050         IES Antoñete       SIGÜENZA             SIN DIRECTOR         0       0
```

Operación 3: Insertar en ASIGPROF. El método recibe un código de asignatura y un código de profesor. Antes de insertar se deben hacer todas las comprobaciones. Observa que, al crear las anotaciones, no se crea la clase ASIGPROF, pero se crea la lista de asignaturas en profesores y la lista de profesores en asignaturas. Para insertar es necesario después de hacer todas las comprobaciones (si existe la asignatura, y el profesor, y el profesor no imparte la asignatura) añadir la asignatura a la lista de asignaturas del profesor, y el profesor a la lista de profesores de la asignatura. El ejercicio prueba los distintos casos de error.

Carga el ejercicio ***EjercicioCentrosProfesoresORCL_JPA*** y prueba la ejecución. Lo encontrarás en la carpeta de recursos de la unidad.

COMPRUEBA TU APRENDIZAJE

1. ¿Qué ventajas aportan las herramientas de mapeo objeto-relacional?
2. Cita alguno de los inconvenientes del uso de herramientas de mapeo objeto-relacional.
3. Busca en Internet más herramientas ORM, haz una lista e indica algunas características de ellas, plataformas sobre las que se utilizan, lenguajes, si son de software libre o propietario, etc.
4. Disponemos de la siguiente base de datos de nombre ***baloncesto***. El modelo de datos se muestra en la Figura 3.35.

Figura 3.35. Modelo de datos *baloncesto*.

La base de datos contiene la información de los jugadores, equipos, partidos de la NBA en las temporadas desde 98/99 hasta 2007/2008. La tabla ***equipos*** contiene la información de los distintos equipos, se identifica por el ***Nombre***. La tabla ***jugadores*** contiene los jugadores que han participado en los equipos, se identifica por el ***código***, un jugador pertenece a un equipo, observa que la altura de los jugadores se expresa en pies, 1 pie 0,3048 metros, y el peso en libras, 1 libra 453.59 gramos. La tabla ***partidos*** contiene la información de los partidos, cada partido se identifica por el ***código***, y en un partido intervienen dos equipos, uno como local y otro como visitante. Finalmente, la tabla ***estadística***, contiene la información de las estadísticas de los jugadores. La media de puntos por partido, las asistencias realizadas, los tapones, los rebotes, etc, cada registro se identifica por la ***temporada*** y el ***código del jugador***.

Mapea las tablas de la base de datos con Hibernate y estudia las clases generadas.

Hacer un proyecto maven que muestre el siguiente menú:

```
EJERCICIO BALONCESTO
---------------------------------------
. 1 Mostrar estadística de jugadores.
. 2 Mostrar jugadores por equipo.
. 3 Insertar estadística.
. 0 SALIR.
---------------------------------------
 TECLEA OPERACIÓN:
```

Operación 1: Realiza un método que reciba el código de un jugador, y muestre la estadística del jugador. Se deben controlar situaciones de error si el jugador existe o no, si el jugador no existe muestra un mensaje indicándolo. Por ejemplo, si el código de jugador es 227, se debe mostrar la siguiente información:

```
DATOS DEL JUGADOR: 227
Nombre : Kirk Hinrich
Equipo : Bulls
Temporada  Ptos   Asis    Tap     Reb
==========================================
06/07     16.6        6.3   0.3    3.4
03/04     12.0        6.8   0.3    3.4
05/06     15.9        6.3   0.3    3.6
07/08     12.0        6.0   0.3    3.4
04/05     15.7        6.4   0.3    3.9
==========================================
Num de registros: 5
==========================================
```

Operación 2: realiza un método que muestre por cada equipo la lista de sus jugadores con la media de los puntos por partido. El listado debe aparecer ordenado por equipo, y de cada equipo ordenado por nombre de jugador. Debe mostrar también el número de equipos que hay. Ejemplo de salida:

```
Numero de Equipos: 30
===================================================
Equipo: 76ers
127, Andre Iguodala:  14,82
128, Andre Miller:  14,34
. . . . . . . .
===================================================
Equipo: Bobcats
191, Adam Morrison:  11,80
181, Derek Anderson:  11,20
. . . . . . . . . .
===================================================
Equipo: Bucks
202, Andrew Bouqt:  11,97
210, Awvee Store:  2,03
. . . . . . . . . .
```

Operación 3: realiza un método para insertar en la tabla ***Estadistica***. El método recibe el código de jugador, la temporada, los puntos por partido, los rebotes, y los tapones. Mostrar mensaje de lo que ocurra, que no exista el jugador, que el jugador tenga ya esa estadística, o que se inserte. Realizar las siguientes pruebas de llamada al método:

```
System.out.println("* Prueba1 no existe jugador");
insertarestadistica(9999, "06/06", (float)7.0, (float)5.0, (float)0.0);
System.out.println("* Prueba2 se añade");
insertarestadistica(123, "06/06", (float)6.4, (float)2.0, (float)0.0);
System.out.println("* Prueba3 ya existe");
insertarestadistica(2, "00/01", (float)5.5, (float)5.2, (float)5.0);
```

Al ejecutar varias veces, en la prueba 2 se indicará que ya existe.

ACTIVIDADES DE AMPLIACIÓN

1. En una compañía de metro se dispone de una base de datos que contiene la información de los trenes, las líneas, las cocheras, los accesos a las estaciones, las estaciones y los viajes. El modelo de datos se representa en la figura 3.36:

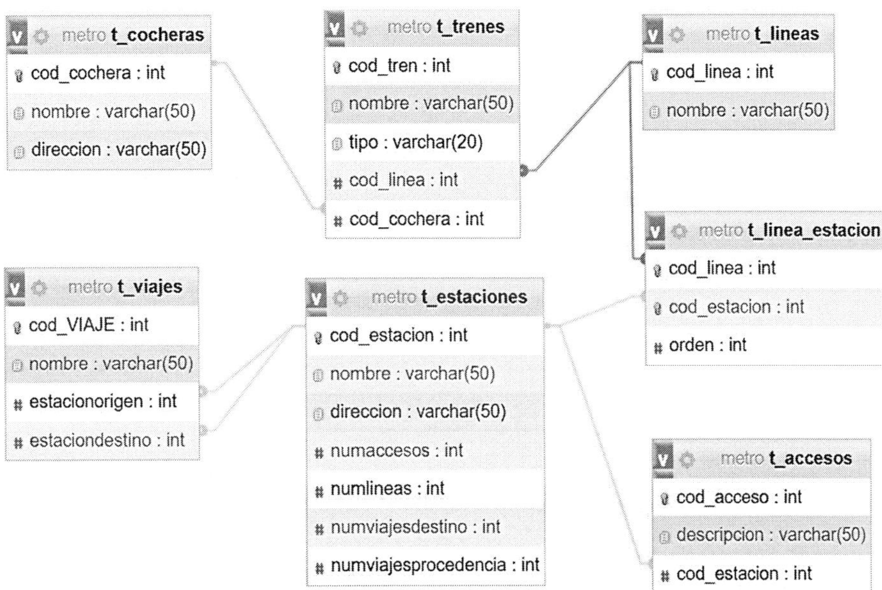

Figura 3.36. Modelo Metro.

Estudia detenidamente las tablas con sus relaciones. Observa la tabla ***T_Linea_estacion,*** contiene la información de las estaciones que tiene cada línea y el orden que hace cada estación dentro de la línea, este número no se puede repetir dentro de la misma línea. Su clave está formada por el ***cod_linea*** y el ***cod_estacion.*** Observa que los trenes tienen su cochera para guardarse ***(T_cocheras),*** y están asignados a una línea ***(T_lineas).*** Observa también que las estaciones pueden tener distintos accesos (***T_accesos***). Se ofrecen distintas rutas de viajes en metro que vienen recogidos en la tabla ***T_viajes***, una estación de destino y una estación de origen.

Mapea las tablas con Hibernate y realiza un proyecto maven que presente el siguiente menú y resuelva las distintas operaciones:

```
EJERCICIO METRO
---------------------------------------
. 1 Insertar en T_LINEA_ESTACION.
. 2 Actualizar campos en T_ESTACIONES.
. 3 Visualizar detalle ESTACIÓN.
. 0 SALIR.
---------------------------------------
 TECLEA OPERACIÓN:
```

Operación 1: realiza un método para insertar en la tabla T_LINEA_ESTACION. El método recibirá un número de línea, un número de estación, y el orden. Realizar todas las comprobaciones que la línea y la estación existan en las tablas correspondientes, que no exista esa línea con esa estación, que el orden no exista en la línea. Visualiza los mensajes de error que correspondan. Realiza las siguientes pruebas:

```
System.out.println("Prueba1. Línea y estación no existen.");
insertarLEstacion(234, 100, 8);
System.out.println("Prueba2. Orden ocupado en la línea.");
insertarLEstacion(2, 3, 8);
System.out.println("Prueba3. Inserta orden 9 linea 2, est 3.");
insertarLEstacion(2, 3, 9);
System.out.println("Prueba4. Estación no existe.");
insertarLEstacion(2, 78, 20);
```

Operación 2: realiza un método que actualice los campos *numaccesos*, *numlineas*, *numviajesdestino* y *numviajesprocedencia* de la tabla T_ESTACIONES. Estas columnas deben contener el número de accesos que tiene la estación (*numaccesos*), el número de líneas que pasan por la estación (*numlineas*), el número de viajes que la tienen como destino (*numviajesdestino*), y el número de viajes que la tienen como procedencia (*numviajesprocedencia*).

Operación 3: realiza un método que visualice por cada estación, el número de líneas que pasan por ella, el número de accesos que tiene, el número de viajes que tienen como destino la estación y los viajes con su nombre y su código. Y lo mismo con los viajes de procedencia. El formato es este:

```
COD ESTACIÓN: xxxxxx  NOMBRE ESTACIÓN: xxxxxxxxxxx
----------------------------------------------------
Números de líneas que pasan: xxxxxx
Número de accesos que tiene: xxxxxx
NUM-Viajes-DESTINO: xxxxxxxx
COD-VIAJE     NOMBRE-VIAJE-DESTINO
----------   ---------------------
   xxxx       xxxxxxxxxxxxxxxxxxx
   xxxx       xxxxxxxxxxxxxxxxxxx

NUM-Viajes-PROCEDENCIA: xxxxxxxx
COD-VIAJE     NOMBRE-VIAJE-PROCEDENCIA
----------   -------------------------
   xxxx       xxxxxxxxxxxxxxxxxxx
   xxxx       xxxxxxxxxxxxxxxxxxx
----------------------------------------------------
```

CAPÍTULO 4

BASE DE DATOS OBJETO-RELACIONALES Y ORIENTADA A OBJETOS

Contenidos

Bases de datos Objeto-Relacionales. Características. Tipos de objetos. Métodos. Tablas de objetos. Tipos colección. Varrays. Tablas anidadas. Referencias.

Bases de datos Orientadas a Objetos. Características. El estándar ODMG. El lenguaje de consultas OQL.

Uso Bases de datos Orientadas a Objetos. Almacenamiento de objetos. Consultas sencillas. Consultas más complejas.

Objetivos

Identificar las ventajas e inconvenientes de las bases de datos que almacenan objetos.

Identificar y gestionar tipos de objetos.

Gestionar la persistencia de objetos simples y estructurados.

Modificar los objetos almacenados.

Identificar las características del estándar ODMG.

Utilizar el lenguaje OQL.

Gestionar una BDOO.

RESUMEN DEL CAPÍTULO

En este capítulo utilizaremos una base de datos relacional a la que se le ha añadido conceptos del modelo orientado a objetos. Aprenderemos a crear tipos complejos de datos. Posteriormente usaremos una base de datos orientada a objetos pura, aprenderemos a almacenar y recuperar los objetos.

4.1. INTRODUCCIÓN

Las bases de datos constituyen una de las piezas fundamentales de muchos sistemas de información, muchas de ellas, sobre todo las más tradicionales, son difíciles de utilizar cuando las aplicaciones que acceden a los datos utilizan lenguajes de programación orientado a objetos como C++ o Java. Este fue uno de los motivos de la creación de las bases de datos orientadas a objetos, además de dar solución al surgimiento de aplicaciones más sofisticadas que necesitan tipos de datos y operaciones más complejas.

Los fabricantes de SGBD relacionales han ido incorporando en las nuevas versiones muchas de las propuestas para las bases de datos orientadas a objetos, un ejemplo son Informix, Oracle o PostgreSQL. Esto ha dado lugar al modelo relacional extendido y a los sistemas que lo implementan que son los llamados **sistemas Objeto-Relacionales**.

4.2. BASES DE DATOS OBJETO-RELACIONALES

Las **Bases de Datos Objeto-Relacionales (BDOR)** son una extensión de las bases de datos relacionales tradicionales a las que se les ha añadido conceptos del modelo orientado a objetos, por tanto, un **Sistema de Gestión de Base de Datos Objeto-Relacional (SGBDOR)** contiene características del modelo relacional y del orientado a objetos; es decir, es un sistema relacional que permite almacenar objetos en las tablas.

4.2.1. Características

Los modelos de datos relacionales orientados a objetos extienden el modelo de datos relacional proporcionando un sistema de tipos más rico e incluyendo tipos de datos complejos y la programación orientada a objetos. Los lenguajes de consulta relacionales como SQL también necesitan ser extendidos para trabajar con estos nuevos tipos de datos. Las extensiones orientadas a objetos que comúnmente se encuentran en las bases de datos relacionales orientadas a objetos son: objetos de datos de gran tamaño, tipos de datos estructurados/abstractos, tipos de datos definidos por el usuario, tablas en tablas, secuencias, conjuntos y arrays, procedimientos almacenados, etc. Las características orientadas a objetos se definieron en el estándar SQL:1999.

En definitiva, las características más importantes de los SGBDOR son las siguientes:

- Soporte de tipos de datos básicos y complejos. El usuario puede crear sus propios tipos de datos.
- Soporte para crear métodos para esos tipos de datos. Se pueden crear funciones miembro usando tipos de datos definidos por el usuario.
- Gestión de tipos de datos complejos con un esfuerzo mínimo.
- Herencia, posibilitan la creación de jerarquías de clases y reutilización de atributos y métodos.
- Se pueden almacenar múltiples valores en una columna de una misma fila.
- Integridad referencial, mantienen reglas de consistencia como en los sistemas relacionales.

- Compatibilidad con las bases de datos relacionales tradicionales. Es decir, se pueden pasar las aplicaciones sobre bases de datos relacionales al nuevo modelo sin tener que rescribirlas.
- El **inconveniente** de las BDOR es que aumenta la complejidad del sistema, esto ocasiona un aumento del coste asociado.

En este apartado estudiaremos la orientación a objetos que proporciona Oracle

4.2.2. Tipos de objetos

Para crear tipos de objetos utilizamos la orden **CREATE TYPE** (**OR REPLACE** reemplaza el tipo si ya existe) **AS OBJECT**. El siguiente ejemplo crea dos objetos, un objeto que representa una dirección formada por tres atributos: calle, ciudad y código postal, cada uno de los cuales con su tipo de dato; y el siguiente representa una persona con los atributos código, nombre, dirección y fecha de nacimiento:

```
CREATE OR REPLACE TYPE DIRECCION AS OBJECT
(
  CALLE  VARCHAR2(25),
  CIUDAD VARCHAR2(20),
  CODIGO_POST NUMBER(5)
);
/
CREATE OR REPLACE TYPE PERSONA AS OBJECT
(
  CODIGO NUMBER,
  NOMBRE VARCHAR2(35),
  DIREC  DIRECCION,
  FECHA_NAC DATE
);
/
```

Oracle responderá con el mensaje: *Tipo creado* para cada tipo creado (desde la línea de comandos de SQL). Una vez creados podemos usarlos para declarar e inicializar objetos como si se tratase de cualquier otro tipo predefinido. El objeto se inicializará al utilizarlo en un bloque PL/SQL o al declararlo, o bien antes de usarlo. El siguiente ejemplo muestra la declaración y uso de los tipos creados anteriormente:

```
DECLARE
  DIR DIRECCION := DIRECCION(NULL,NULL,NULL);
  P PERSONA     := PERSONA(NULL,NULL,NULL,NULL);
  DIR2 DIRECCION; -- Se inicializa al usarlo
  P2 PERSONA;     -- Se inicializa al usarlo
BEGIN
  DIR.CALLE := 'La Mina, 3';
  DIR.CIUDAD := 'Guadalajara';
  DIR.CODIGO_POST := 19001;
  --
  P.CODIGO := 1;
  P.NOMBRE := 'JUAN';
  P.DIREC  := DIR;
  P.FECHA_NAC := '10/11/1988' ;
  DBMS_OUTPUT.PUT_LINE('NOMBRE: ' ||P.NOMBRE || ' * CALLE: ' ||
```

```
                         P.DIREC.CALLE);
  --
  DIR2 := DIRECCION ('C/Madrid 10', 'Toledo', 45002);
  P2 := PERSONA(2, 'JUAN', DIR2, SYSDATE);
  DBMS_OUTPUT.PUT_LINE('NOMBRE: ' ||P2.NOMBRE || ' * CALLE: ' ||
                         P2.DIREC.CALLE );
END;
/
```

Para borrar un tipo usamos la orden ***DROP TYPE nombre_tipo***. Si el tipo se utiliza en otra declaración, se puede borrar el tipo añadiendo la cláusula ***FORCE*** (***`DROP TYPE nombre_tipo FORCE;`***). Sin embargo, tendremos errores allí donde se utiliza. Esos errores desaparecerán si se crea de nuevo el tipo y se compilan de nuevo los tipos que lo utilizan.

Por ejemplo, si se borra el tipo DIRECCION: ***`DROP TYPE DIRECCION`*** no deja porque otro tipo lo utiliza. Si añado ***`DROP TYPE DIRECCION FORCE`***; aparecerá un error en el tipo PERSONA.

Si un tipo se utiliza en una tabla, y el tipo se ha borrado con ***FORCE***, oracle retira las columnas dependientes del tipo, y esas columnas se vuelven inaccesibles, no aparecen en la tabla.

Si utilizamos SQLDEVELOPER, para ***activar DBMS_OUTPUT*** seguimos estos pasos: Opción de menú ***Ver->Salida de DBMS***, se abre una nueva ventana. Pulsar el botón + para activar DBMS_OUTPUT y a continuación seleccionar la conexión. Desde la línea de comandos escribimos: SET SERVEROUTPUT ON.

ACTIVIDAD 4.1

Crea un tipo con nombre T_ALUMNO, con 4 atributos, uno de tipo PERSONA y tres que indican las notas de la primera, segunda y tercera evaluación. Después crea un bloque PL/SQL e inicializa un objeto de ese tipo.

4.2.2.1. Métodos

Normalmente cuando creamos un objeto también creamos los métodos que definen el comportamiento del mismo y que permiten actuar sobre él. Los métodos son procedimientos y funciones que se especifican después de los atributos del objeto. Pueden ser de varios tipos:

- **MEMBER**: son los métodos que sirven para actuar con los objetos. Pueden ser procedimientos y funciones. ***Pueden acceder a los atributos del tipo, y para ejecutarlos hay que crear un objeto***.
- **STATIC**: son métodos estáticos independientes de las instancias del objeto. Pueden ser procedimientos y funciones. Estos métodos son operaciones globales que no son de los objetos, sino del tipo. ***Se ejecutan sin instanciar un objeto, no pueden utilizar los atributos del tipo.***
- **CONSTRUCTOR**: sirve para inicializar el objeto. Se trata de una función cuyos argumentos son los valores de los atributos del objeto y que devuelve el objeto inicializado.

Por cada objeto existe un constructor predefinido por Oracle. Los parámetros del constructor coinciden con los atributos del tipo de objeto, esto es, los parámetros y los atributos se declaran en el mismo orden y tienen el mismo nombre y tipo. No obstante, podemos sobrescribirlo y/o crear otros constructores adicionales; además, creando nuestros propios constructores podemos incluir valores por defecto, restricciones, etc. Los constructores llevarán en la cláusula RETURN la expresión **RETURN SELF AS RESULT**. PL/SQL nunca invoca al constructor implícitamente, por lo que el usuario debe invocarlo explícitamente.

El siguiente ejemplo muestra el tipo DIRECCION con la declaración de un procedimiento que asigna valor al atributo CALLE y una función que devuelve el valor del atributo CALLE (antes borramos el objeto con ***DROP TYPE DIRECCION FORCE***):

```
CREATE OR REPLACE TYPE DIRECCION AS OBJECT
(
  CALLE        VARCHAR2(25),
  CIUDAD       VARCHAR2(20),
  CODIGO_POST NUMBER(5),
  MEMBER PROCEDURE SET_CALLE(C VARCHAR2),
  MEMBER FUNCTION GET_CALLE RETURN VARCHAR2
);
/
```

El siguiente ejemplo define un tipo rectángulo con 3 atributos, un constructor que recibe 2 parámetros, un método **STATIC** y otro **MEMBER**:

```
CREATE OR REPLACE TYPE RECTANGULO AS OBJECT
(
  BASE   NUMBER,
  ALTURA NUMBER,
  AREA   NUMBER,
  STATIC PROCEDURE PROC1 (ANCHO INTEGER, ALTO INTEGER),
  MEMBER PROCEDURE PROC2 (ANCHO INTEGER, ALTO INTEGER),
  CONSTRUCTOR FUNCTION RECTANGULO (BASE NUMBER, ALTURA NUMBER)
                        RETURN SELF AS RESULT
);
/
```

Una vez creado el tipo con la especificación de los atributos y los métodos crearemos el cuerpo del tipo con la implementación de los métodos, usaremos la instrucción **CREATE OR REPLACE TYPE BODY**:

```
CREATE OR REPLACE TYPE BODY nombre_del_tipo AS
<implementación de los métodos>
END;
```

Donde <***implementación de los métodos***> tiene el siguiente formato:

```
[STATIC | MEMBER] PROCEDURE nombreProc [(parametro1, parámetro2, ...)]
IS
  Declaraciones;
BEGIN
  Instrucciones;
END;
[STATIC | MEMBER | CONSTRUCTOR] FUNCTION nombreFunc
[(param1, param2, ... )] RETURN tipo_valor_retorno
IS
  Declaraciones;
BEGIN
  Instrucciones;
END;
```

La implementación de los métodos del objeto DIRECCION es la siguiente:

```
CREATE OR REPLACE TYPE BODY DIRECCION AS
--
  MEMBER PROCEDURE SET_CALLE(C VARCHAR2) IS
  BEGIN
    CALLE := C;
  END;
--
  MEMBER FUNCTION GET_CALLE RETURN VARCHAR2 IS
  BEGIN
    RETURN CALLE;
  END;
END;
/
```

El siguiente bloque PL/SQL muestra el uso del objeto DIRECCION, visualizará el nombre de la calle, al no definir constructor es necesario invocarlo al definir el objeto:

```
DECLARE
  DIR DIRECCION := DIRECCION(NULL, NULL, NULL);--Llamada al constructor
BEGIN
  DIR.SET_CALLE('La Mina, 3');
  DBMS_OUTPUT.PUT_LINE(DIR.GET_CALLE);
  DIR := DIRECCION ('C/Madrid 10', 'Toledo', 45002);
  DBMS_OUTPUT.PUT_LINE(DIR.GET_CALLE);
END;
/
```

La implementación de los métodos del objeto RECTÁNGULO se muestra a continuación; antes se crea la tabla TABLAREC que usarán los métodos para insertar datos. En el constructor para hacer referencia a los atributos del objeto a partir del cual se invocó el método usamos el cualificador **SELF** delante del atributo, en el método **STATIC** no están permitidas las referencias a los atributos de instancia, en los métodos **MEMBER** sí está permitido:

```
CREATE TABLE TABLAREC (VALOR INTEGER);
/

CREATE OR REPLACE TYPE BODY RECTANGULO AS
--
  CONSTRUCTOR FUNCTION RECTANGULO (BASE NUMBER, ALTURA NUMBER)
                                  RETURN SELF AS RESULT IS
  BEGIN
    SELF.BASE := BASE;
    SELF.ALTURA := ALTURA;
    SELF.AREA := BASE * ALTURA;
    RETURN;
  END;
--
  STATIC PROCEDURE PROC1 (ANCHO INTEGER, ALTO INTEGER) IS
  BEGIN
    INSERT INTO TABLAREC VALUES(ANCHO*ALTO);
    --ALTURA := ALTO; --ERROR NO SE PUEDE ACCEDER A LOS ATRIBUTOS DEL TIPO
    DBMS_OUTPUT.PUT_LINE('FILA INSERTADA');
    COMMIT;
  END;
--
```

```
  MEMBER PROCEDURE PROC2 (ANCHO INTEGER, ALTO INTEGER) IS
  BEGIN
    SELF.ALTURA := ALTO; --SE PUEDE ACCEDER A LOS ATRIBUTOS DEL TIPO
    SELF.BASE := ANCHO;
    AREA := ALTURA*BASE;
    INSERT INTO TABLAREC VALUES(AREA);
    DBMS_OUTPUT.PUT_LINE('FILA INSERTADA');
    COMMIT;
  END;
END;
/
```

El siguiente bloque PL/SQL muestra el uso del objeto RECTANGULO, se puede llamar al constructor usando los 3 atributos; pero es más robusto llamarlo usando 2 atributos, de esta manera nos aseguramos que el atributo AREA tiene el valor inicial correcto. En este caso no es necesario inicializar los objetos R1 y R2, ya que se inicializan en el bloque BEGIN:

```
DECLARE
  R1 RECTANGULO;
  R2 RECTANGULO;
  R3 RECTANGULO := RECTANGULO(NULL, NULL, NULL);
BEGIN
  R1 := RECTANGULO(10, 20, 200);
  DBMS_OUTPUT.PUT_LINE('AREA R1: '||R1.AREA);

  R2 := RECTANGULO(10,20);
  DBMS_OUTPUT.PUT_LINE('AREA R2: '||R2.AREA);

  R3.BASE := 5;
  R3.ALTURA := 15;
  R3.AREA := R3.BASE * R3.ALTURA;
  DBMS_OUTPUT.PUT_LINE('AREA R3: '||R3.AREA);

  --USO DE LOS MÉTODOS DEL TIPO  RECTANGULO
  RECTANGULO.PROC1(10, 20);     --LLAMADA AL MÉTODO STATIC
  --RECTANGULO.PROC2(20, 30); --ERROR, LLAMADA AL MÉTODO MEMBER
  --R1.PROC1(5, 6);            --ERROR, LLAMADA AL MÉTODO STATIC
  R1.PROC2(5, 10);             --LLAMADA AL MÉTODO MEMBER
END;
/
```

En cuanto a los métodos, se produce error al llamar al método **STATIC** usando cualquiera de los objetos instanciados. También se produce error si la llamada a un método **MEMBER** se realiza sin haber instanciado un objeto.

Para borrar el cuerpo de un tipo usamos la orden **DROP TYPE BODY** indicando a la derecha el nombre del tipo cuyo cuerpo deseamos borrar: *DROP TYPE BODY nombre_tipo.*

ACTIVIDAD 4.2

Crea un método y el cuerpo del mismo en el tipo T_ALUMNO que devuelva la nota media del alumno y la nota más alta. Y escribe un ejemplo de uso.

En muchas ocasiones necesitamos comparar e incluso ordenar datos de tipos definidos como OBJECT. Para ello es necesario crear un método **MAP** u **ORDER**, debiéndose definir al menos uno de ellos por cada objeto que se quiere comparar:

- Los métodos **MAP** consisten en una función que ***devuelve un valor de tipo escalar*** (CHAR, VARCHAR2, NUMBER, DATE, etc.) ***que será el que se utilice en las comparaciones y ordenaciones*** aplicando los criterios establecidos para este tipo de datos.

- Un método **ORDER** ***utiliza los atributos del objeto*** sobre el que se ejecuta para realizar un cálculo y compararlo con otro objeto del mismo tipo, que toma como argumento de entrada. Este método d***evuelve un valor negativo si el parámetro de entrada es mayor que el atributo, un valor positivo si ocurre lo contrario y cero si ambos son iguales.*** Suelen ser menos funcionales y eficientes, se utilizan cuando el criterio de comparación es muy complejo como para implementarlo con un método **MAP**. No lo trataremos en este Capítulo.

Ejemplo con MAP. La siguiente declaración indica que los objetos de tipo ***PERSONA1*** se van a comparar por su atributo CODIGO:

```
CREATE OR REPLACE TYPE PERSONA1 AS OBJECT
(
  CODIGO NUMBER,
  NOMBRE VARCHAR2(35),
  DIREC DIRECCION,
  FECHA_NAC DATE,
  MAP MEMBER FUNCTION POR_CODIGO RETURN NUMBER
);
/
CREATE OR REPLACE TYPE BODY PERSONA1 AS
  MAP MEMBER FUNCTION POR_CODIGO RETURN NUMBER IS
  BEGIN
    RETURN CODIGO;
  END;
END;
/
```

El siguiente código PL/SQL compara dos objetos de tipo PERSONA1, y visualiza '*OBJETOS IGUALES*' ya que el atributo CODIGO tiene el mismo valor para los dos objetos:

```
DECLARE
  P1 PERSONA1 := PERSONA1(NULL, NULL, NULL, NULL);
  P2 PERSONA1 := PERSONA1(NULL, NULL, NULL, NULL);
BEGIN
  P1.CODIGO := 1;
  P1.NOMBRE := 'JUAN';
  P2.CODIGO := 1;
  P2.NOMBRE := 'MANUEL';

  IF P1 = P2 THEN
    DBMS_OUTPUT.PUT_LINE('OBJETOS IGUALES');
  ELSE
    DBMS_OUTPUT.PUT_LINE('OBJETOS DISTINTOS');
  END IF;
END;
/
```

Ejemplo con ORDER: en este ejemplo PERSONA2, el método de comparación devuelve un valor positivo, negativo o cero dependiendo del código. Recibe un objeto como parámetro:

```
create or replace TYPE PERSONA2 AS OBJECT
(
  CODIGO NUMBER,
  NOMBRE VARCHAR2(35),
  DIREC DIRECCION,
  FECHA_NAC DATE,
  order MEMBER FUNCTION comparar (pe PERSONA2) RETURN NUMBER
);
/
create or replace TYPE BODY PERSONA2 AS
  order MEMBER FUNCTION comparar (pe PERSONA2) RETURN NUMBER
  is
  BEGIN
     If codigo < pe.codigo then return -1; end if;
     If codigo > pe.codigo then return 1; end if;
     If codigo = pe.codigo then return 0; end if;
  END;
end;
/
```

En este caso se ejecuta el método **ORDER**, no hay ninguna diferencia al ejecutar. Pero ahora el segundo objeto en la comparación lo toma como argumento de entrada al método.

```
DECLARE
  P1 PERSONA2 := PERSONA2(NULL,NULL,NULL,NULL);
  P2 PERSONA2 := PERSONA2(NULL,NULL,NULL,NULL);
BEGIN
  P1.CODIGO := 1;
  P1.NOMBRE := 'JUAN';
  P2.CODIGO :=1;
  P2.NOMBRE :='MANUEL';

  IF P1 = P2 THEN  --P2 hace de argumeno de entrada
    DBMS_OUTPUT.PUT_LINE('OBJETOS IGUALES');
  ELSE
    DBMS_OUTPUT.PUT_LINE('OBJETOS DISTINTOS');
  END IF;
END;
/
```

Es necesario un método **MAP** u **ORDER** para comparar objetos en PL/SQL. Un tipo de objeto solo puede tener un método MAP o uno **ORDER**.

4.2.3. Tablas de objetos

Una vez definidos los nuevos tipos los podemos utilizar en las tablas para definir columnas de tablas de ese tipo o para definir tablas que almacenan objetos. Una tabla de objetos es una tabla que almacena un objeto en cada fila, se accede a los atributos de esos objetos como si se tratasen de columnas de la tabla. El siguiente ejemplo crea la tabla ALUMNOS de tipo PERSONA con la columna CODIGO como clave primaria y muestra su descripción:

```
CREATE TABLE ALUMNOS OF PERSONA (
  CODIGO PRIMARY KEY
);

DESC ALUMNOS;
```

```
Nombre                                    Nulo     Tipo
----------------------------------------- -------- ------------------
 CODIGO                                   NOT NULL NUMBER
 NOMBRE                                            VARCHAR2(35)
 DIREC                                             DIRECCION
 FECHA_NAC                                         DATE
```

A continuación, se insertan filas en la tabla ALUMNOS. Hemos de poner delante el tipo (DIRECCION) a la hora de dar valores a los atributos que forman la columna de dirección:

```
INSERT INTO ALUMNOS VALUES(
  1, 'Juan Pérez ',
  DIRECCION ('C/Los manantiales 5', 'GUADALAJARA', 19005),
  '18/12/1991'
);

INSERT INTO ALUMNOS (CODIGO, NOMBRE, DIREC, FECHA_NAC) VALUES (
  2, 'Julia Breña',
  DIRECCION ('C/Los espartales 25', 'GUADALAJARA', 19004),
  '18/12/1987'
);
```

El siguiente bloque PL/SQL inserta una fila en la tabla ALUMNOS:

```
DECLARE
  DIR DIRECCION := DIRECCION('C/Sevilla 20', 'GUADALAJARA', 19004);
  PER PERSONA := PERSONA(5, 'MANUEL',DIR, '20/10/1987');
BEGIN
  INSERT INTO ALUMNOS VALUES(PER); --insertar
  COMMIT;
END;
/
```

Para utilizar estos objetos en java utilizamos la clase ***Struct*** del paquete ***java.sql***. A la hora de crear un tipo utilizaremos la conexión a la base de datos y el método ***createStruct***: ***conn.createStruct(tipo, datos).*** Los siguientes ejemplos muestran un método para insertar un alumno, el método recibe los datos del alumno, y un segundo método para visualizar el contenido de la tabla ALUMNOS:

```
private static void insertarregistro(Connection conexion, int cod,
     String nombre, String fechanac, String calle,
     String poblacion, int codpost) throws SQLException {

      // pasar la fecha a sqldate
      Date fecha = Date.valueOf(fechanac);

      // Crear un objeto Struct con los datos de DIRECCION
      Object[] direccion = { calle, poblacion, codpost };
      Struct direcc = conexion.createStruct("DIRECCION", direccion);

      String sql = "insert into alumnos (CODIGO, NOMBRE, DIREC,
           FECHA_NAC) values (?,?,?,?)";
      PreparedStatement sent = conexion.prepareStatement(sql);
      sent.setInt(1, cod);
      sent.setString(2, nombre);
```

```
        sent.setObject(3, direcc);
        sent.setDate(4, fecha);
        int filas = sent.executeUpdate();
        System.out.println("Filas insertadas: " + filas);
        sent.close();
}

private static void visualizartabla(Connection conexion) throws
SQLException {
        // Preparamos la consulta
     Statement sentencia = conexion.createStatement();
     String sql = "select * from ALUMNOS";
     ResultSet resul = sentencia.executeQuery(sql);

     while (resul.next()) {
        int CODIGO = resul.getInt(1);
        String NOMBRE = resul.getString(2);
        Date FECHA_NAC = resul.getDate(4);

        // Obtengo el objeto DIRECCION
        Struct objeto = (Struct) resul.getObject(3);
        // Cargar los atributos CALLE, CIUDAD, CODIGO_POST
        Object[] atributos = objeto.getAttributes();

        String calle = (String) atributos[0];
        String ciudad = (String) atributos[1];
        java.math.BigDecimal codigo_post =
               (java.math.BigDecimal) atributos[2]; // Number (4)

        System.out.printf("Codigo: %d, Nombre: %s Fecha_nac: %s %n \t
Calle: %s, Ciudad: %s, CP: %d %n",
    CODIGO, NOMBRE, FECHA_NAC, calle, ciudad, codigo_post.intValue());

        }
      resul.close();
      sentencia.close();
}
```

4.2.3.1 Consultas en tablas de objetos

En las consultas se irá navegando por los atributos de las columnas que son objetos, similar a los objetos de java. Veamos algunos ejemplos de consultas sobre la tabla:

- Seleccionar aquellas filas cuya CIUDAD = 'GUADALAJARA':

```
SELECT * FROM ALUMNOS A WHERE A.DIREC.CIUDAD = 'GUADALAJARA';
```

- Para seleccionar columnas individuales, si la columna es un tipo **OBJECT** se necesita definir un alias para la tabla; en una base de datos con tipos y objetos se recomienda usar alias para el nombre de las tablas. A continuación, seleccionamos el código y la dirección de los alumnos:

```
SELECT CODIGO, A.DIREC FROM ALUMNOS A;
```

- Para llamar a los métodos hay que utilizar su nombre y paréntesis que encierren los argumentos de entrada (aunque no tenga argumentos los paréntesis deben aparecer). En el siguiente ejemplo obtenemos el nombre y la calle de los alumnos, usamos el método GET_CALLE del tipo DIRECCION:

```
SELECT NOMBRE, A.DIREC.GET_CALLE() FROM ALUMNOS A;
```

- Modificamos aquellas filas cuya ciudad es GUADALAJARA, convertimos la ciudad a minúscula:

```
UPDATE ALUMNOS A
       SET A.DIREC.CIUDAD = LOWER(A.DIREC.CIUDAD)
WHERE A.DIREC.CIUDAD = 'GUADALAJARA';
```

- Se cambia el código postal de MANUEL

```
update alumnos a set a.direc.codigo_post=45111 where a.NOMBRE='MANUEL';
```

- Eliminamos aquellas filas cuya ciudad sea 'guadalajara':

```
DELETE ALUMNOS A WHERE A.DIREC.CIUDAD = 'guadalajara';
```

- El siguiente bloque PL/SQL muestra el nombre y la calle de los alumnos:

```
DECLARE
  CURSOR C1 IS SELECT * FROM ALUMNOS;
BEGIN
  FOR I IN C1 LOOP
   DBMS_OUTPUT.PUT_LINE(I.NOMBRE || ' - Calle: ' || I.DIREC.CALLE);
  END LOOP;
END;
/
```

- El siguiente bloque PL/SQL modifica la dirección completa de un alumno:

```
DECLARE
  D DIRECCION := DIRECCION ('C/Galiano 5', 'Guadalajara', 19004);
BEGIN
  UPDATE ALUMNOS
         SET DIREC = D WHERE NOMBRE = 'Juan Pérez';
  COMMIT;
END;
/
```

ACTIVIDAD 4.3

Crea la tabla ALUMNOS2 del tipo T_ALUMNO e inserta objetos en ella. Realiza luego una consulta que visualice:

- El nombre del alumno y la nota media.
- Alumnos de GUADALAJARA con nota media mayor de 6.
- Nombre de alumno con más nota media.
- Nombre de alumno con nota más alta (cualquiera de sus notas).

Ejemplo resuelto oficinasempleados.

Partimos del siguiente modelo de datos véase la figura 4 (el script de creación se encuentra en la carpeta de recursos de la unidad).

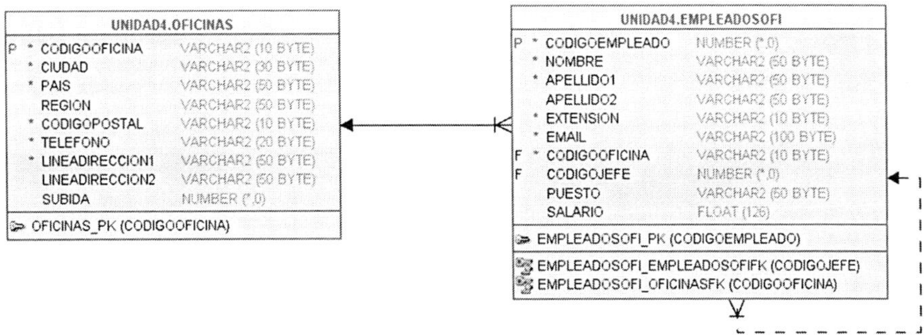

Figura 4.1. Modelo de datos oficinasempleados.

Se desea crear nuevos tipos de datos, y nuevas tablas con esos tipos, y se desea llenar las nuevas tablas con los datos de las tablas relacionales.

Crea un tipo oficinas (***tipoOficinas***) con los mismos campos que la oficina, crer una tabla del tipo creado (***nuevaofi***), y llenarla con los datos de ***oficinas***:

```
CREATE type tipoOficinas  as object(
   CodigoOficina varchar2(10) ,
   Ciudad varchar2(30) ,
   Pais varchar2(50),
   Region varchar2(50) ,
   CodigoPostal varchar2(10) ,
   Telefono varchar2(20) ,
   LineaDireccion1 varchar2(50) ,
   LineaDireccion2 varchar2(50) ,
   subida int
   );
/
create table nuevaofi of tipoOficinas (
      CodigoOficina primary key
   );

Insert into nuevaofi  select * from oficinas;
```

Crea un tipo empleadosofi (***tipoEmpleadosofi***) y en lugar de tener código de oficina va a tener un objeto oficina. Crea una nueva tabla de ese tipo (***nuevoempleofi***) y llenar la nueva tabla con los datos del modelo relacional.

```
CREATE type tipoEmpleadosofi  as object(
   CodigoEmpleado int ,
   Nombre varchar2(50),
   Apellido1 varchar2(50) ,
   Apellido2 varchar2(50) ,
   Extension varchar2(10) ,
   Email varchar2(100),
   CodigoOficina tipoOficinas,
   CodigoJefe int ,
   Puesto varchar2(50),
   salario float
   );
   /
  create table nuevoempleofi of  tipoEmpleadosofi (
      CodigoEmpleado primary key
   );
```

Para insertar en esta tabla, hay que hacer una select que combine las tablas **empleadosofi** y ***oficinas*** para poder crear el objeto oficina de cada empleado. Se escribe un insert con select:

```
INSERT INTO nuevoempleofi (codigoempleado, nombre, apellido1,
   apellido2, extension, email, codigooficina, codigojefe,
   puesto, salario)
 select codigoempleado, nombre, apellido1, apellido2, extension,
   email,
   tipoOficinas(n.CODIGOOFICINA, n.CIUDAD, n.PAIS, n.REGION,
       n.CODIGOPOSTAL, n.TELEFONO, n.LINEADIRECCION1,
       n.LINEADIRECCION2, n.SUBIDA),
   codigojefe,puesto,salario
 from empleadosofi e join oficinas n
          on e.codigooficina = n.codigooficina;
```

Realizar las siguientes consultas con la tabla ***nuevoempleofi***:

- Visualiza los empleados de las oficinas de Madrid. Obtener el código de empleado y el nombre

```
select codigoempleado, nombre
  from nuevoempleofi e where e.codigooficina.ciudad = 'Madrid';
```

- Visualiza el número de empleados, la suma de salarios, y la media de salario por cada oficina. Visualizar, código de oficina, ciudad y el contador, suma y media

```
select e.codigooficina.codigooficina, e.codigooficina.ciudad,
   count(*), sum(e.SALARIO), round(avg(e.salario),3)
   from nuevoempleofi e
   group by e.codigooficina.codigooficina, e.codigooficina.ciudad;
```

- Actualiza los empleados y súbeles el salario, la subida de su oficina.

```
Update nuevoempleofi e set e.salario = e.salario +
    e.CodigoOficina.subida;
```

- Inserta manualmente dos empleados (sólo código de empleado, nombre, salario y el objeto oficina) uno para la oficina TAL-ES, y otro para BCN-ES. Para insertar se construye una select con los datos a insertar, el código, nombre y salario lo inventamos, y la oficina lo devuelve la select:

```
insert into nuevoempleofi (codigoempleado, nombre, salario,
    codigooficina )
  select 100, 'Nombre empl 100', 1500,
  tipooficinas(n.CODIGOOFICINA, n.ciudad, n.pais, n.region,
     n.codigopostal, n.telefono, n.lineadireccion1,
     n.lineadireccion2, n.subida)
 from nuevaofi n where CODIGOOFICINA = 'TAL-ES';


insert into nuevoempleofi (codigoempleado, nombre, salario,
   codigooficina )
    select 102, 'Nombre empl 102', 1500,
       tipooficinas(n.CODIGOOFICINA, n.ciudad, n.pais, n.region,
         n.codigopostal, n.telefono, n.lineadireccion1,
       n.lineadireccion2, n.subida)
    from nuevaofi n where CODIGOOFICINA = 'BCN-ES';
```

4.2.4. Tipos colección

Las bases de datos relacionales orientadas a objetos permiten almacenar colecciones en una sola columna. En Oracle, los **VARRAYS** funcionan como arrays de C, almacenando elementos del mismo tipo con un índice asociado. Por otro lado, las **tablas anidadas** permiten almacenar una tabla dentro de una columna de otra tabla.

4.2.4.1. VARRAYS

VARRAY (Variable-Length Array) es un tipo de colección que almacena un **número fijo** de elementos del mismo tipo de datos. Formato:

```
CREATE OR REPLACE TYPE NombreVarray AS VARRAY(n) OF TipoDato;
```

El siguiente ejemplo crea un tipo **VARRAY** de nombre TELEFONO de tres elementos donde cada elemento es del tipo VARCHAR2:

```
CREATE TYPE TELEFONO AS VARRAY(3) OF VARCHAR2(9);
```

Cuando se declara un tipo **VARRAY** no se produce ninguna reserva de espacio. Para obtener información de un **VARRAY** usamos la orden **DESC** (*DESC TELEFONO*). La vista **USER_VARRAYS** obtiene información de las tablas que tienen columnas varrays.

Veamos algunos ejemplos del uso de varrays:

- Creamos una tabla donde una columna es de tipo **VARRAY**:

```
CREATE TABLE AGENDA
(
  NOMBRE VARCHAR2(15),
  TELEF TELEFONO
);
```

- Insertamos varias filas:

```
INSERT INTO AGENDA VALUES
  ('MANUEL', TELEFONO ('656008876', '927986655', '639883300'));
INSERT INTO AGENDA (NOMBRE, TELEF) VALUES
  ('MARTA' , TELEFONO ('649500800'));
```

- En las consultas es imposible poner condiciones sobre los elementos almacenados dentro del **VARRAY**, además, los valores del **VARRAY** solo pueden ser accedidos y recuperados como bloque, no se puede acceder individualmente a los elementos (desde un programa PL/SQL sí se puede). Seleccionamos determinadas columnas:

```
SELECT TELEF FROM AGENDA;
```

- Podemos usar alias para seleccionar las columnas:

```
SELECT A.TELEF FROM AGENDA A;
```

- Modificamos los teléfonos de MARTA:

```
UPDATE AGENDA SET TELEF=TELEFONO('649500800', '659222222')
WHERE NOMBRE = 'MARTA';
```

Desde un programa PL/SQL se puede hacer un bucle para recorrer los elementos del **VARRAY**. El siguiente bloque visualiza los nombres y los teléfonos de la tabla AGENDA, **I.TELEF.COUNT** devuelve el número de elementos del **VARRAY**:

```
DECLARE
  CURSOR C1 IS SELECT * FROM AGENDA;
  CAD VARCHAR2(50);
BEGIN
  FOR I IN C1 LOOP
    DBMS_OUTPUT.PUT_LINE(I.NOMBRE ||
                 ', Número de Telefonos: ' ||I.TELEF.COUNT);
    CAD := '*';

    --Recorrer el varray
    FOR J IN 1 .. I.TELEF.COUNT LOOP
      CAD := CAD || I.TELEF(J) || '*';
    END LOOP;
    DBMS_OUTPUT.PUT_LINE(CAD);
  END LOOP;
END;
/
```

Muestra la siguiente salida:

```
MANUEL, Número de Telefonos: 3
*656008876*927986655*639883300*
MARTA, Número de Telefonos:2
*649500800*659222222*
```

El siguiente ejemplo crea un procedimiento almacenado para insertar datos en la tabla AGENDA, a continuación, se muestra la llamada al procedimiento:

```
CREATE OR REPLACE PROCEDURE INSERTAR_AGENDA (N VARCHAR2, T TELEFONO) AS
BEGIN
  INSERT INTO AGENDA VALUES (N, T);
END;
/
BEGIN
  INSERTAR_AGENDA('LUIS', TELEFONO('949009977'));
  INSERTAR_AGENDA('MIGUEL', TELEFONO('949004020', '678905400'));
  COMMIT;
END;
/
```

ACTIVIDAD 4.4

Crea una función almacenada que reciba un nombre de la agenda y devuelva el primer teléfono que tenga. Realiza un bloque PL/SQL que haga uso de la función.

La función deberá de controlar si la persona no tiene teléfonos, si no tiene que devuelva un mensaje indicándolo. Controla los posibles errores.

Para obtener información sobre la colección tenemos los siguientes métodos:

Parámetros	Función
COUNT	Devuelve el número de elementos de la colección
EXISTS	Devuelve TRUE si la fila existe
FIRST/LAST	Devuelve el índice del primer y último elemento de la colección.
NEXT/PRIOR	Devuelve el elemento próximo o anterior al actual
LIMIT	Informa del número máximo de elementos que puede contener la colección

Para modificar los elementos de la colección tenemos los siguientes métodos:

Parámetros	Función
DELETE	Elimina todos los elementos de la colección
EXTEND	Añade un elemento nulo a la colección
EXTEND(n)	Añade n elementos nulos
TRIM	Elimina el elemento situado al final de la colección
TRIM(n)	Elimina n elementos del final de la colección

El siguiente ejemplo muestra cómo usar los parámetros:

```
DECLARE
  TEL TELEFONO := TELEFONO(NULL, NULL, NULL);
BEGIN
  SELECT TELEF INTO TEL FROM AGENDA WHERE NOMBRE = 'MARTA';

  --Visualizar Datos
  DBMS_OUTPUT.PUT_LINE('N° DE TELÉFONOS ACTUALES:    ' || TEL.COUNT);
  DBMS_OUTPUT.PUT_LINE('ÍNDICE DEL PRIMER ELEMENTO: ' || TEL.FIRST);
  DBMS_OUTPUT.PUT_LINE('ÍNDICE DEL ÚLTIMO ELEMENTO: ' || TEL.LAST);
  DBMS_OUTPUT.PUT_LINE('MÁXIMO N° DE TLFS PERMITIDO:' || TEL.LIMIT);

  --Añade un número de teléfono a MARTA
  TEL.EXTEND;
  TEL(TEL.COUNT):= '123000000';
  UPDATE AGENDA A SET A.TELEF = TEL WHERE NOMBRE = 'MARTA';

  --Elimina un teléfono
  SELECT TELEF INTO TEL FROM AGENDA WHERE NOMBRE = 'MANUEL';
  TEL.TRIM;    --Elimina el último elemento del array
  TEL.DELETE; --Elimina todos los elementos
  UPDATE AGENDA A SET A.TELEF = TEL WHERE NOMBRE = 'MANUEL';
END;
/
```

Ejemplo resuelto crear varray con datos de oficinas y empleadosofi.

A partir del modelo de datos de la ***figura 4.1.*** Creamos una nueva tabla oficinas, de un nuevo tipo oficina que se va a crear. El nuevo tipo de oficinas va a contener un varray de hasta 10 empleados, de cada empleado guardamos su código, nombre y puesto. Crearemos el tipo del varray, el varray, el nuevo tipo de oficinas, la nueva tabla oficinas, y llenaremos la nueva tabla con los datos del modelo relacional. Para llenar el varray se creará un bloque PL:

Paso 1: Crear el tipo ***emplevarray*** y el varray de 10 elementos de este tipo:

```
CREATE type tipoEmplevarray as object(
  CodigoEmpleado int ,
  Nombre varchar2(50),
  Puesto varchar2(50));
/
CREATE TYPE varrayemple AS VARRAY(10) OF tipoEmplevarray;

/
```

Paso 2: Crear el tipo oficina con el varray, y llenarla con los datos de Oficinas, ***sin el varray***:

```
CREATE type tipoOficinasvarray as object(
  CodigoOficina varchar2(10) ,
  Ciudad varchar2(30) ,
  Pais varchar2(50),
```

```
    Region varchar2(50) ,
    CodigoPostal varchar2(10) ,
    Telefono varchar2(20) ,
    LineaDireccion1 varchar2(50) ,
    LineaDireccion2 varchar2(50) ,
    subida int,
    empleados varrayemple
    );
  /
  create table nuevaofivarray of tipoOficinasvarray (
        CodigoOficina primary key
    );

  Insert into nuevaofivarray
   SELECT codigooficina, ciudad, pais, region, codigopostal, telefono,
      lineadireccion1, lineadireccion2, subida, varrayemple()
   FROM oficinas;
```

Paso 3: Se hace un bloque pl para llenar el varray con los empleados por oficina. Con dos cursores, uno para seleccionar todas las oficinas, y el segundo para seleccionar los empleadosofi de una oficina. Se define además un varray del tipo `varrayemple` (`temple`,) y un tipo empleado `emple` del tipo del varray `tipoEmplevarray`. Por cada oficina se recorrerá el cursor de los empleados de la oficina, se irán creando los objetos ***emple*** y se irán añadiendo al varray ***temple***.

```
declare
   cursor c1 is select codigooficina from nuevaofivarray;
   cursor c2(ofi varchar) is select CodigoEmpleado, Nombre,
         Puesto from empleadosofi where codigooficina = ofi;
   temple varrayemple := varrayemple ();
   emple tipoEmplevarray := tipoEmplevarray (null,null,null);
begin
    -- Se recorren las oficinas
    for rofi in c1 loop
      -- Se inicializa el varray a vacío
      temple := varrayemple ();
      -- Se recorre el segundo cursor para añadir los empleados.
      for remp in c2(rofi.codigooficina) loop
          -- Si se han añadido 10, no se añaden más.
          if (temple.count <10) then
             -- Se crea una fila nueva
             temple.EXTEND;
             -- Se crea el objeto emple para añadir al varray
             emple.CodigoEmpleado:=remp.CodigoEmpleado;
             emple.Nombre:=remp.Nombre;
             emple.Puesto:=remp.Puesto;
             temple(temple.count):=emple;
         end if;
      end loop;
      -- Se actualiza la oficina con el varray
      update nuevaofivarray no set no.empleados = temple
          where no.codigooficina = rofi.codigooficina;
      dbms_output.put_line('Oficina actualizada: '||rofi.codigooficina ||
            ', con número de empleados: '||temple.count);
    end loop;
end;
/
```

Hacemos una procedure para mostrar los empleados de una oficina. La procedure recibe el código de la oficina:

```
create or replace procedure veroficina (ofi VARCHAR2) AS
  temple varrayemple := varrayemple ();
BEGIN
  select empleados into temple from nuevaofivarray
     where codigooficina = ofi;
     dbms_output.put_line('Empleados de la Oficina '||ofi||': '
        || temple.count);
     for i in 1..temple.count loop
        dbms_output.put_line(' * Codigo: '||temple(i).CodigoEmpleado
          ||' * Nombre: '||temple(i).Nombre
          || ' * Puesto: '||temple(i).Puesto );
    end loop;
exception
 when no_data_found then
    dbms_output.put_line('Oficina: '||ofi || ', NO existe ');
END;
/
```

Probamos la procedure:

```
exec veroficina('aaaa');
exec veroficina('TAL-ES');
exec veroficina('AAA-JP');
```

ACTIVIDAD 4.5

Crea un VARRAY de 5 elementos de tipo PERSONA.

Crea después la tabla GRUPOS, con dos columnas: la primera contiene el nombre de grupo de tipo VARCHAR2(15) y la segunda es del tipo definido anteriormente.

Partiendo de las tablas EMPLEADOS y DEPARTAMENTOS llena la tabla GRUPOS. Como nombre de grupo se pondrá el nombre de departamento, como nombre de persona el apellido del empleado, como código la columna EMP_NO y como calle la localidad del departamento. Puedes realizar un procedimiento para ello. Cada fila de la tabla GRUPOS representa un departamento con hasta 5 empleados.

Realiza un bloque PL/SQL que recorra la tabla GRUPOS mostrando por cada departamento el apellido de sus empleados.

4.2.4.2. Tablas anidadas

Una **tabla anidada (Nested Table)** en **Oracle** es un tipo de colección que permite almacenar múltiples valores en una sola columna de una tabla. A diferencia de un **VARRAY**, una tabla anidada no tiene un límite de elementos y se almacena de forma independiente a la fila principal, lo que facilita su modificación y crecimiento dinámico.

Para crear una tabla anidada usamos la orden **CREATE TYPE**. Sintaxis:

```
CREATE TYPE nombre_tipo AS TABLE OF tipo_de_dato;
```

El siguiente ejemplo crea un tipo tabla anidada que almacenará objetos del tipo DIRECCION (creado al principio de la unidad):

```
CREATE TYPE TABLA_ANIDADA AS TABLE OF DIRECCION;
```

Veamos cómo se define una columna de una tabla con el tipo tabla anidada creada anteriormente

```
CREATE TABLE EJEMPLO_TABLA_ANIDADA
(
  ID NUMBER(2),
  APELLIDOS VARCHAR2(35),
  DIREC  TABLA_ANIDADA
)
NESTED TABLE DIREC STORE AS DIREC_ANIDADA;
```

La cláusula **NESTED TABLE** identifica el nombre de la columna que contendrá la tabla anidada. La cláusula **STORE AS** especifica que la tabla anidada **DIREC** se almacenará internamente como una tabla separada (**DIREC_ANIDADA**).

Veamos algunos ejemplos con la tabla.

- Insertamos varias filas con varias direcciones en la tabla EJEMPLO_TABLA_ANIDADA:

```
INSERT INTO EJEMPLO_TABLA_ANIDADA VALUES (1, 'RAMOS',
  TABLA_ANIDADA (
    DIRECCION ('C/Los manantiales 5', 'GUADALAJARA', 19004),
    DIRECCION ('C/Los manantiales 10', 'GUADALAJARA', 19004),
    DIRECCION ('C/Av de Paris 25', 'CÁCERES ', 10005),
    DIRECCION ('C/Segovia 23-3A', 'TOLEDO', 45005)
  )
);

INSERT INTO EJEMPLO_TABLA_ANIDADA VALUES (2, 'MARTÍN',
  TABLA_ANIDADA (
    DIRECCION ('C/Huesca 5', 'ALCALÁ DE H', 28804),
    DIRECCION ('C/Madrid 20', 'ALCORCÓN', 28921)
  )
);
```

- Se inserta el código, el nombre y la tabla anidada vacía:

```
INSERT INTO EJEMPLO_TABLA_ANIDADA
            VALUES (5, 'PEREZ', TABLA_ANIDADA());
```

- Seleccionamos todas las filas de la tabla:

```
SELECT * FROM EJEMPLO_TABLA_ANIDADA;
```

	ID	APELLIDOS	DIREC
1	1	RAMOS	EJEMPLO.TABLA ANIDADA([EJEMPLO.DIRECCION],[EJEMPLO.DIRECCION],[EJEMPLO.DIRECCION],[EJEMPLO.DII
2	2	MARTÍN	EJEMPLO.TABLA ANIDADA([EJEMPLO.DIRECCION],[EJEMPLO.DIRECCION])
3	5	PEREZ	EJEMPLO.TABLA ANIDADA()

El operador TABLE. Se utiliza para acceder a las filas de la tabla anidada ***TABLE(columna)***. La columna que es tabla anidada se utiliza como si fuese una tabla normal, incluyéndola en la cláusula FROM, es necesario poner un alias:

- El siguiente ejemplo obtiene el identificador, el apellido y la dirección completa de todas las filas de la tabla. Se obtienen tantas filas como direcciones tiene cada identificador:

```
SELECT ID, APELLIDOS, DIRECCION.*
  FROM EJEMPLO_TABLA_ANIDADA, TABLE(DIREC) DIRECCION;
```

	ID	APELLIDOS	CALLE	CIUDAD	CODIGO_POST
1	1	RAMOS	C/Los manantiales 5	GUADALAJARA	19004
2	1	RAMOS	C/Los manantiales 10	GUADALAJARA	19004
3	1	RAMOS	C/Av de Paris 25	CÁCERES	10005
4	1	RAMOS	C/Segovia 23-3A	TOLEDO	45005
5	2	MARTÍN	C/Huesca 5	ALCALÁ DE H	28804
6	2	MARTÍN	C/Madrid 20	ALCORCÓN	28921

- El siguiente ejemplo obtiene las direcciones completas del identificador 1:

```
SELECT  ID, DIRECCION.*
  FROM EJEMPLO_TABLA_ANIDADA, TABLE(DIREC) DIRECCION WHERE ID=1;
```

	ID	CALLE	CIUDAD	CODIGO_POST
1	1	C/Los manantiales 5	GUADALAJARA	19004
2	1	C/Los manantiales 10	GUADALAJARA	19004
3	1	C/Av de Paris 25	CÁCERES	10005
4	1	C/Segovia 23-3A	TOLEDO	45005

Se pueden usar cursores dentro de una SELECT para acceder o poner condiciones a las filas de una tabla anidada. La sintaxis es la siguiente:

```
      CURSOR (SELECT columnas FROM TABLE (columna_tabla_anidada))
```

Donde ***columnas*** son las columnas del tipo de dato de la tabla anidada.

- A continuación, obtenemos el identificador, los apellidos y las calles y ciudad de cada fila de la tabla, se obtienen tantas filas como filas hay en la tabla, con el operador **TABLE** se hace referencia a la tabla anidada:

```
SELECT ID, APELLIDOS, CURSOR (SELECT CALLE, CIUDAD FROM TABLE(DIREC))
  FROM EJEMPLO_TABLA_ANIDADA;
```

	ID	APELLIDOS	CURSOR(SELECTCALLE,CIUDADFROMTABLE(DIREC))
1	1	RAMOS	{<CALLE=C/Los manantiales 5,CIUDAD=GUADALAJARA>,<CALLE=C/Los manantiales 10,CIUDAD=
2	2	MARTÍN	{<CALLE=C/Huesca 5,CIUDAD=ALCALÁ DE H>,<CALLE=C/Madrid 20,CIUDAD=ALCORCÓN>,}
3	5	PEREZ	{}

- Es habitual el uso de alias en las tablas anidadas:

```
SELECT ID, APELLIDOS,
       CURSOR (SELECT T.CALLE, T.CIUDAD FROM TABLE(DIREC) T)
  FROM EJEMPLO_TABLA_ANIDADA ;
```

- Las siguientes consultas muestran el número de direcciones de cada identificador, la primera usa la tabla anidada dentro de un **CURSOR**, la segunda como si fuese una tabla normal utilizando el operador **TABLE**, en este caso es necesario usar GROUP BY, ya que cada identificador puede tener varias direcciones:

```
SELECT ID, APELLIDOS, CURSOR(SELECT count(*) FROM TABLE(DIREC) )
  FROM EJEMPLO_TABLA_ANIDADA;
```

	ID	APELLIDOS	CURSOR(SELECTCOUNT(*)FROMTABLE(DIREC))
1	1	RAMOS	{<COUNT(*)=4>,}
2	2	MARTÍN	{<COUNT(*)=2>,}
3	5	PEREZ	{<COUNT(*)=0>,}

```
SELECT ID, APELLIDOS, count(*)
  FROM EJEMPLO_TABLA_ANIDADA, TABLE(DIREC)
  GROUP BY ID, APELLIDOS;
```

	ID	APELLIDOS	COUNT(*)
1	1	RAMOS	4
2	2	MARTÍN	2

Para que salgan todos, aunque no tenga direcciones añadimos el operador **CARDINALITY**. Que permite **contar la cantidad de elementos en la tabla anidada**.

```
SELECT ID, APELLIDOS, CARDINALITY(DIREC)
  FROM EJEMPLO_TABLA_ANIDADA;
```

	ID	APELLIDOS	CARDINALITY(DIREC)
1	1	RAMOS	4
2	2	MARTÍN	2
3	5	PEREZ	0

También se puede verificar si la tabla anidada no tiene elementos con **IS EMPTY.** Mostrará los que no tienen direcciones:

```
SELECT ID, APELLIDOS
  FROM EJEMPLO_TABLA_ANIDADA
  WHERE DIREC IS EMPTY;
```

- Las siguientes consultas muestran aquellas filas que tienen 2 direcciones en la CIUDAD de GUADALAJARA, la primera usa CURSOR para acceder a la tabla anidada y la segunda usa la tabla anidada como si fuese una tabla normal, que se combina con otra tabla:

```
SELECT ID, APELLIDOS, CURSOR (SELECT COUNT(*) FROM  TABLE(DIREC)
                            WHERE CIUDAD = 'GUADALAJARA')
FROM EJEMPLO_TABLA_ANIDADA WHERE
  (SELECT COUNT(*)FROM TABLE(DIREC) WHERE CIUDAD = 'GUADALAJARA') = 2;
```

	ID	APELLIDOS	CURSOR(SELECTCOUNT(*)FROMTABLE(DIREC)WHERECIUDAD='GUADALAJARA')
1	1	RAMOS	{<COUNT(*)=2>,}

```
SELECT ID, APELLIDOS, COUNT(*)
  FROM EJEMPLO_TABLA_ANIDADA, TABLE(DIREC)
  WHERE CIUDAD = 'GUADALAJARA'
  GROUP BY ID, APELLIDOS HAVING COUNT(*) = 2;
```

	ID	APELLIDOS	COUNT(*)
1	1	RAMOS	2

Para seleccionar las filas de una tabla anidada también se puede utilizar la cláusula **THE** con SELECT. La sintaxis es:

```
SELECT ... FROM THE (subconsulta sobre tabla anidada) WHERE ...
```

- El siguiente ejemplo obtiene las calles de la fila con ID = 1 cuya ciudad sea GUADALAJARA, se obtienen tantas filas como calles hay en la ciudad de GUADALAJARA:

```
SELECT CALLE FROM THE
        (SELECT DIREC FROM EJEMPLO_TABLA_ANIDADA WHERE ID = 1)
    WHERE CIUDAD = 'GUADALAJARA';
```

- La siguiente consulta obtiene todos los datos de las direcciones del identificador 2:

```
SELECT * FROM THE
        (SELECT DIREC FROM EJEMPLO_TABLA_ANIDADA WHERE ID = 2);
```

- La siguiente consulta usa la tabla anidada en FROM y obtiene el mismo resultado que la anterior:

```
SELECT TT.* FROM EJEMPLO_TABLA_ANIDADA, TABLE(DIREC) TT WHERE ID = 2;
```

ACTIVIDAD 4.6

Obtén el número de direcciones que tiene en cada ciudad el identificador 1.

Obtén la ciudad con más direcciones que tiene el identificador 1.

Realiza un bloque PL/SQL que muestre el nombre de las calles de cada apellido.

Insertar, actualizar y borrar en tabla anidada:

- **Insertamos** una dirección al final de la tabla anidada para el identificador 1 (ahora el identificador 1 tendrá cinco direcciones):

```
INSERT INTO TABLE
       (SELECT DIREC FROM EJEMPLO_TABLA_ANIDADA WHERE ID = 1)
VALUES (DIRECCION ('C/Los manantiales 15', 'GUADALAJARA', 19004));
```

La cláusula **TABLE** a la derecha de INTO se utiliza para acceder a la fila que nos interesa, en este caso la que tiene ID = 1.

Otra forma de insertar es utilizar el operador **MULTISET UNION** que agrega nuevos valores a la colección sin sobrescribir los existentes:

```
UPDATE EJEMPLO_TABLA_ANIDADA
   SET direc = direc MULTISET UNION TABLA_ANIDADA
           (DIRECCION ('C/Madrid 25', 'TALAVERA', 45600))
WHERE id = 1;
```

- **Modificar**. El siguiente ejemplo modifica la primera dirección completa del identificador 1, se le asigna el valor *'C/Pilón 11', 'TOLEDO', 45589*:

```
UPDATE TABLE
    (SELECT DIREC FROM EJEMPLO_TABLA_ANIDADA WHERE ID = 1) PRIMERA
 SET VALUE(PRIMERA) = DIRECCION ('C/Pilón 11', 'TOLEDO', 45589)
 WHERE
 VALUE(PRIMERA) = DIRECCION('C/Los manantiales 5','GUADALAJARA',19004);
```

El alias **PRIMERA** recoge los datos devueltos por la SELECT (que debe devolver una fila). Con **SET VALUE (PRIMERA)** se asigna el valor *'C/Pilón 11', 'TOLEDO', 45589* al objeto DIRECCIÓN cuyo valor coincida con *'C/Los manantiales 5', 'GUADALAJARA', 19004*; esto se indica en la cláusula WHERE con la función **VALUE(PRIMERA)**.

En el siguiente ejemplo se modifican (para el identificador 1) todas las direcciones que tengan la ciudad de GUADALAJARA, se le asigna el valor MADRID. En este caso no se necesita la función **VALUE**, ya que se modifica la columna CIUDAD y no un objeto:

```
UPDATE TABLE
       (SELECT DIREC FROM EJEMPLO_TABLA_ANIDADA WHERE ID = 1) PRIMERA
SET   PRIMERA.CIUDAD = 'MADRID'
WHERE PRIMERA.CIUDAD = 'GUADALAJARA';
```

- Para **borrar** lo hacemos de forma similar. En el siguiente ejemplo se elimina la segunda dirección del identificador 1, aquella cuyo valor es *'C/Los manantiales 10', 'MADRID', 19004*:

```
DELETE FROM TABLE
       (SELECT DIREC FROM EJEMPLO_TABLA_ANIDADA WHERE ID = 1) PRIMERA
 WHERE
 VALUE(PRIMERA)=DIRECCION('C/Los manantiales 10', 'MADRID', 19004);
```

En el siguiente ejemplo se eliminan todas las direcciones del identificador 1 con ciudad igual a 'MADRID':

```
DELETE FROM TABLE
       (SELECT DIREC FROM EJEMPLO_TABLA_ANIDADA WHERE ID = 1) PRIMERA
 WHERE PRIMERA.CIUDAD = 'MADRID';
```

Ejemplos de uso en procedures y funciones.

- El siguiente bloque PL/SQL crea un procedimiento que recibe un identificador y visualiza las calles que tiene, debajo se muestra el bloque PL/SQL que prueba el procedimiento:

```
CREATE OR REPLACE PROCEDURE VER_DIREC(IDENT NUMBER) AS
  CURSOR C1 IS
      SELECT CALLE FROM THE
        (SELECT T.DIREC FROM EJEMPLO_TABLA_ANIDADA T WHERE ID = IDENT);
BEGIN
  FOR I IN C1 LOOP
    DBMS_OUTPUT.PUT_LINE(I.CALLE);
  END LOOP;
END VER_DIREC;
/

--Probando el procedimiento
BEGIN
  VER_DIREC(1);
END;
/
```

- El siguiente ejemplo crea una función almacenada que comprueba si existe una dirección en un identificador concreto. La función recibe el identificador y un tipo DIRECCION, devuelve un mensaje indicando si existe o no la dirección. Primero se comprobará si existe el identificador, si no existe o si existen varias filas con el mismo identificador se devuelve un mensaje indicándolo.

```
CREATE OR REPLACE FUNCTION EXISTE_DIREC (IDEN NUMBER, DIR DIRECCION)
          RETURN VARCHAR2 AS
  IDT NUMBER;
  CUENTA NUMBER;

BEGIN
--COMPROBAR SI EXISTE ID:
  SELECT COUNT(ID) INTO CUENTA
  FROM EJEMPLO_TABLA_ANIDADA WHERE ID = IDEN;

  IF CUENTA = 0 THEN
    RETURN 'NO EXISTE EL ID: '|| IDEN || ', EN LA TABLA';
  END IF;

  IF CUENTA > 1 THEN
    RETURN 'EXISTEN VARIOS REGISTROS CON EL MISMO ID: ' ||IDEN;
  END IF;

--EL ID EXISTE, COMPROBAR SI LA CALLE EXISTE:
  SELECT ID INTO IDT FROM EJEMPLO_TABLA_ANIDADA, TABLE(DIREC)
    WHERE ID = IDEN AND UPPER(CALLE) = UPPER(DIR.CALLE)
          AND UPPER(CIUDAD) = UPPER(DIR.CIUDAD)
          AND CODIGO_POST = DIR.CODIGO_POST;

    RETURN ('LA DIRECCIÓN : '||DIR.CALLE || '*' ||DIR.CIUDAD
                          || '*' || DIR.CODIGO_POST
                          || ' YA EXISTE PARA ESE ID: '||IDEN);
EXCEPTION
  WHEN NO_DATA_FOUND THEN
  RETURN 'NO EXISTE LA DIRECCIÓN: '||DIR.CALLE || '*' ||DIR.CIUDAD
       || '*' || DIR.CODIGO_POST   || ' PARA EL ID: ' ||IDEN;
END EXISTE_DIREC;
/

--Probando la función
BEGIN
  DBMS_OUTPUT.PUT_LINE
    (EXISTE_DIREC(1, DIRECCION('C/Huesca 5', 'ALCALÁ DE H', 28804)));
  DBMS_OUTPUT.PUT_LINE
    (EXISTE_DIREC(2, DIRECCION('C/Huesca 5', 'ALCALÁ DE H', 28804)));
END;
/
```

La vista **USER_NESTED_TABLES** obtiene información de las tablas anidadas.

ACTIVIDAD 4.7

Realiza un procedimiento almacenado para insertar direcciones en la tabla EJEMPLO_TABLA_ANIDADA.

El procedimiento recibe como parámetros un identificador y un objeto DIRECCION. Debe visualizar un mensaje indicando si se ha insertado o no la dirección.

Se deben hacer las siguientes comprobaciones y visualizar los mensajes correspondientes:

- Comprobar si el identificador existe, si no existe es un caso de error, visualizar mensaje.
- Que la tabla anidada no sea null, si es null hay que hacer un UPDATE no un INSERT.
- Que la dirección no exista ya en la tabla, si ya existe visualiza que no se puede insertar.

Ejemplo resuelto crear tabla anidada con datos de departamentos y empleados.

Crear una tabla que guarde los datos de los departamentos, y para cada departamento una tabla anidada con los empleados que tiene. Se necesita crear el tipo empleado, la tabla anidada del tipo empleado, y la nueva tabla departamentos que contenga el tipo.

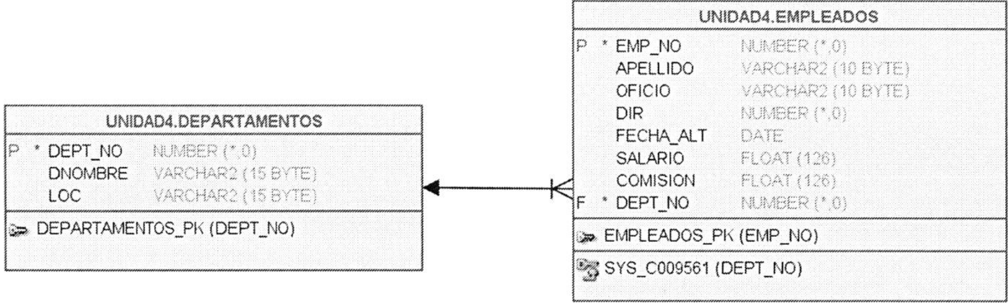

Figura 4.2. Modelo de datos departamentos-empleados.

- Crear tipo empleado, no se incluye el departamento:

```
CREATE OR REPLACE TYPE TIPOEMPLEADO AS object (
  emp_no     INT ,
  apellido   VARCHAR(10),
  oficio     VARCHAR(10),
  dir        INT,
  fecha_alt  DATE ,
  salario    FLOAT,
  comision   FLOAT);
/
```

- Crear tabla anidada del tipo empleado:

```
CREATE TYPE ANIDADAEMPLEADO AS TABLE OF TIPOEMPLEADO;
```

- Crear nueva tabla departamentos que contenga la tabla anidada:

```
CREATE TABLE departamentosnueva
(
  dept_no   int NOT NULL PRIMARY KEY,
  dnombre   VARCHAR(15),
  loc       VARCHAR(15),
  empleados  ANIDADAEMPLEADO)
NESTED TABLE empleados STORE AS empleados_ANIDADA;
```

- Llenar la nueva tabla con los datos de su departamento y sus empleados. Primero se insertan los departamentos, con la tabla anidada vacía. Y a continuación se hace un bloque pl o una procedure para llenar las tablas anidadas con los empleados de cada departamento.

```
insert into departamentosnueva
 select dept_no, dnombre, loc, anidadaempleado() from departamentos;
```

Crear bloque PL para llenado de la tabla anidada:

```
declare
    cursor c1 is select * from departamentosnueva;
begin
   for r in c1 loop
     -- comprobamos si se ha llenado la tabla anidada,
     -- si es 0 se hace el insert con select de los empleados de ese
     -- departamento
```

```
      if r.empleados.count()=0 then
        --Se carga la tabla anidada y se hace la select
        insert into table
          (select empleados from departamentosnueva where
              dept_no = r.dept_no)
        select emp_no, apellido, oficio, dir, fecha_alt, salario,
           comision from empleados where dept_no = r.dept_no
           order by emp_no;
         dbms_output.put_line('Anidada empleados añadida al dept: '
              ||r.dept_no);
      else
        dbms_output.put_line('Anidada empleados ya se ha añadido al dept: '
              ||r.dept_no);
      end if;
    end loop;
end;
/
```

- Utilizando la tabla nueva realizamos las siguientes consultas:
  - Datos de los departamentos y sus empleados:

```
select dept_no, dnombre, loc, apellido, oficio, salario
from departamentosnueva, table (empleados) e;
```

  - Número de empleados por departamento:

```
select dept_no, dnombre, loc, cardinality(empleados)
from departamentosnueva;
```

  - Número de empleados por departamento y media de salario:

```
select dept_no, dnombre, loc, count(*), avg(salario)
from departamentosnueva, table (empleados) e
group by dept_no, dnombre, loc;
```

  - Datos del empleado y departamento del que tiene salario máximo:

```
select  apellido, oficio, salario , dept_no, dnombre, loc
from departamentosnueva, table (empleados) where salario =
 (select max(salario) from departamentosnueva, table (empleados))
```

El siguiente método java muestra los datos de la tabla anidada. Se utiliza **java.sql.Array** para manejar la tabla anidada. Se convierte el array en un array de objetos **Object[]** y se recorren los datos:

```
private static void vertablaanidada(Connection conexion) throws SQLException {
  Statement sentencia = conexion.createStatement();
  String sql = "select dept_no,dnombre,loc,empleados from DEPARTAMENTOSNUEVA";
  ResultSet resul = sentencia.executeQuery(sql);
  while (resul.next()) {
   // Obtener la tabla anidada como un Array SQL java.sql.Array
   Array empleadosdep = resul.getArray("empleados");
   System.out.println( "Dept: " + resul.getInt(1) + ", Nombre: " +
   resul.getString(2) + ", loc: " + resul.getString(3));

   if (empleadosdep != null) {
     Object[] emples = (Object[]) empleadosdep.getArray();
     System.out.println("  Número de empleados: " + emples.length);
     for (Object obj : emples) {
      Struct emp = (Struct) obj;
```

```
        Object[] atributos = emp.getAttributes();
        java.math.BigDecimal empno = (java.math.BigDecimal) atributos[0];
        String apellido = (String) atributos[1];
        String oficio = (String) atributos[2];
        java.math.BigDecimal salario = (java.math.BigDecimal) atributos[5];
        System.out.println("   - Empno: " + empno + ", Nombre: " +
                  apellido + ", Oficio: " + oficio + ", Salario: " + salario);
      }
    }
  } // while
  resul.close();
  sentencia.close();
}// fin
```

4.2.5. Referencias

Mediante el operador **REF** asociado a un atributo se pueden definir referencias a otros objetos. Un atributo de este tipo almacena una referencia al objeto del tipo definido e implementa una relación de asociación entre los dos tipos de objetos. Una columna de tipo **REF** guarda un puntero a una fila de la otra tabla, contiene el OID (identificador del objeto fila) de dicha fila. Ejemplos:

- El siguiente ejemplo crea un tipo EMPLEADO_T donde uno de los atributos es una referencia a un objeto EMPLEADO_T, después se crea una tabla de objetos EMPLEADO_T:

```
CREATE TYPE EMPLEADO_T AS OBJECT (
  NOMBRE      VARCHAR2(30),
  JEFE        REF EMPLEADO_T
);
/
CREATE TABLE EMPLEADO OF EMPLEADO_T;
```

- Insertamos filas en la tabla, el segundo INSERT asigna al atributo JEFE la referencia al objeto con apellido GIL:

```
INSERT INTO EMPLEADO VALUES (EMPLEADO_T ('GIL', NULL));

INSERT INTO EMPLEADO SELECT EMPLEADO_T ('ARROYO', REF(E))
FROM EMPLEADO E WHERE E.NOMBRE = 'GIL';

INSERT INTO EMPLEADO SELECT EMPLEADO_T ('RAMOS', REF(E))
FROM EMPLEADO E WHERE E.NOMBRE = 'GIL';
```

Para acceder al objeto referido por un **REF** se utiliza el operador **DEREF**, en el ejemplo se visualiza el nombre del empleado y los datos del jefe de cada empleado:

```
SQL> SELECT NOMBRE, DEREF(P.JEFE) FROM EMPLEADO P;
NOMBRE         DEREF(P.JEFE)(NOMBRE, JEFE)
-------------- -----------------------------------------------------
GIL
ARROYO         EMPLEADO_T('GIL', NULL)
RAMOS          EMPLEADO_T('GIL', NULL)
```

- La siguiente consulta obtiene el identificador del objeto cuyo nombre es GIL:

```
SELECT REF(P) FROM EMPLEADO P WHERE NOMBRE = 'GIL';
```

- La siguiente consulta obtiene nombre del empleado y el nombre de su jefe:

```
SQL> SELECT NOMBRE, DEREF(P.JEFE).NOMBRE FROM EMPLEADO P;
NOMBRE                          DEREF(P.JEFE).NOMBRE
------------------------------ ------------------------------
GIL
ARROYO                          GIL
RAMOS                           GIL
```

- El siguiente ejemplo actualiza el jefe del nombre RAMOS, se le asigna ARROYO:

```
UPDATE EMPLEADO
  SET JEFE = (SELECT REF(E) FROM EMPLEADO E WHERE NOMBRE = 'ARROYO')
WHERE NOMBRE = 'RAMOS';
```

Con las nuevas versiones de Oracle, ***no es necesario utilizar DEREF***, sin embargo, en consultas más complejas, se aconseja, sobre todo cuando podemos encontrarnos con valores ***null***.

ACTIVIDAD 4.8

Crea un TIPO_DEP con las siguientes columnas: DEPT_NO INT, DNOMBRE VARCHAR2(15), LOC VARCHAR2(15). Crea una tabla del tipo definido anteriormente. Llena la tabla a partir de los datos de la tabla DEPARTAMENTOS.

Crea una tabla con las siguientes columnas, una de ellas es una referencia a un TIPO_DEP: EMP_NO INT, APELLIDO VARCHAR2(15), SALARIO NUMBER(6,2) y DEPT REF TIPO_DEP. Llena esta tabla a partir de la tabla EMPLEADOS.

Haz un bloque PL/SQL que recorra esta última tabla y muestre el apellido, salario, número de departamento, nombre y localidad.

Ejemplo vuelos, resuelto con referencias y tablas anidadas.

Una pequeña compañía aérea dispone de la siguiente base de datos para registrar la información de sus vuelos y sus pasajeros. El modelo de datos se muestra en la figura 4.3.

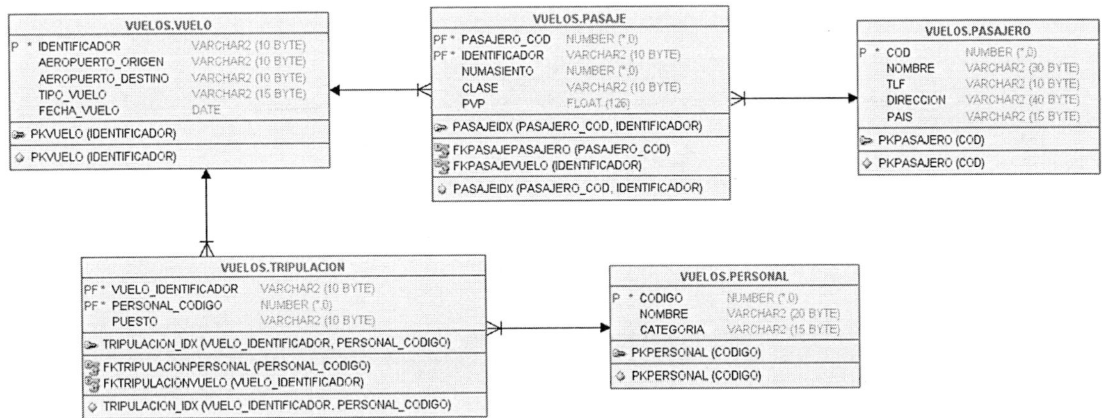

Figura 4.3. Modelo de datos departamentos-empleados

Las tablas y las relaciones son las siguientes:

- **VUELO**: contiene la información de los vuelos, su origen, destino, tipo de vuelo ('CHARTER', 'DIRECTO', 'DOMÉSTICO', 'LARGO RECORRIDO', 'LOW COST', 'REGULAR') y fecha de vuelo. La clave es IDENTIFICADOR. Un vuelo tendrá muchos pasajeros recogidos en la relación es PASAJE. Y estará tripulado por varios PERSONAL recogidos en la relación TRIPULACION.
- **PASAJERO**: contiene la información de los pasajeros que realizan o han realizado vuelos, la clave es COD. Un pasajero podrá realizar muchos vuelos, la relación la tendremos en PASAJE.
- **PASAJE**: contiene la información del pasaje de los vuelos, es decir los pasajeros que van en los vuelos. Los datos son número de asiento (NUMASIENTO), el PVP y la CLASE. La clave es PASAJERO_COD+IDENTIFICADOR. Que a su vez son claves ajenas de las tablas correspondientes PASAJERO y VUELO.
- **PERSONAL**: contiene los datos del personal de la empresa, la clave es CODIGO. El personal forma parte de la tripulación de los vuelos. Un personal podrá ir en varias tripulaciones.
- **TRIPULACION**: contiene los datos del personal que forma la tripulación de los vuelos. Cada vuelo podrá tener a varios tripulantes. La clave está formada por el identificador de vuelo y código del personal. VUELO_IDENTIFICADOR +PERSONAL_CODIGO. Que a su vez son claves ajenas de las tablas correspondientes VUELO y PERSONAL.

A partir de este modelo de datos se pide crear una nueva una tabla llamada TABLA_TIPOVUELO que será de un tipo que llamaremos TIPOVUELO que contendrá los mismos atributos que las columnas de la tabla VUELO y ***dos tablas anidadas***. Una tabla anidada de PASAJE y la otra de la TRIPULACION, la de personal contendrá los datos de la tripulación del vuelo. Las ***claves ajenas se convertirán en referencias*** a las tablas correspondientes. Añadiremos al TIPOVUELO los siguientes métodos miembro:

- Método que devuelva la suma de los PVP de todos los pasajeros, ***SUMA***.
- Método que reciba un nombre de PAIS y un nombre de CLASE y devuelva el número de pasajeros de esa clase en ese país, ***NPASACLASE***

PASO 1. Lo primero es crear los tipos que serán referenciados por las claves ajenas, es decir tipos TIPOPASAJERO y TIPOPERSONAL:

```
CREATE or replace type TIPOPASAJERO as object (
      COD smallint,
      NOMBRE varchar(30),
      TLF varchar(10),
      DIRECCION varchar(40),
      PAIS varchar(15) );
/

CREATE or replace type TIPOPERSONAL as object (
      CODIGO smallint,
      NOMBRE varchar(20),
      CATEGORIA varchar(15));
/
```

PASO 2. Se crean los tipos para las tablas anidadas, estos tipos no contendrán el vuelo, pues irán dentro del vuelo como tabla anidada:

```
CREATE or replace type TIPOTRIPULACION as object (
      PERSONAL_CODIGO REF TIPOPERSONAL,
      PUESTO varchar(10));
/
CREATE or replace type TIPOPASAJE as object (
      PASAJERO_COD REF TIPOPASAJERO,
      NUMASIENTO smallint,
      CLASE varchar(10),
      PVP float);
/
```

PASO 3. Se crean las tablas anidadas:

```
CREATE TYPE ANIDADAPASAJE AS TABLE OF TIPOPASAJE;
/
CREATE TYPE ANIDADATRIPULACION AS TABLE OF TIPOTRIPULACION;
/
```

PASO 4. Se crea el tipo vuelo con las funciones:

```
CREATE OR REPLACE TYPE TIPOVUELO AS OBJECT (
  IDENTIFICADOR varchar(10),
  AEROPUERTO_ORIGEN varchar(10),
  AEROPUERTO_DESTINO varchar(10),
  TIPO_VUELO varchar(15),
  FECHA_VUELO date,
  T_PASAJE ANIDADAPASAJE,
  T_TRIPULACION ANIDADATRIPULACION,
  MEMBER FUNCTION SUMA RETURN NUMBER,
  MEMBER FUNCTION NPASACLASE (PAISS VARCHAR, CLAS VARCHAR)
      RETURN NUMBER);
/

CREATE OR REPLACE TYPE BODY TIPOVUELO AS

   MEMBER FUNCTION SUMA RETURN NUMBER AS
       TOTAL NUMBER:=0;
   BEGIN
     FOR I IN 1..T_PASAJE.COUNT LOOP
      TOTAL := TOTAL + T_PASAJE(I).PVP;
     END LOOP;
     RETURN TOTAL;
   END;

   MEMBER FUNCTION NPASACLASE (PAISS VARCHAR, CLAS VARCHAR)
          RETURN NUMBER
     AS
     TOTAL NUMBER:=0;
     PASAJERO  TIPOPASAJERO;
   BEGIN
     FOR I IN 1..T_PASAJE.COUNT LOOP
      IF  T_PASAJE(I).CLASE = CLAS THEN
          SELECT DEREF(T_PASAJE(I).PASAJERO_COD) INTO PASAJERO FROM
           DUAL;
           IF PASAJERO.PAIS = PAISS THEN
             TOTAL := TOTAL +1;
           END IF;
      END IF;
```

```
      END LOOP;
      RETURN TOTAL;
    END;
END;
/
```

PASO 5. Crear la tabla TABLA_TIPOVUELO del tipo TIPOVUELO y llenarla con los datos del modelo relacional. Antes de crear la nueva tabla VUELO, hay que crear las nuevas tablas PASAJERO y PERSONAL con los tipos creados para poder hacer las referencias:

```
CREATE TABLE TABLA_TIPOPASAJERO OF TIPOPASAJERO (
  COD PRIMARY KEY);

INSERT INTO TABLA_TIPOPASAJERO SELECT * FROM PASAJERO;

CREATE TABLE TABLA_TIPOPERSONAL OF TIPOPERSONAL (
  CODIGO PRIMARY KEY );

INSERT INTO TABLA_TIPOPERSONAL SELECT * FROM PERSONAL;

-- Se crea la nueva tabla vuelo y se llena solo con los vuelos

CREATE TABLE TABLA_TIPOVUELO OF TIPOVUELO (
  IDENTIFICADOR PRIMARY KEY)
    NESTED TABLE T_PASAJE STORE AS TABLA_T_PASAJE ,
    NESTED TABLE T_TRIPULACION STORE AS TABLA_T_TRIPULACION;

INSERT INTO TABLA_TIPOVUELO
   SELECT IDENTIFICADOR, AEROPUERTO_ORIGEN, AEROPUERTO_DESTINO,
    TIPO_VUELO, FECHA_VUELO, ANIDADAPASAJE(), ANIDADATRIPULACION()
   FROM VUELO;

COMMIT;
```

PASO 6. Llenar las tablas anidadas. Creamos un bloque PL. Antes de insertar inicializamos las tablas anidadas del vuelo a vacías, para no repetir datos si se ejecuta varias veces el bloque PL.

```
DECLARE
   CURSOR C1 IS SELECT IDENTIFICADOR FROM TABLA_TIPOVUELO;
BEGIN
  FOR I IN C1 LOOP
    UPDATE TABLA_TIPOVUELO set T_PASAJE =ANIDADAPASAJE(),
           T_TRIPULACION = ANIDADATRIPULACION()
      WHERE IDENTIFICADOR = I.IDENTIFICADOR;

    INSERT INTO TABLE (SELECT T_PASAJE FROM TABLA_TIPOVUELO
           WHERE IDENTIFICADOR = I.IDENTIFICADOR)
       SELECT REF(TP), NUMASIENTO, CLASE, PVP
        FROM TABLA_TIPOPASAJERO TP, PASAJE P
        WHERE P.IDENTIFICADOR= I.IDENTIFICADOR
            AND TP.COD=P.PASAJERO_COD;

   INSERT INTO TABLE (SELECT T_TRIPULACION FROM TABLA_TIPOVUELO
         WHERE IDENTIFICADOR = I.IDENTIFICADOR)
     SELECT ref(PER), PUESTO FROM TRIPULACION T, TABLA_TIPOPERSONAL PER
     WHERE I.IDENTIFICADOR = T.VUELO_IDENTIFICADOR
     AND PERSONAL_CODIGO = PER.CODIGO;

  END LOOP;
END;
/
```

Mostramos datos:

```
SELECT * FROM TABLA_TIPOVUELO;
```

```
-- Pasajeros y tripulación de un vuelo concreto
SELECT IDENTIFICADOR, TP.PASAJERO_COD.NOMBRE, PVP, NUMASIENTO, CLASE
FROM  TABLA_TIPOVUELO T, TABLE(T_PASAJE) TP
WHERE IDENTIFICADOR='IBE-789';

SELECT IDENTIFICADOR, TP.PERSONAL_CODIGO.CODIGO,
  TP.PERSONAL_CODIGO.NOMBRE, tp.PERSONAL_CODIGO.CATEGORIA, tp.puesto
FROM  TABLA_TIPOVUELO T, TABLE(T_TRIPULACION) TP
WHERE IDENTIFICADOR='IBE-789';
```

Probamos unas consultas para usar los métodos del tipo vuelo:

- Realiza una consulta que devuelva el identificador de vuelo, con más pvp.

```
SELECT IDENTIFICADOR, T.SUMA() FROM TABLA_TIPOVUELO T
  WHERE T.SUMA() = (select max(T2.SUMA() ) FROM TABLA_TIPOVUELO T2);
```

- Realiza una consulta que devuelva el identificador de vuelo, el número de pasajeros de ESPAÑA y clase BUSSINESS y la suma del PVP de aquellos vuelos que tengan pasajeros en ese país y clase

```
SELECT IDENTIFICADOR, T.NPASACLASE('ESPAÑA','BUSINESS'), T.SUMA()
  FROM TABLA_TIPOVUELO T
  WHERE T.NPASACLASE('ESPAÑA','BUSINESS') > 0;
```

4.2.6. Herencia de tipos

La herencia facilita la creación de objetos a partir de otros ya existentes e implica que un subtipo obtenga todo el comportamiento (métodos) y eventualmente los atributos de su supertipo. Los subtipos definen sus propios atributos y métodos y puede redefinir los métodos que heredan, esto se conoce como polimorfismo. El siguiente ejemplo define un tipo persona y a continuación el subtipo tipo alumno:

```
--Se define el tipo persona
--
CREATE OR REPLACE TYPE TIPO_PERSONA AS OBJECT(
  DNI VARCHAR2(10),
  NOMBRE VARCHAR2(25),
  FEC_NAC DATE,
  MEMBER FUNCTION EDAD RETURN NUMBER,
  FINAL MEMBER FUNCTION GET_DNI
                      RETURN VARCHAR2, -- No se puede redefinir
  MEMBER FUNCTION GET_NOMBRE RETURN VARCHAR2,
  MEMBER PROCEDURE VER_DATOS
) NOT FINAL;  -- Se pueden derivar subtipos
/
--Cuerpo del tipo persona

CREATE OR REPLACE TYPE BODY TIPO_PERSONA AS
  MEMBER FUNCTION EDAD RETURN NUMBER IS
    ED NUMBER;
  BEGIN
    ED := TO_CHAR(SYSDATE, 'YYYY') - TO_CHAR(FEC_NAC, 'YYYY');
    RETURN ED;
  END;
```

```
  FINAL MEMBER FUNCTION GET_DNI RETURN VARCHAR2 IS
  BEGIN
    RETURN DNI;
  END;

  MEMBER FUNCTION GET_NOMBRE RETURN VARCHAR2 IS
  BEGIN
    RETURN NOMBRE;
  END;

  MEMBER PROCEDURE VER_DATOS IS
  BEGIN
    DBMS_OUTPUT.PUT_LINE(DNI|| '*' || NOMBRE ||'*'||EDAD());
  END;
END;
/
--Se define el tipo alumno
CREATE OR REPLACE TYPE TIPO_ALUMNO UNDER TIPO_PERSONA(
                                          --se define un subtipo
  CURSO VARCHAR2(10),
  NOTA_FINAL NUMBER,
  MEMBER FUNCTION NOTA RETURN NUMBER,
  OVERRIDING MEMBER PROCEDURE VER_DATOS  --se redefine ese método
);
/
--Cuerpo del tipo alumno
CREATE OR REPLACE TYPE BODY  TIPO_ALUMNO AS
  MEMBER FUNCTION NOTA RETURN NUMBER IS
  BEGIN
    RETURN NOTA_FINAL;
  END;

  OVERRIDING MEMBER PROCEDURE VER_DATOS IS  --se redefine ese método
  BEGIN
    DBMS_OUTPUT.PUT_LINE(CURSO|| '*' ||NOTA_FINAL);
  END;
END;
/
```

Mediante la cláusula **NOT FINAL** (incluida al final de la definición del tipo) se indica que se pueden derivar subtipos, si no se incluye esta cláusula se considera que es **FINAL** (no puede tener subtipos). Igualmente, si un método es **FINAL** los subtipos no pueden redefinirlo. La cláusula **OVERRIDING** se utiliza para redefinir el método. El siguiente bloque PL/SQL muestra un ejemplo de uso de los tipos definidos, al definir el objeto se inicializan todos los atributos, ya que no se ha definido constructor para inicializar el objeto:

```
DECLARE
  --Al asignar datos al alumno escribimos
  -- DNI, NOMBRE, FECHA_NAC, CURSO, NOTA
  A1 TIPO_ALUMNO := TIPO_ALUMNO(NULL, NULL, NULL, NULL, NULL);
  A2 TIPO_ALUMNO := TIPO_ALUMNO('871234533A', 'PEDRO',
                              '12/12/1996', 'SEGUNDO', 7);
  NOM A1.NOMBRE%TYPE;
  DNI A1.DNI%TYPE;
  NOTAF A1.NOTA_FINAL%TYPE;
BEGIN
  A1.NOTA_FINAL := 8;
```

```
  A1.CURSO := 'PRIMERO';
  A1.NOMBRE := 'JUAN';
  A1.FEC_NAC := '20/10/1997';
  A1.VER_DATOS;

  NOM := A2.GET_NOMBRE();
  DNI := A2.GET_DNI();
  NOTAF := A2.NOTA();
  A2.VER_DATOS;

  DBMS_OUTPUT.PUT_LINE(A1.EDAD());
  DBMS_OUTPUT.PUT_LINE(A2.EDAD());
END;
/
```

A continuación, se crea una tabla de TIPO_ALUMNO con el DNI como clave primaria, se insertan filas y se realiza alguna consulta (al insertar se escriben las columnas del supertipo - dni, nombre, fec_nac - y luego las del subtipo - curso, nota_final -):

```
CREATE TABLE TALUMNOS OF TIPO_ALUMNO (DNI PRIMARY KEY);

INSERT INTO TALUMNOS VALUES
      ('871234533A', 'PEDRO', '12/12/1996', 'SEGUNDO', 7);
INSERT INTO TALUMNOS VALUES
      ('809004534B', 'MANUEL', '12/12/1997', 'TERCERO', 8);

SELECT * FROM TALUMNOS;
SELECT DNI, NOMBRE, CURSO, NOTA_FINAL FROM TALUMNOS;
SELECT P.GET_DNI(), P.GET_NOMBRE(), P.EDAD(), P.NOTA()
FROM TALUMNOS P;
```

4.2.7. Ejemplo de modelo relacional y objeto relacional

A continuación, vamos a ver una solución con el modelo relacional para gestión de ventas y otra usando el enfoque objeto-relacional. En la Figura 4.4 se muestra el modelo de datos para las tablas CLIENTES, PRODUCTOS, VENTAS y LINEASVENTAS. Las tablas están vacías, las órdenes de creación de las tablas son estas:

```
CREATE TABLE CLIENTES (
  IDCLIENTE NUMBER PRIMARY KEY,
  NOMBRE      VARCHAR2(50),
  DIRECCION   VARCHAR2(50),
  POBLACION   VARCHAR2(50),
  CODPOSTAL   NUMBER(5),
  PROVINCIA   VARCHAR2(40),
  NIF         VARCHAR2(9) UNIQUE,
  TELEFONO1   VARCHAR2(15),
  TELEFONO2   VARCHAR2(15),
  TELEFONO3   VARCHAR2(15));

CREATE TABLE PRODUCTOS (
  IDPRODUCTO  NUMBER PRIMARY KEY,
  DESCRIPCION varchar2(80),
  PVP   NUMBER,
  STOCKACTUAL NUMBER);
```

```
CREATE TABLE VENTAS(
  IDVENTA      NUMBER PRIMARY KEY,
  IDCLIENTE    NUMBER NOT NULL
               REFERENCES CLIENTES,
  FECHAVENTA   DATE );

CREATE TABLE LINEASVENTAS (
  IDVENTA       NUMBER,
  NUMEROLINEA   NUMBER,
  IDPRODUCTO    NUMBER,
  CANTIDAD      NUMBER,
  FOREIGN KEY (IDVENTA)
     REFERENCES VENTAS (IDVENTA),
  FOREIGN KEY (IDPRODUCTO)
     REFERENCES PRODUCTOS (IDPRODUCTO),
  PRIMARY KEY (IDVENTA,NUMEROLINEA) );
```

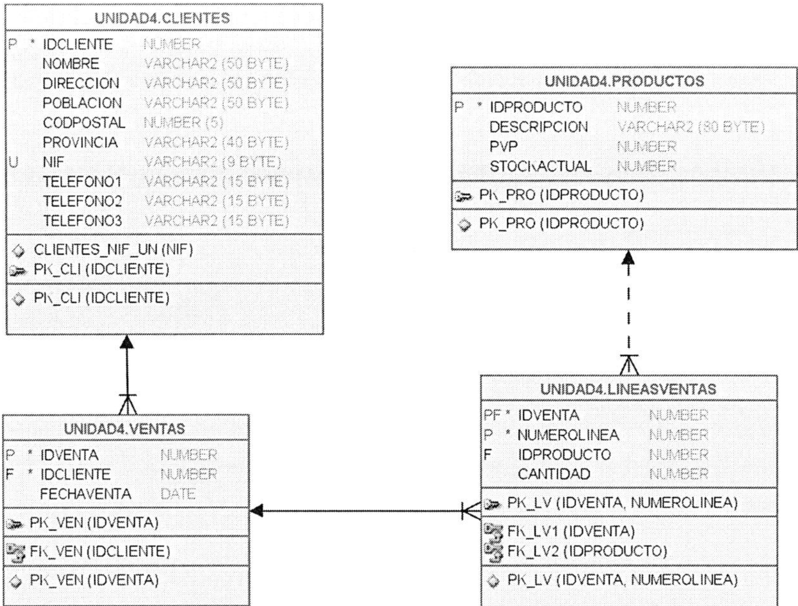

Figura 4.4. Modelo de datos del ejercicio

Convertimos el modelo relacional a Objeto-Relacional. Definimos los siguientes tipos:

- Definimos un tipo VARRAY de 3 elementos para contener los teléfonos:

```
CREATE TYPE TIP_TELEFONOS AS VARRAY(3) OF VARCHAR2(15);
/
```

- A continuación, se crean los tipos dirección, cliente, producto y línea de venta:

```
CREATE TYPE TIP_DIRECCION AS OBJECT(
  CALLE        VARCHAR2(50),
  POBLACION    VARCHAR2(50),
  CODPOSTAL    NUMBER(5),
  PROVINCIA    VARCHAR2(40));
/
CREATE TYPE TIP_CLIENTE AS OBJECT(
  IDCLIENTE    NUMBER,
  NOMBRE       VARCHAR2(50),
  DIREC        TIP_DIRECCION,
  NIF          VARCHAR2(9),
  TELEF        TIP_TELEFONOS);
/
CREATE TYPE TIP_PRODUCTO AS OBJECT (
  IDPRODUCTO    NUMBER,
  DESCRIPCION   VARCHAR2(80),
  PVP           NUMBER,
  STOCKACTUAL   NUMBER);
/
CREATE TYPE  TIP_LINEAVENTA AS OBJECT (
  NUMEROLINEA   NUMBER,
  IDPRODUCTO    REF TIP_PRODUCTO,
  CANTIDAD      NUMBER);
/
```

- Creamos un tipo tabla anidada para contener las líneas de una venta:

```
CREATE TYPE TIP_LINEAS_VENTA AS TABLE OF TIP_LINEAVENTA;
/
```

- Creamos un tipo venta para los datos de las ventas, cada venta tendrá un atributo LINEAS del tipo tabla anidada definida anteriormente:

```
CREATE TYPE  TIP_VENTA AS OBJECT (
  IDVENTA      NUMBER,
  IDCLIENTE    REF TIP_CLIENTE,
  FECHAVENTA   DATE,
  LINEAS       TIP_LINEAS_VENTA,
  MEMBER FUNCTION TOTAL_VENTA RETURN NUMBER);
/
```

En el tipo TIP_VENTA se ha definido la función miembro TOTAL_VENTA que calcula el total de la venta de las líneas de venta que forman parte de una venta. COUNT cuenta el número de elementos de una tabla o de un array, **LINEAS.COUNT** devuelve el número de líneas que tiene la venta.

```
CREATE OR REPLACE TYPE BODY TIP_VENTA AS
  MEMBER FUNCTION TOTAL_VENTA RETURN NUMBER IS
    TOTAL NUMBER := 0;
    LINEA   TIP_LINEAVENTA;
    PRODUCT TIP_PRODUCTO;
  BEGIN
    FOR I IN 1..LINEAS.COUNT LOOP
      LINEA := LINEAS(I);
      SELECT DEREF(LINEA.IDPRODUCTO) INTO PRODUCT FROM DUAL;
      TOTAL := TOTAL + LINEA.CANTIDAD * PRODUCT.PVP;
    END LOOP;
    RETURN TOTAL;
  END;
END;
/
```

Creamos las tablas donde almacenar los objetos de la aplicación, la tabla para los clientes, los productos y las ventas, también se definen las claves primarias de dichas tablas:

```
CREATE TABLE TABLA_CLIENTES OF TIP_CLIENTE (
  IDCLIENTE PRIMARY KEY,
  NIF UNIQUE);
/
CREATE TABLE TABLA_PRODUCTOS OF TIP_PRODUCTO (
  IDPRODUCTO PRIMARY KEY);
/
CREATE TABLE TABLA_VENTAS OF TIP_VENTA (
  IDVENTA PRIMARY KEY
) NESTED TABLE LINEAS STORE AS TABLA_LINEAS;
/
```

En la tabla TABLA_VENTAS se define una tabla anidada para el atributo LINEAS del tipo TIP_VENTA, contendrá las líneas de venta.

Insertamos 2 clientes y 5 productos:

```
INSERT INTO TABLA_CLIENTES VALUES
  (1, 'Luis Gracia', TIP_DIRECCION('C/Las Flores 23', 'Guadalajara',
```

```
            '19003', 'Guadalajara'),
            '34343434L', TIP_TELEFONOS('949876655', '949876655')
  );

INSERT INTO TABLA_CLIENTES VALUES
  (2, 'Ana Serrano', TIP_DIRECCION ('C/Galiana 6', 'Guadalajara',
            '19004', 'Guadalajara'),
            '76767667F', TIP_TELEFONOS('94980009')
  );

INSERT INTO TABLA_PRODUCTOS VALUES
      (1, 'CAJA DE CRISTAL DE MURANO', 100, 5);
INSERT INTO TABLA_PRODUCTOS VALUES (2, 'BICICLETA CITY', 120, 15);
INSERT INTO TABLA_PRODUCTOS VALUES (3, '100 LÁPICES DE COLORES', 20,5);
INSERT INTO TABLA_PRODUCTOS VALUES (4, 'OPERACIONES CON BD', 25, 5);
INSERT INTO TABLA_PRODUCTOS VALUES (5, 'APLICACIONES WEB', 25.50, 10);
```

Insertamos en TABLA_VENTAS la venta con IDVENTA 1 para el IDCLIENTE 1:

```
INSERT INTO TABLA_VENTAS
      SELECT 1, REF(C), SYSDATE, TIP_LINEAS_VENTA()
FROM TABLA_CLIENTES C WHERE C.IDCLIENTE = 1;
```

Insertamos en TABLA_VENTAS dos líneas de venta para el IDVENTA 1 para los productos 1 (la CANTIDAD es 1) y 2 (la CANTIDAD es 2):

```
INSERT INTO TABLE
    (SELECT V.LINEAS FROM TABLA_VENTAS V WHERE V.IDVENTA = 1)
(SELECT 1, REF(P), 1 FROM TABLA_PRODUCTOS P WHERE P.IDPRODUCTO = 1);

INSERT INTO TABLE
    (SELECT V.LINEAS FROM TABLA_VENTAS V WHERE V.IDVENTA = 1)
(SELECT 2, REF(P), 2 FROM TABLA_PRODUCTOS P WHERE P.IDPRODUCTO = 2);
```

Insertamos en TABLA_VENTAS la venta con IDVENTA 2 para el IDCLIENTE 1:

```
INSERT INTO TABLA_VENTAS
    SELECT 2, REF(C), SYSDATE, TIP_LINEAS_VENTA()
FROM TABLA_CLIENTES C WHERE C.IDCLIENTE = 1;
```

Insertamos en TABLA_VENTAS tres líneas de venta para el IDVENTA 2 para los productos 1 (la CANTIDAD es 2), 4 (la CANTIDAD es 1) y 5 (la CANTIDAD es 4):

```
INSERT INTO TABLE
    (SELECT V.LINEAS FROM TABLA_VENTAS V WHERE V.IDVENTA = 2)
(SELECT 1, REF(P), 2 FROM TABLA_PRODUCTOS P WHERE P.IDPRODUCTO = 1);

INSERT INTO TABLE
    (SELECT V.LINEAS FROM TABLA_VENTAS V WHERE V.IDVENTA = 2)
(SELECT 2, REF(P), 1 FROM TABLA_PRODUCTOS P WHERE P.IDPRODUCTO = 4);

INSERT INTO TABLE
    (SELECT V.LINEAS FROM TABLA_VENTAS V WHERE V.IDVENTA = 2)
(SELECT 3, REF(P), 4 FROM TABLA_PRODUCTOS P WHERE P.IDPRODUCTO = 5);
```

La siguiente consulta muestra el total de ventas en cada venta:

```
SELECT  IDVENTA, DEREF(IDCLIENTE).NOMBRE NOMBRE,
  DEREF(IDCLIENTE).IDCLIENTE IDCLIENTE, T.TOTAL_VENTA() TOTAL
  FROM TABLA_VENTAS T;
```

La siguiente consulta muestra el detalle de los productos junto con la venta y el cliente; se puede utilizar la tabla anidada como tabla en la consulta poniendo la cláusula **TABLE**:

```
SELECT P.IDVENTA IDV, DEREF(P.IDCLIENTE).NOMBRE NOMBRE,
       DETALLE.NUMEROLINEA LINEA,
       DEREF(DETALLE.IDPRODUCTO).DESCRIPCION PRODUCTO,
       DETALLE.CANTIDAD,
       DETALLE.CANTIDAD * DEREF(DETALLE.IDPRODUCTO).PVP IMPORTE,
       DEREF(DETALLE.IDPRODUCTO).PVP PVP,
       DEREF(DETALLE.IDPRODUCTO).STOCKACTUAL STOCK
FROM TABLA_VENTAS P, TABLE(P.LINEAS) DETALLE;
```

IDV	NOMBRE	LINEA	PRODUCTO	CANTIDAD	IMPORTE	PVP	STOCK
1	Luis Gracia	1	CAJA DE CRISTAL DE MURANO	1	100	100	5
1	Luis Gracia	2	BICICLETA CITY	2	240	120	15
2	Luis Gracia	1	CAJA DE CRISTAL DE MURANO	2	200	100	5
2	Luis Gracia	2	OPERACIONES CON BD	1	25	25	5
2	Luis Gracia	3	APLICACIONES WEB	4	102	25,5	10

El siguiente procedimiento almacenado visualiza los datos de la venta cuyo identificador recibe:

```
CREATE OR REPLACE PROCEDURE VER_VENTA (ID NUMBER) AS
  IMPORTE NUMBER;
  TOTAL_V NUMBER;
  CLI TIP_CLIENTE := TIP_CLIENTE(NULL, NULL, NULL, NULL, NULL);
  FEC DATE;
  --cursor para recorrer la tabla anidada del idventa
  --que se recibe, recorre las líneas de venta
  CURSOR C1 IS
  SELECT NUMEROLINEA LIN, DEREF(IDPRODUCTO) PROD, CANTIDAD
  FROM THE
    (SELECT T.LINEAS FROM TABLA_VENTAS T WHERE IDVENTA = ID);

BEGIN
  --obtener datos de la venta
  SELECT DEREF(IDCLIENTE), FECHAVENTA, V.TOTAL_VENTA()
         INTO CLI, FEC, TOTAL_V
  FROM TABLA_VENTAS V WHERE IDVENTA = ID;

  DBMS_OUTPUT.PUT_LINE('NÚMERO DE VENTA: ' || ID ||
                       ' * Fecha de venta: ' || FEC);

  DBMS_OUTPUT.PUT_LINE('CLIENTE: ' || CLI.NOMBRE);
  DBMS_OUTPUT.PUT_LINE('DIRECCION: '|| CLI.DIREC.CALLE);
  DBMS_OUTPUT.PUT_LINE('==========================================');

  FOR I IN C1 LOOP
    IMPORTE:= I.CANTIDAD * I.PROD.PVP;
    DBMS_OUTPUT.PUT_LINE(I.LIN|| '*' || I.PROD.DESCRIPCION || '*' ||
               I.PROD.PVP || '*' || I.CANTIDAD || '*' ||IMPORTE);
  END LOOP;
  DBMS_OUTPUT.PUT_LINE('Total Venta: ' || TOTAL_V);
END VER_VENTA;
/
--Ejecutamos el procedimiento para visualizar los datos de la venta 2:

BEGIN
  VER_VENTA(2);
END;
```

```
/
NÚMERO DE VENTA: 2 * Fecha de venta: 10/03/16
CLIENTE: Luis Gracia
DIRECCION: C/Las Flores 23
============================================
1*CAJA DE CRISTAL DE MURANO*100*2*200
2*OPERACIONES CON BD*25*1*25
3*APLICACIONES WEB*25,5*4*102
Total Venta: 327
```

ACTIVIDAD 4.9

Crea una función almacenada que reciba un identificador de venta y retorne el total de la venta. Comprueba si la venta existe, si no existe devuelve -1. Realiza un bloque PL/SQL anónimo que haga uso de la función.

Realiza una consulta que muestre por cada producto el total de unidades vendidas, debe mostrar el identificador del producto, la descripción y la suma de las unidades vendidas.

4.3. BASES DE DATOS ORIENTADA A OBJETOS

Las **Bases de Datos Orientadas a Objetos (BDOO)** son aquellas cuyo modelo de datos está orientado a objetos, soportan el paradigma orientado a objetos almacenando métodos y datos. Su origen se debe principalmente a la existencia de problemas para representar cierta información y modelar ciertos aspectos del mundo real. Las BDOO simplifican la programación orientada a objetos (POO) almacenando directamente los objetos en la BD y empleando las mismas estructuras y relaciones que los lenguajes de POO.

Podemos decir que un **Sistema Gestor de Base de Datos Orientada a Objetos (SGBDOO)** es un sistema gestor de base de datos (SGBD) que almacena objetos.

4.3.1. Características de las bases de datos OO

Las características asociadas a las BDOO son las siguientes:

- Los datos se almacenan como **objetos**.
- Cada objeto se identifica mediante un identificador único u **OID** (***Object Identifier***), este identificador no es modificable por el usuario. Los objetos pueden almacenarse y recuperarse de la base de datos sin perder su identidad (objetos persistentes).
- Cada objeto define sus métodos y atributos y la interfaz mediante la cual se puede acceder a él, el usuario puede especificar qué atributos y métodos pueden ser usados desde fuera.
- En definitiva, un SGBDOO debe cumplir las características de un SGBD: **persistencia, concurrencia, recuperación ante fallos, gestión del almacenamiento secundario y facilidad de consultas**; y las características de un sistema orientado a objetos (OO): **encapsulación, identidad, herencia y polimorfismo**.

Las BDOO son ideales para sistemas con datos complejos y jerárquicos, como modelos 3D, IA o simulaciones. En cambio, las bases de datos relacionales siguen siendo la mejor opción para sistemas tradicionales de gestión empresarial.

En 1989 se hizo el manifiesto *Malcolm Atkinson* que propone 13 características obligatorias para los SGBDOO basado en dos criterios: debe ser un sistema orientado a objetos y debe ser un SGBD. Las características son:

1. Debe soportar objetos complejos.
2. Identidad del objeto: todos los objetos deben tener un identificador que sea independiente de los valores de sus atributos.
3. Encapsulamiento: los programadores solo tendrán acceso a la interfaz de los métodos, de modo que sus datos e implementación estén ocultos.
4. Soporte para tipos o clases.
5. Herencia: un subtipo o una subclase heredará los atributos y métodos de su supertipo o superclase, respectivamente.
6. Debe soportar sobrecarga: los métodos deben poder aplicarse a diferentes tipos.
7. El DML debe ser completo.
8. El conjunto de tipos de datos debe ser extensible.
9. Debe soportar persistencia de datos: los datos deben mantenerse después de que la aplicación que los creó haya finalizado.
10. Debe ser capaz de manejar grandes BD: debe proporcionar mecanismos que aseguren independencia entre los niveles lógico y físico del sistema.
11. Debe soportar concurrencia.
12. Debe ser capaz de recuperarse ante fallos hardware y software.
13. Debe proporcionar un método de consulta sencillo.

¡ ¡ INTERESANTE ! !

The Object-Oriented Database System Manifesto: En este trabajo se intenta definir un sistema de base de datos orientada a objetos. En él se describen los principales rasgos y características que un sistema debe tener para calificarle como un sistema de base de datos orientado a objetos:

http://www.cs.cmu.edu/afs/cs.cmu.edu/user/clamen/OODBMS/Manifesto/htManifesto/Manifesto.html

---

Las **ventajas** que aporta un SGBDOO son las siguientes:

- Mayor capacidad de modelado. La utilización de objetos permite representar de una forma más natural los datos que se necesitan guardar.
- Extensibilidad. Se pueden construir nuevos tipos de datos a partir de tipos existentes.
- Existe una única interfaz entre el LMD (lenguaje de manipulación de datos) y el lenguaje de programación. Esto elimina el tener que incrustar un lenguaje declarativo como SQL en un lenguaje imperativo como Java o C.
- Lenguaje de consultas más expresivo. El lenguaje de consultas es navegacional de un objeto al siguiente, en contraste con el lenguaje declarativo SQL.
- Soporte a transacciones largas, necesario para muchas aplicaciones de bases de datos avanzadas.

- Adecuación a aplicaciones avanzadas de bases de datos (CASE, CAD, sistemas multimedia, etc.)

Entre los **inconvenientes** hay que destacar:

- Falta de un modelo de datos universal, la mayoría de los modelos carecen de una base teórica.
- Falta de estándares, no existe un lenguaje de consultas estándar como SQL, aunque está el lenguaje **OQL** (***Object Query Language***) de **ODMG** que se está convirtiendo en un estándar de facto.
- Competencia con los SGBDR y los SGBDOR, que tienen gran experiencia de uso.
- La optimización de consultas compromete la encapsulación: optimizar consultas requiere conocer la implementación para acceder a la BD de una manera eficiente.
- Complejidad: el incremento de funcionalidad provisto por un SGBDOO lo hace más complejo que un SGBDR. La complejidad conlleva productos más caros y difíciles de usar.
- Falta de soporte a las vistas: la mayoría de SGBDOO no proveen mecanismos de vistas.
- Falta de soporte a la seguridad.

La siguiente tabla muestra una comparativa entre BBOO y BD Relacionales:

Aspectos a tener en cuenta	BDOO	BD Relacional
Estructura de datos compleja	Excelente para estructuras complejas de datos.	Requiere muchas relaciones
Consultas de datos masivas	No optimizadas	Muy eficientes
Integración con POO	Natural	Requiere conversión
Soporte y herramientas	Limitado	Amplio
Facilidad de aprendizaje	Difícil	Más conocido

4.3.2. El estándar ODMG

ODMG (***Object Database Management Group***) es un grupo formado por fabricantes de bases de datos con el objetivo de definir estándares para los SGBDOO. Uno de sus estándares, el cual lleva el mismo nombre del grupo (**ODMG**) especifica los elementos que se definirán, y en qué manera se hará, para la consecución de persistencia en las BDOO que soporten el estándar.

La última versión del estándar, **ODMG 3.0** propone los siguientes componentes:

- Modelo de objetos.
- Lenguaje de definición de objetos (**ODL**, *Object Definition Language*).
- Lenguaje de consulta de objetos (**OQL**, *Object Query Language*).
- Conexión con los lenguajes C++, Smalltalk, Java, Python.

El modelo de objetos ODMG especifica las características de los objetos, cómo se relacionan, cómo se identifican, construcciones soportadas, etc. Las primitivas de modelado básicas son: los objetos caracterizados por un identificador único (**OID**) y los literales que son objetos que no tienen identificador, no pueden aparecer como objetos, están embebidos en ellos.

Los tipos de objetos son:

- **Atómicos**: boolean, *short, long, unsigned long, unsigned short, float, double, char, string, enum, octect.*
- **Tipos estructurados**: *date, time, timestamp, interval.*
- **Colecciones** *<interfaceCollection>*:

- *set<tipo>*: grupo desordenado de objetos del mismo tipo que no admite duplicados.
- *bag<tipo>*: grupo desordenado de objetos del mismo tipo que permite duplicados.
- *list<tipo>*: grupo ordenado de objetos del mismo tipo que permite duplicados.
- *array<tipo>*: grupo ordenado de objetos del mismo tipo a los que se puede acceder por su posición. El tamaño es dinámico.
- *dictionary<clave,valor>*: grupo de objetos del mismo tipo, cada valor está asociado a su clave.

Los **literales** pueden ser atómicos (long, short, boolean, unsigned long, etc.), colecciones (set, bag, list, array, dictionary), estructuras (date, interval, time, timestamp) y NULL.

Mediante las **Clases** especificamos el estado y el comportamiento de un tipo de objeto, pueden incluir métodos. Son instanciables, por lo que a partir de ellas se pueden crear instancias de objetos individuales. Son equivalentes a una clase concreta en los lenguajes de programación. Una clase es un tipo de objeto asociado a un "**extent**".

El lenguaje **ODL** es el equivalente al lenguaje de definición de datos (DDL) de los SGBD tradicionales. Define los atributos, las relaciones entre los tipos y especifica la signatura de las operaciones. La sintaxis de ODL extiende el lenguaje de definición de interfaces de CORBA (*Common Object Request Broker Architecture*). Algunas de las palabras reservadas para definir los objetos son:

- ***class***: declaración del objeto, define el comportamiento y el estado de un tipo de objeto.
- ***extent***: define la extensión, nombre para el actual conjunto de objetos de la clase. En las consultas se hace referencia al nombre definido en esta cláusula, no se hace referencia al nombre definido a la derecha de ***class***.
- ***key[s]***: declara la lista de claves para identificar las instancias.
- ***attribute***: declara un atributo.
- ***set* | *list* | *bag* | *array***: declara un tipo de colección.
- ***struct***: declara un tipo estructurado.
- ***enum***: declara un tipo enumerado.
- ***relationship***: declara una relación.
- ***inverse***: declara una relación inversa.
- ***extends***: define la herencia simple.

Veamos cómo se puede definir un objeto Cliente, similar al tipo cliente visto anteriormente, la clave es el NIF. Se definen los atributos y un método; uno de los atributos es un tipo estructurado (*struct*), otro es enumerado (*enum*) y también tenemos un tipo colección (*set*):

```
class Cliente (extent Clientes key NIF)
{
  /*Definición de atributos*/
    attribute struct Nombre_Persona {
                      string apellidos,
                      string nombrepern} nombre;
    attribute string NIF;
    attribute date fecha_nac;
    attribute enum Genero{H,M} sexo;
    attribute struct Direccion{
                      string calle,
                      string poblac} direc;
    attribute set<string> telefonos;

  /*Definición de operaciones*/
    short edad();
}
```

Definimos el objeto Producto:

```
class Producto (extent Productos key IDPRODUCTO)
{
  /*Definición de atributos*/
    attribute short IDPRODUCTO;
    attribute string descripcion;
    attribute float pvp;
    attribute short stockactual;
}
```

Definimos el objeto Línea de Venta con datos de la línea y la operación para calcular el importe de la línea:

```
class LineaVenta (extent Lineaventas)
{
  /*Definición de atributos*/
    attribute short numerolinea;
    attribute Producto product;
    attribute short cantidad;

  /*Definición de operaciones*/
    float importe();
}
```

A continuación, definimos el objeto Venta y sus relaciones: una venta pertenece a un cliente (*pertenece_a_cliente*) y la inversa, el cliente tiene venta (*tiene_venta*), también se define un atributo colección (*set*) para las líneas de venta:

```
class Venta (extent Ventas key IDVENTA)
{
  /*Definición de atributos*/
    attribute short IDVENTA;
    attribute date fecha_venta;
    attribute set <LineaVenta> lineas;
```

```
  /*Definición de relaciones*/
    relationship Cliente pertenece_a_cliente inverse
                 Cliente::tiene_venta;

  /*Definición de operaciones*/
    float total_venta();
}
```

4.3.3. El lenguaje de consultas OQL

OQL (***Object Query Language***) es el lenguaje estándar de consultas de BDOO. Las características son las siguientes:

- Es orientado a objetos y está basado en el modelo de objetos de la **ODMG**.
- Es un lenguaje declarativo del tipo de SQL. Su sintaxis básica es similar a SQL.
- Acceso declarativo a los objetos de la base de datos (propiedades y métodos).
- Semántica formal bien definida.
- No incluye operaciones de actualización (solo de consulta). Las modificaciones se realizan mediante los métodos que los objetos poseen.
- Dispone de operadores sobre colecciones (*max, min, count*, etc.) y cuantificadores (*for all, exists*).

La sintaxis básica de OQL es una estructura SELECT como en SQL:

```
SELECT <lista de valores>
FROM <lista de colecciones y miembros típicos>
[WHERE <condición>]
```

Donde las colecciones en FROM pueden ser extensiones (los nombres que aparecen a la derecha de **extent**) o expresiones que evalúan una colección. Se suele utilizar una variable iterador que vaya tomando valores de los objetos de la colección. Las variables iterador se pueden especificar de varias formas utilizando las cláusulas IN o AS:

```
FROM Clientes x
FROM x IN Clientes
FROM Clientes AS x
```

Para acceder a los atributos y objetos relacionados se utilizan expresiones de camino. Una expresión de camino empieza normalmente con un nombre de objeto o una variable iterador seguida de atributos conectados mediante un punto o nombres de relaciones. Por ejemplo, para obtener el nombre de los clientes que son mujeres, podemos escribir:

```
SELECT x.nombre.nombreper FROM x IN Clientes WHERE x.sexo = "M"
SELECT x.nombre.nombreper FROM Clientes x WHERE x.sexo = "M"
SELECT x.nombre.nombreper FROM Clientes AS x WHERE x.sexo = "M"
```

En general, supongamos que *v* es una variable cuyo tipo es Venta:

- *v.IDVENTA* es el identificador de venta del objeto *v*.
- *v.fecha_venta* es la fecha de venta del objeto *v*.
- *v.total_venta()* obtiene el total venta del objeto *v*.
- *v.pertenece_a_cliente* es un puntero al cliente mencionado en *v*.
- *v.pertenece_a_cliente.direc* es la dirección del cliente mencionado en *v*.
- *v.lineas* es una colección de objetos del tipo LineaVenta.
- El uso de *v.lineas.numerolinea* NO es correcto porque *v.lineas* es una colección de objetos y no un objeto simple.
- Cuando tenemos una colección como en *v.lineas*, para poder acceder a los atributos de la colección podemos usar la orden FROM.

Ejemplos:

- Obtener los datos del cliente cuyo IDVENTA = 1:

```
SELECT v.pertenece_a_cliente.nombre, v.pertenece_a_cliente.direc,
       v.fecha_venta, v.total_venta()
FROM Ventas v WHERE v.IDVENTA = 1;
```

- Obtenemos las líneas de venta del IDVENTA = 1, en este ejemplo el objeto v es usado para definir la segunda colección *v.lineas*:

```
SELECT lin.numerolinea, lin.product.descripcion,
       lin.cantidad, lin.importe()
FROM Ventas v, v.lineas lin WHERE v.IDVENTA = 1;
```

El resultado de una consulta **OQL** puede ser de cualquier tipo soportado por el modelo. Por ejemplo, la consulta anterior devuelve un conjunto de estructuras del tipo *short, string,* y *float*; el resultado es del tipo colección: *bag (struct(numerolinea:short, descripcion:string, cantidad: short, importe: float))*.

En cambio, la consulta: *SELECT x.nombre.nombreper FROM x IN Clientes WHERE x.sexo = "M"*, devuelve un conjunto de nombres; el tipo devuelto es: *bag(string)*.

Recordemos la diferencia entre las colecciones *set* y *bag*, *set* es un grupo desordenado de objetos del mismo tipo que no permite duplicados y *bag* permite duplicados.

Se pueden usar alias en las consultas, por ejemplo, la SELECT anterior: *SELECT lin.numerolinea, lin.product.descripcion, lin.cantidad, lin.importe()*; se puede expresar usando alias de la siguiente manera:

```
SELECT nlin:lin.numerolinea,
       dpro:lin.product.descripcion,
       can:lin.cantidad,
       imp:lin.importe()
```

Y el tipo devuelto en este caso es: *bag (struct(nlin:short, dpro:string, can: short, imp: float))*.

Para obtener un set de estructuras (colección que no admite duplicados) podemos usar DISTINCT a la derecha de SELECT:

```
SELECT DISTINCT x.nombre.nombreper FROM x IN Clientes WHERE x.sexo ="M"
```

En este caso el tipo devuelto es: *set(string)*.

Para obtener una lista (un tipo *list*) de estructuras usamos la cláusula ORDER BY:

```
SELECT nlin:lin.numerolinea,
       dpro:lin.product.descripcion,
       can:lin.cantidad,
       imp:lin.importe()
FROM Ventas v, v.lineas lin WHERE v.IDVENTA = 1 ORDER BY nlin ASC;
```

Y el tipo devuelto en este caso es: *list(struct(nlin:short, dpro:string, can: short, imp: float))*.

4.3.3.1. Operadores de comparación

Los valores pueden ser comparados usando los siguientes operadores:

= Igual a

> Mayor que

>= Mayor o igual que

< Menor que

<= Menor o igual que

!= Distinto de

Para comparar cadenas de caracteres podemos usar los operadores **IN** y **LIKE**:

- **IN**: comprueba si existe un carácter en una cadena de caracteres: *carácter IN cadena*.
- **LIKE**: comprueba si dos cadenas son iguales: *cadena1 LIKE cadena2*. *cadena2* puede contener caracteres especiales:

  _ o ?: indicador de posición, representa cualquier carácter.

  ***o %**: representa una cadena de caracteres.

Ejemplos:

- Obtener los datos de las ventas de los clientes de la población de TOLEDO y cuyos apellidos empiecen por la letra A:

```
SELECT v.IDVENTA, v.fecha_venta, v.total_venta()
FROM Ventas v
WHERE v.pertenece_a_cliente.direc.pobla = "TOLEDO"
AND   v.pertenece_a_cliente.nombre.apellidos LIKE "A%";
```

- Obtener para el IDVENTA 1 aquellas líneas de venta cuya descripción del producto contenga el carácter P en su descripción:

```
SELECT lin.numerolinea, lin.product.descripcion,
       lin.cantidad, lin.importe()
FROM Ventas v, v.lineas lin
WHERE v.IDVENTA = 1 AND 'P' IN lin.product.descripcion;
```

4.3.3.2. Cuantificadores y operadores sobre colecciones

Mediante el uso de cuantificadores podemos comprobar si todos los miembros, al menos un miembro, o algunos miembros, etc. satisfacen alguna condición:

Todos los miembros: *FOR ALL x IN colección : condición*

Al menos uno: *EXISTS x IN colección : condición*

EXISTS x

Solo uno: *UNIQUE x*

Algunos / cualquier: *colección comparación SOME/ANY condición*

Donde *comparación* puede ser : <, >, <=, >=, o =

Ejemplos:

- Obtener todas las ventas que tengan líneas de venta cuya descripción del producto sea "PNY Pendrive 16 GB":

```
SELECT v.IDVENTA, v.fecha_venta, v.total_venta() FROM Ventas v
WHERE EXISTS x IN
v.lineas : x.product.descripcion = "PNY Pendrive 16 GB";
```

- Obtener las ventas que solo tienen líneas de venta cuya descripción de producto es "PNY Pendrive 16 GB":

```
SELECT v.IDVENTA, v.fecha_venta, v.total_venta() FROM Ventas v
WHERE FOR ALL x IN
              v.lineas : x.product.descripcion = "PNY Pendrive 16 GB";
```

Los operadores AVG, SUM, MIN, MAX y COUNT, se pueden aplicar a cualquier colección, siempre y cuando tengan sentido para el tipo de elemento. Por ejemplo, para calcular la media del total venta de todas las ventas necesitaríamos asignar el valor devuelto a una variable:

```
Media = AVG( SELECT v.total_venta() FROM Ventas v )
```

El tipo devuelto es una colección de un elemento: *bag(struct(total_venta: float))*.

Como hemos visto **OQL** es bastante complejo y actualmente ningún creador de software lo ha implementado completamente. **OQL** ha influenciado el diseño de algunos lenguajes de consulta nuevos como JDOQL (*Java Data Objects Query Language*) y EJBQL (*Enterprise Java Bean Query Language*), pero estos no pueden ser considerados como versiones de **OQL**.

4.4. EJEMPLO DE BDOO, ObjectDB.

ObjectDB es una base de datos orientada a objetos para Java. Se puede utilizar en modo cliente-servidor y en modo incrustado. A diferencia de otras bases de datos orientadas a objetos, ObjectDB ***no proporciona*** su propia API propietaria. Por lo tanto, el trabajo con ObjectDB ***requiere el uso de una de las dos API estándar de Java - JPA o JDO***.

Características principales:

- 100% Orientada a Objetos: los datos se manejan como objetos Java.
- Alto rendimiento: más rápida que las relacionales cuando se trabaja con objetos complejos.
- Compatible con JPA y JDO: Se integra fácilmente con Jakarta Persistence API (JPA) y Java Data Objects (JDO).
- Standalone o Embebida: Puede usarse como una base de datos independiente o embebida dentro de una aplicación Java.
- Menos uso de RAM y CPU: Más eficiente en almacenamiento y consultas comparado con soluciones ORM como Hibernate sobre SQL.
- Fácil de usar: No requiere configuración de servidor, simplemente se usa como una biblioteca

Para utilizarla descargamos la BD desde https://www.objectdb.com/download, en este caso las pruebas se realizarán con la versión 2.9.2. La descarga contiene toda la base de datos con la documentación y ejemplos.

Realizaremos un proyecto maven para crear una base de datos ObjectDB con nombre ***jugadores.odb***, las dependencias serán las siguientes:

```
<dependencies>
      <!-- API DE PERSISTENCIA DE JAVA -->
      <dependency>
            <groupId>jakarta.persistence</groupId>
            <artifactId>jakarta.persistence-api</artifactId>
            <version>3.2.0</version>
      </dependency>

       <!-- Jar  objectdb versión 2.9.2 -->
      <dependency>
            <groupId>com.objectdb</groupId>
            <artifactId>objectdb-jk</artifactId>
            <version>2.9.2</version>
      </dependency>

</dependencies>
```

Y además añadimos el repositorio de donde descargar el jar ***objectdb:***

```
<repositories>
      <!--Repositorio para cargar el jar objectdb y operar -->
      <repository>
            <id>objectdb</id>
            <name>ObjectDB Repository</name>
            <url>https://m2.objectdb.com</url>
      </repository>
</repositories>
```

En este ejemplo se crea una base de datos para almacenar datos de jugadores, crearemos la clase *Jugadores*, y la clase *Operaciones* con jugadores, en la que insertamos varios jugadores, y luego los consultamos.

Se crea la clase Jugadores, y se añade la anotación `@Entity`:

```
@Entity
public class Jugadores {
      private String nombre;
      private String deporte;
      private String ciudad;
      private int edad;

      public Jugadores() {}

      public Jugadores(String nombre, String deporte,
         String ciudad, int edad) {
            this.nombre = nombre;
            this.deporte = deporte;
            this.ciudad = ciudad;
            this.edad = edad;
      }

      public void setNombre(String nombre) {this.nombre = nombre;}
      public String getNombre() {return nombre;}
      public void setDeporte(String deporte) {this.deporte = deporte;}
      public String getDeporte() {return deporte;}
      public void setCiudad(String ciudad) {this.ciudad = ciudad;}
      public String getCiudad() {return ciudad;}
      public void setEdad(int edad) {this.edad = edad;}
      public int getEdad() {return edad;}
}
```

Recuerda las funciones JPA vistas en la unidad 3:

- Con ***Persistence.createEntityManagerFactory("UnidadPersistencia")*** se crea **una fábrica de *EntityManager***, que gestiona conexiones con la base de datos en JPA.
- ***EntityManagerFactory:*** crea y administra instancias/conexiones de ***EntityManager***.
- ***createEntityManager():*** devuelve un **EntityManager** nuevo para realizar operaciones con la base de datos.
- Funciones de ***EntityManager*** son: insertar ***persist()***, buscar ***find()***, actualizar ***merge()***, eliminar ***remove()***, y ejecutar consultas ***createQuery()***.

Así pues, crearemos primero la persistencia, indicando nuestra base de datos, la declaramos a nivel de clase como atributo global:

```
Static EntityManagerFactory emf =
   Persistence.createEntityManagerFactory("objectdb:./jugadores.odb");
```

Y dentro de cada método creamos un ***EntityManager*** para interactuar con la base de datos:

```
EntityManager em = emf.createEntityManager();
```

Creamos dos métodos un método para insertar jugadores, y otro método para listarlos.

El método insertar recibe los datos del jugador a insertar. Se utiliza ***em.getTransaction().begin();*** para iniciar una transacción (insert, update, delete), y ***em.getTransaction().commit();*** para validar.

```
private static void insertarjugador( String nombre, String deporte,
String ciudad, int edad) {
      EntityManager em = emf.createEntityManager();
      em.getTransaction().begin();
      em.persist(new Jugadores(nombre, deporte, ciudad, edad));
      em.getTransaction().commit();
      System.out.println(" Insertado jugador: " + nombre);
      em.close();
}
```

Para listar podemos utilizar `TypedQuery<Jugadores>`, o `Query`.

```
private static void listarjugadores() {
  EntityManager em = emf.createEntityManager();
  TypedQuery<Jugadores> query = em.createQuery
          ("SELECT p FROM Jugadores p", Jugadores.class);
  List<Jugadores> jugadores = query.getResultList();
  for (Jugadores j : jugadores) {
      System.out.println("Nombre: " + j.getNombre() +
         ", Ciudad: "+j.getCiudad()+ ", Deporte: "+j.getDeporte()
         + ", Edad: " + j.getEdad());
  }
 em.close();
}
```

Dentro de los recursos de la unidad podrás encontrar el ejercicio completo, dentro del proyecto *ejemplosJugadores*.

ObjectDB dispone de un explorador que nos permite navegar por la base de datos y los objetos. Para ejecutarlo hacemos doble clic en la aplicación ***explorer-2.9.2.exe*** que se encuentra dentro de la carpeta bin de ObjectDB, ***objectdb-2.9.2\bin.***

Para poder navegar por la base de datos creada es necesario que no la tengamos abierta en ese momento, pues nos dirá que el fichero está siendo utilizado en otra aplicación.

Al ejecutar la aplicación aparecerá una ventana en la que podremos abrir una base de datos, o embebida (que es el caso inicial) o una independiente. Una vez abierta se podrá mostrar los datos como una tabla (Open Table Window) o como árbol de objetos (Open Tree Windows), véase la figura 4.5. También se pueden realizar consultas ***JPQL.***

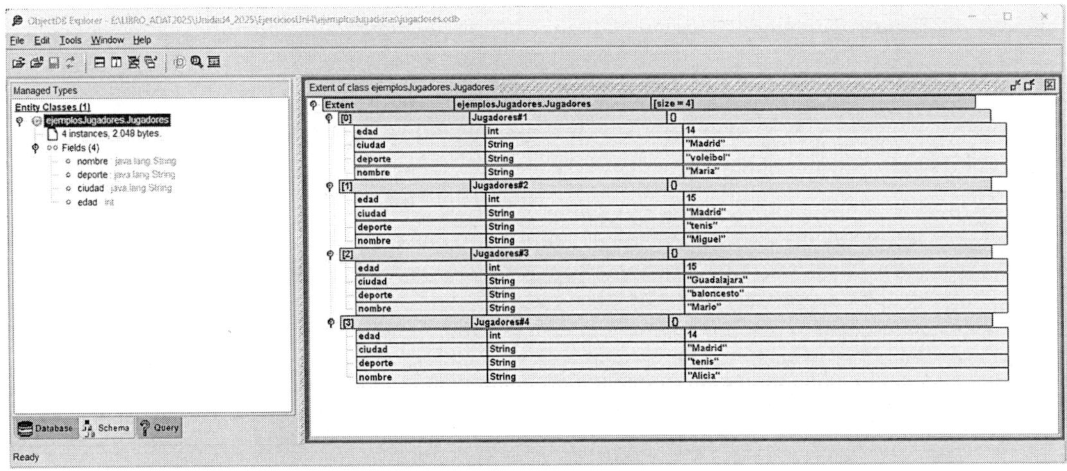

Figura 4.5. ObjectDB Explorer, visualización de los datos de ***jugadores.odb***

Añadimos un método para buscar un jugador, el método recibe el nombre a buscar. Recuerda que el método ***find() sólo funciona con la clave primaria***, si se desea buscar por otro campo utilizamos ***createQuery*** y parámetros. Si no se localiza se lanza la excepción ***NoResultException.***

En el ejemplo no hay clave primaria, por lo que puede que se repita el nombre, si el nombre aparece varias veces hay que capturar la excepción ***NonUniqueResultException.*** En el ejemplo se contemplan ambas situaciones:

```
private static void consultarjugador(String nombre) {
  EntityManager em = emf.createEntityManager();
  TypedQuery<Jugadores> query = em.createQuery(
           "SELECT j FROM Jugadores j WHERE j.nombre = :nombre",
           Jugadores.class);
  query.setParameter("nombre", nombre);
  try {
      //Se busca a un único jugador
      Jugadores j = query.getSingleResult();
      System.out.println("Jugador existe: " + j.getNombre());
      System.out.println("  Ciudad: " + j.getCiudad() +
        ", Deporte: " + j.getDeporte() + ", Edad: " + j.getEdad());
  } catch (NoResultException e) {
           System.out.println("Jugador NO existe: " + nombre);
  } catch (NonUniqueResultException u) {
      // Listamos todos si se repite el nombre del jugador
      System.out.println("El nombre de Jugador se repite: " + nombre);
      List<Jugadores> jugadores = query.getResultList();
      for (Jugadores j : jugadores) {
        System.out.println("Nombre: " + j.getNombre() + ", Ciudad: "
          + j.getCiudad() + ", Deporte: "  + j.getDeporte()
          + ", Edad: " + j.getEdad());
      }
  }
  em.close();
}
```

Seguidamente añadimos un método para actualizar un jugador, y para borrar. En modificar se recibe el nombre a modificar, y el nuevo deporte a asignar, y en borrar se recibe el nombre. Si se repite el nombre se muestra mensaje:

```
private static void borrarjugador(String nombre) {
  EntityManager em = emf.createEntityManager();
  TypedQuery<Jugadores> query = em.createQuery(
      "SELECT j FROM Jugadores j WHERE j.nombre = :nombre",
      Jugadores.class);
  query.setParameter("nombre", nombre);
  try {
      // Se busca a un único jugador
      Jugadores j = query.getSingleResult();
      System.out.println("Jugador existe: " + j.getNombre());
      em.getTransaction().begin();
      em.remove(j);
      em.getTransaction().commit();
      System.out.println("Borrado: " + nombre);
  } catch (NoResultException e) {
      System.out.println("Jugador no se borra, NO existe: " + nombre);
  } catch (NonUniqueResultException u) {
```

```
        System.out.println("El nombre de Jugador se repite: " + nombre);
    }
    em.close();
}

private static void modificarjugador(String nombre, String deporte) {
    EntityManager em = emf.createEntityManager();
    TypedQuery<Jugadores> query = em.createQuery(
            "SELECT j FROM Jugadores j WHERE j.nombre = :nombre",
            Jugadores.class);
    query.setParameter("nombre", nombre);
    try {
        // Se busca a un único jugador
        Jugadores j = query.getSingleResult();
        System.out.println("Jugador existe: " + j.getNombre());
        em.getTransaction().begin();
        j.setDeporte(deporte);
        em.merge(j);
        em.getTransaction().commit();
        System.out.println("Modificado: " + nombre);
    } catch (NoResultException e) {
        System.out.println("No se modifica, NO existe: " + nombre);
    } catch (NonUniqueResultException u) {
        System.out.println("El nombre de Jugador se repite: " + nombre);
    }
    em.close();
}
```

También podremos utilizar ***createQuery*** con las sentencias ***UPDATE*** y ***DELETE***, muy útil, si se desean actualizar o borrar varios objetos a la vez.

El siguiente método recibe una edad y un deporte, y cambia el deporte a todos los jugadores que tienen la edad, se hace la consulta:

```
  UPDATE Jugadores j SET j.deporte = :deporte WHERE j.edad = :edad

private static void actualizarjugadores(int edad, String deporte) {
    EntityManager em = emf.createEntityManager();
    em.getTransaction().begin();
    int filas = em.createQuery(
     "UPDATE Jugadores j SET j.deporte = :deporte WHERE j.edad = :edad")
                .setParameter("deporte", deporte)
                .setParameter("edad", edad)
                .executeUpdate();
    em.getTransaction().commit();
    System.out.println("Jugadores actualizados: " + filas);
    em.close();
}
```

Ejemplo resuelto ArticVentas. En los recursos de la unidad se encuentra el ejercicio completo. El ejercicio contiene dos clases una para crear la base de datos, y la otra para realizar consultas. La base de datos se llama ***articventas.odb***, contiene datos de clientes, artículos y ventas de artículos. Se crea una relación entre artículos y ventas. Un artículo tendrá un set de ventas, añadimos la anotación **@OneToMany(mappedBy="*arti*")**, en la clase Artículos antes de declarar el set, el nombre es ***arti***. En la clase Ventas, una venta será de un artículo, se añade la anotación **@ManyToOne** y el atributo Artículo, con nombre ***arti***.

Las clases van a tener un campo identificativo. Son las siguientes:

```
@Entity
public class Clientes {
      @Id
      private int numcli ;
      private String nombre;
      private String pobla;
      . . . . . . . . . .
   . . . Añadir getter y setter y
   . . . constructores
```

```
@Entity
public class Ventas {
    @Id
    private int codventa;
    private Clientes numcli ;
    private int univen;
    private String fecha;
    // Una venta es de un artículo
    @ManyToOne
    private Articulos arti;
    . . . . . . . . . . . . . . . .
    . . . Añadir getter y setter y
    . . . constructores
```

```
@Entity
public class Articulos {
      @Id
      private int codarti;
      private String denom;
      private int stock;
      private float pvp;
      // Un artículo tiene varias Ventas
      @OneToMany(mappedBy="arti")
      // se inicializa para evitar nullpointer
      private Set<Ventas> compras = new HashSet<>();
      . . . . . . . . . .
      . . . Añadir getter y setter y constructores
      . . . . . . . . . .
```

Los métodos para crear clientes y artículos sin las ventas serán los siguientes:

```
private static void crearclientes(int numcli, String nombre, String
pobla) {
      EntityManager em = emf.createEntityManager();
      try {
            em.getTransaction().begin();
            em.persist(new Clientes(numcli, nombre, pobla));
            em.getTransaction().commit();
            System.out.println(" Insertado cliente: " + nombre);
      } catch (RollbackException e) {
            System.out.println(" Ya existe artículo: " + nombre);
      }
      em.close();
}

private static void creararticulos(int codarti, String denom, int
stock, float pvp) {
      EntityManager em = emf.createEntityManager();
      try {
            em.getTransaction().begin();
```

```
            em.persist(new Articulos(codarti, denom, stock, pvp));
            em.getTransaction().commit();
            System.out.println(" Insertado artículo: " + denom);
        } catch (RollbackException e) {
            System.out.println(" Ya existe artículo: " + denom);
        }
        em.close();
}
```

Para crear las ventas se añade el método ***crearventas***, que va a recibir el código de venta, el código de artículo, el código del cliente, las unidades vendidas y la fecha. Antes de crear la venta se comprobará que exista el artículo, cliente y la venta. Si no hay errores, se crea la venta para el artículo, y se valida:

```
private static void crearventas(int codventa, int cda, int cdcli, int
univen, String fecha) {
    int err = 0;
    // Cargar articulo
    EntityManager em = emf.createEntityManager();
    Articulos art = em.find(Articulos.class, cda);
    if (art != null)
       System.out.println("Artículo: " + art.getDenom());
    else {
        err = 1;
        System.out.println("Cod art no existe: " + cda);
     }
     // Cargar cliente
     Clientes cli = em.find(Clientes.class, cdcli);
     if (cli != null) {
        System.out.println("Cliente: " + cli.getNombre());
     } else {
             err = 1;
             System.out.println("CLI  no existe: " + cdcli);
      }
     if (err != 0) {
       System.out.println("ERROR. NO SE CREA LA VENTA: " + codventa);
     } else {
        // Crear la venta. Antes comprobamos si existe
        em.getTransaction().begin();
       Ventas venta = em.find(Ventas.class, codventa);
       if (venta != null) {
             System.out.println("Venta ya existe: " + codventa);
       } else {
             System.out.println("Se crea la venta: " + codventa);
             venta = new Ventas(codventa, cli, univen, fecha, art);
             em.persist(venta);
             System.out.println(" * Venta añadida(venta,articulo): ("
                   + codventa + ", " + cda + ")");
       }
       em.getTransaction().commit();
     } // error 0
    em.close();
}
```

Se desea obtener también este listado, en el que se calcula para cada artículo:

- SUMA DE UNIDADES VENDIDAS (SUMA_UNIVEN) es la suma de las unidades vendidas del artículo, las unidades vendidas se encuentran en el set de Ventas de cada artículo.
- SUMA DE IMPORTE (SUMA_IMPORTE), es el resultado de multiplicar la suma de las unidades vendidas * el PVP del artículo.
- NÚMERO DE VENTAS (NUM_VENTAS), es el contador de ventas del artículo, es decir el número de elementos que aparecen en el Set.

También se desea obtener una línea de totales con la suma de todas las columnas numéricas. La salida del informe se muestra a continuación.

```
------- ------------  ----- ------ -----------  ------------ ----------
CODARTI DENOMINACION  STOCK    PVP SUMA_UNIVEN  SUMA_IMPORTE NUM_VENTAS
------- ------------  ----- ------ -----------  ------------ ----------
      1 Mesas            30  100.5          11       1105,50          3
      2 Pupitres         10  150.7           5        753,50          3
      3 Cuadernos       100    4.5          15         67,50          4
      4 Tabletas         10  175.4           9       1578,60          4
      5 Bolígrafos      100    3.5           9         31,50          3
      6 Lapiceros       300    2.5          13         32,50          5
      7 Sillas           30  120.5           7        843,50          3
      8 Portátil         25  400.5           0          0,00          0
      9 Espejo baño      20  100.5           0          0,00          0
     10 Reloj cocina     10   20.7           0          0,00          0
     11 Tarjetero        50   14.5           0          0,00          0
     12 Estuches        110   20.4           0          0,00          0
     13 Libro BD         10   23.5           0          0,00          0
     14 Tijeras          30    5.0           0          0,00          0
     15 Cubiertos       130   10.5           0          0,00          0
     16 Teclado          25   40.5           0          0,00          0
------- ------------  ----- ------ -----------  ------------ ----------
Totales                 990 1193.7          69       4412,60         25
```

El método cargará todos los artículos, recorrerá el set para sumar las unidades, y se realizarán los cálculos:

```
private static void visualizarventas() {
  EntityManager em = emf.createEntityManager();
  TypedQuery<Articulos> query = em.createQuery
     ("SELECT a FROM Articulos a order by a.codarti",Articulos.class);
  List<Articulos> listaarti = query.getResultList();
  if (listaarti.size() > 0) {
      System.out.printf("%8s %-20s %6s  %6s  %-12s  %12s %10s %n",
        "-------", "------------", "-----", "------",
      "-----------", "------------", "----------");
    System.out.printf("%8s %-20s %6s  %6s  %-12s  %12s %10s %n",
        "CODARTI", "DENOMINACION", "STOCK", "PVP",
        "SUMA_UNIVEN", "SUMA_IMPORTE", "NUM_VENTAS");
    System.out.printf("%8s %-20s %6s  %6s  %-12s  %12s %10s %n",
          "-------", "------------", "-----", "------",
          "-----------", "------------", "----------");
    int totstok = 0, totaluniven = 0, totven = 0;
    float totpvp = 0, totimport = 0;

    for (Articulos art : listaarti) {
        Set<Ventas> ventas = art.getCompras();
        if (ventas != null || ventas.size() > 0) {
           int suma = 0;
```

```
            // Sumar unidades
            for (Ventas ven : ventas) {
                  suma = suma + ven.getUniven();
            }

            float importe = suma * art.getPvp();
            int cuenta = ventas.size();
            System.out.printf("%8d %-20s %6d %7s  %10d  %12.2f %8d %n",
                art.getCodarti(), art.getDenom(),
                art.getStock(), art.getPvp(), suma, importe, cuenta);

            totstok += art.getStock();
            totaluniven += suma;
            totpvp += art.getPvp();
            totven += cuenta;
            totimport += importe;

        } else { // las ventas están a null o no hay
           System.out.printf("%8d %-20s %6d %7s  %10d  %12d %8d %n",
               art.getCodarti(), art.getDenom(),
               art.getStock(), art.getPvp(), 0, 0, 0);
           totstok += art.getStock();
           totpvp += art.getPvp();
        }

     } // fin for articulos
     // Línea de totales
      System.out.printf("%8s %-20s %6s  %6s  %-12s  %12s %10s %n",
            "-------", "------------", "-----", "------",
            "-----------", "------------", "----------");
      System.out.printf("%8s %-20s %6d %7s  %10d  %12.2f %8d %n",
            "Totales", " ", totstok, totpvp, totaluniven,
             totimport, totven);
  } // fin if listaarti
  else { System.out.println("NO HAY ARTÍCULOS");  }
  em.close();
}
```

El siguiente método muestra el detalle de las ventas de un artículo, el método recibe el artículo a consultar. Hay que comprobar si existe o si no existe. La consulta para obtener las ventas de un artículo es la siguiente:

```
SELECT v FROM Ventas v WHERE v.arti = :articulo
```

La salida a obtener tendrá el siguiente formato, por ejemplo, para el artículo 5:

```
--------------------------------------------------------------
Artículo: Bolígrafos. Número de ventas: 3
Código: 5. Stock: 100. PVP: 3.5
LISTADO DE VENTAS:
    CODVENTA NOMBRE CLIENTE       UNIDADES FECHA       IMPORTE
    -------- -------------------- -------- ---------- --------
          15 Bar Girasol                 3 06/05/2024     10.5
          16 Escuela Mayores             2 12/05/2024      7.0
          17 Galería Madrid S.L.         4 14/06/2024     14.0
    -------- -------------------- -------- ---------- --------
               TOTAL ARTÍCULO:                            31.5
--------------------------------------------------------------
```

```
private static void detalleventasarticulo(int cda) {
  EntityManager em = emf.createEntityManager();
  int err = 0;
  // Cargar articulo
  Articulos art = em.find(Articulos.class, cda);
  if (art != null) {
    // cargo las ventas
    TypedQuery<Ventas> query = em.createQuery
        ("SELECT v FROM Ventas v WHERE v.arti = :articulo",
           Ventas.class);
     query.setParameter("articulo", art);
     List<Ventas> listavent = query.getResultList();
     System.out.println("-------------------------------------------");
     System.out.println("Artículo: " + art.getDenom()
         + ". Número de ventas: " + listavent.size());
     System.out.println("Código: " + art.getCodarti()
        + ". Stock: " + art.getStock() + ". PVP: " + art.getPvp());
      if (listavent.size() > 0) {
            System.out.println("LISTADO DE VENTAS:");
            System.out.printf("    %8s %-20s %8s %-10s %8s %n",
            "CODVENTA","NOMBRE CLIENTE","UNIDADES","FECHA","IMPORTE");
            System.out.printf("    %8s %-20s %8s %-10s %8s %n",
                "--------", "--------------------", "--------",
                "----------", "--------");
            float total = 0;
            for (Ventas vv : listavent) {
                  float importe = vv.getUniven() * art.getPvp();
                  System.out.printf("    %8s %-20s %8s %-10s %8s %n",
                     vv.getCodventa(), vv.getNumcli().getNombre(),
                     vv.getUniven(), vv.getFecha(), importe);
                  total = total + importe;
            }
            // totales
            System.out.printf("    %8s %-20s %8s %-10s %8s %n",
               "--------", "--------------------", "--------",
               "----------", "--------");
            System.out.printf("    %29s %8s %-10s %8s %n",
                "TOTAL ARTÍCULO: ", "","", total);
            System.out.println("------------------------------------");
        } //ventas del art
      } //art existe
   else {    System.out.println("** Cod art no existe: " + cda);
        }
   em.close();
}
```

4.4.1. Modelo cliente/servidor de la base de datos

ObjectDB también puede ser utilizada como una base de datos cliente/servidor. El modelo cliente/servidor de ObjectDB permite que múltiples clientes se conecten a una base de datos ObjectDB que se ejecuta en un servidor remoto. Esto es útil para aplicaciones distribuidas y entornos multiusuario.

En el siguiente ejemplo, el ejemplo se encuentar en la carpeta de recursos de la unidad (***ejemplo3ClienteServidor***), se crea un proyecto java maven con una clase que será la que arranca el servidor, otra clase para pararlo, y dos clases que harán de *Clientes* que se conectan al servidor *ObjectDB* y realizan operaciones.

Antes es necesario crear el fichero de configuración ***objectdb.conf***. Se crea dentro de la carpeta **src/main/resources:**

```
<!-- ObjectDB Configuration -->
<objectdb>
  <general>
    <temp path="src/main/resources/temp" threshold="64mb" />
    <network inactivity-timeout="0" />
    <log path="src/main/resources/log/" max="8mb" stdout="true"
          stderr="false" />
    <log-archive path="src/main/resources/log/archive/" retain="90" />
    <logger name="*" level="info" />
  </general>
  <server>
        <connection port="6136" max="0" />
        <data path="src/main/resources/db-files" />
  </server>
  <users>
     <user username="admin" password="admin" >
       <dir path="/" permissions="access,modify,create,delete" />
     </user>
  </users>
</objectdb>
```

El fichero de configuración tiene los siguientes apartados:

- **General**. En este apartado se indican características generales, como ubicación de archivos temporales (***temp***), si se necesitan. Tiempo de espera por inactividad (***network***) se indica sin tiempo de espera. Configuraciones de los ***log***, con el directorio para generar los log, y al llegar a un tamaño archivarlos ***(log-archive).*** Con ***stdout*** y ***stderr*** se especifica si los mensajes de registro también deben escribirse en la salida estándar y en el error estándar (respectivamente), además de en el archivo de registro. Los niveles de registro ***(logger),*** con * se muestran en la configuración de los log. Los niveles pueden ser: "fatal", "error", "warning", "info", "trace" o "debug".
- **Server**. Se indica la configuración del servidor, se indica el puerto (***connection***), y la carpeta donde se almacenarán las bases de datos (***data***) de esta conexión.
- **Users**. Se indica los usuarios con acceso al servidor, nombre, contraseña, permisos, quota. En el ejemplo el usuario tiene todos los permisos para acceder a cualquier directorio.

Las clases para iniciar y parar el servidor son las siguientes:

```
public class StartServidorObjectDB {
      public static void main(String[] args) {
         try {
               // Iniciar el servidor, se indica el puerto
               // Y el path del fichero de configuración
               com.objectdb.Server.main(new String[]{
                          "start",
                          "-port", "6136",
                          "-conf", "src/main/resources/objectdb.conf" });
```

```
            } catch (Exception e) { e.printStackTrace(); }
        }
}

public class StopServidor {
        public static void main(String[] args) {
                try {
                        // Detener el servidor
                        com.objectdb.Server.main(new String[]{"stop"});

                } catch (Exception e) {  e.printStackTrace();  }
        }
}
```

En las clases clientes, para conectarnos a la base de datos, crearemos el siguiente ***EntityManagerFactory***, en el que se indicará el puerto, la base de datos, y el usuario y su clave. Tiene que ser lo que se ha puesto en el fichero de configuración ***objectdb.conf.*** En el ejercicio se crea y se hacen operaciones en la base de datos ***basedatosempleados.odb***.

```
static EntityManagerFactory emf =
Persistence.createEntityManagerFactory("objectdb://localhost:6136/based
atosempleados.odb;user=admin;password=admin");
```

Las clases clientes (Cliente1 y Cliente2), mostrarán un menú para realizar operaciones en la base de datos ***basedatosempleados.odb***. Estos son los menús:

CLIENTE 1. Insertar registros	CLIENTE 2. Consultar y actualizar
-----------------------------	---------------------------------
. 1 Insertar en departamentos. . 2 Insertar en empleados. . 3 Ver empleados. . 0 SALIR.	. 1 Consulta por oficio. . 2 Sube salario. . 3 Ver empleados. . 0 SALIR.
-----------------------------	---------------------------------
TECLEA OPERACIÓN:	TECLEA OPERACIÓN:

La clase ***Cliente1***, insertará registros en los departamentos y los empleados. Y la clase ***Cliente2***, realizará una consulta por oficios, y subirá el salario a los empleados de un departamento. La base de datos que se crea contiene las siguientes entidades, con una relación 1 a muchos entre departamentos y empleados. En *Empleados* el id es auto incrementable, y a la hora de insertar se comprobará que el nombre no se repita:

```
@Entity
public class Departamentos {
  @Id
  private int id;
  private String denominacion;
  private String localidad;

  @OneToMany(mappedBy = "dep")
  private Set<Empleados>
     empleados = new HashSet<>();

. . . . . . . . . . . . . . . . . .
Añadir constructores y getter y setter.
. . . . . . . . . . . . . . . .
```

```
@Entity
public class Empleados {
     @Id
     @GeneratedValue
     private int id;
     private String nombre;
     private String oficio;
     private float salario;

     @ManyToOne
     private Departamentos dep;
. . . . . . . . . . . . . . . . . .
Añadir constructores y getter y setter.
. . . . . . . . . .
```

Carga el ejercicio de la carpeta de recursos, y prueba la ejecución. Ejecuta la clase que arranca la base de datos y ejecuta los clientes, observa que no habrá problemas de ficheros bloqueados o en uso por otro proceso. También se puede mostrar la base de datos desde el ***explorer-2.9.2.exe***. Observa también que al ejecutar el arranque de la base de datos se muestra en la zona de notificación de Windows el icono de ***ObjectDB Database Server***, véase las figuras 4.6 y 4.7:

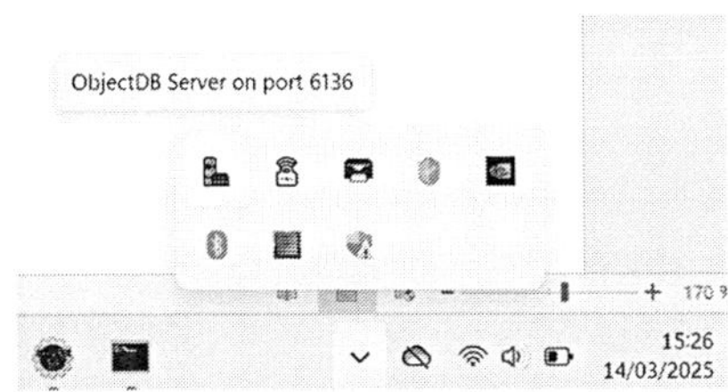

Figura 4.6. Icono de notificación de ObjectDB Server

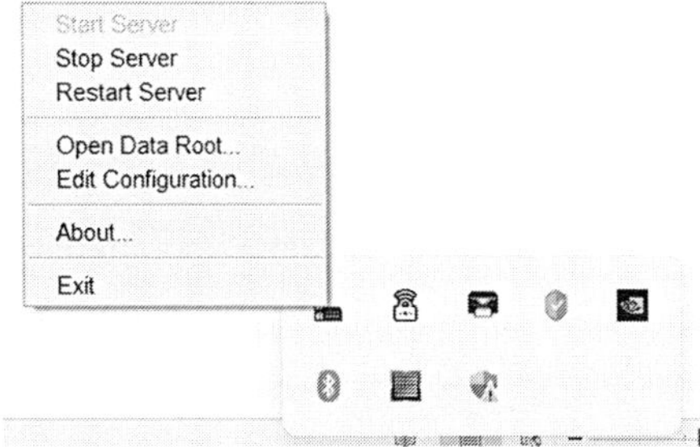

Figura 4.7. Menú asociado a ObjectDB Server

4.4.2 Crear BD ObjectDB a partir de un modelo relacional.

En el siguiente apartado se realiza un ejercicio en el que se desea crear una base de datos OO a partir de una base de datos relacional con varias tablas. Se trata de cambiar el modelo relacional a uno orientado a objetos puro. Aprovecharemos lo estudiado en el tema tres para convertir el modelo de la base de datos MYSQL a un modelo orientado a objetos con JPA. De esta forma podremos ver y comparar las clases creadas automáticamente con JPA y las clases que se necesita crear para la base de datos en ObjectDB.

La base de datos de MySQL se llama *gestionpiezas*, en la que se guarda la información de proyectos, proveedores y piezas. Se trata de la gestión de piezas que suministran distintos proveedores a determinados proyectos. El script de este modelo de datos se encuentra en la carpeta de recursos de la unidad. El modelo contiene se muestra en la figura 4.8:

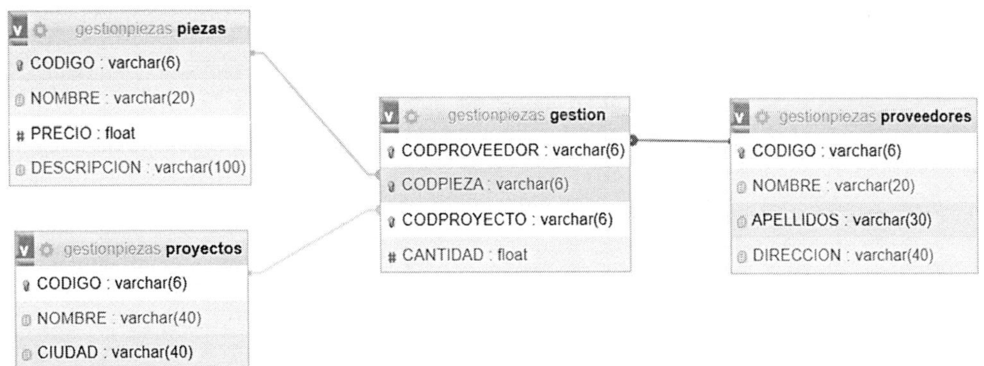

Figura 4.8. Modelo de datos BD

Se crea un proyecto java maven y añadimos las siguientes dependencias:

```
<repositories>
    <!--REPOSITORIO PARA CARGAR EL JAR objectdb Y PODER TRABAJAR -->
    <repository>
        <id>objectdb</id>
        <name>ObjectDB Repository</name>
        <url>https://m2.objectdb.com</url>
```

```
        </repository>
</repositories>
<dependencies>
        <!-- https://mvnrepository.com/artifact/mysql/mysql-connector-java -->
        <dependency>
              <groupId>mysql</groupId>
              <artifactId>mysql-connector-java</artifactId>
              <version>8.0.30</version>
        </dependency>
        <!--IMPLEMENTACIÓN DE JPA -->
        <dependency>
              <groupId>org.eclipse.persistence</groupId>
              <artifactId>eclipselink</artifactId>
              <version>4.0.5</version>
        </dependency>
        <!-- API DE PERSISTENCIA DE JAVA -->
        <dependency>
              <groupId>jakarta.persistence</groupId>
              <artifactId>jakarta.persistence-api</artifactId>
              <version>3.2.0</version>
        </dependency>
        <!--Jar  objectdb versión 2.9.2 -->
        <dependency>
              <groupId>com.objectdb</groupId>
              <artifactId>objectdb-jk</artifactId>
              <version>2.9.2</version>
        </dependency>
</dependencies>
```

Siguiendo las instrucciones del apartado del tema 3 para ***crear un proyecto maven con soporte JPA*** (3.12.3. Crear un proyecto Maven con soporte JPA) crearemos las entidades del modelo de datos y la unidad de persistencia de forma automática. Habrá que cambiar el fichero de persistencia para poder trabajar con las dos bases de datos. Son problemas con las versiones, este funciona con las dos bases de datos:

```
<persistence xmlns="http://xmlns.jcp.org/xml/ns/persistence"
    xmlns:xsi="http://www.w3.org/2001/XMLSchema-instance"
    xsi:schemaLocation="http://xmlns.jcp.org/xml/ns/persistence
http://xmlns.jcp.org/xml/ns/persistence/persistence_2_1.xsd"
version="2.1">
  <persistence-unit name="ejercicioGestionpiezas">
      <class>model.Gestion</class>
      <class>model.GestionPK</class>
      <class>model.Pieza</class>
      <class>model.Proveedore</class>
      <class>model.Proyecto</class>
    <properties>
      <property name="jakarta.persistence.jdbc.url"
          value="jdbc:mysql://localhost:3306/gestionpiezas" />
      <property name="jakarta.persistence.jdbc.user" value="root" />
      <property name="jakarta.persistence.jdbc.password" value="" />
      <property name="jakarta.persistence.jdbc.driver"
                            value="com.mysql.cj.jdbc.Driver" />
    </properties>
  </persistence-unit>
</persistence>
```

Una vez creadas las entidades, observa cómo se ha mapeado el modelo. Observa también las relaciones y observa que se ha creado una clase más la clase ***GestionPK***. Recuerda que se crea una clase nueva cuando las claves primarias están formadas por varios campos.

Así pues, las clases que hay que crear para la base de datos ObjectDB, serán similares a las creadas con JPA. Las clases para objectDB serán las siguientes:

```
@Entity
public class Piezas {
  @Id
  private String codigo;
  private String descripcion;
  private String nombre;
  private float precio;

  @OneToMany(mappedBy="piezas")
  private List<Gestion> gestion;
   . . . . . . . . . .
   . . . . . . . . . . . .
```

```
@Entity
public class Proveedores {
  @Id
  private String codigo;
  private String apellidos;
  private String direccion;
  private String nombre;

  @OneToMany(mappedBy="proveedores")
  private List<Gestion> gestion;
   . . . . . . . . . .
   . . . . . . . . . .
```

```
@Entity
public class Proyectos {
  @Id
  private String codigo;
  private String ciudad;
  private String nombre;
  @OneToMany(mappedBy = "proyectos")
  private List<Gestion> gestion;
   . . . . . . . . . .
```

```
@Entity
public class Gestion {

  @EmbeddedId GestionPK id;

  @ManyToOn
  private Piezas piezas;


  @ManyToOne
  private Proveedores
proveedores;

  @ManyToOne
  private Proyectos proyectos;

  private float cantidad;
   . . . . . . . . . . .

   . . . . . . . . .
```

```
@Embeddable
public class GestionPK {

      private String codproveedor;
      private String codpieza;
      private String codproyecto;

      . . . . . . . . . . . .

      . . . . . . . . . .
```

Las relaciones uno a muchos se representan por **@OneToMany**, caso de **Piezas**, **Proveedores** y **Proyectos**, con **Gestión**, por eso se indica la lista, que podría ser también un set.

En el lado de **Gestión**, tendremos las relaciones *@ManyToOne*, es decir un objeto de Gestión pertenecerá a una *Pieza*, un *Proveedor* y un *Proyecto*. La clave ajena se convierte en un objeto en el lado del muchos (*Gestion*) y en una lista en el lado del 1 (*Piezas, Proveedores y Proyectos*).

Observa como se crea la primary key que está compuesta por varios atributos, se utiliza la anotación **@EmbeddedId** y la clase asociada lleva esa anotación. No es una clase entidad.

Para trabajar con las dos bases de datos se creará un ***EntityManagerFactory*** por cada base de datos. En la base de datos MySQL se indicará la unidad de persistencia indicada en el fichero ***persistence.xml***, y en ObjectDB la base de datos:

```
static EntityManagerFactory emf =
Persistence.createEntityManagerFactory("ejercicioGestionpiezas");

static EntityManagerFactory emfodb =
Persistence.createEntityManagerFactory("objectdb:./gestionpiezas.odb");
```

El siguiente método cargará los datos de proyectos del modelo relacional en la base de datos ObjectDB. Como los nombres de las clases se repiten en algún caso, ponemos el paquete y la clase:

```
private static void cargarproyectos() {
      EntityManager em = emf.createEntityManager();
      EntityManager emodb = emfodb.createEntityManager();

      String consulta1 = "SELECT p FROM Proyecto p";
      TypedQuery<model.Proyecto> query = em.createQuery
                  (consulta1, model.Proyecto.class);
      List<model.Proyecto> lista = query.getResultList();

      for (model.Proyecto p : lista) {
         clasesObjectDb.Proyectos pp = new clasesObjectDb.Proyectos();
         pp.setCodigo(p.getCodigo());
         pp.setCiudad(p.getCiudad());
         pp.setNombre(p.getNombre());
         try {
                  emodb.getTransaction().begin();
                  emodb.persist(pp);
                  emodb.getTransaction().commit();
                  System.out.println(" * Proyecto añadido: " +
                                    p.getCodigo());
           } catch (RollbackException e) {
                  System.out.println(" * Proyecto ya existe: " +
                    p.getCodigo());
           }
      } //for
      em.close();
      emodb.close();
}
```

Los métodos para añadir Proveedores y Piezas son muy similares, por eso no se muestran. El siguiente método añade los objetos Gestión, antes de añadir un objeto, comprobará si existen en la base de datos, el proyecto, proveedor y pieza:

```
private static void cargargestion() {
    EntityManager em = emf.createEntityManager();
    EntityManager emodb = emfodb.createEntityManager();

    String consulta1 = "SELECT g FROM Gestion g";
    TypedQuery<model.Gestion> query = em.createQuery(
             consulta1, model.Gestion.class);
    List<model.Gestion> lista = query.getResultList();

    for (model.Gestion g : lista) {
        clasesObjectDb.Gestion gest = new clasesObjectDb.Gestion();

         // Buscar la pieza, el proyecto y proveedor
         clasesObjectDb.Proveedores prov =
                emodb.find(clasesObjectDb.Proveedores.class,
                               g.getId().getCodproveedor());

        if (prov != null) { gest.setProveedores(prov); }

        clasesObjectDb.Piezas piez =
                emodb.find(clasesObjectDb.Piezas.class,
                               g.getId().getCodpieza());

        if (piez != null) {   gest.setPiezas(piez);    }

        clasesObjectDb.Proyectos proy =
                  emodb.find(clasesObjectDb.Proyectos.class,
                               g.getId().getCodproyecto());

        if (proy != null) {   gest.setProyectos(proy); }

        // Si alguno es nulo, no se añadirá.
        if (prov == null || piez == null || proy == null) {
            System.out.println(" * Gestión NO AÑADIDA, HAY DATOS NULL ");
        } else {
          // Se crea la PK
          clasesObjectDb.GestionPK pk =
              new clasesObjectDb.GestionPK(prov.getCodigo(),
                     piez.getCodigo(), proy.getCodigo());

          // Añadimos la PK y la cantidad
          gest.setId(pk);
          gest.setCantidad(g.getCantidad());
           try {
               // Se graba
               emodb.getTransaction().begin();
               emodb.persist(gest);
               emodb.getTransaction().commit();
               System.out.println(" * Gestión Añadida ");
            } catch (RollbackException e) {
                   System.out.println(" * Gestión ya existe "); }
        } // if
    }//for
    em.close();
    emodb.close();
}
```

El siguiente método crea por consola un listado detallado de ***Gestión*** de la base de datos ObjectDB:

```
private static void listargestion() {

   EntityManager emodb = emfodb.createEntityManager();
   System.out.println("=========== LISTAR GESTION ============");
   String consulta1 = "SELECT g FROM Gestion g";

   TypedQuery<clasesObjectDb.Gestion> query =
        emodb.createQuery(consulta1, clasesObjectDb.Gestion.class);
   List<clasesObjectDb.Gestion> lista = query.getResultList();

   System.out.printf("%6s %20s %6s %20s %6s %20s %8s %8s %8s %n",
        "CDPROV","NOMBREPROV", "CDPIEZ","NOMBREPIEZA",
        "CDPROY","NOMBREPROYEC", "PVPPIEZA","CANTIDAD","IMPORTE");

   System.out.printf("%6s %20s %6s %20s %6s %20s %8s %8s %8s %n",
       "------","--------------------", "------","--------------------",
      "------", "--------------------", "--------","--------","--------");
    for (clasesObjectDb.Gestion g : lista) {
      float imp=g.getPiezas().getPrecio() * g.getCantidad();
      System.out.printf("%6s %20s %6s %20s %6s %20s %8s %8s %8s %n",
         g.getProveedores().getCodigo(),
         g.getProveedores().getApellidos(),
         g.getPiezas().getCodigo(), g.getPiezas().getNombre(),
         g.getProveedores().getCodigo(),g.getProveedores().getNombre(),
         g.getPiezas().getPrecio(), g.getCantidad(),imp);
    }
    System.out.printf("%6s %20s %6s %20s  %6s %20s %8s %8s %8s %n",
       "------","--------------------", "------","--------------------",
       "------","--------------------", "--------","--------","--------");
   emodb.close();
}
```

En los recursos de la unidad puedes encontrar el ejercicio completo resuelto *ejercicioGestionpiezas*.

COMPRUEBA TU APRENDIZAJE

1. Responde a las siguientes cuestiones sobre BD objeto-relacional:

A) La orden CREATE TYPE:

a) Permite definir distintos tipos de tablas.

b) Permite definir tipos de objetos.

c) Permite definir restricciones a los tipos de datos.

d) Ninguna es correcta.

B) Los modelos de datos relacionales orientados a objetos:

e) Extienden el modelo de datos relacional proporcionando tipos de datos complejos y la programación orientada a objetos.

f) No permiten el uso de SQL como lenguaje de consulta, ya que hay tipos complejos de datos.

g) Respuestas a) y b) correctas.

h) Ninguna de las anteriores.

C) ¿Cuál de estas afirmaciones es correcta?

i) Los lenguajes de consulta relacionales como SQL necesitan ser extendidos para trabajar con tipos de datos orientados a objetos.

j) En las BBDD relacionales orientadas a objetos se encuentran extensiones orientadas a objetos, como los tipos de datos definidos por el usuario.

k) En las BBDD relacionales orientadas a objetos no se encuentran extensiones sobre las tablas anidadas.

l) Respuestas a) y b) correctas.

2. ¿Cuál de las siguientes afirmaciones sobre ODMG es correcta?:

a) ODMG es un grupo formado por fabricantes de bases de datos con el objetivo de definir estándares para los SGBDOO. La última versión del estándar del mismo nombre propone 3 componentes: el modelo de objetos, el lenguaje ODL y el lenguaje OQL.

b) El lenguaje ODL es el equivalente al lenguaje de definición de datos (DDL) de los SGBD tradicionales. Define los atributos, las relaciones entre los tipos y especifica la signatura de las operaciones.

c) El lenguaje OQL no incluye operaciones de actualización, solo son de consulta. Las actualizaciones se realizan mediante los métodos que los objetos poseen.

d) OQL no dispone de los operadores sobre colecciones para obtener el valor máximo, el mínimo, la cuenta, etc. en su lugar se utilizan los métodos definidos en el objeto.

3. Crea las siguientes tablas y tipos:

```
CREATE TABLE CUENTAS (
     NUMCTA   NUMBER(5) primary key,
     DATOS    PERSONA,
     SALDO NUMBER(7,2) );
CREATE OR REPLACE TYPE T_MOVIM AS OBJECT (
     IMPORTE NUMBER(7,2),
     TIPOMOV CHAR, -- I ingreso, R reintegro
     FECHA DATE -- Formato en horas, minutos y segundos
);
 /
CREATE TABLE MOVIMIENTOS (
  NUMCTA   NUMBER(5) REFERENCES CUENTAS,
  MOV      T_MOVIM,
  CONSTRAINT PK_MOV PRIMARY KEY(NUMCTA, MOV.FECHA)
);
```

Y realiza los siguientes ejercicios:

a) Inserta datos en las tablas CUENTAS y MOVIMIENTOS. Asigna el valor 0 al saldo.

b) Realiza una consulta que muestre el nombre de la cuenta, la suma de ingresos y la suma de reintegros.

c) Modifica el saldo de la cuenta. Debe contener los ingresos menos los reintegros.

4. Se dispone del tipo ***TOTAL_TRIM*** un ***VARRAY*** de 4 posiciones numéricas. Se crea la tabla ***TARTICULOS***, por cada artículo se tiene, su código, su denominación, el precio, y el varray, para guardar las ventas de artículos por trimestre. Cada posición del varray representa a un trimestre. El tipo y la tabla son los siguientes:

```
CREATE TYPE TOTAL_TRIM AS VARRAY(4) OF NUMBER;
/
CREATE TABLE TARTICULOS (
  COD_ART NUMBER(4) PRIMARY KEY,
  DENO  VARCHAR2(15),
  PVP NUMBER(5),
  VENTAS TOTAL_TRIM
);
```

Crea también la tabla TVENTAS que va a contener las ventas de cada artículo en el 2024. Además, el código de artículo va a ser una referencia a un objeto artículos:

```
CREATE TABLE TVENTAS (
   COD_ART NUMBER(4) REFERENCES TARTICULOS,
   FECHA  DATE,
   UNIDADES NUMBER(4)
);
```

a) Inserta varios artículos y varias ventas.

b) Realiza un procedimiento almacenado que actualice la tabla *TARTICULOS*, se han de actualizar las ventas trimestrales. El procedimiento debe calcular la suma de las unidades vendidas en cada trimestre por cada artículo, e ir actualizando el varray de la tabla TARTICULOS. Para saber un trimestre de la fecha se utiliza la función *TO_DATE* con el formato *q*: ***TO_DATE(FECHA),'q')***

c) Visualiza después el contenido de la tabla artículos actualizada:

```
CODART DENOMINACION PVP  UNI-1T UNI-2T UNI-3T UNI-4T TOTAL UNIS
------ ------------ ---- ------ ------ ------ ------ ----------
```

5. Utilizando el mismo modelo de datos visto en el apartado de BBOO, modelo gestión, piezas, proveedores y proyectos. El modelo en Oracle, se muestra en la Figura 4.9:

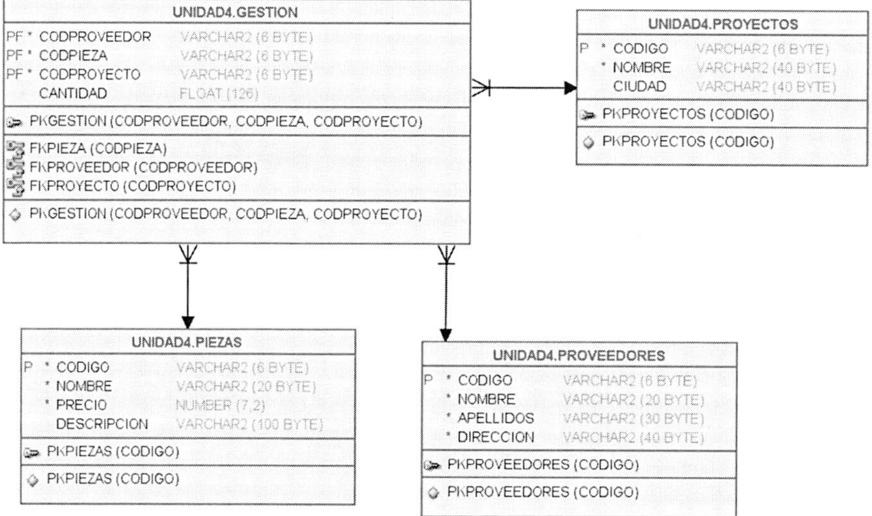

Figura 4.9. Modelo de datos gestión-piezas-proveedores-proyectos.

Se desea convertir las claves ajenas en referencias a los objetos correspondientes. Para ello se desea crear una nueva tabla gestión con una PK que concatene las claves (CODPROVEEDOR, CODPIEZA, CODPROYECTO) y que contendrá además de la cantidad, tres referencias, una referencia para cada objeto de la tabla correspondiente.

Crea los tipos necesarios, recuerda que, para crear una referencia a un objeto de una tabla, la tabla tiene que almacenar objetos del tipo correspondiente. Se pide:

a) Crear los tipos necesarios y las tablas de esos tipos.

b) Llenar las tablas con los datos del modelo relacional.

c) Realiza una SELECT con la nueva tabla gestión en la que se muestre para un código concreto de proveedor las piezas que ha suministrado, y a qué proyectos

6. Partimos del modelo relacional que se muestra en la figura 9.10. En la que contamos con 4 tablas. *TALUMNOS* con información de alumnos, cada alumno pertenece a un curso, TCURSOS con información de cursos, TASIGNATURAS con información de asignaturas variadas y TNOTAS con información de las notas de alumnos en distintas asignaturas. Las asignaturas no pertenecen a ningún curso, con lo que un alumno podrá tener nota en cualquier asignatura. En la carpeta de recursos podrás encontrar el script de creación de este modelo con los insert para las pruebas.

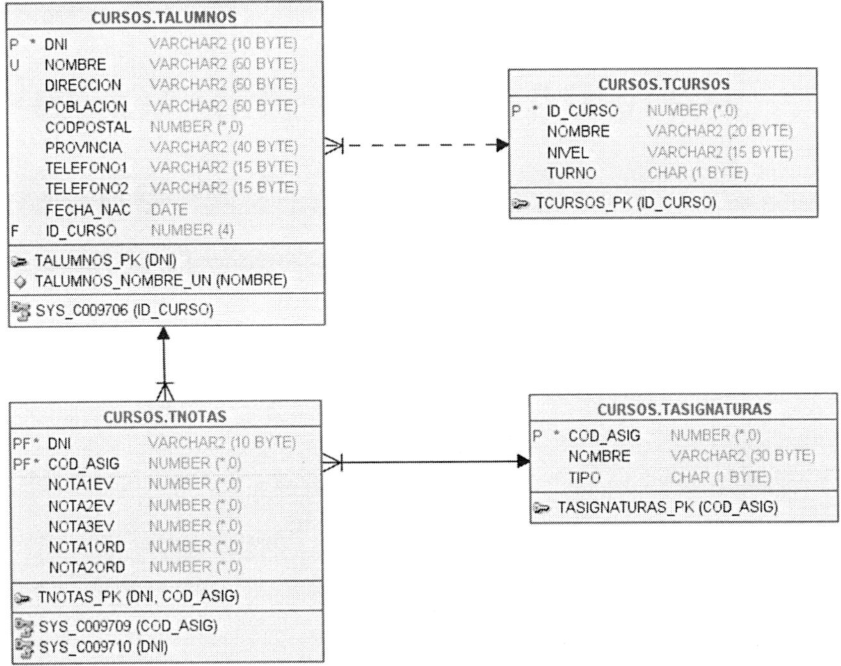

Figura 4.10. Modelo de datos ALUMNOS-NOTAS-ASIGNATURAS.

Observa que en la tabla TNOTAS tenemos las notas que tienen los alumnos en cada asignatura. La PK es el DNI del alumno y el código de asignatura. Por alumno existen tantas filas como notas tenga el alumno en las asignaturas. Las columnas NOTA1EV, NOTA2EV, NOTA3EV, NOTA1ORD, NOTA2ORD corresponden a la nota de la 1ª, 2ª y 3ª evaluación, la final primera ordinaria y la nota de la segunda ordinaria (puede no tener nota en esta convocatoria, si está todo aprobado, en ese caso aparece 0).

Pasar el modelo relacional a uno orientado a objetos donde en el nuevo modelo de objetos se deberán crear solo 3 tablas, una para alumnos, otra para asignaturas y otra para cursos. Las claves ajenas las convertiremos a referencias a las tablas correspondientes.

Cada alumno tendrá una tabla anidada con todas sus notas. Se creará también un varray de 5 elementos numéricos para guardar las notas del alumno. La tabla anidada contendrá la referencia a la asignatura, y el varray de las notas. Así pues, el nuevo tipo Alumno, contendrá los datos del alumno, su dirección, la tabla anidada y la referencia al curso al que pertenece.

Añadir al tipo alumno un método que reciba un código de asignatura, y devuelva en una cadena, el código, el nombre de la asignatura, y las distintas notas que tiene, concatenando los valores. Por ejemplo, devolver en una cadena algo así:

Cód: 5. Nombre: TECNOLOGÍA. 1eva: 5. 2eva: 6. 3eva: 5. 1ord: 5. 2ord: 0

Llenar las tablas nuevas con los datos del modelo relacional.

Con la nueva tabla de alumnos:

- Realiza una consulta que utilice la función y muestre el dni, el nombre, y las notas de la asignatura con código 5. Por ejemplo:

```
select dni, nombre, t.get_notasasig(5) from tabla_alumnos t;
```

- Mostrar en una consulta el DNI, el nombre de alumno, el nombre de la asignatura, y las notas que tiene.

ACTIVIDADES DE AMPLIACIÓN

1. Una empresa de distribución de productos está repartida por varias regiones, contamos con la información de sus oficinas, y de los representantes de ventas. El modelo de datos se muestra en la figura 4.11:

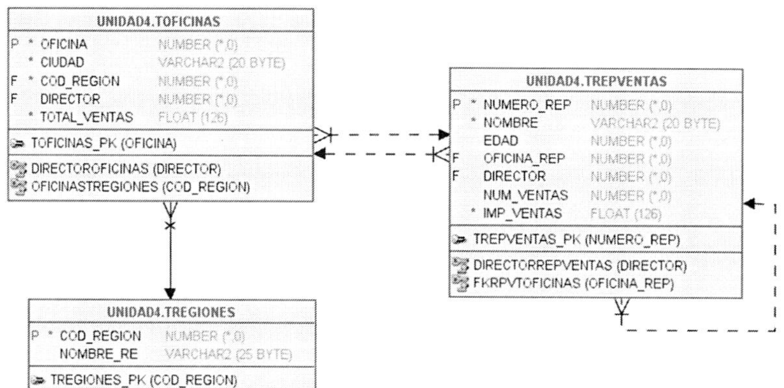

Figura 4.11. Modelo de datos REPVENTAS-OFICINAS-REGIONES

Una oficina pertenece a una región representado por la clave ajena COD_REGION, y tiene un director, representado por la clave ajena DIRECTOR, que a su vez es un representante. La oficina se identifica por el campo OFICINA. Los representantes de ventas se identifican por el número de representante NUMERO_REP, además pertenecen a una oficina OFICINA_REP, y tienen a un director que les dirige DIRECTOR, que es otro representante de ventas.

A partir de este modelo relacional se pide convertirlo a un modelo orientado a objetos, para ello hay que convertir las claves ajenas en referencias. El nuevo modelo tendrá tres tablas. Se pide:

- Crear los tipos, y las nuevas tablas correspondientes a los tipos.
- Insertar los datos de las tablas del modelo relacional a las tablas del nuevo modelo.
- Realizar la siguiente consulta utilizando sólo la nueva tabla de TREPVENTAS:

Obtener un listado de representantes que muestre su número, el nombre, la edad, código de oficina, ciudad de la oficina, nombre de región de la oficina, número del director, nombre del director, el núm. de ventas y el imp. de ventas de cada representante.

2. Departamentos de varias universidades están trabajando en distintos proyectos de investigación. Un departamento puede proponer muchos proyectos, el proyecto pertenecerá a un departamento. En los proyectos colaboran empresas, una empresa puede colaborar en varios proyectos, y en un proyecto pueden colaborar varias empresas. Las empresas colaboran con los proyectos haciendo aportaciones extra, así una empresa puede realizar varias aportaciones a varios proyectos, y un proyecto recibir aportaciones de varias empresas. La empresa sólo podrá realizar una única aportación a cada proyecto. Esta información se almacenará en la tabla **COLABORADORES**. Como máximo un proyecto tendrá ***hasta 5 colaboraciones***. La clave es el código, y las columnas ***codempresa*** y ***codproyecto*** no se pueden repetir, son únicas por fila.

Los departamentos cuentan con empleados. Un departamento tiene varios empleados, de los cuales uno es su jefe. Los empleados también tienen un jefe, que es otro empleado.

Toda esta información se guarda en la base de datos proyectos cuyo modelo se muestra en la figura 4.12:

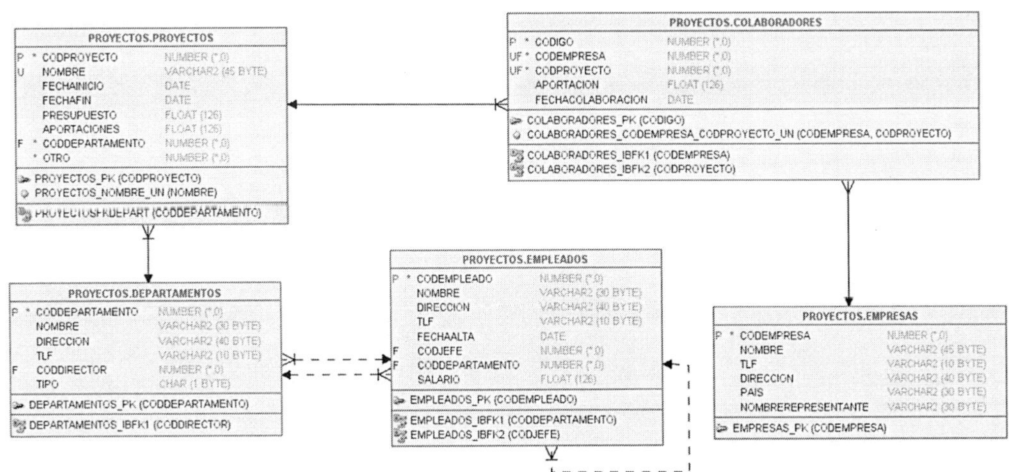

Figura 4.12. Modelo de datos PROYECTOS-EMPRESAS-COLABORADORES

A partir de estas tablas se pide convertir el modelo relacional a uno orientado a objetos. Se crearán 4 nuevas tablas departamentos, empresas, empleados y proyectos, y los tipos correspondientes y necesarios para esas nuevas tablas. Todas las claves ajenas se convertirán en referencias a las tablas correspondientes.

El ***nuevo tipo para la nueva tabla proyectos*** deberá incluir un ***VARRAY de 5 elementos*** de un nuevo tipo de colaboradores. Ese nuevo tipo contendrá una referencia a la empresa que colabora, la aportación que realiza, y la fecha de colaboración. Se trata de que cada proyecto tenga en un VARRAY, la información de las colaboraciones de las empresas.

Además, el nuevo tipo para proyectos tendrá *tres funciones que trabajarán con el VARRAY* de los colaboradores del proyecto. Una función debe devolver el número de aportaciones que se han realizado al proyecto (número de empresas o colaboradores), la suma de las aportaciones, y los nombres de las empresas que han colaborado.

Una vez creados los tipos llenar las tablas con los datos del modelo relacional. Realizar los bloques PL necesarios. Y haciendo uso de la tabla nueva de proyectos, y de las funciones creadas, visualizar los proyectos, el código, nombre, nombre del departamento, el número de aportaciones que ha tenido, la suma de las aportaciones y los nombres de las empresas colaboradoras.

CAPÍTULO 5

BASES DE DATOS DOCUMENTALES

Contenidos

Bases de datos documentales.

Características, ventajas e inconvenientes.

Estructuras JSON.

Instalación de MongoDB.

Consultas y manipulación de datos en MongoDb.

Microservicios con Spring Boot.

MongoDB y driver Java.

Objetivos

El alumno al término de la unidad debe ser capaz de:

Instalar y utilizar bases de datos documentales NoSQL (Mongo DB).

Crear documentos y colecciones y realizar consultas.

Desarrollar aplicaciones Java con bases de datos documentales, accediendo a su información para consultarla y manipularla.

RESUMEN DEL CAPÍTULO

En este capítulo se estudian bases de datos documentales, bases de datos que no utilizan el lenguaje SQL para hacer sus consultas, y no utilizan estructuras fijas de almacenamiento. Aprenderemos a consultar las informaciones, y a crear, eliminar y modificar datos utilizando nuevos lenguajes de consulta y nuevos modelos de almacenamiento de datos basados en documentos como el modelo JSON. Se utilizará la base de datos MongoDB.

5.1. INTRODUCCIÓN

Las bases de datos documentales son bases de datos NoSQL, que almacenan, organizan y gestionan los datos en forma de documentos. Estos documentos generalmente están en formato **JSON** (JavaScript Object Notation), **BSON** (Binary JSON) o **XML**, dependiendo del sistema.

Estas bases de datos no utilizan estructuras fijas de almacenamiento, como las bases de datos relacionales. Utilizan estructuras que permiten almacenar información en aquellas situaciones en las que las bases de datos relacionales generan ciertos problemas, debido principalmente a problemas de escalabilidad y rendimiento, donde se dan cita miles de usuarios concurrentes y con millones de consultas diarias. Las bases de datos NoSQL intentan resolver problemas de almacenamiento masivo, alto desempeño, procesamiento masivo de transacciones (sitios con alto tránsito) y, en términos generales, ser alternativas NoSQL a problemas de persistencia y almacenamiento masivo (voluminoso) de información para las organizaciones.

SQL vs NoSQL

Las bases de datos relacionales focalizan su interés en la fiabilidad de las transacciones bajo el conocido principio **ACID**, acrónimo de ***Atomicity***, ***Consistency***, ***Isolation*** and ***Durability*** (Atomicidad, Consistencia, Aislamiento y Durabilidad en español):

PRINCIPIO ACID – Bases de datos relacionales	
Atomicity	Asegurar que la transacción se complete o no, sin quedarse a medias ante fallos.
Consistency	Asegurar el estado de validez de los datos en todo momento
Isolation	Asegurar independencia entre transacciones
Durability	Asegurar la persistencia de la transacción ante cualquier fallo.

El principio ACID aporta una robustez que colisiona con el rendimiento y operatividad a medida que los volúmenes de datos crecen.

Cuando la magnitud y el dinamismo de los datos cobran importancia, el principio ACID de los modelos relacionales queda en segundo plano frente rendimiento, disponibilidad y escalabilidad, las características más propias de las bases de datos NoSQL. Hoy en día, los modernos sistemas de datos en internet se ajustan más al también conocido principio **BASE**, acrónimo de ***Basic Availability*** (disponibilidad como prioridad) ***Soft state*** (la consistencia de datos se delega a gestión externa al motor de la base de datos) ***Eventually consistency*** (intentar lograr la convergencia hacia un estado consistente)

PRINCIPIO BASE – Bases de datos NoSQL	
Basic **A**vailability	Prioridad de la disponibilidad de los datos
Soft state	Se prioriza la propagación de datos, delegando el control de inconsistencias a elementos externos
Eventually consistency	Se asume que inconsistencias temporales progresen a un estado final estable.

Estas informaciones han sido consultadas en la siguiente URL http://www.acens.com/wp-content/images/2014/02/bbdd-nosql-wp-acens.pdf

5.2. VENTAJAS DE LOS SISTEMAS NoSQL

La gran diferencia de estas bases de datos es cómo almacenan los datos. Por ejemplo, una factura en el modelo relacional termina guardándose en 4 tablas (con 3 o 4 claves ajenas) y en NoSQL simplemente guarda la factura y no se diseña ninguna estructura por adelantado, se almacena y ya está, por ejemplo, una clave (número de la factura) y el Objeto (la factura).

La forma de almacenamiento de información en este tipo de bases de datos ofrece ciertas ventajas sobre los modelos relacionales, a destacar las siguientes:

- ***Se ejecutan en máquinas con pocos recursos***: estos sistemas no requieren mucha programación, por lo que se pueden instalar en máquinas de un coste más reducido.
- ***Escalabilidad horizontal:*** para mejorar el rendimiento de estos sistemas simplemente se consigue añadiendo más nodos, con la única operación de indicar al sistema cuáles son los nodos que están disponibles.
- ***Pueden manejar gran cantidad de datos:*** esto es debido a que utiliza una estructura distribuida, en muchos casos mediante tablas *Hash*.
- ***No genera cuellos de botella***: el principal problema de los sistemas SQL es que necesitan transcribir cada sentencia para poder ser ejecutada, y cada sentencia compleja requiere además de un nivel de ejecución aún más complejo, lo que constituye un punto de entrada en común, que ante muchas peticiones puede ralentizar el sistema.

5.3. DIFERENCIAS CON LAS BASES DE DATOS SQL

Estas son las diferencias más importantes entre los sistemas NoSQL y los sistemas SQL:

- ***No utilizan SQL como lenguaje de consultas***. La mayoría de las bases de datos NoSQL proporcionan su propio lenguaje de apoyo. Por poner algunos ejemplos, Cassandra utiliza el lenguaje CQL, MongoDB utiliza JSON o BigTable hace uso de GQL.
- ***No utilizan estructuras fijas como tablas para el almacenamiento de los datos***. Permiten hacer uso de otros tipos de modelos de almacenamiento de información como sistemas de clave–valor, objetos o grafos. Gracias a la ***flexibilidad del modelo*** de documentos y la capacidad de hacer consultas sin necesidad de un esquema fijo, los desarrolladores pueden trabajar más rápido y adaptarse a cambios de requisitos sin interrupciones significativas.
- ***No suelen permitir operaciones JOIN.*** Al disponer de un volumen de datos tan extremadamente grande suele resultar deseable evitar los JOIN. Esto se debe a que, cuando la operación no es la búsqueda de una clave, la sobrecarga puede llegar a ser muy costosa. Las soluciones más directas consisten en desnormalizar los datos, o bien realizar el JOIN mediante software, en la capa de aplicación.
- ***Arquitectura distribuida.*** Las bases de datos relacionales suelen estar centralizadas en una única máquina o bien en una estructura máster–esclavo, sin embargo, en los casos NoSQL la información puede estar compartida en varias máquinas mediante mecanismos de tablas Hash distribuidas. La arquitectura descentralizada y distribuida de las bases de datos documentales permite un ***fácil escalado*** y una fácil implementación de nuevas instancias sin depender de una infraestructura centralizada.

5.4. TIPOS DE BASES DE DATOS NOSQL

Según el tipo o modelo escogido para almacenar los datos, las bases de datos NoSQL se agrupan en cuatro categorías principales:

- ***Clave/Valor.*** Los datos son almacenados y se localizan e identifican usando una clave única y un valor (un dato o puntero a los datos). Ejemplos de este tipo son: *DynamoDB, Riak, o Redis*. Amazon y Best Buy entre otros utilizan esta implementación. Se caracterizan por ser muy eficientes tanto para las lecturas como para las escrituras.

- ***Columnas.*** Parecido al modelo clave/valor, pero la clave se basa en una combinación de columna, fila y marca de tiempo que se utiliza para referenciar conjuntos de columnas (familias). Es la implementación más parecida a bases de datos relacionales. Ejemplos: *Cassandra*, *BigTable*, *Hadoop/HBase*. Compañias como X o Adobe hacen uso de este modelo.

- ***Documentos.*** Los datos se almacenan en documentos que encapsulan la información en formato XML, YAML o JSON. Los documentos tienen nombres de campos auto contenidos en el propio documento. La información se indexa utilizando esos nombres de campos. Este tipo de implementación permite, además de realizar búsquedas por clave–valor, realizar consultas más avanzadas sobre el contenido del documento. Ejemplos: *MongoDB*, *CouchDB*, *eXist*. Un caso de uso de esta tecnología lo tenemos con Netflix, empresa que proporciona contenidos audiovisuales online.

- ***Grafos.*** Se sigue un modelo de grafos que se extiende entre múltiples máquinas. En este tipo de bases de datos, la información se representa como nodos de un grafo y sus relaciones con las aristas del mismo, de manera que se puede hacer uso de la teoría de grafos para recorrerla. Es un modelo apropiado para datos cuyas relaciones se ajustan a este modelo, como por ejemplo redes de transporte, mapas, etc. Ejemplos: *Neo4J*, *GraphBase o Virtuoso*

En esta unidad estudiaremos la base de datos ***MongoDB***, que almacena estructuras BSON, similares a JSON.

5.5. Estructuras JSON

JSON (**J**ava**S**cript **O**bject **N**otation - Notación de Objetos de JavaScript) es un formato ligero de intercambio de datos. Leerlo y escribirlo es simple para humanos, mientras que para las máquinas es simple interpretarlo y generarlo. Está basado en un subconjunto del Lenguaje de Programación JavaScript, *Standard ECMA-262 3rd Edition - Diciembre 1999.* JSON es un formato de texto que es completamente independiente del lenguaje, pero utiliza convenciones que son ampliamente conocidos por los programadores de la familia de lenguajes C, incluyendo C, C++, C#, Java, JavaScript, Perl, Python, y muchos otros. Estas propiedades hacen que JSON sea un lenguaje ideal para el intercambio de datos. (Fuente: http://www.json.org/json-es.html)

Aunque esto se estudió en el capítulo 1, recordemos de nuevo la estructura del formato JSON:

- ***Una colección de pares de nombre/valor.*** En varios lenguajes esto es conocido como un objeto, registro, estructura, diccionario, tabla hash, lista de claves o un array asociativo.

- ***Una lista ordenada de valores.*** En la mayoría de los lenguajes, esto se implementa como arrays, vectores, listas o secuencias.

Estas son estructuras universales; virtualmente todos los lenguajes de programación las soportan de una forma u otra. Es razonable que un formato de intercambio de datos que es independiente del lenguaje de programación se base en estas estructuras.

En JSON, se presentan de estas formas:

- Como un **objeto**, conjunto desordenado de ***pares nombre/valor***. Un objeto comienza con { (llave de apertura) y termine con } (llave de cierre). Cada nombre es seguido por: (dos puntos) y los pares nombre/valor están separados por , (coma). En el ejemplo creo un objeto persona con nombre y oficio, y un objeto zona con su código y su nombre:

```
{  "persona": {"nombre": "Alicia","oficio": "Profesora"  }}
{  "zona": {"codzona": 10,"nombre": "Madrid"  }}
```

- Un **array,** es decir una colección de valores. Un array comienza con **[** (corchete izquierdo) y termina con **]** (corchete derecho). Los valores se separan por**,** (coma). En el ejemplo creo el objeto persona, un array de dos elementos, no tienen porqué tener los mismos pares ***nombre/valor***, y el objeto zona con dos zonas:

```
{
   "persona": [
    {"nombre":"Alicia","oficio":"Profesora","ciudad": "Talavera"},
    {"nombre": "María Jesús","oficio":"Profesora"}
  ]}
```

```
{
   "zona": [
          {"codzona": 10,"nombre": "Madrid"},
          {"codzona": 20,"nombre": "Toledo", "tasa": 15}
   ]}
```

- Un **valor** puede ser una *cadena de caracteres* con comillas dobles o simples, o un *número*, o **true** o **false** o **null**, o un *objeto* o un *array*. Estas estructuras pueden anidarse. En el ejemplo se muestra un objeto de nombre ventana con distintos tipos de *nombre/valor*:

```
{      "ventana": {
              "titulo": "Gestión Artículos",
              "alto": 300,
              "ancho": 500,
              "menu": null,
              "modal": true,
              "botones": ["ok", "cancel"]
       }
}
```

- Una **cadena de caracteres** es una colección de cero o más caracteres Unicode, encerrados entre comillas dobles, usando barras divisorias invertidas como escape. Un carácter está representado por una cadena de caracteres de un único carácter. Una *cadena de carateres* es parecida a una cadena de caracteres C o Java.

- Un ***número*** es similar a un número C o Java, excepto que **no se usan** los formatos octales y hexadecimales.

Los espacios en blanco pueden insertarse entre cualquier par de símbolos *nombre/valor*.

Ejemplos JSON:

Ejemplo departamentos (basado en la tabla departamentos del capítulo 2):

```
{"departamentos":
 {"TITULO":"DATOS DE LA TABLA DEPART",
 "DEP_ROW":{"DEPT_NO":10,"DNOMBRE":"CONTABILIDAD","LOC":"SEVILLA"},
 "DEP_ROW":{"DEPT_NO":20,"DNOMBRE":"INVESTIGACIÓN","LOC":"MADRID"},
 "DEP_ROW":{"DEPT_NO":30,"DNOMBRE":"VENTAS","LOC":"BARCELONA"},
 "DEP_ROW":{"DEPT_NO":40,"DNOMBRE":"PRODUCCION","LOC":"BILBAO"}
 }
}
```

O también, como DEP_ROW se repite, podemos representarlo como un array:

```
{"departamentos":
   {"TITULO":"DATOS DE LA TABLA DEPART",
    "DEP_ROW":
    [
     {"DEPT_NO":10, "DNOMBRE":"CONTABILIDAD", "LOC":"SEVILLA"},
     {"DEPT_NO":20, "DNOMBRE":"INVESTIGACIÓN", "LOC":"MADRID"},
     {"DEPT_NO":30, "DNOMBRE":"VENTAS", "LOC":"BARCELONA"},
     {"DEPT_NO":40, "DNOMBRE":"PRODUCCION", "LOC":"BILBAO"}
    ]
   }
}
```

Ejemplo de sucursales en JSON, cada sucursal tiene los datos de la sucursal y de sus cuentas:

```
{
   "sucursales": {
      "sucursal": [{
            "telefono": 112233,"codigo": "SUC1",
            "director": "Alicia Gómez","poblacion":"Madrid",
            "cuenta": [{
                  "tipo": "AHORRO","nombre":"Antonio García",
                  "numero": 123456,"saldohaber": 21000,
                  "saldodebe": 200
               }, {
                  "tipo": "AHORRO","nombre": "Pedro Gómez",
                  "numero": 1111456,"saldohaber": 12000,
                  "saldodebe": 0
               }]
            }, {
            "telefono": 2023345,"codigo": "SUC2",
            "director":"Fernando Rato","poblacion":"Talavera",
            "cuenta": [{
                  "tipo": "AHORRO",
                  "nombre":"Marcelo Saez","numero":30303036,
                  "saldohaber":150000,    "saldodebe": 12000
               }, {
                  "tipo": "AHORRO","nombre":"María Jesús Ramos",
                  "numero": 4444222,"saldohaber": 5000,
                  "saldodebe": 0
              }]
      }]
   }
}
```

5.6. BASE DE DATOS MONGODB

MongoDB es un sistema de base de datos multiplataforma orientado a documentos, se podrá almacenar cualquier tipo de contenido sin obedecer a un modelo o esquema. Está escrito en C++, con lo que es bastante rápido a la hora de ejecutar sus tareas. Además, está licenciado como GNU AGPL 3.0, de modo que se trata de un software de licencia libre. Funciona en sistemas operativos Windows, Linux, OS X y Solaris.

Características más importantes de MongoDB:

- Proporciona un ***modelo de datos flexible***. Los documentos pueden tener diferentes campos y tipos de datos, lo que facilita la adaptación a cambios en el modelo de datos sin necesidad de modificar toda la base de datos. Los datos se almacenan en **documentos *BSON*** (***Binary JSON***). **BSON** es una serialización codificada en binario de documentos JSON, soporta todas las características de *JSON* e incluye los tipos de datos int, long, float o arrays, lo que permite una estructura flexible. A diferencia del relacional que es un modelo rígido y estructurado el modelo *MongoDB* es un modelo dinámico
- Ofrece un ***lenguaje propio de consultas*** que soporta filtros, ordenaciones, y agregaciones, proporciona su propio sistema de ***consultas rápidas*** para buscar y manipular datos. También, permite ***crear índices*** para optimizar las consultas y mejorar el rendimiento en bases de datos grandes.
- MongoDB está diseñado para ***escalar horizontalmente*** mediante **sharding**, lo que significa que los datos pueden dividirse y distribuirse en múltiples servidores, adecuado para manejar ***grandes cantidades de datos distribuidos***.
- Soporta la ***replicación***, lo que significa que los datos se copian en múltiples servidores, lo que mejora la disponibilidad y resiliencia.

En la siguiente tabla se muestra la terminología utilizada en el modelo relacional y el modelo de documento de MongoDB, el documento (la fila, o registro en el modelo relacional) representa la unidad básica de datos en MongoDB:

Modelo Relacional	MongoDB
Base de datos	Base de datos
Tabla	Colección
Fila	Documento
Columna	Campo
Índice	Índice
Join	Documento embebido o referencia

MongoDB se usa principalmente en **aplicaciones web**, especialmente con arquitecturas **backend** que manejan grandes volúmenes de datos no estructurados o semiestructurados. Se usa con **Node.js (Express, Mongoose)**, **Java (Spring Boot, MongoDB Driver)**, **Python (Flask/Django, PyMongo)**. Permite manejar grandes cantidades de datos sin esquemas rígidos. Y es ideal para aplicaciones en la nube, microservicios y APIs RESTful.

En **aplicaciones de consola** se usa en herramientas administrativas, scripts de migración, procesamiento de datos, pruebas o automatización. Muy útil para manejar bases de datos sin necesidad de una interfaz gráfica. En Java, se usa para tareas batch o integración con sistemas más grandes.

En esta unidad estudiaremos ***MongoDB*** con ***Java Spring Boot*** para hacer microservicios, y *MongoDB* con el driver de java.

5.6.1 Instalación MongoDB

Descargamos el archivo desde la página https://www.mongodb.com/try/download/community, para este libro se ha descargado la versión 8.0.6, versión comprimida, para no instalarla en el ordenado (*mongodb-windows-x86_64-8.0.6.zip*). Se descomprime el archivo y para arrancar la base de datos se ejecuta ***mongod.exe,*** previamente hemos de crear la carpeta ***data*** en la unidad donde se ha instalado la BD, por ejemplo ***C:***, y dentro de data se crea ***db*** (***C:\data\db)*** esa es la carpeta que por defecto MongoDB va a utilizar para almacenar la información.

Si se quiere ***utilizar otro directorio***, por ejemplo, incluir la carpeta ***data/db*** dentro de mi carpeta de trabajo de la unidad 5, lo puedo poner así:

```
E:\mongodb-win32-x86_64-windows-8.0.6\bin>
    mongod.exe --dbpath E:\LIBRO_ADAT2025\Unidad5_2025\data\db
```

Una vez arrancada la BD, se muestra una pantalla como la de la figura 5.1, en la que se inicializa Mongo, y se queda escuchando por el puerto **27017** las conexiones de los clientes.

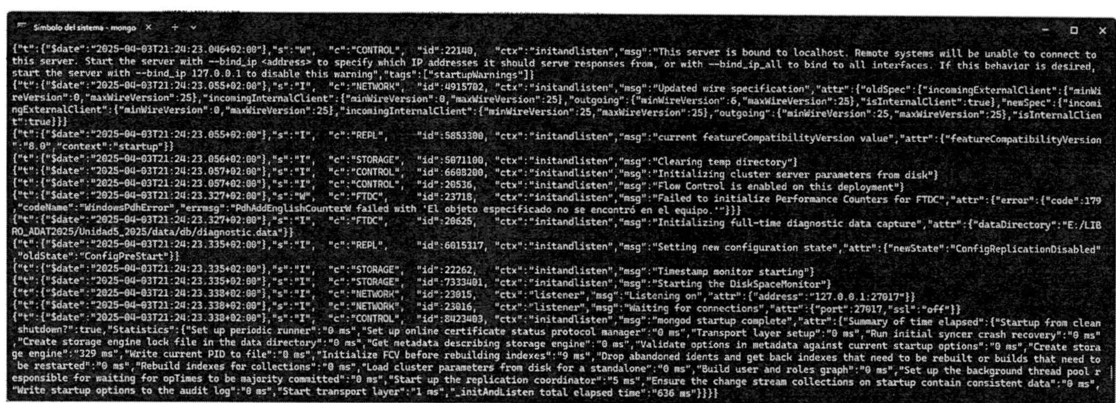

Figura 5.1. Server MongoDB iniciado.

Para probar la conexión descargamos también ***el cliente*** desde la siguiente URL: https://www.mongodb.com/try/download/shell. En este caso se descarga el archivo *mongosh-2.4.2-win32-x64.zip.* Se descomprime y vemos que el cliente se llama ***mongosh.exe***, que se encuentra en la carpeta ***bin***. Probamos la conexión, podemos hacerlo desde una ventana de comando, o desde el sistema de archivos. Al ejecutar el comando debemos de poner una base de datos por ejemplo ***mongodb://localhost:27017/miBaseDeDatos.***

```
E:\mongosh-2.4.2-win32-x64\bin>
    mongosh mongodb://localhost:27017/miBaseDeDatos
```

En la figura 5.2, se muestra la conexión a la base de datos, si no existe la crea, y si existe la abre. Y desde el cliente se podrán realizar todas las operaciones con los documentos.

```
mongosh mongodb://localho
Microsoft Windows [Versión 10.0.26100.3476]
(c) Microsoft Corporation. Todos los derechos reservados.

C:\Users\User>cd E:\mongosh-2.4.2-win32-x64\bin

C:\Users\User>e:

E:\mongosh-2.4.2-win32-x64\bin>mongosh mongodb://localhost:27017/miBaseDeDatos
Current Mongosh Log ID: 67eedc963c713442bbb71235
Connecting to:          mongodb://localhost:27017/miBaseDeDatos?directConnection=true&serverSelectionTimeoutMS=2000&appName=mon
gosh+2.4.2
Using MongoDB:          8.0.6
Using Mongosh:          2.4.2

For mongosh info see: https://www.mongodb.com/docs/mongodb-shell/

------
   The server generated these startup warnings when booting
   2025-04-03T21:02:26.387+02:00: Access control is not enabled for the database. Read and write access to data and configurati
on is unrestricted
   2025-04-03T21:02:26.388+02:00: This server is bound to localhost. Remote systems will be unable to connect to this server. S
tart the server with --bind_ip <address> to specify which IP addresses it should serve responses from, or with --bind_ip_all to
 bind to all interfaces. If this behavior is desired, start the server with --bind_ip 127.0.0.1 to disable this warning
------

miBaseDeDatos> |
```

Figura 5.2. Cliente MongoDB: ***mongosh***.

Mongo dispone también de una herramienta visual que es ***Compass***, la descargamos desde la URL https://www.mongodb.com/try/download/compass. En este caso se descarga la versión *mongodb-compass-1.45.4-win32-x64*, es un ejecutable, lo lanzamos, y se abre la interface. Pedirá crear una conexión a una base de datos si no hay ninguna creada en la herramienta. Se pulsa a ***Add new connection***, y creamos una conexión. La conexión es un nombre de conexión, no vincula con ninguna base de datos. Se conecta al servidor mongo con ***mongodb://localhost:27017/***. Véase la figura 5.3.

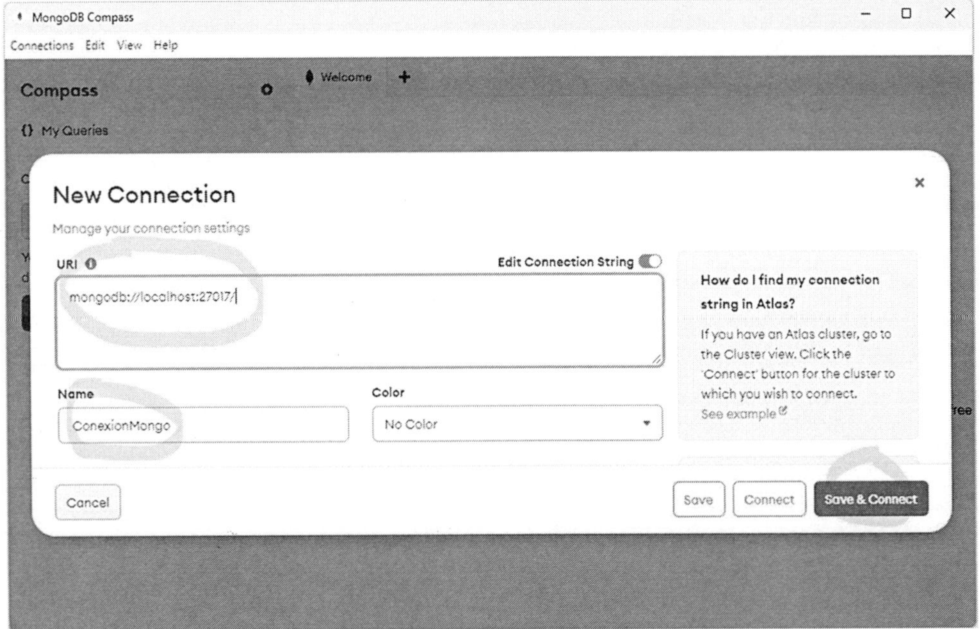

Figura 5.3. Conexión a MongoDB desde ***Compass***.

Una vez creada la conexión en *Compass*, se mostrarán tres bases de datos existentes en el servidor, que inicialmente no tienen colecciones. Estas son las tres bases de datos:

- ***admin***, es la base de datos de administración de MongoDB. Contiene información sobre los usuarios y sus permisos. Se utiliza para ejecutar comandos administrativos, como agregar usuarios, configurar autenticación y establecer permisos de acceso.

- ***config***, contiene información de configuración del clúster, especialmente en entornos de ***sharding***. Se usa en ***sharded clusters*** (cuando MongoDB distribuye datos entre múltiples servidores).
- ***local***, contiene datos locales específicos del servidor, no se replica en un clúster. Se usa para almacenar información del **oplog** (registro de operaciones en replicación).

Dentro de cada conexión se crearán las bases de datos y dentro de las bases de datos las colecciones. Observa la figura 5.4:

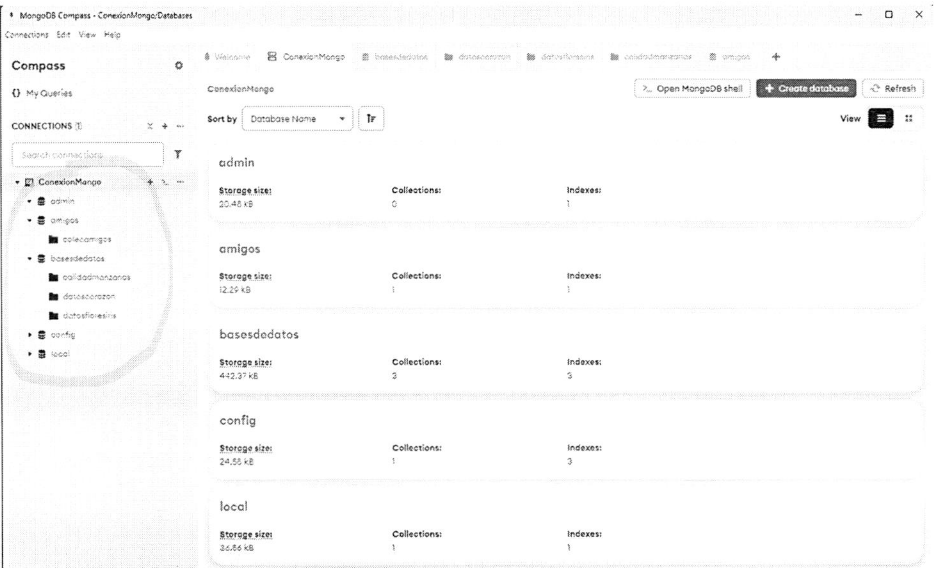

Figura 5.4. Conexion a MongoDB, bases dedatos y colecciones.

5.6.2 Operaciones en MongoDB Shell

Trabajar desde *Compass* es bastante intuitivo, sin embargo, todo lo que se hace desde *Compass* son comandos. A continuación, se exponen los comandos básicos para operar con esta base de datos, lo que nos permitirá trabajar desde el cliente ***mongosh***.

Los comandos se escriben en minúscula, los más comunes son los siguientes:

- Listar las bases de datos: **show databases**
- Mostrar la base de datos actual: **db**
- Mostrar las colecciones de la base de datos actual: **show collections**
- Usar una base de datos (similar a MySQL): **use nombrebasedatos**, si no existe no importa, la creará en el momento que añadamos un documento, objeto JSON.
- Si queremos saber el número de documentos dentro de las colecciones, utilizaremos la función ***count***, escribiremos: **db.nombre_colección.count().** También se utilizan las funciones ***size()*** y ***length().***
- Para añadir comentarios utilizamos los caracteres // de comentario de java.

CREAR DOCUMENTOS EN UNA COLECCIÓN

Para añadir documentos a la base de datos utilizaremos los comandos ***insertOne()***, para añadir uno, o ***insertMany()*** para añadir varios. Se pueden utilizar comillas simples o dobles. La orden puede terminar con ; o no. No es obligatorio. Veamos un ejemplo:

Si no estamos conectados a una base de datos, desde modo comando hacemos lo siguiente:

```
E:\mongosh-2.4.2-win32-x64\bin>
   mongosh mongodb://localhost:27017/mibasedatos
```

Si ya estamos conectados indicamos la base de datos a conectarnos:

```
use mibasedatos

// Insertar un solo documento
db.amigos.insertOne(
    {nombre: 'Ana', telefono: 545656885, curso: '1DAM', nota: 7});
db.amigos.insertOne(
    {nombre: 'Marleni', telefono: 3446500, curso: '1DAM', nota: 8});

// Insertar varios documentos a la vez
db.amigos.insertMany([
  {nombre: 'Mila', telefono: 925656111, curso: '1DAM', nota: 9},
  {nombre: 'Carmen', telefono: 913446500, curso: '1DAM', nota: 8}
]);
```

Donde **db** es la base de datos actual, la que estemos usando (se abre con **use**) y a continuación se pone el nombre de colección, la colección donde se van a añadir los documentos, si no existe se crea en ese momento.

Para consultar los documentos insertados en la colección se utiliza la orden ***.find(),*** escribiremos ***db.nombre_colección.find(),*** en el ejemplo:

```
db.amigos.find()
```

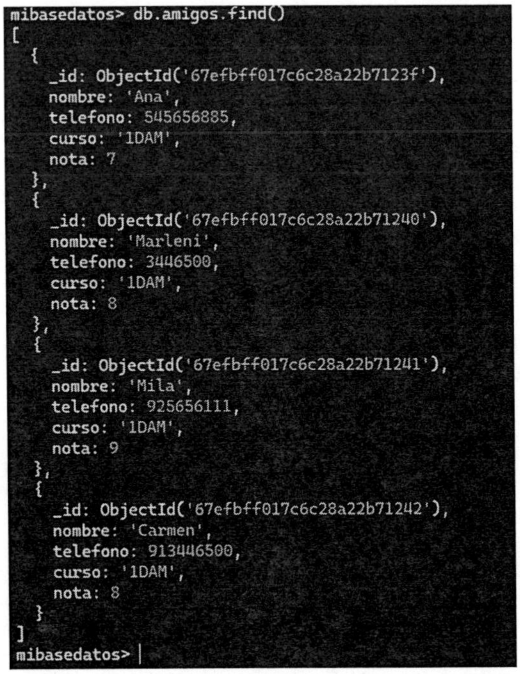

```
mibasedatos> db.amigos.find()
[
  {
    _id: ObjectId('67efbff017c6c28a22b7123f'),
    nombre: 'Ana',
    telefono: 545656885,
    curso: '1DAM',
    nota: 7
  },
  {
    _id: ObjectId('67efbff017c6c28a22b71240'),
    nombre: 'Marleni',
    telefono: 3446500,
    curso: '1DAM',
    nota: 8
  },
  {
    _id: ObjectId('67efbff017c6c28a22b71241'),
    nombre: 'Mila',
    telefono: 925656111,
    curso: '1DAM',
    nota: 9
  },
  {
    _id: ObjectId('67efbff017c6c28a22b71242'),
    nombre: 'Carmen',
    telefono: 913446500,
    curso: '1DAM',
    nota: 8
  }
]
mibasedatos> |
```

Figura 5.5. Identificador de documento, ***_id***

IDENTIFICADOR DE OBJETOS, EL ObjectId (campo _id)

Observa al consultar los documentos que cada uno está identificado con un *_id*, son identificadores únicos. Se asignan automáticamente al crear el documento, se generan de forma rápida y ordenada, véase la figura 5.5.

También se pueden crear de forma manual. Es un número hexadecimal que consta de 12 bytes, los primeros 4 son una marca de tiempo, los tres siguientes la identificación de la máquina, 2 bytes de identificador de proceso y un contador de 3 bytes empezando en un número aleatorio incremental.

El ***ObjectId*** o *_id*, es como si fuese la clave del documento, no se repetirá en una colección. Si un documento no tiene *_id MongoDB* se lo asignará automáticamente, es lo que ocurre cuando insertamos y no indicamos el identificador.

Prueba a insertar un documento con un *_id*, observa que no se genera el ***ObjectId***:

```
db.amigos.insertOne({_id: 1, nombre: 'Alicia' , telefono: 444555666, curso: '1DAM', nota: 7});
```

5.6.3 Consultar documentos

Veamos más ejemplos de consultas.

Si se desea que la salida sea ascendente por uno de los campos, utilizamos el operador **.sort**, por ejemplo, para obtener los datos de la colección ordenados por nombre escribimos:

```
db.amigos.find().sort({nombre:1});
```

El número que acompaña a la orden indica el tipo de ordenación, **1 ascendente y -1 descendente**. Por ejemplo, esto visualiza los datos ordenados descendentemente por nombre:

```
db.amigos.find().sort({nombre:-1});
```

Si se desean hacer búsquedas de documentos que cumplan una o varias condiciones, utilizamos el siguiente formato:

```
db.nombre_colección.find(filtro, campos)
```

- En ***filtro*** indicamos la condición de búsqueda, podemos añadir los pares *nombre:valor* a buscar. Si omitimos este parámetro devuelve todos los documentos, o pasa un documento vacío ({ })
- En ***campos*** se especifican los campos a devolver de los documentos que coinciden con el filtro de la consulta. Para devolver todos los campos de los documentos omitimos este parámetro. Si se desean devolver uno o más campos escribiremos ***{nombre_campo1: 1 , nombre_campo2: 1, …}***. Si no se desean que se seleccionen los campos escribimos. ***{nombre_campo1: 0, nombre_campo2: 0, …}*** También podemos poner ***true*** o ***false*** en lugar de 1 o 0.

Por ejemplo, para buscar el amigo con nombre Marleni lo escribimos así:

```
db.amigos.find({nombre : "Marleni"})
```

Si sólo deseo saber su teléfono escribo:

```
db.amigos.find({nombre : "Marleni"},{telefono:1})
```

Si deseo buscar el nombre y la nota de los alumnos de 1DAM escribiremos:

```
db.amigos.find({curso : "1DAM"}, {nombre:1, nota:1})
```

Si queremos saber el número de registros que devuelve una consulta pondremos **db.nombre_coleccion.find({filtros}).count(),** por ejemplo, para saber cuántos son del curso 1DAM escribiremos:

```
db.amigos.find({curso : "1DAM"}).count();
```

Se pueden hacer consultas más complejas añadiendo selectores de búsquedas.

SELECTORES DE BÚSQUEDAS DE COMPARACIÓN

- ***$eq,*** igual a un valor. Esta orden obtiene los documentos con nota = 8:

```
db.amigos.find({ nota : { $eq : 8 } })
```

- ***$gt,*** mayor que y ***$gte*** mayor o igual que. Esta orden obtiene los documentos con nota >= 6:

```
db.amigos.find({ nota : { $gte : 6 } })
```

- ***$lt,*** menor que y ***$lte,*** menor o igual que. El ejemplo muestra los amigos de 1DAM con notas entre 7 y 9 incluidas, preguntamos por un intervalo >=7 y <=9:

```
db.amigos.find({curso : "1DAM", nota : { $gte : 7,  $lte : 9} })
```

- ***$ne,*** distinto a un valor. El siguiente ejemplo obtiene los documentos con nota distinta de 7:

```
db.amigos.find({ nota : { $ne : 7 } })
```

- ***$in,*** entre una lista de valores y ***$nin,*** no está entre la lista de valores. En el ejemplo se obtienen los documentos cuya nota sea uno de estos valores: 5,7 y 8:

```
db.amigos.find({ nota : { $in : [5, 7, 8] } })
```

Ahora añado el nombre y el curso:

```
db.amigos.find({ nota : { $in : [5, 7, 8] } },{nombre:1, curso:1})
```

SELECTORES DE BÚSQUEDAS LÓGICOS

- ***$or.*** La siguiente orden obtiene los documentos de los cursos 1DAM, o los que tienen nota > de 7:

```
db.amigos.find({ $or : [ { nota: { $gt: 7 }}, {curso : "1DAM"} ]})
```

Esta consulta obtiene los amigos con nombre Ana o Marleni:

```
db.amigos.find({ $or: [ {nombre : "Ana"}, {nombre: "Marleni"} ] })
```

- ***$and.*** Este operador se maneja implícitamente, no es necesario especificarlo. Las siguientes órdenes hacen lo mismo, obtienen los amigos del curso 2DAM y con nota 6:

```
db.amigos.find({ $and : [{curso : "2DAM"}, {nota : 6} ]})
db.amigos.find({curso : "2DAM", nota : 6})
```

Esta otra consulta devuelve el documento con nombre Marleni y con teléfono 3446500:

```
db.amigos.find( {nombre : "Marleni", telefono : 3446500} )
db.amigos.find( { $and : [{nombre:"Marleni"},{telefono:3446500}] })
```

- ***$not.*** Representa la negación, en el ejemplo obtengo los amigos con nota no mayor de 7.

```
db.amigos.find({ nota : { $not: { $gt: 7 }} })
```

Esta otra consulta mostrará el nombre, el curso y la nota de los que su nota no mayor de 7:

```
db.amigos.find({ nota : { $not: { $gt: 7 }} },{_id:0, nombre:1, curso:1, nota:1} )
```

- ***$exists,*** este operador booleano permite filtrar la búsqueda tomando en cuenta la existencia del campo de la expresión. Este ejemplo obtiene los documentos que tengan nota:

```
db.amigos.find( { nota : {$exists:true} })
```

Este obtiene los documentos que tengan localidad, no hay ninguno:

```
db.amigos.find( { localidad : {$exists:true} })
```

5.6.4 Actualizar documentos en MongoDB

Los métodos principales para actualizar documentos en MongoDB son:

- ***updateOne(filtro, cambios),*** para actualizar un solo documento que coincida con el filtro.
- ***updateMany(filtro, cambios),*** para actualizar varios documentos que coincidan con el filtro.
- ***replaceOne(filtro, replace),*** para reemplazar un documento completamente.

Se utilizan los siguientes operadores de modificación:

- ***$set***, para añadir o indicar el campo a actualizar.
- ***$inc,*** para incrementar un valor numérico.
- ***$unset,*** para eliminar campos de los documentos.
- ***$rename,*** para renombrar campos de los documentos.

Veamos varios ejemplos:

- **Actualizar uno:** estas órdenes cambian el documento con nombre *Ana* por nombre *Ana María*, y el documento con nombre *Mila* por nombre *Milagros* y teléfono *925000333*. Se cambia el primero que encuentre que cumpla la condición:

```
db.amigos. updateOne(
   {nombre:"Ana"}, // filtro
   {$set: {nombre: "Ana María"} } // Cambio a realizar
);
db.amigos. updateOne(
   {nombre:"Mila"}, // filtro
   {$set: {nombre: "Milagros", telefono: 925000333}} // Cambios
);
db.amigos.find()
```

Al actualizar se puede añadir un campo más, si este no existe, por ejemplo, al documento anterior le añado la edad:

```
db.amigos. updateOne(
   {nombre:"Milagros"}, // filtro
   {$set: {edad: 26}} // Cambios
);
```

- **Actualizar varios:** esta orden cambia el nombre del curso a todos los que son de 1DAM a 2DAM. Y les sube la nota un punto, como son dos actualizaciones se combinan ***$set*** y ***$inc*** dentro de ***un solo objeto*** {} de actualización:

```
db.amigos.updateMany(
  { curso: "1DAM" },   // Filtro
  {
    $set: { curso: "2DAM" } , // Cambia el curso
    $inc: { nota: 1 }  // Incrementa en 1 la nota
  }
);
db.amigos.find()
```

Añadir a todos los campos la localidad de Talavera:

```
db.amigos.updateMany(
  { },  // Sin filtro, selecciona todos
  { $set: { localidad: "Talavera" } // añade la localidad }
);
```

Si se desea actualizar ***sólo los que tengan un campo concreto***, se utiliza el filtro ***{$exists:true}*** para indicar los que tienen ese campo. Por ejemplo, se incrementa la nota en 1 sólo a los que tienen el campo *nota,* si no tienen el campo, y no se pone ***{$exists:true}*** lo que hace es añadir el campo *nota* con el valor 1:

```
db.amigos.updateMany(
   { nota: {$exists:true} },   //sólo los que la tengan
   { $inc: { nota: 1} } // incrementa la nota
);
```

- **Reemplazar un documento completamente:** en este ejemplo se reemplaza el documento con nombre *Milagros*, se añaden también nuevos campos:

```
db.amigos.replaceOne(
  { nombre: "Milagros" },    // Filtro
  { nombre: "Mila", edad: 24, poblacion: "Toledo", curso: '1DAM',
nota: 9, telefono: 925008877 }
);
```

- **Eliminar campos de un documento con $unset:** en el primer ejemplo se elimina el campo *curso* del nombre *Marleni*, y en el segundo se elimina la *localidad* de todos:

```
db.amigos. updateOne(
   {nombre:"Marleni"}, // filtro
   {$unset: {curso: ""}} // Elimina curso al primero que encuentra
);
db.amigos. updateMany(
   {}, // todos, sin filtro
   {$unset: { localidad: ""}} // Elimina localidad a todos
);
```

- **Renombrar campos de un documento con $rename,** en el ejemplo se renombra el campo nombre, por name:

```
db.amigos. updateMany(
   {}, // todos
   {$rename: { nombre: "name"}} // se renombra el campo nombre a todos
);
```

ACTIVIDAD 5.1.

Crea la colección *empleados* dentro de la base de datos *mibasedatos*, y añade los siguientes documentos:

```
emp_no:1,nombre:"Juan",dep:10, salario:1000, fechaalta:"10/10/1999"
emp_no:2,nombre:"Alicia",dep:10, salario:1400, fechaalta:"07/08/2000",
oficio: "Profesora"
emp_no:3,nombre:"María Jesús",dep:20, salario:1500, fechaalta:
"05/01/2005", oficio: "Analista", comisión:100
emp_no:4,nombre:"Alberto",dep:20, salario:1100, fechaalta:"15/11/2001"
emp_no:5,nombre:"Fernando",dep:30, salario:1400, fechaalta:
"20/11/1999", comisión:200, oficio: "Analista"
```

Realiza las siguientes consultas:

- Visualiza los empleados del departamento 10.
- Visualiza los empleados del departamento 10 y 20.
- Obtén los empleados con salario >1300 y oficio Profesora.
- Subir el salario a los analistas en 100€, a todos los analistas.
- Decrementar la comisión en 20€ (escribir -20), sólo a los que tengan comisión.

5.6.5 Operaciones con arrays

En este apartado veamos como realizar consultas en documentos que contienen arrays. Creamos la colección libros con tres libros, y un array con temas del libro:

Si no estamos conectados a una base de datos, desde modo comando hacemos lo siguiente:

```
E:\mongosh-2.4.2-win32-x64\bin>
    mongosh mongodb://localhost:27017/mibasedatos
```

Si ya estamos conectados indicamos la base de datos a conectarnos:

```
use mibasedatos;
// Crear colección e insertar varios libros
db.libros.insertMany([
 {codigo:1,nombre:"Acceso a datos", pvp: 35, editorial:"Garceta",
temas:["Base de datos", "Hibernate","Neodatis"]},
 {codigo:2,nombre:"Entornos de desarrollo", pvp: 27,
editorial:"Garceta", temas:["UML", "Subversión", "ERMaster"]},
 {codigo:3,nombre:"Programación de Servicios", pvp:
25, editorial:"Garceta", temas:["SOCKET", "Multihilo"]}
]);

// consultar
db.libros.find();
```

CONSULTAR LOS ELEMENTOS DEL ARRAY

Para consultar los elementos del array escribimos el array y el elemento a consultar. Ejemplos:

Libros que tengan el tema UML:

```
db.libros.find({temas:"UML"})
```

Libros que tengan el tema UML o Neodatis:

```
db.libros.find( { $or: [ {temas:"UML"},{temas: "Neodatis"}] } )
```

Libros de la editorial Garceta, con pvp > 25 y que tengan el tema UML o Neodatis:

```
db.libros.find( { editorial:"Garceta", pvp: { $gt:25} ,
                  $or: [ {temas:"UML"} , {temas: "Neodatis"}]
                }
              )
```

OPERACIONES DE MODIFICACIÓN PARA ARRAYS

- **Añadir***:* ***$push***, añade un elemento a un array. Este ejemplo añade el tema *MongoDB* al libro con código 1:

```
db.libros.updateOne ( { codigo:1 },{ $push : {temas: "MongoDB" } })
```

Para asegurarnos de que **no se añade duplicado** (por si ya estuviera incluido), ponemos ***$addToSet*** en lugar de ***$push***.

```
db.libros.updateOne( { codigo: 1 }, { $addToSet: {temas: "MongoDB"} } )
```

- **Añadir si no existen***:* ***$addToSet***, agrega elementos a un array solo sí estos no existen. En el ejemplo se añade el tema *Base de datos* a todos los libros que no lo tengan. Primero preguntamos si el libro tiene el campo *temas*. Para que se añada a todos los libros indicamos ***multi:true***:

```
db.libros.update({ temas : {$exists:true} },
                 { $addToSet: {temas: "Base de datos" } },
                 { multi:true }
                )
```

Otra forma más sencilla es utilizar ***updateMany*** con el operador ***$ne,*** que selecciona solo los libros cuyo array temas **no contiene** "Base de datos".

```
db.libros.updateMany( { temas: { $ne: "Base de datos" } },
                      { $addToSet: { temas: "Base de datos" } }
                    )
```

- **Añadir varios***:* ***$each***, se usa en conjunto con ***$addToSet*** o ***$push*** para indicar que se añaden varios elementos al array.

Este ejemplo con ***$push*** y ***$each*** añade aunque ya existan en el array, admite duplicados:

```
db.libros.updateOne(  {codigo:1},
                     {$push:{temas:{$each:["JSON","XML"]} } }
                   )
```

Este ejemplo con ***$addToSet*** y ***$each*** añade sólo si no están en el array, no admite duplicados:

```
db.libros.updateOne({codigo:2},
         { $addToSet :{temas: { $each: ["Eclipse", "Developper" ] } } }
  )
```

- **Eliminar***:* ***$pull***, elimina los valores de un array que cumplan con el filtro indicado. En el ejemplo se borran de todos los libros los elementos *"Base de datos"* y *"JSON",* si los tienen:

```
db.libros.updateMany({},
            { $pull:{ temas: { $in: ["Base de datos","JSON" ] }}},
            )
```

En este ejemplo se borra sólo el tema XML de todos los libros

```
db.libros.updateMany( {}, { $pull: { temas: "XML" } } )
```

- ***$pop,*** elimina el primer o último valor de un array. Con valor **-1** borra el primero, con **1** borra el último. En el ejemplo se borra el primer tema del libro con código 3:

```
db.libros.updateOne({codigo:3},{ $pop: { temas: -1 } })
```

ACTIVIDAD 5.2.

Utilizando la colección libros realiza las siguientes consultas:

- Visualiza los libros de la editorial Garceta, con pvp entre 20 y 25 incluidos y que tengan el tema SOCKET.
- Agrega el tema SOCKET a los libros que no lo tengan.
- Baja a 5 el precio de los libros de la editorial Garceta.

5.6.6 Borrar documentos

Para borrar documentos de una colección en MongoDB, se utilizan los métodos **deleteOne()** y **deleteMany()**.

El primer ejemplo elimina el documento con nombre *Ana*, si hay varios, solo se elimina el primero que encuentre. Y el segundo elimina los que son del curso 1DAM:

```
db.amigos.deleteOne({nombre: "Ana"});
db.amigos.deleteMany({curso: "1DAM"});
```

Para ***borrar todos los documentos*** de la colección escribimos:

```
db.amigos.deleteMany({});
```

Para borrar la **colección completa** se utiliza la orden ***drop():***

```
db.amigos.drop();
```

Para **verificar el borrado** escribimos:

```
db.amigos.find().pretty();
```

5.6.7 Funciones

Al igual que en otra base de datos MongoDB dispone de funciones matemáticas y de cadenas para utilizarlas en las consultas. Algunas de ellas son las siguientes:

FUNCIONES ARITMÉTICAS:

Función	Descripción
$abs	Devuelve el valor absoluto de un número. Ej: *{ $abs: "$pvp" }*
$add	Añade números a una cantidad o a una fecha (en este caso suma milisegundos). *Ej: { $add: ["$pvp", 5] } // pvp + 5*
$ceil	Redondea hacia arriba al entero más cercano. Ej: *{ $ceil: "$pvp" } // 20.8 → 21*

Función	Descripción
$divide	Devuelve el resultado de dividir el primer número por el segundo. Tiene 2 argumentos. Ej: *{ $divide: ["$pvp", 2] } // pvp / 2*
$floor	Redondea hacia abajo al entero más cercano. Ej: *{ $ceil: "$pvp" } // 20.8 → 20*
$mod	Devuelve el resto de dividir el primer número por el segundo. Tiene 2 argumentos. Ejemplo: *{ $mod: ["$pvp", 2] } // pvp % 2*
$multiply	Multiplica varios números, acepta varios argumentos. Ej: *{ $multiply: ["$pvp", 5] } // pvp * 5*
$pow	Eleva un número a la potencia especificada. Ej: *{ $pow: ["$pvp", 3] } // pvp*^{3}
$sqrt	Calcula la raíz cuadrada. Ej: *{ $sqrt: { $abs: "$valor" } } // abs por si valor es negativo.*
$subtract	Devuelve el resultado de restar el primer número menos el segundo. Si los dos valores son números, devuelve la diferencia. Si los dos valores son fechas, devuelve la diferencia en milisegundos. Ejemplo: *{ $subtract: ["$pvp", 5] } // pvp - 5*
$trunc	Trunca un número, elimina la parte decimal. Ej: *{ $trunc: "$pvp" }*

Ejemplo de uso de estas funciones, se utilizan en las ***operaciones de agregación***. Véase el ejemplo con los documentos de la colección libros:

```
db.libros.aggregate([
  {
    $project: {
      nombre: 1, // Para que muestre nombre
      pvp: 1, // // Para que muestre pvp
      absPvp: { $abs: "$pvp" },
      ceilPvp: { $ceil: "$pvp" },
      floorPvp: { $floor: "$pvp" },
      truncPvp: { $trunc: "$pvp" },
      raizPvp: { $sqrt: { $abs: "$pvp" } },
      cuadradoPvp: { $pow: [ "$pvp", 2 ] },
      pvpConIVA: { $multiply: ["$pvp", 1.21] },
      mitadPrecio: { $divide: ["$pvp", 2] }
    }
  }
])
```

FUNCIONES DE CADENAS:

Función	Descripción
$concat	Concatena varias cadenas, las que se pongan en la expresión. Ej: *{ $concat: ["Título: ", "$nombre"] }*
$substrBytes	Devuelve una subcadena de una cadena, a partir de una posición indicada hasta hasta una longitud especificada. Lleva 3 argumentos, la cadena, la posición de inicio, y la longitud. Ej: *{ $substrBytes: ["$nombre", 0, 5] }*
$toLower	Convierte una cadena a minúsculas. Ej: *{ $toLower: "$editorial" }*
$toUpper	Convierte una cadena a mayúsculas. Ej: *{ $toUpper: "$editorial" }*
$strcasecmp	Compara cadenas y devuelve: 0 si las dos cadenas son iguales, < 0 si la primera es menor, > 0 si la primera es mayor. Ej: *{ $strcasecmp: ["$editorial", "garceta"] }*

Ejemplo de uso de estas funciones, se utilizan en las ***operaciones de agregación***. Véase el ejemplo con los documentos de la colección libros:

```
db.libros.aggregate([
 {
  $project: {
  nombre: 1,
  editorial: 1,
  tituloCompleto: { $concat: ["*", "$nombre", " - ", "$editorial"] },
  primeros5: { $substrBytes: ["$nombre", 0, 5] },
  editorialMayus: { $toUpper: "$editorial" },
  editorialMinus: { $toLower: "$editorial" },
  compararEditorial: { $strcasecmp: ["$editorial", "garceta"] }
  }
 }
])
```

FUNCIONES DE GRUPO:

Función	Descripción
$sum	Devuelve la suma de valores númericos. Ignora los valores no numéricos. Ej: *{$sum:"$pvp"}*. También se puede usar *$sum: 1* para contar documentos en un grupo.
$avg	Devuelve la media de valores númericos. Ignora los valores no numéricos. Ej: *{ $avg: "$pvp" }*
$first	Devuelve el primer valor de cada grupo. Ej: *{ $first: "$nombre" }*
$last	Devuelve el último valor de cada grupo. Ej: *{ $last: "$nombre" }*
$max	Devuelve el valor máximo de un grupo o de un array. Ej: *{ $max: "$pvp" }*
$min	Devuelve el valor mínimo de un grupo o de un array. Ej: *{ $min: "$pvp" }*

Ejemplo de uso de estas funciones, se utilizan en las ***operaciones de agregación***. Véase el ejemplo con la colección libros:

```
db.libros.aggregate([
  {
    $group: {
      _id: "$editorial",
      totalLibros: { $sum: 1 },
      sumaPvp: { $sum: "$pvp" },
      precioMedio: { $avg: "$pvp" },
      precioMax: { $max: "$pvp" },
      precioMin: { $min: "$pvp" },
      primerLibro: { $first: "$nombre" },
      ultimoLibro: { $last: "$nombre" }
    }
  }
])
```

FUNCIONES DE FECHA:

Función	Descripción
$dayOfYear	Devuelve el día del año. Un número entre 1 y 366. Ej: *{ $dayOfYear: "$fecha" }*
$dayOfMonth	Devuelve el día del mes. Un número entre 1 y 31. Ej: *{ $dayOfMonth: "$fecha" }*
$dayOfWeek	Devuelve el día de la semana. Un número entre 1 (Domingo) y 7 (Sábado).Ej: *{ $dayOfWeek: "$fecha" }*
$year	Devuelve el año, formato yyyy. Ej: *{ $year: "$fecha" }*
$month	Devuelve el número de mes, entre 1 (Enero) y 12 (Diciembre). Ej: *{ $month: "$fecha" }*
$hour	Devuelve la hora, entre 0 y 23. Ej: *{ $hour: "$fecha" }*
$minute	Devuelve los minutos entre 0 y 59. Ej: *{ $minute: "$fecha" }*
$second	Devuelve los segundos entre 0 y 59. Ej: *{ $second: "$fecha" }*
$dateToString	Devuelve la fecha en formato String. Ej: *{* *$dateToString: {* *format: "%Y-%m-%d %H:%M:%S",* *date: "$fecha"* *}* *}*

Veamos un ejemplo completo de uso de estas funciones con la colección libros. Pero antes tenemos que saber que, en MongoDB, el tipo de dato ***ISODate*** representa una **fecha y hora en formato *ISO 8601***. Es el formato que usa internamente para almacenar fechas, se representa así:

ISODate("YYYY-MM-DDTHH:MM:SSZ")

- YYYY: indica el año (ej. 2025)
- MM: indica el mes (01 a 12)
- DD: el día (01 a 31)
- T: separador entre fecha y hora
- HH: indica la hora (00 a 23)
- MM: los minutos (00 a 59)
- SS: los segundos (00 a 59)
- Z: indica que la hora está en **UTC** (zona horaria 0), lo indica por defecto

Añadimos una fecha a cada libro utilizando el formato ***ISODate***:

```
db.libros.updateOne(
   {codigo:1},  {$set: {fecha: ISODate("2025-04-24T15:45:30Z") } });

// Con este formato la hora será la 00
db.libros.updateOne(
   {codigo:2},{$set: {fecha: ISODate("2020-01-24") } });

db.libros.updateOne(
   {codigo:3},{$set: {fecha: ISODate("2023-02-24T13:26:30") } });

db.libros.find();
```

Estas funciones se utilizan en las ***operaciones de agregación***. Véase el ejemplo con la colección libros:

```
db.libros.aggregate([
  {
    $project: {
      nombre: 1,
      fecha: 1,
      anio: { $year: "$fecha" },
      mes: { $month: "$fecha" },
      diaMes: { $dayOfMonth: "$fecha" },
      diaAnio: { $dayOfYear: "$fecha" },
      diaSemana: { $dayOfWeek: "$fecha" },
      hora: { $hour: "$fecha" },
      minuto: { $minute: "$fecha" },
      segundo: { $second: "$fecha" },
      fechaTexto: {
        $dateToString: {
          format: "%d/%m/%Y %H:%M",
          date: "$fecha"
        }
      }
    }
  }
])
```

5.6.8 Agregaciones y uso de funciones

Estas funciones se utilizan en las ***operaciones de agregación***, o ***consultas de agregación***, que lo que hacen es procesar los registros y obtener nuevos resultados, calculados o transformados.

La agregación opera con grupos de valores de múltiples documentos y se puede realizar una variedad de operaciones sobre los datos agrupados para devolver un solo resultado. El objetivo es presentar datos calculados, formateados y/o filtrados de manera diferente a como se encuentran en los documentos.

MongoDB ofrece tres formas de realizar la agregación: ***la agregación pipeline***, la función de ***map-reduce*** y la ***agregación de propósito único***. En este tema estudiaremos la agregación más común para hacer consultas complejas, la ***pipeline***.

Consulta esta URL para saber más sobre la agregación: https://docs.mongodb.com/manual/aggregation/

La ***agregación pipeline*** o ***tuberías de agregación*** se basa en someter una colección a un conjunto de ***operaciones*** o ***etapas,*** estas etapas irán convirtiendo y transformando el conjunto de documentos pertenecientes a la colección, hasta obtener un conjunto de documentos con el resultado deseado.

Se le llama tubería ya que cada etapa irá modificando, moldeando y calculando la estructura de los documentos para pasarlos a la etapa que le sigue. La estructura básica es esta:

```
db.coleccion.aggregate([
  { etapa1 },
  { etapa2 },
  { etapa3 },
  ...
])
```

Y cada etapa comienza con un operador $ (como ***$match***, ***$group***, ***$project***, etc.)

La función de agregado tiene una entrada que son los documentos de la colección, en las etapas se filtran, agrupan, calculan y trasforman los datos y como salida se obtiene un conjunto nuevo de documentos.

En este ejemplo, se seleccionan los libros *Garceta*, se agrupa por editorial y se calcula cuántos libros hay y su precio medio, se crea una nueva colección para guardar los datos:

```
db.libros.aggregate([
  { $match: { editorial: "Garceta" } }, // filtrar por editorial
  { $group: {
      _id: "$editorial",
      totalLibros: { $sum: 1 },
      mediaPvp: { $avg: "$pvp" }
  } },
  { $out: "resumenGarceta" }
])
```

Las etapas más comunes del pipeline son las siguientes:

Etapa	Descripción	Multiplicidad
$project	Cambia la forma del documento. La ***proyección*** permite modificar la representación de los datos, por lo que en general se emplea para darles una nueva forma con la que resulte más cómodo trabajar.	1:1
$match	Filtra los resultados. La etapa match permite ***filtrar*** los documentos para que en el resultado de la etapa sólo esten aquellos que cumplen ciertos criterios. Se puede filtrar antes o despues de agregar los resultados, en función del orden en que definamos esta etapa.	n:1
$group	Agrupación. Permite ***agrupar*** distintos documentos según compartan el valor de uno o varios de sus atributos, y realizar operaciones de agregación sobre los elementos de cada uno de los grupos. Se utilizan las funciones *sum*, *max*, *min*, *avg*, etc…	n:1
$sort	Ordenación de documentos.	1:1
$limit	Limitar el número de documentos	n:1

$skip	Permite **saltar (omitir)** un número determinado de documentos del flujo de datos. Por ejemplo:
	`db.libros.aggregate([`
	`  { $sort: { pvp: -1 } }, // ordena de mayor a menor`
	`  { $skip: 2 },            // omite los dos primeros`
	`  { $limit: 3 }            // toma los siguientes 3`
	`])`
		n:1

$unwind	Normaliza arrays, separar elementos de un array en documentos	1:n
$out	Envía el resultado a una salida, se almacena en la BD como una nueva colección.	1:1
$lookup	Join con otra colección. Esto permite combinar documentos de diferentes colecciones dentro de una sola consulta agregada	1:1
$addFields	Añadir nuevos campos calculados	

La multiplicidad se refiere a cuántos documentos obtenemos como resultado despues de aplicar la etapa, por ejemplo **1:1**, se aplica a 1 documento y se obtiene 1. **n:1**, se aplica a **n** documentos y se obtiene **1**. **1:n** se aplica a un documento y se obtienen **n**.

EJEMPLOS:

Para los ejemplos creamos la colección ***artículos***, que se encuentra en la carpeta de recursos de la unidad. Cada documento artículo está formado por los campos: *código*, *denominación*, *pvp*, *categoría*, *uv*, y *stock*. Nos conectamos al cliente: **mongodb://localhost:27017/mibasedatos**

- Obtener las denominaciones de los artículos y la categoría convertida a mayúsculas. Se utiliza la etapa ***$project*** pues cambiamos el aspecto del documento**.** Mostrará una salida con los campos denom y cate. **Para referirnos a los campos del documento los ponemos entre comillas y con el prefijo $**:

```
db.articulos.aggregate(
   [ {
       $project:
         {
           denom: { $toUpper: "$denominación" },
           cate: { $toUpper: "$categoría" }
         }
     } ])
```

Si se desea almacenar la salida en la base de datos, añadimos la etapa ***out***. Por ejemplo:

```
db.articulos.aggregate(
   [ {
       $project:
         {
           denom: { $toUpper: "$denominación" },
           cate: { $toUpper: "$categoría" }
         }
     }, {  $out: "salidanueva"     }
    ])
```

- Obtener la denominación en mayúsculas, el importe de las ventas, que serán las *uv* * el *pvp*, y el stock actual que será *stock* menos *uv*. Mostrar también el stock, y las unidades vendidas. Se utiliza la etapa ***$project.***

```
db.articulos.aggregate(
   [ {
       $project:
         { stock: 1, uv:1,  //que se muestre el stock y las uv
           artic: { $toUpper: "$denominación" },
           importe: { $multiply: ["$pvp",  "$uv"] },
           stockactual: { $subtract: ["$stock",   "$uv"] }
         }
     } ])
```

- Obtener el total de artículos por categoría y la media de precio:

```
db.articulos.aggregate([
  { $group: { _id: "$categoría",
              total: { $sum: 1 } , mediaPvp: { $avg: "$pvp" } }
 }])
```

- Artículos con stock menor de 10:

```
db.articulos.aggregate([
  { $match: { stock: { $lte: 10 }  }  }     ])
```

Condiciones de agregación:

El operador **$cond** permite hacer condiciones similares a un if:

{ $cond: { if: <condición>, then: <valor_si_verdadero>, else: <valor_si_falso> } }

El siguiente ejemplo añade un campo nuevo ***tipoStock*** que vale *"Alto"* si el *stock > 20* y *"Bajo o Medio"* si no:

```
db.articulos.aggregate([
  {
    $project: {
      denominación: 1,
      stock: 1,
      tipoStock: {
        $cond: {
          if: { $gt: ["$stock", 20] },
          then: "Alto",
          else: "Bajo o Medio"     }     }
    }
  }
])
```

Se puede utilizar también estas versiones abreviadas:

- ***$cond:*** evalúa la expresión, y dependiendo del resultado, devuelve el valor de una de las otras dos expresiones. Recibe tres expresiones en una lista ordenada o tres parámetros con nombre. Formato:

{ $cond: [<boolean-expression>, <caso-true>, <caso-false>] }

- ***$ifNull:*** Devuelve el **primer valor no nulo** de una lista de expresiones ***<expression>***. Si el primer valor es null o no existe, devuelve el segundo ***<expresionsiesnull>***.

{ $ifNull: [<expression> , <expresionsiesnull>] }

Ejemplos:

- Obtener la denominación en mayúsculas, el importe de las ventas, el stock actual, y vamos a preguntar si el stock actual es negativo, asignaremos a un campo nuevo llamado ***areponer*** true si es menor que 0, y false si no lo es. La condición que se añade es:

```
{  $cond: [ { $lte: [ { $subtract: ["$stock",  "$uv"] } , 0 ] },
               true , false ]
}
```

La consulta completa queda así:

```
db.articulos.aggregate(  [ {
       $project:
         { artículo: { $toUpper: "$denominación" },
           importe: { $multiply: ["$pvp", "$uv"] },
           stockactual: { $subtract: ["$stock",  "$uv"] },
           areponer: {
             $cond: [{$lte: [{ $subtract: ["$stock", "$uv"] } , 0]},
               true, false]    }
         }
       } ] )
```

- En la siguiente consulta obtenemos por cada categoría el número de artículos, el total unidades vendidas de artículos, y el total importe (la suma de los pvp*unidades). Es como una select con *group by*. En este caso se utiliza la etapa ***$group,*** cuando se utiliza esta etapa se debe añadir el identificador de objeto ***_id***, en este caso como agrupamos por categoría lo indicamos en el ***_id***. Que a su vez será el identificador del resultado. Para contar artículos se utiliza la función ***$sum***, sumando 1:

```
db.articulos.aggregate( [ {
  $group: {
       _id: "$categoría",
       contador: { $sum: 1 },
       sumaunidades: { $sum: "$uv"},
       totalimporte: { $sum: { $multiply: ["$pvp",  "$uv"] } }
       }
  } ] )
```

- En la siguiente consulta obtenemos el número de documentos de la categoría ***Deportes***, el total de unidades vendidas de sus artículos, el total importe y la media de unidades vendidas. Se utilizan las etapas ***$match*** para selecccionar la categoría, y luego ***$group*** para obtener resultados agrupados, en este caso en *_id* ponemos cualquier valor:

```
db.articulos.aggregate( [
  { $match: { categoría: "Deportes"  } },
  { $group: {
           _id: "deportes",
           contador: { $sum: 1 },
           sumaunidades: { $sum: "$uv"},
           media: { $avg: "$uv"},
           totalimporte: { $sum: { $multiply: ["$pvp",  "$uv"] } }
        }    }
] )
```

- En la siguiente consulta obtenemos el precio más caro, se agrupan los registros y obtenemos el máximo del pvp:

```
db.articulos.aggregate( [
  { $group: {
           _id: null,
           maximo: { $max: "$pvp" } } }
] )
```

- Artículo más caro y artículo más barato, nos va a mostrar los documentos completos:

```
//artículo más caro
db.articulos.aggregate([
  { $sort: { pvp: -1 } },     // Orden descendente por precio
  { $limit: 1 }               // Solo el primero
])
// artículo más barato
db.articulos.aggregate([
  { $sort: { pvp: 1 } },      // Orden ascendente por precio
  { $limit: 1 }               // Solo el primero
])
```

- En la siguiente consulta obtenemos el artículo con el precio más caro. Pero ahora en este caso va a mostrar el nombre y el precio:

```
db.articulos.aggregate([
  { $sort: { pvp: -1 } },
  { $limit: 1 },
  {
    $project: {
      _id: 0, // oculta id, para que no salga
      denominación: 1,
      pvp: 1
    }
  }
])
```

- En la siguiente consulta obtenemos la suma de importe de los artículos cuya denominación empieza por M o P. Para realizar esta consulta pasamos por 3 etapas:

  1- Obtenemos de todos los artículos el primer carácter de la denominación utilizando la función ***$substr***, y el importe de cada artículo:

```
{  $project: {
       primercarac: { $substr: ["$denominación", 0, 1]   } ,
       impor: {$multiply: ["$pvp",  "$uv"] } }
}
```

  2- En la siguiente etapa se seleccionan, de los datos obtenidos en la primera etapa ***(primercarac, impor)*** los que tienen en ***primercarac*** P o M:

```
{   $match: { "primercarac": { $in: ["M", "P"]   }  } }
```

  3- Y finalmente se agrupa ese resultado, en uno y se añade un ***_id: null***, y se suman los importes.

```
{   $group: { _id: null,
              totalimporte: { $sum:  "$impor"  }  }
}
```

  La consulta completa quedará así:

```
db.articulos.aggregate([
{  $project: {
       primercarac: { $substr: ["$denominación", 0, 1]   } ,
       impor: {$multiply: ["$pvp",  "$uv"] } }
},
{   $match: { "primercarac": { $in: ["M", "P"]   }  }
},
{   $group: { _id: null,
    totalimporte: { $sum:  "$impor"  }  }
} ] )
```

- En la siguiente consulta obtenemos por cada categoría el artículo con el precio más caro. Para ello primero ordenamos descendentemente por pcategoría, pvp y denominación, utilizando la etapa **$sort**. Y el resultado obtenido se agrupa con **$group** para luego obtener el primero de cada categoría con la función **$first**:

```
db.articulos.aggregate(
   [
     { $sort: { categoría: -1, pvp: -1, denominación: -1 } },
     { $group:
```

```
        { _id: "$categoría",
          mascaro: { $first: "$denominación" },
          precio:  { $first: "$pvp" } }
      }
] )
```

- Otra solución podría ser esta:
  - **Agrupar por categoría** y obtener el artículo con el **precio más alto**. Se usa el operador ***$group*** para agrupar por categoría y luego ***$max*** para obtener el precio más caro.
  - Después, se usa ***$lookup*** (join) para obtener los detalles completos (denominación, pvp) del artículo más caro. Se guarda en un array que luego se desenrrolla ***$unwind:***

```
db.articulos.aggregate([
  {
    $group: {
      _id: "$categoría", // Agrupar por categoría
      maxPrecio: { $max: "$pvp" }  // precio más caro de la categoría
    }
  },
  {
    $lookup: {
      from: "articulos",  // Se hace la búsqueda en la misma colección
      localField: "maxPrecio",  // El valor del precio máximo en esta etapa
      foreignField: "pvp",  // Se empareja con el campo pvp de la colección
      as: "articulo"  // Los coincidentes se guardan en un array llamado "articulo"
    }
  },
  {
    $unwind: "$articulo"  // separar elementos de un array en documentos
  },
  {
    $project: {
      _id: 0,  // Ocultar el _id
      categoría: "$_id",  // Mostrar la categoría
      denominación: "$articulo.denominación",  // Nombre del artículo
      pvp: "$articulo.pvp"  // Precio del artículo
    }
  }
])
```

5.6.9 Agregaciones, y uso de arrays y campos compuestos

Carga la colección *Trabajadores* que se encuentra en el archivo de colecciones de los recursos de la unidad. Nos conectamos al cliente con: ***mongodb://localhost:27017/mibasedatos***.

El formato de un trabajador es este:

```
db.trabajadores.insertOne( {
    nombre: {nomb:"Alicia", ape1:"Ramos", ape2:"Martín"},
    direccion: {población: "Madrid", calle: "Avda Toledo 10"},
    salario: 1200,
    oficios: ["Profesora", "Analista"],
    primas: [20,30,40],
    edad:50 } )
```

- Consultas sencillas, utilizando los arrays:

```
// Trabajadores que tengan oficio de Profesor
   db.trabajadores.find({ oficios: "Profesor" })

// Trabajadores con dos oficios
   db.trabajadores.find({ "oficios": { $size: 2 } })

// Suma y media de las primas
   db.trabajadores.aggregate([
     {   $project: {
           nombre: 1,
           primasTotal: { $sum: "$primas" },
           mediaprimas: { $avg: "$primas" }
         }
     }
   ])
```

- La siguiente consulta de agregado devuelve la población, el nombre descompuesto en nombre, ape1 y ape2, el primer oficio del array oficios, el segundo oficio y el último. Si no los tiene no devuelve nada. Ordenados por población ascendentemente.

  Para acceder a los campos compuestos navegamos como si fuesen un objeto, ***nombre.nom***, o ***dirección.población***. Por ejemplo, esta consulta devuelve los que tienen la población Toledo:

```
db.trabajadores.find({ "direccion.población":"Toledo"})
```

- Esta consulta devuelve el nombre del trabajador y el número de oficios por trabajador. Se pone ***$ifNull***: para asegurar que si oficios no existe (como en el caso de Santiago), se cuente como un array vacío ([]) para evitar errores.

```
db.trabajadores.aggregate([
  {
    $project: {
      _id: 0,
      nombre: "$nombre.nomb",
      numOficios: { $size: { $ifNull: [ "$oficios" , []] } }
    }
  }
])
```

- Esta hace lo mismo, se crea una condición con ***$cond***:

```
db.trabajadores.aggregate([
  {
    $project: {
      _id: 0,
      nombre: "$nombre.nomb",
      numOficios: {
        $cond: {  if: { $isArray: "$oficios" },
                  then: { $size: "$oficios" },
                  else: 0  }      }
    }
  }
])
```

- Esta consulta devuelve los trabajadores con más de un oficio. Hay que prefuntar si existe oficios y al comparar ***$gt*** y el tamaño de oficios ***$size***, se necesita crear una ***$expr***:

```
db.trabajadores.find({
  oficios: { $exists: true },
  $expr: { $gt: [{ $size: "$oficios" }, 1] }
})
```

Para acceder a los elementos de un array utilizamos la función ***$arrayElemAt: ["$nombre_del_array", posición_del_elemento_a_consultar]***. La posición es 0 para el primer elemento, y -1 para el último.

```
db.trabajadores.aggregate(
   [
     { $sort: { "direccion.población": 1} },
     { $project:
         {
           población: "$direccion.población",
           nombre:  "$nombre.nomb" ,
           ape1:  "$nombre.ape1" ,
           ape2:  "$nombre.ape2" ,
           oficio1: { $arrayElemAt: [ "$oficios", 0 ] },
           oficio2 : { $arrayElemAt: [ "$oficios", 1 ] } ,
           oficioultimo: { $arrayElemAt: [ "$oficios", -1 ] }
         }
     }
])
```

Otras funciones para arrays son:

Nombre	Descripción
$arrayElemAt	Devuelve el element especificado en el índice. *{ $arrayElemAt: ["$oficios", 0] } // Primer oficio, -1 último*
$concatArrays	Devuelve un array concatenado en una cadena *{ $concatArrays: [<array1>, <array2>, ...] }*
$isArray	Determina si el operando es una array o no. Devuelve true o false. *{ $isArray: <expresión> }*
$size	Devuelve el número de elementos del array *{ $size: "$oficios" }*

$slice	Devuelve un sub-set de elementos del array, se especifica el número.
	{ $slice: ["$primas", 2] } // primeros 2 elementos
	{ $slice: ["$primas", -2] } // últimos 2 elementos
	Este ejemplo devuelve 2 primas a partir de la segunda posición (índice 1):
	`db.trabajadores.aggregate([`
	`  {`
	`    $project: {`
	`      nombre: "$nombre.nomb",`
	`      prDesdeLaSegunda: { $slice: ["$primas", 1, 2] }`
	`    }`
	`  }`
	`])`

$filter	Filtra los elementos del array según una condición.

<table>
<tr><th>Nombre</th><th>Descripción</th></tr>
<tr><td></td><td>Este ejemplo muestra los trabajadores con primas mayores de 60:<pre>db.trabajadores.aggregate([
  { $project: {
      nombre: "$nombre.nomb",
      primasAltas: {
         $filter: {
          input: "$primas", // se pone el array
          as: "pr", //nombre que se da a cada elemento
          cond: { $gt: ["$$pr", 60] } } //condición
         }
      }
   }
])</pre></td></tr>
<tr><td>$in</td><td>Comprueba si un valor existe dentro del array.
{ $match: { oficios: { $in: ["Analista"] } } }</td></tr>
</table>

- La siguiente consulta de agregado devuelve los elementos que tienen los arrays de los trabajadores (oficios y primas), y los arrays concatenados. Se utiliza la función ***"$ifNull"*** para comprobar que los arrays existan en los trabajadores, y evitar errores de salida *("The argument to $size must be an Array, but was of type: EOO").* Se pregunta si el array es null, si lo es devuelve el array vacío, el tamaño del array vacío será 0.

```
db.trabajadores.aggregate( [
 { $project:
     {
      nombre: "$nombre.nomb" ,
      numerooficios: { $size: { "$ifNull": ["$oficios",[] ] } },
      numeroprimas: { $size: { "$ifNull": ["$primas",[] ] } },
      oficiosconcatenados: {$concatArrays: ["$oficios","$primas"] }
     }
 }
] )
```

- La siguiente consulta de agregado devuelve el número de trabajadores y la media de edad de los trabajadores que han tenido el oficio de *Analista.*

```
db.trabajadores.aggregate( [
  { $match: { oficios: "Analista" } },
  { $group: {
         _id: "analista",
         contador: { $sum: 1 },
         media: { $avg: "$edad"} }
    }
])
```

- La siguiente consulta devuelve el número de trabajadores por cada oficio. En primer lugar, se seleccionan los que tienen oficios con ***$match***, descompone el array con ***$unwind***, se agrupa por oficio ***$group*** y se cuenta, finalmente se ordena la salida ***$sort***:

```
db.trabajadores.aggregate([
  { $match: { oficios: { $exists: true } } }, // evitar errores
  { $unwind: "$oficios" }, //descomponer array
  {
   $group: {
     _id: "$oficios",            // agrupamos por oficio
     numTrabajadores: { $sum: 1 } // contar trabajadores
```

```
    }
  },
  { $sort: { numTrabajadores: -1 } } // ordenar descendente
])
```

ACTIVIDAD 5.3.

Utilizando la colección trabajadores realiza las siguientes consultas:

- Visualiza la edad media, la media de salario y el número de trabajadores que hayan tenido una prima de 30 o de 80.
- Visualiza por población el número de trabajadores, el salario medio y el máximo salario.
- Visualiza el nombre, ape1 y ape2 del empleado que tiene máximo salario.
- A partir de la consulta anterior, obtén ahora el nombre, ape1, ape2 y salario del empleado que tiene máximo salario por cada población.

Para saber más sobre consultas consulta las siguientes URLs de MongoDB:
Operadores para agregación: https://docs.mongodb.com/manual/reference/operator/aggregation/
Operadores para consultas: https://docs.mongodb.com/manual/reference/operator/query/
Operadores de actualización: https://docs.mongodb.com/manual/reference/operator/update/
Comandos de MongoDB: https://docs.mongodb.com/manual/reference/command/
Funciones para las colecciones: https://docs.mongodb.com/manual/reference/method/js-collection/

5.6.10 Join de documentos

$lookup es una **etapa de agregación** que permite realizar un **join** (similar a SQL) entre dos colecciones. Esto permite **combinar documentos de diferentes colecciones** dentro de una sola consulta agregada.

Se utilizará esta etapa, para unir datos de colecciones relacionadas, es decir cuando tengamos datos distribuidos en varias colecciones y se necesite combinar esa información en una sola consulta. Por ejemplo: unir clientes con sus órdenes de compra, o empleados con sus departamentos. También se puede utilizar en consultas para hacer filtros, cálculos o transformaciones dentro del join usando un pipeline en *$lookup*, lo cual ofrece mucha flexibilidad.

La sintaxis básica es:

```
{
  $lookup: {
    from: "<colección_a_unir>",
    localField: "<campo_local>",
    foreignField: "<campo_externo>",
    as: "<campo_salida>"
  }
}
```

Donde:

- ***from:*** colección con la que se va a hacer el join.
- ***localField:*** campo en el documento actual que se va a utilizar para hacer el match.
- ***foreignField:*** campo en la colección de destino con el que se va a hacer el match.
- ***as:*** nombre del campo que contiene los documentos combinados.

Ejemplo, disponemos de la colección *emple*, con 4 empleados. Los dos primeros empleados pertenecen al departamento 10, y los dos siguientes al departamento 20:

```
db.emple.insertOne({nombre:"Juan", salario:1000, dep: 10,
fechaalta:"10/10/1999" })
db.emple.insertOne({nombre:"Alicia", salario:1400, dep: 10,
fechaalta:"07/08/2000", oficio: "Profesora", })
db.emple.insertOne({nombre:"María Jesús", salario:1500,
 dep: 20, fechaalta: "05/01/2005",oficio: "Analista", comisión:100} )
db.emple.insertOne({nombre:"Alberto", salario:1100, dep: 20 ,
fechaalta:"15/11/2001"})
db.emple.find();
```

Y la colección ***depart*** con dos departamentos, dep1 y dep2

```
db.depart.insertOne({codigo:10, nombre:"Informática",loc:'Madrid'});
db.depart.insertOne({codigo:20, nombre:"Gestión",loc:'Talavera'});
db.depart.find();
```

La siguiente consulta genera una colección nueva en la que se añade a cada empleado el nombre de su departamento y su localidad. La salida generada se guarda en el documento **"empleConDep":**

```
db.emple.aggregate([
  {
    $lookup: {
      from: "depart",         // La colección del join
      localField: "dep",      // El campo departamento en emple
      foreignField: "codigo",  // Campo en depart para el join
      as: "detallesDepar"     // El campo para el resultado del join
    }
  },
  { $unwind: "$detallesDepar" }, // Descomponer el array para los datos
  {
    $project: {  //seleccionamos los campos para la salida
      nombre: 1,
      salario: 1,
      fechaalta: 1,
      departamento: "$detallesDepar.nombre",
      loc: "$detallesDepar.loc",
      cod: "$detallesDepar.codigo"
    }
  },
  {
   $out: "empleConDep"  // Guarda el resultado en nueva colección
  }
])
db.empleConDep.find();
```

En la siguiente consulta obtendremos el número de empleados y el total salario de cada departamento, se generará una colección nueva con los datos de los departamentos y los totales:

```
db.emple.aggregate([
  {
    $lookup: {
      from: "depart",          // La colección del join
      localField: "dep",       // El campo departamento en emple
      foreignField: "codigo",  // Campo en depart para el join
      as: "detallesDepar"      // El campo para el resultado del join
    }
  },
  { $unwind: "$detallesDepar" }, // Descomponer el array para los datos
  {
    $group: {        // Agrupar
      _id: "$dep",   // Agrupa por el campo `dep`
      totalSalario: { $sum: "$salario" },   //suma salario
      numemples: { $sum: 1 },               //cuenta empleados
      departamento: { $first: "$detallesDepar.nombre" },
      localidad: { $first: "$detallesDepar.loc" } ,
      codigo: { $first: "$detallesDepar.codigo" }
      // Se usa $first para obtener los valores de nombre y loc
    }
  },
  {
   $out: "resumenDep"  // Guarda el resultado en nueva colección
  }
])
db.resumenDep.find();
```

REFERENCIAS MANUALES Y VARIAS COLECCIONES

En el siguiente ejemplo utilizamos referencias manuales para trabajar con documentos. Se utilizan los *_id* como campos para la referencia al otro documento. En el ejemplo anterior hemos utilizado como referencia el campo código. En el siguiente ejemplo creamos nuestros propios ids.

Ejemplo: se van a crear las colecciones ***emple2*** y ***depart2***, cada elemento con su **_id** creado manualmente. Y se va a simular una relación 1 a muchos, 1 departamento va a tener a varios empleados. Los empleados se los asignamos en un array:

Colección ***emple2***, con 4 empleados.

```
db.emple2.insertOne({_id:'emp1',nombre:"Juan", salario:1000,
fechaalta:"10/10/1999"})

db.emple2.insertOne({_id:'emp2',nombre:"Alicia", salario:1400,
fechaalta:"07/08/2000", oficio: "Profesora"})

db.emple2.insertOne({_id:'emp3',nombre:"María Jesús", salario:1500,
fechaalta: "05/01/2005", oficio: "Analista", comisión:100})

db.emple2.insertOne({_id:'emp4',nombre:"Alberto", salario:1100,
fechaalta:"15/11/2001"})

db.emple2.find()
```

Colección ***depart2*** con dos departamentos, como el caso anterior. Para asignar los empleados ponemos el nombre de la colección (***emple2***) y entre corchetes dentro de un array de referencias, los ***_id*** de los empleados a incluir, por ejemplo ***emple2:['emp1', 'emp2']*** :

```
db.depart2.insertOne({_id:'dep1',nombre:"Informática",loc:'Madrid',
emple2:['emp1', 'emp2']})
db.depart2.insertOne({_id:'dep2',nombre:"Gestión",loc:'Talavera',
emple2:['emp3', 'emp4']})
db.depart2.find()
```

Para visualizar los datos de la combinación de las colecciones necesitaremos hacer dos consultas, una para obtener el departamento a consultar, y la otra para obtener los empleados de ese departamento, que están dentro del array del departamento. Por ejemplo, se desea visualizar los empleados del departamento con identificativo **_id** igual a **dep1.**

1º. Cargamos el departamento con **_id:dep1** en una variable, utilizamos el método **.findOne**. El método ***findOne ( )*** siempre incluye el campo **_id** incluso si el campo no se especifica explícitamente en el parámetro de consulta:

```
departrabajo  = db.depart2.findOne({_id:'dep1'})
```

2º Recuperamos los empleados cuyo **_id** se encuentre enlazado a este departamento (***departrabajo*** en el ejemplo):

```
emplesdep = db.emple2.find({_id: { $in : departrabajo.emple2 } } )
```

Si se añade el método **.toArray** los datos se devuelven en una matriz que contiene todos los documentos de la consulta, es decir devuelve un array de documentos:

```
emplesdep = db.emple2.find({_id: { $in : departrabajo.emple2 } }
).toArray()
```

También se puede resolver así con `$lookup`:

```
db.depart2.aggregate([
  {
    $match: { _id: "dep1" }   // Filtra dep con _id = a "dep1"
  },
  {
    $lookup: {
      from: "emple2",
      localField: "emple2",
      foreignField: "_id",
      as: "empleados"       // contendrá los detalles de los emp
    }
  },
  {
    $unwind: "$empleados"     // Descompone array
  },
  {
    $project: {
      Id: "$empleados._id",
      nombreEmpleado: "$empleados.nombre",
      salario: "$empleados.salario",
      oficio: "$empleados.oficio",
      fechaAlta: "$empleados.fechaalta" }
  }
]);
```

La siguiente consulta devuelve los empleados del departamento dep2 que tienen el salario > de 1400.

Se carga el departamento: `departrabajo = db.depart2.findOne({_id:'dep2'})`

Y luego los empleados:

```
emplesdep = db.emple2.find({_id: { $in : departrabajo.emple2 },
salario: {$gt:1400 }} ).toArray()
```

O también con **$lookup:**

```
db.depart2.aggregate([
  {
    $match: { _id: "dep2" }    // Filtra dep
  },
  {
    $lookup: {
      from: "emple2",
      localField: "emple2",
      foreignField: "_id",
      as: "empleados"    // empleados del dep
    }
  },
  {
    $unwind: "$empleados"     // Descompone array
  },
  {
    $match: { "empleados.salario": {$gt:1400}  } // salario>1400
  },
  {
    $project: {
      Id: "$empleados._id",
      nombreEmpleado: "$empleados.nombre",
      salario: "$empleados.salario",
      oficio: "$empleados.oficio",
      fechaAlta: "$empleados.fechaalta"    }
  }
]);
```

La siguiente consulta sube 100 el salario de los empleados del dep1:

Se carga el departamento: `departrabajo = db.depart2.findOne({_id:'dep1'})`

Y se actualizan los empleados de ese departamento:

```
db.emple2.updateMany(
  { _id: { $in : departrabajo.emple2 } },
  { $inc: { salario: 100 } }
);
db.emple2.find();
```

ACTIVIDAD 5.4.

Utilizando las colecciones ***cuentas*** y ***sucursales,*** que se encuentran en la carpeta de recursos de la unidad. Realizar las siguientes consultas:

- Visualiza el número de cuentas de cada sucursal.

- Visualiza el número de cuentas de cada sucursal, la suma y la media de saldohaber.
- Visualiza las cuentas de las sucursales de Madrid.
- Visualiza las cuentas con saldohaber > 10000 cuyo director sea Fernando Rato
- Subir 300 el saldohaber de las cuentas de la sucursal con código SUC1.
- Sacar el número de cuentas del tipo AHORRO de cada sucursal.

5.7 Microservicios con MongoDB y Spring Boot

Las bases de datos NoSQL admiten esquemas flexibles y dinámicos, que permiten almacenar y consultar datos en varios formatos, como JSON, XML o binario. Estas bases de datos se usan a menudo para aplicaciones basadas en microservicios que necesitan una alta escalabilidad, rendimiento y disponibilidad de sus datos. Los microservicios se utilizan para desarrollar aplicaciones de software dividiéndolas en componentes pequeños, independientes y autónomos. Esto permite a los desarrolladores trabajar en partes de la aplicación de forma independiente, lo que facilita la escalabilidad, la flexibilidad tecnológica y la agilidad en el desarrollo.

Crear microservicios con MongoDB es una arquitectura moderna y flexible muy usada hoy en día, especialmente para sistemas distribuidos. En este apartado vamos a ver como utilizar la base de datos MongoDB para crear microservicios.

Para crear microservicios con *Spring Boot* y *MongoDB*, se puede usar ***Spring Data MongoDB***, que facilita la interacción con la base de datos. Se definirá una clase para cada entidad, usando la anotación ***@Document*** para mapearla a una colección en *MongoDB*. Y luego, se utiliza una interfaz ***MongoRepository*** para realizar las operaciones *CRUD* sobre la base de datos.

La mejor manera de ***crear microservicios con Spring Boot*** es crear la estructura del proyecto desde la URL https://start.spring.io, descargar el zip y luego importarlo en *Eclipse* como proyecto *Maven* existente**.** En este primer ejemplo crearemos un servicio para realizar consultas a la colección ***artículos***, utilizada en los apartados anteriores**.**

Para crear el proyecto, accedemos a la URL (https://start.spring.io) y en la ventana que se muestra, ver figura 5.6:

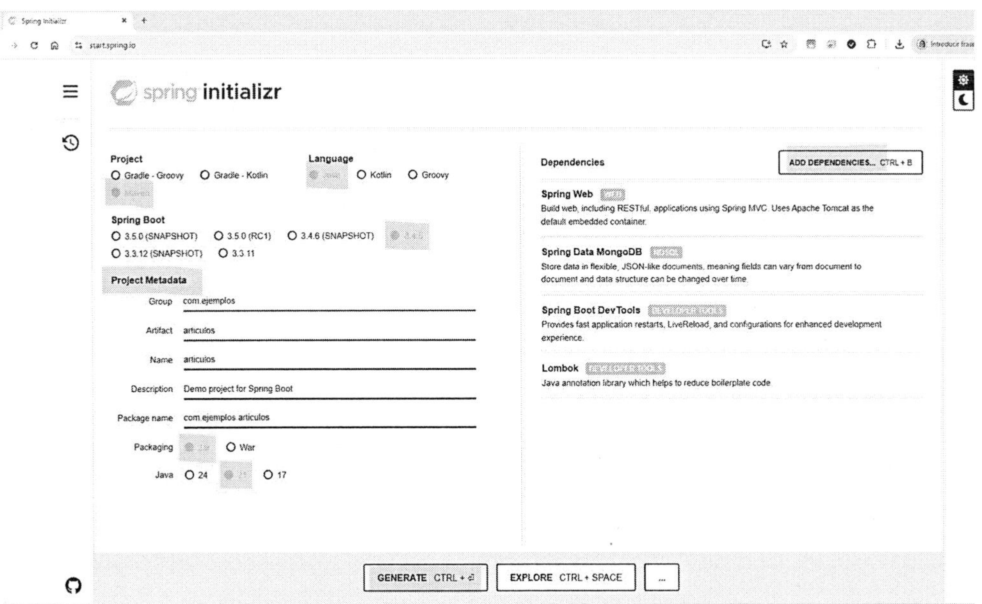

Figura 5.6. Crear el proyecto en ***Spring Initializr***

Indicaremos lo siguiente:

- *Project*: Maven
- *Language*: Java
- *Spring Boot*: 3.4.5 (poner la última versión estable)
- *Group*: com.ejemplos
- *Artifact*: articulos (el nombre del microservicio)
- *Name*: articulos
- *Packaging*: Jar
- *Java*: 21 (17 o superior)

Añadiremos estas dependencias (pulsar el botón *ADD DEPENDENCES*):

- *Spring Web* (buscar en apartado WEB)
- *Spring Data MongoDB* (buscar en apartado NOSQL)
- *Lombok* (opcional, buscar en apartado DEVELOPER TOOLS)
- *Spring Boot DevTools* (opcional, buscar en apartado DEVELOPER TOOLS)

Haremos clic en *Generate*, se descargará el .zip del proyecto. Y lo importaremos a Eclipse desde ***File/Import/Maven/Existing Maven Projects.***

El proyecto se crea con la clase principal ***ArticulosApplication*** que será la que luego se ejecute para probar el servicio. Crearemos la siguiente estructura en el proyecto para hacer un CRUD a la colección artículos:

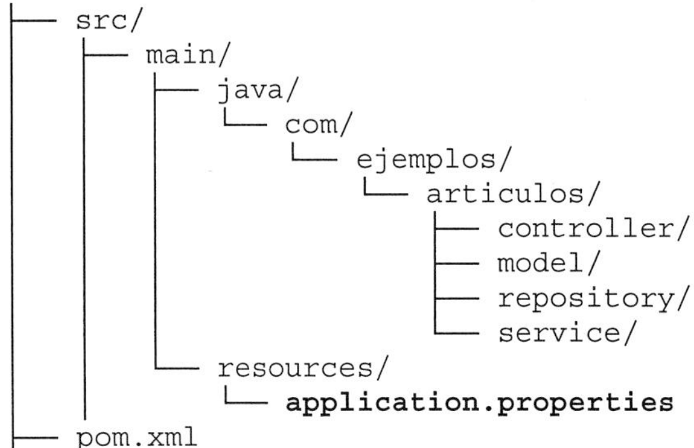

```
├── src/
│   ├── main/
│   │   ├── java/
│   │   │   └── com/
│   │   │       └── ejemplos/
│   │   │           └── articulos/
│   │   │               ├── controller/
│   │   │               ├── model/
│   │   │               ├── repository/
│   │   │               └── service/
│   │   └── resources/
│   │       └── application.properties
├── pom.xml
```

En el paquete ***controller***, se eñaden las clases que manejarán las pe**ticiones HTTP y las respuestas.** Pondremos los endpoints de la aplicación. Probaremos los siguientes:

- ***GET*** /api/articulos: para listar todos los artículos.
- ***GET*** /api/articulos/{id}: para obtener un artículo por su ID.
- ***POST*** /api/artículos, para crear un nuevo artículo.
- ***PUT*** /api/productos/{id}: para actualizar un artículo existente.
- ***DELETE*** /api/productos/{id}: para eliminar un artículo.

En el paquete ***model*** añadiremos las clases de nuestro modelo de datos (entidades). Se añadirá la clase Artículo, asociada a los documentos artículos de la base de datos. Se añadirá la anotación ***@Document("articulos")***

En el paquete ***repository*** se añaden las clases que establecen la comunicación con la base de datos. Las clases extenderán de ***MongoRepository.***

En el paquete ***service*** se añaden las clases que respondan a la funcionalidad y lógica. Añadiremos los métodos que son llamados desde el controlador.

En el fichero ***application.properties*** añadiremos la conexión a la base de datos:

```
spring.application.name=articulos
spring.data.mongodb.uri=mongodb://localhost:27017/mibasedatos
server.port=8081
```

Todos los ejemplos realizados en este apartado, tanto la creación del servicio, como el uso, los podrás encontrar en los recursos de la unidad, dentro de la carpeta ***ServicioArticulos***.

5.7.1 Creación de las clases

- **Clase Articulo, dentro del paquete model:**

```
package com.ejemplos.articulos.model;

import org.springframework.data.annotation.Id;
import org.springframework.data.mongodb.core.mapping.Document;
import org.springframework.data.mongodb.core.mapping.Field;

@Document("articulos")    // nombre de la colección
public class Articulo {

    @Id   // identificador único de la colección
    private String id;

    @Field("código")   // @Field indica el nombre del campo en la coleción
    private int codigo;

    @Field("denominación")
    private String denominacion;

    private double pvp; // nombre de campo coincide, no se añade @Field

    @Field("categoría")
    private String categoria;

    private int uv;
    private int stock;

    // Añadir getter, setter, constructores y método toString
```

- **Interfaz *ArticuloRepository*, dentro del paquete repository.**

La interfaz ***ArticuloRepository*** en *Spring Data MongoDB* es la que permite **realizar operaciones CRUD automáticamente** sobre la colección de MongoDB que representa a los objetos ***Articulo***:

```
package com.ejemplos.articulos.repository;

import org.springframework.data.mongodb.repository.MongoRepository;
import org.springframework.stereotype.Repository;

import com.ejemplos.articulos.model.Articulo;

@Repository
public interface ArticuloRepository
        extends MongoRepository<Articulo, String> {
}
```

Esta interfaz extiende de **MongoRepository**, *Spring Data* crea automáticamente una implementación que da acceso a **consultas básicas sin escribir código adicional**, estas consultas son las siguientes:

Métodos de MongoRepository	Descripción
List<T> ***findAll***()	Devuelve todos los documentos de la colección
Optional<T> ***findById***(ID id)	Busca un documento por su ID
T ***save***(T entity)	Guarda un documento nuevo o actualiza uno existente
List<T> ***saveAll***(Iterable<T> entities)	Guarda una lista de documentos
void ***deleteById***(ID id)	Elimina un documento por su ID
void ***delete***(T entity)	Elimina el documento especificado
void ***deleteAll***()	Elimina todos los documentos de la colección
boolean ***existsById***(ID id)	Verifica si existe un documento con ese ID
long ***count***()	Cuenta la cantidad de documentos
List<T> ***findAllById***(Iterable<ID> ids)	Devuelve los documentos con los IDs dados
void ***deleteAll***(Iterable<? extends T>)	Elimina varios documentos

También se pueden añadir nuestros propios métodos basados en el nombre de los campos del modelo, como buscar una denominación de artículo, o buscar los artículos de una caegoía:

```
Optional<Articulo> findByDenominacion(String denominacion); //puede existir o no
List<Articulo> findByCategoria(String categoria);
```

- **Clase *ArticuloService*, dentro del paquete service.**

  Esta clase dentro de la aplicación de *Spring Boot* cumple el rol de **servicio de negocio**: hace de intermediario entre el **controlador (API REST)** y el **repositorio (acceso a la base de datos)**. Llama al repositorio para acceder a los datos.

  Los métodos ***listar***, ***obtenerPorId***, ***guardar*** y ***eliminar*** serán llamados desde el controlador. El código es el siguiente:

```
package com.ejemplos.articulos.service;

import org.springframework.beans.factory.annotation.Autowired;
import org.springframework.stereotype.Service;
import com.ejemplos.articulos.model.Articulo;
import com.ejemplos.articulos.repository.ArticuloRepository;

import java.util.List;
import java.util.Optional;

@Service
public class ArticuloService {

    @Autowired // añade las dependencias del repositorio
    private ArticuloRepository repo;

    public List<Articulo> listar() {
        return repo.findAll();     }

    public Optional<Articulo> obtenerPorId(String id) {
        return repo.findById(id);     }

    public Articulo guardar(Articulo articulo) {
```

```
        return repo.save(articulo);     }
    public void eliminar(String id) {
        repo.deleteById(id);     }
}
```

Si añadimos nuevos métodos en el *Repository*, hay que añadir aquí las llamadas a esos métodos, por ejemplo, si busco artículos por una categoría añadiría:

```
public List<Articulo> listarporcategoria(String cat) {
        return repo.findByCategoria(cat);
    }
```

- **Clase *ArticuloController*, dentro del paquete controller.**

El controlador es el que recibe las solicitudes y envía las respuestas. Utiliza las anotaciones **APIs REST** que permiten crear servicios web ***RESTful*** en pocas líneas. Son las siguientes:

- **@RestController,** indica que es un controlador ***REST***, hace que todos los métodos devuelvan los datos en formato JSON (o en otro) al cliente.
- **@RequestMapping,** se usa para ***definir la ruta base*** o asociar una URL a toda la clase, en el ejemplo la ruta del servicio es esta ***"/app/articulos"***. En las peticiones indicaremos esta ruta: *http://localhost:8081/app/articulos*
- **@GetMapping,** lo utilizamos para mapear una ***solicitud HTTP GET*** a un método. Se va a utilizar en el caso de hacer consultas. En el ejemplo las consultas son el método *listar*, y el método *obtener* un id, en este caso se indicará el id en la ruta: *@GetMapping("/{id}"): http://localhost:8081/app/articulos/{poner id}*
- **@PostMapping,** se utiliza para mapear una solicitud HTTP POST, para crear un recurso nuevo, en nuestro ejemplo un artículo, y el método lo llamamos *crear*.
- **@PutMapping,** se utiliza para mapear una solicitud ***HTTP PUT***, para actualizar un recurso que existe, lleva parámetro para indicar el id a actualizar, el id se indica en la ruta: *@PutMapping("/{id}"): http://localhost:8081/app/articulos/{poner id}*. El método lo llamamos *actualizar*.
- **@DeleteMapping,** se utiliza para mapear una solicitud HTTP DELETE, que nos permitirá borrar un artículo. Se indicará el id a borrar en la ruta: *@DeleteMapping("/{id}"): http://localhost:8081/app/articulos/{poner id}*.

El código es el siguiente:

```
package com.ejemplos.articulos.controller;

import org.springframework.beans.factory.annotation.Autowired;
import org.springframework.web.bind.annotation.*;

import com.ejemplos.articulos.model.Articulo;
import com.ejemplos.articulos.service.ArticuloService;

import java.util.List;
import java.util.Optional;

@RestController
@RequestMapping("/app/articulos")
```

```
class ArticuloController {
        @Autowired // añade las dependencias del servicio
        private ArticuloService servicio;
        // atiende a http://localhost:8081/app/articulos
        @GetMapping
        public List<Articulo> listar() {
                return servicio.listar();
        }
        // atiende a http://localhost:8081/app/articulos/id de artic
        @GetMapping("/{id}")
        public Optional<Articulo> obtener(@PathVariable String id) {
                return servicio.obtenerPorId(id);
        }
        // atiende a http://localhost:8081/app/articulos/ en modo POST
        @PostMapping
        public Articulo crear(@RequestBody Articulo articulo) {
                return servicio.guardar(articulo);
        }
        // atiende a http://localhost:8081/app/articulos/id en modo PUT
        @PutMapping("/{id}")
        public Articulo actualizar(@PathVariable String id,
                                    @RequestBody Articulo articulo) {
                articulo.setId(id);
                return servicio.guardar(articulo);
        }
        // atiende a http://localhost:8081/app/articulos/id en modo DELETE
        @DeleteMapping("/{id}")
        public void eliminar(@PathVariable String id) {
                servicio.eliminar(id);
        }
}
```

En el caso de añadir nuevos métodos, en el servicio, desde aquí se crea el mapeo para poder ejecutarlo, por ejemplo, en el caso de la categoría, podríamos añadir:

```
@GetMapping("/categoria/{categoria}")
public List<Articulo> listarcategoria(@PathVariable String categoria) {
        return servicio.listarporcategoria(categoria);
}
```

Una vez creada toda la aplicación probamos la ejecución. Se ejecuta ***ArticulosApplication***, se lanzará Spring, y para probar el servicio se pueden utilizar herramientas como ***Postman***, o ***Talend API Tester***, una extensión de google. En el ejemplo se utiliza la extensión ***Talend API Tester***, se añade al navegador ***Chrome*** y probamos. Al probar se seleccionará el método de acceso (*GET*, *POST*, *PUT*, *DELETE*) y se indicará la petición. En la figura 5.7 se muestra en la herramienta *Talend API Tester* con la consulta a todos los artículos:

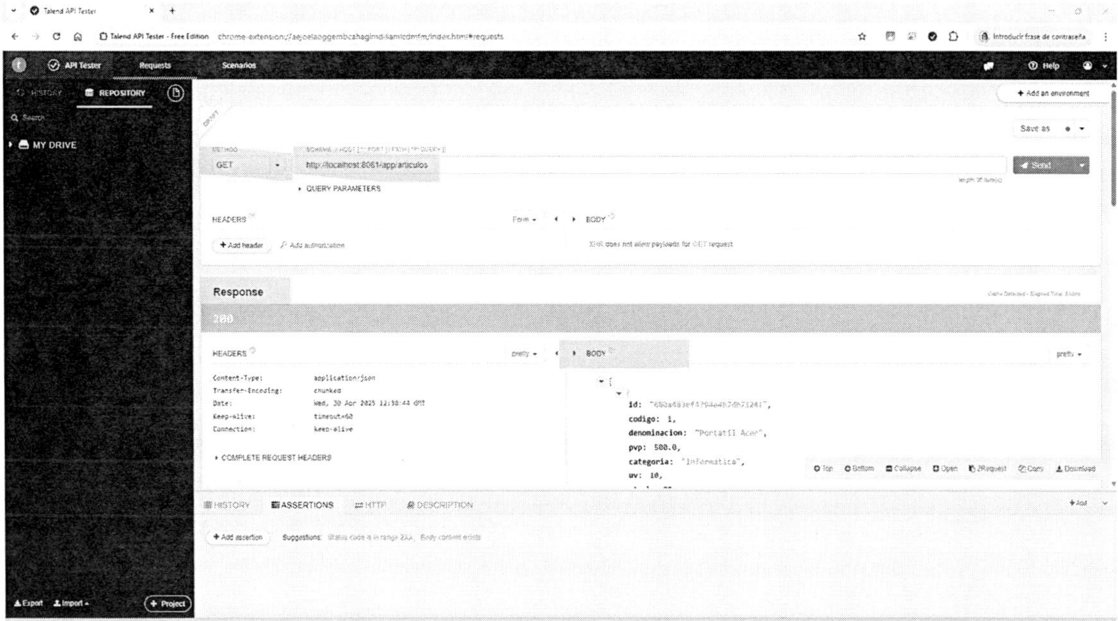

Figura 5.7. *Talend API Tester* prueba: ***http://localhost:8081/app/articulos***

Una vez el servidor responda, se mostrará el código de respuesta del servidor, en el ejemplo la respuesta es *200 OK,* apartado *Response*. Por defecto el resultado se muestra en *JSON*, podemos verlo en el apartado *BODY*. Un código de 200 indica que el proceso tuvo éxito. El rango 400, indica errores del cliente y los errores 500 son errores del servidor.

Para probar el resto de las peticiones se selecciona el método, se indica la *URL*, y en los casos de *POST* y *PUT* escribiremos el *JSON*, en el apartado *BODY*. En la figura 5.8. podemos ver como añadir un artículo, en el *JSON* que se escribe en el *BODY*, no es necesario poner el id, pues estamos en modo insertar *POST*, y se generará de manera automática.

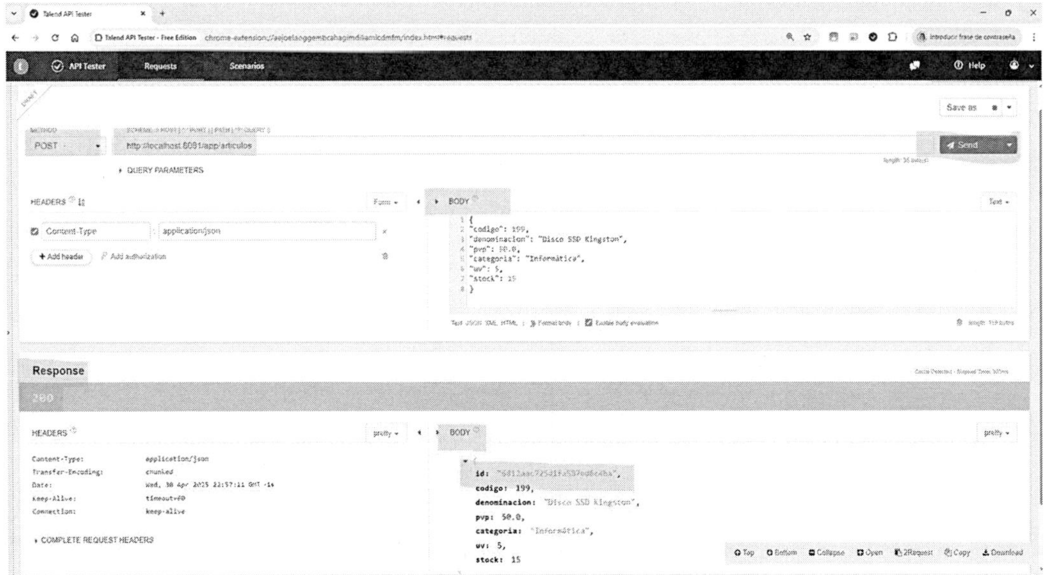

Figura 5.8. Insertar un artículo, método POST

En el siguiente ejemplo se actualiza el que acabamos de insertar, por ejemplo, se cambia de código, unidades vendidas y stock. En la URL se pondrá el id del artículo a actualizar, por ejemplo *http://localhost:8081/app/articulos/6812aac725d1fa587ed6c4ba*. Si al actualizar no se indica alguno de los campos, los rellenará a null, y si además se indica un id que no existe, añade un artículo nuevo con el id que se escriba. En la figura 5.9 se muestra un ejemplo de modificación:

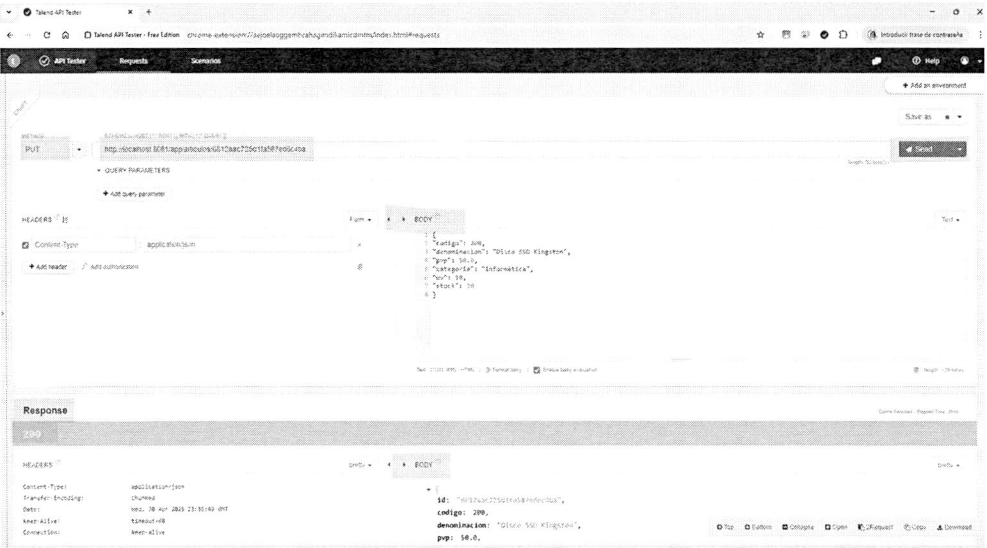

Figura 5.9. Actualiza un artículo, método PUT

Una vez que ya se ha probado que el servicio funciona, lo siguiente es hacer una aplicación java que llame al servicio.

5.7.2 Uso del servicio con RestTemplate

En el siguiente ejemplo se hace uso del servicio utilizando ***RestTemplate*** en ***Spring Boot***. *RestTemplate* es una clase que simplifica la creación de clientes REST síncronos (realizan las solicitudes HTTP de forma bloqueante, es decir, el hilo de ejecución se detiene hasta que se recibe la respuesta). Para probar el servicio, la aplicación del servicio debe estar ejecutándose.

RestTemplate permite realizar solicitudes HTTP (GET, POST, PUT, DELETE, etc.) a servicios web RESTful y gestionar las respuestas de forma muy sencilla. Es una herramienta fundamental para la interacción con APIs REST desde aplicaciones *Spring Boot*. Gracias a *Jackson*, *RestTemplate* convierte automáticamente el *JSON* recibido en objetos Java (Articulo, por ejemplo) y viceversa. Admite todas las operaciones HTTP básicas:

Método HTTP	Método de RestTemplate
GET	getForObject, getForEntity
POST	postForObject, postForEntity
PUT	put
DELETE	delete
Intercambio general	exchange()

En los siguientes métodos se muestra cómo realizar las distintas operaciones. Para cada operación se crea un objeto ***RestTemplate*** y se indica la operación a realizar:

```
// Crear artículo, se recibe un objeto Articulo, método postForObject.
// Si no se indica el id en el objeto se creará el documento cada vez que se
ejecute el método, y cada vez con un nuevo id
private static void creararticulo(Articulo ar) {

  String url = "http://localhost:8081/app/articulos";
  RestTemplate restTemplate = new RestTemplate();
  Articulo respuesta = restTemplate.postForObject(url, ar, Articulo.class);
  System.out.println("Artículo añadido:" + ar);
  System.out.println(respuesta);
}

// Actualizar artículo, se recibe el id a actualizar, y un objeto Articulo,
método put. Si no se asigna valor a todos los atributos, asignará 0 o null en
el documento.
private static void actualizar(String id, Articulo ar) {

  String url = "http://localhost:8081/app/articulos/" + id;
  RestTemplate restTemplate = new RestTemplate();
  restTemplate.put(url, ar);
  System.out.println("Artículo actualizado.");
  System.out.println("Artículo añadido:" + ar);
}

// Borrar artículo, se recibe el id a borrar, método delete
public static void borraruno(String id) {

  String url = "http://localhost:8081/app/articulos/{id}";
  RestTemplate restTemplate = new RestTemplate();
  try {
       restTemplate.delete(url, id);
       System.out.println("Articulo eliminado correctamente " + id);
  } catch (Exception e) {
     System.out.println("Error al eliminar el artículo: " + e.getMessage());
     }
}

// listar un artículo, se recibe el id a listar, método getForObject
public static void listaruno(String id) {
  String url = "http://localhost:8081/app/articulos/{id}";
  RestTemplate restTemplate = new RestTemplate();

  try {
      Articulo ar = restTemplate.getForObject(url, Articulo.class, id);
      if (ar != null) {
             System.out.println("Artículo encontrado:");
             System.out.println(ar);
      } else {
             System.out.println("Artículo no encontrado, id: " + id);
      }
  } catch (Exception e) {
      System.out.println("Error al obtener el artic: " + e.getMessage());
  }
}

// Listar todos, utilizando getForEntity
public static void listarArticulos() {
  String url = "http://localhost:8081/app/articulos";
  RestTemplate restTemplate = new RestTemplate();
```

```
    ResponseEntity<Articulo[]> response =
            restTemplate.getForEntity(url, Articulo[].class);
    List<Articulo> articulos = Arrays.asList(response.getBody());

    if (articulos != null && !articulos.isEmpty()) {
        System.out.println("Articulos encontrados:");
        for (Articulo aa : articulos) {
               System.out.println(aa);
        }
    } else {
               System.out.println("No se encontraron artículos.");
          }
}
```

También se puede utilizar el método ***exchange*** en listar todos de la siguiente manera:

```
ResponseEntity<List<Articulo>> response =
        restTemplate.exchange(url, HttpMethod.GET, null,
        new ParameterizedTypeReference<List<Articulo>>() { });

List<Articulo> articulos = response.getBody();
```

En los recursos de la unidad puedes encontrar el servicio creado, y el uso del servicio con los distintos métodos utilizando las clases ***RestTemplate,*** visto en el apartado, y además podrás también ver cómo se llamaría al servicio con la clase ***WebClient*** de Spring y utilizando las clases ***http*** de java.

Si observas desde el cliente ***mongosh***, o desde ***Compass*** los documentos podrás ver que al insertar objetos o al modificarlos, en el documento aparece un atribulo más ***"_class"***, eso ocurre porque *Spring Data MongoDB*, por defecto, guarda una *propiedad llamada "_class"* en cada documento. Esta propiedad contiene el nombre completo de la clase Java (por ejemplo, *com.ejemplos.articulos.model.Articulo*) y se usa para soportar la herencia de clases (por ejemplo, *Articulo* y *ArticuloEspecial*) en la persistencia de objetos. *Spring* usa esa propiedad para saber ***a qué clase convertir el documento*** al leerlo desde MongoDB.

ACTIVIDAD 5.5.

Partimos del servicio creado de artículos, se desean añadir los siguientes los siguientes métodos que respondan a las siguientes peticiones:

- Obtener los artículos de una categoría, consideramos que habrá varios:

  `http://localhost:8081/app/articulos/categoria/categoría a mostrar`

- Obtener el artículo con una denominación concreta, consideramos que la denominación no se repite, en caso que se repita devolverá un error de que se devuelven varios documentos:

  `http://localhost:8081/app/articulos/denominacion/denominacion a buscar`

- Hacemos lo mismo con el código:

  `http://localhost:8081/app/articulos/codigo/codigo a buscar`

Realizar los cambios necesarios en las clases correspondientes: *Repository*, *Service* y *Controller*.

5.8 Driver Java para MongoDB

Antes de trabajar con el driver java de MongoDB definamos BSON:

- ***BSON*** (Binary JSON) es un formato de serialización binaria, se utiliza para almacenar documentos y hacer llamadas a procedimientos en MongoDB. La especificación BSON se encuentra en ***bsonspec.org***. BSON soporta los siguientes tipos de datos como valores en los documentos, cada tipo de dato tiene un número y un alias que se pueden utilizar con el operador ***$type*** para consultar los documentos por tipo BSON. Algunos de los tipos BSON son los siguientes:

Tipo	Número	Alias
Double	1	"double"
String	2	"string"
Object	3	"object"
Array	4	"array"
Binary data	5	"binData"
ObjectId	7	"objectId"
Boolean	8	"bool"
Date	9	"date"
Null	10	"null"
32-bit Integer	16	"int"
64-bit Integer	18	"long"
Timestamp	17	"timestamp"

En la URL: https://www.mongodb.com/docs/manual/reference/bson-types/ puedes consultar toda la información de los tipos BSON.

En la URL https://www.mongodb.com/docs/drivers/java-drivers/ se puede consultar como usar los drivers de java.

Para trabajar con MongoDB y el driver de java seguiremos los siguientes pasos:

- Creamos un proyecto java Maven y añadiremos las siguientes dependencias, en versión indicamos la última:

```
<dependency>
      <groupId>org.mongodb</groupId>
      <artifactId>mongodb-driver-sync</artifactId>
      <version>5.5.0</version>
</dependency>
<dependency>
      <groupId>org.mongodb</groupId>
      <artifactId>bson</artifactId>
      <version>5.5.0</version>
</dependency>
```

- Para conectarnos a la BD se crea una instancia ***MongoClient***, por defecto crea una conexión con la base de datos local, y escucha por el puerto 27017. Todos los métodos relacionados con operaciones ***CRUD*** *(**C**reate, **R**ead, **U**pdate and **D**elete)* en Java se acceden a través de la interfaz ***MongoCollection***. Las instancias de ***MongoCollection*** se pueden obtener a partir de una instancia ***MongoClient*** por medio de una ***MongoDatabase***. Así pues, para conectarnos a la base de datos *mibasedatos* y a la colección *amigos* escribimos lo siguiente:

```
// Crear el cliente
MongoClient cliente = MongoClients.create("mongodb://localhost:27017");
// Seleccionar la base de datos y colección
MongoDatabase db = cliente.getDatabase("mibasedatos");
MongoCollection<Document> amigos = db.getCollection("amigos");
```

Si MongoDB está en otro host o requiere autenticación, podemos poner:

```
"mongodb://usuario:contraseña@host:puerto/nombrebaseDeDatos"
```

Todos los ejemplos realizados en este apartado los podrás encontrar en los recursos de la unidad, dentro de la carpeta *EjemplosDriverdeJava*.

5.8.1 Operaciones CRUD en una colección

MongoCollection es la interfaz para trabajar con los documentos. El método ***getCollection*** devuelve una instancia de *MongoCollection < Document>*. Se puede usar DOCUMENT o crear una clase POJO si se configura el mapeo ***@Bson***.

```
MongoCollection<Document> am1 = db.getCollection("amigos");
MongoCollection<Amigos> am2 = db.getCollection("amigos", Amigos.class);
```

Métodos para las operaciones CRUD:

Método Java	Descripción
insertOne(documento)	Inserta un documento
insertMany(lista documentos)	Inserta varios documentos
find()	Devuelve todos los documentos
find(***Filters***.eq(...))	Devuelve documentos filtrados
updateOne(filtro, update)	Actualiza un documento
deleteOne(filtro)	Elimina un documento
countDocuments()	Cuenta los documentos

En la carpeta de recursos dentro de la carpeta ***EjemplosDriverdeJava***, podrás encontrar un ejercicio que utiliza una clase POJO de artículos, y se configura el mapeo ***@Bson***, para realizar operaciones con la colección artículos.

A continuación, se mostrarán como realizar las operaciones CRUD con DOCUMENT.

- **Visualizar los datos de una colección.** Se utiliza el método ***find().***

```
MongoCollection<Document> amigos = db.getCollection("amigos");
// Mostrar documentos, devuelve el JSON
for (Document doc : amigos.find()) {
            System.out.println(doc.toJson());
}
```

Los guardamos en una lista con ***find().into(new ArrayList<>()),*** y accedemos a los atributos:

```
// Se guardan en una lista
List<Document> listaAmigos = amigos.find().into(new ArrayList<>());
//Recuerda que se cambió la clave nombre por name
for (Document amigo : listaAmigos) {
      System.out.println("Nombre: " + amigo.getString("name")
       + ". Curso: " + amigo.getString("curso")
       + ". Nota: " + amigo.getInteger("nota"));
}
```

- **Insertar un documento, o varios.** Se crean objetos *Document*, los siguientes métodos muestran como insertar uno con ***isnsertOne***, y como insertar varios con ***insertMany***:

```
public static void insertaruno() {
 MongoCollection<Document> amigos = db.getCollection("amigos");
 Document amigo = new Document("name", "Paula")
              .append("telefono", 912344440)
              .append("curso", "1DAM").append("nota", 8);
 amigos.insertOne(amigo);
}
// Para insertar varios se crea una lista de Document
public static void insertarvarios() {
  MongoCollection<Document> amigos = db.getCollection("amigos");
  List<Document> listaAmigos = List.of(
    new Document("name", "Juan").append("curso", "2DAM").append("nota", 7),
    new Document("name", "Pedro").append("curso", "1DAM").append("nota", 8),
    new Document("name", "Raquel").append("curso", "1DAM").append("nota", 9)
    );
  amigos.insertMany(listaAmigos);
}
```

- Para **consultar un documento** se utiliza ***el builder Filters***, y el método ***find()***. Para utilizar los métodos de la clase *Filters* hacemos un ***impor static*** de la clase *Filters* de la siguiente manera:

```
import static com.mongodb.client.model.Filters.*;
```

El siguiente método busca el primer documento que coincida con el nombre. Se utiliza ***first*** para que devuelva sólo el primero:

```
public static void buscaramigo(String nombre) {
      MongoCollection<Document> amigos = db.getCollection("amigos");
      Document amigo = amigos.find(eq("name", nombre)).first();
      if (amigo != null) {
            System.out.println("Amigo encontrado: " + amigo.toJson());
      } else {
            System.out.println("No encontrado: " + nombre);
      }
      // Ejemplo sin poner filtro eq
      Document busca = new Document("name", nombre);
      Document ami = amigos.find(busca).first();
      if (ami != null) {
            System.out.println("Amigo encontrado: " + ami.toJson());
      }
}
```

Consultar varios documentos. Si la consulta va a devolver varios se puede utilizar un ***FindIterable***, o guardarlos en una lista. El siguiente método busca los amigos de un curso concreto, recibe el curso a buscar:

```
public static void buscarporcurso(String curso) {
      MongoCollection<Document> amigos = db.getCollection("amigos");

      // Utilizando FindIterable
      FindIterable<Document> amis = amigos.find(eq("curso", curso));
      for (Document amigo : amis) {
          System.out.println(amigo.toJson());
```

```
        }
        // Utilizando una lista
        List<Document> lista = amigos.find(eq("curso", curso))
                .into(new ArrayList<>());
        System.out.println("Encontrados: "+lista.size());
        for (Document doc : lista) {
                System.out.println(doc.toJson());
        }
}
```

Los filtros de comparación son: *igual* ***eq***, *mayor* ***gt***, *menor* ***lt***, *mayor o igual* ***gte***, *menor o igual* ***lte***, *distinto* ***ne***. Observa los ejemplos:

- Esta condición recupera los amigos con nota >5:

```
lista = amigos.find(gt("nota", 5)).into(new ArrayList<>());
```

- Esta condición recupera los amigos con un 5 o un 8 en nota:

```
amigos.find( or(eq("nota", 5), eq("nota", 8)) )
```

- Esta condición recupera los amigos de 2DAM y nota >=7:

```
amigos.find( and(eq("curso","2DAM" ), gte("nota", 7)) )
```

- **Actualizar un documento, o varios.** Se utilizan los métodos ***updateOne***, y ***updateMany.*** Para realizar actualizaciones se necesita importar ***el builder Updates***:

```
import static com.mongodb.client.model.Updates.*;
```

Operadores para la actualización son:

- ***set***("campo", valor), para asignar un nuevo valor, o añadir el campo
- ***inc***("campo", cantidad), para incrementar la cantidad numéricamente al valor del campo
- ***unset***("campo"), para eliminar el campo
- ***rename***("anterior", "nuevo"), para renombrar el campo

La actualización devuelve un ***UpdateResult*** que tiene métodos para decir cuántos se selecionan y cuantos se actualizan. ***getModifiedCount()*** devuelve el número de documentos modificados; si no hay cambios, o si no existe el nombre a actualizar, devolverá 0. Y ***getMatchedCount()*** devuelve cuántos se seleccionan.

A continuación, se muestra un método que recibe un nombre y una nota a cambiar a ese nombre.

```
private static void actualizaruno(String nombre, int nota) {
  MongoCollection<Document> amigos = db.getCollection("amigos");

  UpdateResult modif = amigos.updateOne(
          eq("name", nombre),
          set("nota", nota)
  );
  System.out.println("Modificados: " + modif.getModifiedCount());
}
```

En el siguiente método se sube un punto a la nota de los alumnos de un curso que se recibe:

```
private static void actualizarvarios(String curso) {
```

```
  MongoCollection<Document> amigos = db.getCollection("amigos");
  UpdateResult modif = amigos.updateMany(
                        eq("curso", curso),
                        inc("nota", 1)
  );
  System.out.println("Seleccionados: " + modif.getMatchedCount());
  System.out.println("Modificados: " + modif.getModifiedCount());
}
```

Para actualizar a todos los documentos, se utiliza un filtro vacío, en el ejemplo se sube la nota con una subida que se recibe, a todos los amigos:

```
private static void actualizartodos(int subida) {
  MongoCollection<Document> amigos = db.getCollection("amigos");
  UpdateResult modif = amigos.updateMany(
      new org.bson.Document(), // filtro vacío para actualizar todos
      inc("nota", subida) // incrementa la nota
  );
  System.out.println("Seleccionados: " + modif.getMatchedCount());
  System.out.println("Modificados: " + modif.getModifiedCount());
}
```

También lo podemos poner así:

```
  // Crear el filtro vacío para seleccionar todos
  Document filtro = new Document(); // equivalente a "{}"
  // Crear el doc de actualización manualmente
  Document doc = new Document("$inc", new Document("nota", subida));
  UpdateResult mod = amigos.updateMany(filtro, doc);
```

- **Borrar un documento, o varios.** Se utilizan los métodos ***deleteOne***, y ***deleteMany***. Y devuelve un ***DeleteResult***. A continuación, se muestran dos métodos, uno para borrar un amigo, recibe el nombre de amigo a borrar. Y el segundo método borra todos los amigos que sean de un curso, el método recibe el curso:

```
private static void borraruno(String nombre) {
      MongoCollection<Document> amigos = db.getCollection("amigos");
      DeleteResult borra = amigos.deleteOne(eq("name", nombre));
      System.out.println("Borrados: " + borra.getDeletedCount());
}
private static void borravarios(String curso) {
      MongoCollection<Document> amigos = db.getCollection("amigos");
      DeleteResult borra = amigos.deleteMany(eq("curso", curso));
      System.out.println("Borrados: " + borra.getDeletedCount());
}
```

5.8.2 Proyecciones y agregaciones

Para ***ordenar*** el resultado de una consulta importamos ***el builder Sorts***:

```
import static com.mongodb.client.model.Sorts.*;
```

La siguiente condición consulta los amigos del curso 2DAM ordenados descendentemente por el campo *name*:

```
coleccion.find(eq("curso","2DAM")).sort(descending("name"));
```

- **Utilizar proyecciones**

A veces no se necesitan todos los datos contenidos en un documento, se pueden utilizar las proyecciones para ***cambiar las salidas***. Se necesitan importar ***el builder Projections,*** estos métodos devuelven un tipo *BSON*, que podrá ser utilizado en otro método. El *import* debe ser el siguiente

```
import static com.mongodb.client.model.Projections.*;
```

El siguiente ejemplo devuelve el nombre y la nota de los amigos del curso que se reciba en el método, se utiliza el método ***include*** para añadir sólo nombre y nota:

```
private static void pruebaproyeccion(String curso) {
      MongoCollection<Document> amigos = db.getCollection("amigos");
      List<Document> lista = amigos.find(eq("curso",curso))
            .sort(ascending("name"))
            .projection(include("name","nota"))
            .into(new ArrayList<>());

      for (Document amigo : lista) {
            System.out.println(amigo.toJson() + " ** "
           +"Nombre: " + amigo.getString("name")
           + ". Nota: " + amigo.getInteger("nota"));
      }
}
```

Al poner esta proyección se carga el *_id*, si no se desea obtener el **id** escribiremos:

```
.projection(fields(include("name","nota"),excludeId()))
```

Con ***include("campo1", "campo2")*** se incluyen solo esos campos. Con ***excludeId():*** excluye el campo *_id* (que se añade por defecto). Y se utiliza ***fields(...)*** para combinar las proyecciones.

Si quisiera mostrar todos los campos, y excluir sólo el teléfono, pondré:

```
.projection(exclude("telefono"))
```

- **Transformar el documento con agregaciones**

Para utilizar los agregados se necesita importar ***el builder Aggregates.*** Cada método devuelve una instancia del tipo *BSON*, que a su vez se puede pasar al método de agregado de *MongoCollection*. El import debe ser el siguiente:

```
import static com.mongodb.client.model.Aggregates.*;
```

Se utiliza ***aggregate()*** con la **lista de etapas**, cada una representando una operación como *$match*, *$project*, *$group*, etc. Para añadir las etapas de agregado se utiliza un ***Arrays.AsList*** de *java.util*. Para utilizar las funciones de cálculo importamos ***el builder Acumulators***:

```
import static com.mongodb.client.model.Accumulators.*;
```

A continuación, se muestran varios ejemplos con varias etapas:

```
private static void pruebaagregaciones() {
  MongoCollection<Document> amigos = db.getCollection("amigos");

  // Amigos con nota >=8. Sólo etapa Match. Obtiene todos los campos
  List<Document> lista = amigos.aggregate(Arrays.asList(
                          match(gte("nota", 8))
                        )).into(new ArrayList<>());
```

```
System.out.println("\nAmigos con nota >=8. Sólo etapa Match:");
for (Document amigo : lista) {
  System.out.println(amigo.toJson() + " ** "  +"Nombre: " +
  amigo.getString("name") + ". Nota: " + amigo.getInteger("nota"));
}

// Con proyección para obtener campos nombre y nota, sin el id
lista = amigos.aggregate(Arrays.asList(
          match(gte("nota", 8)),
          project(fields(include("name", "nota"), excludeId()))
       )).into(new ArrayList<>());

System.out.println("\Etapa Match y projet para filtrar campos:");
for (Document amigo : lista) {
System.out.println(amigo.toJson() + " ** "  +"Nombre: " +
  amigo.getString("name") + ". Nota: " + amigo.getInteger("nota"));
}

//Agrupar por curso, contar amigos, y calcular media de nota
lista = amigos.aggregate(Arrays.asList(
       group("$curso", sum("total",1), avg("medianota","$nota"))
    )).into(new ArrayList<>());

System.out.println("\nPor curso, contador y media");
for (Document amigo : lista) {
   System.out.println(amigo.toJson() + " ** Curso: " +
    amigo.getString("_id") + ". Media nota: " +
    amigo.getDouble("medianota")+ ". Tot:" +amigo.getInteger("total"));
}

//Una proyección añadiendo campos con append
lista = amigos.aggregate(Arrays.asList(
      project(new Document("_id", 0)
         .append("nom_mayus", new Document("$toUpper", "$name"))
         .append("cur_minus", new Document("$toLower", "$curso"))
         .append("nota", 1)
         .append("name", 1))
    )).into(new ArrayList<>());

System.out.println("\nAñadimos nuevos campos");
for (Document amigo : lista) {
    System.out.println(amigo.toJson() + " ** "  +"Nombre: " +
        amigo.getString("name") + ". Nom mayús: " +
        amigo.getString("nom_mayus") +
          ". Cur minus: " + amigo.getString("cur_minus")+
          ". Nota: " + amigo.getInteger("nota") );
 }
}
```

Si se desea calcular una media, o una suma de un campo, global para todos los documentos, el primer parámetro del group lo dejamos vacío:

```
group("", sum("total",1), avg("medianota","$nota"))
```

Si se desea que la salida de la consulta se almacene en una nueva colección en la base de datos añadimos la etapa ***out***. En el ejemplo las notas medias y las sumas de las notas se almacenarán en la colección mediascurso:

```
lista = amigos.aggregate(Arrays.asList(
            group("$curso",sum("total",1),avg("medianota","$nota")),
                 out("mediascurso")
            )).into(new ArrayList<>());
```

- **Utilizando *AggregateIterable* en lugar de *List<Document>***

  AggregateIterable se recomienda para gran cantidad de datos y consultas más complejas. La ventaja es que MongoDB devuelve un objeto iterable optimizado, sin cargar toda la colección en memoria. A diferencia de ***List<Document>*** que es recomendable si se necesita cargar la lista completa en memoria, la desventaja es que consume más memoria si hay muchos resultados.

  Las consultas anteriores también las pondríamos escribir así:

```
AggregateIterable<Document> lista;
// Amigos con nota >=8.
  lista = amigos.aggregate(Arrays.asList(match(gte("nota", 8))  ));

// Con proyección para obtener campos nombre y nota, sin el id
  lista = amigos.aggregate(Arrays.asList(match(gte("nota", 8)),
           project(fields(include("name", "nota"), excludeId()))  ));

//Agrupar por curso, contar amigos, y calcular media de nota
  lista = amigos.aggregate(Arrays.asList(
     group("$curso", sum("total", 1), avg("medianota", "$nota"))  ));

//Una proyección añadiendo campos con append
  lista = amigos.aggregate(Arrays.asList(
      new Document("$project", new Document("_id", 0)
             .append("nom_mayus", new Document("$toUpper", "$name"))
             .append("cur_minus", new Document("$toLower", "$curso"))
             .append("nota", 1)
             .append("name", 1))   ));

// Media de nota y cuenta global
  lista = amigos.aggregate(Arrays.asList(
      group("", sum("total", 1), avg("medianota", "$nota"))  ));

// Almacenar la salida
  lista = amigos.aggregate(Arrays.asList(
      group("$curso", sum("total", 1), avg("medianota", "$nota")),
             out("mediascurso")  ));

//nombre y la nota de los amigos del curso que se reciba en el método
lista = amigos.aggregate(Arrays.asList( match(eq("curso", curso)),
      sort(ascending("name")),
      project(fields(include("name", "nota"), excludeId()))  ));
```

- **Consultas con *New Document(….) o con builders***

  New Document() permite construir las etapas del pipeline manualmente, similar a los ejemplos de consola. Cada etapa se construye como un *new Document("$nombreetapa",….).*

  También se utiliza para pasar argumentos a las etapas, por ejemplo, en una etapa *$project*, podemos escribir: *new Document("$project", new Document("campo1", 1))* para seleccionar el campo "campo1".

Se suelen utilizar los builders ***Aggregates.****, ***Filters.****, ***Sorts.****, ***Accumulators.****. etc ... para dar mayor legibilidad.

Ejemplos que hacen lo mismo:

```
// Nombre y nota de amigos de un curso, ordenado por nombre
AggregateIterable<Document> lista1 = amigos.aggregate(Arrays.asList(
        match(eq("curso", curso)),
        sort(ascending("name")),
        project(fields(include("name", "nota"), excludeId()))
));

AggregateIterable<Document> lista2 = amigos.aggregate(Arrays.asList(
        new Document("$match", new Document("curso", curso)),
        new Document("$sort", new Document("name", 1)),
        new Document("$project", new Document("name", 1)
                                        .append("nota", 1)
                                        .append("_id", 0))
));

// Amigos con nota>=7. Agrupa por curso, contar y ordenar por curso
AggregateIterable<Document> lista5 = amigos.aggregate(Arrays.asList(
       match(gte("nota", 7)),
       group("$curso", sum("total", 1), avg("medianota", "$nota")),
       sort(ascending("_id"))
));

AggregateIterable<Document> lista4 = amigos.aggregate(Arrays.asList(
 new Document("$match", new Document("nota", new Document("$gte", 7))),
 new Document("$group", new Document("_id", "$curso")
                .append("total", new Document("$sum", 1))
                .append("medianota", new Document("$avg", "$nota"))
               ),
 new Document("$sort", new Document("_id", 1))
));

//Una proyección mostrando campos nuevos calculados, con computed
AggregateIterable<Document> lista6 = amigos.aggregate(Arrays.asList(
   project(fields(
        computed("nom_mayus", new Document("$toUpper", "$name")),
        computed("cur_minus", new Document("$toLower", "$curso")),
        include("nota", "name"), excludeId()
   ))
));

// o con append
AggregateIterable<Document> lista7 = amigos.aggregate(Arrays.asList(
       new Document("$project", new Document("_id", 0)
            .append("nom_mayus", new Document("$toUpper", "$name"))
            .append("cur_minus", new Document("$toLower", "$curso"))
            .append("nota", 1)
            .append("name", 1))
));
```

Si fuera necesario descomponer un array, por ejemplo, un array con nombre *notas* que contiene varias notas lo pondríamos así:

```
unwind("$notas"),   o   new Document("$unwind", "$notas"),
```

Y para ordenar por varios campos, por ejemplo, ascendente por *curso* y descendente por *media,* lo ponemos así:

```
sort(orderBy(ascending("curso"), descending("media")))
```

o si lo escribimos con *new Document()*

```
new Document("$sort", new Document("curso", 1).append("media", -1))
```

5.8.3 Operaciones con colecciones

- **Crear y borrar una colección**

Para crear una colección utilizamos el método ***createCollection***, asociado a la base de datos, y para borrarla utilizamos el método ***drop*** asociado a la colección:

```
MongoClient cliente = MongoClients.create("mongodb://localhost:27017");
// Crear colección
MongoDatabase db = cliente.getDatabase("mibasedatos");
db.createCollection("nuevacoleccion");

//Borro la colección, primero la cargo
MongoCollection<Document> cnueva = db.getCollection("nuevacoleccion");
cnueva.drop();
```

- **Listar las colecciones y comprobar si existe una colección.**

Para comprobar si existe una colección utilizamos el método ***listCollectionNames*** que devuelve devuelve un ***FindIterable<String>*** con los nombres de las colecciones. El iterable lo podemos convertir en una lista de java. El siguiente método lista todas las colecciones:

```
private static void listarcolecciones() {
      System.out.println("Colecciones encontradas:");
      for (String nombre : db.listCollectionNames()) {
                  System.out.println(" * " + nombre);
      }
}
```

El siguiente método comprueba si existe una colección concreta, el método recibe el nombre de colección a buscar. Se cargan los nombres en un *ArrayList*:

```
private static void buscarcoleccion(String nombre) {
    List<String> colecciones = db.listCollectionNames()
          .into(new java.util.ArrayList<>());
    if (colecciones.contains(nombre)) {
       System.out.println("Colección " + nombre + " existe.");
    } else {
       System.out.println("Colección " + nombre + " no existe.");
    }
}
```

- **Crear, listar y borrar una base de datos Mongo.**

Para crear una base de datos se llama al método ***getDatabase*** desde un objeto ***MongoClients***, sin embargo, la base de datos no se creará hasta que no se inserte un documento. El siguiente método crea una base de datos, el nombre se recibe como parámetro, y crea una colección con un documento. A continuación, muestra los nombres de todas las bases de datos de la conexión, utiliza el método ***listDatabaseNames:***

```
private static void crearbasededatos(String nombre) {
      //crea BD
      MongoDatabase db2 = cliente.getDatabase(nombre);
      //Crea colección
      MongoCollection<Document> colnue =
            db2.getCollection("colecnueva");
      //Inserta documento
      Document doc1 = new Document("nombre", "Pedro")
                .append("edad", 20).append("curso","2DAM");
      colnue.insertOne(doc1);
      System.out.println("Creada Base de datos y colección");

      // Listar las bases de datos
      System.out.println("\nListar las bases de datos:");
      for (String nom : cliente.listDatabaseNames()) {
                System.out.println(" * " + nom);
      }
}
```

Para borrar una base de datos se utiliza la orden **drop** ***(db2.drop())***:

```
        cliente.getDatabase("base_datos_a_borrar").drop();
```

- **Convertir una colección a un fichero de texto**

En este método extraemos los documentos de la colección ***amigos*** y los guardamos en un fichero de texto en formato JSON llamado ***amigos.txt***.

```
private static void convertir(String coleccion) {
   MongoCollection<Document> amigos = db.getCollection(coleccion);

   // Crear archivo de salida
   FileWriter writer;
   String fichero = coleccion + ".txt";

   try {
         writer = new FileWriter(fichero);
         // Recorrer todos los documentos y escribirlos como JSON
         for (Document doc : amigos.find()) {
             writer.write(doc.toJson() + System.lineSeparator());
         }
         writer.close();
         System.out.println("Colección convertida a amigos.txt");
         leerficherocreado(fichero);

     } catch (IOException e) {
           e.printStackTrace();
     }
}
```

```
// Este método muestra el contenido del fichero
private static void leerficherocreado(String fichero) {
      System.out.println("* MOSTRANDO EL CONTENIDO *");
      try {
            FileReader fr = new FileReader(fichero);
            BufferedReader bf = new BufferedReader(fr);
            String linea;
            while ((linea = bf.readLine()) != null) {
                  // Parsear cada línea como un Document (JSON)
                  Document doc = Document.parse(linea);
                  // Mostrar contenido
                  System.out.println(doc.toJson());
            }
      } catch (IOException e) {
                  e.printStackTrace();
      }
}
```

- **Subir un fichero de texto con documentos JSON a una colección**

  Para añadir documentos a una colección se utiliza la clase ***ObjectMapper*** que pertenece a la biblioteca **Jackson** y se usa en Java para convertir entre objetos Java y datos JSON. Las funciones más importantes de esta clase son:

  - Convierte un *JSON* en un objeto Java con ***readValue()***
  - Convierte un objeto Java en un string *JSON*, con ***writeValueAsString()***
  - Guarda un objeto Java como archivo *JSON*, con ***writeValue(File, obj)***

  Añadimos la siguiente dependencia en el POM de maven:

```
            <dependency>
                  <groupId>com.fasterxml.jackson.core</groupId>
                  <artifactId>jackson-databind</artifactId>
                  <version>2.19.0</version>
            </dependency>
```

  En el siguiente método se recibe el nombre de la colección donde se van a añadir los documentos (en el ejemplo será *amigos*), y el nombre del fichero que contiene la colección, en el ejemplo *nuevos_amigos*:

```
private static void anadirfichero(String coleccion, String nombrefich)
{
   try {
      // Carga el JSON desde el archivo como una cadena
      String json = Files.readString(Paths.get(nombrefich));
      ObjectMapper mapper = new ObjectMapper();

   //lee el JSON (como String) y lo convierte en una lista de mapas,
   //donde cada mapa representa un objeto con sus claves y valores
      List<Map<String, Object>> nuevosdatos =
            mapper.readValue(json, List.class);

   // Se carga la colección
```

```
        MongoCollection<Document> amigos = db.getCollection(coleccion);
    //Convierte cada objeto JSON leído como Map<String, Object> en un
    //documento BSON de MongoDB y lo añade a una lista de documentos.
        List<Document> documentos = new ArrayList<>();
        for (Map<String, Object> docu : nuevosdatos) {
              documentos.add(new Document(docu));
        }
      // insertar la lista en la colección
        amigos.insertMany(documentos);
        System.out.println("Datos insertados.");
      // Mostrar los documentos, carga la colección en una lista
        List<Document> listaAmigos =
               amigos.find().into(new ArrayList<>());
        System.out.println("** Número de documentos: " +
               listaAmigos.size());
        for (Document amigo : listaAmigos) {
            System.out.println("Nombre: " + amigo.getString("name")
                    + ". Curso: " + amigo.getString("curso")
                    + ". Nota: " + amigo.get("nota"));
        }
    } catch (IOException e) { e.printStackTrace();      }
}
```

Podrás encontrar la clase y los métodos realizados en este apartado en los recursos de la unidad, dentro de la carpeta *EjemplosDriverdeJava*.

ACTIVIDAD 5.6.

Partimos de un fichero JSON con nombre ***alumnos.json*** (que se encuentra en la carpeta de recursos de la unidad) con datos de alumnos, observa que cada alumno tiene un array con tres notas. Se desea crear un proyecto java maven que muestre el siguiente menú y realice las operaciones que se indican:

```
Operaciones con alumnos
----------------------------------------
. 1 Crear la colección, subir fichero y mostrar.
. 2 Mostrar población y el número de alumnos por población.
. 3 Mostrar nombre, curso y nota media de cada alumno, ordenado ascendente por
curso, y descendente por media.
. 4 Mostrar nombre, población y media del alumno con más nota media de un
curso.
. 5 Mostrar nombre, población y media del alumno con menos nota media de un
curso.
. 6 Mostrar por curso el número de alumnos y la nota media.
. 7 Mostrar la nota media, la nota máx, la nota mín y el num de alumnos de un
curso.
```

Cada operación se realizará en un método. Los métodos 4, 5 y 7, recibirán como parámetro el nombre del curso. La nota media del alumno será la media de las notas del array.

COMPRUEBA TU APRENDIZAJE

1. Utilizando el documento ***aeropuertosConArrayViajeros.json***, que se encuentra en la carpeta de recursos de la unidad, donde podemos ver que tenemos una colección con varios aeropuertos y cada aeropuerto contiene un array de viajeros.

Conéctate al cliente mongo, ***mongodb://localhost:27017/mibasedatos.*** Cargamos el archivo, que borra y crea la colección. Usa el comando ***load***. Por ejemplo:

```
Load ("e:/aeropuertosConArrayViajeros.json")
```

a) Realizar las siguientes consultas al documento utilizando la función ***find():***

- Nombres de los viajeros de *ESPAÑA* de vuelos de la ciudad de *Bruselas*. Visualizar el nombre del aeropuerto y de los pasajeros.
- Nombres de los viajeros del país *PORTUGAL*, que contengan en su dirección *TALAVERA*. Mostrar también el código y el nombre del aeropuerto.
- Añadir un viajero **a todos los vuelos** de aeropuertos del país *Bélgica*, con el código COD igual a 1111.
- Eliminar los pasajeros con código 1111 del país *Bélgica*.
- Eliminar los viajeros de los países de *FRANCIA* y *ESPAÑA* y que contengan *MADRID* o *TALAVERA*, en su dirección.

b) Realizar estas consultas con la función de agregado

- Obtener el número de viajeros por cada ciudad de los aeropuertos.
- Obtener el número de viajeros por cada país de los viajeros.
- Obtener los datos de los viajeros de *ESPAÑA*.
- Obtener los viajeros de *ESPAÑA* del aeropuerto *"MAD LEMD"*. Los dos primeros.
- Obtener el detalle de los viajeros, ordenado por aeropuerto y nombre del viajero. Descomponer el array de VIAJEROS, antes de ordenar.
- Obtener los nombres de los viajeros que han viajado por aeropuertos de *Finlandia*.
- Obtener los viajeros de *ESPAÑA*, con dirección en *LEGANÉS*, su nombre y dirección, y el aeropuerto de viaje.

2. Utilizando el documento ***bancos.json***, que se encuentra en la carpeta de recursos de la unidad, donde podemos ver que tenemos una colección con varios bancos, que tienen sucursales, y las sucursales tienen cuentas, y las cuentas tienen movimientos de Ingreso y de Reintegro.

Conéctate al cliente mongo, ***mongodb://localhost:27017/mibasedatos.*** Y carga el archivo, que borra y crea la colección. Utiliza el comando ***load***, por ejemplo, `Load ("e:/bancos.json")`

Realizar las siguientes consultas al documento:

- Realizar una consulta de agregado para obtener una colección nueva JSON, con nombre ***sucursalesbancos***, con los siguientes datos: *codigosucursal*, *nombresucur*, *direccionsucur*, *localidad*, *nombrebanco*, *codigobanco* y *númerodecuentas*.

- Realizar una consulta de agregado para obtener una colección nueva JSON, con nombre ***cuentasmadrid,*** con los datos de las cuentas y sus movimientos de los bancos de MADRID. Los datos a obtener son: *numerocuenta*, *fechaalta*, *nombrecuenta*, *direccióncuenta*, *numeromov*, *fechamov*, *tipomov*, *importe*, *codigosucursal*, *nombresucur*, *codigobanco*, y *nombrebanco*.

- A partir de la nueva colección creada ***cuentasmadrid***, obtener por cada cuenta el *número de movimientos* que tiene, *la suma de los Ingresos*, y *la suma de los Reintegros*. Hacer que el *_id* sea el nombre de la cuenta.

3. Utilizando la colección ***alumnos***, creada en la ***actividad5_6,*** se pide crear el ***microservicio*** alumnos para realizar un CRUD con los alumnos como se ha hecho con los artículos. Añadir además en el *Repository* un método que devuelva la lista de alumnos de un curso determinado, que realice búsquedas de alumnos por nombre, y que compruebe si ya existe un nombre de alumno, método `boolean existsByNombre(String nombre)`.

A la hora de insertar no se debe de repetir el nombre, así pues, en el servicio llamar a este método para antes comprobar si existe el nombre. Si el nombre ya existe que devuelva `null`, y si no existe que se devuelva el objeto con return `repo.save(alum)`.

4. Crea una aplicación para utilizar el servicio creado, puedes utiliza cualquiera de los métodos para llamar al servicio (*RestTemplate*, *WebClient* o *HTTP*). La aplicación mostrará el siguiente menú:

```
Prueba servicio alumnos
---------------------------------------
. 1 Mostrar todos (GET /app/alumnos).
. 2 Mostrar uno (GET /app/alumnos/{id}).
. 3 Mostrar alumnos por curso (GET /app/alumnos/curso/{curso}).
. 4 Buscar un nombre de alumno (GET /app/alumnos/nombre/{nom}).
. 5 Borrar (DELETE /app/alumnos/{id}).
. 6 Añadir un alumno (POST /app/alumnos).
. 7 Modificar un alumno (PUT /app/alumnos/{id}).
---------------------------------------
 TECLEA OPERACIÓN, 0 sale:
```

Se creará un método para cada opción. Añadir el parámetro que se pide en los distintos métodos

ACTIVIDADES DE AMPLIACIÓN

1. Disponemos de tres ficheros JSON con datos de clientes, viajes y reservas. Los ficheros son los siguientes:

viajes.json, cada documento representa un viaje. Los campos son los siguientes:

```
int idviaje          // identificación del viaje, campo clave de 1 a 100
String descripcion    // descripción del viaje, 32 caracteres
String fechasalida    // fecha de salida en formato DD/MM/AAAA
double pvp            // pvp del viaje por viajero
int dias              // nº dias que dura el viaje
int viajeros          // nº de viajeros que reservan el viaje,
                      // inicialmente es 0
```

clientes.json, contiene los clientes qure reservan los viajes. Cada documento representa un cliente. Los campos son los siguientes:

```
int idcliente      // identificación del cliente, campo clave de 1 a 100
String nombre           //nombre  del cliente, 18 caracteres
int viajescontratados  //nº viajes contratados, inicialmente 0
double importetotal     //importe total de los viajes reservados,
                        // inicialmente es 0
```

reservas.json, contiene las reservas de los clientes sobre los viajes. No está ordenada por ningún campo. Cada documento es una reserva de un cliente en un viaje y almacena el id del viaje, el id del cliente y el número de plazas reservadas por el cliente. Todos los viajes y clientes de esta colección existen en las colecciones definidas anteriormente. Los campos que contiene son los siguientes:

```
int idviaje;          //id del viaje
int idcliente;        //id del cliente
int plazas;           //número de plazas
```

Realiza un proyecto Java que muestre el siguiente menú y realice las operaciones que se piden:

```
Operaciones Clientes-Reservas-Viajes
.............................................................
.   1. Crear Base de datos, y subir los ficheros Json
.   2. Actualizar en la colección de viajes.
.   3. Actualizar en la colección de clientes.
.   4. Consulta de clientes.
.   0 SALIR.
.............................................................
```

1. Crear Base de datos, y subir los ficheros Json

En este apartado se creará la bd Mongo ***clientesviajes*** y se subirán los ficheros json a las colecciones correspondientes *clientes*, *viajes* y *reservas*.

Controlar que los datos no se dupliquen.

2. Actualizar la colección de viajes.

Se debe actualizar el campo *viajeros* para que contenga el nº de viajeros que reservan el viaje. Este campo será igual a la suma de las plazas reservadas en el viaje correspondiente.

Se mostrará en pantalla, el id del viaje, la descripción, y el número de viajeros actualizado, si no tiene viajeros que muestre que no tiene. Se muestra la salida para los primeros viajes:

```
idViaje: 14, descripción: Alemania Oeste, actualizado con 9 viajeros.
idViaje: 16, descripción: China Gran Muralla, actualizado con 12 viajeros.
idViaje: 18, descripción: Croacia, Perla del Adriático, sin viajeros.
idViaje: 20, descripción: Crucero por el mar Mediterráneo, actualizado con 9 viajeros.
idViaje: 22, descripción: Cuba y Miami, actualizado con 2 viajeros.
idViaje: 24, descripción: La Toscana, actualizado con 19 viajeros.
idViaje: 26, descripción: Moscu San Petersburgo, sin viajeros.
idViaje: 28, descripción: Noruega Mágica, sin viajeros.
. . . . . . . . .
```

3. Actualizar la colección de clientes.

Se actualizarán los campos ***viajescontratados*** e ***importetotal***:

- El campo ***viajescontratados*** para que almacene el nº de viajes contratados por el cliente. Cada documento en la colección de reservas es un viaje contratado.
- El campo ***importetotal*** debe almacenar la suma de lo que valen las reservas que ha realizado el cliente. El importe de cada reserva es igual a la multiplicación del pvp del viaje por el número de plazas.

El proceso de actualización mostrará la siguiente salida, en la que se informe de las actualizaciones que se van haciendo, por ejemplo:

```
idCliente: 1, nombre: Alicia Sanz, actualizado con 4 viajes contratados, y con total
importe: 11780.0
idCliente: 2, nombre: Raquel Martinez, actualizado con 4 viajes contratados, y con
total importe: 10340.0
idCliente: 4, nombre: Dora Suela, actualizado con 3 viajes contratados, y con total
importe: 10540.0
idCliente: 5, nombre: Julio Reyes, actualizado con 5 viajes contratados, y con total
importe: 12020.0
idCliente: 10, nombre: Maria Sanz, actualizado con 4 viajes contratados, y con total
importe: 9100.0
idCliente: 11, nombre: Fernando Alia, actualizado con 2 viajes contratados, y con
total importe: 6680.0
idCliente: 12, nombre: Daniel Sanchez, actualizado con 2 viajes contratados, y con
total importe: 3100.0
idCliente: 15, nombre: Pedro Martin, actualizado con 3 viajes contratados, y con total
importe: 7500.0
idCliente: 18, nombre: Maria Jose Perez, actualizado con 2 viajes contratados, y con
total importe: 6800.0
idCliente: 19, nombre: Jesus Rodriguez, no ha contratado viajes
idCliente: 22, nombre: Maria Sanchez, no ha contratado viajes
idCliente: 33, nombre: Manuela Hidalgo, no ha contratado viajes
```

4. Consulta de clientes.

Se realizará un método para consultar los clientes, el método recibirá el id del cliente a consultar y se mostrarán los viajes que ha reservado, mostrando los datos del viaje, y el número de plazas reservadas. Al final se debe mostrar el importe total de los viajes realizados por el cliente. Si el cliente no ha reservado viajes se debe mostrar mensaje indicándolo. La salida se debe mostrar formateada y alineada en columnas y justificada, por ejemplo, se muestra la salida para la consulta de los clientes 4, 22 y 200:

```
==================================================================
Id Cliente: 4
Dora Suela, Viajes contratados: 3
==================================================================
 ID  DESCRIPCION                      FEC SALIDA        PVP  PLAZAS
===  ===============================  ==========  =========  ======
 16  China Gran Muralla               25/09/2026   2.100,00       4
 20  Crucero por el mar Mediterráneo  01/08/2026   1.340,00       1
 24  La Toscana                       01/09/2026     800,00       1
                                      ============================
                                      Importe total:     10.540,00

==================================================================
Id Cliente: 22 Maria Sanchez NO HA CONTRATADO NINGÚN VIAJE
       NO HA CONTRATADO NINGÚN VIAJE

==================================================================
Id Cliente: 200 NO EXISTE
```

CAPÍTULO 6

PROGRAMACIÓN DE COMPONENTES DE ACCESO A DATOS

Contenidos

- Componente. Propiedades y atributos.
- Eventos; asociación de acciones a eventos.
- Persistencia del componente.
- Herramientas para el desarrollo de componentes.
- Creación de una API Rest.
- Empaquetado de componentes.
- Patrón DAO.
- Patrón Modelo-Vista-Controlador.

Objetivos

- Utilizar herramientas para desarrollar componentes de acceso a datos.
- Programar componentes para gestionar la información almacenada en una base de datos.
- Probar y examinar los componentes desarrollados integrándolos en las aplicaciones.
- Definir modelos para comunicar con la base de datos usando el patrón Modelo-Vista-Controlador.
- Utilizar herramientas Spring para el desarrollo de componentes.

RESUMEN DEL CAPÍTULO

En este capítulo aprenderemos a desarrollar aplicaciones Java con Spring Boot, utilizando componentes reutilizables y aplicando buenas prácticas y patrones de diseño. Crearemos JavaBeans personalizados, manejaremos eventos, usaremos anotaciones de Spring, el patrón DAO, construiremos una API REST estructurada en capas (modelo, repositorio, servicio y controlador) y desarrollaremos una aplicación web MVC completa con formularios, validaciones, vistas Thymeleaf y distribución final.

6.1. INTRODUCCIÓN

Los continuos avances en la Informática y las Telecomunicaciones están haciendo cambiar la forma en la que se desarrollan actualmente las aplicaciones software. Los modelos de programación existentes se ven incapaces de manejar la complejidad de los requisitos de los sistemas abiertos y distribuidos. Surgen nuevos paradigmas de programación como la programación orientada a componentes que supone una "extensión" de la programación orientada a objetos y está basada en la noción de COMPONENTE. El ***Desarrollo de Software Basado en Componentes*** **(DSBC)**, trata de sentar las bases para el diseño y desarrollo de aplicaciones distribuidas basadas en componentes software reutilizables.

6.2. CONCEPTO DE COMPONENTE

Existen muchas definiciones de componentes software, pero una de las más difundidas es la de Szyperski, 1998:

"Un componente es una unidad de composición de aplicaciones software, que posee un conjunto de interfaces y un conjunto de requisitos, y que ha de poder ser desarrollado, adquirido, incorporado al sistema y compuesto con otros componentes de forma independiente, en tiempo y espacio".

En el contexto de **acceso a datos**, un componente gestiona la conexión, consulta y manipulación de datos en una fuente externa (como una base de datos). El objetivo del desarrollo basado en componentes es construir aplicaciones mediante ensamblado de módulos software reutilizables, que han sido diseñados previamente con independencia de las aplicaciones en las que vayan a ser utilizados.

6.2.1. Características

Existen algunas características claves para que un elemento pueda ser catalogado como componente:

- **Independiente de la plataforma**. Hardware, Software, Sistema Operativo.
- **Identificable**. Debe tener una identificación que permita acceder fácilmente a sus servicios y que permita su clasificación.
- **Autocontenido**. Un componente no debe requerir de la utilización de otros para llevar a cabo la función para la cual fue diseñado.
- **Puede ser remplazado por otro componente.** Se puede remplazar por nuevas versiones u otro componente que lo mejore.
- **Con acceso solamente a través de su interfaz**. Una interfaz define el conjunto de operaciones que un componente puede realizar; a estas operaciones también se las llama servicios o responsabilidades. Las interfaces proveen un mecanismo para interconectar componentes y controlar las dependencias entre ellos.
- **Sus servicios no varían**. Las funcionalidades ofrecidas en su interfaz no deben variar, pero su implementación sí.
- **Bien documentado**. Un componente debe estar correctamente documentado para facilitar su búsqueda si se quiere actualizar, integrar con otros, adaptarlo, etc.

- **Es genérico**. Sus servicios deben servir para varias aplicaciones.
- **Reutilizado dinámicamente**. Puede ser cargado en tiempo de ejecución en una aplicación.
- **Se distribuye como un paquete**. En este paquete se almacenan todos los elementos que lo constituyen.

La forma concreta de especificar, implementar, o empaquetar un componente depende de la tecnología utilizada. Las tecnologías basadas en componentes incluyen dos elementos:

- **Modelo de componentes**. Especifica las reglas de diseño que deben obedecer los componentes, sus interfaces y la interacción entre componentes.
- **Plataforma de componentes**. Es la infraestructura de software requerida para la ejecución de aplicaciones basadas en componentes. Se basan en un determinado modelo de componentes.

En el contexto de acceso a datos, las tecnologías de componentes son herramientas o frameworks que facilitan la conexión, manipulación y persistencia de datos en aplicaciones. Algunos ejemplos son:

- **JPA (Java Persistence API)**: especificación de Java para el mapeo objeto-relacional (ORM). Permite trabajar con bases de datos mediante entidades Java.
- **Hibernate:** implementación más popular de JPA. Gestiona automáticamente la persistencia, transacciones y relaciones entre objetos.
- **Spring Data JPA**: abstracción de **Spring** que simplifica el uso de JPA. Permite crear consultas por nombre de método sin escribir SQL.
- **Spring JDBC**: componente de **Spring** que simplifica el uso de JDBC con plantillas (**JdbcTemplate**) y manejo de excepciones.

Estas tecnologías permiten que los componentes de acceso a datos (como repositorios o DAOs) trabajen de forma desacoplada y eficiente con las bases de datos.

6.2.2. Ventajas e inconvenientes

Un componente es una pieza de software que describe o ejecuta funciones específicas a través de una interfaz bien definida. Se pueden juntar o combinar varios componentes para llevar a cabo una tarea. El uso de componentes aporta una serie de **ventajas**:

- Reutilización de software.
- Disminuye la complejidad del software. Se pueden ir probando trozos de componentes antes de probar el conjunto de todos los componentes ensamblados.
- Mejora el mantenimiento del sistema, los errores son más fáciles de detectar.
- Incrementa la calidad del software, ya que se puede construir un componente y luego mejorarlo.

El actual diseño basado en componentes también tiene **limitaciones**, ya que solo existen en algunos campos como las GUIs y no siempre se pueden encontrar los componentes adecuados para cada proyecto. A esto hay que añadir la falta de estándares y la falta de procesos de certificación que garanticen la calidad de los componentes.

6.3. JAVABEANS PERSONALIZADOS

Un JavaBean es un componente de software reutilizable que está escrito en lenguaje Java. Puede ser manipulado visualmente mediante herramientas de desarrollo Java. Ejemplos de JavaBeans son las librerías gráficas AWT (*Abstract Window Toolkit*), API de Java que permite hacer aplicaciones con componentes GUI (como ventanas, botones, barras, campos de texto, etc.); y SWT (*Standard Widget Toolkit*) de Eclipse.

A menudo nos referimos a un JavaBean como un Bean. Han de cumplir las siguientes características:

- **Introspección**. Mecanismo mediante el cual los propios JavaBeans proporcionan información sobre sus características (propiedades, métodos y eventos). Los Beans soportan la introspección de dos formas: utilizando patrones de nombrado (que son como reglas para nombrar las características del Bean) y proporcionando las características mediante una clase *Bean Information* relacionada.
- **Manejo de eventos**. Los Beans se comunican con otros Bean utilizando los eventos. Un Bean puede tener interés en recibir y responder a eventos enviados por otro Bean.
- **Propiedades**. Las propiedades definen las características de apariencia y comportamiento de un Bean que se pueden modificar durante el diseño de los componentes.
- **Persistencia**. Permite a los Beans almacenar su estado y restaurarlo posteriormente. Se basa en la serialización.
- **Personalización**. Los programadores pueden alterar la apariencia y conducta del Bean durante el diseño. La personalización se soporta de dos formas: utilizando editores de propiedades, o utilizando personalizadores de Beans más sofisticados.

Un JavaBean es una clase Java que se define a través de las propiedades que expone, los métodos que ofrece y los eventos que atiende o genera. Su definición requiere ciertas reglas:

- Debe tener un constructor sin argumentos, aunque puede tener más de uno.
- Debe implementar la interfaz **Serializable** (para poder implementar **persistencia**).
- Sus propiedades deben ser accesibles mediante métodos **get** y **set**.
- Los nombres de los métodos deben obedecer a ciertas convenciones de nombrado. Que ya se han ido viendo a lo largo de la asignatura.

Aunque los JavaBean se diseñaron para ser utilizados y manipulados por herramientas visuales, en este tema los trataremos como componentes de acceso a base de datos. Veamos un ejemplo de un JavaBean de productos, con 5 atributos que serán privados, con los métodos *public* para acceder a los atributos, *getter* y *setter*. Los constructores, con argumentos, y sin argumentos, y con el método *toString()*. Implementa **Serializable** para añadir la persistencia:

```
public class Producto implements Serializable  {

      private int codigo;
      private String denominacion;
      private double pvp;
      private String categoria;
      private int stock;

      public Producto() {}
```

```
    public Producto(int codigo, String denominacion, double pvp,
        String categoria, int stock) {
                super();
                this.codigo = codigo;
                this.denominacion = denominacion;
                this.pvp = pvp;
                this.categoria = categoria;
                this.stock = stock;
            }
    public int getCodigo() { return codigo; }
    public void setCodigo(int codigo) { this.codigo = codigo; }
    public String getDenominacion() { return denominacion; }
    public void setDenominacion(String denominacion) {
                this.denominacion = denominacion;    }
    public double getPvp() { return pvp; }
    public void setPvp(double pvp) { this.pvp = pvp; }
    public String getCategoria() { return categoria; }
    public void setCategoria(String categoria) {
                this.categoria = categoria;    }
    public int getStock() { return stock; }
    public void setStock(int stock) { this.stock = stock; }
    @Override
    public String toString() {
    return "Producto [codigo=" + codigo + ", denominacion=" +
        denominacion + ", pvp=" + pvp + ", categoria="
            + categoria + ", stock=" + stock + "]";
    }
}
```

6.3.1. Propiedades y atributos

Como ya sabemos las propiedades de un Bean son los atributos que determinan su apariencia y comportamiento. Hasta ahora conocemos las siguientes propiedades:

Tipo de propiedad	Descripción	Ejemplo de métodos
Simple	Tiene un valor simple (*int*, *String*)	*getCodigo(), setCodigo(int cod)*
Compuesta	Su valor es otro objeto	*getProducto(),* *set Producto(Producto prod)*
Indexada	Representan un array de valores a los que se accede mediante un índice	*getCategorias(int indice),* *setCategorias(int indice, int valor)*

Sin embargo, en este apartado vamos a ver nuevas propiedades, las **Propiedades Ligadas**.

Una **propiedad ligada** (*bound property*) es una propiedad que **notifica automáticamente a los oyentes (listeners)** cuando su valor cambia. Útil en interfaces gráficas o arquitecturas donde se necesita que **se notifiquen automáticamente cuando una propiedad cambia**. La propiedad dispara un **evento** para avisar que ha cambiado, lo que permite separar la lógica de negocio del comportamiento dinámico.

Esto es muy útil para mantener sincronizados distintos componentes, como en el patrón **MVC**, interfaces gráficas, o arquitecturas reactivas.

6.3.2. Eventos. Java Event Model

Para que el JavaBean *Producto* pueda generar **eventos** cuando se modifica alguna de sus propiedades (como el *stock*), se le añade un atributo de tipo **PropertyChangeSupport**. Esto permite que los oyentes sean notificados y puedan reaccionar a esos cambios.

Los métodos para este nuevo atributo serán ***addPropertyChangeListener()*** para añadir oyentes, y ***removePropertyChangeListener()*** para eliminar los oyentes.

Tambíen se añadirá en el atributo a controlar la llamada al método ***firePropertyChange()*** para disparar la notificación del cambio. Este método se utiliza para notificar a los oyentes (implementan la interfaz **PropertyChangeListener**) que el valor de una propiedad ligada ha cambiado. Internamente crea un objeto **PropertyChangeEvent** y llama al método ***propertyChange(...)*** de todos los oyentes registrados con ***addPropertyChangeListener(...)***.

```
firePropertyChange(String nombreprop, Object oldValue, Object
                        newValue);
```

Veamos un ejemplo para hacer que se dispare un evento cuando creemos un producto con un *stock* menor de 5 unidades.

En la clase *Producto* se añade el atributo nuevo del tipo **PropertyChangeSupport**, los métodos ***addPropertyChangeListener,*** y ***removePropertyChangeListener***, y los cambios en el *setter* del *stock* para disparar el evento ***firePropertyChange:***

```
public class Producto implements Serializable {
 . . .
 // crear la nueva propiedad
 private final PropertyChangeSupport evento = new
           PropertyChangeSupport(this);
 . . .

 public void setStock(int stock) {
      int oldstock = this.stock;
      this.stock = stock;
      if (stock<5)
           // Lanzar el evento
           evento.firePropertyChange("stock", oldstock, stock);
  }
// Añadir oyente
 public void addPropertyChangeListener(PropertyChangeListener listener)
  {          evento.addPropertyChangeListener(listener);
  }
// Borrar oyente
public void removePropertyChangeListener(PropertyChangeListener
       listener) {
             evento.removePropertyChangeListener(listener);  }
. . . .
```

CREAR LOS OYENTES

Para crear los oyentes usamos la interfaz **PropertyChangeListener** que permite recibir notificaciones cuando una propiedad de un JavaBean cambia. Se usa junto con **PropertyChangeSupport** para desacoplar el bean de los objetos interesados en sus cambios.

Podemos crear un oyente de varias maneras:

- **Directamente con una clase anónima:**

```
public static void main(String[] args) {
    Producto p = new Producto();

    // Se crea un oyente con un clase anónima
    p.addPropertyChangeListener(new PropertyChangeListener()  {
      @Override
      public void propertyChange(PropertyChangeEvent evt) {
          System.out.println("Propiedad: " + evt.getPropertyName());
          System.out.println("Valor anterior: " + evt.getOldValue());
          System.out.println("Valor nuevo: " + evt.getNewValue());
      }
    });

    // Cambiamos la propiedad (dispara el evento)
    System.out.println("Asignamos 200");
    p.setStock(200);
    System.out.println("\nAsignamos -100");
    p.setStock(-100);
}
```

- **Creando una clase que implemente PropertyChangeListener**

En el ejemplo se crea la clase *Mioyente*:

```
public class Mioyente implements PropertyChangeListener {

     @Override
     public void propertyChange(PropertyChangeEvent evt) {
        System.out.println("Ojo, cambio peligroso detectado en: " +
                                         evt.getPropertyName());
        System.out.println("Valor old: " + evt.getOldValue() +
                                  ", valor new: " + evt.getNewValue());
     }
}
```

El evento **PropertyChangeEvent** que recibe el método ***propertyChange(...)*** proporciona varios métodos:

- ***Object getOldValue()***: obtiene el antiguo valor de la propiedad.
- ***Object getNewValue()***: obtiene el nuevo valor de la propiedad.
- ***String getPropertyName()***: obtiene el nombre de la propiedad que cambió (puede ser *null* si cambiaron varias propiedades a la vez).

Para usar esta clase escribiremos:

```
public static void main(String[] args) {
        Producto p = new Producto();
        p.addPropertyChangeListener(new Mioyente());
        // Cambiamos la propiedad (dispara el evento)
        System.out.println("Asignamos 200");
        p.setStock(200);
        System.out.println("\nAsignamos -100");
        p.setStock(-100);
}
```

El ejemplo lo puedes descargar de los recursos del capítulo, proyecto Maven *EjemploProducto*.

6.3.3. Spring Events

En el ejemplo anterior hemos usado el modelo de eventos de Java para manejar eventos en aplicaciones Java, en este apartado veremos como maneja **Spring** los eventos. Creamos un proyecto **Maven** accediendo a la URL ***https://start.spring.io*** y desde la ventana que se muestra seleccionamos el lenguaje Java, la versión de Java, la última versión estable de ***Spring Boot***, damos un nombre, grupo, etc. Añadimos la dependencia de ***Spring Web,*** generamos el proyecto y descargamos el .zip del proyecto. Lo importamos a Eclipse desde ***File/Import/Maven/Existing Maven Projects.***

Vamos a realizar un ejemplo similar al ejemplo anterior que usaba la clase *Producto*, se disparará el evento cuando el *stock* del producto es menor que 5. Creamos los siguientes paquetes en el proyecto (Figura 6.1):

```
v EjemploSpringEvents
  v src/main/java
    v com.example
      > EjemploUsandoSpringEventsApplication.java
    v com.example.events
      > ProductoRegistradoEvent.java
    v com.example.listeners
      > ProductoListener.java
    v com.example.publishers
      > ProductoPublisher.java
```

Figura 6.1. Estructura de paquetes del proyecto *EjemploSpringEvent*.

- **com.example.events**: en este paquete definimos los eventos. Podemos usar clases normales (POJOs) como eventos. Normalmente el nombre suele tener relación con algo que ha sucedido, en el ejemplo nombramos a la clase como ***ProductoRegistradoEvent.java***, simulando la acción de que antes de registrar el producto se producirá el evento. Definimos los atributos, constructores, métodos get-set. Cuando se dispare el evento queremos recibir todos los datos del producto, por ello definimos todos los atributos. Esta clase es similar a la clase *Producto*.
- **com.example.listeners**: en este paquete definimos los oyentes de los eventos, para el ejemplo se ha definido la clase ***ProductoListener.java***. En esta clase se define la anotación **@Component** para indicar a **Spring** que esta clase es un componente

gestionado, **Spring** la detectará y la convertirá automáticamente en un **Spring Bean**. **@EventListener** marca el método ***listenProductoRegistradoEvent(...)*** como oyente de eventos. **Spring** lo invocará automáticamente cuando se publique un evento del tipo ***ProductoRegistradoEvent***. Acepta como parámetro cualquier clase de evento, que puede ser una clase que extienda **ApplicationEvent**, o un simple POJO, como es este caso. El evento se ejecuta cuando alguien llama al método ***publishEvent(...)*** de **ApplicationEventPublisher** con un evento del tipo correspondiente. El código para el listener es el siguiente:

```
package com.example.listener;
import org.springframework.context.event.EventListener;
import org.springframework.stereotype.Component;
import com.example.event.ProductoRegistradoEvent;

@Component
public class ProductoListener {

    @EventListener
    public void listenProductoRegistradoEvent(
                ProductoRegistradoEvent productoRegistradoEvent) {

        // Disparar evento si stock < 5
        if (productoRegistradoEvent.getStock() < 5)
            System.out.println("ESCUCHANDO: stock < 5 -> " +
                                    productoRegistradoEvent);
    }
}
```

- **publishers**: se definen las clases que publican los eventos, en este caso la clase se llama ***ProductoPublisher.java***. Se define un objeto del tipo **ApplicationEventPublisher** que es la interfaz de **Spring** usada para publicar eventos. El constructor es necesario para inicializarlo. El método ***publicarProductoRegistradoEvent(...)*** publica un evento personalizado cuando se registra un producto, recibe todos los datos del producto como parámetros. Crea un nuevo evento (**ProductoRegistradoEvent**) con los datos del producto y llama a ***publishEvent(...)*** para **disparar el evento**. **Spring** se encarga de notificar a todos los oyentes (llevan la anotación **@EventListener**) que estén esperando eventos de ese tipo. El código es el siguiente:

```
package com.example.publisher;

import org.springframework.context.ApplicationEventPublisher;
import org.springframework.stereotype.Component;
import com.example.event.ProductoRegistradoEvent;

@Component
public class ProductoPublisher {

    private ApplicationEventPublisher eventPublisher;

    public ProductoPublisher(ApplicationEventPublisher eventPublisher) {
            this.eventPublisher = eventPublisher;
    }

    public void publicarProductoRegistradoEvent(int codigo, String
```

```
            denominacion, double pvp, String categoria, int stock) {
        System.out.println("PUBLICAR: El Evento ha sido publicado");
        // publicamos el evento, le enviamos el objeto
        eventPublisher.publishEvent(new ProductoRegistradoEvent(codigo,
                denominacion, pvp, categoria, stock));
    }
}
```

Por último, la clase que lanza la aplicación es ***EjemploUsandoSpringEventsApplication.java***. La anotación **@SpringBootApplication** marca la clase principal de una app ***Spring Boot***. El método ***main(...)*** arranca la aplicación. La anotación **@Bean CommandLineRunner init(...)** define una acción que se ejecuta justo después del arranque. La expresión lambda **return args-> {...}** define lo que hará el **CommandLineRunner** al arrancar, ejecutará dos llamadas a ***prodPublisher.publicarProductoRegistradoEvent(...)*** para simular la publicación de eventos sobre productos registrados. El código es el siguiente:

```
package com.example;
import org.springframework.boot.CommandLineRunner;
import org.springframework.boot.SpringApplication;
import org.springframework.boot.autoconfigure.SpringBootApplication;
import org.springframework.context.annotation.Bean;
import com.example.publisher.ProductoPublisher;

@SpringBootApplication
public class EjemploUsandoSpringEventsApplication {

    public static void main(String[] args) {
        SpringApplication.run(EjemploUsandoSpringEventsApplication.class,
                                                                    args);
    }

    @Bean
    CommandLineRunner init(ProductoPublisher prodPublisher) {
        return args -> {
          prodPublisher.publicarProductoRegistradoEvent(1, "Producto 1",
                                                       10, "A", 4);
          prodPublisher.publicarProductoRegistradoEvent(2, "Producto 2",
                                                       15, "B", 5);
        };
    }
}
```

La ejecución muestra la siguiente salida:

```
. . . . . . . . . . . . . . . . . . . . . . . . .
PUBLICAR: El Evento ha sido publicado
ESCUCHANDO: stock < 5 -> Producto [codigo=1, denominacion=Producto 1,
pvp=10.0, categoria=A, stock=4]
PUBLICAR: El Evento ha sido publicado
```

El ejemplo lo puedes descargar de los recursos del capítulo, proyecto Maven *EjemploSpringEvents*.

Un **@Bean** es una forma de crear un objeto gestionado por **Spring**. Se usa en un método dentro de una clase con la anotación **@Configuration** (una clase con **@SpringBootApplication** también es una clase de configuración por lo tanto puede contener métodos **@Bean**), sirve para registrar y configurar manualmente beans. En el ejemplo declara que el método ***init(...)*** produce un objeto que **Spring** debe registrar como bean en el contexto. El método devolverá una instancia de **CommandLineRunner** que se ejecutará justo después de arrancar ***Spring Boot***.

6.3.4. Persistencia del componente. Serialización

Mediante el mecanismo de persistencia un Bean es capaz de almacenar su estado en un momento determinado y recuperarlo posteriormente. Para que un Bean sea persistente debe implementar la interfaz **Serializable** usando las librerías APIs de serialización de Java; entonces, todos los valores del Bean serán trasladados a una cadena de bytes que se almacenarán en un fichero. Esta cadena contendrá la información suficiente para reconstruir el Bean almacenado en su último estado. Cuando se carga el componente en el programa se hace a partir del fichero serializado.

A la hora de implementar la interfaz **Serializable** hay que tener en cuenta que:

- Las clases que implementan **Serializable** deben tener un constructor sin argumentos.
- Todos los campos excepto **static** y **transient** son serializados. Para especificar los campos que no queremos serializar utilizaremos el modificador **transient**.

Hemos de tener en cuenta que se deben guardar aquellas características del Bean que le permitan reincorporarse al estado en que se encontraba.

En capítulos anteriores ya se estudió **JPA** (*Java Persistence API*) para manejar la persistencia de objetos en aplicaciones Java.

6.4. HERRAMIENTAS PARA EL DESARROLLO DEL COMPONENTE

Un **componente** es una unidad funcional reutilizable que encapsula lógica de negocio, puede interactuar con otros componentes, y es gestionado por un contenedor (como **Spring** o Java EE). Ejemplos de componentes: controladores REST, servicios, repositorios, entidades, eventos, etc.

Vimos en el capítulo anterior como crear microservicios con ***Spring Boot*** y ***MongoDB***, en este capítulo crearemos una sencilla **API REST** y una aplicación web **Modelo-Vista-Controlador**. Antes de nada, veamos la diferencia entre **Spring** y ***Spring Boot***, aunque están muy relacionadas no son lo mismo.

Spring es un framework de Java que proporciona herramientas para:

- Inyección de dependencias (**IoC**).
- Programación orientada a aspectos (**AOP**).
- Acceso a datos (**JDBC, JPA**).
- Seguridad (**Spring Security**).
- Creación de aplicaciones web (***Spring MVC***).

Es muy poderoso, pero requiere mucha configuración manual: ficheros XML o clases Java con muchos @**Bean**.

Spring Boot es un proyecto encima de **Spring** que simplifica la creación de aplicaciones:

- Elimina la mayoría de las configuraciones manuales.
- Incluye autoconfiguración.
- Proporciona un servidor embebido (como Tomcat o Jetty).
- Permite lanzar apps con una simple clase ***main(...)***.

Su objetivo es que podamos crear una aplicación **Spring** lista para correr con apenas configuración. A la hora de desarrollar un proyecto Java con ***Spring Boot*** se aplican a las clases un conjunto de anotaciones para darles un significado y un rol específico dentro de la aplicación.

6.4.1. Anotaciones de Spring Framework y Spring Boot

Estas anotaciones son fundamentales para que el contenedor de **Spring** scpa cómo gestionar las clases. Se pueden clasificar en diferentes grupos.

Anotaciones de componentes generales (*Stereotype Annotations*), Figura 6.2**:**

Anotación	Descripción
`@Component`	Es la anotación genérica para indicar que una clase es un "componente" de **Spring** y debe ser gestionada por el *contenedor IoC*. **Spring** la detectará automáticamente para la inyección de dependencias. Es la base de las siguientes anotaciones más específicas
`@Service`	Especialización de **@Component** para clases que encapsulan la lógica de negocio. Esta clase proporciona servicios a otras capas de la aplicación
`@Repository`	Especialización de **@Component** para clases que interactúan directamente con la base de datos (capa de persistencia)
`@Controller`	Especialización de **@Component** para clases que actúan como controladores en aplicaciones web (arquitectura MVC). Manejan las solicitudes HTTP y preparan el modelo para las vistas
`@RestController`	Una combinación de **@Controller** y **@ResponseBody**. Se usa en aplicaciones RESTful donde los métodos del controlador devuelven directamente datos (como JSON o XML) en lugar de nombres de vista

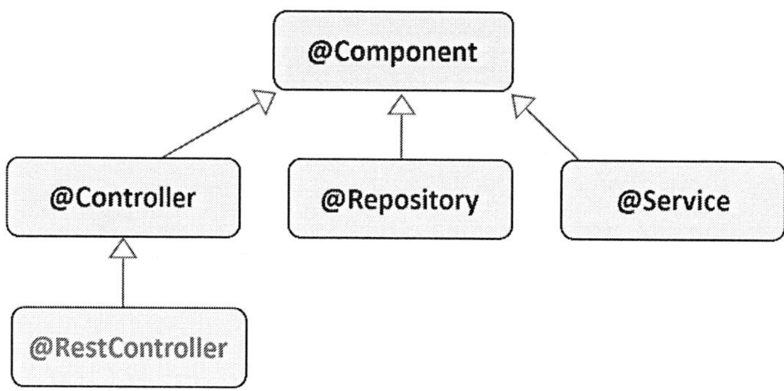

Figura 6.2. Estereotipos Spring y anotaciones.

@Controller, **@Service** y **@Repository** son anotaciones que heredan de **@Component**. **@RestController** hereda de **@Controller**.

El **contenedor IoC** (*Inversión de Control, Inversion of Control*) es un mecanismo central de **Spring Framework** que se encarga de crear, gestionar y ensamblar los objetos de una aplicación. Este contenedor:

- Crea instancias de objetos (también llamados beans).
- Configura sus dependencias (inyección de dependencias).
- Gestiona el ciclo de vida de los objetos.
- Proporciona servicios como inyección automática, ciclo de vida, y escaneo de componentes.

Anotaciones de configuración:

Anotación	Descripción
`@Configuration`	Indica que una clase es una fuente de definiciones de beans para el contenedor **Spring**. A menudo se usa junto con **@Bean**
`@Bean`	Anotación a nivel de método dentro de una clase **@Configuration**. Indica que el método produce un bean que será gestionado por el contenedor **Spring**. El nombre del método suele ser el ID del bean
`@SpringBootApplication`	Una anotación de conveniencia que combina **@Configuration**, **@EnableAutoConfiguration** y **@ComponentScan**. Se coloca típicamente en la clase principal de la aplicación ***Spring Boot*** y habilita la configuración automática, el escaneo de componentes y la definición de beans

Anotaciones de inyección de dependencias:

Anotación	Descripción
`@Autowired`	La anotación más común para inyectar beans. **Spring** busca y enlaza automáticamente un bean que coincida con el tipo de la propiedad o parámetro. Puede usarse en campos, constructores o métodos. Se utiliza para la inyección automática de dependencias. **@Autowired** le dice a **Spring** que encuentre e "inyecte" una instancia de una clase (conocida como un "bean") en otra clase que la necesita. Esto se conoce como *Inversión de Control (IoC)* o *Inyección de Dependencias (DI)*
`@Qualifier("nombreBean")`	Se usa junto con **@Autowired** cuando hay múltiples beans del mismo tipo para especificar cuál bean inyectar por su nombre
`@Value("${propiedad.nombre}")`	Inyecta valores de propiedades (desde *application.properties*, *application.yml*, o variables de entorno) en campos o parámetros

Anotaciones de JPA para entidades de datos, las cuales ya fueron empleadas previamente en el Capítulo 3. Se presentan aquí nuevamente a modo de recordatorio, para apoyar su correcta aplicación en los ejemplos y ejercicios que se desarrollarán en el capítulo:

Anotación	Descripción
`@Entity`	Marca una clase como una entidad JPA, lo que significa que se mapeará a una tabla en una base de datos relacional
`@Table(name = "nombreTabla")`	Opcional. Define el nombre de la tabla de la base de datos a la que se mapea la entidad
`@Id`	Marca un campo como la clave primaria de la entidad.
`@GeneratedValue(strategy = GenerationType.IDENTITY)`	Configura la estrategia para la generación automática de la clave primaria (ej., autoincremento)
`@Column(name = "nombreColumna", nullable = false, length = 255)`	Opcional. Define el mapeo de un campo a una columna de la base de datos, incluyendo propiedades como nulabilidad o longitud
`@Transient`	Indica que un campo no debe ser persistido en la base de datos

Anotaciones De Relaciones	Descripción
`@OneToOne`	Relación uno a uno
`@OneToMany`	Relación uno a muchos
`@ManyToOne`	Relación muchos a uno
`@ManyToMany`	Relación muchos a muchos
`@JoinColumn(name = "fk_id")`	Especifica la columna de clave ajena para el mapeo de relaciones
`@JoinTable(name = "tabla_intermedia", joinColumns = @JoinColumn(name="col1"), inverseJoinColumns = @JoinColumn(name="col2"))` Se usa para relaciones **ManyToMany** para definir la tabla de unión	

Anotaciones para validación (*Hibernate Validator* / *Bean Validation*):

- `@NotNull, @NotEmpty, @NotBlank, @Size, @Min, @Max, @Email,` etc.: Se usan en los campos de las clases (especialmente en DTOs o entidades) para definir reglas de validación. ***Spring MVC*** puede aplicar estas validaciones automáticamente en los controladores con ***@Valid***.

6.4.2. Principios de Diseño y Patrones

Además de las anotaciones, la forma en que estructuramos y organizamos las clases siguiendo patrones de diseño es crucial. Podemos distinguir varias capas en las aplicaciones ***Spring Boot***:

- **Capa de Presentación/Web** (*Controllers*): clases con la anotación **@RestController** o **@Controller** que manejan las peticiones del cliente.
- **Capa de Servicio** (*Services*): clases con **@Service** que contienen la lógica de negocio central de la aplicación. Coordinan las operaciones entre las capas de presentación y de datos.
- **Capa de Acceso a Datos** (*Repositories*): interfaces que extienden **JpaRepository** (o similares) o clases con la anotación **@Repository** que interactúan directamente con la base de datos.

- **Capa de Dominio/Modelo** (*Entities/Models*): clases con la anotación **@Entity** que representan la estructura de los datos persistidos en la base de datos.
- **Capa de DTOs** (*Data Transfer Objects*): clases simples que no son entidades y se usan para transferir datos entre diferentes capas o para exponer datos a través de APIs, a menudo conteniendo solo los campos relevantes para una operación específica.

En un proyecto ***Spring Boot***, la mayoría de las clases —como entidades, DTOs o servicios— son simplemente POJOs (*Plain Old Java Objects*). Es decir, se trata de clases Java convencionales que no dependen directamente de ningún framework, lo que favorece su reutilización y facilita las pruebas. Las anotaciones proporcionadas por **Spring** y **JPA** actúan como metadatos que se agregan sobre estos POJOs para habilitar funcionalidades específicas sin acoplar el código al framework.

Estos componentes colaboran para que podamos definir clases con responsabilidades bien establecidas, manejar sus dependencias de forma eficiente y conectarlas fácilmente con recursos externos como bases de datos o servicios HTTP, todo gracias a la configuración automática que ofrece ***Spring Boot***.

6.5. CREAR UNA API Rest

Vimos en el capítulo anterior como crear microservicios con MongoDB y ***Spring Boot***, Vamos a ver cómo crear una **API Rest,** con acceso a una base de datos MySQL y usando **JPA**. Usaremos **Spring Initializr** para que genere la estructura del proyecto. Desde la URL ***https://start.spring.io*** empezamos a crear nuestro proyecto y añadimos las dependencias que en este caso usaremos: ***Spring Web***, ***MySQL Driver*** el driver para trabajar con bases de datos MySQL y ***Spring Data JPA***.

En el Capítulo 3 trabajamos con las entidades ***Estudiante*** y ***Curso***, donde un estudiante puede inscribirse en muchos cursos y cada curso puede tener muchos estudiantes. En este proyecto usaremos dichas entidades para realizar diferentes consultas. Usaremos para las consultas clases **DTOs** y métodos derivados por nombre. La estructura del proyecto se muestra en la Figura 6.3.

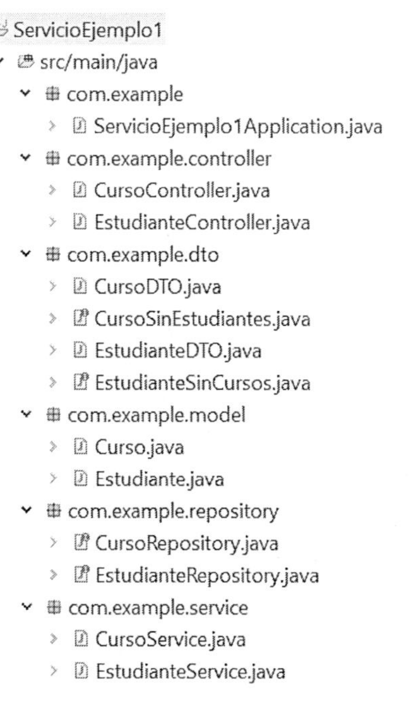

Figura 6.3. Estructura del proyecto de la API Rest.

Se definen los siguientes paquetes:

- Paquete **com.example**: es el paquete principal contiene la clase con el método ***main(...)*** que lanza la ejecución de la aplicación. Esta clase llevarán la anotación **@SpringBootApplication**.
- Paquete **controller:** contiene dos controladores, uno maneja los **endpoints** relacionados con los cursos ***CursoController.java*** y el otro los relacionados con los estudiantes ***EstudianteController.java***. Un **endpoint** es una URL específica a la que los clientes pueden enviar solicitudes HTTP para interactuar con una aplicación o servicio. Estas clases llevarán la anotación **@RestController**.
- Paquete **dto:** contiene clases e interfaces que usaremos para realizar consultas más complejas.
- Paquete **model**: contiene las entidades de nuestro modelo de datos, que son las clases ***Curso.java*** y ***Estudiante.java.*** Estas clases llevarán la anotación **@Entity**.
- Paquete **repository**: contiene las clases ***CursoRepository.java*** y ***EstudianteRepository.java*** que establecen la comunicación con la base de datos. Estas clases llevarán la anotación **@Repository**.
- Paquete **service:** contiene las clases ***CursoService.java*** y ***EstudianteService.java*** donde se define la funcionalidad sobre las entidades ***Curso*** y ***Estudiante*** que representan a las tablas CURSOS y ESTUDIANTES respectivamente. Estas clases llevarán la anotación **@Service**.

En el fichero **application.properties** (carpeta ***src/main/resources***) añadimos las propiedades de conexión a la base de datos y las propiedades de ***JPA / Hibernate*** para el acceso a datos, en el ejemplo la base de datos se llama *unidad6* y el usuario con el que se hace la conexión es *root* sin valor en la clave:

```
spring.datasource.url=jdbc:mysql://localhost:3306/unidad6
spring.datasource.username=root
spring.datasource.password=
spring.datasource.driver-class-name=com.mysql.cj.jdbc.Driver

spring.jpa.show-sql=true
spring.jpa.hibernate.ddl-auto=create
spring.jpa.properties.hibernate.dialect=org.hibernate.dialect.MySQLDialect
```

Al establecer **create** en la propiedad **spring.jpa.hibernate.ddl-auto**, le indicamos a Hibernate que al iniciar la aplicación debe generar el esquema de la base de datos desde cero. Esto significa que eliminará las tablas existentes (si las hay) y las recreará completamente según la definición de las clases Java marcadas con la anotación **@Entity**. La clase con el método ***main(...)*** se encargará de insertar datos en las tablas cada vez que se ejecute la aplicación. No se crearán las tablas desde el entorno de MySQL.

6.5.1. Las entidades, paquete model

Se define la clase ***Curso*** con 4 atributos: *id*, *nombre*, *precio* y *estudiantes*. Este último atributo representa la relación muchos-muchos entre cursos y estudiantes, un curso puede tener muchos estudiantes, en **mappedBy** se indica el nombre del atributo de la clase ***Estudiante*** que es la dueña de la relación:

```
package com.example.model;
import java.util.List;
import jakarta.persistence.*;

@Entity
@Table(name = "cursos")
public class Curso {
	@Id
	@GeneratedValue(strategy = GenerationType.IDENTITY)
	private Long id;

	private String nombre;
	private Integer precio;

	@ManyToMany(mappedBy = "cursos")
	private List<Estudiante> estudiantes;

	//constructores
	//métodos get-set
}
```

Se define la clase ***Estudiante*** con 4 atributos: *id*, *nombre*, *edad* y *cursos*. Este último atributo representa los cursos en los que está inscrito un estudiante, relación muchos-muchos entre estudiantes y cursos:

```
package com.example.model;
import java.util.List;
import jakarta.persistence.*;

@Entity
@Table(name = "estudiantes")
public class Estudiante {
	@Id
	@GeneratedValue(strategy = GenerationType.IDENTITY)
	private Long id;

	private String nombre;
	private Integer edad;

	@ManyToMany
	@JoinTable(name = "estudiantes_cursos",
		joinColumns = @JoinColumn(name = "estudiante_id"),
		inverseJoinColumns = @JoinColumn(name = "curso_id"))
	private List<Curso> cursos;

	//constructores
	//métodos get-set
}
```

Donde en la relación **@ManyToMany**:

- ***@JoinTable(name="estudiantes_cursos")*** crea una tabla llamada *estudiantes_cursos* que conecta estudiantes con cursos.

- ***joinColumns = @JoinColumn(name = "estudiante_id")*** define la columna que representa al estudiante en esa tabla intermedia. Apunta al campo *id* de la entidad ***Estudiante***.
- ***inverseJoinColumns = @JoinColumn(name = "curso_id")*** define la columna que representa al curso en la misma tabla. Apunta al campo *id* de la entidad ***Curso***.

6.5.2. Los repositorios, paquete repository

En el paquete **repository** se encuentran las clases que establecen la comunicación con la base de datos. Las clases heredan de **JpaRepository** por lo que disponemos de una gran cantidad de métodos que nos permiten hacer operaciones **CRUD** (*Crear, Leer, Actualizar, Eliminar*) y consultas sin necesidad de escribir sentencias SQL:

Métodos de JpaRepository	Descripción
List<T> ***findAll***()	Devuelve todas las entidades
Optional<T> ***findById***(ID id)	Busca entidad por ID
T ***save***(T entity)	Guarda o actualiza una entidad
List<T> ***saveAll***(Iterable<T> entities)	Guarda múltiples entidades
void ***deleteById***(ID id)	Elimina entidad por ID
void ***delete***(T entity)	Elimina una entidad
void ***deleteAll***()	Elimina todas las entidades
boolean ***existsById***(ID id)	Verifica existencia por ID
long ***count***()	Cuenta la cantidad de entidades
List<T> ***findAllById***(Iterable<ID> ids)	Devuelve las entidades con los IDs dados
void ***deleteAll***(Iterable<? extends T> entities)	Elimina varias entidades

También se pueden añadir **métodos derivados por nombre** (*query methods derived by method name*), son una funcionalidad muy poderosa que nos permite crear consultas a la base de datos simplemente escribiendo el nombre del método siguiendo ciertas convenciones. **Spring** interpreta el nombre del método y genera automáticamente la consulta SQL o JPQL correspondiente. La estructura típica de estos métodos es:

```
findBy[Campo][Condición]
```

Donde ***[Campo]*** se refiere **al nombre del atributo** de la entidad Java sobre la que queremos hacer la consulta (la primera letra del atributo se escribe en mayúscula); y ***[Condición]*** se refiere al tipo de comparación a realizar. Por ejemplo, este método devuelve las entidades de ***Estudiante*** cuyo atributo *nombre* coincida con el que se pasa como parámetro:

```
List<Estudiante> findByNombre(String nombre);
```

Spring admite varios operadores a la hora de escribir la ***[Condición]*** en el nombre del método, algunos son:

Operador	Significado	Operador	Significado
And	AND	Like	LIKE
Or	OR	Not	!=
Between	Rango (BETWEEN)	In	IN (...)
LessThan	<	IsNull, IsNotNull	Nulos
GreaterThan	>	OrderBy	Ordenamiento

Ejemplos:

```
List<Estudiante> findByNombreAndEdad(String nombre, Integer edad);
List<Estudiante> findByEdadGreaterThan(Integer edad);
List<Estudiante> findByNombreLike(String nombre);
List<Curso> findByPrecioBetween(Integer min, Integer max);
List<Estudiante> findByNombreIn(List<String> nombres);
```

En la documentación oficial de **Spring Data JPA** podemos obtener más información sobre cómo construir métodos de consulta con nombres, cómo usar los operadores *And, Or, Between, LessThan, Containing, OrderBy*, etc o cómo hacer consultas derivadas de relaciones anidadas:

https://docs.spring.io/spring-data/jpa/docs/current/reference/html/#repositories.query-methods

Cuando tenemos **relaciones bidireccionales** en las entidades, como es el caso de las entidades ***Curso*** y ***Estudiante***, al realizar las operaciones de consulta se produce un **bucle de serialización infinita** o **recursión infinita** en la salida JSON. Al serializar la entidad (por ejemplo, ***Curso***), el serializador intenta incluir sus estudiantes, pero cada estudiante tiene cursos, y esos cursos tienen estudiantes... y así sucesivamente, generando un **JSON infinito** o muy profundo. En la Figura 6.4 se muestra la consulta de las entidades ***Curso***:

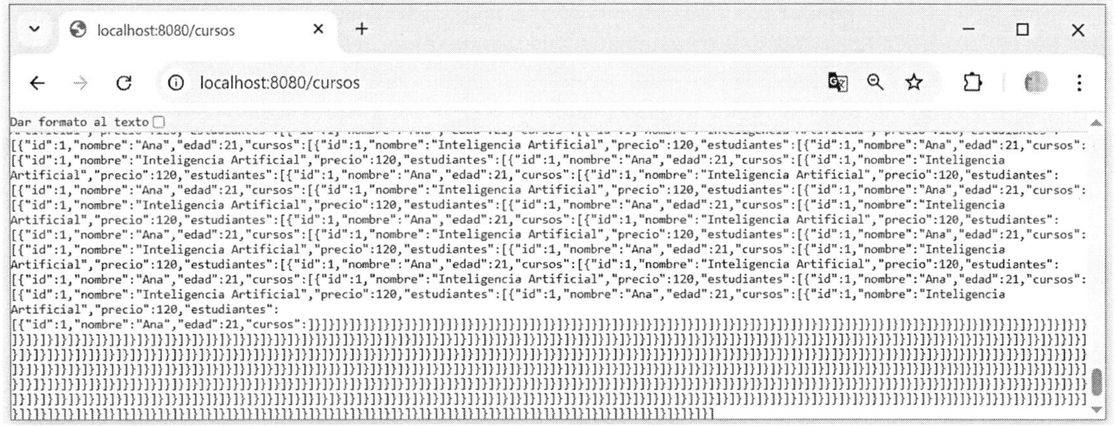

Figura 6.4. Consulta que genera un JSON infinito.

Para prevenir este tipo de situaciones, se pueden utilizar **proyecciones** mediante interfaces o **clases DTO**, lo que permite recuperar únicamente los campos necesarios para una vista o proceso específico. Esto reduce el tamaño de las respuestas JSON, optimiza el uso de memoria y ayuda a evitar errores relacionados.

En el paquete **dto** de nuestro proyecto se han definido dos clases y dos interfaces. Las clases tienen los mismos atributos que las clases ***Curso*** y ***Estudiante*** salvo los atributos de lista de estudiantes en el curso y lista de cursos en el estudiante que son los que producen la recursión infinita:

package com.example.dto;
public class CursoDTO {
    private Long id;
    private String nombre;
    private int precio;
 	
    //constructores
    //get-set
}
	package com.example.dto;
	public class EstudianteDTO {
	    private Long id;
	    private String nombre;
	    private int edad;
	
	    //constructores
	    //get-set
	}

Las interfaces son más fáciles de declarar. En la interfaz ***CursoSinEstudiantes***, se incluyen los métodos que nos interesan cuando consultemos el curso, igual que antes se ha eliminado el método que obtiene la lista de estudiantes:

```
package com.example.dto;
public interface CursoSinEstudiantes {
      Long getId();
      String getNombre();
      Integer getPrecio();
}
```

En la interfaz ***EstudianteSinCursos***, igual que antes se incluyen los métodos que nos interesan y se ha eliminado el método que obtiene la lista de cursos:

```
package com.example.dto;
public interface EstudianteSinCursos {
      Long getId();
      String getNombre();
      Integer getEdad();
}
```

Para definir los repositorios usamos la anotación **@Repository** con ello marcamos la clase como componente de acceso a datos, lo que permite que **Spring** la detecte, gestione su ciclo de vida y aplique características como la traducción automática de excepciones de persistencia a excepciones específicas de **Spring**.

Definimos la interface ***CursoRepository.java*** con las siguientes consultas (se han quitado algunos ***import*** para mayor claridad), las tres primeras usan métodos con nombre, devuelven ***CursoSinEstudiantes***:

```
package com.example.repository;
. . . . . . . . . . . . . . .
import com.example.dto.*;
import com.example.model.Curso;

@Repository
public interface CursoRepository extends JpaRepository<Curso, Long> {
//Obtiene un curso con cuyo id se pasa, sin los estudiantes
      Optional<CursoSinEstudiantes> findDtoById(Long id);

//Cursos con precio entre min y max, sin la lista de estudiantes
      List<CursoSinEstudiantes> findByPrecioBetween
                                         (Integer min, Integer max);
```

```
//Obtiene todos los cursos ordenados por nombre, sin estudiantes
      List<CursoSinEstudiantes> findAllByOrderByNombreAsc();

//Obtiene todos los cursos
//Selecciona los campos específicos para el constructor del DTO
    @Query("""
      SELECT new com.example.dto.CursoDTO(c.id, c.nombre, c.precio)
      FROM Curso c
     """)
     List<CursoDTO> findAllDto();

//Obtiene todos los cursos en los que está inscrito un estudiante
      @Query("""
        SELECT new com.example.dto.CursoDTO(c.id, c.nombre, c.precio)
        FROM Curso c JOIN c.estudiantes e
        WHERE e.id = :estudianteId ORDER BY c.nombre
      """)
      List<CursoDTO> CursosPorEstudiante
                        (@Param("estudianteId") Long estudianteId);
}
```

Las dos últimas son consultas **JPQL**. La primera usa la entidad ***Curso*** para obtener todos los cursos. Con ***new com.example.dto.CursoDTO(c.id, c.nombre, c.precio)*** indicamos que devuelva una lista de ***CursoDTO*** que contienen los campos *id*, *nombre* y *precio*. ***CursoDTO*** debe tener un **constructor** público con los parámetros *Long id, String nombre, Integer precio*.

En la segunda se realiza una consulta para obtener los cursos de un estudiante que se pasa como parámetro ***:estudianteId***. Usa la entidad ***Curso*** con un **JOIN** a la lista de *estudiantes*: ***JOIN c.estudiantes e*** (atributo de la relación **@ManyToMany**). En este caso devuelve los cursos en los que está inscrito un estudiante específico. Ordena los cursos por su nombre.

La versión **SQL nativa** de esta consulta, usando **@Query(..., nativeQuery = true)**, seria la siguiente, donde se usan las tablas CURSOS, ESTUDIANTES_CURSOS y ESTUDIANTES:

```
@Query(value = """
      SELECT c.id, c.nombre, c.precio
      FROM cursos c JOIN estudiantes_cursos ec  ON c.id = ec.curso_id
      JOIN estudiantes e ON ec.estudiante_id = e.id
      WHERE e.id = :estudianteId  ORDER BY c.nombre
""", nativeQuery = true)
```

O bien, si usamos las tablas CURSOS y ESTUDIANTES la consulta quedaría:

```
@Query(value = """
      SELECT c.id, c.nombre, c.precio
      FROM cursos c  where c.id IN
         (SELECT curso_id FROM estudiantes_cursos ec
          WHERE estudiante_id = :estudianteId)
      ORDER BY c.nombre
 """, nativeQuery = true)
```

Las proyecciones basadas en interfaces son fáciles de usar, ya que solo requieren definir los métodos get correspondientes a los datos que se desean consultar. **Spring** puede generarlas automáticamente sin necesidad de escribir consultas personalizadas, lo que las hace ligeras y compatibles con los métodos derivados como *findBy*.... Por otro lado, los **DTOs** definidos como clases ofrecen mayor flexibilidad: permiten incluir lógica adicional, transformar datos, aplicar validaciones o dar formato a los resultados. Además, son necesarios cuando se utilizan constructores explícitos en consultas con **@Query**. En resumen, las interfaces son una excelente opción para consultas simples de solo lectura, mientras que las clases **DTO** son más apropiadas para casos complejos o personalizados.

Definimos la interface ***EstudianteRepository.java*** con las siguientes consultas, las tres primeras usan métodos con nombre, devuelven ***EstudianteSinCursos***:

```
package com.example.repository;
. . . . . . . . . . . . . . .
import com.example.dto.*;
import com.example.model.Estudiante;

@Repository
public interface EstudianteRepository extends JpaRepository
                                              <Estudiante, Long> {
//Obtiene un estudiante con un id
      Optional<EstudianteSinCursos> findDtoById(Long id);

//Lista de estudiantes cuyo nombre contenga la cadena proporcionada
//sin importar mayúsculas o minúsculas.
      List<EstudianteSinCursos>
                        findByNombreContainsIgnoreCase(String nombre);

//Búsqueda por edad mayor que
      List<EstudianteSinCursos> findByEdadGreaterThan(Integer edad);

//Todos los estudiantes
    @Query("""
      SELECT new com.example.dto.EstudianteDTO(e.id, e.nombre, e.edad)
      FROM Estudiante e
    """)
    List<EstudianteDTO> findAllDto();

//Lista de estudiantes que están inscritos en un curso específico,
//ordenado por nombre
      @Query("""
      SELECT new com.example.dto.EstudianteDTO(e.id, e.nombre, e.edad)
      FROM Estudiante e JOIN e.cursos c
      WHERE c.id = :cursoId ORDER BY e.nombre
      """)
      List<EstudianteDTO> EstudiantesPorCurso
                                          (@Param("cursoId")Long id);
}
```

También se realizan dos consultas **JPQL**. La primera usa la entidad ***EstudianteDTO*** para obtener todos los estudiantes. Con ***new com.example.dto.EstudianteDTO(e.id, e.nombre, e.edad)*** indicamos que devuelva una lista de ***EstudianteDTO*** que contiene los campos *id*, *nombre* y *edad* de los estudiantes. ***EstudianteDTO*** debe tener un constructor público con los parámetros *Long id, String nombre, Integer edad.*

En la última se realiza una consulta para obtener los estudiantes de un curso que se pasa como parámetro ***:cursoId***. La consulta es similar al ejemplo anterior, usa la entidad ***Estudiante*** con un

JOIN a la lista de *cursos*: ***JOIN e.cursos c*** (atributo de la relación **@ManyToMany**). Devuelve una lista de ***EstudianteDTO*** inscritos en un curso específico. Ordena los estudiantes por su nombre.

Esta consulta también se puede escribir usando la interface ***EstudianteSinCursos***:

```
@Query("""
            SELECT e.id AS id, e.nombre AS nombre, e.edad AS edad
            FROM Estudiante e JOIN e.cursos c
            WHERE c.id = :cursoId ORDER BY e.nombre
""")

List<EstudianteSinCursos> EstudiantesPorCurso
                                (@Param("cursoId")Long id);
```

La interfaz ***EstudianteSinCursos*** debe tener métodos con nombres exactamente iguales a los alias que se indican en la **SELECT:**

- **AS id**: debe existir el método ***getId()***.
- **AS nombre**: debe existir el método ***getNombre()***.
- **AS edad**: debe existir el método ***getEdad()***.

No debemos usar **new** en la query cuando usemos interfaces. Las proyecciones por interfaz son más ligeras y funcionan bien si solo necesitamos lectura de datos.

Los métodos con nombre (derivados de convenciones como *findBy...*) pueden devolver **DTOs**, pero solo si esos **DTOs** están definidos como interfaces. Este ejemplo en el que se define un método con nombre y se usa una clase **DTO**: *List<EstudianteDTO>* ***findByEdadGreaterThan****(int edad);* no funcionará.

6.5.3. Los servicios, paquete service

El paquete **service** en **Spring** encapsula la lógica de negocio, actuando como puente entre los controladores y los repositorios. Se encarga de aplicar reglas, validar datos, manejar transacciones y coordinar operaciones entre componentes. En el ejemplo, se define un servicio para operaciones con estudiantes que usará el repositorio de estudiantes y otro para operaciones con cursos que usará el repositorio de cursos. Las clases de este paquete se marcarán con la anotación **@Service**.

En las clases ***CursoService.java*** y ***EstudianteService.java*** aplicaremos la inyección de dependencias para utilizar las clases del paquete **repository** y así acceder a la base de datos. Para ello, emplearemos la anotación **@Autowired**. Esto nos permite, por ejemplo, usar directamente ***cursoRepository*** sin necesidad de instanciarlo manualmente, ya que **Spring** se encarga de inyectarlo automáticamente.

La clase ***CursoService.java*** contiene los métodos que serán utilizados posteriormente desde el controlador o desde la clase que contiene el método ***main(...)***. Entre estos métodos se incluyen: guardar un curso en la base de datos, listar todos los cursos, buscar un curso por su ID, listar todos los cursos ordenados por nombre, obtener cursos dentro de un rango de precios y recuperar los cursos asociados a un estudiante específico. Para recuperar los datos se han usado las clases del paquete **dto**:

```
package com.example.service;
. . . . . . . . . . . . . . . . . . . . . . . . . . .
import com.example.dto.*;
import com.example.model.Curso;
import com.example.repository.CursoRepository;

@Service
public class CursoService {

      @Autowired
      CursoRepository cursoRepository;

// Inserta el Curso y lo devuelve
      public Curso saveCurso(Curso curso) {
            return cursoRepository.save(curso);
      }

// Devuelve la lista de cursos
      public List<CursoDTO> getCursos() {
            return cursoRepository.findAllDto();
      }

// Devuelve el curso con el id recibido
      public Optional<CursoSinEstudiantes> getCurso(Long id) {
            return cursoRepository.findDtoById(id);
      }

// Devuelve la lista de cursos ordenados por nombre
      public List<CursoSinEstudiantes> getCursosOrdenados() {
            return cursoRepository.findAllByOrderByNombreAsc();
      }

// Cursos cuyo precio está en un rango
      public List<CursoSinEstudiantes> getCursosMinMax(Integer min,
                                                   Integer max) {
            return cursoRepository.findByPrecioBetween(min, max);
      }

// Cursos de un estudiante concreo
      public List<CursoDTO> getCursosEstudiantes(Long id) {
            return cursoRepository.CursosPorEstudiante(id);
      }
}
```

Igualmente, la clase ***EstudianteService.java*** contiene los métodos que serán utilizados posteriormente desde el controlador o desde la clase que contiene el método ***main(...)***. Entre estos métodos se incluyen: guardar un estudiante en la base de datos, listar todos los estudiantes, listar los estudiantes cuyo nombre contenga parte de una cadena, buscar un estudiante por su ID, listar los estudiantes con edad mayor a un valor y recuperar los estudiantes asociados a un curso específico:

```
package com.example.service;
. . . . . . . . . . . . . . . . . . . . . . . . . . .
import com.example.dto.*;
import com.example.model.Estudiante;
import com.example.repository.EstudianteRepository;
```

```
@Service
public class EstudianteService {

	@Autowired
	EstudianteRepository estudianteRepository;

//Inserta el Estudiante y lo devuelve
	public Estudiante saveEstudiante(Estudiante estudiante) {
		return estudianteRepository.save(estudiante);
	}

//Devuelve la lista de estudiantes
	public List<EstudianteDTO> getEstudiantes() {
		return estudianteRepository.findAllDto();
	}

//Lista de estudiantes que contienen parte de un nombre
    public List<EstudianteSinCursos> getEstudiantesNombre
                                             (String nombre) {
    return estudianteRepository.findByNombreContainsIgnoreCase(nombre);
   }

// Devuelve el estudiante con el id recibido
	public Optional<EstudianteSinCursos> getEstudiante(Long id) {
		return estudianteRepository.findDtoById(id);
	}

//Estudiantes edad mayor que
	public List<EstudianteSinCursos> getEdadMayor(int edad) {
		return estudianteRepository.findByEdadGreaterThan(edad);
	}

//Estudiantes de un curso concreto
	public List<EstudianteDTO> getEstudiantesPorCurso(Long id) {
		return estudianteRepository.EstudiantesPorCurso(id);
	}
}
```

6.5.4. Los controladores, paquete controller

Las clases del paquete **controller** llevan la anotación **@RestController**, se encargan de manejar las peticiones HTTP (como GET, POST, PUT, DELETE) y enviar las respuestas en formato **JSON**. En este ejemplo solo se han realizado peticiones GET. Ambas clases necesitarán enlazar con el servicio correspondiente que le proporcionará las operaciones, se usa para ello **@Autowired**.

La clase ***CursoController.java*** es la siguiente, con la anotación **@GetMapping** definimos las peticiones GET a las rutas indicadas:

```
package com.example.controller;
. . . . . . . . . . . . . . . . . . . . . . . . . .
import com.example.service.CursoService;
import com.example.dto.*;

@RestController
```

```
public class CursoController {

      @Autowired // para enlazar el servicio
      private CursoService cursoService;

      @GetMapping("/")
      public String home() {
            return "Página inicial";
      }

      @GetMapping("/cursos")
      public List<CursoDTO> cursos() {
            return cursoService.getCursos();
      }

      @GetMapping("/curso/{id}")
      public Optional<CursoSinEstudiantes>
                                    uncurso(@PathVariable Long id) {
            return cursoService.getCurso(id);
      }

//Cursos ordenados por nombre
      @GetMapping("/cursosordenados")
      public List<CursoSinEstudiantes> cursosordenados() {
            return cursoService.getCursosOrdenados();
      }

//Cursos con precio en un rango
      @GetMapping("/cursospreciosrango/{min}/{max}")
      public List<CursoSinEstudiantes> cursosPreciosMinMax
                        (@PathVariable int min, @PathVariable int max) {
            return cursoService.getCursosMinMax(min, max);
      }

//Cursos en los que esta inscrito un estudiante
      @GetMapping("/cursosestudiante/{id}")
      public List<CursoDTO> cursosestudiante(@PathVariable Long id) {
            return cursoService.getCursosEstudiantes(id);
      }
}
```

En la siguiente tabla se resumen las consultas que podemos hacer:

Consulta	Métodos GET
Página inicial Obtener todos los cursos	*http://localhost:8080/* *http://localhost:8080/cursos*
Obtener un curso por ID	*http://localhost:8080/curso/1* *http://localhost:8080/curso/2*
Obtener cursos ordenados por nombre	*http://localhost:8080/cursosordenados*
Obtener cursos cuyo precio esté entre un mínimo y un máximo *http://localhost:8080/cursospreciosrango/100/300* *http://localhost:8080/cursospreciosrango/10/150*	

Consulta	Métodos GET
Obtener cursos en los que está inscrito un estudiante *http://localhost:8080/cursosestudiante/1* *http://localhost:8080/cursosestudiante/2*	

La clase ***EstudianteController.java*** es la siguiente:

```
package com.example.controller;
. . . . . . . . . . . . . . . . . . .
import com.example.service.EstudianteService;
import com.example.dto.*;

@RestController
public class EstudianteController {

      @Autowired // para enlazar el servicio
      private EstudianteService estudianteService;

      // todos los estudiantes
      @GetMapping("/estudiantes")
      public List<EstudianteDTO> estudiantes() {
            return estudianteService.getEstudiantes();
      }

      // estudiantes contienen en el nombre el valor del argumento
      @GetMapping("/estudiantescontienen/{nombre}")
      public List<EstudianteSinCursos> estudiantesNombre
                                      (@PathVariable String nombre) {
            return estudianteService.getEstudiantesNombre(nombre);
      }

      // Un estudiante
      @GetMapping("/estudiante/{id}")
      public Optional<EstudianteSinCursos>
                                   estudiante (@PathVariable Long id) {
            return estudianteService.getEstudiante(id);
      }

      // Estudiantes edad mayor que
      @GetMapping("/estudiantesmayorde/{edad}")
      public List<EstudianteSinCursos>
                             estudiantesMayor(@PathVariable int edad) {
            return estudianteService.getEdadMayor(edad);
      }

      // Todos los estudiantes de un curso
      @GetMapping("/estudiantesdelcurso/{id}")
      public List<EstudianteDTO>
                          estudiantesPorCurso(@PathVariable Long id) {
            return estudianteService.getEstudiantesPorCurso(id);
      }
}
```

En la siguiente tabla se resumen las consultas que podemos hacer:

Consulta	Métodos GET
Obtener todos los estudiantes	*http://localhost:8080/estudiantes*
Buscar estudiantes cuyo nombre contenga un valor	*http://localhost:8080/estudiantescontienen/ana* *http://localhost:8080/estudiantescontienen/an*
Obtener un estudiante por ID	*http://localhost:8080/estudiante/3*
Estudiantes con edad mayor a un valor	*http://localhost:8080/estudiantesmayorde/20*
Estudiantes inscritos en un curso por ID del curso	*http://localhost:8080/estudiantesdelcurso/2*

6.5.5. Lanzar la aplicación

En el paquete **com.example**, se genera por defecto la clase encargada de iniciar la aplicación. Esta clase, denominada ***ServicioEjemplo1Application.java***, está anotada con la anotación **@SpringBootApplication** y actúa como punto de entrada principal de la aplicación. Su función es inicializar la aplicación y cargar automáticamente datos de prueba en la base de datos al arrancar.

En este ejemplo insertaremos datos en las tablas CURSOS y ESTUDIANTES, recordemos que cada vez que se lanza la aplicación las tablas se crean de nuevo por especificar **create** en la propiedad **spring.jpa.hibernate.ddl-auto** del fichero **application.properties**. Desde la consola se verán las sentencias de borrado y creación de las tablas, asi como las sentencias SQL que se ejecutan cuando se realizan operaciones en la base de datos, véase Figura 6.5.

```
ServicioEjemplo1Application [Java Application] C:\CLASE\Libros\ADAT\eclipseLimpio\plugins\org.eclipse.justj.openjdk.hotspot.jre.full.win32.x86_64_21.0.5.v20241023-1957\jre\bin\javaw.exe (13 jun 2025, 20:08:21 elap
        Maximum pool size: undefined/unknown
2025-06-13T20:08:24.886+02:00  INFO 11060 --- [Servicio Ejemplo1] [           main] o.h.e.t.j.p.i.JtaPlatformInitiator       : HHH000489: No JTA platform
Hibernate: alter table estudiantes_cursos drop foreign key FKs1fm6xas6hh53qqtjwsccsfop
Hibernate: alter table estudiantes_cursos drop foreign key FKcxjg10s01498k3gq1954mg130
Hibernate: drop table if exists cursos
Hibernate: drop table if exists estudiantes
Hibernate: drop table if exists estudiantes_cursos
Hibernate: create table cursos (precio integer, id bigint not null auto_increment, nombre varchar(255), primary key (id)) engine=InnoDB
Hibernate: create table estudiantes (edad integer not null, id bigint not null auto_increment, nombre varchar(255), primary key (id)) engine=InnoDB
Hibernate: create table estudiantes_cursos (curso_id bigint not null, estudiante_id bigint not null) engine=InnoDB
Hibernate: alter table estudiantes_cursos add constraint FKs1fm6xas6hh53qqtjwsccsfop foreign key (curso_id) references cursos (id)
Hibernate: alter table estudiantes_cursos add constraint FKcxjg10s01498k3gq1954mg130 foreign key (estudiante_id) references estudiantes (id)
2025-06-13T20:08:25.006+02:00  INFO 11060 --- [Servicio Ejemplo1] [           main] j.LocalContainerEntityManagerFactoryBean : Initialized JPA EntityManag
2025-06-13T20:08:25.318+02:00  INFO 11060 --- [Servicio Ejemplo1] [           main] o.s.d.j.r.query.QueryEnhancerFactory     : Hibernate is in classpath;
2025-06-13T20:08:25.902+02:00  WARN 11060 --- [Servicio Ejemplo1] [           main] JpaBaseConfiguration$JpaWebConfiguration : spring.jpa.open-in-view is
2025-06-13T20:08:26.202+02:00  INFO 11060 --- [Servicio Ejemplo1] [           main] o.s.b.w.embedded.tomcat.TomcatWebServer  : Tomcat started on port 8080
2025-06-13T20:08:26.209+02:00  INFO 11060 --- [Servicio Ejemplo1] [           main] c.example.ServicioEjemplo1Application    : Started ServicioEjemplo1App
Hibernate: insert into cursos (nombre,precio) values (?,?)
Hibernate: insert into cursos (nombre,precio) values (?,?)
Hibernate: insert into cursos (nombre,precio) values (?,?)
Hibernate: insert into estudiantes (edad,nombre) values (?,?)
Hibernate: insert into estudiantes_cursos (estudiante_id,curso_id) values (?,?)
Hibernate: insert into estudiantes_cursos (estudiante_id,curso_id) values (?,?)
Hibernate: insert into estudiantes (edad,nombre) values (?,?)
Hibernate: insert into estudiantes_cursos (estudiante_id,curso_id) values (?,?)
Hibernate: insert into estudiantes_cursos (estudiante_id,curso_id) values (?,?)
Hibernate: insert into estudiantes_cursos (estudiante_id,curso_id) values (?,?)
```

Figura 6.5. Creación de tablas e inserción de datos al ejecutar la aplicación.

La clase implementa **CommandLineRunner**, para poder ejecutar código automáticamente al iniciar la aplicación. El método ***run(...)*** se ejecuta justo después de que el contexto de **Spring** ha sido cargado. El código de la clase es el siguiente:

```
package com.example;
. . . . . . . . . . . . . . . . . .
import com.example.model.*;
import com.example.service.*;
```

```
@SpringBootApplication
public class ServicioEjemplo1Application implements CommandLineRunner {

    @Autowired // para enlazar el servicio
    private CursoService cursoService;

    @Autowired // para enlazar el servicio
    private EstudianteService estudianteService;

    public static void main(String[] args) {
      SpringApplication.run(ServicioEjemplo1Application.class, args);
    }

    @Override
    public void run(String... args) throws Exception {
          Curso c1= new Curso("Inteligencia Artificial",120);
          Curso c2= new Curso("Java EE", 112);
          Curso c3= new Curso("Acceso a datos", 100);

    //crear cursos
          cursoService.saveCurso(c1);
          cursoService.saveCurso(c2);
          cursoService.saveCurso(c3);

    //crear estudiantes
          List<Curso> lista1 = new ArrayList<Curso>();
          lista1.add(c1);
          lista1.add(c2);
          Estudiante e1= new Estudiante("Ana", 21, lista1);

          List<Curso> lista2 = new ArrayList<Curso>();
          lista2.add(c1);
          lista2.add(c2);
          lista2.add(c3);
          Estudiante e2= new Estudiante("Fernando", 23, lista2);

          estudianteService.saveEstudiante(e1);
          estudianteService.saveEstudiante(e2);
    }
}
```

En el método **run()** se crean 3 objetos *Curso*, y se guardan en la base de datos a través de ***cursoService***. Después se crean 2 objetos *Estudiante*, asignando a cada uno una lista de cursos y se guardan en la base de datos mediante ***estudianteService***.

Para ejecutar la aplicación pulsamos sobre la clase que tiene el método ***main(...)*** con el botón derecho del ratón y seleccionamos ***Run as >> Java Application***. Desde el navegador web podemos realizar las consultas mostradas en el apartado anterior.

6.5.6. Empaquetar la aplicación

Para empaquetar una **API Rest** en una aplicación **Spring Boot**, generalmente se genera un fichero **.jar** ejecutable. Para crear el fichero **.jar**, desde el entorno Eclipse pulsamos sobre el proyecto con el botón derecho del ratón y seleccionamos ***Run As >> Maven Build***, en **Goals** escribimos las acciones ***clean verify*** y a continuación pulsamos el botón ***Apply*** y después ***Run***. Se muestra en consola la salida generada por el proceso.

Al final de la lista de mensajes aparecerá el mensaje *BUILD SUCCESS* si todo ha ido bien; también veremos que se ha generado el fichero **.jar** de nuestro proyecto con el nombre definido en las etiquetas *artifactId* y *version* en la carpeta ***target*** del proyecto, ejemplo de salida:

```
[INFO] Tests run: 1, Failures: 0, Errors: 0, Skipped: 0, Time elapsed:
5.178 s -- in com.example.ServicioEjemplo1ApplicationTests
[INFO]
[INFO] Results:
[INFO]
[INFO] Tests run: 1, Failures: 0, Errors: 0, Skipped: 0
[INFO]
[INFO]
[INFO] --- jar:3.4.2:jar (default-jar) @ ServicioEjemplo1 ---
[INFO] Building jar:
C:\AD_CAPIT6\ServicioEjemplo1\target\ServicioEjemplo1-0.0.1-
SNAPSHOT.jar
[INFO]
[INFO] - spring-boot:3.5.0:repackage (repackage) @ ServicioEjemplo1 ---
[INFO] Replacing main artifact
C:\AD_CAPIT6\ServicioEjemplo1\target\ServicioEjemplo1-0.0.1-
SNAPSHOT.jar with repackaged archive, adding nested dependencies in
BOOT-INF/.
[INFO] The original artifact has been renamed to
C:\AD_CAPIT6\ServicioEjemplo1\target\ServicioEjemplo1-0.0.1-
SNAPSHOT.jar.original
[INFO] ------------------------------------------------------------------
[INFO] BUILD SUCCESS
[INFO] ------------------------------------------------------------------
[INFO] Total time:  9.824 s
[INFO] Finished at: 2025-06-13T20:53:40+02:00
[INFO] ------------------------------------------------------------------
```

Ahora podemos ir a la carpeta donde está el fichero **.jar**, en el ejemplo es la carpeta *C:\AD_CAPIT6\ServicioEjemplo1\target*; y ejecutar el fichero **.jar** de nuestra aplicación:

```
C:\AD_CAPIT6\ServicioEjemplo1\target>java -jar ServicioEjemplo1-0.0.1-
SNAPSHOT.jar

  .   ____          _            __ _ _
 /\\ / ___'_ __ _ _(_)_ __  __ _ \ \ \ \
( ( )\___ | '_ | '_| | '_ \/ _` | \ \ \ \
 \\/  ___)| |_)| | | | | || (_| |  ) ) ) )
  '  |____| .__|_| |_|_| |_\__, | / / / /
 =========|_|==============|___/=/_/_/_/

 :: Spring Boot ::                (v3.5.0)
. . . . . . . . . . . . .  . . . . . . . . . .
. . . . . . . . . . . . .  . . . . . . . . . .
. . . . . . . . . . . . .  . . . . . . . . . .
```

Nuestra **API Rest** estará corriendo en *http://localhost:8080* lista para ser consumida. El ejemplo lo puedes encontrar en los recursos del capítulo en el proyecto Eclipse *ServicioEjemplo1*.

6.6. PATRÓN DATA ACCESS OBJECT (DAO)

El patrón **Data Access Object** (**DAO**) es un patrón de diseño cuyo propósito es aislar la lógica que gestiona el acceso a los datos de la lógica de negocio de una aplicación. Funciona como una capa intermedia que abstrae y encapsula las operaciones necesarias para interactuar con la base de datos u otras fuentes de información, permitiendo así una mayor modularidad y separación de responsabilidades.

Generalmente, un patrón **DAO** se compone de los siguientes elementos:

- **Objeto de Negocio** (o Modelo/Entidad)**:** representa los datos con los que trabajamos. Es un simple POJO (*Plain Old Java Object*) que contiene los atributos, constructores y métodos *get-set*. Por ejemplo, si tenemos una tabla de departamentos en la base de datos tendríamos una clase *Departamento* con propiedades como *id, dnombre* y *loc*. Estos objetos no tienen lógica de acceso a datos.

- **Interfaz DAO:** define las operaciones que se pueden realizar con el objeto de negocio. Por ejemplo, para un departamento, la interfaz *DepartamentoDAO* definirá las operaciones a realizar con un objeto *Departamento*: insertar, modificar, eliminar, consultar, etc. Esto permite que la lógica de negocio solo "sepa" qué operaciones puede hacer, pero no cómo se implementan.

- **Implementación DAO:** es la clase que implementa la interfaz DAO y contiene la lógica específica para interactuar con la fuente de datos (por ejemplo, código JDBC para una base de datos SQL, o código para interactuar con una API REST, un fichero, etc.). Aquí es donde se escriben las consultas SQL, se manejan las conexiones, etc.

- **Objeto de Transferencia de Datos (DTO):** A veces, se utiliza un **DTO** para transferir datos entre la capa de negocio y la capa DAO. Este objeto es un "contenedor" de datos simple sin lógica de negocio, diseñado para optimizar la transferencia de información.

Spring Boot simplifica enormemente la implementación del patrón DAO, aunque a menudo no se refiere explícitamente a "DAO" en su terminología más moderna, sino que se inclina más hacia el concepto de "Repositorios". Sin embargo, la esencia y los beneficios del patrón DAO están intrínsecamente presentes en cómo ***Spring Boot*** maneja la persistencia de datos.

Cuando se quiere hacer un CRUD de forma rápida y eficiente lo lógico es usar los repositorios que ofrece **Spring Data JPA**, pero si queremos una arquitectura más desacoplada y flexible podemos usar el patrón DAO, ello nos permitirá realizar consultas SQL nativas o personalizadas más allá de lo que ofrece JPA por defecto.

6.6.1. Patrón DAO usando Spring Data JPA

Si la implementación del patrón DAO usa el **EntityManager**, se necesita la dependencia **Spring Data JPA**, porque **EntityManager** proviene de JPA y ***Spring Boot*** lo gestiona a través de Hibernate. Usaremos **Spring Initializr** para que genere la estructura del proyecto. Desde la URL ***https://start.spring.io*** empezamos a crear nuestro proyecto y añadimos las dependencias que en este caso usaremos: ***Spring Web***, ***MySQL Driver*** y ***Spring Data JPA***.

En este ejemplo usaremos la tabla DEPARTAMENTOS (el script de creación de la tabla se puede encontrar en los recursos del capítulo), cuya estructura es la siguiente:

```
CREATE TABLE departamentos (
   dept_no   TINYINT(2) NOT NULL PRIMARY KEY,
   dnombre   VARCHAR(15),
   loc       VARCHAR(15)
) ENGINE=InnoDB;
```

La tabla tiene datos y la tenemos creada en la base de datos *unidad6* como en el ejemplo anterior. En la propiedad **spring.jpa.hibernate.ddl-auto** del fichero **application.properties** asignaremos el valor **none** para indicar que no se haga nada con el esquema de la base de datos, es decir no se eliminan ni se crean tablas.

Cuando se utiliza el patrón **DAO** de forma explícita, no es obligatorio usar interfaces **Repository** (las que extienden **JpaRepository** o **CrudRepository**) de **Spring Data JPA**. La estructura del proyecto se muestra en la Figura 6.6.

Figura 6.6. Proyecto DAO usando Spring Data JPA.

En el paquete **model** tenemos la clase ***Departamento.java*** cuyo código es el siguiente:

```
package com.example.model;
import jakarta.persistence.*;

@Entity
@Table(name = "departamentos")
public class Departamento {

      @Id
      @Column(name = "dept_no") //CLAVE PRIMARIA
      private Integer id;

      private String dnombre;
```

```
    private String loc;

    //constructores
    //métodos get-set
}
```

En el paquete **dao** tenemos las clases ***DepartamentoDAO.java*** que es la interfaz con las operaciones a realizar y la clase ***DepartamentoDAOImpl.java*** que implementa la interfaz. La interface ***DepartamentoDAO*** define los siguientes métodos: consultar un departamento por ID, recuperar todos los departamentos, guardar un departamento, modificar un departamento recibiendo el número de departamento a modificar y el objeto departamento con los nuevos datos; y eliminar un departamento cuyo número se recibe:

```
package com.example.dao;
import java.util.List;
import com.example.model.Departamento;

public interface DepartamentoDAO {
      Departamento findById(Integer deptno); //consulta por id
      List<Departamento> findAll();          //consulta todos
      void save(Departamento dep);
      boolean update(Integer deptno, Departamento dep);
      boolean delete(Integer deptno);
}
```

En la clase ***DepartamentoDAOImpl.java*** usamos la anotación **@Repository** para marcarla como un componente de acceso a datos que se encargará de la comunicación con la base de datos. **@PersistenceContext** es una anotación de JPA que inyecta automáticamente una instancia del **EntityManager** que es la interfaz principal de JPA que se utiliza para realizar operaciones con la base de datos: consultas, inserciones, actualizaciones, eliminaciones:

```
package com.example.dao;

import java.util.List;
import org.springframework.stereotype.Repository;
import com.example.model.Departamento;

import jakarta.persistence.EntityManager;
import jakarta.persistence.PersistenceContext;

@Repository
public class DepartamentoDAOImpl implements DepartamentoDAO {

    @PersistenceContext
    private EntityManager entityManager;

    @Override
    public Departamento findById(Integer deptno) {
        String jpql = """
              SELECT d FROM Departamento d  WHERE d.id = :deptno
                     """;
        try {
              return entityManager.createQuery(jpql, Departamento.class)
                          .setParameter("deptno", deptno)
                          .getSingleResult();
        } catch (Exception e) {
```

```
            return null;
        }
    }

    @Override
    public List<Departamento> findAll() {
        String jpql = "SELECT d FROM Departamento d";
        return entityManager.createQuery(jpql, Departamento.class)
                    .getResultList();
    }

    @Override
    public void save(Departamento dep) {
        entityManager.persist(dep);
    }

    @Override
    public boolean update(Integer deptno, Departamento depart) {

        Departamento dep = entityManager.find(Departamento.class, deptno);
        if (dep == null) {
            return false;
        }
        entityManager.merge(depart);
        return true; // Modificado correctamente
    }

    @Override
    public boolean delete(Integer deptno) {
        Departamento dep = entityManager.find(Departamento.class, deptno);
        if (dep == null) {
            return false;
        }
        entityManager.remove(dep);
        return true; // Eliminado correctamente
    }
}
```

En el paquete **service** definimos los servicios. Definimos la interfaz ***DepartamentoService.java*** con sus métodos, es muy similar a ***DepartamentoDAO***, salvo cuando devuelve un departamento por ID que devuelve un tipo **Optional**:

```
package com.example.service;
. . . . . . . . . . .
import com.example.model.Departamento;

public interface DepartamentoService {
    Optional<Departamento> findById(Integer deptno);
    List<Departamento> findAll();
    void save(Departamento dep);
    boolean update(Integer deptno, Departamento dep);
    boolean delete(Integer deptno);
}
```

Definimos también la implementación de la interfaz, ***DepartamentoServiceImpl.java*** a la que se añade la anotación **@Service**, se define un constructor por inyección de dependencias para inyectar automáticamente una implementación de **DepartamentoDAO** esto permite que se puedan usar los métodos definidos en la interfaz DAO sin crearlos manualmente:

```
package com.example.service;
. . . . . . . . . . . .
import com.example.dao.DepartamentoDAO;
import com.example.model.Departamento;
import org.springframework.transaction.annotation.Transactional;

@Service
public class DepartamentoServiceImpl implements DepartamentoService {

      private DepartamentoDAO departamentoDAO;

      public DepartamentoServiceImpl(DepartamentoDAO departamentoDAO) {
            this.departamentoDAO = departamentoDAO;
      }

      @Override
      public Optional<Departamento> findById(Integer deptno) {
            Departamento dep = departamentoDAO.findById(deptno);
            return dep == null ? Optional.empty():Optional.of(dep);
      }

      @Override
      public List<Departamento> findAll() {
            return departamentoDAO.findAll();
      }

      @Override
      @Transactional
      public void save(Departamento dep) {
           this.departamentoDAO.save(dep);

      }

      @Override
      @Transactional
      public boolean update(Integer deptno, Departamento dep) {
            return this.departamentoDAO.update(deptno, dep);
      }

      @Override
      @Transactional
      public boolean delete(Integer deptno) {
               return this.departamentoDAO.delete(deptno);
      }
}
```

Los métodos ***save(...)***, ***update(...)*** y ***delete(...)*** ejecutan operaciones de modificación en la base de datos y están anotados con la anotación **@Transactional** para asegurar que se ejecuten dentro de una transacción.

En el paquete **controller** se han definido dos controladores. ***DepartamentoController.java*** permite realizar operaciones CRUD (crear, leer, actualizar y eliminar) sobre departamentos a través de distintas rutas HTTP:

```
package com.example.controller;
. . . . . . . . . . . . . . .
import com.example.model.Departamento;
import com.example.service.DepartamentoService;

@RestController
public class DepartamentoController {

      @Autowired
      private DepartamentoService depService;

      @GetMapping("/")
      public String home() {
            return "Página inicial";
      }

      @GetMapping("/departamento/{id}")
      public Optional<Departamento> departamento
                              (@PathVariable("id") Integer id) {
            return depService.findById(id);
      }

      @GetMapping("/departamentos")
      public List<Departamento> departamentos() {
            return depService.findAll();
      }

    @PostMapping
    public void save(@RequestBody Departamento dep) {
        depService.save(dep);
    }

    @PutMapping("/{id}")
    public boolean update(@PathVariable("id") Integer id,
                          @RequestBody Departamento dep) {
        return depService.update(id, dep);
    }

    @DeleteMapping("/{id}")
    public boolean delete(@PathVariable("id") Integer id) {
        return depService.delete(id);
    }
}
```

Las rutas **GET** que podemos probar desde el navegador web son las siguientes:

- Página de inicio: *http://localhost:8080/*
- Obtener un departamento por ID: *http://localhost:8080/departamento/{id}*. Reemplazamos {id} por el ID del departamento a consultar, ejemplo: *http://localhost:8080/departamento/10*
- Obtener todos los departamentos: *http://localhost:8080/departamentos*

El resto de las rutas las podemos probar con **Postman** o con **Talend API Tester** de Google

- **POST**. Crear un nuevo departamento: *http://localhost:8080/*. Enviamos el JSON del nuevo departamento en el cuerpo de la solicitud:

```
{
        "id": 15,
        "dnombre": "PERSONAL",
        "loc": "MADRID"
}
```

- **PUT**. Actualizar un departamento existente: *http://localhost:8080/{id}*. Reemplazamos {id} por el ID del departamento a actualizar, por ejemplo, modificamos el departamento 15: *http://localhost:8080/15;* también hay que enviar el JSON actualizado en el cuerpo:

```
{
        "id": 15,
        "dnombre": "PERSONAL",
        "loc": "TOLEDO"
}
```

- **DELETE**. Eliminar un departamento: *http://localhost:8080/{id}*. Reemplazamos {id} por el ID del departamento a eliminar, ejemplo: *http://localhost:8080/15*

Si intentamos eliminar un departamento que tenga empleados o insertar un departamento que ya exista se producirá el error *500 Internal Server Error* y en la consola se mostrarán errores. Para evitar esos errores se ha añadido la clase ***GlobalExceptionHandler.java***.

Esta clase maneja excepciones globales gracias a la anotación **@ControllerAdvice**, que le permite interceptar errores desde cualquier controlador. Está diseñada para capturar específicamente excepciones del tipo **DataIntegrityViolationException**, usando la anotación **@ExceptionHandler**. Cuando ocurre una violación de integridad de datos (como claves duplicadas o errores de claves foráneas), esta clase analiza el mensaje de error y devuelve una respuesta HTTP clara y personalizada al cliente, mejorando así la gestión de errores y la experiencia de usuario:

```
package com.example.controller;

import org.springframework.dao.DataIntegrityViolationException;

import org.springframework.http.ResponseEntity;
import org.springframework.web.bind.annotation.ControllerAdvice;
import org.springframework.web.bind.annotation.ExceptionHandler;

@ControllerAdvice
public class GlobalExceptionHandler {

    @ExceptionHandler(DataIntegrityViolationException.class)
    public ResponseEntity<String>
        handleConstraintViolation(DataIntegrityViolationException ex) {

        String mensaje = ex.getMostSpecificCause().getMessage();
```

```
        if (mensaje.contains("Duplicate entry")) {
            return ResponseEntity.badRequest()
                .body("Ya existe un registro con esa clave.");
        } else if (mensaje.contains("foreign key constraint")) {
            return ResponseEntity.badRequest()
             .body("No se puede eliminar el registro porque está
                  relacionado con otros datos.");
        } else {
            return ResponseEntity.badRequest()
              .body("Error de integridad: " + mensaje);
        }
    }
}
```

En la consola se mostrarían errores similares a estos al insertar un departamento que ya existe y al eliminar un departamento que tiene empleados:

.....[Departamentos DAO1] [nio-8080-exec-2] o.h.engine.jdbc.spi.SqlExceptionHelper : ***Duplicate entry '15' for key 'departamentos.PRIMARY'***

....

.....[Departamentos DAO1] [nio-8080-exec-4] o.h.engine.jdbc.spi.SqlExceptionHelper : ***Cannot delete or update a parent row: a foreign key constraint fails (`unidad6`.`empleados`, CONSTRAINT `FK_DEP` FOREIGN KEY (`dept_no`) REFERENCES `departamentos` (`dept_no`))***

Por último, en el paquete **com.example**, se encuentra la clase que lanza la ejecución de la aplicación, ***DepartamentosDao1Application.java***, que es la que tiene el método ***main(...)*** y se deja tal como se genera inicialmente.

El ejemplo se puede encontrar en los recursos del capítulo en el proyecto Eclipse *DepartamentosDAO1*.

6.6.2. Patrón DAO Spring JDBC

Si la implementación del patrón DAO usa el **JDBC** o **JdbcTemplate**, no se necesita la dependencia **Spring Data JPA**, pero hay que agregar la dependencia **Spring Data JDBC.** De nuevo usamos **Spring Initializr** para que genere la estructura del proyecto y añadimos las dependencias que en este caso usaremos: ***Spring Web***, ***MySQL Driver*** y ***Spring Data JDBC***.

JdbcTemplate es una clase de **Spring** que simplifica el uso de **JDBC** (*Java Database Connectivity*) para acceder a bases de datos. Su objetivo principal es reducir el código repetitivo y propenso a errores que implica usar JDBC directamente, como abrir conexiones, manejar excepciones, cerrar recursos, etc.

Igual que en el ejemplo anterior usaremos la tabla DEPARTAMENTOS. Lo primero que haremos en el proyecto será añadir las propiedades para la conexión a la base de datos en el fichero **application.properties**. La estructura de paquetes es igual al ejemplo anterior, las clases del paquete **service** y **controller** son las mismas, no hay que hacer cambios.

En el paquete **model** cambiamos la clase ***Departamento.java***, se quitan las anotaciones de entidad y se definen los atributos con el mismo nombre que tienen en la tabla de la base de datos:

```
package com.example.model;

public class Departamento {
       private Integer dept_no;
       private String dnombre;
       private String loc;

       //constructores
       //métodos get-set
}
```

Del paquete **dao** cambiamos la clase ***DepartamentoDAOImpl.java***, el código es el siguiente:

```
package com.example.dao;

import java.util.List;
import org.springframework.dao.EmptyResultDataAccessException;
import org.springframework.jdbc.core.BeanPropertyRowMapper;
import org.springframework.jdbc.core.JdbcTemplate;
import org.springframework.stereotype.Repository;
import com.example.model.Departamento;

@Repository
public class DepartamentoDAOImpl implements DepartamentoDAO {

       private JdbcTemplate jdbcTemplate;

       public DepartamentoDAOImpl(JdbcTemplate jdbcTemplate) {
              this.jdbcTemplate = jdbcTemplate;
       }

       @Override
       public Departamento findById(Integer deptno) {
          String sql = "SELECT * FROM departamentos WHERE dept_no = ?";
          Departamento dep;
          try {
              dep = jdbcTemplate.queryForObject(sql, new
                  BeanPropertyRowMapper<> (Departamento.class), deptno);
              return dep;

          } catch (EmptyResultDataAccessException e) {
              return null;
          }
       }

       @Override
       public List<Departamento> findAll() {
              String sql = "SELECT * FROM departamentos";
              return jdbcTemplate.query(sql, new
                     BeanPropertyRowMapper<>(Departamento.class));
       }

       @Override
       public void save(Departamento dep) {
              String sql = "INSERT INTO departamentos VALUES (?, ?, ?)";
              jdbcTemplate.update(sql, dep.getDept_no(),
                                        dep.getDnombre(), dep.getLoc());
       }
```

```
    @Override
    public boolean update(Integer deptno, Departamento dep) {
        String sql = """
                UPDATE departamentos SET dnombre = ?,
                loc = ? WHERE dept_no = ?
        """;
        int result = jdbcTemplate.update(sql,
                        dep.getDnombre(), dep.getLoc(), deptno);

        return (result == 1);
    }

    @Override
    public boolean delete(Integer deptno) {
        String sql = "DELETE FROM departamentos WHERE dept_no = ?";
        int result = jdbcTemplate.update(sql, deptno);

        return (result == 1);
    }
}
```

Los métodos de **JdbcTemplate** usados para operaciones de actualización (INSERT, UPDATE, DELETE, DDL) son los siguientes:

- **int update(String sql):** ejecuta cualquier sentencia SQL de actualización (INSERT, UPDATE, DELETE) o DDL (CREATE TABLE, ALTER TABLE, DROP TABLE, etc.). Devuelve el número de filas afectadas por la operación. Se usa para sentencias SQL simples sin parámetros dinámicos.
- **int update(String sql, Object arg1, Object args2, ...):** similar al método anterior, pero permite pasar parámetros dinámicos a la sentencia SQL. Utiliza el símbolo de interrogación (**?**) como marcador de posición para los parámetros. **Spring** se encarga de preparar la sentencia y vincular los valores. Devuelve el número de filas afectadas.

Los métodos **JdbcTemplate** para operaciones de consulta (SELECT) requieren un mecanismo para mapear el **ResultSet** a objetos Java:

- **List<T> query(String sql, RowMapper<T> rowMapper)**: ejecuta una consulta que se espera que devuelva múltiples filas, y mapea cada fila a un objeto Java utilizando el **RowMapper** proporcionado. Devuelve una lista de objetos Java, si no hay resultados, devuelve una lista vacía. En el ejemplo se ha realizado la siguiente consulta para obtener todos los departamentos:

```
jdbcTemplate.query(sql, new
                        BeanPropertyRowMapper<>(Departamento.class));
```

RowMapper<T> es una interfaz de **Spring** que define cómo mapear una fila de **ResultSet** a un objeto de tipo **T**. **BeanPropertyRowMapper<T>** implementa **RowMapper<T>** usando nombres de columnas coincidentes con atributos del bean (*Departamento* en este caso). ***BeanPropertyRowMapper<>(Departamento.class)*** convierte cada fila del **ResultSet** en un objeto *Departamento* usando reflexión donde los nombres de las columnas en la tabla DEPARTAMENTOS deben coincidir (o ser compatibles) con los nombres de las propiedades de la clase *Departamento*. Por ejemplo, la columna *dnombre* se asigna a ***setDnombre(...)*** si existe ese método en *Departamento*. La clase *Departamento* debe tener un constructor sin argumentos y métodos ***set...()*** públicos para las propiedades.

- **List<T> query(String sql, RowMapper<T> rowMapper, Object arg1, Object args2, ...):** similar al método anterior, pero permite pasar parámetros dinámicos a la sentencia SQL.

- **T queryForObject(String sql, Class<T> requiredType)**: ejecuta una consulta SQL que se espera que devuelva un solo valor escalar (por ejemplo, un *COUNT(*)*, *MAX(salario)*, etc.). **Spring** convierte el resultado al tipo *requiredType* especificado. Por ejemplo:

```
String sql = "SELECT COUNT(*) FROM departamentos";
Integer total = jdbcTemplate.queryForObject(sql, Integer.class);
```

- **T queryForObject(String sql, Class<T> requiredType, Object arg1, Object args2, ...)**: igual que el anterior, pero con parámetros dinámicos. Ejemplo:

```
String sql = "SELECT dnombre FROM departamentos WHERE dept_no = ?";
String nombre = jdbcTemplate.queryForObject(sql, String.class, 1L);
```

- **T queryForObject(String sql, RowMapper<T> rowMapper)**: ejecuta una consulta que se espera que devuelva una sola fila, y mapea esa fila a un objeto Java utilizando un **RowMapper**. Devuelve el objeto Java mapeado.

- **T queryForObject(String sql, Class<T> requiredType, Object arg1, Object args2, ...)**: igual que el anterior, pero con parámetros dinámicos. En el ejemplo se ha usado de la siguiente manera para obtener un departamento cuyo número de departamento se pasa como argumento:

```
dep = jdbcTemplate.queryForObject(sql, new
        BeanPropertyRowMapper<>(Departamento.class), deptno);
```

queryForObject(...) devuelve la excepción ***EmptyResultDataAccessException*** cuando la consulta no devuelve ningún resultado (es decir, 0 filas), o ***IncorrectResultSizeDataAccessException*** cuando la consulta devuelve más de una fila.

El ejemplo se puede encontrar en los recursos del capítulo en el proyecto Eclipse *DepartamentosDAO2*.

ACTIVIDAD 6.1

Partiendo del componente anterior amplíalo para que pueda realizar operaciones sobre la tabla de EMPLEADOS (el script de creación de la tabla se puede encontrar en los recursos del capítulo).

Añade las siguientes clases:

- En el paquete **model** la clase ***Empleado*** (los atributos son los mismos que los de la tabla empleados usada en capítulos anteriores),
- En el paquete **dao** la clase ***EmpleadoDAO***, los métodos a desarrollar son los siguientes:

```
public interface EmpleadoDAO {
    void save (Empleado emp);
    boolean delete (Integer empno);
    boolean update (Integer empno,  Empleado emp);
    Empleado findById (Integer empno);
    List<EmpleadoDTO> findAll();
}
```

- - En el paquete **dao** la clase ***EmpleadoDAOImpl*** implementarán las operaciones anteriores.
- - Crea en el paquete **dto** la clase ***EmpleadoDTO*** con los atributos siguientes que se usarán para obtener la lista de los empleados, y en lugar de que se muestre el número del departamento, se mostrará el nombre del departamento:

```
private Integer emp_no;
private String apellido;
private String oficio;
private Integer dir;
private Date fecha_alt;
private Double salario;
private Double comision;
private String dnombre;
//métodos get, set y constructores
```

- - En el paquete **service** crea las clases ***EmpleadoService*** y ***EmpleadoServiceImpl*** que son muy similares a las creadas para el departamento.
- - En el paquete **controller** crea el controlador ***EmpleadoController*** añade la anotación ***@RequestMapping(path = "emp")*** para que las rutas de empleados partan de ahí.

Ejemplos de consultas GET:

```
http://localhost:8080/emp/empleado/7369
http://localhost:8080/emp/empleados
```

Desde **Postman** se prueban el resto de operaciones:

```
POST: http://localhost:8080/emp
  {
   "emp_no":7111,"apellido":"SUELA","oficio":"EMPLEADO",
   "dir":7902,"fecha_alt":"2000-11-02",
   "salario":1500.0,"comision":2,"dept_no":10
  }

 PUT: http://localhost:8080/emp/7111
  {
   "apellido":"SUELA","oficio":"DIRECTOR",
   "dir":7902,"fecha_alt":"2005-11-02",
   "salario":1700.0,"comision":1,"dept_no":20
  }
DELETE: http://localhost:8080/emp/7111
```

- Añade todo lo necesario al DAO de departamento (su implementación y los servicios) para poder hacer una consulta de empleados por departamento, en el que los datos de empleados a devolver sean: *emp_no, apellido, oficio* y *salario*. Añade las clases necesarias y al controlador de departamentos añade la nueva operación, por ejemplo, la operación GET para obtener los empleados del departamento 20 seria algo asi:

```
http://localhost:8080/departamentosEmpleados/20
```

- Añade todo lo necesario al DAO de departamento (su implementación y los servicios) para poder hacer un resumen departamental en el que por cada departamento se muestre el *dept_no*, *dnombre*, número de empleados y salario medio. Añade las clases necesarias y al controlador de departamentos añade la nueva operación, la operación GET seria algo asi:

```
http://localhost:8080/departamentosResumen
```

Desde **Postman** se mostraria el resumen departamental como en la Figura 6.7.

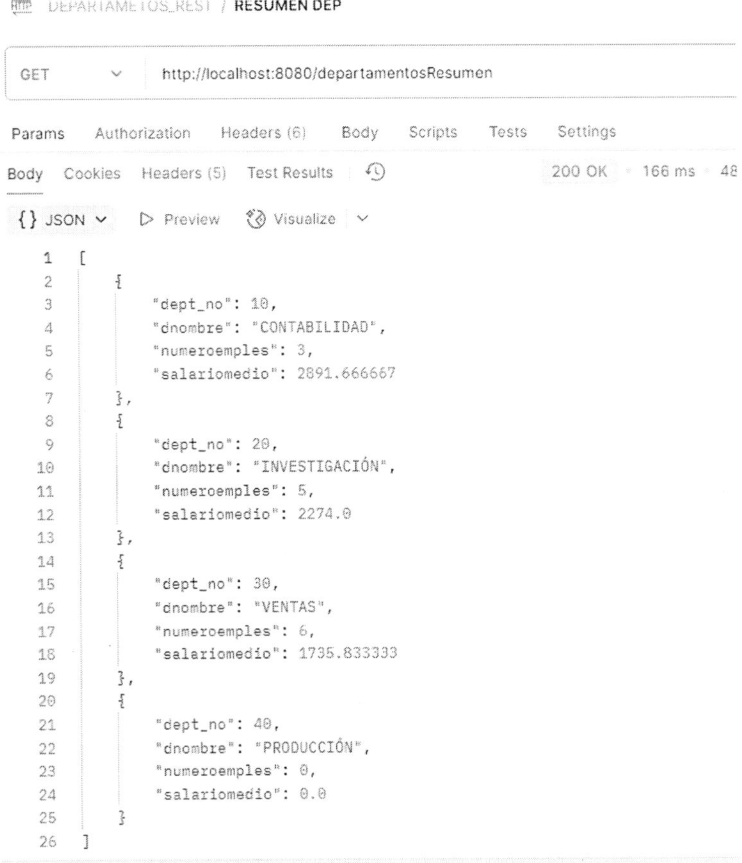

Figura 6.7. Resumen departamental desde Postman.

6.7. PATRÓN MODELO VISTA CONTROLADOR - MVC

El patrón MVC (*Model-View-Controller*) es un patrón de diseño que se utiliza como guía para el diseño de arquitecturas software que ofrecen una fuerte interactividad con el usuario y donde se requiere una separación de conceptos para que el desarrollo se realice más eficazmente facilitando la programación en diferentes capas de manera paralela e independiente. Este patrón organiza la aplicación en 3 bloques, cada cual especializado en una tarea:

- **El Modelo**: representa los datos de la aplicación y sus reglas de negocio. Se encarga de manejar los datos, la lógica y las reglas de la aplicación. En el caso de las aplicaciones web, esto suele incluir la gestión del almacenamiento de información en una base de datos.

- **La Vista:** se encarga de mostrar la información al usuario (generalmente utilizando HTML y CSS en aplicaciones web) y de capturar las interacciones o entradas que el usuario proporciona. Un ejemplo de vistas son los formularios de entrada y salida de información o páginas HTML con contenido dinámico.
- **El Controlador**: interpreta los datos que recibe del usuario analizando la petición, coordinando la vista y el modelo para que la aplicación produzca los resultados esperados.

Las **ventajas** de hacer uso de este patrón son:

- Separación de los datos de la representación visual de los mismos.
- Diseño de aplicaciones modulares.
- Reutilización de código.
- Facilidad para probar las unidades por separado.
- Facilita el mantenimiento y la detección de errores.

Entre las **desventajas** cabe destacar la complejidad que se agrega al sistema al separar los conceptos en capas o la cantidad de ficheros a desarrollar que se incrementa considerablemente.

La Figura 6.8 describe el flujo general de la solicitud de un usuario construida en una arquitectura MVC, como se puede observar, el controlador es el que dirige la aplicación. Los pasos son los siguientes:

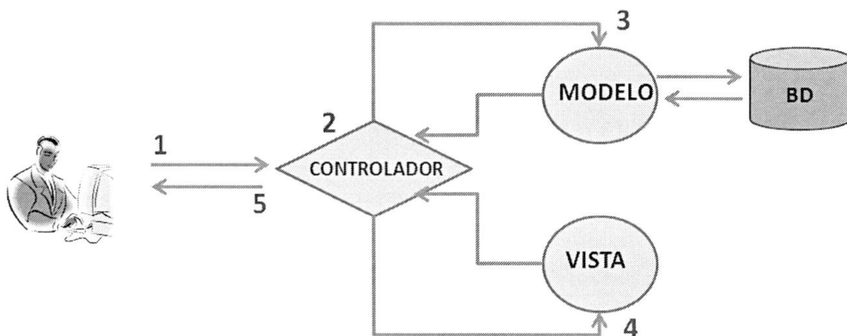

Figura 6.8. Flujo de solicitud en el MVC.

1. Un usuario realiza una solicitud a través de la aplicación (por ejemplo, pulsa un botón de un formulario o un enlace de una página web). La solicitud es dirigida al controlador.
2. El controlador examina la solicitud y decide qué regla de negocio aplicar, es decir, determinará el componente de negocio a aplicar para procesar la solicitud, este componente de negocio es el modelo.
3. El modelo contiene las reglas de negocio que procesan la solicitud y que dan lugar al acceso a los datos que necesita el usuario. Estos datos se devuelven al controlador.
4. El controlador toma los datos que devuelve el modelo y selecciona la vista en la que se van a presentar esos datos al usuario.
5. El controlador devuelve los resultados al usuario tras procesar la solicitud.

6.7.1. Implementación en Spring Framework

Spring implementa MVC mediante el módulo **Spring Web MVC**:

1. **Modelo**
   - Se define con clases Java (POJOs).
   - Interactúa con la base de datos usando ***Spring Data JPA***, ***Hibernate***, etc.
2. **Vista**
   - Se puede usar JSP, **Thymeleaf**, HTML, o cualquier tecnología de presentación.
   - **Spring** pasa datos del modelo a la vista con la interfaz **Model**.
3. **Controlador**
   - Se define con anotaciones como **@Controller** y **@RequestMapping**.
   - Procesa las solicitudes HTTP y devuelve una vista o datos JSON/XML.

6.7.2. El modelo en Spring MVC

El componente del modelo suele desarrollarse utilizando ***Spring Data JPA***, que a su vez se basa en implementaciones de **Jakarta Persistence** (anteriormente conocida como *Java Persistence API* o *JPA*). La implementación predeterminada de **Jakarta Persistence** en **Spring** es Hibernate ORM.

En **Spring**, el modelo incluye los siguientes elementos que ya hemos usado en apartados anteriores:

- Clases de entidad (**@Entity**).
- Servicios y repositorios.
- **DTOs** (opcional).
- Validaciones.
- Relaciones entre entidades.

En el ejemplo que veremos en el siguiente epígrafe para la gestión de departamentos que tiene una serie de empleados (proyecto Maven *MVCDepartamentos*) se definen los paquetes **model**, **repository** y **service** para el componente modelo. Las tablas que se usarán serán DEPARTAMENTOS y EMPLEADOS que hemos usado a lo largo del curso.

En el paquete **model** se define la entidad de ***Departamento*** y ***Empleado*** donde un departamento puede tener muchos empleados y un empleado pertenece a un departamento. La clase ***Departamento.java*** es la siguiente, donde se define la relación **@OneToMany** donde un departamento tiene muchos empleados:

```
package com.example.model;
import java.util.List;
import jakarta.persistence.*;

@Entity
@Table(name = "departamentos")
public class Departamento {
    @Id
```

```
    @Column(name = "dept_no")
    private Integer id;
    private String dnombre;
    private String loc;

    @OneToMany(mappedBy = "departamento")
    private List<Empleado> empleados;

    //constructores y métodos get-set

    @Override
    public String toString() {
          return "("+ id + ", " + dnombre + ", " + loc + ")";
    }
}
```

La clase ***Empleado.java*** es la siguiente, se define la relación **@ManyToOne** donde muchos empleados pertenecen a un solo departamento:

```
package com.example.model;
import java.sql.Date;
import jakarta.persistence.*;

@Entity
@Table(name = "empleados")
public class Empleado {

    @Id
    @Column(name = "emp_no")
    private Integer id;

    private String apellido;
    private String oficio;
    private Integer dir;
    private Date fecha_alt;
    private Double salario;
    private Double comision;

    @ManyToOne
    @JoinColumn(name = "dept_no")  //FK en la tabla empleados
    private Departamento departamento;

    //constructores y métodos get-set
}
```

En el paquete **repository** se define una única clase, ***DepartamentoRepository.java*** que hereda de **JpaRepository**, en el ejemplo solo realizaremos operaciones con la tabla de DEPARTAMENTOS:

```
package com.example.repository;
import org.springframework.stereotype.Repository;
import com.example.model.Departamento;
import org.springframework.data.jpa.repository.JpaRepository;
```

```
@Repository
public interface DepartamentoRepository
                  extends JpaRepository<Departamento, Integer> {
}
```

En el paquete **service** se define una única clase, ***DepartamentoService.java*** con las operaciones a realizar sobre la tabla DEPARTAMENTOS (consultar, insertar, modificar, eliminar, etc.):

```
package com.example.service;

import . . . . . . . . . . . . .
import com.example.model.Departamento;
import com.example.repository.DepartamentoRepository;

@Service
public class DepartamentoService {

       @Autowired
       DepartamentoRepository departamentoRepository;

       // Devuelve la lista de departamentos
       public List<Departamento> getDepartamentos() {
              return departamentoRepository.findAll();
       }

       // Devuelve el dep con el id recibido
       public Optional<Departamento> getDepartamento(Integer id) {
              return departamentoRepository.findById(id);
       }

       //Inserta departamento y lo devuelve, si existe se modifica
       public Departamento saveDepartamento(Departamento dep) {
              return departamentoRepository.save(dep);
       }

       //Elimina el departamento con ese id
       public void deleteDepartamento(Integer id) {
              departamentoRepository.deleteById(id);
       }

       //Comprueba si existe o no el departamento con ese id
       public boolean existeDepartamento(Integer id) {
              return departamentoRepository.existsById(id);
       }
}
```

6.7.3. La vista en Spring MVC

En los frameworks web, las vistas generalmente se crean a partir de plantillas HTML. Estas plantillas generan la página HTML final utilizando un conjunto de variables que contienen los datos a mostrar. Básicamente, las plantillas están compuestas por marcado HTML combinado con pequeños fragmentos de código incrustado que permiten inyectar datos, mostrar contenido de forma condicional, recorrer colecciones, entre otras funcionalidades.

En aplicaciones ***Spring MVC*** modernas, **Thymeleaf** (*https://www.thymeleaf.org/*) es el motor de plantillas más utilizado, ya que ofrece una mejor integración con HTML, facilita la visualización previa de las vistas, y permite una sintaxis más clara y mantenible.

Para usar **Thymeleaf** en una aplicación ***Spring Boot/Spring MVC*** necesitamos agregar la dependencia al proyecto y ubicar las plantillas HTML (ficheros HTML) en la carpeta **src/main/resources/templates/**.

ATRIBUTOS Y EXPRESIONES EN Thymeleaf

En **Thymeleaf**, los atributos especiales y las expresiones permiten insertar dinámicamente contenido y lógica en las vistas HTML. Los atributos que comienzan por **th** se procesan en el servidor y modifican el HTML resultante, los más importantes son:

- **th:text**: reemplaza el texto del elemento. Con la expresión **"${...}"** podemos acceder a variables del modelo. Este ejemplo en la página HTML muestra el contenido de la variable *mensaje* pasada desde el controlador usando el método ***addAttribute(...)*** del objeto **Model**, por ejemplo, ***model.addAttribute("mensaje", "¡Hola Mundo!");***

```
<h2 th:text="${mensaje}">Mensaje recibido</h2>
```

- **th:if**: muestra el elemento si la condición es verdadera. En el ejemplo, si el valor de la variable *existedept10* es *true*, entonces se muestra: *"El departamento 10 existe"*:

```
<p th:if="${existedept10}">El departamento 10 existe</p>
```

- **th:unless**: muestra el elemento si la condición es falsa, si la variable *existedept10* es *false* (o es null) se muestra *"No existe el departamento 10"*:

```
<p th:unless="${existedept10}">No existe el departamento 10</p>
```

- **th:each**: itera sobre una colección de objetos, por ejemplo, se recibe del controlador la variable *departamentos* que contiene una lista objetos de la clase *Departamento*. El ejemplo recorre la lista llamada ***${departamentos}*** en cada vuelta del bucle, crea una variable llamada *dep* que representa un departamento, ***dep.id***, ***dep.dnombre*** y ***dep.loc*** son atributos del objeto de la clase *Departamento*:

```
<ul>
    <li th:each="dep : ${departamentos}">
        <span th:text="${dep.id}"> ID </span> -
        <span th:text="${dep.dnombre}"> DNOMBRE </span>
        <span th:text="${dep.loc}"> LOC </span>
    </li>
</ul>
```

- **th:href**: genera dinámicamente un enlace que incluye un parámetro de ruta, *id*, con el valor de la variable *departamentoId* proveniente del controlador. La expresión ***(id=${departamentoId})*** sustituye **{id}** con el valor real de *departamentoId*:

```
<a th:href="@{/pruebadepartamento/{id}(id=${departamentoId})}">Ver</a>
```

- **th:src**: genera la URL de una imagen. Por ejemplo, ***th:src="@{/images/delete.png}"*** indica que se cargará la imagen *delete.png* desde la carpeta **/static/images/** del proyecto, la imagen debe estar en la carpeta **src/main/resources/static/images/**:

```
<img th:src="@{/images/delete.png}" />
```

- **th:object**: se usa para vincular un formulario HTML a un objeto del modelo, permitiendo que los campos del formulario se conecten automáticamente a las propiedades del objeto usando **th:field**. Permite usar **th:field="*{propiedad}"** dentro del formulario para acceder directamente a los campos del objeto. En el siguiente ejemplo **th:object="${departamento}"** indica que el formulario está asociado al objeto departamento, **th:field="*{id}"** se enlaza con *departamento.getId()* y *setId(...)*, **th:field="*{dnombre}"** se enlaza con *departamento.getDnombre()* y *setDnombre(...)* y **th:field="*{loc}"** se enlaza con *departamento.getLoc()* y *setLoc(...)*:

```
<form th:action="@{/guardaDep}"
      th:object="${departamento}" method="post">
      <input th:field="*{id}" placeholder="DEPT_NO" />
      <input th:field="*{dnombre}" placeholder="DNOMBRE" />
      <input th:field="*{loc}" placeholder="LOC" />
      <button type="submit">Enviar</button>
  </form>
```

- **th:action**: se utiliza para generar dinámicamente el atributo *action* de un formulario HTML. La expresión **th:action="@{/guardaDep}"** es equivalente a: *<form action="/guardaDep" method="post">*.

- **th:field**: se usa para vincular campos de formularios HTML con atributos de un objeto Java. Conecta un <input>, <select>, <textarea>, etc., con una propiedad del objeto especificado en **th:object**.

En **Thymeleaf**, se utilizan varios tipos de expresiones para acceder a datos, controlar el flujo, y generar contenido dinámico en las vistas HTML, ya las hemos visto anteriormente en los atributos **th**. Las más importantes son:

- **Expresiones de variables ${...}**, permiten acceder a variables del modelo (enviadas desde el controlador), el siguiente ejemplo muestra el valor de la variable *nombre* enviada desde el controlador:

```
<span th:text="${nombre}">Nombre</span>
```

- **Expresiones de selección *{...}**, se usan dentro de un formulario con **th:object**, y acceden a propiedades del objeto vinculado. En el siguiente ejemplo **th:object="${departamento}"** indica que todo el formulario trabaja sobre el objeto *departamento* y **th:field="*{id}"** accede al atributo *id* dentro del objeto *departamento*:

```
<form th:object="${departamento}">
    <input th:field="*{id}" />
</form>
```

- **Expresiones de mensajes #{...}**, se usan para mostrar textos desde ficheros de propiedades (**messages.properties**), se usan para internacionalización (i18n). Este fichero se ubica en la carpeta **src/main/resources**. El siguiente ejemplo muestra el texto definido en el campo ***form.titulo*** que tiene que estar definido en el fichero de propiedades (en el fichero habrá una línea similar a: *form.titulo=Formulario de Registro*):

```
<span th:text="#{form.titulo}">Formulario</span>
```

- **Expresiones de enlaces/URLs @{...}**, construyen URLs de forma dinámica, teniendo en cuenta el contexto de la aplicación. Útil para generar rutas con parámetros y contextos correctamente. Ejemplo:

```
<a th:href="@{/departamentos}">Ver Departamentos</a>
<a th:href="@{/dep/{id}(id=${dep.id})}">Detalle</a>
```

- **Expresiones de literales ('Texto', 123, true, false)** para valores fijos, son valores literales usados dentro de otras expresiones, permite combinar texto fijo con variables:

```
<span th:text="'Hola ' + ${nombre}">Texto</span>
```

- **Expresiones condicionales**, usadas con **th:if**, **th:unless** y el operador ternario:

```
<p th:if="${edad > 18}">Mayor de edad</p>
<span th:text="${activo} ? 'Sí' : 'No'">Estado</span>
```

- **Expresiones de iteración th:each**, para recorrer colecciones, por ejemplo, se muestra una fila por departamento mostrando solo el *id*:

```
<tr th:each="dep : ${departamentos}">
    <td th:text="${dep.id}"></td>
</tr>
```

Para enviar los datos a la vista usamos el objeto **Model** desde el controlador. Esos atributos luego pueden ser accedidos en la vista con expresiones como **${atributo}**. Los controladores **Thymeleaf** se utilizan para manejar solicitudes HTTP y renderizar plantillas HTML utilizando el motor de plantillas **Thymeleaf**.

6.7.4. El controlador en Spring MVC

El controlador en ***Spring MVC***, al integrarse con **Thymeleaf**, ofrece características clave que facilitan el desarrollo de aplicaciones web de forma eficiente y estructurada:

- Usa la anotación **@Controller**.
- Tiene métodos con anotaciones como **@RequestMapping**, **@GetMapping**, etc.: que definen las rutas y los métodos HTTP que responden a las solicitudes.
- Utiliza el objeto **Model** para añadir atributos que se pasarán a la vista. Los métodos del controlador pueden recibir un objeto Model (**org.springframework.ui.Model**), al recibir este **Model**, lo transforma en su propio objeto de contexto para el procesamiento de la plantilla. Este objeto es un tipo *Map* que se utiliza para pasar datos desde el controlador a la vista. Con el método **model.addAttribute("nombreAtributo", valor)**, el controlador añade atributos al modelo. Estos atributos se convierten en *"variables de contexto"* accesibles mediante expresiones como **"${nombreAtributo}"**.

- Los métodos retornan el nombre de la plantilla **Thymeleaf** que se utilizará para renderizar la respuesta (ficheros HTML). Lo más común es que los métodos del controlador **devuelvan un *String* que representa el nombre lógico de la vista**. ***Spring MVC***, resuelve este nombre a la plantilla real (por ejemplo, *"index"* se resolverá a *"index.html"* en la ubicación configurada). Los controladores también pueden devolver *Strings* para realizar redirecciones, como ***"redirect:/otra-url"***.

El siguiente método en el controlador utiliza el objeto **Model** para enviar atributos a la plantilla *pruebas.html* (el método devuelve ***return "pruebas"***):

```
@GetMapping("/pruebas")
public String pruebas(Model model) {

    //Mostrar valor de una variable
    model.addAttribute("mensaje", "¡Hola Mundo!");

    //Condicionales
    model.addAttribute("existedept10",
                        depService.existeDepartamento(10));

    //Iteraciones
    List<Departamento> lista = depService.getDepartamentos();
    model.addAttribute("departamentos", lista);

    //Enlaces dinámicos
    model.addAttribute("departamentoId", 10);

    //Formularios, manda objeto vacio para el form
    model.addAttribute("departamento", new Departamento());

    return "pruebas"; //plantilla pruebas.html
}
```

La plantilla tendrá el siguiente aspecto con los atributos: *mensaje*, *existedept10*, *departamentos*, *departamentoId* y *departamento*:

```
<!DOCTYPE html>
<html xmlns:th="http://www.thymeleaf.org">
<head><title>Prueba Thymeleaf</title></head>
<body>
    <!-- Mostrar valor de una variable -->
    <h2 th:text="${mensaje}">Mensaje recibido</h2>

    <!-- Condicionales -->
    <p th:if="${existedept10}">El departamento 10 existe</p>
    <p th:unless="${existedept10}">No existe el departamento 10</p>

    <!-- Iteraciones -->
    <h2>Lista de departamentos</h2>
    <ul>
        <li th:each="dep : ${departamentos}">
            <span th:text="${dep.id}"> ID </span> -
```

```
            <span th:text="${dep.dnombre}"> DNOMBRE </span>
            <span th:text="${dep.loc}"> LOC </span>
        </li>
    </ul>
    <!-- Enlaces dinámicos, recibe departamentoId -->
    <br/>
    <a th:href="@{/pruebadepartamento/{id}(id=${departamentoId})}">
                                    Ver Departamento 10</a><br/>
    <!-- Formularios -->
    <h2>FORMULARIO</h2>
    <form th:action="@{/guardaDep}"
          th:object="${departamento}" method="post">
        <input th:field="*{id}" placeholder="DEPT_NO" />
        <input th:field="*{dnombre}" placeholder="DNOMBRE" />
        <input th:field="*{loc}" placeholder="LOC" />
        <button type="submit">Enviar</button>
    </form>
</body>
</html>
```

La expresión **<a th:href="@{/pruebadepartamento/{id}(id=${departamentoId})}">** genera un enlace dinámico que apunta a */pruebadepartamento/{id}* reemplazando {id} con el valor de la variable *departamentoId*. Se genera un enlace como: *<a href="/pruebadepartamento/10">* ya que *departamentoId* tiene el valor 10. Debe haber un método en el controlador que esté mapeado para ese enlace, por ejemplo:

```
@GetMapping("/pruebadepartamento/{id}")
public String getdepartamento(@PathVariable("id") Integer id,
                              Model model) {
    Optional<Departamento> dep = depService.getDepartamento(id);

    model.addAttribute("departamento", dep.get());
    return "undepartamento"; //undepartamento.html
}
```

El método obtiene el departamento con el *id* recibido (que en este caso es 10) y se lo manda a la vista en el parámetro *departamento* con ***model.addAttribute("departamento", dep.get())***. Devuelve la vista *undepartamento.html* cuyo aspecto es el siguiente:

```
<!DOCTYPE html>
<html xmlns:th="http://www.thymeleaf.org">
<head> <title>Datos de un departamento</title></head>
<body>
  <p> Departamento: <span th:text="${departamento.id}"></span></p>
  <p> Nombre: <span th:text="${departamento.dnombre}"></span></p>
  <p> Localidad: <span th:text="${departamento.loc}"></span></p>
</body>
</html>
```

Al ejecutar la aplicación y escribir la URL ***http://localhost:8080/MVCDepartamentos/pruebas*** desde el navegador, se mostrará la siguiente página web; al pulsar en el enlace *Ver Departamento 10* se muestra una nueva página con os datos del departamento 10, véase Figura 6.8.

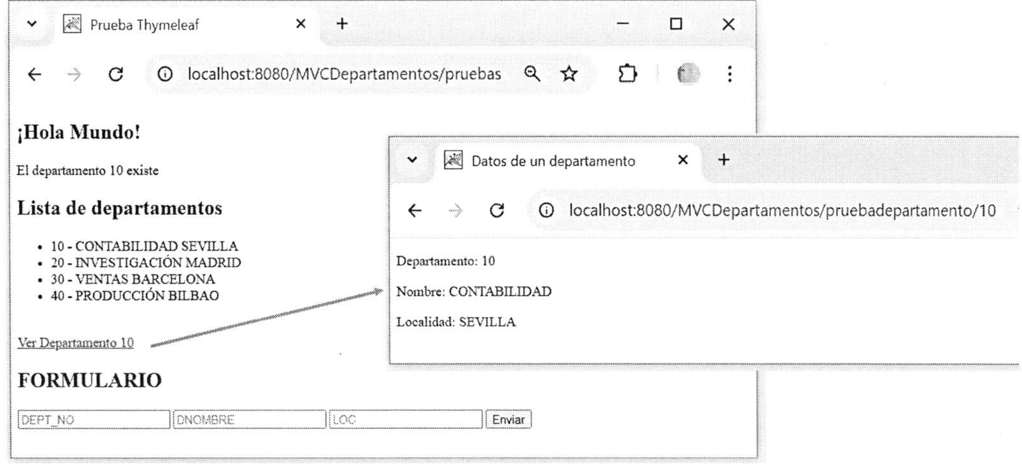

Figura 6.8. Prueba del HTML generado con las plantillas **Thymeleaf**.

El controlador se llama *EjemploController.java* y el ejemplo lo puedes descargar de los recursos del capítulo, proyecto Maven *MVCDepartamentos*.

6.8. APLICACIÓN MVC CON Spring

En este apartado veremos un ejemplo web para la gestión de departamentos. Usaremos las tablas DEPARTAMENTOS y EMPLEADOS. Anteriormente, en el apartado 6.9.2, vimos como definir los paquetes **model**, **repository** y **service**.

Usaremos **Spring Initializr** para que genere la estructura del proyecto. Desde la URL ***https://start.spring.io*** empezamos a crear nuestro proyecto y añadimos las dependencias que en este caso usaremos: ***Spring Web***, ***MySQL Driver***, ***Thymeleaf*** y ***Spring Data JPA***. En este ejemplo, en la opción *Packaging* se ha seleccionado **War**. La estructura del proyecto con las vistas HTML se muestra en la Figura 6.9.

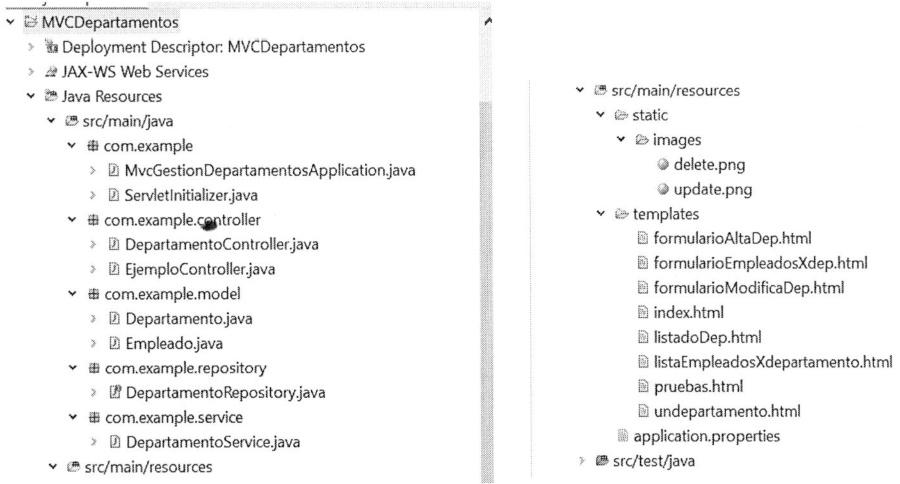

Figura 6.9. Estructura del proyecto de la aplicación web.

Lo primero que haremos será añadir en el fichero **application.properties** las propiedades para la conexión a la base de datos. También añadimos la siguiente propiedad **server.servlet.context-**

path=/MVCDepartamentos para que todas las rutas empiecen con el prefijo *MVCDepartamentos*: ***http://localhost:8080/MVCDepartamentos***

En la carpeta **src/main/resources/templates** tenemos las plantillas HTML, en **src/main/resources/static/images** tenemos dos imágenes que se usarán en ***listadoDep.html***.

En el paquete **controller** tenemos el controlador ***DepartamentoController.java*** con la anotación **@Controller** que define el controlador web, manejará solicitudes HTTP y devolverá páginas HTML renderizadas con **Thymeleaf**.

El código del controlador es el siguiente:

```
package com.example.controller;

import java.util.List;
import java.util.Optional;

import org.springframework.beans.factory.annotation.Autowired;
import org.springframework.dao.DataIntegrityViolationException;
import org.springframework.web.bind.annotation.GetMapping;
import org.springframework.web.bind.annotation.ModelAttribute;
import org.springframework.web.bind.annotation.PathVariable;
import org.springframework.web.bind.annotation.PostMapping;

import org.springframework.web.servlet.mvc.support.RedirectAttributes;

import com.example.model.*;
import com.example.service.DepartamentoService;

import org.springframework.stereotype.Controller;
import org.springframework.ui.Model;

@Controller
public class DepartamentoController {

      @Autowired
      private DepartamentoService depService;

      @GetMapping("/")
      public String home() {
            return "index"; //index.html
      }
   . . . . . . . .
   . . . . . . . . RESTO DE MÉTODOS
   . . . . . . . .
}
```

Donde nos encontramos con la primera ruta **@GetMapping("/")**, que representa la ruta principal o la página de inicio de La aplicación web (***http://localhost:8080/MVCDepartamentos/***) y que retornará la vista ***index.html*** que es la siguiente, véase Figura 6.10:

```
<!DOCTYPE html>
<html xmlns:th="http://www.thymeleaf.org">
<head><title>GESTI&Oacute;N DE DEPARTAMENTOS</title></head>
<body>
      <h1 align="center">GESTI&Oacute;N DE DEPARTAMENTOS</h1>
```

```
      <p align='center'>
         <a th:href="@{/altaDep}">Alta de Departamento</a></p>

      <p align='center'>
         <a th:href="@{/departamentos}">Listado de Departamentos</a></p>

      <p align='center'>
         <a th:href="@{/empleadosXdepartamento}">Consulta Empleados
                                 por Departamento</a></p>
</body>
</html>
```

Figura 6.10. Vista index.html, página inicial de la aplicación Web.

Al definir la propiedad **server.servlet.context-path=/MVCDepartamentos** todas las rutas empiezan con ese prefijo automáticamente, y podemos escribirlas usando @{/**...**}, por ejemplo, la siguiente ruta:

```
      <a th:href="@{/departamentos}">Listado de Departamentos</a>
```

Al desplegar la aplicación se verá como

```
         http://localhost:8080/MVCDepartamentos/departamentos
```

6.8.1. Alta de departamentos

El enlace *<a th:href="@{/altaDep}">* nos lleva al controlador a la ruta **@GetMapping("/altaDep")** cuya acción será llamar a la vista ***formularioAltaDep.html*** para que muestra la página con el formulario para dar de alta un departamento (véase Figura 6.11). A la vista se enviará un objeto vacio de departamento ya que es necesario para vincular el formulario; y una variable de *mensaje* que en este caso no mostrará nada y se usará para mostrar un mensaje indicando que el número de departamento ya exista en el caso de que al pulsar en el botón de *Insertar Departamento* ocurra esa situación, en el método ***altaDepartamentos(...)*** se define un parámetro de tipo **Model** para permitir pasar datos desde el controlador hacia la vista:

```
@GetMapping("/altaDep")
public String altaDepartamentos(Model model) {
      // Se pasa un objeto vacío al modelo para vincular el formulario
      model.addAttribute("departamento", new Departamento());
      model.addAttribute("mensaje", "");
      return "formularioAltaDep";  // formularioAltaDep.html
}
```

Figura 6.11. Vista formularioAltaDep.html.

La vista ***formularioAltaDep.html*** es la siguiente donde podemos ver los atributos *mensaje* y *departamento* enviados por el controlador: ***th:text="${mensaje}"*** y ***th:object="${departamento}"***. Los campos *id*, *dnombre* y *loc* contenidos en **th:field="*{...}"** son los atributos del objeto *departamento*:

```
<!DOCTYPE html>
<html xmlns:th="http://www.thymeleaf.org">
<head><title>Alta de Departamento</title></head>
<body>

  <h1 style="text-align: center;">Alta de Departamento</h1>
  <span th:text="${mensaje}"
            style="display: block; text-align: center;
            color: red; font-size: 16px;"> </span>

  <div style="text-align: center;">
     <form th:action="@{/guardaDep}"
           th:object="${departamento}" method="post" >

           <p>N° Departamento:
            <input th:field="*{id}" type="number" min="1"  max="99"
                                    required /></p>

           <p>Nombre:
           <input th:field="*{dnombre}" type="text" maxlength="15"
                                        required /></p>

           <p>Localidad:
           <input th:field="*{loc}" type="text" maxlength="15"
                                            required /></p>

           <button type="submit">Insertar Departamento</button>
     </form>
  </div>
  <br />
  <div style="text-align: center;"><a th:href="@{/}">Inicio</a></div>
</body>
</html>
```

Se rellenan los datos del formulario y se pulsa el botón *Insertar Departamento*. La acción del formulario ***th:action="@{/guardaDep}"*** es hacer una petición POST a la ruta */guardaDep*, en el controlador debe existir un método con **@PostMapping("/guardaDep")**, este método debe recibir un objeto *Departamento* para capturar los datos del formulario. El método en el controlador es el siguiente:

```
@PostMapping("/guardaDep")
public String saveDepartamento(
                @ModelAttribute Departamento departamento, Model model,
                RedirectAttributes redirectAttrs)  {

      boolean existe =
            depService.existeDepartamento(departamento.getId());

      if (!existe) {
            depService.saveDepartamento(departamento);
            redirectAttrs.addFlashAttribute("mensaje", "Se ha añadido el
                                 departamento: " + departamento);
            return "redirect:/departamentos"; // Redirigir al listado
      } else {
            String mensaje ="EL NÚMERO DE DEPARTAMENTO "+
                  departamento.getId()+", YA EXISTE, NO SE INSERTARÁ";
            model.addAttribute("departamento", departamento); //
            model.addAttribute("mensaje", mensaje );
            return "formularioAltaDep";
      }
 }
```

Nos fijamos en dos de los parámetros del método ***saveDepartamento(...)***:

- **@ModelAttribute Departamento departamento**: sirve para recibir los datos que se introdujeron en el formulario. Spring crea automáticamente una instancia de la clase *Departamento*. Luego, rellena sus campos con los datos enviados desde el formulario (generalmente vía POST). Esta vinculación ocurre gracias al atributo **th:object="${departamento}"** y los campos **th:field="*{dnombre}"**, etc. También se puede usar ***@ModelAttribute("dep") Departamento departamento*** incluyendo entre paréntesis un nombre de parámetro, esto permite que en la vista se acceda con ***${dep}*** en lugar de ***${departamento}***.

- **RedirectAttributes redirectAttrs**: se usa cuando hacemos una redirección a otra URL. Permite pasar mensajes o atributos temporales, como notificaciones de éxito o error, que no sobreviven más allá de la redirección. Es útil para mostrar mensajes después de redirigir a otra página.

En el método lo primero que se comprueba es si el ID del departamento existe. Si el ID del departamento existe se volverá de nuevo a la vista ***formularioAltaDep.html***, a la cual se enviará dos atributos, un mensaje indicando que el ID del departamento existe y no se podrá insertar y el objeto departamento con los datos que se introdujeron en el formulario, Figura 6,12.

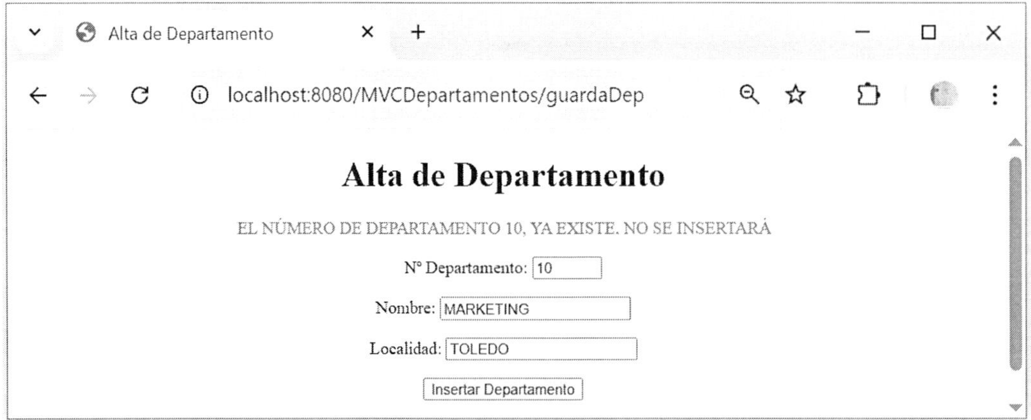

Figura 6.12. Vista formularioAltaDep.html mostrando mensaje.

Si el ID de departamento no existe se almacena el departamento en la base de datos y se usa el método ***redirectAttrs.addFlashAttribute("mensaje", ".... ")*** para enviar un mensaje a la página a la cual se va a redireccionar ***return "redirect:/departamentos"***; en este caso es la página que muestra el listado de los departamentos, además en el controlador debe existir un método **@GetMapping("/departamentos")** que es la que mostrará el listado de los departamentos. Se mostraria una página similar a la mostrada en la Figura 6.13, donde aparece el listado de departamentos y un mensaje indicando que se ha añadido un departamento.

Figura 6.13. Vista listado de departamentos mostrando mensaje de alta de departamento.

El enlace **Inicio**, ***<a th:href="@{/}">Inicio</a>*** vuelve a la página inicial.

6.8.2. Listado de departamentos

El enlace ***<a th:href="@{/departamentos}">*** (de ***index.html***) nos lleva al controlador a la ruta **@GetMapping("/departamentos")** cuya acción será llamar a la vista ***listadoDep.html*** para que muestra un listado de todos los departamentos, véase Figura 6.14. A la vista se enviará la lista de los departamentos y el número de departamentos que hay.

Figura 6.14. Vista listadoDep.html.

El método en el controlador es el siguiente

```
@GetMapping("/departamentos")
public String listarDepartamentos(Model model) {
      List<Departamento> lista = depService.getDepartamentos();

      model.addAttribute("departamentos", lista);
      model.addAttribute("numerodepartamentos", lista.size());

      return "listadoDep"; //listadoDep.html
}
```

La vista es la siguiente, donde se recorre la lista de los departamentos ***th:each="dep : ${departamentos}"*** y se muestran sus datos en una tabla HTML. También se definen dos enlaces a los que se envia el ID del departamento:

```
<!DOCTYPE html>
<html xmlns:th="http://www.thymeleaf.org">
<head><meta charset="UTF-8">
<title>LISTADO DE DEPARTAMENTOS</title>
</head>
<body>
      <h2 align="center">LISTADO DE DEPARTAMENTOS</h2>
      <table border='1' style="margin: auto;">
        <thead>
            <tr>
                  <th>Departamento</th><th>Nombre</th>
                  <th>Localidad</th><th>Borrado</th>
                  <th>Modificación</th>
            </tr>
        </thead>
        <tbody>
            <tr th:each="dep : ${departamentos}">
              <td th:text="${dep.id}"></td>
              <td th:text="${dep.dnombre}"></td>
              <td th:text="${dep.loc}"></td>
              <td><a th:href="@{/borradoDep/{id}(id=${dep.id})}">
                    <img style="display: block; margin: 0 auto;"
                               th:src="@{/images/delete.png}"
```

```
                    alt="Eliminar" width="20" height="20"/> </a>
            </td>
            <td><a th:href="@{/modificaDep/{id}(id=${dep.id})}">
                    <img style="display: block; margin: 0 auto;"
                       th:src="@{/images/update.png}" alt="Modificar"
                         width="20" height="20"/></a>
            </td>
          </tr>
      </tbody>
    </table>
    <br />
    <h3 align="center">N° de departamentos:
                    <span th:text="${numerodepartamentos}"></span>
    </h3>
    <div th:if="${mensaje}"
           style="color: red; text-align: center; font-weight: bold;">
                 <span th:text="${mensaje}"></span>
    </div>

    <br />
    <div style="text-align: center;">
        <a th:href="@{/}">Inicio</a></div>
</body>
</html>
```

La expresión ***th:if="${mensaje}"*** es una condición lógica, si *mensaje* contiene algo (por ejemplo, un texto de éxito o error), se muestra; si no, se oculta completamente. En el apartado anterior vimos como en el listado de departamentos se mostraba un mensaje indicando que se había añadido un departamento. En este caso no se mostrará nada porque a la variable no se le envió nada.

Nos fijamos en esta expresión ***th:href="@{/borradoDep/{id}(id=${dep.id})}"*** que genera un enlace dinámico que apunta a ***/borradoDep/{id}*** reemplazando {id} con el valor de la variable *dep.id*, siendo *dep* un objeto de la lista de departamentos que se envia a la vista. Además, en la celda se mostrará la imagen *delete.png* ***th:src="@{/images/delete.png}"***. Debe haber un método en el controlador que esté mapeado para ese enlace, por ejemplo:

```
@GetMapping("/borradoDep/{id}")
public String borrarDepartamento(@PathVariable int id,
                                 RedirectAttributes redirectAttrs) {
    try {
         depService.deleteDepartamento(id);
         redirectAttrs.addFlashAttribute("mensaje",
                  "Departamento "+ id +", eliminado correctamente.");

    } catch (DataIntegrityViolationException e) {
        redirectAttrs.addFlashAttribute("mensaje",
                 "Error: No se puede eliminar el departamento "+ id
                        +", porque tiene empleados.");
    }
    return "redirect:/departamentos";
}
```

Donde se elimina el departamento de la base de datos siempre y cuando no se produzca la excepción ***DataIntegrityViolationException*** (caso de que el departamento tenga empleados). Con el método ***redirectAttrs.addFlashAttribute("mensaje", ".... ")*** se enviará un mensaje a la página que se va a redireccionar ***return "redirect:/departamentos"***; que es la página que muestra el listado de los departamentos, véase Figura 6.15.

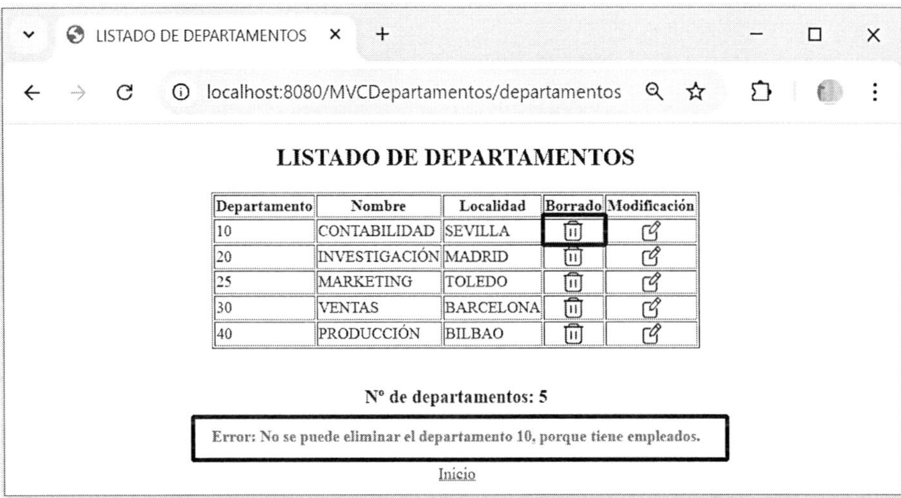

Figura 6.15. Vista listadoDep.html con el mensaje de error al borrar un departamento.

Igualmente, esta expresión ***th:href="@{/modificaDep/{id}(id=${dep.id})}"*** genera un enlace dinámico que apunta a ***/modificaDep/{id}*** y en la celda se se mostrará la imagen *update.png* ***th:src="@{/images/update.png}"***. Debe haber un método en el controlador que esté mapeado para ese enlace donde se recupera mediante el método *depService.getDepartamento(id)* los datos del departamento con ese ID. Este método envia a la vista ***formularioModificaDep.html*** los datos del departamento a modificar, el ID del departamento y un mensaje:

```
@GetMapping("/modificaDep/{id}")
public String modificarDepartamento(@PathVariable int id,
                                     Model model) {
      Optional<Departamento> departamento =
                              depService.getDepartamento(id);

      String mensaje ="MODIFICACIÓN DEL DEPARTAMENTO "+ id ;
      model.addAttribute("departamento", departamento);
      model.addAttribute("id", id );
      model.addAttribute("mensaje", mensaje);
      return "formularioModificaDep";//formularioModificaDep.html
}
```

La vista ***formularioModificaDep.html*** es la siguiente, donde se mostrarán los datos del departamento seleccionado en el listado. Se vuelven a rellenar los datos del formulario, salvo el *id* que no se puede modificar y se pulsa el botón *Modificar Departamento*. La acción del formulario ***th:action="@{/modificaDatosDep/{id}(id=${id})}"*** es hacer una petición POST a la ruta ***/modificaDatosDep/{id}***, en el controlador debe existir un método para esa acción. La vista es la siguiente:

```
<!DOCTYPE html>
<html xmlns:th="http://www.thymeleaf.org">
<head><title>Modificación de Departamento</title></head>
<body>
   <h1 style="text-align: center;">Modificación de Departamento</h1>

   <span th:text="${mensaje}" style="display: block;
         text-align: center; color: red; font-size: 16px;"></span>

   <div style="text-align: center;">
   <form th:object="${departamento}"
         th:action="@{/modificaDatosDep/{id}(id=${id})}"
         method="post">

       <p>Número de departamento:
          <input th:field="*{id}" readonly type="number" />
       </p>
       <p>Nombre:
          <input th:field="*{dnombre}" required
                 type="text" size="15" maxlength="15" />
       </p>

       <p>Localidad:
          <input th:field="*{loc}" required type="text"
                 size="15" maxlength="15" />
       </p>
         <button type="submit">Modificar Departamento</button>
   </form>
   </div>
   <br />
    <div style="text-align: center;"><a th:href="@{/}">Inicio</a></div>
</body>
</html>
```

El método **@PostMapping("/modificaDatosDep/{id}")**, recibe el ID del departamento a modificar y el objeto *Departamento* para capturar los datos del formulario. El método en el controlador es el siguiente:

```
@PostMapping("/modificaDatosDep/{id}")
public String modificarDepartamento(
              @PathVariable int id,
              @ModelAttribute("departamento") Departamento departamento,
              RedirectAttributes redirectAttrs) {

      // Aseguramos que el ID del path se aplique al objeto
      departamento.setId(id);
      depService.saveDepartamento(departamento);

      redirectAttrs.addFlashAttribute("mensaje", "Departamento "+ id
                     + ", modificado correctamente.");
      return "redirect:/departamentos";
}
```

Donde se guarda el departamento en la base de datos y se redirecciona de nuevo al listado de los departamentos enviando el mensaje indicando que el departamento se ha modificado correctamente, véase Figura 6.16

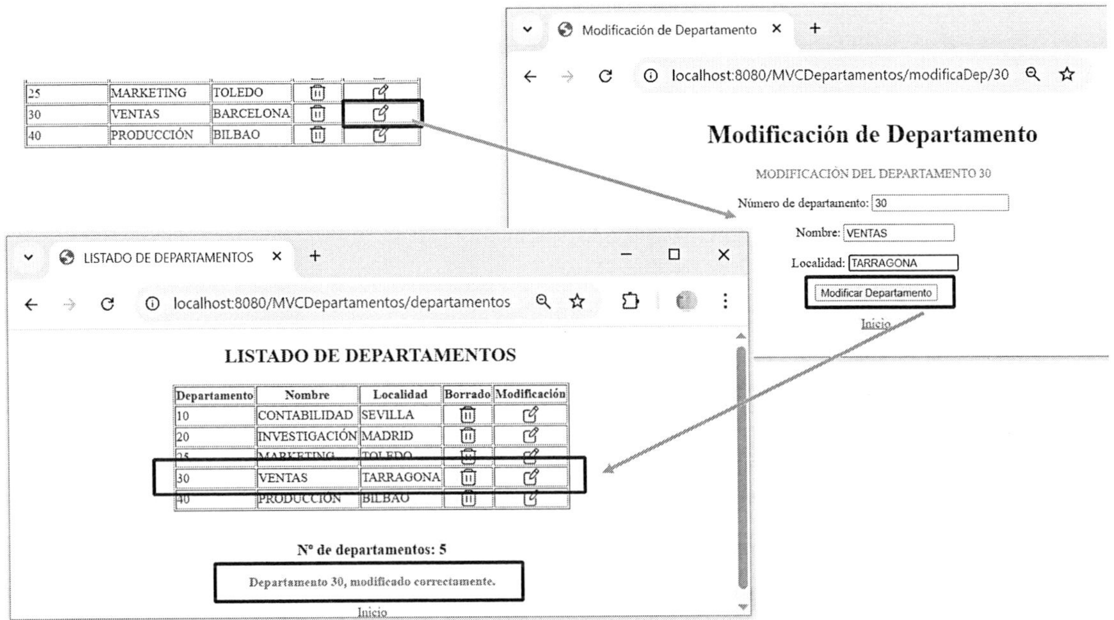

Figura 6.16. Secuencia del proceso de modificar departamento.

6.8.3. Listado de empleados por departamento

El enlace *<a th:href="@{/empleadosXdepartamento}">* (de ***index.html***) nos lleva al controlador a la ruta **@GetMapping("/empleadosXdepartamento")** cuya acción será llamar a la vista ***formularioEmpleadosXdep.html*** para que muestra una lista de departamentos de tal forma que al seleccionar un departamento y pulsar el botón del formulario se muestren sus empleados, véase Figuras 6.17 y 6.18

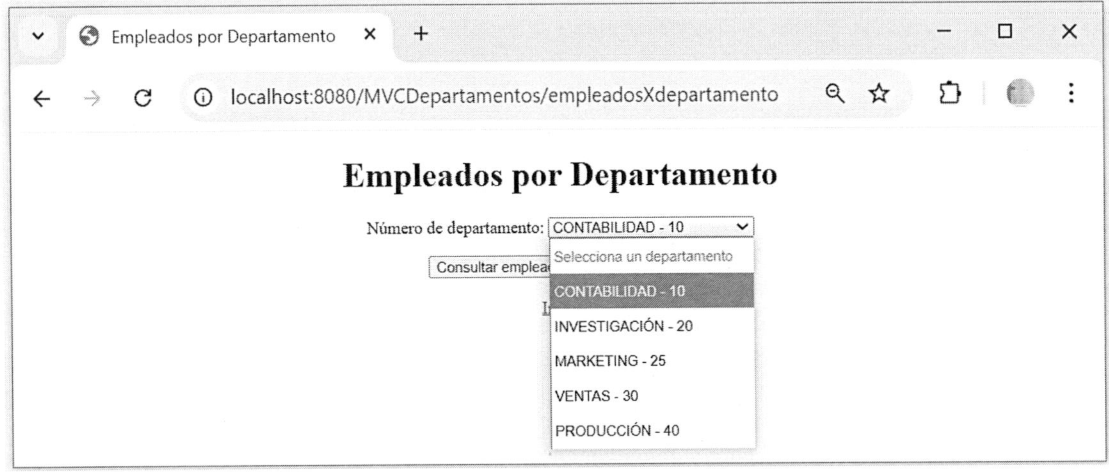

Figura 6.17. Vista *formularioEmpleadosXdep.html*.

El método del controlador que llama a la vista ***formularioEmpleadosXdep.html*** es el siguiente:

```
@GetMapping("/empleadosXdepartamento")
public String formuEmpleXDepartamento(Model model) {

      List<Departamento> lista = depService.getDepartamentos();
      model.addAttribute("departamentos", lista);
      model.addAttribute("departamento", new Departamento());

      return "formularioEmpleadosXdep";
}
```

Donde se envia a la vista la lista de los departamentos y un objeto vacio de departamento para vincularlo con el formulario. El código de la vista es la siguiente:

```
<!DOCTYPE html>
<html xmlns:th="http://www.thymeleaf.org">
<head><title>Empleados por Departamento</title></head>
<body>
      <h1 style="text-align: center;">Empleados por Departamento</h1>
      <div style="text-align: center;">
      <form th:object="${departamento}"
            th:action="@{/consultaEmpleXdep}"
            method="post">
            <p>Número de departamento:
            <select th:field="*{id}">
            <option value="" disabled selected>
                         Selecciona un departamento</option>
            <option th:each="dep : ${departamentos}"
                  th:value="${dep.id}"
                  th:text="${dep.dnombre} + ' - ' + ${dep.id}">
            </option>
            </select>
            </p>
            <button type="submit">Consultar empleados
                              del Departamento</button>
      </form>
      </div>
      <br />
      <div style="text-align: center;">
        <a th:href="@{/}">Inicio</a></div>
</body>
</html>
```

La acción del formulario ***th:action="@{/consultaEmpleXdep}"*** es hacer una petición POST a la ruta ***/consultaEmpleXdep***, en el controlador debe existir un método para esa acción. Se envia desde la vista el atributo departamento ***th:object="${departamento}"*** con valor en el campo *id* que hemos seleccionado de la lista ***<select th:field="*{id}">***. El método es el siguiente:

```
@PostMapping("/consultaEmpleXdep")
public String listarEmpleXDepartamento(
            @ModelAttribute("departamento") Departamento departamento,
            Model model) {
      int id = departamento.getId(); //id de departamento a consultar

      Optional<Departamento> dep = depService.getDepartamento(id);
      model.addAttribute("departamento", dep.get());
```

```
        List<Empleado> empleados = dep.get().getEmpleados();
        model.addAttribute("numeroempleados", empleados.size());
        model.addAttribute("empleados", empleados);

        return "listaEmpleadosXdepartamento";
}
```

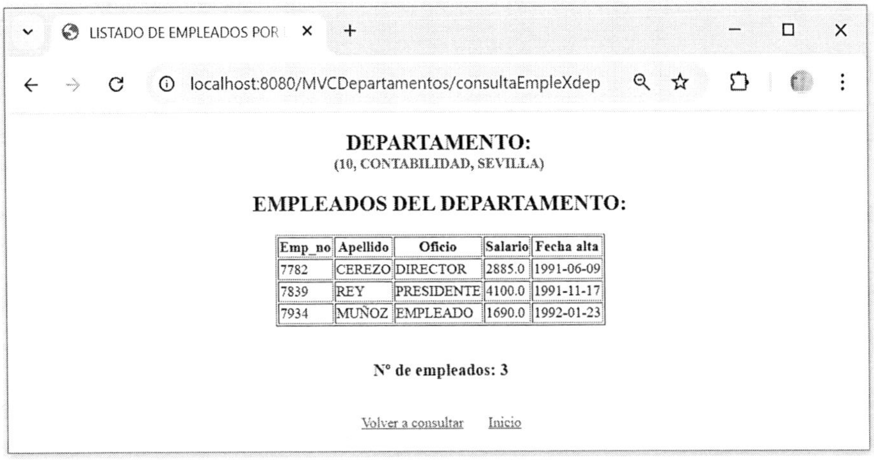

Figura 6.18. Vista *listaEmpleadosXdepartamento.html*.

Donde se recupera el objeto departamento con ese ID recibido del formulario y la lista de los empleados de ese departamento. Se envia a la vista ***listaEmpleadosXdepartamento.html*** el objeto departamento, el número de empleados de ese departamento y la lista de los empleados, el código de la vista es el siguiente:

```
<!DOCTYPE html>
<html xmlns:th="http://www.thymeleaf.org">
<head>
<meta charset="UTF-8">
<title>LISTADO DE EMPLEADOS POR DEPARTAMENTO</title>
</head>
<body>
      <h2 align="center">DEPARTAMENTO:
      <span th:text="${departamento}"
             style="display: block; text-align: center; color: blue;
                   font-size: 16px;"></span></h2>

      <h2 align="center">EMPLEADOS DEL DEPARTAMENTO:</h2>
      <table border='1' style="margin: auto;">
             <thead>
                   <tr>
                         <th>Emp_no</th><th>Apellido</th>
                         <th>Oficio</th><th>Salario</th>
                         <th>Fecha alta</th>
                   </tr>
             </thead>
             <tbody>
                   <tr th:each="emp : ${empleados}">
                         <td th:text="${emp.id}"></td>
                         <td th:text="${emp.apellido}"></td>
                         <td th:text="${emp.oficio}"></td>
```

```
                    <td th:text="${emp.salario}"></td>
                    <td th:text="${emp.fecha_alt}"></td>
                </tr>
            </tbody>
        </table>
        <br />

        <h3 align="center">N° de empleados:
            <span th:text="${numeroempleados}"></span>
        </h3>
        <br />
        <div style="text-align: center;">
            <a href="/empleadosXdepartamento">Volver a consultar</a>
                 
            <a th:href="@{/}">Inicio</a>
        </div>
</body>
</html>
```

Donde se muestran los datos del departamento con la etiqueta ***th:text="${departamento}"***. En la clase *Departamento* tenemos el método *toString()* que será lo que se muestre en la vista, véase Figura 6.19:

```
public String toString() {
    return "("+ id + ", " + dnombre + ", " + loc + ")";
}
```

Si el departamento no tiene empleados se mostrarán las cabeceras de la tabla HTML vacías, véase Figura 6.19.

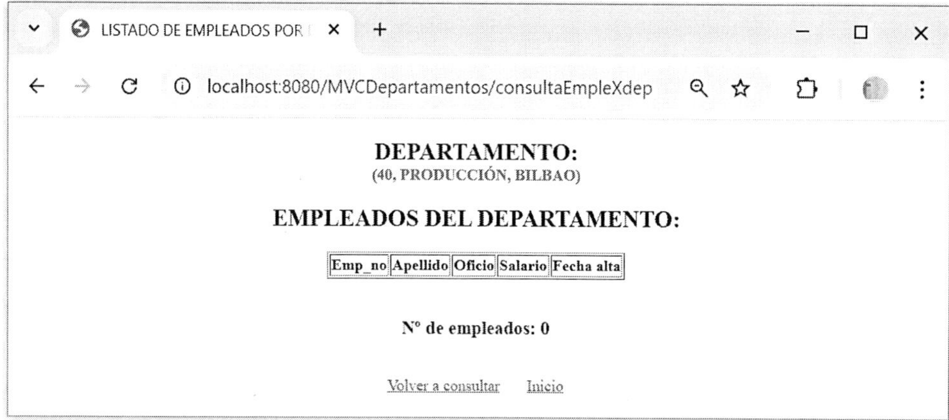

Figura 6.19. Vista *listaEmpleadosXdepartamento.html* sin empleados en el departamento.

El enlace Volver a consultar ***<a href="/empleadosXdepartamento">*** vuelve a la vista ***formularioEmpleadosXdep.html***. El enlace Inicio vuelve a la página inicial.

6.8.4. Empaquetado y distribución de la aplicación

Para ejecutar la aplicación desde el entorno Eclipse pulsamos con el botón derecho sobre la clase que tiene el método ***main(..)***, en el ejemplo ***MvcGestionDepartamentosApplication.java***, y seleccionamos ***Run As >> Java Application***.

Para distribuir la aplicación Web y desplegarla en el servidor Tomcat, fuera del entorno Eclipse, necesitamos construir el fichero **WAR** (*Web Application Archive*). Para ello pulsamos con el botón derecho del ratón sobre el proyecto y seleccionamos ***Run As*** >> ***Maven Build***, en el campo ***Goals*** escribimos **clean package**, véase Figura 6.20. Pulsamos sobre el botón ***Apply*** y después sobre el botón ***Run***.

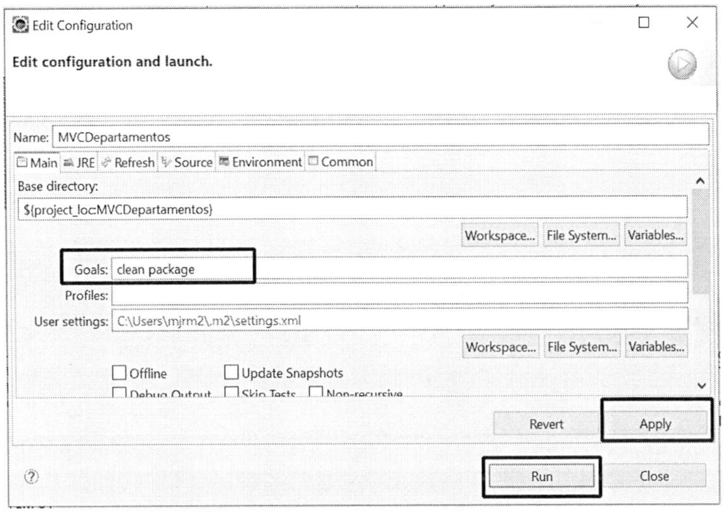

Figura 6.20. Empaquetar el proyecto web.

En la consola se mostrará todo el proceso de generación del fichero, si todo ha ido bien se mostrará el mensaje ***BUILD SUCCESS***, y se habrá generado un fichero **.war** dentro de la carpeta **target/** del proyecto, el nombre será el indicado en los campos *<artifactId>* y *<version>* del fichero **pom.xml**. Ejemplo de salida para la generación del fichero:

```
[INFO] Tests run: 1, Failures: 0, Errors: 0, Skipped: 0, Time elapsed: 4.249 s -- in com.example.MvcGestionDepartamentosApplicationTests
[INFO]
[INFO] Results:
[INFO]
[INFO] Tests run: 1, Failures: 0, Errors: 0, Skipped: 0
[INFO]
[INFO]
[INFO] --- war:3.4.0:war (default-war) @ MVCDepartamentos ---
[INFO] Packaging webapp
[INFO] Assembling webapp [MVCDepartamentos] in [C:\AD_CAPIT6\MVCDepartamentos\target\MVCDepartamentos-0.0.1-SNAPSHOT]
[INFO] Processing war project
[INFO] Copying webapp resources [C:\AD_CAPIT6\MVCDepartamentos\src\main\webapp]
[INFO] Building war: C:\AD_CAPIT6\MVCDepartamentos\target\MVCDepartamentos-0.0.1-SNAPSHOT.war
[INFO]
[INFO] --- spring-boot:3.5.3:repackage (repackage) @ MVCDepartamentos ---
[INFO] Replacing main artifact C:\AD_CAPIT6\MVCDepartamentos\target\MVCDepartamentos-0.0.1-SNAPSHOT.war with repackaged archive, adding nes
[INFO] The original artifact has been renamed to C:\AD_CAPIT6\MVCDepartamentos\target\MVCDepartamentos-0.0.1-SNAPSHOT.war.original
[INFO] ------------------------------------------------------------------------
[INFO] BUILD SUCCESS
[INFO] ------------------------------------------------------------------------
[INFO] Total time:  11.348 s
[INFO] Finished at: 2025-06-27T21:14:28+02:00
[INFO] ------------------------------------------------------------------------
```

Figura 6.21. Vista de la consola al generar el fichero WAR.

Podemos renombrar el fichero generado, por ejemplo, lo dejamos con el nombre ***MVCDepartamentos.war*** y lo copiamos en la carpeta **webapps** de nuestro servidor Tomcat. Necesitamos tener instalado un servidor Tomcat y saber dónde está instalado, por ejemplo, lo tenemos instalado en la carpeta: *C:\apache-tomcat-11.0.8*.

Editamos el fichero **server.xml** ubicado en la carpeta **conf** (*C:\apache-tomcat-11.0.8\conf\server.xml*). Modificamos el puerto, asignamos un puerto que no esté ocupado por ninguna aplicación, por ejemplo 8084 (aproximadamente aparece en la línea 69):

```
<Connector port="8084" protocol="HTTP/1.1"
           connectionTimeout="20000"
           redirectPort="8443" />
```

Editamos el fichero **tomcat-users-xml** ubicado en la carpeta **conf** (*C:\apache-tomcat-11.0.8\conf\tomcat-users.xml*) para crear un usuario que maneje la interfaz web del *Manager App* de Tomcat y despliegue aplicaciones **.war** desde el navegador web. Añadimos las siguientes líneas entre las etiquetas *<tomcat-users> </tomcat-users>* para crear el usuario *admin* y clave *admin*:

```
<user username="admin" password="admin"
      roles="manager-script,admin,manager-gui,admin-gui" />
```

Para asegurarnos que Tomcat use la misma versión de Java que la aplicación web, en este caso es la 21, añadimos el fichero **setenv.bat** en la carpeta *C:\apache-tomcat-11.0.8\bin* con la siguiente información:

```
set "JRE_HOME=C:\Program Files\Java\jdk-21"
set "JAVA_HOME=C:\Program Files\Java\jdk-21"
exit /b 0
```

Desde la línea de comandos del DOS nos dirigimos a la carpeta **bin** (*C:\apache-tomcat-11.0.8\bin*) y ejecutamos el fichero **startup.bat**. Se muestran las variables de entorno de Tomcat, por ejemplo:

```
C:\apache-tomcat-11.0.8\bin>startup
Using CATALINA_BASE:   "C:\apache-tomcat-11.0.8"
Using CATALINA_HOME:   "C:\apache-tomcat-11.0.8"
Using CATALINA_TMPDIR: "C:\apache-tomcat-11.0.8\temp"
Using JRE_HOME:        "C:\Program Files\Java\jdk-21"
Using    CLASSPATH:                                  "C:\apache-tomcat-
11.0.8\bin\bootstrap.jar;C:\apache-tomcat-11.0.8\bin\tomcat-juli.jar"
Using CATALINA_OPTS:   ""
```

A continuación, se abre una nueva ventana mostrando la consola del servidor, también se mostrará el despliegue de nuestra aplicación web. Abrimos el navegador Web y escribimos la URL **http://localhost:8084/.** Se muestra la pantalla inicial de Tomcat. Pulsamos sobre *Manager App*, véase Figura 6.22. Nos pide nombre de usuario y clave, escribimos el usuario creado anteriormente *admin* clave *admin*.

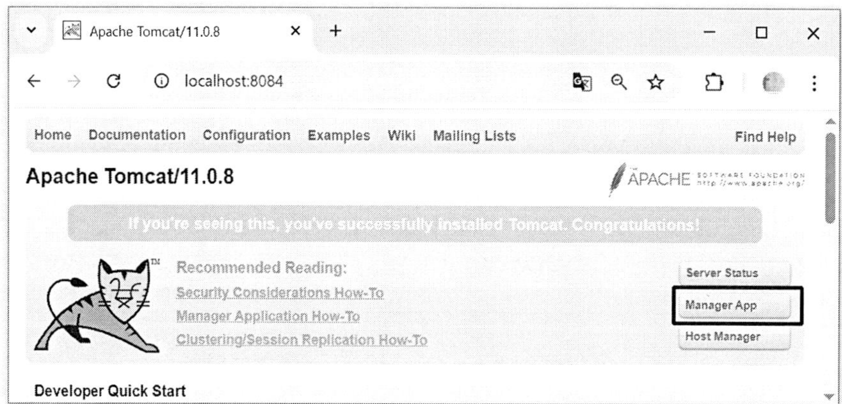

Figura 6.22. Pantalla de administración de Tomcat.

Aparece la pantalla del gestor de aplicaciones de Tomcat, como se ha desplegado la aplicación al iniciar Tomcat, pulsamos sobre ella, véase Figura 6.23, para mostrar la página inicial de la aplicación ***index.html***.

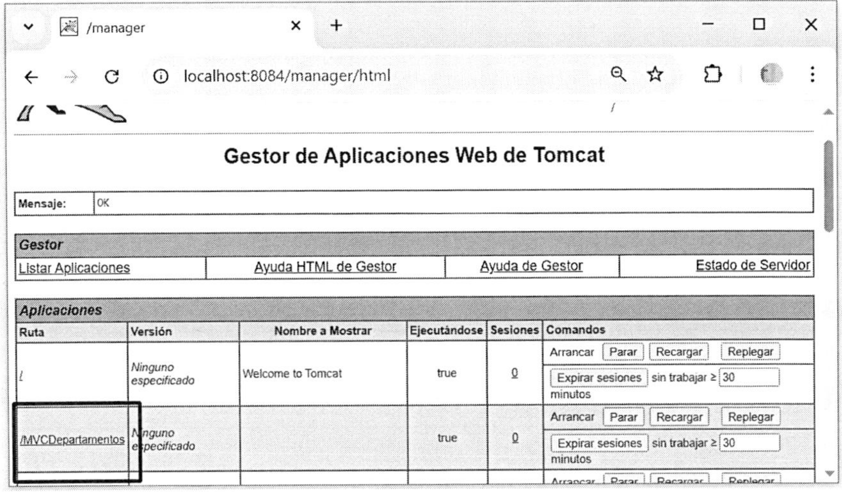

Figura 6.23. Aplicación MVCDepartamentos desplegada en Tomcat.

Para parar el servidor Tomcat ejecutamos desde la línea de comandos del DOS el comando **shutdown.bat**.

```
C:\apache-tomcat-11.0.8\bin>shutdown
Using CATALINA_BASE:    "C:\apache-tomcat-11.0.8"
Using CATALINA_HOME:    "C:\apache-tomcat-11.0.8"
Using CATALINA_TMPDIR: "C:\apache-tomcat-11.0.8\temp"
Using JRE_HOME:         "C:\Program Files\Java\jdk-21"
Using CLASSPATH:        "C:\apache-tomcat-
11.0.8\bin\bootstrap.jar;C:\apache-tomcat-11.0.8\bin\tomcat-juli.jar"
Using CATALINA_OPTS:    ""
```

6.8.5. Usando validaciones con @Valid

En el ejemplo que se expone a continuación vamos a utilizar la validación de **Spring**. El proyecto *ValidacionFormulario* lo puedes descargar desde los recursos del capítulo. Usamos **Spring Initializr** para que genere la estructura del proyecto y añadimos las dependencias que en este caso son: ***Spring Web***, ***MySQL Driver, Thymeleaf*, *Spring Data JPA*** y ***Validation I/O***. Las dependencias son similares a las del proyecto anterior, pero en este caso añadimos la de validación.

La ***Validation I/O*** en **Spring**, también conocida como *Java Bean Validation* o *JSR-303*, se encarga de comprobar que los datos recibidos, ya sea desde peticiones HTTP o dentro de la aplicación, cumplan con reglas específicas antes de ser procesados. Esto permite garantizar la integridad de los datos y prevenir errores en tiempo de ejecución, facilitando un desarrollo más robusto y confiable.

Se realiza usando la anotación **@Valid** (de **jakarta.validation.Valid**) delante del objeto que queremos validar, generalmente en métodos de controladores, servicios o formularios. En este ejemplo la usaremos en el controlador para procesar el formulario de entrada de los datos del departamento, por ejemplo, el siguiente método en el controlador recibe los datos de un formulario para ser procesado, la cabecera del método la escribimos así con la anotación **@Valid**:

```
@PostMapping("/nuevo")
public String procesarFormulario(
      @Valid @ModelAttribute("departamento") Departamento departamento,
      BindingResult resultado, Model model) {
   . . . .  . .. . . .   .
}
```

Se controlarán los datos del formulario a través de ciertas anotaciones que usaremos en las clases. Algunas de las cuales son las siguientes:

Anotación	Tipo de campo	Significado
`@NotNull`	Cualquier campo	No debe ser null
`@NotBlank`	*String*	No debe ser null, vacío ni contener solo espacios
`@NotEmpty`	*String*, colección	No debe ser null ni vacío
`@Size(min, max)`	*String*, colección	Longitud (número de caracteres o elementos) entre *min* y *max*
`@Min(valor)`	Números	Valor mínimo permitido
`@Max(valor)`	Números	Valor máximo permitido
`@Positive`	Números	Valor debe ser > 0
`@PositiveOrZero`	Números	Valor ≥ 0
`@Negative`	Números	Valor < 0
`@NegativeOrZero`	Números	Valor ≤ 0
`@Email`	String	Debe tener formato de email válido
`@Future`	*Date*, *LocalDate*	Fecha posterior al presente
`@Past`	*Date*, *LocalDate*	Fecha anterior al presente

Partimos de los paquetes **model**, **service** y **repository** creados en el ejemplo anterior. Del paquete **model** cambiamos la clase ***Departamento*** que tendrá el siguiente aspecto con las anotaciones de validación en los atributos *id*, *dnombre* y *loc*:

```
package com.example.model;

import java.util.List;

import org.hibernate.validator.constraints.Range;
import jakarta.persistence.*;
import jakarta.validation.constraints.NotBlank;
import jakarta.validation.constraints.NotNull;
import jakarta.validation.constraints.Size;

@Entity
@Table(name = "departamentos")
public class Departamento {
```

```
    @Id
    @Column(name = "dept_no")
    @NotNull(message = "El ID no puede ser nulo")
    @Range(min = 1, max = 99,
                message = "El valor debe estar entre 1 y 99")
    private Integer id;

    @NotBlank(message = "El nombre del departamento es obligatorio")
    @Size(min = 1, max = 15,
                message = "Debe tener entre 1 y 15 caracteres")
    private String dnombre;

    @NotBlank(message = "La localidad es obligatoria")
    @Size(min = 1, max = 15,
                message = "Debe tener entre 1 y 15 caracteres")
    private String loc;

    @OneToMany(mappedBy = "departamento")
    private List<Empleado> empleados;

    // constructores y métodos get-set
}
```

Donde se definen las siguientes validaciones:

- El campo ***id*** no puede ser nulo y el rango de valores que puede tomar es de 1 a 99, si no está en el rango se muestra el mensaje. Anotaciones **@NotNull** y **@Range**.
- En el campo ***dnombre*** y ***loc*** no se permiten cadenas vacías ni con solo espacios en blanco, el texto debe tener entre 1 y 15 caracteres. Si no cumple las condiciones se muestra el respectivo mensaje. Anotaciones **@NotBlank** y **@Range**.

En este ejemplo vamos a diseñar un formulario de entrada de datos de departamento, pero en lugar de controlar los valores de los campos en HTML lo haremos usando las anotaciones anteriores. El controlador es el siguiente, donde se define la ruta principal de la aplicación con **@RequestMapping("/validar")** que será: ***http://localhost:8080/validar/***:

```
package com.example.controller;

import . . . . . . . . . . .
import jakarta.validation.Valid;
import . . . . . . . . . . .

@Controller
@RequestMapping("/validar")
public class HomeController {

    @Autowired
    private DepartamentoService depService;

    @GetMapping("/nuevo")
    public String mostrarFormulario(Model model) {
        model.addAttribute("departamento", new Departamento());
        return "formularioDepartamento";
    }
  . . . . . . . . . .
}
```

@GetMapping("/nuevo"), representa la URL ***http://localhost:8080/validar/nuevo*** que muestra el formulario ***formularioDepartamento.html*** que es parecido al formulario de entrada de departamentos que vimos en el apartado anterior, el código es el siguiente:

```
<!DOCTYPE html>
<html xmlns:th="http://www.thymeleaf.org">
<head><title>Alta de Departamento</title></head>
<body>
   <h1 style="text-align: center;">Alta de Departamento</h1>
   <div style="text-align: center;">

   <form th:action="@{/validar/nuevo}" th:object="${departamento}"
                 method="post">

      <br /><br />Nº Departamento:
      <input th:field="*{id}" type="number" />
      <div style="color: red;  font-weight: bold;"
          th:if="${#fields.hasErrors('id')}" th:errors="*{id}">
      </div>

      <br /><br />Nombre:
       <input th:field="*{dnombre}" type="text" />
       <div style="color: red;  font-weight: bold;"
        th:if="${#fields.hasErrors('dnombre')}" th:errors="*{dnombre}">
       </div>

       <br /><br />Localidad:
       <input th:field="*{loc}" type="text" />
       <div style="color: red;  font-weight: bold;"
          th:if="${#fields.hasErrors('loc')}" th:errors="*{loc}">
       </div>
       <br /><br /><button type="submit">Guardar Departamento</button>

   </form>
   </div>
</body>
</html>
```

Nos fijamos en las líneas <div **th:if="${#fields.hasErrors('id')}" th:errors="*{id}"**></div> usadas para mostrar los mensajes de error de validación del campo *id*, también para los campos *dnombre* y *loc* cuando ocurre una validación fallida:

- **th:if="${#fields.hasErrors('id')}"** evalúa si el campo *id* tiene errores. Si hay errores, se mostrará el <div>, si no, no se muestra.
- **th:errors="*{id}"** muestra automáticamente el mensaje(s) de error asociado al campo *id*, generado por anotaciones como **@NotNul**l, **@Range**, **@NotBlank**, etc.

Para probar las validaciones ejecutamos la aplicación para que se muestre el formulario, al pulsar el botón de envío sin completar ningún campo, **Spring** ejecutará la validación del objeto gracias a **@Valid**, entonces se mostrará debajo de cada campo el mensaje o mensajes de error que se hayan producido, véase Figura 6.24.

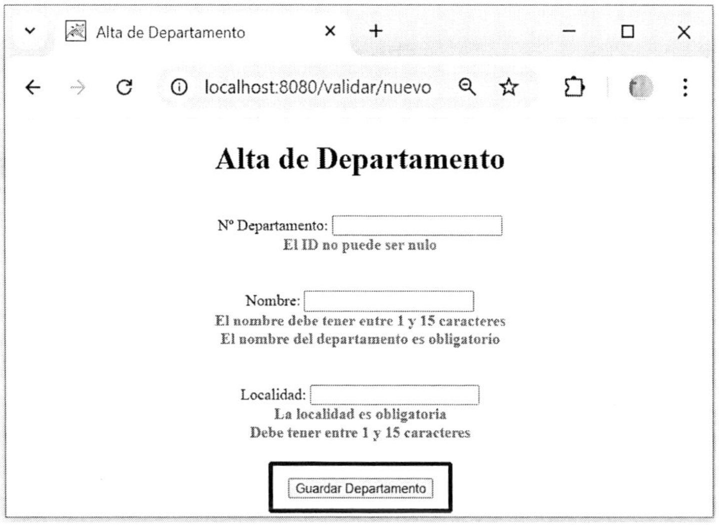

Alta de Departamento

localhost:8080/validar/nuevo

Alta de Departamento

Nº Departamento:
El ID no puede ser nulo

Nombre:
El nombre debe tener entre 1 y 15 caracteres
El nombre del departamento es obligatorio

Localidad:
La localidad es obligatoria
Debe tener entre 1 y 15 caracteres

Guardar Departamento

Figura 6.24. Errores en el formulario usando @Valid.

Con ***th:action="@{/validar/nuevo}"*** se indica que la acción será una petición POST al controlador, que recibe y valida el objeto *Departamento* enviado desde el formulario:

```
@PostMapping("/nuevo")
public String procesarFormulario(
     @Valid @ModelAttribute("departamento") Departamento departamento,
     BindingResult resultado,
     Model model) {

      if (resultado.hasErrors()) {
            return "formularioDepartamento"; // vuelve a mostrar el
                                             // formulario con errores
      }
      boolean existe =
                depService.existeDepartamento(departamento.getId());
      if (!existe) {
            depService.saveDepartamento(departamento);
            return "redirect:/validar/listado"; // Redirigir al listado
      } else {
            resultado.rejectValue("id", "error.id",
                        "Ya existe un departamento con ese ID");
            return "formularioDepartamento";
      }
}
```

Nos fijamos en los parámetros que recibe el método:

- ***@Valid @ModelAttribute("departamento") Departamento departamento***: **@Valid** delante de **@ModelAttribute** activa la validación automática del objeto departamento según las anotaciones que tenga (**@NotNull, @Size**, etc.). Si alguna validación falla, los errores se guardan en el **BindingResult**.
- ***BindingResult resultado***: captura los errores de validación generados por **@Valid**. permite verificar en el controlador si hubo errores usando el método ***hasErrors()***. Este parámetro debe estar colocado inmediatamente después del parámetro anotado con

@Valid, sin ningún otro parámetro en medio, si no, Spring lanza una excepción en lugar de llenar el **BindingResult**. En el ejemplo lo primero que se hace es comprobar si hay algún error, en el caso de que haya alguno se vuelve a mostrar el formulario de nuevo

```
if (resultado.hasErrors()) {
        return "formularioDepartamento"; // vuelve a mostrar el
                                         // formulario con errores
}
```

Después de comprobar si hay algún error se comprueba si el departamento existe, si no existe se guarda en la base de datos y se redirige al navegador a la URL ***/validar/listado*** para que muestre el listado de departamentos. Si el número de departamento ya existe se muestra de nuevo el formulario con los datos introducidos y un mensaje de error debajo del *id* indicando que ya existe el departamento, véase Figura 6.25.

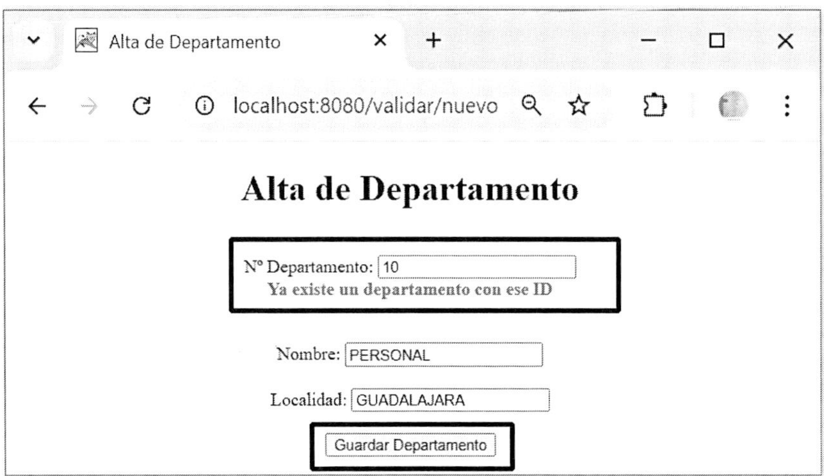

Figura 6.25. Error de clave primaria duplicada usando @Valid.

Mediante el método ***resultado.rejectValue(...)*** se agrega un error a un campo específico del formulario, con ***"id"*** indicamos el nombre del campo del objeto (*Departamento.id*) al que se refiere el error, ***"error.id"*** es el código de error (útil si usamos mensajes en un fichero ***messages.properties***) y ***"Ya existe un departamento con ese ID"*** es el mensaje que se mostrará debajo del campo:

```
resultado.rejectValue("id", "error.id",
                      "Ya existe un departamento con ese ID");
```

ACTIVIDAD 6.2

Partimos de las tablas EMPLEADOS y DEPARTAMENTOS. Realiza una aplicación Web para dar de alta y mostrar los empleados. La ruta principal de la aplicación es ***http://localhost:8080/emp/***. La página *index.html* debe mostrar un enlace para el alta de empleados y otro para el listado, véase Figura 6.26.

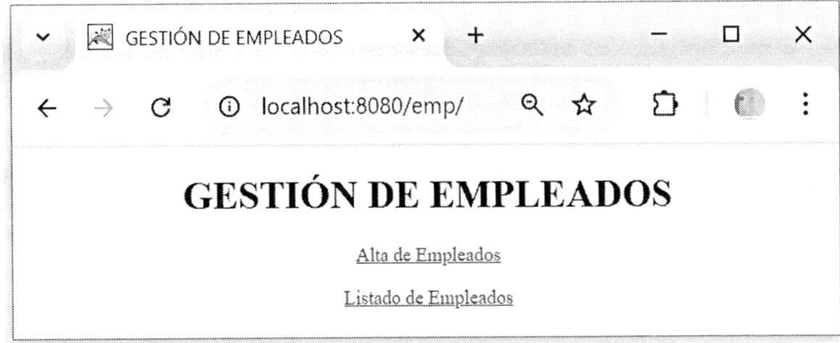

Figura 6.26. Pagina inicial de la Actividad 2.

El listado de los empleados mostrará en una tabla HTML los datos de los empleados, véase Figura 6.27.

LISTADO DE EMPLEADOS

localhost:8080/emp/listado

LISTADO DE EMPLEADOS

EMP_NO	APELLIDO	OFICIO	SALARIO	FECHA ALTA	DIRECTOR	DEPARTAMENTO
7369	SÁNCHEZ	EMPLEADO	1040.0	1990-12-17	7902	(20, INVESTIGACIÓN, MADRID)
7499	ARROYO	VENDEDOR	1500.0	1990-02-20	7698	(30, VENTAS, BARCELONA)
7521	SALA	VENDEDOR	1625.0	1991-02-22	7698	(30, VENTAS, BARCELONA)
7566	JIMÉNEZ	DIRECTOR	2900.0	1991-04-02	7839	(20, INVESTIGACIÓN, MADRID)
7654	MARTÍN	VENDEDOR	1600.0	1991-09-29	7698	(30, VENTAS, BARCELONA)
7698	NEGRO	DIRECTOR	3005.0	1991-05-01	7839	(30, VENTAS, BARCELONA)
7782	CEREZO	DIRECTOR	2885.0	1991-06-09	7839	(10, CONTABILIDAD, SEVILLA)
7788	GIL	ANALISTA	3000.0	1991-11-09	7566	(20, INVESTIGACIÓN, MADRID)
7839	REY	PRESIDENTE	4100.0	1991-11-17		(10, CONTABILIDAD, SEVILLA)
7844	TOVAR	VENDEDOR	1350.0	1991-09-08	7698	(30, VENTAS, BARCELONA)
7876	ALONSO	EMPLEADO	1430.0	1991-09-23	7788	(20, INVESTIGACIÓN, MADRID)
7900	JIMENO	EMPLEADO	1335.0	1991-12-03	7698	(30, VENTAS, BARCELONA)
7902	FERNÁNDEZ	ANALISTA	3000.0	1991-12-03	7566	(20, INVESTIGACIÓN, MADRID)
7934	MUÑOZ	EMPLEADO	1690.0	1992-01-23	7782	(10, CONTABILIDAD, SEVILLA)

Nº de empleados: 14

Inicio

Figura 6.27. Listado de empleados de la Actividad 2.

Para el alta de empleado se tendrán en cuenta las siguientes validaciones de datos que tendrás que definir en la clase de *Empleado*:

- El *id* no puede ser nulo y su valor debe estar entre 1 y 9999.
- El campo *apellido* y *oficio* son obligatorios, no se permiten cadenas vacías ni con solo espacios en blanco, el texto debe tener entre 1 y 10 caracteres.
- El campo *fecha_alt* es obligatorio y no puede ser nulo. Defínela de tipo **LocalDate** y añade la anotación **@DateTimeFormat(pattern = "yyyy-MM-dd")** al campo en la clase *Empleado.java*.
- A los campos *salario* y *comisión* asígnales el valor 0.0 para que al mostrar el formulario aparezca con esos valores. El valor debe estar entre 0 y 9999.

La página de alta se muestra en la Figura 6.28.

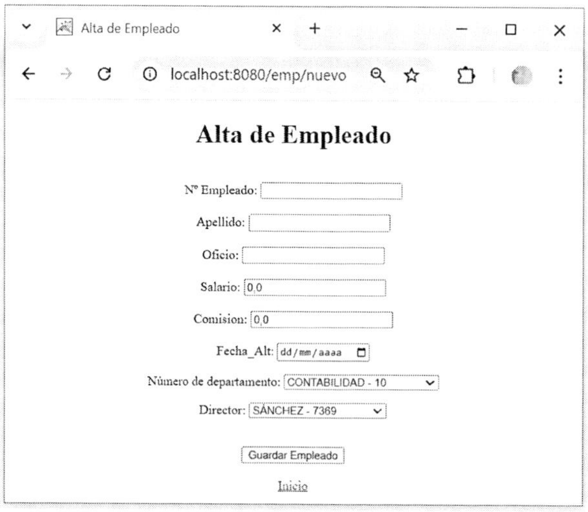

Figura 6.28. Vista de alta de empleados de la Actividad 2.

Los campos *Número de departamento* y *Director* son listas de departamentos y de empleados que deberás enviar a la vista y mostrarlos usando la etiqueta HTML <select>; así nos aseguramos de que el departamento y el director existan. También se debe controlar que el nº de empleado no esté duplicado. Después de pulsar el botón de *Guardar Empleado*, si todo ha ido bien se debe mostrar la vista de listado de los empleados. La figura 6.29 muestra mensajes de error al pulsar el botón sin haber seleccionado nada. El enlace **Inicio** vuelve a la página inicial.

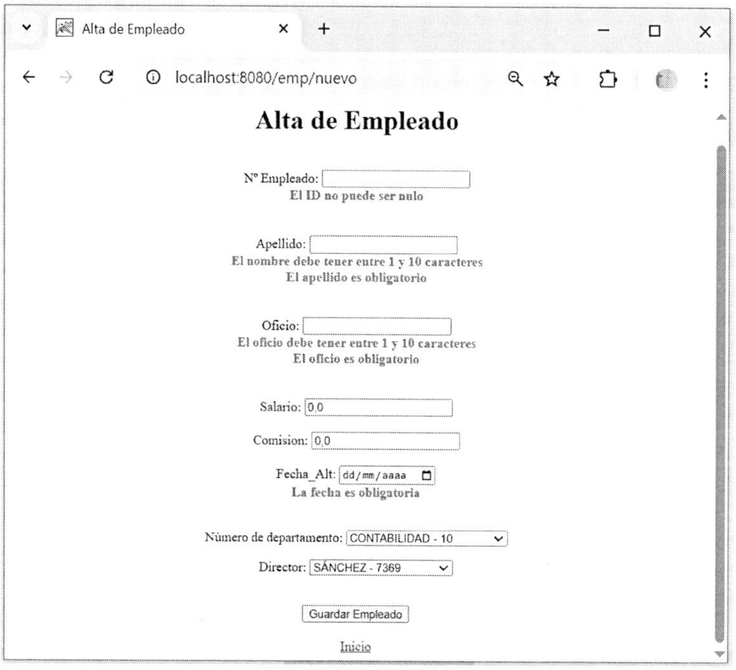

Figura 6.29. Vista de alta de empleados con errores.

COMPRUEBA TU APRENDIZAJE

1. ¿Que es un componente? Cita algunas ventajas e inconvenientes del uso de componentes.
2. ¿Qué características debe tener un componente?
3. ¿Cuál es la diferencia entre el modelo de componentes y la plataforma de componentes?
4. ¿Qué características debe cumplir un JavaBean?.
5. A partir del proyecto *MVCDepartamentos*, realiza los cambios necesarios para que la aplicación funcione en ORACLE, usuario y clave UNIDAD6.
6. Disponemos de las tablas en Oracle mostradas en la Figura 6.30. Donde tenemos una academia que oferta muchos cursos, y en un curso se pueden matricular muchos alumnos. En las tablas ACADEMIAS, ALUMNOS y CURSOS la clave primaria es: *idacademia*, *idalumno* e *idcurso* respectivamente, se genera automáticamente, comenzando en 1 y aumentando en 1 cada vez que se inserta un nuevo registro. En la tabla ALUMNOSCURSOS la clave primaria se identifica por *idcurso+idalumno*. Cada registro de esta tabla representa una matrícula del alumno en un curso. Un alumno se puede matricular en varios cursos. Un alumno no se puede matricular dos veces en el mismo curso. Esta tabla representa la relación muchos-muchos entre cursos y alumnos, donde el alumno es el dueño de la relación.

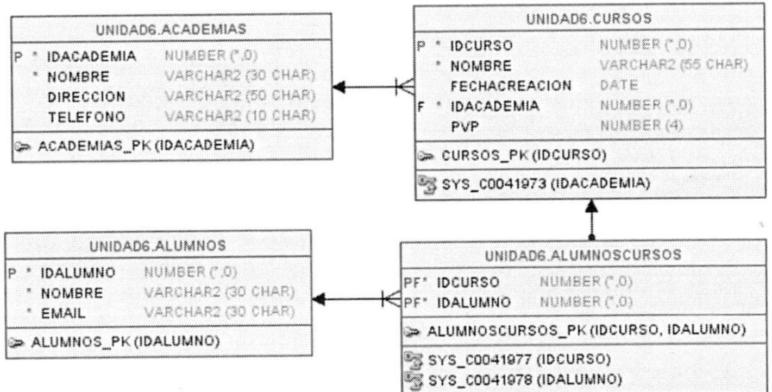

Figura 6.30. Tablas del ejercicio 6.

Se pide realizar una aplicación web usando ***Spring MVC*** que muestre una página inicial, véase Figura 6.31, con varias opciones:

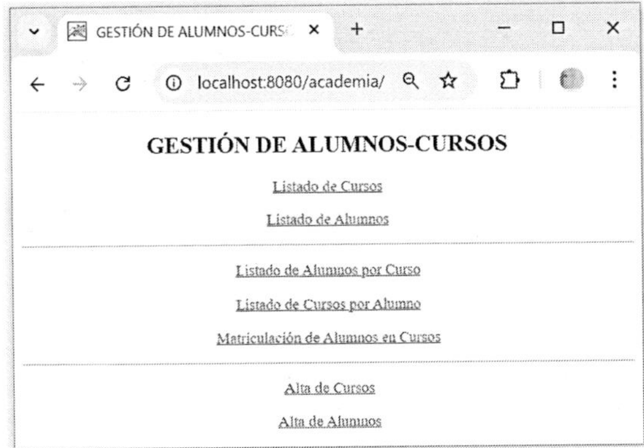

Figura 6.31. Página inicial del Ejercicio 6, index.html.

- **Listado de Cursos**: muestra en una tabla HTML el listado de todos los cursos, por cada curso se muestra: el id, nombre, fecha de creación, pvp, datos de la academia, el nº alumnos y la imagen de borrado del curso, al final se mostrará el número de cursos y un enlace para ir a la página inicial, véase Figura 6.32. No se puede eliminar un curso si tiene alumnos, se debe mostrar mensaje indicando si se elimina o no el curso, véase Fogura 6.33.

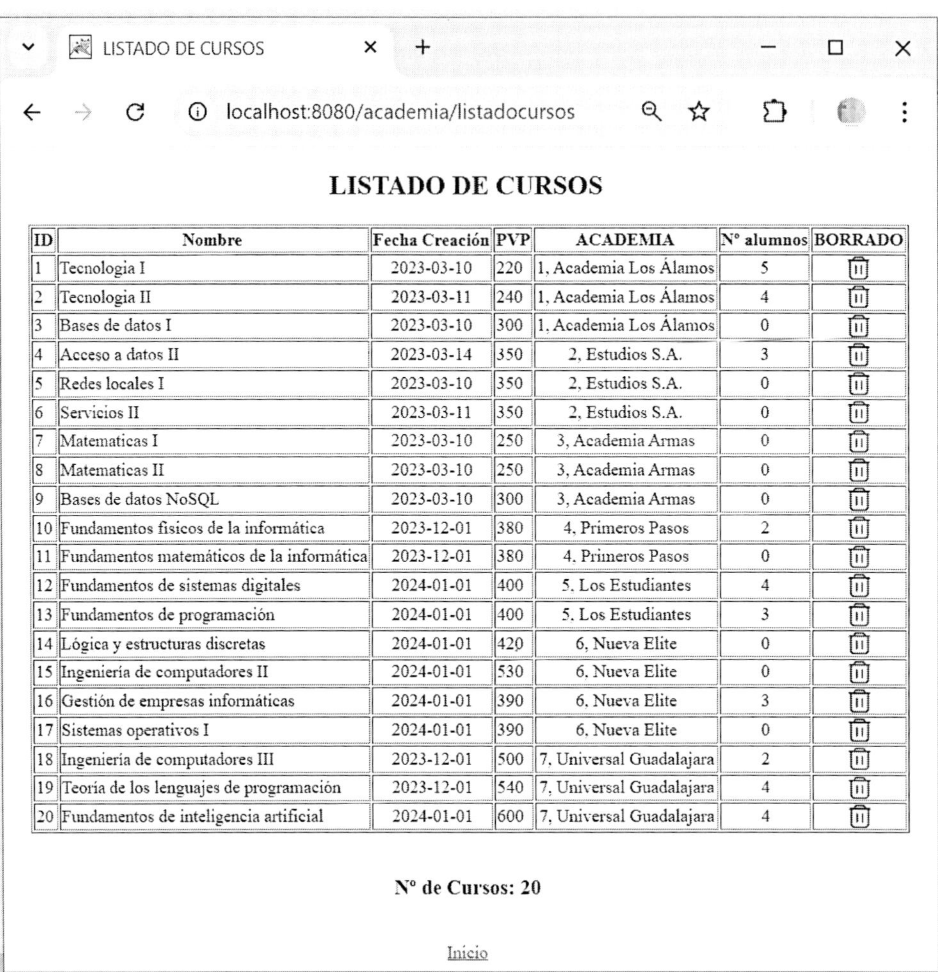

LISTADO DE CURSOS

ID	Nombre	Fecha Creación	PVP	ACADEMIA	Nº alumnos	BORRADO
1	Tecnologia I	2023-03-10	220	1, Academia Los Álamos	5	
2	Tecnologia II	2023-03-11	240	1, Academia Los Álamos	4	
3	Bases de datos I	2023-03-10	300	1, Academia Los Álamos	0	
4	Acceso a datos II	2023-03-14	350	2, Estudios S.A.	3	
5	Redes locales I	2023-03-10	350	2, Estudios S.A.	0	
6	Servicios II	2023-03-11	350	2, Estudios S.A.	0	
7	Matematicas I	2023-03-10	250	3, Academia Armas	0	
8	Matematicas II	2023-03-10	250	3, Academia Armas	0	
9	Bases de datos NoSQL	2023-03-10	300	3, Academia Armas	0	
10	Fundamentos físicos de la informática	2023-12-01	380	4, Primeros Pasos	2	
11	Fundamentos matemáticos de la informática	2023-12-01	380	4, Primeros Pasos	0	
12	Fundamentos de sistemas digitales	2024-01-01	400	5, Los Estudiantes	4	
13	Fundamentos de programación	2024-01-01	400	5, Los Estudiantes	3	
14	Lógica y estructuras discretas	2024-01-01	420	6, Nueva Elite	0	
15	Ingeniería de computadores II	2024-01-01	530	6, Nueva Elite	0	
16	Gestión de empresas informáticas	2024-01-01	390	6, Nueva Elite	3	
17	Sistemas operativos I	2024-01-01	390	6, Nueva Elite	0	
18	Ingeniería de computadores III	2023-12-01	500	7, Universal Guadalajara	2	
19	Teoría de los lenguajes de programación	2023-12-01	540	7, Universal Guadalajara	4	
20	Fundamentos de inteligencia artificial	2024-01-01	600	7, Universal Guadalajara	4	

Nº de Cursos: 20

Inicio

Figura 6.32. Listado de Cursos.

19	Teoría de los lenguajes de programación	2023-12-01	540	7, Universal Guadalajara	4	
20	Fundamentos de inteligencia artificial	2024-01-01	600	7, Universal Guadalajara	4	

Nº de Cursos: 20

Error: No se puede eliminar el curso 1, porque tiene alumnos.

Inicio

19	Teoría de los lenguajes de programación	2023-12-01	540	7, Universal Guadalajara	4	
20	Fundamentos de inteligencia artificial	2024-01-01	600	7, Universal Guadalajara	4	

Nº de Cursos: 19

Curso 6, eliminado correctamente.

Inicio

Figura 6.33. Mensajes al borrar un curso.

- **Listado de Alumnos**: muestra en una tabla HTML el listado de todos los alumnos, por cada alumno se muestra: el id, nombre, email, el nº cursos y la imagen de borrado del alumno, al final se mostrará el número de alumnos y un enlace para ir a la página inicial, véase Figura 6.34. No se puede eliminar un alumno si tiene cursos, se debe mostrar mensaje indicando si se elimina o no el alumno, véase Figura 6.35.

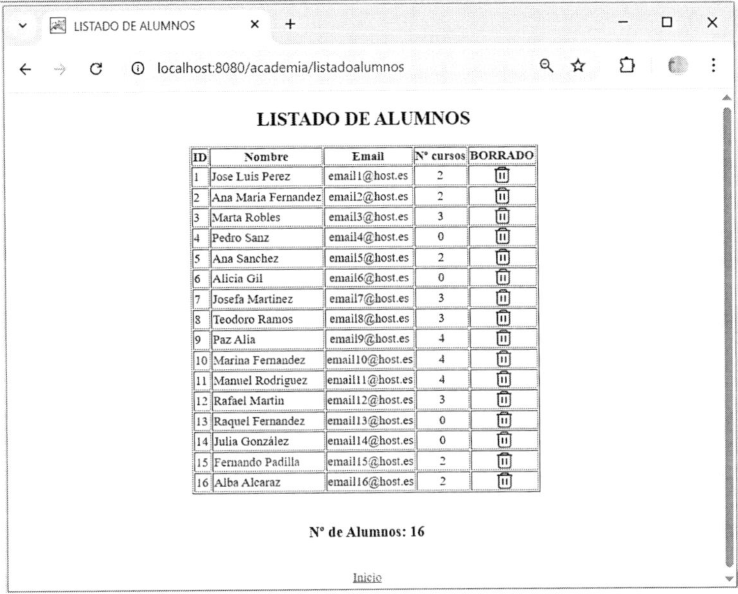

LISTADO DE ALUMNOS

ID	Nombre	Email	Nº cursos	BORRADO
1	Jose Luis Perez	email1@host.es	2	
2	Ana María Fernandez	email2@host.es	2	
3	Marta Robles	email3@host.es	3	
4	Pedro Sanz	email4@host.es	0	
5	Ana Sanchez	email5@host.es	2	
6	Alicia Gil	email6@host.es	0	
7	Josefa Martinez	email7@host.es	3	
8	Teodoro Ramos	email8@host.es	3	
9	Paz Alia	email9@host.es	4	
10	Marina Fernandez	email10@host.es	4	
11	Manuel Rodriguez	email11@host.es	4	
12	Rafael Martin	email12@host.es	3	
13	Raquel Fernandez	email13@host.es	0	
14	Julia González	email14@host.es	0	
15	Fernando Padilla	email15@host.es	2	
16	Alba Alcaraz	email16@host.es	2	

Nº de Alumnos: 16

Inicio

Figura 6.34. Listado de Alumnos.

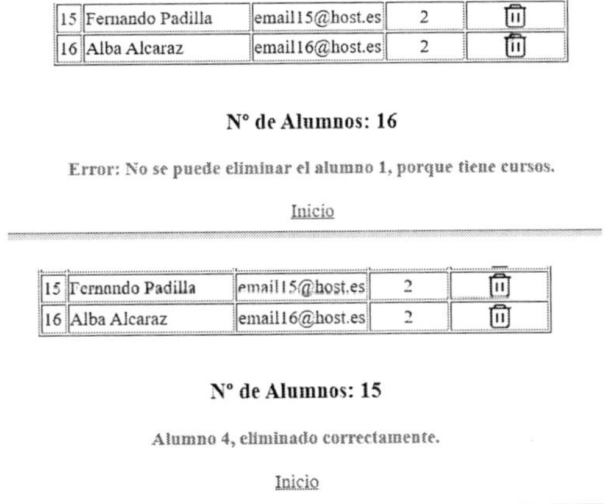

15	Fernando Padilla	email15@host.es	2	
16	Alba Alcaraz	email16@host.es	2	

Nº de Alumnos: 16

Error: No se puede eliminar el alumno 1, porque tiene cursos.

Inicio

15	Fernando Padilla	email15@host.es	2	
16	Alba Alcaraz	email16@host.es	2	

Nº de Alumnos: 15

Alumno 4, eliminado correctamente.

Inicio

Figura 6.35. Mensajes al borrar un alumno.

- **Listado de Alumnos por Curso**: se debe mostrar una página con un formulario desde el que podemos seleccionar el curso de una lista de todos los cursos, y al pulsar el botón *Consultar alumnos del Curso* se debe mostrar en la misma página en una tabla HTML los alumnos del curso seleccionado, véase Figura 6.36. En la lista se mostrará el ID y el nombre del curso. También se debe mostrar antes de la tabla HTML los datos del curso seleccionado. Si el curso no tiene alumnos se mostrará la tabla HTML vacia y como nº de alumnos el valor 0.

Para que el listado se muestre en la misma página de formulario utiliza el atributo **th:if**, por ejemplo, podemos mostrar o no un fragmento HTML, dependiendo del valor de la variable *pintarlistado* a la que podemos asignar valor de *true* o *false* en el controlador: ***model.addAttribute("pintarlistado", false):***

```
<div th:if="${pintarlistado}">
   este trozo HTML se pinta si pintarlistado es true
<div>
```

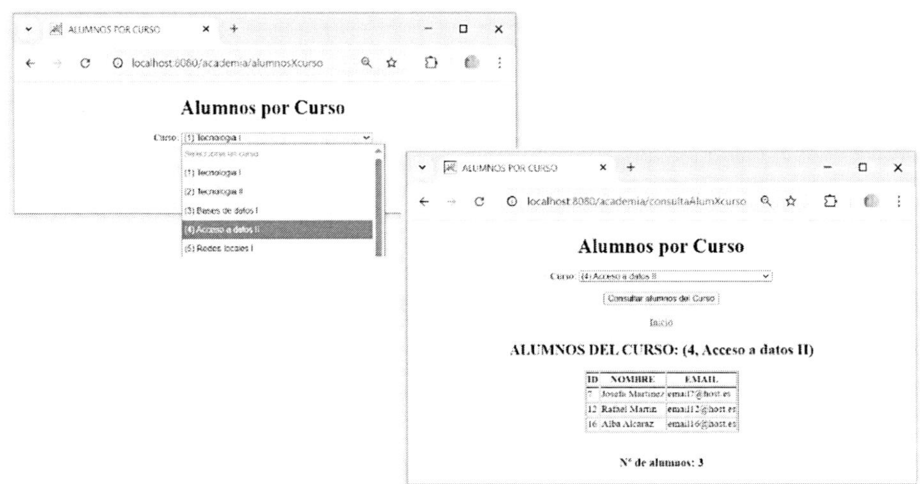

Figura 6.36. Listado de alumnos por curso.

- **Listado de Cursos por Alumno**, proceso muy similar al anterior, pero en este caso seleccionamos el alumno de una lista de todos los alumnos, en la lista se mostrará el ID y el nombre del alumno. Al pulsar el botón *Consultar cursos del Alumno* se debe mostrar en la misma página los cursos del alumno seleccionado, con una cabecera donde aparezca el ID y nombre del alumno, véase Figura 6.37. Si el alumno no tiene cursos se mostrará la tabla HTML vacia y como nº de cursos el valor 0.

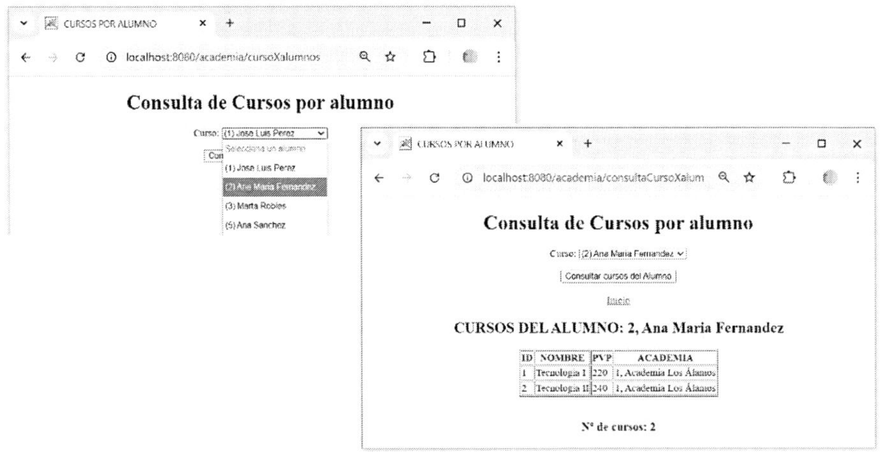

Figura 6.37. Listado de cursos por alumno.

- **Matriculación de Alumnos en Cursos,** debe abrir una vista en la que se muestre el formulario para matricular a alumnos. Para seleccionar el alumno y el curso se utilizará una lista desplegable para cada uno que muestre el id y el nombre. El enlace Inicio vuelve a la página inicial. Véase Figura 6.38.

Al pulsar en el botón *Matricular alumno en curso*, se debe insertar el registro en la tabla o colección correspondiente siempre y cuando se pueda, es decir, un alumno se puede matricular en varios cursos, pero un alumno no se puede matricular dos veces en el mismo curso. Se debe mostrar un mensaje en la misma página indicando lo que ha ocurrido, si se ha matriculado o no el alumno, véase Figura 6.39.

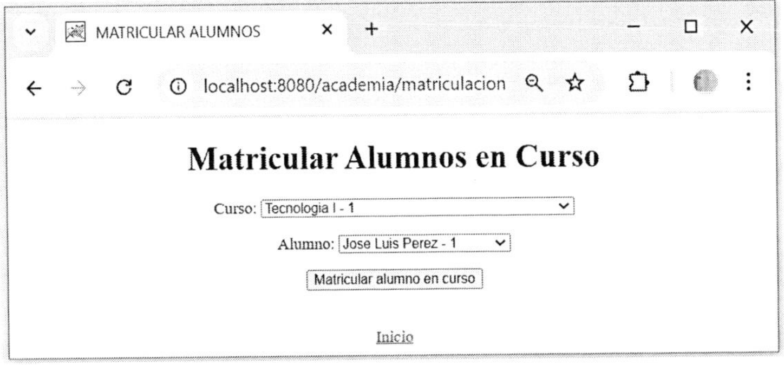

Figura 6.38. Matricular alumnos en cursos.

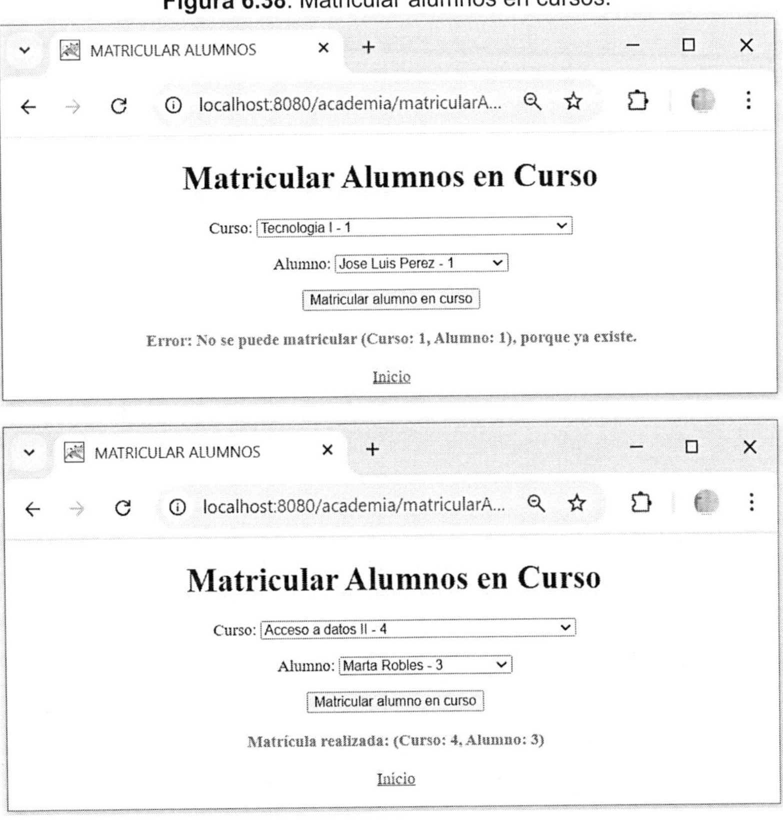

Figura 6.39. Proceso de matriculación con mensajes.

Para matricular a un alumno en un curso, si modelamos la relación muchos a muchos sin definir explícitamente la tabla intermedia ALUMNOSCURSOS, sino que la gestionamos directamente a través de las anotaciones de relación en las entidades, crea una clase DTO con los mismos campos definidos en la relación *idcurso* e *idalumno*. Para añadir el curso al alumno bastará con recuperar el objeto *Alumno* y el objeto *Curso*, a partir de los datos seleccionados en las listas y añadir el curso a la lista de cursos del alumno. Sería algo similar a lo siguiente:

```
alumno.getCursos().add(curso);
alumService.saveAlumno(alumno);
```

- **Alta de Cursos**: muestra el formulario para añadir cursos, véase Figura 6.40, en el que no aparece el campo ID, ya que es autogenerado. Para crear esta vista debes crear una clase DTO similar a la clase *Curso* solo con los atributos del formulario, en este caso: *nombre*, *fechacreacion*, *pvp* y *academia*. La academia se debe elegir de una lista. Añade en esta clase DTO las validaciones a los campos como la obligatoriedad, no pueden estar vacíos, máximo tamaño o valor permitido, etc. Una vez que se da de alta el curso se debe mostrar la página de listado de cursos con un mensaje indicando que se ha añadido el curso, Véase Figura 6.41.

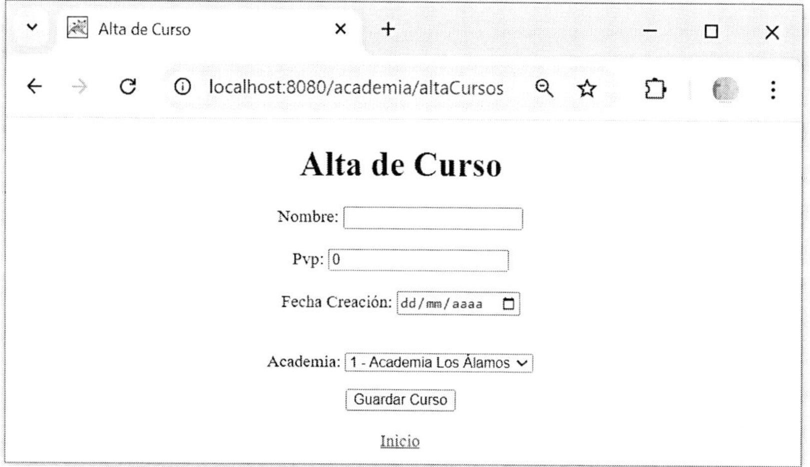

Figura 6.40. Formulario de alta de curso.

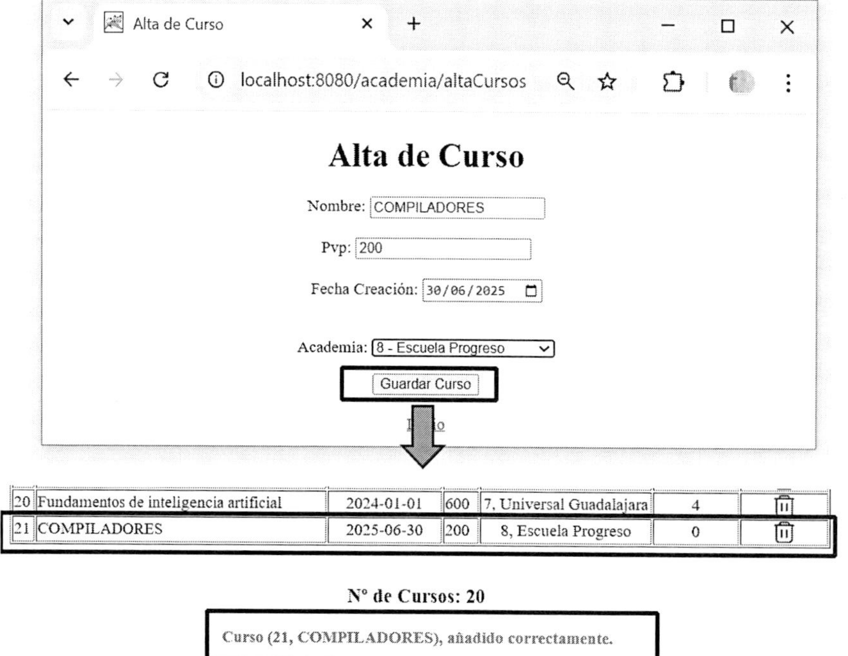

Figura 6.41. Listado de cursos después de dar de alta el curso.

- **Alta de Alumnos**: muestra el formulario para añadir alumnos, véase Figura 6.42, en el que no aparece el campo ID, ya que es autogenerado. Igual que en el ejemplo anterior crea una clase DTO similar a la clase *Alumno* solo con los atributos del formulario, en este caso: *nombre* y *email*. Añade en esta clase DTO las validaciones a los campos como la obligatoriedad, no pueden estar vacíos, máximo tamaño o valor permitido, etc. Una vez que se da de alta el alumno se debe mostrar la página de listado de alumnos con un mensaje indicando que se ha añadido el alumno. Véase Figura 6.43.
-

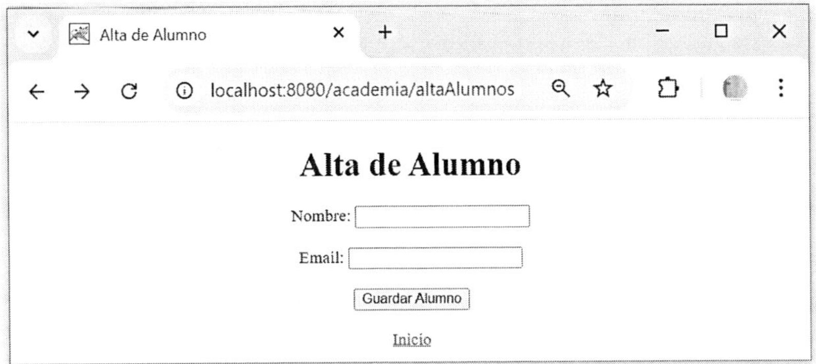

Figura 6.42. Formulario de alta de alumnos.

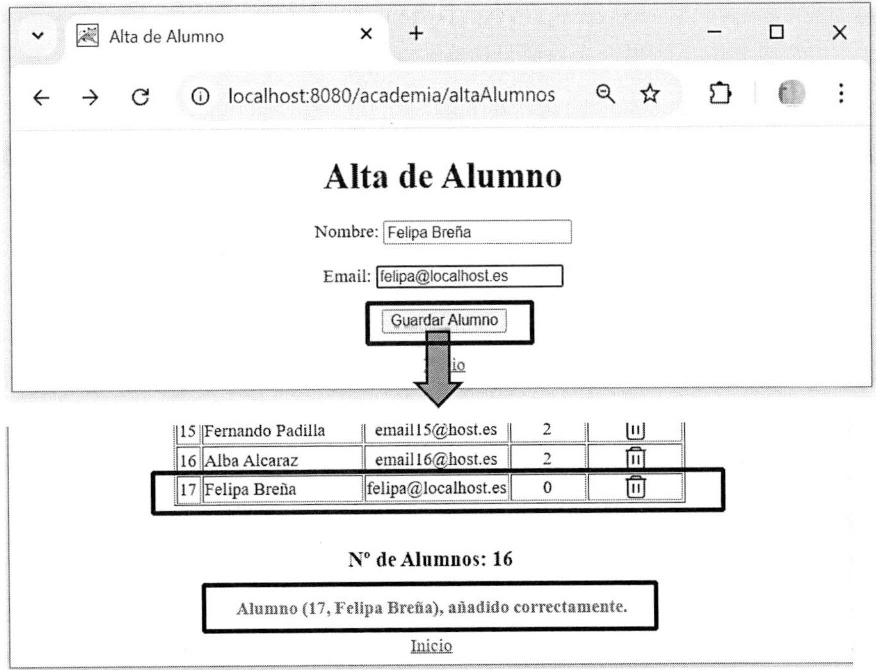

Figura 6.43. Listado de alumnos después de dar el alta el alumno.

Todas las páginas deben llevar el enlace **Inicio** para ir a la página inicial.

La estructura del proyecto se muestra en la Figura 6.44.

Las tablas se pueden descargar de los recursos del capítulo.

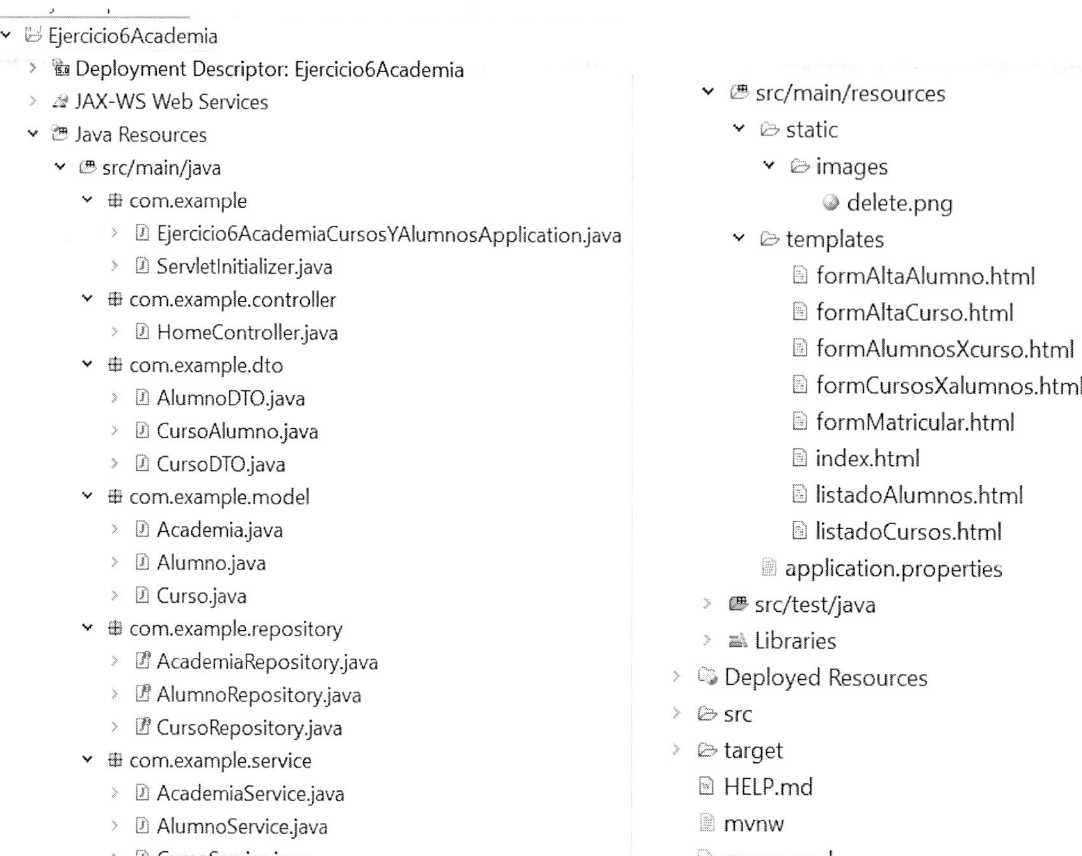

Figura 6.44. Estructura general del proyecto del Ejercicio 6.